分析哲学导论

修订版

黄 敏 著

商务印书馆
The Commercial Press
创于1897

图书在版编目(CIP)数据

分析哲学导论/黄敏著.—北京:商务印书馆,2021
(2022.11 重印)
ISBN 978 - 7 - 100 - 19589 - 8

Ⅰ.①分…　Ⅱ.①黄…　Ⅲ.①分析哲学　Ⅳ.
①B089

中国版本图书馆 CIP 数据核字(2021)第 034635 号

分析哲学导论
(修订版)
黄敏　著

商　务　印　书　馆　出　版
(北京王府井大街 36 号　邮政编码 100710)
商　务　印　书　馆　发　行
北　京　冠　中　印　刷　厂　印　刷
ISBN 978 - 7 - 100 - 19589 - 8

2021 年 4 月第 1 版　　　开本 850×1168　1/32
2022 年 11 月北京第 3 次印刷　　印张 23¼

定价:95.00 元

致

张志林

我的老师

目录

修订版序

　　本书的目的是为有心了解分析哲学,并愿意花时间探究什么是分析哲学的读者,提供足够系统的读物,从而引领身处非英语国家的读者进入分析哲学传统。从本书初版产生的社会反响(考虑到它欠佳的完成度)来看,这方面的需求虽然算不上大,但还是相当稳定的。这就是本书再版的原因。

　　一般说来,书的出版对于作者来说就是后悔的开始。本书第一版就是如此。再版经历了大幅度修改。除了第6章,其他各章都在结构上进行了优化。内容的划分更加明确,稍加努力,读者基本上就可以找到逻辑线索,从而建立系统的理解。语言也经过全面打磨,阅读的舒适度得到提升。第一版遭到批评的第1章重写了三分之二,希望能让读者在初读本书时不至于因为不适应,而放弃阅读的努力。第4、5、7章的改写量差不多超过了一半,这主要是因为我在一些问题的理解上发生了变化。第13章删掉了塞尔的意向性理论,这部分内容不能体现日常语言哲学的特色。这一章增加了对常识观点的概括,以及赖尔的心灵哲学与范畴区分的基本内容。这样读者就可以窥见日常语言哲学的概貌。第14章增加了关于实在论问题的一节。

　　其他方面也有很多变化。插在正文中原本不多的几处文本框被删掉了,相应的内容或者放到脚注中,或者打散放在正文里。正文中出现的思考题和练习题经过了更新,思考题的数量增加了。这些问题为本书打开了互动环节,认真对待它们,将使读者参与深度内容的生成,让阅读更有建设性。

"阅读建议"环节经过了扩充。原来这个环节只包含展示相应章节内容的核心文献,现在添加了扩展学习所需要的参考资料。我尽量选择易得且易读的导论性材料,在需要时,也会简要说明这些材料的特点。

新增加了人名索引,主题索引也重新做过,请读者善用。

对许多读者来说,分析哲学都不在其智力的舒适区内。但是,只有挑战性的任务才有可能让人得到提升。这次修订并未在难度和深度方面妥协。读者可按照自己的需求决定选读哪些内容。

本书不适于应试型阅读,既没有醒目的知识点,也不提供名词解释或者简答题的标准答案。大部分情况下,读者要动用自己的脑力来消化内容,通过自己的思考获得观点和理论的表述。这就是建立概念联系、绘制思想地图、形成思考路径的过程。笔者认为,这样才能学到哲学。

除了第4、5两章有少量内容重合,本书与笔者出版于2018年3月的《哲学分析教程》是相互独立的著作。它们在写作目的和内容上都不相同。《哲学分析教程》是一部研究生教材,专门讲述哲学分析的方法论,在深度上胜于本书,而在内容上偏窄。本书则致力于让读者尽可能系统地理解分析哲学的基础内容,主要是为哲学专业本科生以及具有初步背景的普通读者服务。

感谢商务印书馆的王希勇先生,他的帮助让本书得以体面地来到读者手上。

黄敏

2018 年 12 月于柏林

初版序

初次接触哲学的人都会为其中的不确定性而苦恼。每个哲学家都会有一些与众不同的观点和学说,这些观点和学说为一些哲学问题给出若干答案,而这些答案常常彼此不一致,甚至互相矛盾。每一种答案都似乎有有道理,从中做出选择似乎也是不可能的。但是,如果不能做出选择,如果每一种选择都是对的,学哲学,做哲学,这又有何用呢? 针对这种莫衷一是的局面,莱布尼茨提出了一个关于"通用文字"(*Characteristica universalis*)的构想。其基本思路是,用一种严格单义的符号串来表示思想,通过这些符号串的变换来表示推理和论证,这样,在遇到意见分歧时,只需采用这种通用文字来进行计算,就可以确定谁对谁错。如果这个设想能够实现,不仅哲学研究,任何一种科学研究都可以采取一种清晰严格的方式进行,并且整个过程就像数学演算一样是可以公共判定的。这个设想被公认为是分析哲学构想的最早形式。可以说,分析哲学的研究工作很大一部分就是围绕着实现这个计划的方式方法以及可能性展开的。这个构想到19世纪后期才由弗雷格和罗素做出决定性的推进。他们建立了完整的现代数理逻辑体系。

产生分析哲学的基本动机是,寻求一种清晰、严格,并且可以公共判定的方式来从事哲学研究。分析哲学的基本动机决定了它的两个最基本的特征:1)对语言的关注,2)采取逻辑分析的方法。如果莱布尼茨的设想成立,那么解决哲学问题的第一步就是要找到对问题的恰当的语言表达形式。只要找到了这种表达形式,剩下的事情就好办了,我们可以通过逻辑运算来寻求答案。

哲学的一个目的是要能够说服,说服自己,说服他人。古希腊和古罗马有种论辩术,其中采取了某些以情感人的修辞手段;这种手段在分析哲学中无效。读分析哲学文章,感觉会与读其他哲学家很不相同。比如存在主义哲学家克尔凯郭尔,可以把他的文章看成是文学作品,但对分析哲学的文章却不能这样看;你必须在里面看到论证(argument),才算看懂。论证必须是非个人化的,没有感情色彩的。有效的论证是你不得不同意的,无论你在感情上多么不情愿接受。要反对某个论证,你必须给出一个新的论证,因此你和你的对手是通过论证建立哲学上的联系的。这并不是说分析哲学不近人情。论证提供的是手段,它可以保卫某种你寄予了无限情感的东西。不像存在主义,有多少个存在主义哲学家,就有多少种存在主义哲学,每种哲学都打上了个性化的烙印;分析哲学是一种公共事业,分析哲学家们很容易建立合作关系,他们的合作靠的就是论证。

学分析哲学、做分析哲学,都不是容易的事情。首先,读分析哲学的文章不能怡情怡性,分析哲学教学也难以做到寓教于乐。用王国维的话来说,分析哲学"不可爱"。要能够从分析哲学中得到快乐,需要一种能在数学中看到美的眼光。其次,分析哲学有较高的智力门槛,它对推理的严格性提出了远比其他哲学高的要求,要入分析哲学的门,需要的训练也要多些。学分析哲学,混个脸熟是行不通的。再次,分析哲学很难提升哲学家的身份意识,这是一种不尚修辞的学

5

问,它平民化、质朴、直接。在分析哲学中很难找到通常的哲学爱好者希望看到的大词,这些大词为许多人进入哲学提供了终极动机。要学习分析哲学,首先要戒除的就是停留在虚凌高蹈的层次上,而要能够回到常识的层次,要像雕刻家一样,既能用艺术家的眼光审视整体,又能把手中石匠的雕刻刀落到每根线条的实处。

分析哲学从诞生已经有 100 多年了,这个哲学的传统在英美已经非常成熟而强大,它已经贯彻到英语国家哲学科系的建制体系、课程设置中,已经体现在从事哲学思考和讨论的方式和风格中,其旺盛的生命力已经远超欧洲大陆的现象学传统。在我国,对分析哲学的研究从新中国成立前就开始了。逝世不久的洪谦教授是最早到欧洲学习逻辑经验主义的学者之一。罗素也曾于 1920—1921 年来华讲学,历时达 9 个月之久。应当说中国引进分析哲学相当早,比如在维特根斯坦的《逻辑哲学论》出版后不久的 1927 年,就有了张申府的中译本《名理论》。但由于历史的、政治的和文化气质方面的原因,分析哲学的系统引进也只是近 20 余年的事。对分析哲学的消化至今仍然还不能说是成功的。一个非常明显的证据是,在分析哲学领域中,几乎还没有能够与英美学者建立对话关系的论著出现,大部分研究还停留在翻译和理解的层次。中国要有能与英美同行对话的新一代学者,这一任务的起点当然是从本科阶段开始接触正规的分析哲学训练。

分析哲学的导论课程在国内大学的哲学院系中还没有普及。本科阶段一般不作为必修课开设,研究生阶段能够开设并系统讲完这门课的哲学院系为数寥寥。有些院系在研究生阶段直接进入分析哲学传统下的分支课程的教学,例如语言哲学和心灵哲学,跳过了打基础的导论课程。此外,国内对哲学感兴趣的读者也很少能够有机会系统地接触分析哲学。在国内的读者圈中,分析哲学的感召力远远不及现象学。本教材试图为改变这一局面做出一点贡献。

在有些教师看来,教和学分析哲学不过就是读几篇经典文章。这种轻导论重经典的做法也许适用于其他类型的哲学,例如柏拉图或尼采,但不适合于分析哲学。很难说,经典文献的示范作用可以在普通学生那里激发分析哲学的思考。分析哲学有成型的套路,哲学思考的独创性要在这些套路的基础上进行,对这样的哲学来说,手把手地教哲学还是必要的。这本教材的目的就在于此。

市面上已经有几种国外的分析哲学教材,翻译过来的有穆尼兹(K. Munitz)的《当代分析哲学》①和格雷林(A. C. Grayling)的《哲学逻辑引论》②,没有翻译的有索默斯(Scott Soames)的 *Philosophical Analysis in the Twentieth Century*(Princeton, 2003)。这几本教材都不适合国内读者。穆尼兹的书写得很清楚,但只讲到蒯因,顺带提到一点克里普克,并不足以使读者全面地了解分析哲学。这本书写于1981年,有些内容实际上已经过时了。格雷林的书以主题为线索组织材料,但对问题的背景缺乏足够的叙述,对初入门或者没有入门的读者来说太难了。索默斯的书写得非常清楚,材料也很新,但仅仅是一个局部的导论,20世纪以前的人物都砍掉了,特别可惜的是弗雷格。讲分析哲学而不讲弗雷格,其损失是难以估量的。这几本书不适合国内读者的一个最根本的原因是,它们都缺乏足够的历史眼光。

---

① 穆尼兹:《当代分析哲学》,吴牟人译,复旦大学出版社,1986年。
② 格雷林:《哲学逻辑引论》,牟博译,中国社会科学出版社,1990年。

在我心目中,理想的分析哲学导论应当能够详细展示分析哲学的问题背景和历史脉络。理由有三个。其一,分析哲学自身的当下际遇决定了这一点。虽然早期分析哲学家在思考问题时采取了非历史的态度,但分析哲学本身所遇到的强劲挑战,特别是来自认知科学和后现代理论家的挑战,却使得分析哲学家不能不考虑自身的合法性问题。分析哲学家确立自己的身份意识,需要历史资源,至少需要一种历史的眼光。其二,国内读者通常具备了强有力的西方哲学背景,但对分析哲学充满技术性的语言望而生畏,在这种接受背景之下,从历史的角度切入,引向技术性的内容,就是一种理想之选。其三,国内哲学院系,特别是本科阶段的课程设置体系,决定了需要以哲学史的方式容纳分析哲学。分析哲学属于"现代西方哲学"这一科目,这自然需要以历史为背景和线索来展开课程内容。

这本教材满足了上述要求。全书以引导读者进入分析哲学的基本动机开始,在介绍和讨论每位哲学家的思想时,都不遗余力地建立与哲学史、哲学传统以及哲学问题的联系,使读者在认真读完全书时,能够建立关于分析哲学的全局图景。为了达到这个目的,我在兼顾哲学家工作的年代顺序的同时,主要按照思路的连续性来组织材料,以期展示出思想的谱系特征。因此,我把日常语言学派的内容排到后面。

一种比较普遍的想法是,把语言哲学当作分析哲学本身。确实,语言哲学是分析哲学的基础,但出于教学目的,我认为不能把注意力仅仅集中在语言哲学上。应当通过教学内容的安排和叙述,使学生明白何以语言哲学会有如此重要的地位,而这就意味着不仅要把语言哲学包含在内,而且要超出语言哲学,要容纳足够的形而上学与知识论的东西,使得语言在一般意义上的哲学理念中占据什么样的位置,得到充分展示。本教材在语言哲学与其他领域的衔接上用力颇多,这是值得的。

理想的分析哲学教材的第二个要求是,要包含足够的技术训练内容。分析哲学在某种意义上是一种技艺,技术训练是非常必要的。本教材的最大特色就是,在用分析风格展开清晰到位的叙述的同时,穿插了足够的练习和思考题。练习题数量不多,主要目的在于巩固正文中体现出来的论证技术环节。思考题则有90余个,其主要目的是提示读者自行思考隐含的环节,推进思想的生长点,使读者能够参与思考过程,从中得到互动式的训练。

本教材全部内容学完需要约120学时。它预设读者已经学过数理逻辑初级课程,并学完了本科的西方哲学史课程,对笛卡尔、休谟和康德等哲学家的思想有一定的了解。它适合哲学系本科生和研究生学习,也可以作为普通读者和哲学从业人员了解分析哲学的入门读物。本教材大部分内容不仅是介绍性的,而且是研究性的,在学术研究上具有参考价值。

本书的写作受到国家社科基金项目"分析哲学及其遗产"(编号03BZX037),以及教育部985计划第二期教学项目基金的支持,在此表示感谢。同时也感谢翟振明教授和任远博士为本书的写作提供的极有价值的建议;感谢李平教授、叶侨健教授以及中山大学出版社为本书的出版提供的帮助。

黄敏

2009年8月于广州康乐园

符号说明

∃	存在量词
∀	全称量词
∨	析取
∧	合取
¬	否定
→	实质蕴涵
⊓	必然地
◇	可能地
{}	集合
∈	属于
∉	不属于
∩	合集
εF	概念 F 的外延

第1章 语言学转向

"语言学转向"(linguistic turn)这个词常常被用来说明分析哲学是如何产生的。这个词与"本体论转向"和"认识论转向"一起,标出了西方哲学史中的三次深刻变化。这种变化是全局性的,它让人们以完全不同的方式从事哲学思考。

然而,关于什么是语言学转向,人们的理解却不尽相同。大部分人认为,语言学转向只是一种方法论上的变化,这种变化可以和核心的哲学观点切割开。这种理解是不正确的。这一章的目的就是让读者从学理上理解什么是语言学转向。同时,本章会引入分析哲学的一些基本概念。通过梳理这些概念,读者会感受到分析哲学家是如何处理问题的。本章的阅读可以看作正式进入分析哲学前的热身活动。

1.1 真

我们先从"真"这个概念开始。"真"(truth)这个词在汉语中通常被翻译成"真理"。在英语中,"truth"是形容词"true"的抽象名词形式,其意义也来源于这个形容词。"truth"这个词有时指用形容

"true"所修饰的东西,有时也指这个形容词对应的那种性质。在哲学讨论中,按前一种方式使用时,"truth"这个词译成"真理",会更合语感些。而在后一种情况下,我们一般用"真"或者"真这个概念"这样的词。不过要注意,在分析哲学中,"真理"这个词远没有其他场合那么多附加意思。分析哲学家出于特定目的来使用这个词,按照这个目的进行辨析,我们就会顺理成章地把握这个概念的基本意义。在这一章我们就会看到,这个辨析过程是怎样展开的。

分析哲学家关注真理,是出于认识论的目的,是要讨论知识。他们也会把关于真的讨论归到逻辑学中。需要注意,逻辑本身就是认识论的一种形态,由于这种形态的特殊性,它被赋予了特殊的地位,而从认识论中切割了出来。要理解什么是逻辑,离开了知识这个目的,就会陷入盲目。

这个目的为我们对"真"这个词的关注划定了范围。考虑这样几种说法:

1)他所说的句句都是真的。

2)直到那一刻,他才醒悟过来,他看到的这一切都是真的,而不是在做梦。

3)如果不是小时候吃糖太多,他现在的每颗牙都应该是真的。

4)这幅画确实是真的,它出自齐白石之手。

这些说法都用到"真的"这个词,1)说的是句子①是真的,2)说的是某

---

① 一般说来,当说到句子是真的时,人们是在说陈述句。说像祈使句这样的句子为真,是没有意义的。以后若不加说明地谈到句子,都是指陈述句。

种观察或知觉是真的,3)是指人的器官是自然生就而不是人造的,4)
则说某件艺术作品不是赝品。我们感觉到在这些场合下这个词的意
思不太一样。比如,我们不能在说幻觉不是真的那种意义上说一幅
画是赝品;同样,也不能在与一个句子为真相反的意义上说某人有一
颗假牙。1)和2)这两个句子中包含的"真",而不是3)和4)中包含
的"真",才是哲学所关心的,因为只有这两处用法,才是与知识联系
在一起的。

　　不妨考虑一下,这种联系究竟是怎么回事,才算与知识联系在
一起。

　　我们把"真的"这个形容词所修饰的那个东西叫作"真理载体"
(truth-bearer)或"真值载体"。① "真的"之所以与知识联系在一起,
是因为真值载体能传达知识。当知道真值载体是真的,我们也就从
真值载体知道世界上的实际情况,也就是说,知道相应的事实。

　　1)是语言的真,2)是知觉的真。当一个句子是真的时候,这个句
子告诉我们事实是怎样的;当一种知觉到的情况是真的时候,我们就
知道事实就是所知觉到的那种情况。我们会觉得,3)和4)就不会在
这种意义上传达知识。但是,真是这样吗? 如果一颗牙是真的,我们
也可以说从中知道了一些事实,比如,也许会知道牙的主人无不良恶
习,会知道她的肠胃一般说来不会有什么问题。尽管如此,我们仍然
会觉得,牙齿不是在能够表现知识的意义上为真。同样,艺术品也不

---

　　① 这个词在大多数场合下译成"真值载体"更合适些,因为"假的"一词所修饰
的东西也是这样一种载体。当代逻辑一般用"真值"(truth-value)来表示真和假的情
况。一个东西为真,就说它取真值"真";为假时则说其取真值"假"。后面我们就统一
使用"真值载体"这个词。真值载体就是能够用"真"来修饰的东西,它不一定是真的。
一个假的东西,同样也是真值载体。真的东西与假的东西在形而上学上同属一类。

是在这个意义上不是赝品。这里的区别何在呢？

考虑一下，我们真的从一颗真的牙齿，知道牙齿的主人没有损害牙齿的不良恶习吗？未必。如果牙主人碰巧天生一副好牙，不用刷牙也能够保持光洁坚固，那么即使从真的牙齿，我们也不会知道牙主人是否有那类不刷牙的恶习。而另一方面，如果"张三从不刷牙"这个句子是真的，那么张三就不可能刷过牙，这不可能有什么例外。

这里的区别是这样的，在关于假牙的情况下，真值载体与相应的事实之间的对应关系需要种种条件，比如牙齿主人没有那种让人羡慕的遗传基因等；而在句子是真值载体的情况下，这种对应关系却是无条件的。前面那种对应关系是事实上的对应关系，后面这种对应关系，则是逻辑上的对应。

原则上，事实的对应关系可以让我们获得一些知识。但是，只有在事先知道一些事实，从而排除掉例外情况的时候，我们才能够得到这些知识。就认识论研究的目的而言，人们不愿意接受这种对应关系。

首先，例外情况难以完全排除。在关于牙齿的例子中我们只提到了遗传基因的问题，实际上还有其他数不清的例外情况，比如，保证遗传基因生效的机制没有正常运作，这种机制的化学原理不是眼下人们所了解那种等。这就让人怀疑，人们的知识不是通过这种对应关系获得的。

其次，更加重要的是，通过这种对应关系来解释知识，会导致认识论讨论所不允许的循环。认识论所关心的是，一般而言，人们何以能够获得知识。按照这种事实的对应关系来获得知识，就需要在获得特定知识之前已经知道这种对应关系存在，从而需要已经获得了一些知识。这对于解释如何获得特定知识来说是允许的,但要一般性地解释知识是如何获得的,这却会导致循环。要阻止这种循环,就需要承认有些知识是通过逻辑的对应关系获得的,在这种知识的基础上我们才能利用事实的对应关系。因此,对知识论来说,这种逻辑的对应关系才是首要的研究对象。

讨论的结果是,哲学家所关注的真值载体是句子和知觉,而不是牙齿和艺术品。不过,这个结果只是临时性的,因为还需要研究,什么使这些东西具有真值载体的作用。这样的研究会进一步深入到知识的本性中,并将告诉我们,真正的真值载体不是这些东西本身,而是背后起作用的其他东西。

由于初步选定的真值载体包括句子和知觉,在进一步讨论之前就需要确定从两者中的哪个开始。如果从句子开始,哲学家工作的起点就是语言,而如果从知觉开始,起点就是意识。大体上可以说,分析哲学家以语言为起点,而现象学家则以意识为起点。我们就先按分析哲学家的路线,从语言开始。到1.5节我们就会知道,这样做会有巨大的好处。

1.2 句子

沿着前面的思路,我们就应该问这样一个问题:当说一个句子是真的,说的是什么为真呢?我们把这个问题理解成,若要称之为真值载体,句子应该是什么。

看下列两个加了编号的句子:

a）第 29 届奥运会今天在北京开幕。

b）第 29 届奥运会今天在北京开幕。

按照哲学家对"句子"这个概念的理解，a）和 b）是一个句子还是两个句子呢？可以说这是两个句子，它们在这页纸上的位置不同。一个东西不能同时出现在不同的空间位置上，在这种意义上它们不是同一个句子。按照这种句子概念，我们说这是两个不同的标记（token），这两个句子就叫"标记句子"（token-sentence）。把其中一个句子出声地读出来，所发出的那一串声音是第三个标记句子。

标记句子能够是真的吗？直感告诉我们不能。标记句子看起来就是物理的东西，就这一点而言，一个标记句子类似于一块石头，而我们不能在哲学所关心的意义上说一块石头是真的。但这仅仅是直感，我们需要论证来支持这个判断。

在论证之前需要弄清楚，就我们的理论目的而言，我们希望"真值载体"这个概念要保持一种稳定性，也就是说，同一个真值载体应当总是传达同样的知识。回顾一下我们的理论目的。就认识论研究的目的来说，我们希望真值载体传达知识时，不需要以其他知识为前提。这意味着，我们不希望同一个真值载体在不同情况下传达不同的知识，因为否则，就需要事先知道当前是哪种情况，而这又等于需要一些知识。

需要有一种适当的方式来刻画这种稳定性，这样，"真值载体"这个概念才能在论证中起作用。真值载体在不同情况下会有不同真值，而对这里的"情况"我们可以区分出两种，1）真值载体所传达的那种内容所对应的实在情况，2）其他关于真值载体的情况。比如，"第 29 届奥运会 2008 年 8 月 8 日在北京开幕"这个句子是否为真，取决于第 29 届奥运会是不是在 2008 年 8 月 8 日在北京开幕。这属于第一种情况。"第 29 届奥运会今天在这里开幕"这个句子是否为真,则取决于这句话在何时何地说的,这属于第二种情况。前者正是我们希望从真值载体为真或为假中看出的内容,因此,我们说需要真值的稳定性,意思就是除了这一类情况,没有后一类情况影响真值。一旦满足这个条件,当真值载体为真,也就不会有其他因素使其变成假的;而假的真值载体也不会变成真的。用这种方式理解真这个概念,我们称之为"绝对主义"(absolutism);而认为真值载体的真值可以随着后一类情况而变化,就叫"相对主义"(relativitism)。如果你认同相对主义看法,就要随之调整关于知识的理解。知识与真这两个概念就这么联系在一起。后面我们会遇到相对主义的情况,这里不提。

～～～～～

思考:人们通常会认为"任何真理都是相对的"这种说法是自相矛盾的,因为,这句话本身就想说出一个绝对的真理。请你按照我们对相对主义与绝对主义的区分,来辨析这种判断是否正确。

提示:按照我们的区分,相对主义者仅仅是认为,真值载体的真值依赖于条件,而这不等于说,其真值在不同条件下实际上是不同的。

～～～～～

下面给出我们开始学习分析哲学以来遇到的第一个论证[①],它要证明标记句子不是真值载体。不妨用记号"p"来表示标记句子"第

---

① "论证"(argument)一词在英语文献中可以指观点,也可以指提供依据、建立观点的过程。我们这里是就后一种意思而言的。一个论证就是给出一个推理过程,这个过程从若干前提开始,经过严格的推理步骤得到结论。论证的严格性是指:(1)一个不同意结论的人也可以同意前提;(2)同意前提的人不能不同意结论。论证是分析哲学的核心技能之一。另外一个技能就是对哲学趣味的把握。

29 届奥运会今天在北京开幕"。就现实世界的真实情况而言,如果这个句子是在 2008 年 8 月 8 日说出的,那么它就是真的;但若是 2008 年 8 月 9 日说出,则句子是假的。于是我们得到同一个标记句子具有不同真值的情况。用"p_1"表示前一情形下提到的标记句子,"p_2"表示后一情形下提到的句子。论证列述如下①:

1) 对任何真值载体 x 和 y,如果 x 和 y 是同一个真值载体,那么不存在使得它们真值不同的情况;(绝对主义)

2) 标记句子是真值载体;(假设)

3) 对任意 x 和 y,如果 x 和 y 是同一个标记句子,那么它们是同一个真值载体;(依据 2))

4) p_1 与 p_2 是同一个标记句子;(给定)

5) p_1 和 p_2 是同一个真值载体;(由 3) 与 4))

6) 不存在使 p_1 和 p_2 真值不同的情况;(由 5) 与 1))

7) 存在使 p_1 和 p_2 真值不同的情况;(给定)

8) 因此,标记句子不是真值载体。(由于 6) 与 7) 构成的矛盾,依次否定 5)、3) 和 2))证迄。

这个论证看起来有点复杂,这是由于它把推理的整个步骤都展示出来了。在每个步骤后面的括号中,都标出了这一步推论是怎样得到的。这种分行排列的论证形式虽然不方便,但清晰明了,有问题时也容易锁定检查目标,因此得到的结论也严格可信。建议读者在学习本教材和阅读哲学著作时,把重要的论证写成这样的形式,这样

---

① 中山大学哲学系 2009 级本科生郭雨飞同学使我意识到第一版给出的论证是错误的,在此向他表示感谢。

可以提升思考方式的清晰性和严格性。能够构造这样的论证,是分析哲学家的看家本领。

论证中从 2)到 3)的推论是直接成立的。如果标记句子本身就是真值载体,那么,一个东西只要是一个特定的标记句子,那它就是一个确定的真值载体。这里,我们提到的标记句子和真值载体是一些东西,而不是属于某些东西的性质。

〰〰〰〰

思考:根据你在数理逻辑或逻辑导论中学到的关于证明的知识,判断前面列出的分行形式的论证包含了哪些证明方式。

〰〰〰〰

这样,按照绝对主义的真理观,标记句子就不是真正的真值载体。由于标记句子实际上就是物理形态的句子,而无论什么句子,都会具有一种物理形态,所以,任何句子归根到底都是标记句子。那么,我们该如何确定什么是真值载体呢?

一个办法是考虑对标记句子进行分类。为了方便讨论,我们引入一个与"标记"相区别的术语,"类型"(type)。类型可以理解为集合,一个类型就是一组在特定方面有共同之处的东西构成的集合;也可以理解为一种抽象的个体①,它拥有这些共同之处。具体该怎么理解,这里暂且不论。在划分类型时,可以让所有苹果都属于苹果这个

---

① "个体"(individual)是分析哲学中常用的术语,指单个存在的事物。集合就其由多个东西构成的而言,不是个体。但在不考虑集合由什么元素构成,将其视为一个整体时,也可以认为它是个体。与"个体"这个词联系在一起的术语就是"个体化"(individuation)。这个词指把属于某个类别的个体从其他东西中挑选出来,从而确定它是哪个个体的程序。一般而言,个体化是利用一些描述性的条件达成的。如果用来个体化的条件中不包括可以感觉的性质或关系,那么由此得到的个体就是抽象个体。

类型,就都是苹果而言它们相同。也可以把红苹果作为一个类型,青苹果当作另一个类型。有什么样的类型,取决于我们从哪个方面来对事物进行区别。当我们遇到"类型"这个术语的时候,就要注意是从哪个方面来谈论的。

标记和类型(当理解为抽象个体)之间的关系有点像传统哲学中的殊相(particular)和共相(universal)。殊相是单个存在的东西,每个殊相都独一无二;共相则是不同的东西共有的,每个共相都有多个东西与之对应。在某种意义上可以说标记与类型就是殊相与共相这一对古老术语的现代翻版。

〰〰〰〰〰

思考:请你自己列举一些类型,然后为这些类型找到标记。之后,看这些标记是否属于其他的、你一开始没有列举的类型。你能否概括出不同类型之间可能存在的关系?

〰〰〰〰〰

与标记句子相对应,我们可以谈论类型句子(type-sentence)。可以按不同观点来区分不同的类型句子。例如,我们可以利用一些语法标准来区分句子所属的类型。这个标准就是句子的语法结构和形成这些语法结构的成分,这些东西发生了变化,我们就得到不同的类型句子。前面标了"a"和"b"的两个句子就是同一个类型句子。如果把其中的一个句子改写成"第29届奥运会2008年8月8日在北京开幕",这就得到不同的语法结构,由此得到的是不同的类型句子。

现在回到我们的问题。引入了类型句子的概念以后,我们的问题就是,按什么标准区分出的类型句子是真值载体。

回头观察前面关于奥运会的那两个句子。一个明显的问题是,从语法角度讲,它们肯定是同一个类型句子,但是,如果句子 a)是 2008 年 8 月 8 日说的,句子 b)是 2008 年 8 月 9 日说的,那么它们的真值是不同的。由此得到的结果是,按照语法标准确定的类型句子不是真值载体。

显然,按照前面给出的论证,如果把不同时候说出的那同一个语法类型句子算作不同的类型句子,那么我们就有希望确定真值载体。

句子 a)和 b)中包含了"今天"这个词,由于有这个词,当句子在不同时间说出时,句子真值也就不同。但是,如果用说话的日期替换掉"今天"一词,我们就得到两个不同的句子:

　　a1)第 29 届奥运会 2008 年 8 月 8 日在北京开幕。

　　b1)第 29 届奥运会 2008 年 8 月 9 日在北京开幕。

这两个句子在类型上的差异,应该能够解释同一个语法类型句子在不同时候说出来,为何其真值不同。不过,问题是,这种类型上的差异究竟是怎样确定的。

这种差异应该是由句子或者说构成句子的词语的意义造成的。比如下面这两个句子就应该算作是同一个真值载体。

　　a2)有些单身汉是不幸的。

　　b2)有些未婚的成年男人是不幸的。

但我们却不能说,所有在意义上的区别都会造成真值载体上的区别。比如下面两个句子似乎就不是这样的。

　　a3)拿破仑在滑铁卢被惠灵顿公爵所击败。

　　b3)惠灵顿公爵在滑铁卢战胜了拿破仑。

这两个句子谈论了不同的主角,它们出现在不同的传记里,我们会觉得它们的意义不同;但它们的真值是相同的,我们没有理由认为它们不是同一个真值载体。对于通常理解的"意义"这个概念,我们需要区分对真值构成影响的部分和没有影响的部分。在分析哲学中,人们利用"真值条件"这个概念来区分这两个部分。下面我们就转入这个话题。

1.3　意义

在生活中,"意义"(meaning)这个词通常含有"重要性"(significance)和"价值"(value)的意思,有时则含有"意思"的意思。在后一种情况下,它通常与语言活动联系在一起,是指我们用词语或句子谈到的东西,或者说,是我们从词语或句子理解到的内容。分析哲学家用得最多的,大概就是这个词了。但是,就这个词具体指什么,他们却并无一致意见。大部分哲学家用这个词来指词语或句子所传达的内容,但对这种内容是我们所理解到的、心理性的内容,还是客观存在的东西,以及如果它客观存在,那么在何种意义上客观存在,却会有分歧。不管怎样,大部分分析哲学家都同意,"意义"是指词语或句子的内容,但这种内容经过了限制,只限于知识性的内容。这个词兼有"重要性"或"价值"的意思,而这种重要性或价值却是指词语或句子对于认知性的内容的重要性或价值,即它们对认知性的内容所做出的贡献。人们常用"认知意义"(cognitive significance)这个术语来表达这个意思。后面我们就在"认知意义"的意义上使用"意义"这个词。

现在接着前一节的思路讨论。应当说,句子的认知意义就是我

们日常所说的"意义"中与句子真值相关的部分,分析哲学家常用
"真值条件"(truth-condition)这个概念来说明这样一种"意义"究竟
是什么。

对于真值条件,一种误导性的解释是,一个句子的真值条件就是
使其为真的条件,也就是句子为真时的那种情况。需要辨析才能避
免误导。① 就拿"第 29 届奥运会今天在北京开幕"这个句子来说,这
个句子要为真,需要同时具备两个条件:1)这个句子是在 2008 年 8
月 8 日说的,2)在 2008 年 8 月 8 日这一天第 29 届奥运会在北京开
幕。前者是关于句子的事实,后者则是关于世界的事实。我们希望
用"真值条件"这个概念捕捉的是后面那个事实。如若成功,真值条
件就是句子所告诉我们的事实,因而与其意义相对应。前一个事实
显然并无这个作用。在什么情况下说出一个句子,这个事实对真理
相对主义者来说是确定真值所要参照的条件,但这个条件并不是句
子所要传达的知识内容。我们不应该在"真值条件"这个概念中容纳
这样的条件。

要消除这样的误导,就要按照绝对主义的理解,去寻找真值不会
改变的真值载体,然后说,这样的真值载体为真所需要满足的条件,
才是真值条件。在这种情况下,相对主义者心目中那种影响句子真
值但却不与句子内容相对应的条件就被滤掉了。当然,要这样做,就
不能把句子当作真值载体。

句子意义与其真值条件之间至少应该有一种对应关系,这样我

---

① 一般说来,当真值条件没有得到满足时,句子就为假。我们不需要特意引入
一个专门的术语来指使句子为假的条件。

们才能用"真值条件"这个概念真正抓住句子意义。然而,要解决这个问题,还需要对意义和真值条件进行一番分析。真值条件无论如何都应该是世界中可能发生的情况。比如,对关于北京奥运会的那个句子来说,其真值条件一定是关于北京这座城市本身的某种情况,当这种情况对真实存在的北京发生了,那个句子才是真的。就此而言,真值条件应该是把真实的北京包含在内的一种东西,我们称其为关于北京的一种事件或者状态。但是,句子的意义却是某种抽象的东西,我们能够说句子意义是发生在真实存在的那个北京身上的一件事吗?这里似乎有一种理解上的困难。①

对意义与真值条件之间的关系,可以有两种不同的处理方法。一种方法是直接把意义等同于真值条件。要采取这种方法,就要考虑这两者之间的区别。当然,人们可以争辩说,虽然真值条件看起来是具体的、能够发生的情况,但它实际上仍然像意义一样,是抽象的。我们之所以认为真值条件是具体的,仅仅是考虑了真值条件得到满足的情况。一旦真值条件得到满足,它就是世界中发生的事情或者存在的状态,就是我们可以观察到的东西。但是,真值条件也可能没有得到实现,这时句子为假,相应的情况并不存在,也就无所谓具体了。因此,真值条件完全可以是抽象的,因而也完全可以是句子的意义。

另一种方法是承认意义不是真值条件,但它们之间存在一种对

_____

① 在哲学上,人们会把这种事件或者状态当作一种形而上学实体。关于这种实体的讨论参见关于戴维森的那一章。关于实体的抽象与具体的区别,通常会有一些不同的标准。一般的标准就是看是否存在于时间和空间中。存在于时间和空间中的实体是具体的,否则就是抽象的。

应关系,以确保只要知道了句子的意义,就知道其真值条件是什么。这种方法有一个明显的好处,就是不必像前面所说的那样去考虑真值条件是不是抽象的东西。引入真值条件的目的只是抓住意义这个概念,进而为知识分析①确立分析的对象。这个目的是认识论上的,要实现它,需要的仅仅是真值条件与意义之间在认识论上的等价关系。

不管使用何种方法来理解真值条件与意义间的关系,我们都通过引入"真值条件"这个概念,表明了意义与真这个概念之间的关系——意义决定了真值载体在什么情况下为真。

如果你是一个绝对主义者,那你肯定会认为意义就是真值载体。如果意义就是真值载体,那么决定什么时候真值载体为真的东西就是真值载体本身。在这种情况下,真值载体是否为真,也就仅仅取决于实在是怎样的。这样,我们就可以通过真值载体为真还是为假,来确定实在是怎样的,从而通过真值载体来表达知识。而如果意义不是真值载体,那么当真值载体确定下来,意义就还没有确定,也就是说,真值载体何时为真还没有确定。这样,真值载体何时为真,也就不仅取决于实在是怎样的,还要取决于与真值载体相联系的意义是怎样的,这样,真值载体的真值也就是相对的了。

分析哲学的创始人弗雷格(Gottlob Frege)和罗素(Bertrand Russell)均持有绝对主义观点,他们都把句子的意义当作真值载体。

---

①　知识分析就是指弄清知识内容是以何种方式构成的,从而用一种严格的方式来陈述知识内容。这里的"分析"就是出现在"分析哲学"这个词中的那个"分析"。在分析哲学中,对概念下定义就是一种针对概念的分析。我们这里针对真值条件以及真值载体所进行的分析,也是一种概念分析。它考虑哪些东西才算是真值条件,以及哪些东西是真值载体。概念分析是知识分析的基础部分。为了弄清知识内容是什么,就要弄清包含于知识中的概念具有什么内容,这就是概念分析。

弗雷格把句子的意义称为"思想"（thought），而罗素则称为"命题"（proposition）。弗雷格有时也用"命题"这个词，我们也这么用。他们对命题究竟是不是前面所说的那种真值条件，持有不同看法。罗素认为是，而弗雷格则认为不是。他们各自的观点我们到相应的章节再处理，这里只关注他们的共同点。他们都认为，命题是除了句子之外的一种实体，它是句子的意义，它独立存在，而句子是因为表达了命题才具有真值。最终，命题是真正的真值载体，句子则只是在派生的意义上具有真值。

1.4　知识的规范性

在弗雷格那里，命题不依赖于句子，它是独立的实体。他为什么要这么认为呢？难道我们不是要先看到或听到一个句子，才能够知道它说的是什么吗？我们可以用一个简单的论证来建立命题独立于句子这个观点。这里只是用我们习惯的方式叙述这个论证，读者可以自己改写成分行的形式。

这个论证是这样的：如果命题依赖于句子，那么在句子不存在的时候，相应的命题将不存在；但是，对任何命题，在表达该命题的特定句子之外，总是存在其他句子，这些句子表达了这个命题；因此，命题独立于句子。

思考："命题独立于特定句子"与"命题独立于所有句子"这两个观点是同一回事吗？如果不是，它们的区别何在？上述论证同时支持这两个结论吗？

～～～～～～～

　　相应的证据很容易得到。我们有多种语言，这些语言之间可以互相翻译。相互翻译的句子所说的内容都相同，而这个共同的内容就是它们所表达的命题。显然，对一个命题来说，即使表达它的某个句子不存在，它还是可以为其他语言的句子所表达。因此，引入了独立存在的命题，就可以解释为何不同语言的句子可以互相翻译——它们所表达的是同一个命题。

　　前面讨论句子与命题的关系时，我们没有说明句子是标记句子还是类型句子。现在可以考虑一下这会产生什么区别。命题显然不是标记句子。命题也不是语法类型句子，比如1.2节末尾处提到的a3）和b3）是两个不同的语法类型句子，但它们表达了同一个命题。但是，我们还没有讨论对类型句子的其他理解方式。有什么类型，这取决于我们按照什么标准来分类。按照语法标准来分类，我们就有语法类型句子。如果按意义标准来分类，我们就会有语义类型句子。只要找到这种标准，就可以考虑命题与语义类型句子之间的关系。在这种情况下可以说，前面提到的a3）和b3）这两个句子是同一个语义类型句子。这样我们就可以猜测说，命题可以不是句子之外的东西，而就是语义类型句子。这样就不需要说，有命题这样一种独立存在的实体了。

　　但弗雷格却明确指出，命题是一种独立存在的实体。他出于一种认识论兴趣引入命题实体。当句子为真时，它所表达的命题就是知识。在弗雷格看来，命题的独立存在保证了知识的客观性和公共性。他进而说，命题这样的实体既不是物理，也不是心理的，而是第三领域中的东西。

也许我们会感到奇怪。我知道某个事实，这当然是我心里知道，因此知识应当是一种心理现象才对。对此我们不妨辨析一下，以便弄清弗雷格的观点究竟是什么。

谁都不会否认，我知道的东西同时也就是我相信的东西，知识必须首先是一种信念(belief)。但不是所有信念都有资格成为知识，我们必须通过某种甄别手段来确定我们应该相信什么。这种手段就是提供理由。某人如果说不出来他为什么相信某件事，我们就不能说他知道那件事，即使那件事确实发生了。无缘无故的信念不是知识，而是运气。知识要求理由，这件事意味着我们必须按某种标准来决定我们应该相信什么。我应该相信的那些东西中就包含了知识。因此，追求知识的过程就是对信念进行规范的过程，在这种意义上知识是规范性的(normative)。这种规范性体现在真这个概念中，它要求我们相信真的信念，而区分真与假的有效手段就是提供理由。这种让我们决定相信某件事的理由，被分析哲学家称为"辩护"(justification)①。

与之相比较，一种心理过程的发生不是规范性的。外界的物理刺激使我产生一个表象，我不由自主地产生这个表象。如果用同样的方式解释信念，那么我也就将不由自主地产生一些信念。这是一个因果性的(causal)过程。因果性的过程是不能允许例外产生的。这样的过程不能提供知识，是因为它不能容纳规范性。从规范性的角度来看，我们之所以能够获得知识，是因为我们可以自主地采纳或

①　"justification"一词在汉语文献里也译为"辨明"、"辩护"或"证成"，这里采用"辩护"这个译法。

放弃一些信念,我们可以选择不让某些信念产生,否则,规范性也就无从谈起。而从因果性的角度来看,这种自主性是不存在的。

当然,弗雷格不可能否认,一些因果性的要素可以作为辩护起作用,这些要素就是来自于感觉,就是表象;他坚持认为,要获得知识还需要表象之外的东西。单依靠表象,我们无法分辨某个表象是错觉还是事物的真正面貌。例如,我有半浸在水中弯曲的筷子的表象,单靠这个表象我无法区分筷子实际上是弯的还是直的。我把筷子拿出来时发现它是直的,但这也不支持我们说筷子本身在水里是直的,因为单通过表象我也不可能否认,筷子本身在拿出水时变直了,而在水里还是弯的。我之所以能够断定筷子浸在水中时还是直的,是因为我拥有关于光线在水中折射的知识,而这种知识不是表象。辩护中所需要的理由必须是独立给出的,因此我们不能利用其他表象来为某个表象提供辩护,而必须藉由非表象的东西来辩护。最终,我们还是需要非心理的东西来为我们提供理由。

正是基于这样的理由,弗雷格坚持说,命题不是心理的东西。从这个立场出发,他就可以进一步坚持说,知识本身也不应该以心理状态的形式存在。这是一种反心理主义(anti-psychologicalism)的立场,这一立场标志着关于知识的一种革命性的看法。我们可以用“语言学转向”(linguistic turn)这个词来为这场革命定位。

1.5 语言学转向

只有摆脱关于知识的心理主义理解,分析哲学才得以建立。弗雷格、罗素以及维特根斯坦都明确反对心理主义。但反对心理主义不是建立观点就可以了,而是要在知识分析的各个局部清除掉由于心理主义理解而带来的不恰当的理论预期。应当有一种技术手段来防止我们按照心理主义的方式看待知识,这种手段就是"语言学转向"带来的。语言学转向不仅遏制了心理主义,而且为理解知识提供了一个更好的支点。这一节,我们将看到反心理主义与语言之间的关系。至于在语言的基础上如何理解知识,随着本书内容的展开,读者会自然而然地看到这一点。

按照心理主义的立场,一切知识都以心理状态或者心理事件的形态存在,因此都受制于心理学定律。这一立场的关键还不在于断定了,知识首先是一种信念,而作为信念,知识受制于心理学;而在于坚持,什么是知识,这一点可以用心理学来解释。换言之,心理主义的立场不止于否认知识本身可以独立于心理状态得到确定,它认为知识本质上就是心理过程。人们同意,辩护实际上是推理过程,因而受制于逻辑,对逻辑的遵从对于知识来说是本质性的;而心理主义进而认为,逻辑律就是一种心理学定律。①

近代哲学是以笛卡尔的认识论研究为开端的,这种哲学与古希腊以及中世纪都很不相同。人们通常把这种哲学的建立,称为"认识论转向"(epistemological turn)。笛卡尔把认识论作为第一哲学,希望通过研究什么样的知识能够抵御他所提出来的关于魔鬼的怀疑论,

---

① 实际上,**弗雷格**所理解的心理主义是一种关于逻辑和算术的观点,它认为逻辑律以及算术知识都是心理学定律起作用的结果,这种作用使得我们的推理活动遵守逻辑律,也使得我们不得不认为算术命题是真的。这里提到的心理主义是一种扩展了的观点。

来把形而上学知识建立在牢靠的基础上。笛卡尔得到的基础就是
"我思"。而"我思"就是观念,就是心理状态和心理过程,"我思"就
是主体对自己的心理状态和心理过程的把握。近代哲学家中的理性
主义者和经验主义者虽然在认识论的重大问题上多有分歧,但就"我
思"的确实性或不可置疑性上,却是一致的。内省心理学实际上主宰
了近代哲学中的认识论思考。像康德这样的先验哲学家,也未能摆
脱这一时代印记。在早期分析哲学家看来,心理主义在近代哲学中
占据了主导地位。

　　在弗雷格看来,心理主义最大的问题就是难以达到知识的客观
性,唯我论是其不可避免的结局。一种客观的知识内容原则上是可
以由不同人共享的,但是,按弗雷格的理解,像观念(idea)这样的心
理实体是私人性的,不可能由不同人共享,因而知识不可能是观念。

　　我们以一种更加尖锐的形式来重述反驳心理主义的论证。[①] 不
妨假定,知识就是观念。观念作为心理过程在人们的心灵之中发生,
我们说观念为特定的人所拥有。当然,不同的人不可能同时拥有同
一个观念,这就像同一些水分子不能同时倒进不同的杯子一样。当
我们说不同的人共享知识时,意思就是说,这些人所拥有的观念是相
似的。但是,如果不假定有不属于两个人的东西,他们的观念与这同
一个东西相对应,我们将不可能说不同的人的观念相似。情况是这
样的:当甲希望判断乙的观念是否与自己相似时,他应当设法知道乙
的观念是什么,而这等于说,要在自己心中产生一个与乙的观念相似

────────────

　　① 这个论证是否属于弗雷格,还不是很明确。但我们确实可以从维特根斯坦的
《哲学研究》中找到类似的论证,这就是他的私人语言论证。

的观念;但是,判断这种相似性,这恰好就是甲要做的事情,于是他就进入了一个循环。我们可以结论说,两个人不可能比较彼此的观念,除非他们参照同一个东西来进行比较。

在弗雷格那里,这就意味着,命题就是人们心灵之外的那个充当参照的东西,也就是说,是作为第三域①实体存在的东西。

有趣的是,弗雷格虽然下了这个断言,但命题的实体性除了用来解释知识具有公共性之外,没有发挥任何其他作用。关键是,命题作为实体的看法对于他如何处理知识内容,也没有起正面作用。倒是另外一种东西无时无刻不在起作用,那就是语言。

回顾一下前一节关于语义类型句子的讨论我们会发现,把命题解释成语义类型句子,而不必解释成独立存在的实体,我们也可以解释知识的公共性。语义类型句子不是心理实体,它本身就是物理形态的句子,只不过按照意义标准进行了分类,从而让我们可以把不同的物理句子看作是同一个命题。就此而论,语义类型句子确实可以建立公共性,它具有物理对象所具有的那种公共性。弗雷格把命题当作实体,其实没有必要。

弗雷格实际上就是通过参照语言来解释知识内容的。他发明了一种被称为"概念文字"(Begriffsschrift)的语言,来充当这种参照物。作为一种符号语言,概念文字的设计目标是,让每个语义类型句子都对应唯一一个物理形态的句子,这样,当谈到一个命题时,我们写下

---

① 在弗雷格那里,"第三域"(the third realm)就是指除了心理的事物和物理的事物之外的客观存在物。

一个句子就可以了。① 在这种情况下，所有在意义上的区别，都对应于符号特征上的区别。这些符号特征就被称为"句法"（syntax）。只要严格按照句法来理解知识，我们也就可以避免重新把知识看作观念，看作我们心里所想到的东西。而这些符号特征，也就为我们处理知识提供了公共的支点。

从近代哲学把知识理解成心理实体，到分析哲学家通过语言来理解知识，这种转变就是我们所说的语言学转向。

这样的表述看起来很轻松，但这种转变的深刻性至今尚未得到充分认识。语言学转向使分析哲学传统得以产生，但当前在这个传统中工作的哲学家仍然会受到心理主义的诱惑，而看不到语言学转向的真正意涵。比如，大部分人仍然会把"蓝色"这类词的意义理解为这个词在我们心目中唤起的表象，人们认为这种对表象的直觉为这个词赋予了意义。但是，这样一来人们就会觉得，不同的人会赋予"蓝色"这个词以不同的意义，因此这个词的意义对不同的人是否一致，这是难以得到保证的。在理解语言时，人们会不由自主地求助于直觉，而直觉恰好就是秉承语言学转向的精神需要加以排除的。对直觉的信任越是根深蒂固，我们就越是感觉到语言学转向的深刻性。

语言学转向主要由弗雷格发起，由维特根斯坦完成。罗素对反对心理主义以及语言学转向都显得相当犹豫。在早期他追随弗雷格，认为逻辑并不受制于心理学，知识拥有自己的独立地位；但到中晚期，罗素实际上回到了心理主义。在当今的分析哲学中，罗素的影

---

① 下面，如果没有指明，我们就在一种宽泛的意义上使用"命题"这个词，用它来称语义类型句子。

响远远超过弗雷格,结果是,直到现在,语言学转向也还不是一个经过充分讨论的话题。尽管如此,它仍然可以充当看待分析哲学传统的坐标系,让我们得以统观整个分析传统。

阅读建议

"语言学转向"一词是由美国哲学家伯格曼(Gustav Bergmann)在一篇关于斯特劳森(Peter Strawson)的《个体》(*Individual*)的书评中首先使用的。在罗蒂编的同名文集(*The Linguistic Turn：Essays in Philosophical Method*, Chicago University Press, 1967/1992)中,语言学转向作为一种方法论得到了充分的探讨。在对分析哲学有了基本的熟悉以后,可以通过阅读该书来对语言学转向本身获得一种更为深入的理解。

对于语言学转向,达米特和哈克各自提供了不同的哲学史解释。达米特的解释散见于《弗雷格——语言哲学》(黄敏译,商务印书馆,2017 年)与《分析哲学起源》(王路译,上海译文出版社,2005 年)中,哈克的解释可以参考他为《牛津分析哲学史手册》(*The Oxford Handbook of the History of Analytic Philosophy*, Michael Beaney ed. , Oxford, 2013)所写的文章"分析哲学中的语言学转向"(P. M. S. Hacker, "The linguistic Turn in Analytic Philosophy")。达米特把语言学转向归于弗雷格,哈克则将其归于维特根斯坦。

第2章 哲学分析的技术基础

　　本章介绍分析哲学处理命题的一般技术,领会这些技术是读懂分析哲学文章的必要条件。分析哲学是一种讲究训练和素养的哲学。以分析哲学的风格进行哲学思考,是一种可以学会的技艺。这种技艺我们可以称为"哲学分析"(philosophical analysis)。

　　哲学分析有多种方式,在本书中我们将见到其中最重要的几种。这里就以最为常见的一种哲学分析为例来获得直观的了解。这种哲学分析就是以精确可靠的方式对所研究的对象进行分解,以弄清此类对象的各要素以及这些要素间的关系。通过哲学分析,我们关于一类对象的知识能够以何种方式得到辩护,也就可以确定下来了。我们在前一章已经知道,语言学转向是分析哲学的起点,而在这一章我们将看到,哲学分析是如何贯彻语言学转向的。

　　应该说哲学分析是所有哲学思考的基础性的工作,方法论意识强的哲学家往往会通过这种分析,来为自己的哲学探究确定方向和步骤。我们可以在像亚里士多德、休谟、康德这样的前分析哲学的著作中看到这种分析的风格。那种思路上的明晰性和逻辑性是哲学分析的特有风格。有的哲学史家把亚里士多德和康德的文风称为"伟大的枯燥",就是对这种风格的一个侧面印象。休谟对散文之美的追求抵消了这种印象。不过,枯燥只是表面现象,一旦进入他们的思路,你就会明白这种枯燥就像门外汉对数学公式的印象一样,是由于技术上的困难包裹和掩盖了晶莹美丽的内核。只要适应了分析思路的展开方式对智力的高规格要求,自然会领略到这种风格的伟大。

与这些前分析哲学家不同,分析哲学家自觉追求这种分析风格。分析哲学为哲学分析提供了理论上的支持,而不仅仅停留在一种看似偶然获得的方法论原则之上。这种理论上的支持就是分析哲学所提供的逻辑哲学和语言哲学,就是关于语言以及语言如何与哲学的基本问题相关联的系统观点。这就使哲学分析落到实处,落到了思想的表达方式、进而思想本身的结构这样一个非常具体的层次。哲学分析的方法论系统是分析哲学为整个哲学事业所做出的贡献,这种贡献不会随着分析哲学传统的衰落而过时——它渗透到哲学文化的底层,成为哲学思考框架的一部分。

现代数理逻辑是哲学分析的技术工具。在弗雷格和罗素那里,数理逻辑是作为算术知识的基础出现的。建立数理逻辑系统,是他们的逻辑主义计划的一部分。我们可以说,分析哲学的基本理念得以诞生,是与逻辑主义(logicism)无法分开的。哲学分析实际上可以看作是贯彻一种普泛的逻辑主义的结果。基于逻辑主义立场对自然数所做的分析,是哲学分析的第一个实例。本章将在讲解哲学分析技术的基础上,解释逻辑主义的基本想法。

对数理逻辑的足够了解通常能使我们在某种程度上领悟哲学分析的技术部分,但这种了解很可能导向数学上的兴趣,而不是导向哲学。本章讲解这种技术主要的哲学内涵,以使读者能够把逻辑技术与哲学分析衔接起来。本章也将有选择地突出数理逻辑中对哲学分析有用的部分。在掌握了一阶谓词演算的基本概念的基础上阅读本章,才会有更大的收获。

2.1　真值函项

　　下面介绍弗雷格是如何分析命题的。弗雷格的分析建立了现代数理逻辑的基础。现代数理逻辑的基础部分被称为"谓词逻辑"(predicate logic),以区别于亚里士多德意义上的三段论逻辑(syllogistic logic)。从名称上就可以看出,弗雷格的数理逻辑的基础是对谓词的处理。因此我们先来理解什么是谓词。①

2.1.1　函数与普遍性

　　弗雷格通过对函数的语义学研究建立对句子进行分析的基本模式。看这样一个函数式:

　　1)$y = x+3$

在代数中,"x"和"y"被称为变元,"x"又叫自变元或主目,"y"则被称为因变元或函数值,函数式 1)表示这两个变元之间的关系。这一点可以用一种更为普遍的形式表达:

　　2)$y = f(x)$

我们用"$f(\ )$"来表示这种关系。把其中的变元赋值,就得到完整的

_____

　　① 这里介绍的命题概念是弗雷格的。罗素所理解的命题形式与此不同。罗素对命题形式的理解,参见 5.2.2 节。

数学命题。通常我们会把这种关系称为函数。在集合论中，函数可以用映射来表达。我们分别为两个变元指定定义域（domain），一个定义域就是变元在其中取值的集合。① 每当 x 在其定义域中取一个值，y 就在自己的定义域中取唯一值。x 的不同取值不一定要对应于 y 的不同取值，不同 x 值可以取同一个 y 值，以此构成从 x 的定义域到 y 的定义域的映射，这种映射关系是多对一或一对一的关系。如果把 2）称为对函数的代数表达，那么利用映射的表达就可以称为集合论表达。

这两种表达有一个很明显的区别。在集合论表达的形式之下，我们必须知道在所有的主目之下的函数值，才能够确定这个函数是什么；但是，只要知道函数的代数表达，我们就可以计算出在所有的主目之下的函数值是多少。也就是说，代数表达为我们把握所有的函数值提供了一个总纲，而集合论表达则没有这样的特点——集合论表达只要求列举所有的函数值。代数表达的这种优点，就在于它能够表达普遍性。

普遍性是一种非常重要的认识论特性。只有具有普遍性的知识才具有认识论上的价值。这一方面是因为，知识不可能只在单个情况下使用，它必须能够运用于多个情况，而这就意味着它具有相应的普遍性。另一方面，更重要的是，知识必须是可以辩护的，而用于辩护的理由必须是普遍的——特殊的理由总是特设性的，是没有解释

---

① 在代数中术语的使用其实更加细致。一般要区分自变元与函数值，即 2）中的 x 和 y 各自的取值。自变元的取值范围被称为"定义域"，函数值的取值范围则被称为"值域"。

力的。鉴于普遍性的重要性,逻辑应当能够表达普遍性。事实上,弗雷格在逻辑学中所做出的最重要的贡献,是发明了量词符号,而量词符号就是弗雷格为了表达普遍性而设计的。后面我们会看到,普遍性这个概念究竟占据了一个什么样的理论地位。

回到关于函数的讨论。接下来就要问,函数的代数表达是怎样表达普遍性的。

注意力很自然就转移到变元上。在上面两种形式中"x"和"y"被称为"变元"。正是因为变元的使用,使得代数表达能够覆盖多个值,从而使其具有普遍性。

那么,是因为变元代表了不同的数,相应地函数才有普遍性的吗? 这样解释的话,我们就会认为变元具有不确定的意义,并且因为变元的意义不确定,我们才通过使用变元而表示了普遍性。这个解释的问题是,如果变元的意义是不确定的,那么由其构成的整个函数式的意义也就是不确定的,但是,我们却认为函数式表达了一种确定的普遍性。

另外一种解释是说,变元的意义是确定的,它们表示数,只不过这些数是变化的。但是,有变化的数吗? 现在把 2 和 6 分别赋给 1)中的 x 和 y,我们得到

　　　　3)$6 = 2 + 3$

但 6 和 2 都不是变化的数,也不是不确定的数。

显然,变元的意思是,我们可以把一些不需要特别指出来的数赋给这两个变元,而这两个变元并不表示这些数。换言之,这两个变元在这里并不起表示某个数的作用,而是标出命题结构中的位置(我们可称之为"主目位置"),从而为构成一个命题创造条件。比如说,把

1)换成下面的形式就很明显:

　　　4)( ) = ( )+3

只要在括号中填上数字,就构成了一个算术命题。换一个函数式,这种作用表现得更明显:

　　　5)$xy+x+y=30$

改成括号的形式:

　　　6)( )·( ) + ( ) + ( )= 30

依照5)的提示,在6)中代入的数字要符合这个要求,要在第一个括号与第三个括号填上同一个数,在第二个括号与第四个括号填上同一个数。

　　这能够说明什么呢?这说明在函数表达式中,变元是一个句法(syntactical)概念,它表明的是函数表达式的结构,而不是关于所表示的东西的语义(semantic)概念。[①]与变元对立的是常项,例如4)中的"3"。常项是语义概念,"3"就表示自然数3。

　　这样一来,对函数如何表达普遍性,我们就有了一种解释。函数之所以能够表达普遍性,是因为它就句法形式而言提供了一种结构,而变元标出了结构中的空位,空位允许用不同的数来填充,填充以后得到的式子则表示函数值。用结构来表达普遍性,其要点就在于,(1)函数式是从句法层次理解的,(2)函数式是一个有空位的结构。因此,弗雷格把函数式的这种特征称为"不饱和性"(unsaturatedness)。与此相反,函数值以及变元的值则是饱和的,其句法形式中

――――――――――――

　　① 在逻辑学和在分析哲学文献中,"表达式"(expression)都是指一个句子中可以按照语法分离出来的表意结构。一个词、一个符号、一个句子,这些都可以是表达式。

不含有空位。

像"空位"以及"不饱和"这样的词,看起来像是一种形象的说法,但在弗雷格那里这种说法却要按照严格的字面意义来理解。像4)这样的函数结构就是把一个完整的算术命题中的一部分略去以后得到的,比如我们把"8＝5＋3"中的"8"和"5"略去,就会得到4)。略去以后,原来的"8"和"5"就变成了空位,而含有这种空位的结构就是不饱和的。弗雷格认为,含有空位,不饱和性,这些就是函数的本质。当他把函数的概念推广到一般命题形式以后,这些特性也为构成命题的函项所具备。

2.1.2 命题的函项结构

现在把对函数的讨论推广到一般的命题形式。我们讨论的不仅仅是数,于是就使用"项"(term)这个词来统称函数值与自变元。这时,我们也用"函项"(function)这个词。看下面这个命题:

　　7)海伦是特洛伊的公主。

这个命题提到两个东西,海伦这个人和特洛伊这个城邦。我们把"海伦"和"特洛伊"这两个词去掉,并代之以变元,于是就可以变换成下面的形式:

　　8)x 是 y 的公主。

它说的是两个东西之间的关系,一个是另一个的公主。因而我们可以把8)写成这种函项式:

　　9)$x = P(y)$;或 ( )＝P( )。

其中"P( )"表示"( )的公主"。8)也可以换成这种形式:

10)x 是特洛伊的公主。

在这个形式中,把"x"换成代表不同对象的词,就得到不同的命题。现在问:能否把 10)写成函项式呢?

如果用"T( )"来表示"是特洛伊的公主",那么就会得到这样一个函项式:

11)T(x)。

这当然是一个命题形式,就像 9)一样。虽然这里出现了形式一样的"P( )"和"T( )",但是,我们可以说前一个表示的是关系(relation),需要为两个变元取值才能构成完整的命题,而后一个表示性质(property),只需要为一个变元取值就行了。这就是说 11)与 9)一样,都是完整的命题形式。但是,我们在前面就知道,函项应当表示关系,11)所表示的是赋给 x 的东西与什么之间的关系呢?如果把这个与赋给 x 的东西有关系的东西留给一个变元 y,就会得到:

12)$y = $T($x$)

这样一个函项,y 是函数值。问题是,y 的值是什么。

一个直接的想法是,既然在 11)中给 x 赋一个值以后得到的是一个命题,那么 y 的值就是一个命题。比如说"海伦是特洛伊的公主"这个命题。但是,这样理解似乎说明不了什么,因为无论对 x 赋一个什么样的值,它都得出了一个由此构成的命题。而在函数的情况下,函数值一般来说都是新的、不同于函数式的东西。比如在"$y = x+3$"中,"y"肯定不同于"$x+3$"。只有这样,这个函数才表示分别为"x"和"y"所表示的两个东西之间的关系。

弗雷格的想法是,12)中的 y 要以真或假为值。这个想法看来是很自然的。在 1)中,给 x 赋值 3,而 y 的取值就取决于由此得到的"3

+3";同样,在12)中给 x 赋值海伦这个人,由此得到的命题"海伦是特洛伊的公主"就决定了 y 取何值;既然任何一个命题都会有唯一真值, y 取真值就恰好满足了函数应当是多对一关系这一点。

这样就获得了一种以真值为函数值的函项。在弗雷格那里,这样做是恰当的,因为在他看来真正具有真值的只能是命题,因此以真值为值的函项所构成的式子就只能是命题。

从10)到11)的转换可以看出,以真值为值的函项实际上就相当于谓词。另外,我们也可以按照8)的提示用函项 P(x , y) 来表示" x 是 y 的公主",在以真值作为值的情况下,这个函项就表示 x 和 y 的关系。在这种意义上得出的函项也相当于谓词。在数理逻辑中称这种以真值为值的函项为"谓词"(predicate)。谓词既可以表示性质,也可以表示关系。表示性质时,作为谓词的真值函项就只有一个自变元;如果真值函项有两个或多个自变元,就表示关系。相应地,用函项来刻画命题得到的逻辑称为"谓词逻辑"。

思考:逻辑联结词是不是谓词? 为什么?

函项这个概念比亚里士多德以来的逻辑学能够更好地刻画命题。后者是一种建立在词项基础上的逻辑,因而又被称为"词项逻辑"(term logic)。它认为命题是由一些地位平等的词项连接而成的,每个词项都对应于一个集合,因此命题就表示这些集合间的包含关系。例如在这样一个著名的三段论中:

13)所有人都是有死的。

14)苏格拉底是人。

15）因此，苏格拉底是有死的。

"苏格拉底"这个词项被认为对应于一个仅有一个要素的集合，这个要素就是苏格拉底这个人。于是整个推理就是这样的，苏格拉底所在的集合包含于人的集合中，而人的集合包含于有死者的集合中，因此苏格拉底所在的集合包含于有死者的集合中。值得注意的是，13）—15）中都包含了系词"是"，而这个系词被解释为包含，这一点使我们能够顺利地运用集合的包含关系来解释推理。集合 A 包含于集合 B 中，就是说 A 是 B 的子集。但这种方法不能顺利地处理表述关系的命题，在这些命题中，连接那些词项的除了系词，还包括像动词、形容词和介词这样的实词。例如：

16）亚里士多德比苏格拉底高。

在这个命题中，我们需要把"比……高"也作为一个词项来处理，于是就需要一种连接三个词项的关系来连接"亚里士多德"、"苏格拉底"以及"比……高"，使其构成一个完整的命题。由于对应于系词"是"的包含关系只能连接两个词项，这里需要的就不是这种关系，而是一种新的关系。不管是什么样的关系，我们用"R"来表示它，于是就得到

17）亚里士多德、苏格拉底、与比……高具有关系 R。

按照亚里士多德的词项逻辑，只有描述了命题 17），才算正确地描述了 16）。这就要求我们按照分析 16）的思路来处理 17），如此一来就进入了无穷后退，使我们不能最终得到刻画 16）的命题形式。这个例子表明，词项逻辑无法处理关系命题。

按照真值函项概念，可以直接刻画关系命题。不妨用"$L(x, y)$"来表示 x 比 y 高，于是 16）就可以写成：

18)L(亚里士多德,苏格拉底)。

其中的函项本身就是一个命题框架,它除了表示性质或关系以外,还具有表明命题结构的作用,因而与主目不在一个层次上。主目仅仅表示命题之外的某个东西。命题结构本身就构成了它与两个主目的结合,为了达到这种结合,并不需要另外一个东西,因而不会有词项逻辑所面临的困难。

函项具有建立命题结构的功能,而主目没有,这个区别可以这样表述:主目仅仅是指称对象,而函项则在一种不严格的意义上表示命题结构。这个区别在弗雷格那里被理解为,主目所指的东西是完整的或饱和的,函项由于含有空位,则是不完整不饱和的。他认为这个区分就是主词所指的东西(对象)与谓词所指的东西(概念)间的区分。弗雷格关于谓词与主词的区别是早期分析哲学中一个有趣而又困难的问题,这个问题可以引导我们思考逻辑的本性。

思考:请比较一下函项与词项的区别,在此基础上回答,为何词项逻辑不能处理谓词逻辑能够处理的关系命题。

提示:考虑一下真值函项是如何得到的,以及真值函项与命题间有什么联系。

2.2　量词

函项的概念为建立量词这个概念提供了基础,而量词的引入则被认为是现代数理逻辑中最有意义的发现。① 大部分哲学家认为,由于量词的引入,安瑟伦(Anselm)论证上帝存在的本体论证明被表明是无效的。量词对于本体论问题提供了一个极有希望的解决方案,这个方案成为部分分析哲学家思考问题的基础。本节将展示量词概念的基本内涵,下一节处理量词与本体论证明的关系;量词概念导出的解决本体论问题的方案,将在本书5.2节介绍。

2.2.1　量词的语法形式

逻辑上所谓量词(quantifier),就是出现于命题中的这样一些表示数量的词项:"有些"、"至少有一个"、"所有"、"每个"、"若干"等。这些词项本身可以带有否定作为附加成分,并与名词一起构成命题的成分。例如这样一些命题:

1)有些人是有死的。

2)并非所有人都不是有死的。

3)所有人都是有死的。

4)并非有些人不是有死的。

按照语法形式,这些命题具有这样一个共同特点,即含有数量词的名词词组构成了语法主词。2)和4)就是对数量词本身进行否定所得到的形式。要解释量词是什么,就要解释为什么可以这样进行否定。

---

① 参见达米特:《弗雷格——语言哲学》,黄敏译,商务印书馆,2017 年,导论,第34 页。

通过观察不难发现,1)和2)总是有同样的真值,3)和4)也是如此。这表明,通过在适当的地方添加否定词,可以把一些数量词换成另外一些数量词。事实上,所有含有数量词(包括"有 3 个人"这样的含有特定数词的词组)的命题,都可以运用某些技术改写成仅仅包含"有些"或"所有"这样的数量词的命题。因此,在数理逻辑中就只采用"所有"和"有些"这两个量词。当然,由于这两个量词之间也可以相互归约,这种使用两个量词的做法往往是出于方便考虑的。

通常,人们把"所有"称为"全称量词"(universal quantifier);把"有些"称为"存在量词"(existential quantifier)。含有量词的命题被称为"概括命题"(general proposition),不含有量词的命题则被称为"单称命题"(singular proposition)。

2.2.2　量词的逻辑形式

量词的语法形式具有很强的欺骗性。在1)中,主语是词组"有些人",但若把1)按真值函项的方式改写,把"有些人"当作主目位置上的词组,我们发现这个主目并不指某个确定的东西,因而显然不同于"张三"或"李四"这样的人名。把"有些人"所指的东西看作是一些人构成的集合也不能解决问题。1)不是一个关于集合的断定,而是关于人的断定。因此,我们不能认为1)与"张三是有死的"这样的句子有相同的逻辑形式。

我们不能相信语法形式的另一个理由是,对于一个本质上是名词词组的东西是不能进行否定的,否定只能用于谓词,因此就能够否定量词而言,不能认为量词是主目的一部分。一个命题可以用来进行断定,在这种意义上我们可以对这个命题进行否定。否定总是附加在谓词上的。我们可以说张三不跑,不跳,但不能把“并非张三在跑”理解成有一个东西是“并非张三”所指的东西,是这个东西在跑。

思考:当然可以把2)和4)中包含的第一个“并非”看作是对整个句子的否定,而不是对量词的否定。这种理解能使我们继续坚持这两个句子的主词分别是“所有人”和“有些人”吗?尝试一下,不借助前面所说的这两个词组所指不确定这个理由来做出判定。

理解量词本质的一个很好的线索是,把存在概括命题理解成若干单称命题的析取,而把全称概括命题理解成若干单称命题的合取。例如对于1)可以这样处理:令函项符号“M(x)”表示 x 是有死的,再列举所有人的名称,用小写字母表示,于是就得到

1′)M(a) $\lor$ M(b) $\lor$ M(c) $\lor$ …

3′)M(a) $\land$ M(b) $\land$ M(c) $\land$ …

它们分别是1)和3)的改写形式。这样一来就很好地避免了前面指出的两个困难。读者可以自行验证这一点。

思考:结合1′)和3′)的改写形式,验证1)和2),以及3)和4)间的等价性。

但是,这种改写的形式实际上是不能运用的,因为它需要穷举例

如所有人,而通常这无法办到。

　　弗雷格所采取的策略是,把量词与谓词的特性联系起来,这种特性无须穷举变元的所有取值就可以确定下来,因为这种特性仅仅与谓词有关系。比如,就拿全称量词来说,下面的命题无须考虑变元的值就可以确定是真的:

　　　　5)对所有 x, $x(x+2)=x^2+2x$。

这个命题之为真,是由谓词的结构决定的。在这种情况下,全称量词就表明了这种谓词的一种性质,即它具有这样一种结构特征,以至于无论这个谓词的主目取什么值,由此所得到的命题都是真的。这样,全称量词就是一种表示普遍性的谓词,这种谓词的主目就是谓词。在这种意义上,全称量词被称为"二阶谓词"(second order predicate)。而全称量词表示其普遍性的那个谓词,就被称为"一阶谓词"(first order predicate)。全称量词(以及存在量词)由于表示一阶谓词的性质,因而是二阶谓词,即谓词的谓词。

　　这里要注意,对普遍性我们会有两种不同的理解,一种我们称为"所有解释",另一种则称为"任意解释"。所有解释的意思是说,通过列举所有的情况,我们发现某件事都是成立的,在这种情况下我们就说这件事具有普遍性。比如,当我们逐个考察所有人,发现所有人都是有死的,那么"所有人都是有死的"这个句子就是真的。按照任意解释,普遍性的意思就是说,任取一种情况,某件事都成立,换言之,这件事成立与否,并不取决于在何种情况下考虑。比如说,我们任意画出一个三角形,通过做辅助线发现这个三角形的内角之和是两个直角,于是我们断定所有三角形的内角之和都是两个直角。在前一种情况下,普遍性是一种归纳,而在后一种情况下,普遍性则是由稳定的结构保证的。容易看出,在弗雷格那里,普遍性是采取后一种解释的。[1]

在很多时候,我们都可以用没有内在结构的符号来表示一阶谓词,但是,当用弗雷格的方式来解释普遍性,谓词就一定有内在结构。有了这种结构,我们无须考虑谓词主目,就可以确认由此构成的命题是否是真的。这种结构必须得到恰当的表达。比如,如果把5)中的一阶谓词写成

6) $x(x+2) = y^2+2y$

那么其结构也就消失了,因为等号两边的部分使用了不同变元。为了保证这种结构特性,必须保持5)中变元之间的对应关系,也就是说,保证其中出现的"x"都取同一个值。

为了表现量词所表示的是一阶谓词的性质,而不是一阶谓词主目的性质,我们需要一种被称为"约束"(binding)的概念。在使用量词时,我们会假定一阶谓词的主目不是真正的变元,而是类似于常项,而一阶谓词则是变元的值。为了达到这个目的,我们对一阶谓词的主目进行约束,从而让一阶谓词本身成为变元的值,在这种情况下,这个变元的值就是二阶谓词的主目了。

为了看到这一点,我们比较下面几个式子:

7) 苏格拉底是有死的。

8) x 是有死的。

9) 苏格拉底 x。

---

[1] 参见弗雷格的文章"论普遍性"("Logical generality", in *Posthumous Writings*, Hans Hermes, et. al. ed., Peter Long, Roger White trans., Basil Blackwell & Oxford, 1979, pp. 258—262)。

对句子 7),我们可以把它看作是对 8)中的变元(即一阶谓词的主目变元)进行赋值得到的,此时所赋的值是饱和的表达式,即"苏格拉底";也可以将其看作是对 9)中的变元进行赋值得到的,此时所赋的值是一阶谓词。在后一种情况下,如果也用变元来替换"苏格拉底",我们就必须将这个变元看作是固定的,它不被赋值;而为了构成完整命题而需要赋值的,是表示一阶谓词的那个变元。

在数理逻辑中用这样的表达式表示约束:

1″) $\exists x \mathrm{M}(x)$;

3″) $\forall x \mathrm{M}(x)$ 。

在数理逻辑中常用的这两个表达式中,我们在量词(存在量词"$\exists$"和全称量词"$\forall$")符号后面添加变元符号"x",以此表示被约束的是一阶谓词"M"的主目。与量词符号后面出现的符号相同的变元符号一定要出现在函项符号的主目位置上,以表明量词是哪个函项的谓词。在上述例子中,我们说变元 x 为量词所约束,并称 x 为"约束变元"(bound variable)。

2.2.3　量词的辖域与定义域

句子中含有为某个量词所约束的变元的那部分,就是该量词的辖域(scope)。位于辖域中的谓词结构表达了弗雷格认为具有普遍性的结构。

为了理解这些术语,看下面的例子:

10)$(\exists x \mathrm{F}(x)) \vee (\forall y \mathrm{G}(y))$

11)$(\exists x \mathrm{F}(x)) \vee (\forall x \mathrm{G}(x))$

12) $\exists x \forall y (F(x) \vee G(y))$

13) $\exists x \forall x (F(x) \vee G(x))$

在 10)中,变元 x 和 y 分别为存在量词和全称量词所约束。其中存在量词的辖域包含了函项 $F(x)$,全称量词的辖域包含函项 $G(y)$。变元符号的作用仅仅在于表明量词与一阶谓词间的关系,即一阶谓词的主目为量词所约束,这里的关键在于量词后面的变元符号与量词所约束的函项主目符号相同。当辖域通过使用逻辑联结词自行区分开,我们就可以同时改变量词后面的变元符号与辖域中的函项主目符号,只要保持两者一致就行。因此 10)可以等价地写成 11)。另一方面,只要辖域由变元符号标明了,我们就可以把量词放在一起,从而把 10)写成 12)这样的等价形式。注意,如果写成 13)的形式,就无法区分全称量词与存在量词的辖域。

练习:请说明下列各命题中各个量词的辖域,并仿照 10)—12)的例子写出下列命题的等价形式:

a. $\exists x F(x) \wedge \forall x \exists y G(x, y)$

b. $\exists x F(x) \wedge \forall x G(x, y)$

c. $\exists x F(x) \wedge \forall x \exists y (G(x, y) \vee H(a))$

d. $\exists x (F(x) \wedge \forall y G(x, y))$

量词的概念通常与定义域(domain)联系在一起。量词的定义域就是约束变元的取值范围。在 1″)中,我们令变元符号"x"在由所有人构成的集合中取值,这个集合就是变元 x 的定义域。这样 1″)就可以解释为,这个定义域中的某些值满足谓词"是有死的",即函项

$M(x)$。

不同命题中量词可能对应不同的定义域。如果1)所说的不是人,而是"有些植物是有死的",那么我们就得到了与1″)相同的符号形式,但它与1″)表示不同的命题。区别在于定义域,新的命题以所有植物构成的集合为定义域。在符号形式中我们看不出定义域上的不同,因此要考虑一种方法,使这种差别表现为符号形式的差别。

通常采取的方法是,把定义域上的明确限制改写成谓词形式,然后再对改写以后的形式使用量词。例如把1)改写成:

  14)对有些 x,x 是人并且 x 是有死的。

然后写成符号形式:

  15) $\exists x(H(x) \land M(x))$。

其中的函项符号"$H(x)$"表示谓词"是人"。由此获得的符号形式对于定义域就没有特殊要求了。如果对"有些植物是有死的"进行改写,就会得到这样的形式:

  16) $\exists x(P(x) \land M(x))$。

其中的函项符号"$P(x)$"表示谓词"是植物"。定义域上的特殊要求用不同的谓词符号表示出来,而变元符号"x"的定义域对于15)和16)是相同的。

相应地,我们会把3)写成

  17) $\forall x(H(x) \rightarrow M(x))$。

经过这样的改写,变元就可以在所有东西中取值,也就是说,其定义域就是全域(universe)。所有变元都在全域上取值,我们称这些变元为"单一变元"(singular variable)。

除了量词上的区别,17)与15)使用了不同的逻辑联结词。通常,为了消除定义域的特殊限制,在存在量词的辖域中使用合取,而在全称量词辖域中使用蕴涵。

思考:为何在15)与17)间要有这样的区别?为何17)不用"$\forall x$
$(H(x) \wedge M(x))$"?

提示:在没有人存在的时候,1)与3)的真值是怎样的?这种在真值上的区别对相应的符号形式有什么要求?

引入了定义域概念,我们就可以用另外一种方式来说明量词为什么是二阶谓词。为了说明这一点,我们先引入一种被称为"满足"(satisfaction)的关系,这种关系存在于一阶谓词和一个主目的值之间。比如,我们可以说苏格拉底这个人满足"是有死的"这个一阶谓词。这种关系成立的条件是,所提到的主目与一阶谓词构成真命题。比如,当"苏格拉底"这个词(作为主目)与"是有死的"这个一阶谓词构成的命题"苏格拉底是有死的"是真的,那么苏格拉底就满足"是有死的"这个谓词。

利用满足这个概念,我们就可以说"对所有的x,x是有死的"这个全称命题被解释为x的定义域中所有的值都满足"是有死的"这个一阶谓词。于是,这个命题所表明的就是一个集合(即x的定义域)与一个一阶谓词之间的关系。如果用了一种方式消除了对定义域的限制,那么我们也就不必单独说明定义域,此时我们可以说,一阶谓词总是被满足。相应地,存在量词也就表示一阶谓词是可以满足的。由此我们就清楚地看到,量词所表示的是一阶谓词的性质或关系,因而其本身是二阶谓词。

2.3　存在

"存在"(existence)这个词是量词,它是二阶谓词。当我们说某某存在,就是在说相应的那个函项可以被满足。例如说"绿色的东西存在",其实就是在说,"是绿色的"这个谓词是可以满足的。

这看起来像是一种比较奇怪的说法。我们通常认为,存在的是某个特定的东西,而不是一个谓词。但是,按照这里的分析,我们也没有说一个谓词存在,而是说某个谓词可以被满足。这里的区别在于,当量词被理解成二阶谓词时,我们利用的主目实际上是一个函项,而不是这个函项的主目;而当量词按照日常语言的表达方式使用时,却在语法形式上以这个函项的主目为主语,我们说"绿色的东西存在",而不说"是绿色存在"。这个区别可以说就是语法形式与逻辑形式的区别。按照语法形式,"存在"是一阶谓词,而按逻辑形式,却是二阶谓词。

如果这里给出的关于量词的逻辑解释是对的,那么通常使用"存在"一词构成的命题就具有很大的欺骗性,因为传统的哲学正是受到这类命题的语法形式的诱导来提出和回答问题的。哲学的基础被认为是本体论(ontology),而本体论又被认为是关于何物存在的一系列断定。但是,"何物存在"这个问题本身往往被理解成,世界上有什么东西存在,而不是什么谓词能被满足。这里我们先不忙一般性地讨论本体论问题应该如何问,而是看历史上一个非常典型的例子,以此展示量词分析技术一个直接的哲学后果。

2.3.1 安瑟伦的本体论证明

这个例子就是著名的关于上帝存在的本体论证明(the ontological argument)。其原文如下:

> 因此,主啊,您把理解赐予信仰。只要您知道这有助于我,就准予我领会到,您之存在正如我们之所信,您之所是也正如我们之所信。现在,我们相信,在我们之所能想者中,没有比您更伟大的。那么,会由于愚人在心底说,"没有上帝",就果真没有这样的东西能存在吗?这个愚人听我讲说,"所能想者中没有比它更伟大的",他必定理解这话;即使他不领会它存在于实在中,他所理解的也存在于他的观念中。一个对象存在于观念中是一回事,而领会到它存在于实在中,是另一回事。例如一个画匠,在事先计划要画什么时,它只在他的观念中;由于他还没有画,他不会认为它存在。但一旦他把它画了出来,它就既在他的观念中,又被他认为是存在的,因为他已经画了。因此,即使是愚人也不得不承认,由于他听到并理解了,并且理解到的存在于观念中,所能想最伟大的东西至少存在于他的观念中。但是,所能想最伟大的东西不可能仅仅存在于观念中。因为如果它仅仅存在于观念中,那么就可以设想它也存在于实在中,而这使它更为伟大。因此,如果所能想最伟大的东西只存在于观念中,那么正是这个不能想比它更伟大的东西,成了可以想比它更伟大的东西。这显然是不可能的。因此毫无疑问,不能想比它更伟大的

东西既存在于观念中,也存在于实在中。①

　　这个论证以热情洋溢的祷文形式出现,但其逻辑性之强,论证步骤之简洁优美,却是史所罕见的。可以这么说,无论是谁,单单是提出本体论论证这一件事,就足以使他名垂青史。

～～～～～

　　练习:请按照分行的形式重构安瑟伦的本体论证明。

～～～～～

　　如果这个论证是对的,那么只要在我们的想象中是最伟大的东西,我们就必须承认这个东西存在。"最伟大"这个词仅仅利用了"没有其他东西更伟大"这样一种意义。这允许有多个最伟大的东西,它们同样伟大,而没有一个比另一个更伟大。这样一来,如果我设想所有东西都同样是最伟大的,那么按照这个论证,这些东西都将存在。这个结果是不可接受的,因为这就意味着会有多个上帝都存在——按照基督教教义,上帝只有一个。但这仅仅说明了这个论证证明了过多的东西,②而不能说明这个论证是错的。不过,这已经足以使这个论证变得可疑了。问题是疑点究竟在哪里。

　　话说回来,安瑟伦的这个论证并不是想无条件地论证上帝存在。这个论证要成立,需要上帝已经是所能想的东西中最伟大的东西,需

―――――

　　① Anselm, *Proslogin*, chap. 2, in *Anselm: Basic Writings*, ed. and trans. by Thomas Williams, Hackett Publishing Company, Inc., 2007.

　　② 在论证结论 A 时采取的论证思路 B 不仅能够论证 A,而且能够论证结论 C,但 C 是我们不愿意接受的,这种情况就叫作"论证过多"。产生论证过多的原因可能是 B 有问题,也可能是 B 的适用范围没有得到恰当的限制。论证过多不一定意味着论证本身是错的。但是,如果能够证明论证过多不是由于 B 的适用范围未加限制,那么我们可以认为论证本身有问题。

要这一点已经被接受了。显然,这对于上帝的信仰者来说才是真的。事实上,安瑟伦的这个论证的真正目的在于表明,能够赋予信仰以理性的形式。这样做本身就是以信仰为前提的。不过,不管怎样,这个论证为后来的哲学家提出了一个强有力的挑战——我们究竟应当以何种方式来理解存在。

论证的关键之处在于,上帝的存在使得上帝更加伟大。当然,由于我们是依据一个东西所具有的性质来判断它是否伟大,安瑟伦就是按照实体—性质的模式来理解"上帝存在"这个命题的。

2.3.2 康德的反驳

现代的数理逻辑建立之前,安瑟伦的论证遇到的最有力的挑战来自于康德。康德的反驳是这样的:

"是"(Sein,又译"存在")显然不是一个真正的述项;就是说,它不是可以加在一个东西的概念之上的某种东西的概念。它只是肯定一个东西,或者肯定地确定作为在其本身存在着的某种东西。在逻辑上说来,它只是一个判断的连系词。"上帝是万能的"这个命题含有两个概念,其中每一个都有它的对象,即上帝与万能性。"是"这个小词并不增加什么新的述项,而只是用来肯定述项对其主项的关系。如果现在我们拿这个主项(上帝)连同它的一切述项(万能性在内)而说:"上帝是",或者说"有一个上帝",我们并不把任何新的述项附属于上帝这个概念,而只是肯定这个主项自身连同一切它的述项,而且事实上是肯定它是作为与我的概念有关系的一个对象。对象与概念两者的内容必须同为一个;我通过"它是"两个字来把它的对象思维为绝对所予的,但对于只表示什么是可能的概念,这并没有增加什么。换句话说,实在的东西所包含的不会多于仅仅是可能的东西。实在的 100 元钱所包含的不比可能的 100 元钱所包含的多一分一毫。因为,可能的 100 元是指概念说的,而实在的 100 元是指对象与对象的肯定说的,如果指对象说的比指概念说的包含更多,那么我的概念就不表示那整个对象,因而就不是这对象的适当概念了。可是实在的 100 元对我的经济状况的影响与 100 元的纯然概念的影响(即 100 元的可能性的概念的影响)却不相同。因为,实际存在的对象,在分析上并不包含在我的概念里面,而是在综合上加在我的概念之上的(而这个概念乃是我的状态的一种确定),然而所设想的 100 元,并不像实在的 100 元这样在我的概念之外获得存在,并且有所增加。[1]

这个反驳相当复杂,但在清除了理解上的一些障碍以后,整个思路还是清楚的。首先,"存在"这个词在德文语法上与系词是同一个词,后者对应于汉语里的"是"。英文也是如此。"be"这个词既有系词的语法功能,例如"The whale is animal",又有表示存在的意思,例如"There is a whale"。我们有时候会看到"be"的动名词形式"being"和不定式形式"to be",前者就有"存在者"的意思,例如在"human beings"这个词组中,而后者则有"去存在"的意思,例如在"To be, or not to be"中。另一个困难是"述项"这个概念。看起来述项就相当于我们所说的谓词,但却又不同。从语法上说,康德所说的述项不包括

---

① 康德:《纯粹理性批判》A599/B627,韦卓民译,华中师范大学出版社,1991 年。

系词,例如"上帝是万能的"这个句子的述项就是"万能性";我们所说的谓词把系词吸收在内,因而是"是万能的"。正是由于这一点,在康德那里系词才独立地加以考虑。在康德那里一个命题就是把两个东西连接起来构成的,即主项所代表的概念和述项所代表的概念通过系词连接起来,系词起了建立命题结构的作用。这样一来,康德就可以把述项所表示的东西与主项所表示的东西看作是一类东西,而没有我们的主目与函项的区分。康德在词项逻辑的框架内考虑问题,这一点是我们需要注意的。这个框架区别于现代逻辑的真值函项框架,这种背景上的区别使我们不能直接借用康德的思路。

现在来看康德是如何反驳安瑟伦的。他的思路可以分为两个部分,第一个部分对关于存在的命题进行了概念上的分析,第二部分则从概念与对象的关系角度说明了存在判断的本质。下面我们依次讨论。

首先,康德利用"存在"这个词在语法上就是系词这一特点,说明这个词并没有概念上的内容。用康德的方式说就是,"存在"不是一个真正的述项。所谓真正的述项,就是指通常意义上的谓语,我们把它与主项连接起来会告诉我们一些事情,用康德的话来说,就是对于主项的概念有所添加。比如在"鲸鱼是哺乳动物"这个命题中,"哺乳动物"这个词就是一个真正的述项,它与主项"鲸鱼"连接起来告诉我们了一个内容。显然,真正的述项作为概念讲,其内容并不包含在主项概念中。例如,在"鲸鱼"这个概念中并不包含"哺乳动物"这个概念。当我们想象一头鲸鱼时,可以并不知道所想象的就是一头哺乳动物,因此想象一头鲸鱼,并不意味着想象一头是哺乳动物的鲸鱼。但"存在"不是这样的述项,我想象100元钱,与想象存在的100

元钱,没有什么不同。因此,"存在"在概念上并没有为其主项添加任何东西。

康德思路的第二部分从另外一个角度来考虑。"存在"这个概念的引入造成了概念内容与实在的对象间的区别,后者就是存在的东西。因此康德谈到了可能的东西与实在的东西。这个角度与前一部分讨论的角度不同。前一部分是从概念内容上讨论关于存在的命题,这一部分则是从命题所陈述的情况来考虑,换句话说,从命题的真值条件来考虑。如果"100 元钱存在"这个命题是真的,那么我的经济状况就会有所不同,这里,想象的 100 元与实在的 100 元显然是不同的。但是,由于"存在"在概念上对主项并没有添加什么,由此造成的差别就不是概念上的。这种差别在康德那里是这样解释的:实际存在的东西是在概念上的东西的基础上有所添加产生的,实际存在的 100 元比单纯想象的 100 元多出了一些东西,实际存在的 100 元是想象的 100 元与存在的综合。如果确实是这样一种综合,那么单从想象的 100 元,就不能得到实际存在的 100 元。

第一部分所断定的是,"存在"不是一个真正的述项。这是就概念而言的,"存在"一词没有概念内容。第二部分则主张"存在"是与任何概念相对立的东西,它并不包含在任何概念中,而是从"外面"进行综合。针对本体论证明说情况就是,上帝的概念中并不包含存在,因此对上帝的任何一种想象都不能证明上帝存在。从康德的观点看,安瑟伦所证明的存在,不过是从上帝的概念中抽取出存在的概念,换言之,不过是通过想象上帝来想象存在;就"存在"没有概念内容而言,我们可以从任何东西的概念中抽取这种"存在",但这都不是真正的存在。真正的存在与概念相对立,在概念之外,是任何从概念出发的论证都无法证明的。

康德的反驳看起来是极有力的。他迫使关于上帝存在的本体论证明进入了一个两难境地。1)本体论证明是从上帝的概念中抽取存在,因而要求存在包含在上帝的概念中;另一方面,2)如果承认任何东西的存在和仅仅是想象这个东西是有区别的,那么存在就不包含在这个东西的概念中(当然也就不包含于任何概念中)。这样一来,如果本体论证明的目的是要论证上帝不仅是一个概念(即仅仅在想象中),而且要实际存在,那么就预先假定了存在的与想象的不同,因而按照2),存在不包含在上帝的概念中;但是,按照1),既然存在不包含在上帝的概念中,就不可能从上帝的概念出发证明上帝存在。

但是,仔细分析一下,还是可以发现不令人满意的地方。既然存在的加入造成了区别,那么它就应当有某些概念内容,否则我们根本就不能设想这种区别;而如果存在具有概念内容,那么它就应当是一个真正的述项。如果存在确实有概念内容,那么它就可以被包含在一个概念中,例如包含在上帝这个概念中。这样一来,安瑟伦就可以宣称,本体论证明不过是使愚人意识到自己以前没有意识到的事情,即想象上帝就必定想象上帝存在,从而摆脱康德所设下的两难陷阱。康德的陷阱之所以有效,在于否认存在具有任何概念内容,这样一来愚人无论如何也无法明白安瑟伦想使他明白的道理。但是,其结果是,不是愚人的安瑟伦也无法断定任何东西存在。

2.3.3 从当代的逻辑观点看这个证明

康德是否成功地反驳了安瑟伦,这还是值得怀疑的。不过,康德断言"存在"不是一个真正的述项,这似乎还是有些合理的成分。分析哲学家把这一断言理解为,"存在"不是一个一阶谓词。康德似乎不可能有二阶谓词的概念,不过,如果把"存在"当作二阶谓词,那么康德的这样两个观点就可以得到协调:1)"存在"一词没有概念内容,2)一个东西的实际存在与仅仅想象这个东西是有区别的。从现代数理逻辑的角度来看,前者就是说"存在"不是一阶谓词,不能用于一个主目所表示的对象,因此对于这个对象来说,存在和不存在是没有区别的;后者则可以理解为,一个实际存在的东西满足了一个一阶谓词,而单纯想象的东西则不能满足,因而是有区别的,而这就相当于说,"存在"终究是一个谓词。如果认为"存在"是二阶谓词,这两者也就同时成立了。

由于现代数理逻辑关于量词的处理能够帮助康德反驳安瑟伦,我们就可以利用这种处理来直接反驳,而不必利用康德复杂的术语体系。就以"存在"是二阶谓词这一点作为前提来做这件事。考虑两种情况。第一种情况假定"上帝"这个词在"上帝存在"这个命题中作为主目,这个主目不是一阶谓词,而是表示一个对象。这样一来,由于"存在"是二阶谓词,其主目只能是一阶谓词,一阶谓词不表示对象,因此我们无法得到"上帝存在"这个命题。第二种情况则是假定"上帝"这个词是一个一阶谓词,即"x 是上帝",于是"上帝存在"这个命题就被理解为"'x 是上帝'这个谓词是可以满足的"。在安瑟伦的论证中,存在被认为包含在最伟大这一性质中。由于我们说的是一个对象伟大,而不是说一种性质伟大,最伟大这个性质这里就表示为一阶谓词。因此,安瑟伦的证明要成立,就需要一个二阶谓词包含在一阶谓词中,这显然是不可能的。这是仅有的两种情况,因此安瑟伦的论证不成立。

~~~~~~~

思考:要彻底证明本体论证明是失败的,我们需要的是这样一个前提,即"存在"只能是二阶谓词,而不能是一阶谓词。事实上,有些分析哲学家仍然认为这个词可以是一阶谓词。不过,我们还是需要就这个问题做出自己的判断:数理逻辑的量词技术是否证明了"存在"只能是二阶谓词而不能是一阶谓词? 如果没有,是否有其他方式来证明这一点?

~~~~~~~

2.4 语义与句法

2.4.1 句法的优先性

函项概念的建立,依靠命题结构这个概念。函项表现了命题的结构。这一点使建立在函项概念基础上的谓词逻辑不同于以前的词项逻辑。在词项逻辑中,词项之所以构成命题,是由于词项所表示的东西(在康德那里就是概念)之间已经相互连接起来了;而在谓词逻辑中,构成命题的不直接是词项所表示的东西间的连接,而是词项所表示的东西嵌入到既定的命题结构中,而这种命题结构通过函项表现出来。

在哲学中,语言的作用第一次取得了如此重要的地位。这种地位来自于命题结构,借助这种结构,构成知识的概念得以连接起来,从而构成足以传达知识的命题。比如,"苏格拉底是有死的"这个句子之所以能够传达知识,就是因为"苏格拉底"与"有死的"这两个概念连接起来并构成了命题。通过使用函项来解释命题结构,谓词逻辑蕴含的最重要的洞见是,对于知识来说必要的这种连接是通过语言达成的。这样一来,知识与语言的关系就得到了重新理解。在近代哲学中,知识独立于语言,语言不过是表达已经获得的知识;而在分析哲学时代,语言则是知识的前提,语言优先于知识,只有通过语言的传达,才有可能有知识。这样,前一章所了解的语言学转向,也就有了更为具体的贯彻。这种贯彻就是把函项这个概念引入逻辑中。

上述考虑决定了像弗雷格这样的早期分析哲学家是怎么理解逻辑的。为说明这种理解是怎样的,需要引入一些术语。

通常可以区分关于命题的语义学(semantics)和句法学(syntax)。语义学研究命题所说的是什么,以及命题是如何说其所说的内容。句法学则是关于命题结构的研究。句法学有时也称"语法"(grammar)。一般说来,从其所言说的内容方面考虑的特征,就称为"语义的"(semantic)特征;而从其结构方面考虑的特征,就称为"句法的"(syntactical)特征。有时候,我们也可以把语义特征通称为"语义",把句法特征通称为"句法"。

~~~~~~~~~

思考:请依据前面关于词项逻辑与谓词逻辑的比较,说明这两种逻辑在处理语义与句法间的关系上有什么差别。

~~~~~~~~~

知识就是真命题所表达的内容,因此首先表现为语义。语言对于知识的优先性,在分析哲学中就表现为句法对于语义的优先性,句法是语义的必要条件。这就相当于说,我们能够并且必须独立于语义地处理句法。这就与莱布尼茨的"通用文字"理想相呼应。按照这个理想,思想上的争论可以通过计算的方式解决,而计算本质上是一种结构上的变换。这个理想即使不一定意味着,我们总是可以通过命题结构上的变换得到正确的观点,也至少意味着,观点上的分歧可以通过结构上的操作得到澄清,因而可以在前提有足够重合的时候,确定哪个观点是可以接受的。不过,逻辑学的发展已经远远超过了这种最低限度的理想。事实上,弗雷格就主张这样一种逻辑理念:逻辑学就是关于命题结构的探究,而这种探究将获得一定数量的逻辑知识,这就是关于命题结构的知识。

2.4.2 逻辑知识

这种逻辑理念的来源可以得到解释。如果说知识要通过语言所提供的结构才能得到,而这意味着命题之所说受制于命题结构,那么命题结构对于语义的限制将体现于所有知识中。作为认知的主体,我们将体会到这种无所不在的限制。无论我们具有什么信念,都以这种限制为前提。因此我们必须认为,无论世界上发生什么,这种限制都一如既往地有效,它体现为知识或者任何信念内容在可能的变化中的不变性。如果有一类命题能够表现这种限制,那么这类命题就必然是真的。这类命题被认为是逻辑命题(logical proposition)。逻辑命题在弗雷格看来就是表达逻辑知识的命题。

要说明这个理念的可行性,就必须能够把逻辑命题从所有命题中分离出来。这种分离的步骤就是先把分析命题与综合命题区分开,然后在分析命题中把逻辑命题分离出来。

命题的真值取决于两方面的因素,一方面是命题的内容,即句子的意义,另一方面则是事实。至于这两种要素是如何起作用的,可以有两种情况。第一种情况是,从句子意义本身就看出其所表达的命题是真的,而无论事实是怎样的。第二种情况则是,从命题本身看不出来它是不是真的,我们需要知道事实是怎样的,才能确定命题是不是真的。分析哲学家通常把前一类命题称为"分析命题"(analytic proposition),后一类命题称为"综合命题"(synthetic proposition)。命题的内容取决于表达式的语义和命题的结构,因此在分析哲学家看来,依靠语义和结构为真的命题就是分析命题。

把分析命题与综合命题区分开,这对于哲学分析来说也就缩小了搜索范围。要寻求的逻辑命题是对命题结构的刻画,因此其为真就应当仅仅取决于命题结构。由于命题结构是确定命题内容的必要条件,其真值仅仅取决于命题结构的命题,就应当包含在其真值仅仅取决于命题内容的命题中,也就是说,包含在分析命题中。

为了把逻辑命题从分析命题中分离出来,人们采取的是替换法。所谓替换法,就是把命题中的成分以意义不同的另一些成分进行系统的替换,由此得到的命题如果保持为真,我们就可以说替换前的命题和替换后的命题都是依据其结构为真的,因而都是逻辑命题。这里所谓"系统的替换",就是把所有相同的词(type)都替换成相同的词(type),而不是说有的替换有的不替换,也不是用不同的词替换同一个词。例如这样一个分析命题

1)单身汉是单身汉。

如果我们把所有出现于这个句子中"单身汉"都替换成"大象",就得到

　　2)大象是大象。

这仍然是一个分析命题。这说明无论1)中的"单身汉"是指大象还是未婚的成年男人,它都是真的,因此它的真不依赖于意义,而仅仅依赖于命题结构。由此可以判定,这两个命题都是依赖于结构为真,我们说它们是逻辑命题。

　　逻辑命题与其他分析命题的区别很容易看到。如果把1)中出现的后一个"单身汉"替换成"未婚的成年男人",就得到

　　3)单身汉是未婚的成年男人。

对这个命题进行前面对1)进行的替换,就得到"大象是未婚的成年男人",在3)为真时,这个命题可以是假的,因此替换会改变其真值。这说明3)的真值依赖于结构以外的东西。当然,如果要求对3)进行替换的是与被替换的词意义相同的词,那么得到的也是一个分析命题。这说明3)的真值所依赖的除了结构,还有意义。

〰〰〰〰〰

　　思考:如果对逻辑命题进行的替换不是系统的替换,而是用同样的词来替换一部分而不是所有同样的词,由此得到的是什么命题?如果把分析命题中所有意义相同的词都替换成同一个词,由此得到的是什么命题? 请读者通过这种替换观察一下结构的变化。

〰〰〰〰〰

　　替换法把分析命题的意义对真值的影响消除了,由此得到的表现命题结构的命题,就是逻辑命题。逻辑命题显然是一些无条件为真的命题,它们的真仅仅依赖于命题结构。逻辑命题表明了一些特

定的命题结构,建立于这些结构的基础上的命题无条件为真。

在数理逻辑中,我们可以看到逻辑命题的范例。所有的逻辑公理和逻辑定理都是逻辑命题。通常,逻辑公理和定理都是命题模式,而不是特定的命题。命题模式中除了逻辑联结词和量词以外的东西都是不具有确定意义的符号,但是,把这些符号替换成意义确定的词以后,得到的就是一些永真的命题,这些命题为真,仅仅依赖于其结构。在这种意义上,我们说这些逻辑命题构成了一个形式系统(formal system)。在保证命题真值不变的情况下把命题中除了逻辑联结词和量词以外的词项用意义未指明的符号进行替换,这个程序就是形式化(formalization)。形式化是屏蔽语义、把命题结构分离出来的手段。现在的逻辑系统,就建立在形式化的基础上,以求获得对命题结构的正确刻画。

～～～～～～～

练习:有时候人们也说,把命题中的非逻辑常项,即除了逻辑联结词和量词以外的常项符号都换成变元,就得到命题的形式。但在这里我们说用意义未指明的符号来替换非逻辑词项。请比较这两种说法。自己举出一些例子分析一下,从中体会什么是形式化。

～～～～～～～

回过头来看看综合命题与分析命题的区分。这个区分我们在康德那里已经见过了。对康德来说,如果命题的主项概念包含了述项概念,那么命题依其本身就能确定是真的。例如"红苹果是红的"这个命题就是一个分析命题。而如果主项概念没有包含述项概念,命题就是综合的。例如"红苹果是甜的"就是如此。康德的区分意在区别能够表达知识的命题与不能表达知识的命题,他认为综合命题表达知识,而分析命题不表达知识。我们可以看出,"红苹果是红的"不传达知识,因为红苹果的概念中就已经包含了红,再次断定它是红的,这并没有说什么新东西;相反,"红苹果是甜的"说了新的东西。

弗雷格的观点与康德区别最大的地方我们前面已经有所提示。逻辑命题是分析命题,而弗雷格认为逻辑命题表达了逻辑知识,这就等于说存在表达知识的分析命题。事实上,分析哲学的命题理论与康德的命题理论间的区别最引人注目的是这一点:前者允许存在传达知识的分析命题,后者则排除这一情况。现在来看看造成这个区别的原因。康德断定综合命题传达知识而分析命题不表达知识,其理由看来是这样的,在综合命题中,使概念联系到一起的不是概念本身,而是事实,因此综合命题为真,就表明了事实是怎样的。至于分析命题,由于使概念连接在一起的是概念本身的包含关系,而不取决于事实是怎样的,因而不传达知识。但是,从分析哲学的角度来看,使概念联系到一起的决不是概念本身,而是命题的结构,这一点对于分析命题和综合命题来说都是同样的。就这一点来看,分析哲学家不会接受康德的区分。产生这个分歧的原因显然是,康德在词项逻辑的框架内想问题,而分析哲学家则采用函项逻辑的框架。

关于是否传达知识,弗雷格实际上引入了新的标准,这个标准就是命题的真值是否具有客观的约束。这个标准与康德的标准间的差别在于,康德所理解的知识是命题反映的命题以外的情况(即事实),也就是说,命题是否表达知识,取决于命题的真值是否取决于命题以外的东西。这两个标准的分歧在于,如果命题本身存在一种影响其真值的客观约束,那么对于康德来说这样的命题并不传达知识,但按弗雷格的标准却传达。这类内在于命题本身的客观约束,就是弗雷格试图揭示的命题结构,揭示这类结构的命题就是逻辑命题。在这种意义上讲,逻辑命题即使是分析的,也仍然传达了知识。

2.5　普遍主义逻辑

2.5.1　逻辑主义

我们知道,像弗雷格、罗素和维特根斯坦这样的早期分析哲学家,都信奉逻辑主义数学哲学。这种哲学观点认为,至少像算术这样的数学命题,可以在逻辑系统中得到辩护。[①] 在这种数学哲学观点推动之下,弗雷格和罗素分别建立了用来论证算术的逻辑系统,为此要用这种系统来对数的概念做出分析。这种分析实际上就是用逻辑系统中的逻辑符号来定义自然数,从而不用数字来表达算术命题的内容。这种分析构成了哲学分析最早也是最为完整的典范。从这种逻辑主义观点出发,罗素和维特根斯坦发展出了一种普泛的逻辑主义观点,按这种观点,一切具有知识论价值的必然性都是逻辑必然性,而一切知识论问题都可以通过逻辑分析来解决。这种普泛的逻辑主义观点构成了理想语言学派的分析哲学的方法论基础。这一节我们了解这种逻辑主义观点所理解的逻辑是什么。下一节我们会简要了解一下日常语言学派的方法论基础。

[①]　当然,这样说就简化了事实。弗雷格在生命中的大多数时间内认为算术可以建立在逻辑的基础上,只是在晚年改变了看法。维特根斯坦的逻辑主义观点与其他两位有较大的区别。我们现在暂时不考虑这些差别。

　　逻辑主义者按照与目前主流观点不同的方式理解逻辑。目前的主流观点是,逻辑只提供推理的过程,因而只是对知识进行辩护的必要条件,而不能充当辩护的充分条件,因为逻辑不能提供辩护的前提。但是,逻辑主义者认为,逻辑可以提供用于辩护的前提,至少对于算术命题来说是这样的。关键是,对于一种表达知识的命题来说,充当辩护前提的命题也应该表达知识。这样,目前的主流观点就不必接受逻辑知识的存在;而接受逻辑知识的存在,则是逻辑主义者代表性的观点。

　　目前主流的观点是,逻辑命题不是一种具有实质性意义的命题,它们只是一种约定,一种"公设",我们假定它们是真的。按照这种观点,逻辑符号一开始是没有意义的,我们通过约定逻辑公理,来规定逻辑符号的用法。这样,逻辑推理只是一种演算过程,它不借助任何意义就可以进行。逻辑系统之所以起作用,就在于当我们赋予参与演算的符号以意义之后,它可以保证我们从真前提得到真结论。至于什么命题可以充当前提,这是逻辑系统所不能决定的。逻辑只是对推理过程进行约束,它不负载知识性的内容。

　　上述观点实际上是塔斯基、卡尔纳普以及蒯因所建立的,但不是弗雷格和罗素这样一些早期分析哲学家所持有的观点,尤其不是逻辑主义者所持有的观点①。按照逻辑主义的看法,逻辑不仅仅对推理过程进行规范,而且为辩护提供前提。这样一来,逻辑实际上就为数学知识提供了认识论基础,从而解释了我们为什么应该对数学知识

---

　　① 这里说的"逻辑主义者"不包括卡尔纳普。卡尔纳普综合了弗雷格的数学哲学和塔斯基关于逻辑的看法。他虽然认为数学可以还原为逻辑(因而接受逻辑主义),但并不认为数学有知识性的内容。他也无须承认有逻辑知识。

报以信任。

笛卡尔对人类的知识系统持有基础主义观点,他把关于心灵自身的知识("我思")当作所有知识的基础,让所有知识都在这种知识的基础上得到辩护,也就是说,让关于心灵自身的知识为这些知识提供用来辩护的前提,而不仅仅是保证辩护的推理过程的可靠性。逻辑主义的数学哲学持有类似的基础主义观点,它让逻辑知识来为数学知识提供辩护的前提,而不仅仅是用来保证辩护的推理过程是可靠的。当然,这样一来,逻辑主义者就要像笛卡尔那样,去论证这种辩护基础本身就是可靠的,去论证逻辑命题可以得到辩护。我们现在不去讨论对逻辑的辩护问题,而是简要地说明,逻辑主义者会如何理解逻辑。

2.5.2　普遍主义

不难注意到,辩护关系与普遍性之间是相关的。具体来说就是,如果命题 P 与命题 Q 是命题 R 的辩护基础,那么只有在 P 与 Q 同时为真的时候,R 才是真的;而这意味着,R 为真所需要的条件是 P 与 Q 同时为真,我们可以说,R 的普遍性不高于(一般而言,低于)P 与 Q 的普遍性;因此,在辩护关系中,充当结论的命题其普遍性不高于,或者低于充当前提的命题的普遍性。最终的结论就是,辩护关系中从前提到结论是构成了普遍性降低的关系。

容易看出为什么是这样的。一个命题的普遍性如何,这可以通过这个命题为真需要何种条件来确定。最普遍的命题无需任何条件就可以成立,而随着条件的增多,命题的普遍性也将下降。而普遍性也随着推理关系而得到传递,前提为真所需要的条件将累积到结论上。推理往往需要数个前提,这就决定了结论的普遍性总是低于前提的普遍性。

逻辑命题应当是无条件为真的,这决定了逻辑命题是最具普遍性的一类命题。或者至少,比如在罗素那里,逻辑命题的普遍性取决于世界总体可能的状况是怎样的,在这种意义上,逻辑命题也是最为普遍的命题。这样也就可以解释,为什么逻辑主义者会认为逻辑是数学的基础。这是因为,由于数学的普遍性是极高的,要为其辩护,按照辩护与普遍性的关系,也只能用逻辑来为数学辩护。一个颇为自然的想法是,既然逻辑命题是普遍性最高的命题,那么只要是需要辩护的知识,其辩护基础就都至少会包含逻辑命题。由此得到的就是普泛的逻辑主义观点。

逻辑主义者理解逻辑的方式,通常就被称为"普遍主义"(universalism)。简单说来,普遍主义的逻辑观认为,逻辑是最为普遍的知识。

在 2.2 节讨论量词的时候,我们已经提到了普遍性。我们看到,在引入了函项概念以后,普遍性可以用结构的稳定性来解释。这种函项结构中含有变元,而函项结构决定了,无论变元取什么值,总是得到真命题。结合前几节的讨论,我们已经可以看出,普遍主义的逻辑观所要求的逻辑命题是什么样的。

～～～～～～

思考:普遍主义的逻辑命题的典型特征是什么?

～～～～～～

2.6 理想语言哲学与日常语言哲学

应当说,这一章的前面数节阐述的仅仅是一种哲学分析,这就是我们通常所说的"理想语言学派"(ideal language school)的哲学分析。另外一种类型的哲学分析则被称为"日常语言学派"(ordinary language school)。不过,与其说这是不同的学派,不如说是哲学分析的不同类型。事实上并无真正意义上的日常语言学派,只有一些关于什么是哲学分析持有相接近的看法的分析哲学家们,他们之间有很多分歧,但这并不影响在一个重要问题上表现出聚合特征——他们认为,据以展开哲学分析的语言应当是我们正在使用的自然语言或者说日常语言,而不是理想的符号语言。像弗雷格的概念文字,以及罗素在《数学原理》中所使用的符号语言,就是标准的理想语言。一般认为,像弗雷格、罗素、前期维特根斯坦、卡尔纳普(R. Carnap)、蒯因(W. O. V. Quine)、达米特(M. Dummett)这样的哲学家属于理想语言学派;而像摩尔(G. E. Moore)、后期维特根斯坦、奥斯汀(J. L. Austin)、斯特劳森(P. F. Strawson)、赖尔(G. Ryle)这样的哲学家属于日常语言学派。

我们已经知道语言对于分析哲学的重要性。语言被认为是知识的载体,从而,知识的获得是以对语言能力的习得为前提的。只有学会了语言,才可能拥有知识。不过,这还只是一个笼统的看法,它并未解释,需要学会的语言是一种什么样的语言,是像概念文字那样的人为设计的符号语言,还是人们一开始就在使用的,像汉语和英语这样的自然语言。与此相联系的问题是,语言作为知识的条件,究竟是如何起作用的。只有弄清语言起作用的方式,我们才能确定什么样的语言能够在分析中起作用。对这个问题我们可以有两种回答,它们分别对应于理想语言学派与自然语言学派。

我们知道,语言之于认识论以及之于整个哲学的重要性就在于,命题结构就是据以构成知识的东西,语言的结构对于哲学来说具有基础性的地位。这一点对理想语言学派与日常语言学派来说是相同的。他们的差别在于如何理解语言的结构起作用的方式。

弗雷格和罗素都把语言的结构当作可以并且需要认知的东西。在他们看来,对于知识来说具有基础性地位的语言结构并不是任意语言的结构,这种结构的任意性对于客观的知识来说无论如何是不相称的。这一点使他们不愿意直接把这种结构称为语言结构,而愿意称为"逻辑结构"(logical structure)。分析哲学家用一种方式把这种结构表达出来,以便让人们认识到这种结构,进而认识到,基于这种结构的知识以及辩护应该是怎样的,从而为我们获得知识提供指导。这里的关键是,哲学分析是一种认知过程,虽然它的研究对象是知识,但它本身也是获得知识的过程,而这种知识是关于逻辑结构的知识。语言的重要性在这里也就体现在,必须用一种语言来展示这种结构,因为逻辑结构本质上就是一种语言结构。

然而,这种认知性的哲学分析遇到关于语言的障碍,而这迫使哲学家们重新设计一种语言,即理想语言。认知性的哲学分析之所以诉诸语言,是要表现逻辑结构,这就要求语言服务于传达知识这样一个单一的目的。自然语言不仅是多用途的,而且是依赖于语境的,这使自然语言显得驳杂、松散,并且充满弹性。比如,自然语言中的句子很少说能够充当绝对主义者心目中的真值载体。即便是像"29 届奥运会 2008 年 8 月 8 日在北京开幕"这样的句子,也并不符合绝对主义者对真值载体的要求,因为其中的"2008 年 8 月 8 日"这样的时间状语具体指什么时间,还取决于采取哪个纪元系统。我们很难在自然语言中消除语境对意义的影响,从而获得绝对主义者所需要的真值载体。自然语言不让人满意之处远不止如此,而这些缺陷的形成,显然与自然语言的使用目的有关。自然语言是一种多任务系统,我们不可能把它塞到认识论这个单一轨道中去,这就促使理想语言哲学家们另起炉灶,从头设计一种语言。我们在当代数理逻辑中见到的符号系统,就属于这类语言。

概括一下,一些哲学家之所以认为需要理想语言,是因为他们相信,1)存在独立有效的逻辑结构,2)这种逻辑结构需要为人们认识,才能够在哲学分析中起作用,因此,3)这种逻辑结构要通过符号语言表现出来。从弗雷格和罗素的立场上看,1)构成了客观知识的必要条件,2)决定了哲学分析的性质是认知性的,3)则作为前两个想法的结果,最终导致理想语言的建立。

与弗雷格和罗素这样的哲学家相比,日常语言学派的哲学家关注的是这样一个问题:语言实际上是如何使用的。为日常语言学派奠定纲领的牛津哲学家斯特劳森认为,承载真值的东西不是命题,而是使用命题的行为,即陈述(statement)。作为语言的使用者,我们首先称一个陈述事实的行为是真的或者假的,而所陈述的句子,则在此基础上以一种派生的方式被称为真的或假的。

应当说,即使对于分析哲学的知识论动机来说,这也不是一个微不足道的问题。这个问题涉及什么是真这个问题。在弗雷格那里,真这个概念必须无条件地使用,这是因为这个概念决定了什么是知识,甚至也决定了什么是命题的内容——命题的内容通过其真值条件得以确定,而真值条件只有在什么是真已经确定了以后才是确定的。但是,如果真值载体是陈述行为而不是命题,那么我们就必须说真是陈述行为的某种特征,我们理解陈述行为的方式决定了这是一种什么样的特征。事实上,另一位牛津哲学家奥斯汀就尝试性地给出了关于真的一种定义,这个定义就是约束陈述行为的规则。① 无论这个定义是否正确,它都表明了这样一个事实:在日常语言的视野中考虑,知识和真这些概念都不是独立有效的概念,因而都不具有传统哲学所赋予的优先性和崇高地位。我们使用语言做各种各样的事情,例如发誓、求婚、道歉、立约、祷告、娱乐等,而描述事实仅仅是其中的一部分。因此我们可以设想,为了描述事实,语言所需要具备的一些特征,同时也受制于语言在用来做其他事情时所需要具备的特征。逻辑不过是复杂交错的语言/行为之网上的一部分,它并不独立于这张网。

正是在这种大大扩展了的视野中,知识的形象得到了改变。知识是建立在生活实践的基础之上的东西,而不是在独立于生活的象牙塔里。使知识成其为知识的那种约束性的条件,也就不能在实践之外确定,而是属于生活实践的一部分,并且在实践的背景之下才能得到揭示。这样,为理想语言学派的哲学家所看重的那种逻辑结构也就不再是独立有效的东西,而是植根于已经在实践中得到使用的语言中,并作为这种语言的特征才得以展示。这样,前面所列举的条

---

① Cf. J. L. Austin, "Truth", in *Philosophical Papers*, 2nd. ed., Oxford, 1970.

件1）也就被排除了。

与此相应，关于哲学分析性质的理解也发生了变化。哲学分析不再被认为是认知性的，而是矫正性的。逻辑结构被日常语言哲学家认为是已经生长于日常的语言实践活动中的东西，哲学分析不是从头刻画这种逻辑结构，而是提示这样一种约束性的结构的存在。由于这类逻辑结构只有在内嵌于言语活动中时才起作用，这种提示对于已经是实践者的人们来说才是真实有效的，它们不可能为未能参与实践的人所理解。因此，哲学分析不是从头构筑知识体系的一种活动，而是当我们的知识冲动偏离日常实践时的一种矫正，这种矫正让我们回到日常实践的正规中去。

把哲学分析的知识论动机放回到日常生活中，这种观点我们称为哲学分析的常识观点（commonsense view）。与理想语言学派希望通过构造逻辑命题的体系来建立知识基础的一揽子计划不同，常识观点总是要求从事一种对于语言的局部描述工作。这项工作要在已经承认某些前提的情况下进行，这是因为它所要描述的是人们使用语言的行为，而这种描述要求在足够确定的背景下进行。例如，要理解"你愿意嫁给我吗？"这句话，我们需要一些背景知识，其中包括是谁对谁说这句话，包括说者和听者之间有什么样的关系，如此等等。

日常语言学派的哲学家工作的方式常常灵活多变，得出的结论也往往比较间接。一般说来，日常语言哲学家对语言学转向所带来的后果更加敏感。当分析哲学把研究基地从观念转移到语言以后，哲学进入了一个晦暗不明的领域，它比一开始想象得要复杂，它甚至使哲学改变了自己的形态和目的。对这一点的深入探讨无论如何都是极有启示价值的。日常语言的哲学分析揭示了异常丰富的事实。

这是一些关于语言以及关于我们的认知方式的事实,其中的一部分不可逆地改变了我们关于知识、关于世界,以及关于哲学本身的看法。

练习:

1.运用数理逻辑的表示方法分析下列句子的真值:

1)所有红色的东西都是红色的。

2)一朵红色的玫瑰是红色的。

3)存在不是方形的正方形。

4)等边三角形的三个内角相等。

2.请用含有量词的符号形式改写下列命题或者推理:

1)所有成熟的苹果都是红的。

2)有些没有熟的苹果是青的。

3)所有人都是有死的,苏格拉底是人,所以苏格拉底是有死的。

4)每个物体都具有长度。

阅读建议

原则上讲,要了解数理逻辑,任何一本数理逻辑教科书都可以用。当代数理逻辑基本上已经定型,在很多问题上都有标准的讲法。不过,出于哲学的目的了解数理逻辑,却对阅读材料相当挑剔。现在流行的逻辑学教材,都采取塔斯基(见本书10.1.2节)和蒯因之后的讲法,而难以从中了解什么是早期分析哲学家,即早期逻辑主义者心目中的逻辑。读者可以先通过阅读现在的数理逻辑教材,来建立基本的逻辑学概念,然后在此基础上通过修正来理解早期的逻辑观念。

要建立基本的逻辑学概念,可以阅读下列读物:

1)《逻辑——从三段论到不完全性定理》,熊明著,科学出版社,2016年。这是一本通识课教材,用于一般性了解的"逻辑学导论"课程。本书篇幅短小,但覆盖面大,适合建立全局观。

2)《符号逻辑讲义》,徐明编,武汉大学出版社,2008年。作为哲学专业学生用的数理逻辑导论,本书对概念的讲解非常深入(可惜完全绕开了哲学)。本书篇幅大,在逻辑演算上费力颇多,并配有大量习题。出于了解基本概念的目的,可以选读1、2、3、7、8章。建议做适量习题,以巩固概念。

3)《数理逻辑》,邢滔滔著,北京大学出版社,2007年。本书篇幅较短,可以与《符号逻辑讲义》一样,用来建立较为系统的逻辑学概念。不过,本书的风格更加适合于理科背景较好的读者。

在此基础上,可以以弗雷格的普遍主义逻辑观为典型,进一步了解早期分析哲学家的逻辑观。可以参考:Warren Goldfarb, "Frege's Conception of Logic", in *The Cambridge Companion to Frege*, Michael Potter & Tom Ricketts ed., Cambridge, 2010。关于弗雷格的普遍性概念,可以阅读 Frege, "Logical Generality", in *Posthumous Writings*, Hans Hermes et. al. ed., Peter Long & Roger White trans., Blackwell, 1979, pp. 258-262。

第3章 古典实用主义

古典实用主义（classical pragmatism）在 19 世纪的美国由查尔斯·桑德尔·皮尔士（Charles Sander Peirce）、威廉·詹姆斯（William James）和约翰·杜威（John Dewey）等人发展起来。其核心思想在 20 世纪中后期又为蒯因、普特南（Hilary Putnam）、大卫·刘易斯（David Lewis）、尼尔森·古德曼（Nelson Goodman）以及理查德·罗蒂（Richard Rorty）等人所继承和复兴，并做出了重要的修改，突出其经验主义倾向。这些哲学家通常被归为新实用主义。古典实用主义者在美国活动的时间略早于分析哲学的建立——分析哲学的创始人弗雷格、罗素、摩尔的活动主要是在欧洲。无论是从理论渊源上还是从哲学思考的风格上，古典实用主义都不属于分析哲学。新实用主义者的哲学思考在风格上则是分析的，因此有人把他们也归为分析哲学；但从哲学动机上讲，我们可以在新实用主义者与像弗雷格和早期罗素那样的典型的分析哲学家之间看到一种明确的区别，因此说新实用主义是分析哲学的退化形式或者说是后分析哲学的哲学，都有一定道理。

罗素曾经钻研过詹姆斯的哲学，但我们很难说古典实用主义者对分析哲学的基本精神的建立有过实质性的贡献。古典实用主义哲学吸收了康德和黑格尔的某些成分，但它在分析哲学建立和兴盛的年代里主要被作为美国风味的哲学被加以了解,这种了解有时候甚至是一种歪曲,例如罗素就认为实用主义表现了美国的拜金主义。应当说古典实用主义对分析哲学的重要性主要体现在两个方面,其一,它的基本精神为分析哲学的后期发展注入了活力,甚至可以说为其指明了方向;其二,当新实用主义者,尤其是像罗蒂这样的哲学家过分地发展了早期实用主义者的相对主义倾向时,古典实用主义者中像皮尔士这样的哲学家又为抵制这种相对主义倾向提供了理论资源。我们在这里了解古典实用主义,也就是出于这两个重要性考虑的。不过,古典实用主义相对独立的崛起,与分析哲学在欧洲的诞生相呼应,两者在某种程度表现出了黑格尔主义之后哲学的走向,它们在气质上有相通的一面。读者可以在本章以及后面的阅读过程中体会这种相通点何在,这也许有助于理解实用主义何以能够在分析哲学的后期发展中起如此重要的作用。

古典实用主义哲学的三个主要代表都是美国本土成长起来的哲学家。查尔斯·皮尔士(1839—1914)的父亲本亚明·皮尔士是著名的数学家。从少年时代,查尔斯就开始钻研哲学,13岁就读完了康德的《纯粹理性批判》。作为一个独立精神非常强的哲学家,他在大学讲授哲学的时间很短,大部分时间是在做独立的哲学研究。他在逻辑与数学上的造诣颇深,他独立于弗雷格提出了一个完整的现代意义上的逻辑体系。他对科学理论的研究对科学哲学来说极具启发力,他提出的溯因推理(abduction)现在已经成为科学推理研究中的一个重要课题。他给出了一种极具特色的符号学。他在形而上学方面也有独特的建树。他的手稿几乎是浩若烟海,他的研究活动几乎遍及了哲学的所有领域。对皮尔士思想的研究在当今美国已经成为一门显学。

威廉·詹姆斯（1842—1910）是小说家亨利·詹姆斯（Henry James）的哥哥，后者在美国现代文学中是一位里程碑式的人物，《鸽翼》和《使节》是其代表作。威廉钟情于心理学，他的成名之作是《心理学原理》。这本书在心理学界的影响极大，同时在哲学上也是实用主义的理论基础。应当说，在威廉那里心理学与哲学以及宗教是联系在一起的，这与他自己的个人经历有关。他所写的《宗教体验种种》是一本心理学和哲学的名著，而其讨论的对象则是与宗教信仰相联系的心理体验。这本书曾经影响过维特根斯坦。威廉·詹姆斯通常把自己看作是一个面向非专业大众的发言人和普及者，因而以浅显易懂但极易误解的方式来表述观点。阅读他的著作时需要注意这一点。

杜威（1859—1952）在美国的地位有点像托尔斯泰在俄罗斯，或者像雨果在法兰西，都是享受国葬级待遇的人物。在实用主义哲学方面，杜威是集大成者，他的思想是古典实用主义的完成形态，而实用主义被认为是美国的国家哲学。杜威在教育学、政治学和伦理学方面都有极高造诣。杜威创建了一所实验学校，来实践自己的教育理论，这套理论在教育界享有盛名。在杜威的影响之下，胡适在中国也开始宣扬实用主义的实验精神，并提出了"多研究问题，少谈些主义"的口号，在国内影响颇深。

与这三个主要的古典实用主义者一同被认为是实用主义者的还有乔治·赫伯特·米德（George Herbert Mead，1863—1931）和克莱伦斯·艾尔文·刘易斯（Clarence Irving Lewis，1883—1964），他们都是美国人。英国的席勒（F. C. S. Schiller）以及弗兰克·拉姆塞（Frank

Ramsey)是实用主义的支持者和宣扬者。随着在 19、20 世纪之交的影响扩大,实用主义成了一种形形色色观点的大杂烩,以至于皮尔士要改用"pragmaticism"这个词来作为自己观点的标签,并希望这个"丑陋的"词不会被冒用。①

3.1 一般特征和哲学背景

3.1.1 实用主义的基本原则及分野

"实用主义"(pragmatism)这个汉语词作为一种哲学流派的名称很容易被误解。在汉语里这个词被附加了一种评价性的含义。人们说一个人或者一种行为是实用主义的,其中带有某些贬义,例如不讲原则,唯利是图等,但这样的意思绝不适用于我们这里所要了解的哲学流派。应当说"实用主义"这个词中的"实"是指实际、实践,而"用"则是指与经验活动的联系或者在经验活动间建立的联系。通常我们说某个东西有用,不过是说它与我们的某个目的建立了联系。例如说一把梳子有用,是指梳子与梳头的行为具有联系,而这个行为与使头发整齐这个目的相关。当我们从某个目的来理解行为时,与这个行为具有某种经验联系的一些东西就被认为是有用的。当然,这种联系是一种积极的联系,它使这个行为得以继续下去,从而使相应目的得以达成。

---

① 《意义、真理与行动——实用主义经典文选》,苏珊·哈克编,东方出版社,2007 年,第 151 页。

简单说来,实用主义的基本原则是要结合经验和实践来进行哲学思考。实用主义的核心思想是,只有在经验实践的连接中,才能进行有意义的思考,而思考的有意义性,取决于这种经验实践的连接。假定所要思考的主题是 x,x 可以是任何在哲学上具有重要性的概念,例如真这个概念,也可以是科学所关心的概念,例如电子、化合价等。对于实用主义者来说,孤立地提及这些概念是没有意义的,只有在相应的经验联系中,例如在化学实验的操作中,像化合价这样的概念才有确定的意义。一旦领会到这一点,我们就可以把作为哲学观点的实用主义与我们通常所说的那个贬义的"实用主义"区别开。作为哲学观点,实用主义是关于"什么是 x"这个问题的回答,而这与贬义的"实用主义"一词没有任何关系。

此外,对实用主义的理解可以有两个不同的方向。以化合价为例来说明。一个方向是认为,既然只有在经验实践的联系中才谈得上化合价,那么化合价本身就是不实在的,它仅仅相对于化学实验的操作才具有实在性。这种理解我们称为相对主义理解。另一个方向则是一种实在论(realistic)理解,这种理解认为,即使化合价这个概念只有在化学实验中才有确定意义,化合价本身仍然是实在的。化学家通过化学实验揭示了什么是化合价,而不是化学实验产生了化合价。一般来说,皮尔士作为古典实用主义的始作俑者倾向于实在论理解,而像席勒、罗蒂这样的实用主义者则坚持相对主义的理解。

3.1.2 实用主义的康德背景

实用主义是一种蔑视空谈,力图使思想落到实处的哲学倾向。

用詹姆斯喜欢的说法,就是把形而上学的大支票兑换成经验的小零钱。要理解詹姆斯的比喻,要先理解形而上学与经验间的关系。

在亚里士多德的时代,形而上学(metaphysics)是对存在(being或existent)本身的研究。"x本身是什么",这就是形而上学的典型问题。这样的问题在从笛卡尔以来的知识论传统中引起了强烈的反应。这个传统的核心观点是:知识是一种在心灵(mind)内部发生的过程,因而我们直接知道的东西只能是心灵中的东西。这个观点体现了一种二元论(dualism)。在本体论上,心与物是两种不同的存在,物被笛卡尔及其他早期现代哲学家(early-modern philosopher)称为"广延"(extension)。在知识论上,物被认为是间接知道的东西,而心灵则是直接知道的。心灵通过知道心灵之内的东西知道心灵之外的东西,即物。这个观点在像休谟这样的经验论者(empiricist)那里得到了推进。经验论者认为,一切知识都来自于经验,来自于心灵与外部事物间的因果作用。在休谟那里,知识作为一种观念,不过是感觉印象强度较弱的再现。印象并不是产生印象的外部事物,因此心灵所知道的不是外部事物,而是外部事物在心灵内部产生的较为暗淡的效果。这个观点进一步可以推出一种怀疑论(scepticism)的结果,即心灵不可能认识外部事物本身。通常,哲学家把外部事物对感觉器官的作用在心灵中产生的东西称为经验(experience)。怀疑论者所主张的就是经验与物之间的区分,这个区分与经验主义的知识论相加,就得到了怀疑论的观点。在这个背景下,关于事物本身的知识就是一种超出了经验范围之外的知识,由此我们就得到了"形而上学"一词的现代含义,即形而上学是一种超出经验范围之外的知识。容易看出,即使不持怀疑论观点,只要认可经验与物的区分,也会同意形而上学是超乎经验的,进而会同意"形而上学"一词的现代含义。显然,这种含义以心物二元论为前提。在这个意义上,怀疑论的观点就是一种反对形而上学的观点。如果一个哲学家关于知识持经验主义观点,那么在一般情况下他就倾向于反对形而上学。

但是,经验主义观点本身并不是铁板一块。对于"知识来自于经验"这样一个命题我们可以有不同理解。可以把这个命题理解为,经验是知识的充分条件,也可以理解为,经验仅仅是知识的必要条件。前一种理解意味着,要获得知识,经验就足够了,不需要经验之外的任何东西;但后一种理解则意味着,为了获得知识,我们还需要除了经验之外的其他东西。事实上,康德就是按照后一种理解来建立其知识论的。在康德那里,经验只是构成知识的素材,为了在经验的基础上得到知识,还需要主体的先验综合能力,这种能力的运用使得经验素材能够组织起来,形成有序的整体,这样的整体才是知识。由于康德依然认为不存在经验之外的知识,他的哲学是反对形而上学的——从他的角度来看,不可能有关于物自体(things-in-themselves)的知识。另一方面,康德分析了知识的概念,在他看来,知识不是关于物本身的知识,而是关于经验之物,即经验对象(empirical object)的知识。经验对象不是物自体,而是我们通过感觉所了解的具体事物。作为具有感觉的人,我们把所获得的感觉归于经验对象。例如,我们把红色的感觉归于初升的太阳,初升的太阳就是经验对象,就是通过具有红色的感觉,我们所了解的对象。在康德那里,知识概念仅仅适用于经验对象,而不适用于物自体,也就是说,"关于物自体的知识",这种说法本身是无意义的。我们确实可以了解经验对象,因为,先验综合能力组织经验素材的方式就是将其整合为关于经验对象的经验,我们不可能脱离经验对象来想象所获得的经验。既然如此,怀疑论就是站不住脚的。这样一来,康德就在拒斥亚里士多德意义上的形而上学的同时,避免了怀疑论。

这里我们要注意康德避免怀疑论的策略。按怀疑论的观点,我们不能知道物本身。这个观点可以表达为:我们有理由认为下面的命题是真的:

　　S)我们不知道物本身。

这个理由就是,我们所知道的一切都是内在于心灵的东西,而物本身并不内在于心灵。康德拒斥怀疑论的方式并不是给出一个理由,按照这个理由 S)为假。他的方式是说明 S)是无意义的,也就是说,我们既不能有意义地说 S)为真,也不能有意义地说其为假。他用二律背反的方式来指出这一点,即按照我们构成知识的方式,无法形成关于物自体的判断。他实际上所做的是说明什么是知识,即知识的本质,而不是去讨论物本身如何,并得出结论说我们不能认识它。由于这个策略也可以说是在说明“知道”一词的意义,我们可以说这是一个诉诸意义理论的策略。康德本人可能还没有意识到这一点,还没有明确按照意义理论(theory of meaning)的方向来思考问题,但其思路确实会导向这个方向。

康德虽然拒斥了关于物自体的知识,从而拒斥了亚里士多德意义上的形而上学,但他仍然相信有一种新的形而上学,例如他本人就把“自然科学的形而上学基础”作为自己一部著作的名称。应当说,康德通过其先验哲学揭示了“形而上学”一词的另外一种含义。虽然关于物自体没有知识可言,但我们的知识却在两种意义上涉及物自体。其一,物自体是产生经验素材的原因,虽然我们不能够从经验素材确切地知道物自体,但它却限制了能够产生什么样的经验素材;其二,作为知识主体的我们同时也是一种特殊的物自体,这种物自体通过先验综合能力表现出来,从而成为构成知识的一种形式限制。这两个方面结合起来就可以看到,物自体不是作为对象与知识相关联,而是作为产生知识的限制性条件起作用。知识表现了这种限制性条件,但本身并不是关于物自体的知识,而是关于经验对象的知识。正是在物自体是知识的限制条件这种意义上,仍然存在着一种与亚里士多德形而上学相关的研究,这种研究试图揭示这些限制条件是什么,这就是康德意义上的形而上学。这是一种关于知识是如何构成的研究,由于知识的构成要素就是概念,这种意义上的形而上学就是一种概念研究。

康德之后的哲学家提到"形而上学",有时候指概念研究,有时候指关于物本身的知识。应当依据上下文来确定哲学家是在哪种意义上使用这个词。有时人们对这两种意义不加区分,这时通常可以理解为超乎经验的研究。概念由于是构成经验或知识的要素,在逻辑上就要先于经验或知识,因此概念研究在某种程度上也是超乎经验的。

在这个背景下理解詹姆斯的那句格言,即把形而上学的大支票兑换成经验的小零钱,就可以理解实用主义的基本信条是什么了。它其实就是在主张,要从经验出发来研究超乎经验的东西。古典实用主义在创始人皮尔士那里具有强烈的康德背景,这个信条可以在康德的背景下得到进一步理解。

我们已经知道,康德的一个基本观点是,我们绝不具备关于物本身的知识,构建知识的素材来自于经验。这个观点的一个自然而然的结果是：我们最终所要形成的不过是信念，既然信念的可靠形式就是经验知识，那么所有对于知识来说是必要的东西，都必定通过对于形成经验来说有效的方式得到表现。这个观点的简洁表述就是，所有有意义的东西都是对于经验具有影响的东西，所有区别最终都应当表现为经验上的区别。实用主义的另一个口号，"使区别成为区别"（Make difference different.），说的就是这个意思。

思考：哲学研究当然要考虑所有存在的东西，既然如此，仅仅在经验范围之内展开哲学研究，是否意味着除了经验之内的东西，就不存在其他东西了呢？请你站在古典实用主义者的角度上说明你的看法。

3.2　意义理论

3.2.1　当代经验论

实用主义哲学大体上是经验论的，但它不同于以洛克和休谟为代表的古典经验论。古典经验论主要是一种知识论哲学，而实用主义哲学则主要是一种关于意义和真理的理论。可以说实用主义是康德式的经验论哲学。在某种程度上，古典实用主义与我们后面要了解的逻辑经验论相互呼应，后者就是一种典型的作为意义理论的经验论哲学。明白了这一点，蒯因为什么能够从内部批评逻辑经验论，从而将经验论引向新实用主义,也就可以理解了。①

采取意义理论的形态,是当代经验论,特别是康德以后的经验主义哲学所采取的一个自然而然的进路。这在某种程度上是由于,康德的先验哲学路线既能够在一定程度上容纳经验论立场,又能够避免怀疑论立场的路线。当然,这一成果是以对经验论立场进行弱化为代价获得的。这种弱化就是承认经验是知识的必要而非充分条件;古典经验论则倾向于认为经验是知识的充分条件。经过弱化的经验论承认,在知识中除了经验提供的素材以外,还包括组织这些素材的形式,这通常就是一些抽象概念,这些抽象概念的意义将表明经验素材是如何构建成知识的。照这一观点来看,知识就是经验素材加意义。就这一点而言,意义也是知识的必要条件。考虑到在康德那里对怀疑论的解决依赖于对于究竟什么才是知识这一点的关注,而不是仅仅考虑我们能够知道什么,我们就会同意,关于知识的研究首要地是要考虑意义,也就是说,要考虑构成知识的那些概念。

问题2:请比较一下实用主义与分析哲学在关于意义与知识的关系方面的观点,并说明两者在何种意义上具有亲和关系。

3.2.2 实践后果分析法

事实上,皮尔士对于古典实用主义的奠基之作中就包括一篇试

---

① 关于蒯因对逻辑经验主义的批评,以及这种批评的后果,建议读者在读过本书第8、9两章以后回过头来思考一下,看是否能够印证这里的评论。

图建立这种意义理论的论文,"如何使我们的观念清楚明白"("How to Make Our Ideas Clear")。① 在后面讨论古典实用主义的意义理论时,我主要依据这篇文章。

为了理解实用主义的意义理论,不妨看这样两个概念,一个是"红色",一个是"软"。我们知道"红色"和"软"这两个词的意义,这不成问题,问题在于,当我们知道这两个词的意义时,我们知道的是什么呢? 当这样问时,我们所问的是这两个词所表示的概念是什么。我们需要一个合格的解释,这个解释不能是循环的。比如说,不能这样解释,"我知道'红色'一词的意义,是因为我理解这个词",因为理解一个词就是知道其意义的另外一种说法。当然,我们也不能用另外一个与"红色"意义相同的词来解释这个词,这仍然构成循环解释。

对于"红色"这个概念,有这样一种解释:红色就是直接感知到的某朵玫瑰花的颜色,而这种颜色被称为"红色"。古典经验主义者就认为,一切知识都来源于这种直接感知到的东西,不存在其他来源。这个想法自然而然地适合于"红色"这个概念,我们可以说有种被称为"红色"的性质引起了红色这种感觉。但是,这个回答适合于"软"这个词吗? 似乎可以说直接感觉到一团棉花是柔软的,但细究之下就会发现,很难说在有我们称之为"软"的这种感觉时我们感觉到了软这种性质。在触摸棉花时,我们感觉到的是某种或大或小的阻力,

---

① 参见 *The Essential Peirce*:*Selected Philosophical Writings*, Vol. 1(1867—1893) (Nathan Houser & Christian Kloesel ed. , Indiana University Press, 1992). 中译文参见《意义、真理与行动——实用主义经典文选》,苏珊·哈克编,东方出版社,2007 年,第 113–136 页。

而不直接是柔软。柔软好像是一种更加复杂的性质。当我们用适当的力量去挤压棉花时,会感觉到手指陷入其中,并进而感觉到一种阻力。我们觉得手指所接触的东西是柔软的,是因为用不同的力量去挤压时,会得到不同的陷入感和阻力。在万吨水压机挤压下的钢锭也是软的。柔软是一种综合的经验,而不是一种直接的经验。古典经验论还不能用直接感知的东西来解释"软"这个概念。

但对这个概念有一种自然而然的解释。说一团棉花是软的,就是说,如果用一种适中的力来挤压,它就会有明显的变形。这样解释并不把"软"这个概念与直接感知到的东西联系起来,而是把它与可以直接感知到的东西之间的连接联系起来。施力和变形,这都是可以直接感知到的,"软"这个概念可以用它们的连接来解释,这种连接一定是先施力然后变形,而不能是先变形后施力。用"如果……那么……"的句式来表示这种连接,用"x"表示某个物体,"$P(x)$"表示"用适中的力挤压 x","$Q(x)$"表示"x 出现明显变形","$R(x)$"表示"x 是软的",关于"软"这个概念的解释就可以写成:

D)对任何 x,$R(x)$,iff,如果 $P(x)$,那么 $Q(x)$。

这里我们用双条件句①来表明,如果一个东西是软的,那么只要用适当的力挤压,它就会明显变形,并且假如我们用适当的力挤压,物体会变形,那么它就是软的。

〰〰〰〰〰〰

练习:请用关于"软"的这个解释来说明"如果用适当的力挤压

---

① 所谓"双条件句"(bi-conditional),就是用"当且仅当"(if and only if)连接两个子句构成的句子。形如"p,当且仅当 q"的双条件句就表示句子 q 是 p 的充分必要条件。在分析哲学文献中,"当且仅当"常常缩写成"iff"。

一个软的东西,它就会变形"这个推理是有效的。

～～～～～～

一个柔软的物体在不同的情况下有不同的表现,比如与另一个物体碰撞,它会出现凹陷,从高处坠下会变扁,如此等等。我们把所有这些可能的情况逐个用"如果……那么……"这样的对子表示,然后说所有这些对子的总和就构成了"软"的解释。在这个解释中,所有构成对子的项都是可以直接感知的,或者说都是可以实际上发生的。我们可以把前面的那个项,例如在对"软"的解释中"P(x)"所表示的称为实验条件,后面那个项,例如"Q(x)"所表示的称为"实践后果"(practical consequences)。这种分析概念的方法被称为"实践后果分析法"。这个方法可以用于其他抽象概念。

3.2.3　皮尔士的实在论

但是,这个方法也面临着一些困难。

困难 1:从 D)的形式来看,如果 x 从来没有被挤压过,那么"P(x)"就永远是假的,鉴于"如果……那么……"的句式通常被理解为实质蕴涵,而依据实质蕴涵的真值条件,"P(x)→Q(x)"总是真的①,这就相当于说,任何从来没有被挤压过的东西都是软的。从直觉上看,这是不可接受的。一个东西是不是软的,这与它是否被挤压过没有关系。即使它从来没有被挤压过,它本身是或者不是软的,仍然继续是或不是软的。事实上,我们可以说它是不是软的,与任何实验条

---

① 我们用向右的箭头表示实质蕴涵。

件都没有关系。

困难2:我们知道,即使对于"软"这样一个看起来非常简单的概念来说,我们也可以在其他实验条件下进行解释,这样得到的解释是无穷尽的,每个解释都应当有效。那么这是不是说,由于我们无法完成一个无穷的列举,就得不到一个完全的解释呢?

困难3:把多个解释都归于同一个概念,这对于理解这个概念的人来说一点问题都没有,但问题在于,解释所面向的听众恰恰应当是不理解这个概念的人,作为对一个概念的解释,我们如何能够表明所有这些解释都是关于同一个概念的解释呢?

对困难1通常采取的解决办法是区分对于"如果……那么……"这个句式的两种不同的解释,第一种是我们通常见到的实质蕴涵,第二种则是把这个句式解释为反事实条件句(counterfactual conditional)。我们可以把反事实条件句理解为在实质蕴涵的基础上排除了前件为假这一情况。从语义上说,反事实条件句规定其前件所表述的并非事实,而是一种可能性情况,因而整个句子所表述的就是,无论事实是怎样的,前件所描述的情况将使何种情况发生。反事实条件句其实就是把"如果……那么……"中的"如果"理解为虚拟语气,与此不同,按实质蕴涵来理解这个句式,就是把它理解为直陈句。显然,把实践后果分析理解为反事实条件句,将不会引起困难1。

事实上,实践后果分析的目的是在实验条件与实践后果间建立确定的连接关系,这种连接关系是抽象概念在经验范围内所能够起到的作用,是抽象概念在经验范围内所能够产生的区别。在这种意义上讲,皮尔士所需要的是反事实条件句理解,而不是实质蕴涵的理解。若按照实质蕴涵的方式理解,那么一个东西是不是软的,就取决于实验条件和实践后果是否发生,而不一定取决于这两者是否确实按照特定的方式连接起来。这一点表现在,在实验条件不具备的情况下,按照实质蕴涵的方式理解,一个东西就是软的,但实际上这个东西不必是软的。x 是软的,这一点必定在挤压和变形间建立联系。这种联系不必要求挤压或变形的实际发生,它仅仅意味着,如果挤压发生了,变形也就会发生。因此,要表现实验条件与实践后果间的联系,就要诉诸假定的情况,而非实际的情况。

思考:请按照反事实条件句理解,重新检查一下你前一节的练习中所提供的说明是否成立。

后两个困难可以放在一起考虑。不妨用类比的方式来说明。通常,对于实际存在的东西和纯粹想象的东西,我们是用不同的方式来确定的。对于一个实际存在的东西,只要指出某些特征,我们就可以把它找出来,然后再通过观察,确定它的其他特征;而对于纯粹想象的东西,只有确定了它的所有特征,才算确定了它。当然,实际上我们也许根本不可能确定任何东西的所有特征,因此任何想象的东西,都必定要在实在的东西的基础上加以确定。把这个事实类比于实践后果分析法,用要确定的东西来类比要分析的抽象概念,用所使用的特征类比实践后果。这样一来就很清楚,只有所需要确定的抽象概念本身没有实际的存在,才会出现困难 2 和困难 3。对困难 2 来说就是,除非我们要确定的抽象概念完全依赖于实验条件和实践后果的所有连接,为了确定这个概念,才需要完全列举所有的实践后果分析。对于困难 3 来说就是,除非要确定的概念完全依赖于实践后果分析,要判断所有这些实践后果分析是否是关于同一概念的分析,所需要参照的才是这些实验条件和实践后果,才会无法回答被分析的是否同一个概念的问题。因此,如果承认被分析的概念本身是实在的,这两个困难就都消失了。

这个问题关系到贯穿于西方哲学史特别是中世纪哲学中的唯名论与实在论之争。唯名论(nominalism)主张抽象概念没有实际存在,所谓的抽象概念,不过是一些词、一些名称而已;相反,实在论(realism)则认为抽象概念实际上是存在的。在现代哲学家中,经验论者很多持唯名论观点,但这一点绝不适用于皮尔士。皮尔士所持的是实在论观点。皮尔士的基本方法,即实践后果分析法,已经预示了这一观点。为了应对困难2和困难3,皮尔士需要认同抽象概念的存在。当然,这就意味着,皮尔士需要进一步说明,抽象概念在何种意义上存在,或者说,以何种方式存在。

3.2.4　抽象概念与经验体系

在皮尔士看来,抽象概念的存在意味着有相应的心理习惯。我们可以把这一点理解为,把握一个抽象概念,实际上就是产生一种心理习惯。为理解这一点需要进一步说明。

皮尔士把从实践后果上理解概念(concept)的方法当成一种使观念(idea)得到澄清的方法。按照皮尔士的术语习惯,概念是用于对象的客观的东西,而观念是主观把握到的。比如"软"当用于一团棉花时,是概念,当用于关于这团棉花的知识时,我们说"我知道这团棉花是软的","软"就是我们关于这团棉花的观念。把实践后果分析法当成是使观念清晰的方法,实际上就限定了这种分析的使用范围——它确定了对于概念进行把握的方式,但绝不是对于概念的定义。如果实践后果分析所给出的是抽象概念的定义,那么为了确定这些概念,我们就必须实际上给出相应的实践后果分析。但我们已经看到这会面临困难。为了达到从经验出发理解概念的目的,皮尔士所需要的仅仅是,实践后果分析是可能的,即使没有实际上给出这些分析,概念上的区分也可以通过这种分析来加以确定。

那么,在这种意义上对抽象概念的把握究竟意味着什么呢?如果我知道这团棉花是软的,那么当它受到一定的力挤压时,我就会期待它变形。我关于"软"的观念与这种期待紧密联系在一起;如果我并没有这种期待,那么就不能说我具有"软"这个观念。我的期待就表明,在我看到棉花受挤压,与看到棉花变形,这两者之间有种习惯性的联系,只有这种联系成为现实,才会使我感到一切正常。这样,当用于观念时,前面讲的"如果……那么……"式的逻辑联系就表示一种心理习惯①。这种心理习惯就像所有其他习惯一样,会在具有适当条件的情况下表现出来。例如,如果我看到一个我认为软的东西从高处跌落,这种心理习惯就会使我相信,这个东西会变形;如果我看到这个东西被一个硬东西刮擦,我就会倾向于相信,它的表面会留下划痕。这种心理习惯实实在在地存在于我的经验体系中,而不依赖于我是否看到被认为软的东西被挤压或者从高处跌落,因而不依赖于是否给定了相应的实践后果分析。

---

① 在分析哲学中,这种用"如果……那么……"的形式表述出来的性质通常被称为"倾向"(disposition)。例如,这里提到的软就是一种倾向。习惯、性格等都可以是一种倾向。倾向是按照逻辑特性区分出来的性质。

思考:把对抽象概念的把握理解为心理习惯,这样做是如何避免困难2和困难3的?

到此为止,我们看到的还只是一种解释法,它可以用来解释一些概念,进而用来澄清观念。给出这种方法,就意味着能够用这种方法来解释至少某些抽象概念的意义,但这不意味着,如果两个抽象概念用这种方法得到了同样的解释,那么它们的意义是相同的。也许存在着其他的解释法,可以揭示它们的不同意义。如果承认这一点,就承认这种方法不能穷尽意义,皮尔士给出的就只是一种解释法,而不是意义理论。但他认为这种解释法穷尽了抽象概念的意义。他说,如果两个抽象概念以这种方法得到了同样的解释,那么它们的意义是相同的。因此皮尔士认为自己给出的是意义理论。

思考:意义理论与意义解释法究竟有什么区别,这种区别使我们说实践后果分析法如果单独地看仅仅是意义解释法而不是意义理论?

皮尔士举了一个例子来说明这一点。在新教和天主教中都有种仪式叫"领圣体"或者"圣餐"。人们把一种小圆饼放在葡萄酒里浸一下,然后吃下。这种仪式源自《圣经》,基督对信众说,你们将饮我的血,食我的肉。仪式中的小圆饼就是圣饼或圣体。这种仪式在天主教和新教中都有,不同之处是,天主教认为,小圆饼就是基督的肉变成的,而新教则认为小圆饼只是象征性的。对于这两种看法来说,圣饼的意义显然是不同的。皮尔士则否认这一点。他认为,无论是天主教还是新教,对于领圣体所产生的实践后果的期待没有什么不同,就可感觉的方面来讲,圣饼都将产生同样的生理效果——增加一些胃容物。因此,圣饼这一抽象概念在天主教与新教中意义相同,他们关于圣体的争论没有意义。

为了使实践后果分析法成为一种意义理论,我们还需要这样一个前提:所有抽象概念,除了通过实践后果分析所揭示出来的,没有其他意义。换言之,意义本身就只能是实践上的意义。结合皮尔士的康德背景我们可以直接得到这个前提。我们知道,康德的一个观点是,我们只能对于经验范围内的事物形成判断。如果这个观点是对的,那么关于意义,我们也只能在经验范围内做出断定。既然如此,断定存在超乎经验的意义,就是自相矛盾的。抽象概念不是可以感觉到的东西,不是经验素材或者经验对象,而只能以经验素材相连接的方式表现出来;实践后果分析恰恰揭示了这种连接。

〰〰〰〰〰

思考:实用主义似乎来到了一个自相矛盾的境地,一方面,它承认不存在超乎经验的意义,另一方面,由于要求无穷多的实践后果分析,抽象概念的意义似乎是任何实际的实践后果分析无法穷尽的,因而抽象概念不可能被实际的经验所穷尽。这是真正的自相矛盾吗?如果不是,请给出一种解释。

〰〰〰〰〰

3.3　真理理论

3.3.1　经典的真理理论

为了理解实用主义的真理理论,首先介绍一下有关背景。

所谓真理理论(theory of truth),就是指对什么是真理这一问题的回答。传统上的真理理论是亚里士多德的真理符合论(the correspondence theory of truth)。这个理论的大体意思是,所谓真,就是与事实的符合(correspondence)。亚里士多德在《形而上学》这本书里说,"说是者为是,不是者为不是,就是真;说是者不是,或说不是者是,就是假",大意就是如此。真理符合论在古典哲学中占统治地位,但这个理论由于笛卡尔的怀疑论而受到挑战。

在现代哲学的背景中,真理符合论就是指主体的信念与客观的事实符合。笛卡尔的怀疑论经过变形可以简单表述成:既然主体所能具有的一切都是信念,而客观的对象存在于主体之外,主体如何能够跳出信念的范围而知道事实呢?笛卡尔借助一个全知、全能、全善的上帝,来保证我们的信念与客观世界相符合。但是,如果不愿意借助上帝,那么符合论与怀疑论的联系也就难以打破。这构成符合论面临的第一个困难。

即使不考虑笛卡尔关于外部世界的怀疑论,符合论也面临困难。这第二个困难大体上可以这样叙述:如果真就是信念与事实符合,那么使用真这个概念就是不可能的,因为,为了断定一个信念是真的,就必须断定这个信念真的与事实符合,但这样一来,我们就必须预设真,于是就进入了一个循环。① 不妨用一种半形式化的方式来叙述。假定我们要判断其为真的信念是 B,依据符合论我们有,

　　1)B 是真的,*iff*,存在事实 x,x 与 B 相符合。
在判断 B 是否为真时,我们显然需要判断"存在事实 x,x 与 B 相符合"这一点是真的。

　　仔细分析一下就会看到,这个困难之所以产生,是因为为了使用关于真的定义,我们需要做出一些判断;但是,任何判断都是断定一个命题是真的,因此在使用关于真的定义时就要假定我们预先已经把握了真这个概念。这意味着,关于真的任何一种定义都会面临同样的困难。②

～～～～～

　　思考:为了判断信念 B_1 为真,我们要先确定另一个信念 B_2 是否为真,而为了判断 B_2 是否为真,我们又需要确定第三个信念 B_3 是否为真,像这样一个过程我们会说这是一个恶性循环。请比较一下关于鸡生蛋蛋生鸡的问题。鸡由蛋生,蛋又由鸡生,那么究竟是先有蛋还是先有鸡呢?但是,鸡蛋相生并不构成我们这里所看到的恶性循环。请比较一下这里所说的两个过程,思考一下构成恶性循环的必要条件是什么。

---

① 这个困难是弗雷格给出明确表述的。参见"思想:一种逻辑研究"这篇文章,载于《弗雷格哲学论著选辑》,王路译,商务印书馆,1994 年。像詹姆斯这样的古典实用主义者建立其真理理论时所面对的并不是弗雷格,而是他们心目中的理性主义者。这里援引弗雷格,不是出于历史的考虑,而出于学理上的兴趣。

② 关于这个论证的进一步细节我们会在第 4 章加以分析。

相对于符合论,早期的备选理论是真理融贯论(the coherence theory of truth)。通常,哲学家把一个通过相互支持的关系构成的信念系统称为融贯的。这种相互支持的关系会表现为信念在真值上的关系。当然,我们应当可以不用这种真值关系来定义融贯,否则就不能用融贯来定义真。这里我们要对概念做出辨析。融贯并不是不矛盾,与融贯对立的是冲突。信念相互矛盾,是指它们不能同为真,也不能同为假;信念相冲突,仅仅是指它们不能同真。例如,一个大于2的数是素数,与这个数是偶数,两者不融贯,但并不相互矛盾。

练习:我们用连接词 $C(p, q)$ 表示两个命题 p 和 q 相融贯,用 $T(p, q)$ 表示 p 与 q 相矛盾。请列出这两个连接词的真值表,然后对比一下,看两个真值表有什么不同。

融贯论的基本观点是,一个信念如果与其他大多数信念相融贯,那么在这个信念系统中这个信念就是真的。黑格尔曾经说,一个哲学体系的真是由这个体系的自我一致表现出来的。他所表述的就是真理融贯论。在当代大部分哲学史家看来,康德也持真理融贯论。

应当说,融贯论在某种程度上吸取了符合论的教训。人们对符合论感到不满——符合论者在确定信念的真值时,他以为自己处理的是信念与事实间的关系,实际上所处理的却是信念与信念间的关系,因此他不能如愿以偿地面对事实。就这一点而言,融贯论说明了人们确定信念是否为真时实际上在做什么。为了确定信念 a 是否为真,人们并不是把 a 与事实对比,而是与关于事实的其他信念对比,

如果这些信念支持 a，那么人们就倾向于认为 a 是真的。

但是，融贯论自己却面临一个特殊的问题，即一套相互融贯的信念仍然可以整个地是假的，因此融贯并不能保证真。这种可能性实际上就相当于说，我们可以设想假信念相互融贯的情况，因此融贯并不能排除假信念。

融贯论者也许对此心有不甘，他会反驳说，如果我们拥有的仅仅是信念，那就确实没有理由怀疑整个信念体系是假的。凭空怀疑是没有价值的，有价值的怀疑只能是有理由的怀疑，这就是说，要产生任何一种怀疑，总是要有某个信念来作为依据。例如，如果我怀疑张三杀了人，这要以张三在谋杀现场为依据；而如果我没有张三在谋杀现场这个信念，关于张三杀人的怀疑就无从谈起。由于我们已经把所有信念都包含在借以甄别真假的信念体系中，对于整个信念体系的怀疑就失去了支点——我们没有任何依据来怀疑整个信念体系。

对于融贯论者的这个辩护，符合论者可以再次反驳说：这仅仅是排除了关于整个信念体系为假的怀疑，但并没有证明据此我们可以确定真，而我们的目的是真。事实上，我们并不是以拥有信念为目的，我们的目的是认识信念之外的事物，因此，关于真的任何理论，如果使我们与信念之外的东西脱离了接触，就都是没有价值的。融贯论所做的正是使我们与信念之外的东西脱离接触，因为，如果承认信念的真依赖于信念之外的东西，那么整个信念体系都为假，这种可能性就不能在信念范围之内加以排除。从这个意义上讲，融贯论违反了我们关于知识最为质朴的理解。

对此，融贯论者也可以反驳说，这样指责就假定了，除了心灵，即具有信念的东西以外，还有独立于心灵的东西，但我们不必在这个假定之下展开思考,而一旦意识到这一点,符合论的反驳也就失去了优势。

3.3.2 实用主义与符合论

这里我们不准备浏览关于真这个概念旷日持久的争论,而只需要为理解古典实用主义的真理理论积累足够的背景材料,这些材料有助于为这种真理理论的确切地位提供坐标。现在回到符合论。虽然符合论是关于真最朴素的一种理解,但它仍然具有持久的魅力,因为它表明了我们如何理解信念与实在的关系——信念的真应当依赖于信念之外的东西,也就是说,依赖于实在。也许,符合论的失误之处只是在于以不合适的方式来表明它。为了看到这一点,让我们回到符合论引起的困难。

先看第二个困难。这个困难体现在 1)中,当我们要确定信念 B 为真时,要先确定"存在事实 x,x 与 B 符合"这个信念是真的,这就使我们在利用符合论定义来确定信念的真时,不得不预设真已经确定了。进一步分析之下可以看出,问题的关键在于下面的句子所说的也是一个需要确定其为真的信念,即

2)*存在事实 x,x 与 B 符合。*

如果 2)所表示的不是一个首先要求为真的东西,即并不是一个信念,那么为了运用符合论,就不再需要预设真了。带着这个想法,我们可以利用这样一个事实:符合论可以理解为,如果正确地表达了信念和正确地描述事实的是同一个句子,那么这个信念就是真的,反之,一个信念之为真,就是用来描述信念的句子同样正确地描述了事

实。这样一来,在运用符合论确定信念 B 是否为真时,我们需要确定 2)是否为真;但 2)当其为真时,所描述的是这样一个事实:有一个事实与 B 相符合。这就是说,我们从 2)表达的信念为真,过渡到 2)所描述的就是事实。因此,即使我们在运用符合论时预设了真,被预设的真也要进一步回到事实,而没有停留在真这个概念上,这样一来循环就消失了。

这个循环之所以消失,是因为对于一个事实来说,无所谓真假。事实不是真值载体,事实仅仅是发生或者不发生。如果把 2)所表述的理解为事实,那么情况就必须是,当这个事实发生时,不需要进一步的信念来确认这一点,我们就可以着手运用符合论定义。这正是问题的关键。在运用符合论时,我们可以借此摆脱信念,从而摆脱对真的预设。当然,现在的问题就变成了:一个信念与事实相符合,这究竟是一个什么事实。对这个问题的回答依赖于究竟什么是信念与事实间的符合。

这个问题与符合论的第一个困难,即由笛卡尔的怀疑论而引发的困难,也有关系。之所以产生这个怀疑论,是因为假定了信念与外部世界的隔离状态,我们所能够拥有的只能是信念。如果对什么是信念与事实的符合这个问题给出了合适的回答,那么这种隔离状态就有希望打破。事实上,古典实用主义所提供的真理理论确实为打破这种隔离提供了思路,按这个思路,实用主义建立了自己独特的知识论。关于这一点我们到下一节再讨论。

詹姆斯和杜威都对真理理论做出了系统的阐述。从表述方式上看,他们并不反对符合论,而是认为,符合论是对什么是真理的回答,不过不是一种完全的回答,因为究竟什么是"符合",这是需要澄清的问题。

按照从亚里士多德到洛克的传统说法，信念不过是对象在人心中留下的印记，是对象的某种摹本，因此信念与对象之间是可以比较的。但是，究竟在何种意义上能够说，信念是对象的摹本呢？究竟如何能够说，信念与对象能够比较呢？似乎很难回答这个问题。比如说，我看到一个红色的东西，这个对象具有颜色，但我不能说自己的信念具有颜色；我们具有一个关于颜色的信念（a belief about color），而不具有一个有颜色的信念（a colorful belief）。

当然，我们可以对信念的内容和信念的存在状态做出区分，以此避免这个问题。当我们说一个关于颜色的信念时，是就信念的内容来进行谈论的，在这个意义上当然不能说一个信念具有颜色，从而也不能在信念与对象都具有颜色这一意义上进行比较。用来比较的是信念的内容。

这与其说解决了问题，不如说是指出了问题之所在。信念的内容是抽象的东西，一个抽象的东西如何与具体存在的对象相比较呢？这种比较类似于用数 2 与两匹马进行比较，如何能说这两者符合呢？用詹姆斯的例子来说，即使在谈论的是时钟发条，我们也很难说"弹性"的观念所摹拟的是时钟发条的哪一部分，也很难说它摹拟的是不是时钟发条。[①]

既然不能在信念与对象相比较的意义上解释符合，那么就不能直接按字面意思来解释真理符合论。该如何解释呢？实际上，前一

---

① 参见詹姆斯："实用主义的真理概念"，《意义、真理与行动——实用主义经典文选》，第 313–314 页。

节讨论的实践后果分析法已经为解决这个问题提供了方法,这就是为"信念与对象符合"寻找实践后果。这些实践后果就构成了这个符合概念的意义。詹姆斯找到的实践后果就是"有用"。如果一个信念与对象符合,那么按照这个信念制订的行动计划就能够成功。所谓成功,无非就是使对象成为所期望的样子,这与达成特定的目标是一回事。因此,詹姆斯就以一个著名的口号来概括他的真理观:"真理即有用"。①

这句非常简单的口号其实一点都不简单,如果不经过仔细分析,我们几乎无法了解它实际上要说的是什么。罗素的一段话也许表明了这一点:

> 在这个学说中,我发觉依理智来讲有若干重大难点。这学说假定一个信念的效果若是好的,它就是"真理"。若要这个定义有用(假如它不是有用的,就要被实用主义者的检验所否定),我们必须知道,(甲)什么是好的,(乙)这个或那个信念的效果是什么;我们必须先知道这两件事,才能知道任何事物是"真的",因为只有在决定了某个信念的效果是好的之后,我们才有权把这信念叫作"真的"。这样一来,结果就复杂化得难以想象。假设你想知道哥伦布是否在 1492 年横渡了大西洋。你不可照旁人的做法,在书里查找。你应当首先探听一下这个信念的效果是什么,这种效果和相信哥伦布在 1491 年或 1493 年做了航行的效果有何不同。这已经够困难的了,但是从道德观点权衡

---

① 参见詹姆斯:"实用主义的真理概念",《意义、真理与行动——实用主义经典文选》,第 316 页。

这些效果更加困难。你可能说分明 1492 年有最好的效果,因为它让你在考试中可以得到高分数。但是,假若你讲了 1491 年或 1493 年,你的考试竞争者就会胜过你,而他们却可能认为他们不成功而你成功从道德上讲是可叹的。撇开考试不谈,除了历史学家来说,我想不出这个信念有任何实际效果。①

罗素的理解照字面来讲完全是无可挑剔的。如果真就是有用,那么关于一个信念是否为真的判断,就将首先是一个关于这个信念的效果的判断。但我们很难想象这样理解不会陷入一个明显的困境。关于效果的判断首先必须是真的,我们才能以之为据断定产生该效果的那个信念是真的。这正是我们在前面看到的那个关于符合论的第二个困难。按同情原则②的要求,罗素所指出的问题应当是我们所要理解的那个理论恰好已经避免了的,而不应当是我们用来指责这个理论的依据。只有这样我们才不会做出一厢情愿的批评。

对效果的强调引入了一个被传统知识论哲学完全遗忘了的要素,这就是实践。詹姆斯所说的"有用",完全是在实践的层次上说的。"我们的观念必须同实在符合,不管这些实在是具体的还是抽象的,是事实还是原则,否则就会受到不断的矛盾与挫折的惩罚"。③这里所说的矛盾不是指信念内部的矛盾,不是一个信念与另一个信

① 罗素:《西方哲学史》下卷,马元德译,商务印书馆,1963 年,第 375—376 页。
② 在论辩时,应当遵守同情原则,也就是说,应当站在对方角度上充分地理解和表述对方的观点,然后再针对这样理解和表述的观点展开论辩。在阅读哲学著作时,也应当遵从同情原则,把同情式阅读置于批判式阅读之前。违背同情原则就很容易犯稻草人谬误(the strawman fallacy),也就是说,把对方观点矮化或者简化,从而使其易于反驳。
③ 参见詹姆斯:"实用主义的真理概念"(载于《意义、真理与行动——实用主义经典文选》),第 320 页。

念的冲突,而是无法达到实践目的,是实际的挫折。所谓的"有用",就是与这种矛盾与挫折相反的状态。在这个角度上看,罗素就完全在关于实践效果的信念上理解。当然,实践效果不是关于实践效果的信念。

可以说正是这个区分使得实用主义者完全区别于传统的知识论哲学。对后者来说,真理是安乐椅上的静观,谬误不会带来任何实际的麻烦,自相矛盾仅仅是信念内部的小小骚动;但实用主义所理解的真理则是田野中的活生生的真理,按这种真理概念,一头羚羊对于猎豹的错误信念将会以自己的生命告终为代价。

这样我们就会理解实用主义真理理论的基本特色。在前面提到的2)所描述的,即信念与事实符合,就被理解为实践效果的发生这样一个事实,而不是进一步的信念。这是实用主义真理概念的优势所在,它避免了定义真所带来的麻烦,同时又坚持了我们关于真的素朴理解。不过,实用主义究竟是如何做到这一点的,还需要进一步分析。

在前面詹姆斯的引文中提到了"矛盾和挫折",我们不妨分析一下这是什么与什么的矛盾。初步考虑之下就会看到,这应当是行动的欲求与结果之间的矛盾。我想喝水,但喝到的却是酒,我的行动就遭受到挫折,这是我的欲求与我的行动的结果之间的冲突,这表明我的信念"这个杯子里装的是酒"是错的;而我喝到了水,则表明这个信念是真的。考虑一下,要么说,我们实际上具备了什么样的条件。一个条件是行动的结果,我喝到的是酒,这可以是一个信念;另一个条件是,我具有喝水的欲求,这不是信念。后一个条件正是关键所在。欲求不是信念。我有喝水的欲求,我感到干渴,这不等于说我相信我感到干渴,欲求不等于关于欲求的信念。一个欲求无所谓真假,而一个关于欲求的信念却有真假之别。同理,我们可以说一个欲求是否被满足,这一点也无所谓真假,它仅仅是发生在我们身上的一件事。这样一来,我们可以把真理这个概念建立在无所谓真假的东西的基础上,从而避免符合论的第二个困难。

3.3.3 实用主义与融贯论

当然,在另外一些情况下,欲求的满足不是直接发生在我们身上的事情,我们需要以某些信念作为背景,以此判断欲求是否满足。例如在做基本粒子对撞实验时,预期的实验目的是否达到,依赖于我们的一些背景知识,其中包括高能物理学、关于对撞机的了解,以及对于实验合作者的信任等,这些在本质上都是信念。但是,我们必须对这些信念毫不怀疑,才能够使实验继续下去。在某种程度上,是否具有这些信念,决定了一个人是否具有参与实验的资格,我们把它们理解成实验者"机体"的一部分。如果这样理解,实践效果就仍然是直接发生在实践者身上的事情。

这个分析的结果是,实用主义关于真的理解与融贯论拉近了距离。实践活动的成功,我们可以说就是实践效果与信念相融贯,即实践效果作为发生的事情支持了信念。与前面讨论的信念范围内的融贯论不同,这里引入了不属于信念的东西,这些东西构成了判断信念是否为真的最终基础。当然,在一些比较复杂的情况下,例如在做某些理论物理的实验时,我们还是要把一些充当背景知识的信念考虑在内。因此实用主义的真理概念可以用下列公式表述:

3）信念 B 是真的，*iff*，B 与欲求、感觉以及其他信念相融贯。这里所说的感觉，就包括了欲求的满足。那些发生于我们身上的事情，同时又与信念这样的高级的机体功能相联系的心理状态，我们都可以归为感觉的范围。这里，让"感觉"这个词具有一定的弹性是有好处的。

有些哲学家把实用主义的真理理论归为融贯论，这样看起来有一定道理。如果承认经验中包含并非信念的东西，如果把欲求和感觉都包含在经验范围内，那么实用主义的真理理论可以说近似于关于整个经验的融贯论，而不是信念体系内的融贯论。

但我们一定要注意，古典实用主义者对真理的理解要多于简单的融贯论。只需注意到这个理论的基础是实践后果分析法，而实践后果分析法在某种程度上需要承认关于抽象概念的实在论，就会看到实用主义真理理论与融贯论间的区别。一般说来，融贯论者不必接受实在论。如果是关于信念体系的融贯论，信念之外的东西对于真就不起作用。关于整个经验的融贯论也不以承认经验之外的东西存在为前提。

正是由于这个区别，实用主义者更强调其所理解的真在认知探究过程中的引导作用，而不是最终确定真信念的独断作用。3）给出的仅仅是对于何为"一个信念为真"的解释，而不是这个信念为真这样一个事实的全部。这一点对于古典实用主义者来说尤其如此。古典实用主义者仍然试图既坚持符合论所表达的素朴理解，又能解决合格的真理理论所面临的哲学困难。

古典实用主义者给出的是一种相对的动态的真理概念。一个信念是否真，这取决于这个信念在实践中发挥的作用，因此真理是相对的。一个信念是否真,还取决于以前已经确立的真理,因此真理是动态的。真理的确立是一环扣一环的过程,这个过程趋向一个最终的目标。很难说这个目标能够达成,但古典实用主义者需要这个目标,以便展开这个过程。就这个目标而言,我们很难说真理是相对的。

思考:真信念就是被经验所证实的信念,这个观点被称为"实证主义"(positivism)。古典实用主义的真理理论是实证主义的吗?你的理由是什么?

3.4　知识论

3.4.1　笛卡尔式理性主义

实用主义的意义理论和真理理论都蕴涵一种关于知识的观点,这种观点打破了自笛卡尔以来的知识论哲学的基本模式,即主体和对象对立的二元论模式,在形而上学上,这种模式就是心物二元论。这里,我们要注意区分形而上学二元论(metaphysical dualism)或者说本体论二元论(ontological dualism)和知识论二元论(epistemological dualism),关于这个区分读者可以在后面的论述中仔细辨别。这里我们主要讨论的就是知识论二元论。

我们知道,自笛卡尔提出"我思故我在"以来,主体就成了借以思考知识问题的基础。知识首先是主体的一种能力,而主体则被认为是存在的东西,主体就是心灵,心灵与知识的对象(即物质世界)具有同等确实的存在。这里,我们切不可直接把主体当成是思维的器官,例如大脑或者神经系统。对此我们只需考虑到笛卡尔所说的"我思故我在"在何种意义上具有说服力就会明白。这里所说的"我"就是主体。当我怀疑我是否具有一个大脑时,我仍然存在,但此时大脑可能并不存在,因此从概念上讲我并不是大脑。我的存在之所以不可怀疑,是因为当我在怀疑时,这个怀疑正在进行,这一点本身是不可怀疑的,在这种意义上,进行怀疑的那个东西,即主体,也就必须存在。但是,在同样的意义上,大脑却可以不存在,因此主体不是大脑。

接受了心物二元论,我们就很容易把观念和物区分开。观念在主体或者说心灵里面,而物在心灵外面。于是知识就是这样获得的:物在心灵中产生观念,而心灵觉察到这种观念,从而知道物。因此,主体直接知道观念,通过知道观念,间接地知道物。这种认知模式就是从主体出发来理解知识和思考知识问题。这里我们有一种直接的知识(关于观念的知识)和一种间接的知识(关于物的知识),我们可以说,这是与心物二元论这样一种形而上学观点相协调的关于知识的二元论观点。

笛卡尔的怀疑方法在某种程度上表明了这种知识论二元论的基本特色。这种怀疑法就是排除那些可以怀疑的,留下确切无疑的东西。事实上,这些确切无疑的东西就是清楚明白地呈现于"心灵之眼"面前的东西,它们之所以能被接受,是由于它们是清楚明白的。而它们之所以是清楚明白的,是因为它们在心灵里面,因而为主体直接知道。这就是说,这些观念是什么样的,"心灵之眼"看到的就是怎样的。在这种模式中,错误的产生仅仅在于中间环节的插入。由于中间环节的存在,被知的对象就有可能与所知道的内容产生错位或者损耗。这种情况就类似于说,在错觉产生的时候,我们"正确地"感觉到了这种错觉;但它之所以是错觉,是因为我们把它与另外的观念进行对比,也就是说,我们通过其他东西,而不是仅仅从直接感觉到的东西,来做出判断。

对于怀疑方法最终达到的效果,笛卡尔的解释是这样的:

> 首先,一旦认为自己正确地理解了某个东西,我们就自发地相信它是真的。而若这个信念如此坚定,以至于我们从来不可能有任何理由怀疑所相信的东西,那么我们就不会有进一步的疑问——我们已经拥有了我们能够合理地期望的东西。如果有人最后发现,我们如此坚信其为真的东西在上帝或天使看来却是假的,因而绝对地说就是假的,又该如何呢? 既然我们不相信它,甚至连丝毫的怀疑都没有,我们又何必为这种所谓的"绝对的假"操心呢? 因为我们在这里假定的是坚定到无法摧毁的信念,这种信念显然等于就是完美的确实性。①

这种确实性区别于通过感觉器官建立的信念所具有的确实性,后者总是可以怀疑的,而通过"心灵之眼"看到的东西,或者说理智所把握的东西,则存在不可怀疑的部分。例如主体的存在就是这种不可怀疑的信念。这种不可怀疑的信念的存在,在笛卡尔看来就为建立其他可靠的信念提供了基础。既然我的存在是不可怀疑的,那么由我的存在这一点得到的其他东西也就是不可怀疑的。

---

① 《第一哲学沉思集》,对第二组反驳的回答。译自 *The Philosophical Writings of Descartes*, Vol. 2, John Cottingham et. al. trans., Cambridge University Press, 1984。

上述引文透露了这样一个观点,心灵实际上不相信的东西,对于知识的确实性来说没有影响。与其说笛卡尔追求的是知识的真,不如说是知识的确实性(certainty)。换言之,笛卡尔所考虑的不是知识本身应当是怎样的,而是心灵实际上能够获得的知识是怎样的。这两者的区别在于,当我们具有某种知识时,从知识本身的角度上讲,我们谈论的是知识的真,这不取决于这种知识是心灵还是其他东西所产生的,而仅仅包含于知识的客观性里;但从笛卡尔的角度看,知识必须首先在与心灵的关系中加以评价,心灵无法否认的信念就是确实可靠的。笛卡尔的想法显然是,心灵所无法否定的信念,对于心灵来说,就是确实可靠的知识——如果我就是这个心灵,那么对于我无法否定的信念,只能说它是真的。在笛卡尔看来,不存在脱离心灵的知识。

心灵能够直接保证某些知识的确实性,再加上不存在脱离心灵的知识,从这两个前提可以得到心灵对于评判知识的确实性具有自主权能。心灵发挥这种权能的方式就是从那些确实的知识入手来判定其他知识是否经得起怀疑,也就是说,是否确实。心灵具有对于知识的这种自主性,这种观点就是理性主义(rationalism)的知识观。这种知识观与知识论上的二元论相加,就是笛卡尔式的理性主义知识论。

思考:理性主义的知识观与笛卡尔的心物二元论的关系是怎样的? 后者是前者的充分条件吗? 后者是前者的必要条件吗? 你的理由是什么?

3.4.2 自然主义

笛卡尔的这种知识观在休谟那里遇到了挑战。休谟同意笛卡尔的这样一个前提:清楚明白地呈现于心灵的东西是确实的知识,并且我们的知识就建立在这种确实性的基础上。但从这个前提却引出了对笛卡尔不利的结论,从而揭示了笛卡尔心目中的理性在笛卡尔的角度上看是不可靠的。我们就以因果关系为例来说明这一点。休谟看到,一事物引起了另一事物,这一过程呈现于心灵面前的仅仅是两个事物的先后接续关系,无论怎样清楚明白地看这个过程,我们都无法看到什么连接了它们。照笛卡尔的思路来看,这就意味着我们不能确实地相信因果关系之说,因为因果关系并没有清楚明白地呈现于心灵。在这种意义上因果解释是没有理性基础的。我们只能说,因果关系是心灵自己放进事物中去的,它表明了事物在心灵中倾向于按照某种特定的方式连接,但并不表明事物非如此连接不可。因此,它仅仅是心灵的某种倾向,或者说某种习惯。这对笛卡尔来说是个坏消息,因为习惯不是必然的,具有某个习惯是不凑巧的事,因而大可怀疑。但是,这对于休谟来说却是个好消息,因为,这意味着我们不能从理性主义的角度来看待此事。理性主义者不能接受的事实证明了理性主义立场有问题。休谟乐于指出,既然关于因果解释我们没有理性基础,鉴于这种解释对我们如此重要,那么这就表明我们实际上并不依赖于这种理性基础。我们必须接受心灵的习惯,无论这种习惯是怎样的。这种立场就是自然主义(naturalism)。

理性主义与自然主义这两种立场之间的差别在于:自然主义承

认心灵受到某种来自心灵之外的约束,而这种约束使得心灵并不具有理性主义所设想的那种自主性。这种约束从休谟所说的要接受心灵具有的习惯这一点就可以看出。如笛卡尔那样的理性主义者也可以承认心灵具有某些固有的倾向,但这种倾向可以得到理性的辩护;而休谟所说的习惯却并没有这样的辩护存在,也就是说,这是一些非理性的倾向。这种非理性的强制使得我们必须改变对整个知识的看法,即心灵本身不具有制造确实知识的能力,也不具有评判知识的最终权能。换言之,对于自然主义者来说,知识的获得不是一个心灵可以自主的过程。这样一来,对自然主义者来说,经验主义就是一个自然而然的选择。

从休谟的角度来看,接受自然主义立场就意味着放弃理性的自主性。但也可以不这么做。与其说休谟的挑战表明理性主义立场是错误的,不如说表明了理性主义立场与笛卡尔的知识论二元论不融贯。理性主义立场与知识论二元论一起,构成了笛卡尔式的理性主义。笛卡尔式理性主义的不融贯在于,如果承认两类知识的区分,并把心灵关于观念的直接知识作为优先的知识,那么理性的自主性将无以为继。如果不接受休谟的自然主义解决方案,那么一个替代的策略就是,坚持理性的自主性而放弃知识论二元论。在古典实用主义者皮尔士那里情况就是如此。

3.4.3 作为理性主义的古典实用主义

古典实用主义者正是通过抵抗笛卡尔式理性主义发展起来的。在古典实用主义者皮尔士、詹姆斯以及杜威那里,以及在后来的新实用主义者那里,笛卡尔式的理性主义以不同的方式得到回应。人们在自然主义与回归理性主义这两个互相替代的立场间摇摆。例如蒯因就在休谟的启发之下建立了自然化知识论(naturalized epistemology),而这种知识论又在某种改变了的基础上是杜威知识论的延续,这种知识论接受休谟的自然主义,而在某种程度上放弃理性的自主性。近来的一些实用主义者,例如苏珊·哈克(Susan Haack),则向皮尔士这样的古典实用主义回归,试图在一定程度内恢复理性的自主性。

在皮尔士那里,对笛卡尔的批评是建立自己的思考路线的一种方式。从1868年到1869年,皮尔士连续发表了三篇文章批评笛卡尔理性主义,"对一些据说属于人的能力的质疑"("Questions Concerning Certain Faculties Claimed for Man")、"四种能力的缺失所导致的一些后果"("Some Consequences of Four Incapacities"),以及"逻辑律之有效性的基础"("Grounds of Validity of the Laws of Logic")。[①]他所否认的四种能力是:1)直接区分直觉知识和推理知识的能力,2)对自我进行内省的能力,3)不借助于符号而进行思考的能力,4)产生关于绝对不可认知的东西的概念的能力。这四种能力中的前两种与理性主义的核心观点直接相关,也是我们在这里需要关注的。

笛卡尔所说的清楚明白的理解,在某种意义上就是一种直觉(intuition)。在"直觉"这个词通常的意义上讲,就是直接的认知(cognition),它不依赖于先前的认知。因此,直觉知识与推理知识相

---

① *The Essential Peirce*: *Selected Philosophical Writings*, *Vol. 1* (*1867–1893*), edited by Nathan Houser & Christian Kloesel, Bloomington and Indianapolis: Indiana University Press, 1992.

对立。笛卡尔式的理性主义者不一定认为所有确实的知识都是直觉的或非推理的,但所有确实的知识都或者是基于直觉的,或者以直觉知识作为基础以无可置疑的方式推论出来的,这一点却是他必须承认的。这部分地是因为,如果承认有确实的推理知识,就必须承认获得这些知识的最终前提是非推理的,即是直觉的。此外这还是因为,既然在笛卡尔式的理性主义者看来,心灵独立自主地获得知识,那么这样的知识最终就不可能是通过其他东西的中介获得的,心灵必须能够直接获得知识,而这意味着知识最终必须是直觉性的。直觉知识的优先性在笛卡尔那里占据了一个相当重要的地位。笛卡尔喜欢的一种说法就是,"心灵之眼"清楚明白地看到情况如何如何,并以此作为某种观点必须予以接受的理由。这种说法已经把直觉作为不言而喻的东西。

皮尔士反驳笛卡尔的方式并不是否认存在直觉,这显然不可能成功;他的策略是否认我们能够通过直觉来区分直觉和推理,进而否认我们实际上能够区分直觉和推理。他的攻击在于,否认我们可以通过宣称某个论断出于直觉来为之辩护,因为,如果不能区分直觉与推理,那么我们所使用的是不是直觉能力,就无从判断,因而也就无法按理性主义的思路来把确实的知识与不可靠的信念区分开。因此,皮尔士所做的,就是否定知识论上的二元论。

皮尔士把直觉简单地说成是直接由超验对象(transcendental object)所决定的认知,与之相对立的,即推理知识则是由其他认知所决定的认知。这里所使用的"超验对象"一般地指经验之外的对象。下面是皮尔士的反驳:

> 具有直觉是一回事,知道它是直觉,这是另一回事。既然这

一点很明显,那么问题就在于,这两个在思想中可以区分开的东西在事实上是否固定地联系在一起,使得我们总能够通过直觉来区分直觉和被其他认知所决定的认知。当然,当某物呈现时,所有认知都是关于它本身的直觉。一个认知被另一认知所决定,还是被超验对象决定,这一点尽管会作为超验自我的活动或激情的成分出现,但至少不像乍看起来的那样,是那个认知直接内容的一部分,从而或许不直接存在于意识中。然而,这种超验的活动或激情将总会决定一个对它自身的认知,以使这个认知是否被另一认知所决定,成为该认知的一部分。在这种情况下,我应当说我们具有一种把一个直觉与另一认知区别开的直觉能力。

没有证据表明我们具有这种能力,除了我们似乎感觉到我们具有。但这个证据的说服力完全依赖于已经假定了,我们能够通过这种感觉来辨别这种感觉是教育或过去的联想等的结果,还是一种直觉;换言之,它依赖于对要检验的说法的预设。这种感觉不会是错的吗? 关于这一点的这个断定不会是错的吗? 如此等等,以至无穷。死守这个信念,当然就不可能接受真理,听不进任何证据了。①

这个论证的思路非常巧妙。皮尔士并不反对我们能够具有直觉,但坚持在具有直觉与知道这是一个直觉之间具有一种区别。这是整个论证的起点。由于有这个区别,即使我们实际上具有的是直觉,在需要的时候也仍然有义务为判定这是不是直觉提供依据。皮

---

① *The Essential Peirce*: *Selected Philosophical Writings*, *Vol. 1* (1867–1893), p. 12.

尔士论证的前提是,一个认知是直觉的还是推理的,这一点从这个认知本身无法确定。这个前提可以表述为,我们不具有区别直觉与推理的直觉能力。这个前提看来是无法反驳的,因为一个认知所能提供给认知者的仅仅是这个认知的内容,而这个认知是直觉的还是推理的,则取决于它与其他东西的关系,这是两件不同的事。

从这个前提就可以知道,我们必须新引入另一个认知来为判断一个认知是不是直觉的提供依据。如果这个认知是直觉的,那么它就直接表明了原来的那个认知是不是直觉的;而如果它是推理的,那么就必须继续考察它的前提是否可靠。但是,对新引入的这第二个认知来说,依据皮尔士的前提,其本身也不能表明它是否直觉的,因而又要引入新的第三个认知。如此下去以至无穷。这就表明了我们实际上不能着手判定任何一个认知是不是直觉的。皮尔士的论证就是这样的。

事情也许并没有结束。笛卡尔主义者可以反驳说,为了确切地知道些什么,我们所需要的仅仅是具有一种直觉,而不需要知道这就是一种直觉。如果情况是这样,那么皮尔士所说的无穷后退就不会开始。但皮尔士有理由反对这一点。从皮尔士的角度来看,既然一个认知本身并不表明它自己就是直觉,那么具有一个直觉,并不就免于怀疑,因为我们无法区分直觉与推理,就已经是怀疑的理由——给定任何一个认知,笛卡尔主义者声称它是确切无疑的,理由是它是一个直觉,而对方则会说,这并未表明它不可能不是一个直觉。

皮尔士论证的要害在于,它表明了笛卡尔意义上的知识的确实性其实是一种没有理由的确实性,也就是说,我们没有理由来为笛卡尔意义上的确实知识辩护。这与理性主义的基本原则,即心灵对于知识评判的自主性,恰好是相互冲突的。在没有理由的地方,心灵只能是在盲目地相信,这当然不是理性主义者所愿意看到的。

这个论证的后果是,如果坚持理性主义的基本原则,就必须放弃直觉知识的优先性,从而必须接受这样一个观点,即一切知识在本质上都是推理性的。直觉知识被认为不需要依据,但这绝不意味着不可能为其提供依据。这使直觉知识与推理知识的区分徒有其表,进而使知识论的二元论自行瓦解。为一切知识提供依据,这恰恰是理性主义的原则所要求的。因为,只有把握所有知识的依据,对理性来说才不存在不可判定的知识。在这种意义上,承认某些知识不需要依据,就等于承认有些知识是理性所无法判定的。因此,单从理性主义原则出发,就必须承认,所有知识都依赖于其他知识,因而所有知识都必须认为是推理性的。

这个知识论观点产生了巨大的后果。从这个观点引出了古典实用主义的一些基本的知识论倾向。首先,这使关于知识的探究是过程性的,而不会止步于某些基本原则。对基本原则的需要是出于对直觉知识的喜好,像笛卡尔这样的理性主义者就满足于给出一些一劳永逸的基本原则,以使知识具有某个基本的起点,从这个起点出发就能够得到所有其他知识。这种知识论偏好被称为"基础主义"(foundationalism)。在这种意义上,实用主义是反基础主义的。

在这种情况下,知识不可能构成一个单线的推理链条,因为这就意味着必须有一些起始的信念,这个信念无须辩护就能成立。用皮尔士的话来说,

> 哲学应当在方法上仿效科学,这就是只从一些明确的、可加
> 以仔细审查的前提出发,与其说哲学应当相信任何一个结论性

的观点,不如说应当相信那些多种多样和为数众多的论据。哲学的推理不应当形成链条,使得推理的说服力受制于最脆弱的那个环节;而应形成那样一条绳索,它的纤维尽管可能非常纤细,然而数量足够多,并且紧密地缠在一起。①

这是否意味着为了得到知识,我们必须追溯其前提,如此以至无穷呢?并非如此。实用主义知识观之于笛卡尔式理性主义的关键转变就表现在这里。对于实用主义来说,仅仅在需要的时候,我们才会需要对信念的知识地位做出辩护。在笛卡尔那里有一种为知识而知识的怀疑,这就是把所有信念都置于怀疑的审判台前,以考验其是否确实。对实用主义者来说这是一种矫揉造作的做法。如果一切知识都是推理性的,那么我们无论如何逃避不了关于前提的需要,在笛卡尔那里这就意味着总是会有朝向进一步的前提的无穷后退,因而不会有任何知识。但是,既然这种处境是荒谬的,那就必须承认,只有在未加审查的成见的背景下,我们才会有知识。因此,"这些偏见不会由于一个原则而被驱散,因为对我们来说它们是不能被质疑的"。②

如果没有看到关于知识本质的理解从笛卡尔到皮尔士存在一种方向性的转变,我们就会把皮尔士的这种观点看作一种鸵鸟政策。这个方向性的转变是,对于皮尔士来说,知识是内嵌于求知实践中的东西,这种求知实践就是探究活动(inquiry)。笛卡尔是为知识而知识,也就是说,我们具有信念,是因为其中包含着知识,而我们的目的

① *The Essential Peirce: Selected Philosophical Writings*, Vol. 1 (1867–1893), p.29.
② 同上。

是要把这些知识分离出来;而对皮尔士来说,我们具有知识,是为了确定信念。探究活动并不是一旦认为自己获得了知识就万事大吉,而是要为进一步确定其他信念做准备。正是在这种意义上,皮尔士把自己纲领性的知识论论文命题为"The Fixation of Belief"(信念的确定)。

在知识与实践的关系这一问题上,杜威提供了图景式的描述。杜威认为知识是有机体(organism)适应环境,使自己生存和发展的一种功能。有机体生存在一个与环境互动的过程中,这个过程就是实践。在这个过程中,可以找到一些具有稳定性的倾向或者说习惯,这些倾向或习惯帮助有机体顺利地适应环境,使其生存下去。对于杜威来说,观念和思想无非是这些稳定的倾向和习惯的一部分。认识是一种活动,认识所产生的新的观念和思想是有机体与环境之间互动调适的结果。其过程是这样的:在有些情况下可能产生一些疑难情境,这种情境是原有的倾向和习惯所无法应付的,它们为有机体提出了问题,而认识则是解决这些问题的活动,这种活动在某种程度上改变了有机体与环境间的关系。与此相对应,所谓知识,就是一些新的倾向和习惯,它所规定的是在未来在一些情境下做出反应的方式。

思考:在前面关于古典实用主义的真理理论的讨论中,我们说这个理论的独特之处在于考虑了经验中的非信念的要素。考虑一下这些非信念要素在整个认知过程中是怎样插进来的,在这个过程中又起什么作用。

阅读建议

在《意义、真理与行动——实用主义经典文选》(苏珊·哈克编,东方出版社,2007 年)这本书中包含了古典实用主义的必读文献,其中包括皮尔士的"信念的确定"和"如何使我们的观念清楚明白",以及詹姆斯的"实用主义的真理概念"。此外这本文选还收录了杜威以及像蒯因、普特南、古德曼、罗蒂这样的新实用主义者的代表性文献,书末给了实用主义重要文献的目录。本文选的编者是新实用主义的重要哲学家苏珊·哈克,这保证了文选的权威性。

关于实用主义的导论性的读物不多,这里提供一本篇幅不长的指南。其特色是分章处理各个主题,这样就可以按照自己的兴趣来选读:

The Continuum Companion to Pragmatism, Sami Pihlström ed., Continuum International Publishing Group, 2011.

斯坦福哲学百科全书提供了一个综述性的词条:

Hookway, Christopher, "Pragmatism", The Stanford Encyclopedia of Philosophy (Summer 2016 Edition), Edward N. Zalta (ed.), URL = ⟨https://plato. stanford. edu/archives/sum2016/entries/pragmatism/⟩.

第4章 分析哲学的开端：弗雷格

弗雷格的一生相当平淡。他出生于1848年,25岁从哥廷根大学获得数学博士学位,第二年进入耶拿大学任教,为时长达43年。弗雷格于1925年去世,享年77岁,直到去世他仍然默默无闻。其实,在弗雷格的有生之年,他对哲学界的影响已经开始了。他的思想启发了罗素和维特根斯坦。他对胡塞尔的批评使后者转向反心理主义的立场。他所影响的这几个人都是塑造了整个20世纪西方哲学基本形态的重量级人物。

弗雷格实际上是一个关心数学基础的数学家,他所思考的哲学问题往往是由他的数学基础研究引发的。他的一些思想只是发展到足够处理数学基础研究的程度,但还是有许多观点超出了这个范围,而对一般的哲学思考产生了极高的启发价值,进而成为分析哲学的奠基性观点。弗雷格开创了分析哲学,此话一点不假。他提供了现代数理逻辑的基本理念,这就是我们在第2章看到的谓词逻辑。他的概念文字是第一个现代意义上的逻辑系统。现在的数理逻辑教科书所采用的体系其实是这个体系的一种变形。他的数学基础研究直接影响了罗素。更为重要的是,弗雷格看待语言的方式,即区分涵义与指称,以及通过分析命题结构达到思想结构,为分析哲学提供了最直接的分析理念。这种分析理念我们已经在第1、2章看到了它的大体轮廓,这一章我们看看其中更为细节的内容。

4.1　判断与真

在介绍语言学转向时,我们结合语言在知识论中的地位进行了初步的讨论,这个讨论揭示了真以及意义这些概念是如何联系起来的,以及这些概念在一个更大的知识论的框架中的地位。但意义和真究竟如何起作用,仍然不很清楚。现在我们就来看看在弗雷格那里这个问题是如何处理的。

4.1.1　判断理论

意义与真都联系在判断(judgment)中,从这一点开始,我们可以理解弗雷格是如何处理上述问题的。在弗雷格那里,关于真和意义的理解从属于关于判断的理论。

所谓判断,就是人们所做出的断定(assertion)或者陈述(statement)。这里通常会有一种歧义,就像"断定"和"陈述"这两个词一样,"判断"有时是指行为,有时又指这种行为所产生的东西。例如对于下面的句子,

　　1)伊朗在研发核武器。

当小布什说这句话时,我们说他在进行(perform)一个判断,这是就他在干什么而言的。同时我们也会说他在做出(make)一个判断,这是就这个行为的结果而言的,这个结果我们说是一个判断。我们用一

个陈述句来表述这个判断。在需要区分的地方,我们会分别使用"判断行为"和"判断句"这两个词。

判断句作为判断行为所产生的东西,与标记句子或类型句子不是一回事。一个判断既可以是一个标记句子也可以是一个类型句子,但如果仅仅将其理解为标记或类型,不足以理解这个判断句。判断是借助于标记或类型所理解到的东西,我们把标记或类型与判断行为联系起来,才能把这个标记和类型理解为一个判断句。因此,即使在行为产生的东西这个意义上使用"判断"这个词,我们仍然把关于这个行为的理解作为背景。当我们联系到判断来分析语言时,就要把语言置于行为的背景下考虑。

关于判断,弗雷格区分了语力(force)和思想(thought)。这是一个非常重要的和基础性的区分。所谓语力,就是指一个句子是陈述句还是疑问句,或者确切地说是表达了一个判断,还是一个疑问。思想则是指所断定的东西或对其表达疑问的东西。语力和思想都可以表达在句子中,例如

　　2)伊朗在研发核武器吗?

这个句子在使用时表达一个疑问,它所具有的语力与1)不同。但是,这两个句子包含同一个思想。这两个句子的区别与联系通过改写就很清楚:

　　3)伊朗在研发核武器,确实如此。

　　4)伊朗在研发核武器,是这样吗?

我们把1)和2)分别改写成3)和4)。可以看到3)和4)中都包含着相同的部分,这个部分我们说表达了思想;同时又包含不同的部分,这一部分表达的是不同的语力。如此一来就可以看到,一个判断由

断定语力与思想共同构成,而一个疑问则由疑问语力与思想共同构成。判断包含了可以分解开的语力成分与思想成分。

由于知识表述采取了判断的形式,我们就主要关注判断。

对语力与思想的区分,可以进一步分析。语力属于使用句子来做事情的范畴,因而属于判断行为。对一个判断行为的转述就是在陈述一个事实。比如下面这个句子:

5)小布什说伊朗在研发核武器。

就是在陈述小布什的判断行为。无论小布什所说的是真还是假,只要他这样说了,5)就是真的。这个句子针对的仅仅是小布什的行为。但是,如果我们关心的是小布什所说的是真还是假,"伊朗在研发核武器"就不能仅仅是看成小布什的判断行为,而且还要看成是他所表达的思想。由此可以看出,能够成为真或假的东西不是就语力而言的句子,而是就思想而言的句子。真被归于思想而不是语力。

思考:真为什么不能被归于语力? 请从语力对应于判断行为这一点思考这个问题,可以参考在1.1节学到的关于真值载体的知识。

但另一方面,真又与语力相联系。我们不会说一个疑问是真的,而只会说一个判断是真的。换言之,我们会说3)是真的,而不会说4)是真的。有时候我们会说一个问题确实是一个真正的问题,但这不是我们所关心的那个真,而仅仅是说,"这个问题存在",这个判断是真的。显然,3)和4)的区别仅仅在于语力,因此正是语力上的区别使我们说3)可以是真的而4)不可以。这就是说,真属于判断行为。

一方面,真被归于思想,另一方面,真又属于判断行为,这两方面是如何协调起来的呢? 这种协调又说明了什么问题? 首先,这两个方面并不冲突。因为当说真属于判断行为时,我们的意思是,只有断定语力才能够让句子是真的,换言之,只有在判断行为的场合我们才使用真这个概念;而说真被归于思想,则是说在这类场合下,人们说思想是真的。弗雷格进一步认为,这种协调意味着一个判断就是断定某个思想为真。这就是说,就判断行为的本来目的而言,它必须把其所断定的思想当成是真的。断定语力具有这样一种标准形式:"思想 S 是真的"。利用这个表述来理解判断行为,我们就可以说,判断行为就是断定其所表达的思想为真的行为。这个理解是非常朴实自然的。我们在一个行为是否成功的意义上来对判断行为做出评价,而成功与否就取决于这个行为是否达到了目的。就判断行为来说也是如此。当一个判断行为成功时,我们就说它断定的是真的,也就等于说它表达的思想是真的。这表明我们用是否达到真来评价判断行为,而判断行为的目的就在于达到真。因此,弗雷格所说的判断就是断定某个思想为真,就是从判断行为的目的来揭示一个判断行为应当是怎样的。这个目的与真相联系,是否达到目的,也就用是否达到真来衡量。

这样,思想的真,对于判断就构成了一种指引性的价值(value)。真作为一种价值上的指引在弗雷格的逻辑理念中起了至关重要的作用。他的整个逻辑体系都是围绕真这个概念建立起来的。在这种理念的指引下,逻辑就是一种规范性的研究,也就是说,关于思想的真的研究结果,就是对于判断行为的约束性的规范。

4.1.2 真作为初始概念

但会有这样一个疑问:判断行为的目的既可以用真来衡量,也可以用事实来衡量,为什么弗雷格不提事实,而单单提到真呢? 确实,如果小布什的判断行为是成功的,那么伊朗在发展核武器,这就是事实。如果改用事实来衡量判断,那么判断行为是否达到目的,那就要看事实是怎样的。这当然是一个很合乎直观的想法。

对于这个问题我们可以这么考虑:因为概念越基本,其所覆盖的范围也就越大,所以,在看起来事实与真这两个概念都可以用于衡量判断时,我们就要看事实与真这两个概念哪个更加基本,我们应该用更加基本的那个概念,否则就会漏掉一些情况。

概念是哲学思考所借助的最为重要的工具。概念有基础概念或者说初始概念与导出概念之别。哪些概念是基础的,哪些概念是导出的,这在很大程度上决定了哲学思考的起点和终点,从而决定了哲学的基本面貌。之所以如此,是因为要精确地解释一个概念,哲学家一般只能够动用更基础概念。在这种情况下,我们会说,概念之间有依赖关系,导出概念依赖于用来解释它的基础概念。确定概念之间的依赖关系,是比解释概念更加基础的工作,它决定了什么样的解释才是可能的和必要的。

在前面的 3.3 节我们已经看到一个关于真不可定义的论证。这个由弗雷格明确提出的论证可以这样表述:假定我们用谓词 $F(x)$ 来定义真,那么这个定义就是

6) 对任一句子 p,p 是真的,*iff*,$F(p)$。

如果采取这种方式来进行定义，那么要断定句子 p 为真，我们需要"F (p)"为真，而这意味着，要能够使用如此定义的真这个概念，我们需要预设这个概念已经被使用了，因此我们无从开始运用这个定义。对于任何一个关于真的定义都是如此，因此真是不可定义的。

对这个论证有个非常流行的看法，认为它并未构成循环。观察双条件句的两端就可以看出，左边出现了"真"这个词而右边并未出现。因此，在运用这个定义时，我们无须对右边的那个句子使用真这个概念。比如，为了确定"天现在在下雨"这个句子是不是真的，对于符合论者来说，只需要看看事实上天是不是在下雨就可以了。我们无须看"事实上天现在在下雨"这个句子是不是真的。

但是，只需回顾一下弗雷格关于判断的理论就可以看出，真这个概念在这里需要被预先假定，不是因为句子（或其他真值载体）的出现，而是因为在运用关于真的定义时，我们在进行判断活动。判断活动被解释为断定某个思想是真的，这就意味着，判断活动的进行就预先假定我们已经理解了真这个概念，并按照这个概念的要求来进行判断。比如，按照真这个概念的特性，我们不能同时肯定和否定同一个思想，如果有人在判断活动中准备同时肯定和否定某个思想，那么我们就不能认为这个人在进行判断。我们会说，他根本就不知道何为判断。因此，真这个概念之所以被预先假定，是因为对这个概念的把握，是从事判断活动的行为能力所要求的，而不是因为我们断定了某个句子为真。

从这里我们可以看出，弗雷格在什么意义上认为真这个概念是基本的。进行判断的能力被作为一种遵从相关规范的能力，而这种规范包含在真这个概念中。从这个意义上讲，弗雷格对什么是理性，给予了解释。理性就体现在对真这个概念的把握中，而判断，则是一种理性的活动。

～～～～～

思考:3.3节我们已经论证过，实用主义的真理理论可以避免弗雷格提出的这个困难，由此可以看出弗雷格关于真不可定义的这个观点可能是有问题的。请用合适的形式来论证这一点。

～～～～～

如果真确实不可定义，那么它就是一个初始概念，我们从这个概念出发理解其他概念。在这种意义上，我们当然不能像符合论者一样，用事实这个概念来定义真；相反，对弗雷格来说，仅当我们把握了真这个概念，才能在此基础上把握事实这个概念。在这种意义上我们只能说事实就是真句子所描述的情况。当然由此可以看到，衡量一个判断行为是否成功，我们只能依赖于真，而不能依赖其他概念。

4.1.3　逻辑作为真理理论①

接下来的任务就是要揭示，究竟什么叫作一个思想是真的，或者说，"一个思想是真的"是什么意思。回答了这个问题，我们才能确定判断行为的规范的内容，也就是说，说明这些规范究竟是什么。

通常，对于"什么叫作一个行为是慷慨的"、"说'一个行为是慷

---

① 在"思想"这篇文章中，弗雷格说逻辑所给出的是真之定律（laws of truth）("Thought", in *The Frege Reader*, Michael Beaney ed., Routledge, 1997, p. 325)，但并未说明逻辑是如何刻画真这个概念的。本节关于外延解释的内容主要基于笔者自己的理解给出，这应当是对该问题最为自然的回答。

慨的'是什么意思"这样一类问题,我们的回答通常是解释"慷慨"这个概念。但对于关于真的问题我们遇到了困难,因为既然真是不可定义的,那么什么叫作一个思想为真,就无法通过解释真这个概念来完成。但我们会这样做:给出某些适合于真的例子,然后从这些例子入手来在其他场合下指明适用于真这个概念的其他例子。例如对于关于慷慨的问题,我们可以先指出某些慷慨的行为来作为例子,然后利用这些例子来理解其他情况下的慷慨行为。这种方式我们称为"外延解释"(extensional account)。对于真这个概念来说,弗雷格实际上认为,我们只能采取某种外延解释,也就是说,找出一种能够生成所有思想的方法,一旦所有的思想都能按这种方法确定下来,我们也就说明了真这个概念。我们可以利用弗雷格另外一个极有影响力的洞见来说明可以这样做。

弗雷格注意到这样一个事实:

7)"p"为真,当且仅当,p。

这就是说,说某个句子为真,与使用这个句子进行断定,实际上是等价的。比如,说"伊朗在研发核武器"这个句子是真的,就等于说,伊朗在研发核武器。在这个表述中不难注意到,这种等价关系存在,就意味着"真"这个词没有实质性的内容。有的哲学家就认为,这表明"真"这个概念是不必要的。这就是关于真的冗余论(redundancy theory of truth)。冗余论是否站得住脚,这是另外一个问题。弗雷格明确表示不同意这一立场。对弗雷格来说,这一事实意味着真并不是一个句子严格意义上的性质,尽管如此,真这个概念仍然是不能消去的。[1]

---

[1] Frege, "Thought", *The Frege Reader*, Michael Beaney ed., Routledge, 1997, p. 328.

可以看到,在7)的左边和右边,"p"以不同方式出现。左边的出现被加上了引号,其所说的是关于"p"这个句子,说"p"为真,就是说就这个句子表达的思想而言是真的;右边的"p"则不加引号,这就是说,这其实就是使用这个句子来做出断定。这就构成了被弗雷格称为"提及"(mention)和"使用"(use)的区分。提及一个句子,就是在谈论这个句子本身;使用一个句子,则是在谈论这个句子所谈论的东西。这样一来,7)所说的就是,提及一个句子并说其为真,这与使用这个句子是等价的。说一个提及的句子是真的,就是就其所表达的思想而言说其为真,因此,可以通过使用这个句子来说明什么叫作这个思想为真。于是我们就可以合理地认为,给出了所有这样使用的句子,即给出了所有的真判断,也就穷尽了让思想为真的所有情况,从而也就给出了一个关于真这个概念的外延解释。

穷举所有真判断是不可能的,但我们可以给出构造这些判断的方法。按照弗雷格的设想,我们可以先给出初始的真判断,这就是逻辑公理,然后通过逻辑推演规则,来推演出其他的真判断。这些推出的真判断就是逻辑定理。逻辑公理和定理一起就确定了真这个概念的外延,即确定了所有的真思想有哪些。由于逻辑公理和定理都是按照思想的结构构造出来的,逻辑就是关于思想结构的定律。

思考:上述过程还是借助了真判断,因此看起来使用了真这个概念。但我们的目的是解释真这个概念,这里是否存在循环? 为什么?

4.2　涵义与指称

通过判断理论,我们获得了意义与真起作用的基本框架,这就是判断行为受真这个概念的指引,而对这个概念的研究落实到对思想是如何构成的研究上。但这仅仅是一个框架,我们需要的是思想如何构成的细节。到目前为止我们仍然缺乏研究这些细节的理论手段。毫无疑问,这项研究要在语言的平台上进行,但思想、真以及语言的关系仍然不清楚。进一步的思考是必要的。在对语言的分析中弗雷格区分了涵义(Sinn)与指称(Bedeutung),正是这个区分为探讨思想在语言层次上的实现提供了指导性的思路。

涵义与指称的区分是弗雷格所做出的最重要的区分。达米特认为这个区分真正确定了分析哲学的研究课题,这就是思想。他认为第一哲学是关于思想的哲学(the philosophy of thought),这就是分析哲学借助于语言分析所要承担的任务。①

弗雷格使用的德语词"*Sinn*",有人英译成"sense",有人译成"meaning";德语词"*Bedeutung*",有人英译为"reference",有人译成"denotation"或"meaning"。对于"*Sinn*"的译法现在通常使用"sense",我们使用"涵义"。争议较多的是"*Bedeutung*"。弗雷格认为主词和谓词的 *Bedeutung* 分别是对象和概念,句子的 *Bedeutung* 是其真值,也就是真或假。这就给弗雷格的研究者们出了难题。主词,或

---

① 参见达米特:《分析哲学的起源》,王路译,上海译文出版社,2005 年,第一章。

者说名词，具有引入对象的功能，我们用它来确定我们要谈论什么。但谓词并不用来引入所谈论的东西，例如，"苏格拉底是有死的"这个句子中使用了"有死的"这个谓词，但这个句子并不会因而在谈论有死性这个概念。句子则无论如何也不是在谈论真假。我们直觉上会认为，*Bedeutung* 是用来建立语言与实在的关系，从而让我们能够用语言来谈论实在。看来不能这么理解，真假很难说是一种实在的东西。因此如果把"*Bedeutung*"翻译成"reference"、"denotation"或"指称"，就很难表明这个概念意在说明什么。有人将其翻译为"meaning"，这相当于对对象、概念和真的区别作了模糊处理。[①] 图根哈特（Tugenhat）建议翻译成"significance"。[②] 这种译法取了弗雷格把词项或从句的 *Bedeutung* 理解为它们对整个句子的真值的贡献这一意义，应当说是一种恰当的译法，但在汉语中无从体现这层意思。事实上，"语义值"（semantic value）是目前最接近这一意义的术语，但在有些时候（例如模型论中）把谓词的语义值当成是谓词概念的外延，而不是这个概念本身。直接把"Bedeutung"译成"语义值"也有误导作用。

在这里我使用"指称"来翻译"*Bedeutung*"，主要考虑是，弗雷格实际上是以名称与其对象之间的关系为模型来理解 *Bedeutung* 的，而名称—对象关系可以恰当地称为指称关系。在《算术的基本原则》（*The Basic Laws of Arithmetics*）中，他把这种关系扩展到句子与真值之

---

①　在 Brian McGuinness 编的文集 *Collected Papers on Mathematics*，*Logic*，*and Philosophy*（trans. by Max Black et. al.，Basil Blackwell，1984）中，"On *Sinn* und *Bedeutung*"被译为"On Sense and Meaning"。

②　Ernst Tugendhat，"The Meaning of 'Bedeutung' in Frege"，*Analysis*，30（1970）：177–189.

间(真值可以算是一种逻辑对象),并在名称—对象与句子—真值这两对关系的基础上定义概念词与概念间的关系。①

后面在没有或不必区分涵义与指称时,就使用"意义"或"内容"这个术语。

4.2.1 弗雷格之谜的早期解决方案

一般认为,弗雷格引入涵义与指称的区分,是为了解释等同句的认知意义问题。像"$a=b$"与"$a=a$"("a"和"b"是像"启明星"、"长庚星"这样的名称)这样的句子是不同的,前者是经验命题,且属于综合命题,后者则是先天命题,是分析的。这意味着,两个句子有不同的认知价值。那么,是什么造成了这种认知价值上的差别呢?

这个问题人们通常称其为"弗雷格之谜"(Frege's puzzle)②。先看这是一个什么问题。一般来说,我们会认为,句子之所以传达知识,是因为它陈述了事实是怎样的,因此,句子所传达的内容就是它所陈述的事实。但是,这个直观的理解立即就被否决了,因为,如果"$a=b$"是真的,那么两个等式就都陈述了同一个事实,即一个东西和它自身等同。人们立即就可以说,这说明句子所传达的知识性的内容并不是句子所陈述的事实。那么,句子所传达的足以被称为是知识的内容又是什么呢?

这个问题与我们在第 1 章讨论真值载体时所遇到的问题连在一

---

① 达米特就采取了这一译法。参见《弗雷格——语言哲学》,黄敏译,商务印书馆,2017 年,第 104 页。

② 这个词最初是由克里普克使用的,参见本书 11.5 节。

起。在那里我们说，与句子相对应的真值载体是句子的意义，或者说是句子表达的命题，但是，究竟什么是句子的意义，这个问题并未得到回答。我们把句子的意义与真值载体联系起来，但这种联系究竟是什么，还没有得到解释。我们可以说，这里关于涵义与指称的区分，就是要回答这些问题。

按照文献证据，弗雷格是在发表于 1892 年的"论涵义与指称"（"On *Sinn* und *Bedeutung*"）一文中正式引入了涵义与指称的区分。在这篇文章中，弗雷格的确是从解释等同句的认知意义入手做出这个区分的。但是，有趣的是，弗雷格已经在发表于 1879 年的专著《概念文字》（*Begriffsschrift*）中处理过这个问题了。在那里他已经为等同句的认知意义给出了一种解释，但这个解释不要求区分涵义与指称。而 1892 年他又重提这个问题，实际上是推翻了自己先前的解释。因此，对照一下这两种不同的解释，将有助于我们看到弗雷格做出这个区分的要点在哪里。

在《概念文字》中，弗雷格使用的是"概念内容"（conceptual content）这个术语，它相当于判断句的意义或内容。在这个时期，弗雷格还没有区分涵义与指称，而"内容"这个概念则通常是句子所谈到的事实或者对象。这时，他对等同句认知意义的解释包括两个要点：1）当像"a"和"b"这样的名称位于等号两边时，它们不再表示其内容（即对象 a 和 b），而是表示符号本身；2）符号总是与确定内容的方式（mode of determination of content）相联系。[①] 例如，如果用"A"表示三

[①]　*The Frege Reader*, Michael Beaney ed., and trans., Routledge, 1997, pp. 64 – 65.

角形两条中线 l 与 m 的交点,"B"表示同一三角形中线 m 与 n 的交点,那么"A＝B"就表示

      1)符号"A"与符号"B"表示同一内容。

这样,当"A"和"B"出现在等号两边,它们就表示符号自身。换句话说,相等是一种关系,我们表示为

      2)$x＝y$。

它可以分析为:

      3)"x"与"y"表示同一内容。

我们用引号表示这里谈论的是符号本身,而不是符号所表示的东西。

这样做,就为符号的内容引入了语境敏感性。在其他时候,符号表示其内容(即其对象),但在等号两边,符号则表示符号本身。这看起来有些人为的色彩,不过也不能说没有解决问题。它毕竟解释了,像"$a＝a$"与"$a＝b$"这样的句子为什么具有不同的认知价值。这是因为这两个句子表达了不同的知识内容。前者说的是一个符号"a"与它自身表达同一内容,后者则是说符号"a"与"b"表达同一内容,它们谈论的是不同的对象(符号),即使这些符号的内容相同,谈论符号的句子也会具有不同的内容。这样,认知价值的区别就用内容上的不同来解释了。

4.2.2　涵义与指称的区分

在"论涵义与指称"这篇文章的开头,弗雷格对自己的这种做法进行了批评,他说:

      我们用 $a＝b$ 所陈述的看起来是,记号或名称"a"与"b"表示

同一个东西,因此纳入考虑的是记号本身,而得到断定的是它们之间的一种关系。只有当名称或记号表示某个东西,这种关系才建立起来。它需要两个记号都与同一个所指物连接。但这是任意的。没有什么能够阻止人们使用随便造出的东西,来表示某个对象。在那种情况下,句子 $a=b$ 就不再关系到要谈论的东西,而只涉及表示对象的方式,这样我们就无法表达真正的知识。但在许多情况下我们正是这么表达的。如果记号"a"只是作为对象区别于记号"b"(通过其外形),而不是作为记号(即不是通过其表示事物的方式),那么,只要 $a=b$ 是真的,$a=a$ 的认知价值本质上就与 $a=b$ 相同。要使其区分开,只有当记号之间的区别对应于所指物呈现模式上的区别才行。①

这段引文中,弗雷格注意到先前的解释中的一个问题。如果认为像"$a=b$"这样的句子断定的是符号之间的关系,那么,由于符号与对象之间的对应关系是可以任意约定的,这种谈论符号的句子就不能表达关于对象 a 或 b 的知识;但是,我们的确可以使用这样的句子来表达我们关于 a 或 b 的知识。这样,《概念文字》中对等同句的解释就与我们的语言实践相冲突了。

可以从另外一个角度来看待弗雷格所指出的问题。当他说符号与对象之间的关系具有任意性时,也就相当于3)中的"x"和"y"(作为被提及的符号)与2)中出现的"x"和"y"无法建立确定的对应关系——在2)中出现的"x"和"y"是正在使用的符号,它们表示相应的对象。这样,弗雷格在"论涵义与指称"中做出的批评,实际上就相当

① Frege, "Thought", *The Frege Reader*, p.152.

于说,2)不能分析成3)。

不过,在《概念文字》中,弗雷格也确实用了一种方法来确保2)与3)之间的对应关系,尤其是,它确保了符号与其所表示的对象之间的对应关系。在那里他用的是内容这个概念,相应的就是确定内容的方式。对应于每个符号,我们都会有确定内容的方式,而这种方式决定了符号所表示的对象是什么。但是不难注意到,这种确定内容的方式并未在对等同句的分析中体现出来。一个明显的问题是,如果要通过理解等同句来知道它传达了什么知识的话,那么,在等同句的内容本身中没有把确定符号内容的方式包含在内的情况下,我们是无法从等同句获得其所传达的知识的。

按照"论涵义与指称"所建议的改进方案,2)不应当分析成3),而应当分析成

   4)"x"所对应的呈现模式与"y"所对应的呈现模式确定同一个对象。

这个分析与3)的区别除了术语上的改动以外,主要就是,原来的关系项是符号"x"和"y",现在的关系项则是符号所对应的呈现模式。这里不必追究呈现模式与确定内容的方式之间有什么区别。可以认为它们是同一回事。我们只关心关系项的改变所带来的变化。最重要的变化是,原来是符号之间的关系,现在则是呈现模式或确定内容的方式之间的关系。等同式中使用的符号是什么,这不重要,重要的是与之对应的确定内容的方式或者呈现模式。这样,符号的任意性不再构成影响,而《概念文字》中的解决方案所面临的困难也就消除了。

按照新的分析,符号所对应的呈现模式就是该符号的涵义,而按

照呈现模式所确定的对象，则是符号的指称。

不过，还是有一个问题。前面弗雷格在批评自己先前对等同句的解释时提到，我们实际上可以用等同句来传达关于对象的知识，然而，4）与3）一样，仍然都不是关于对象的谈论，那么我们如何能够用4）来解释，等同句能够用来传达关于对象的知识呢？确实，从直观上看，当有人说"原来启明星与长庚星是同一个天体"时，他确实在谈论启明星与长庚星这样的对象，而不是在谈论两个名词的涵义。

思考：请仔细考察一下4）这个含有变元的句子，用有说服力的方式说明，它所谈论的确实是涵义，而不是所指称的对象。你很有可能求助于语感，但还是请使用其他方式来解决问题。

这个问题可以通过区分"表达"（express）和"谈到"（talk about）来解决。为了谈论某个对象，我们需要使用已经被赋予了涵义的句子。因此，在用句子谈论某个对象时，我们同时在用句子表达涵义。表达与谈到并不是不同的行为，而是同一个断定行为的两个侧面。涵义与指称就是在这两个侧面上起作用的。所表达的是涵义，而谈到的东西是指称。区分了这两个侧面以后，4）所陈述的就不是等同句2）所谈论的东西，而是这个句子所表达的东西，换句话说，4）是对2）的涵义所做出的分析。这样一来，我们就不会说，4）并没有解释2）为什么传达了关于那些特定对象的知识。这并不是用4）分析2）的目的。

区分了"表达"与"谈到"，我们就弄清了涵义与指称的区别是在何种意义上做出的。它们是意义的两个层次，而不是两个并列的部分。这样,也就只存在涵义与涵义之间的结合与分解,以及指称与指称之间的结合与分解,而不能出现涵义与指称之间的结合与分解。

4.2.3 涵义与指称的确定

到此为止,我们就获得了一种三层次的语义学框架。按照这种框架,要确定一种语义学,或者说,要确定符号与意义的对应关系,我们需要明确三类实体之间的对应关系,这三类实体就是:表达式、涵义和指称。

表达式(expression)是句法实体,是具有独立意义的句法单元。比如,在"俄底修斯杀死了王后的求婚者"这个句子中,像"俄底修斯"、"王后"、"杀死"、"( )的求婚者"这样饱和或不饱和的符号,都是独立具有意义的句法单元,它们可以用在其他句子中,并为其他句子贡献意义成分。但是,像"底修斯"这样的符号在这个句子中不是表达式。即使在其他句子中恰好有同样是"底修斯"的符号出现,并且在句子中单独充当人的名字,这个符号在"俄底修斯杀死了王后的求婚者"这个句子中也不能算作表达式。一个符号是不是表达式,这取决于它在句子中充当的角色。一个符号可能在一个句子中是表达式,但在另外一个句子中却不是。

涵义与指称都是赋予表达式的。与确定什么是表达式的原则一样,涵义与指称的确定也都以句子为单位进行。确定一串符号是不是一个表达式,这以它是否独立对句子意义做出贡献为标准进行。同样,赋予表达式以什么样的涵义和指称,也是以句子的涵义与指称为基础确定的。

弗雷格之所以这么做,是因为他以真作为逻辑语义学的初始概念。真这个概念显然与语义相关,这是因为句子是否是真的,这取决于句子的语义。而以真作为初始概念,就意味着其他的语义学概念都要用真这个概念来加以定义。要确定亚语句表达式的涵义与指称,就要先确定句子的涵义与指称。这是因为真首先被赋予句子。而要确定句子的涵义与指称,就要先确定句子的真值应当如何与之建立联系。下面我们先看句子的涵义与指称是如何确定的。

前面在引入涵义与指称概念时,弗雷格讨论的是名称的情况。名称在命题中充当主目。名称的指称就是拥有该名称的对象。比如,"启明星"与"长庚星"的指称就是金星。而名称的涵义就是其对象的呈现模式。当提到"启明星"时,我以某种方式确定金星,这种方式就是"启明星"一词的涵义。在理解涵义与指称时,弗雷格基本上就以名称—对象名称—对象关系充当基础。鉴于涵义与指称之间的层次之别,这还是可以以一种相当自然的方式完成。

很容易看到,句子的真值应该是其指称。当我们考虑句子是否为真时,我们关注的是句子中的名称所指称的对象,至于对象以何种方式呈现,则不重要。比如,当我们考虑"启明星离太阳比地球更远"这个句子是否为真,我们关心的是启明星本身,即"启明星"这个名称的指称;至于启明星以何种方式得到确定,则是无关的。这种关联表明,句子的真值与句子中名称的指称而不是涵义位于同一层次,因此句子的指称就是其真值。

一种自然而然的反对意见是,句子指称应该是句子所陈述的事实。按这个观点,名称指称的对象是事实的一部分,因此,正如名称是句子的成分,名称的指称(对象)也是句子指称(事实)的一部分。

但是,这个意见没有被弗雷格所采纳。弗雷格在早期的《概念文字》采取了类似观点,但在其成熟阶段放弃了。应当说,真这个概念比事实这个概念更加基本,这一点起了决定性的作用。

一旦句子的指称是其真值,构成句子的表达式的指称是什么,也就可以依据真值来定义。当句子被分析成函项结构以后,主目就是名称,而名称的指称我们已经确定就是其对象。充当函项的表达式在弗雷格那里被称为"概念词"(concept word),而其指称则被称为"概念"(concept)。这里,名称与概念词的指称都可以理解为为确定句子真值而做出的贡献。为了确定句子真值,我们必须知道名称所表示的对象,因此名称为句子真值所做的贡献就是对象。而概念词所做出的贡献就可以用句子真值和名称的指称一起定义,这就是从名称的对象到句子真值的函数。这里,我们可以把这种函数关系理解成映射。在"苏格拉底是有死的"这个句子中,概念词"x 是有死的"所指称的,就是从苏格拉底到真的映射。这样,名称"苏格拉底"的指称就与概念词"x 是有死的"的指称一起,确定了整个句子的真值。

这样,表达式的指称就是表达式对句子真值所做出的贡献。这进而意味着,句子真值仅仅取决于构成句子的表达式的指称,而不取决于其他东西,例如不取决于表达式的句法特征,也不取决于表达式的涵义。这一点可以用替换原则(the principle of substitutivity)来表述:

  PS)用指称相同的表达来对句子中的表达式进行替换,句子的真值不变。

这是一个自然成立的事实。比如说,对于"苏格拉底是希腊最有智慧的人"这个句子,用"柏拉图的老师"来替换"苏格拉底",只要它的指称与"苏格拉底"相同,句子的真值就不变。替换原则有时也用来确定表达式或从句的指称。我们有时推想某个表达式或从句具有某个指称。为了验证这一点,我们可以把表达式或从句换成具有同样指称的表达式或从句,看整个句子的真值是否可能变化。如果整个句子真值可能变化,原来所推想的就不是真实的指称;如果句子真值不可能变化,那么原来的推想就可能是正确的。后面一节中我们会遇到使用替换原则的例子。

句子的涵义是在句子指称的基础上确定的。按照名称的涵义—指称关系,我们可以设想句子的涵义—指称关系是怎样的。名称的涵义是其所指对象的呈现模式,也就是说,在谈论对象时,我们所用名称所表达的内容就是确定对象的方式。同样,句子的涵义也就应当是当我们使用句子以图把握真理时,我们所把握的东西。当句子涵义足够确定其真值时,句子所表达的涵义就是一个完整的思想。对弗雷格来说,思想就是我们达到真理的途径。[1]

这里所说的思想,就是第 1 章所谈论的命题。不过,这里会出现一个问题。在第 1 章,我们把命题理解为真值载体,这就相当于说,"是真的"这个词表示一种性质,而命题则是具有这种性质的东西。但是,这里的讨论结果却是,命题是确定真值的方式,命题与真值的关系是涵义与指称间的关系。显然,这两种理解是不兼容的。

对这两种解释,弗雷格的态度是,拒绝认为真是命题的性质,而坚持后一种解释,即命题与真值之间是涵义与指称的关系。

---

[1] Cf. "On *Sinn* and *Bedeutung*", *The Frege Reader*, pp. 157–158.

事实上,在4.1.3节我们已经看到,断定一个句子为真,这等于使用该句子进行断定。断定句子为真,实际上也就是在断定句子所表达的思想是真的,而使用句子作断定时,所表达的也就是这个句子所表达的思想。因此,弗雷格进一步认为,说一个思想为真,这并不包含比这个思想本身更多的内容。比如,设想自己闻到了花香这一点是真的,这与设想自己闻到了花香,这两者没有区别。[①] 把"是真的"这个谓词加给句子,对句子意义并未做任何添加,因此,这个谓词没有实质性的内容。就此而言,弗雷格并不认为真与假是命题或思想的性质。

另一方面,按照弗雷格的判断理论,做出一个判断就是断定一个思想(或句子)为真,这样,真就是判断行为中所体现出来的概念。于是我们可以说,命题与真之间的关系就在于,当命题被付诸判断,它就与真建立关联,判断使我们"从思想进到真"[②]。在这种情况下,真虽然不是命题的性质,但仍然与命题有联系,这种联系通过判断行为建立起来。弗雷格可以在形式上把"是真的"这个谓词加给命题,以表明这种联系建立起来了。在这种意义上,仍然可以把命题当作真值载体。不过,严格说来,真只是思想的目标,为达到这个目标而做出的行为就是判断。

表达式的涵义是在句子涵义的基础上确定的。对表达式的涵义究竟是什么,弗雷格所说不多。可以肯定一点,表达式的涵义是对完整句子的涵义进行切分获得的。与句子句法上的函项结构相对应,

---

① "On *Sinn* and *Bedeutung*", *The Frege Reader*, p.158, p.328.

② Ibid., p.158.

表达式的涵义也被切分成饱和的部分和不饱和的部分，主目或者说名称的涵义是饱和的，而函项或者说概念词的涵义则是不饱和的。正如主目与函项通过饱和部分填充不饱和部分的空位而构成一个完整的句子，名称的涵义与概念词的涵义也是通过前者填充后者中的空位，而构成一个完整的句子涵义，即命题或思想。

　　在涵义层次上，句子的涵义是通过表达式涵义组合而成的。这种关系与指称层次不同，在指称层次上，句子指称是以名称指称为主目的函数的值，而这个函数就是概念词的指称。我们切不可认为，正如句子由表达式构成，句子指称也是由表达式的指称构成的。构成关系只存在于句法层次和涵义层次，指称层次中起作用的是函数关系。

　　这里要澄清一个误解。由于谓词的指称不是对象，如何谈论谓词指称，即概念，就成了一个问题，因为要谈论一个东西，就要把它当成对象来谈论。弗雷格在建立自己的算术哲学时就遇到了必须谈论概念的问题。对此他是这样处理的：定义"值域"（course-value）这个概念，然后在值域与概念间建立一一对应关系。所谓一个函数的值域，就是其自变元与函数值构成的有序对集合。当概念作为函数时，其函数值就只有真值。如果承认二值原则，那么只需确定何时函数值为真，也就确定了其何时为假。因此谓词的值域就可以是这样一个集合，这个集合的所有元素都是使函数值为真的那些对象。这样理解的值域就是概念的外延（extension）。后来有哲学家（例如卡尔纳普）把外延当成谓词的指称，但这绝不是弗雷格本人的观点。

〰〰〰〰〰〰

　　思考：为何谓词的指称不是概念的外延？请从弗雷格的角度考

虑一下会有什么理由认为谓词的指称不是概念的外延。

思考:人们一般认为,弗雷格把真值作为句子的指称,这种做法是不自然的。请你考虑一下这种感觉来自哪里?你能否为弗雷格辩护一下,以打消这种感觉。

〜〜〜〜〜〜

至此,我们得到弗雷格意义理论的一个较为完整的轮廓,可用下列表格展示:

符号层	名称(主目)	概念词(函项)	句子
涵义层	思想的部分	思想的部分	完整的思想
指称层	对象	概念(函项)	真值

在确立了涵义概念,并为句子及表达式确定了涵义之后,对于知识是什么,也就可以有一种明确的回答了。知识作为人们所把握的内容,就是句子的涵义,或者说,就是句子所表达的思想。指称是语言与实在之间的联系,而涵义或者思想,则是通过这种联系的达成而确立的内容。由于涵义就是指称的呈现模式,这种内容就是关于指称的内容。

4.3 思想

在给出三层次的意义理论时,弗雷格主要关注的是指称的层次,而涵义的层次却处于模糊不清的状态。这一点从前面所列的表格就可以看出,在指称的层次上我们看到井然分明的三种指称,即对象、概念以及真值,而在涵义的层次我们看到的仅仅是"思想的部分"和"完整的思想",具体这些东西是什么,没有得到清楚的说明。但涵义的层次确实是三层次意义理论中最具特色的地方,前面我们也已经多次说明,关于真这个概念的探究最终要落实到思想结构上。为什么如此重要的概念仅仅得到了这样一种模糊不清的处理呢?

涵义确实是一个很难把握的概念。弗雷格专门写了一篇文章"思想"来处理它,但结果并不令人乐观。正是这篇文章,使许多后来的哲学家认为,弗雷格的涵义是一种存在于既非物理的、又非心理的第三域中的实体。而这种理解使得像蒯因这样的哲学家把攻击关于涵义的实体观点当作对三层次意义理论的批评。从这个角度看,弗雷格是一个柏拉图主义者(platonist)①,一个关于抽象概念的实在论者。

4.3.1　信念语境内的指称问题

确实,在弗雷格的思想框架中存在某种压力,使人们认为他在某种程度上接受柏拉图主义。在弗雷格对信念语境(belief context)内的指称问题的解决中,这一点清楚地体现出来。人们也把这个问题作为引入涵义概念的依据。

当主句中出现像"相信"这样的词,而这个词接一个从句,我们就

---

① 人们把承认抽象实体存在的立场称为柏拉图主义。这个称呼来自于柏拉图,但并不在严格意义上是柏拉图本人的观点。

说从句中的表达式出现于信念语境内。① 一般说来,命题态度词所接的从句就构成信念语境。例如在下面的情况下,"启明星"和"长庚星"就出现于信念语境中:

　　1)张衡相信,启明星就是长庚星。

　　2)张衡相信,启明星就是启明星。

信念语境内的主词指称具有一种奇怪的特性,它不满足替换原则。例如把1)中的"长庚星"替换成"启明星",就得到2)。我们知道,这两个名称指称同一个天体,因此,按照替换原则,这两个句子的真值应当完全相同才是。但实际并非如此,张衡可能并不认为启明星就是长庚星,但他无论如何不会怀疑启明星就是启明星,因此这两个句子的真值可能是不同的。这种替换失效的情况使我们认为,信念语境是一种内涵语境(intensional context)。②

　　人们常常认为,信念语境的内涵性从另外一个角度表述了认知意义问题。1)和2)的真值不同,表明张衡在两种情况下所知道的事情是不同的,这就是说,"启明星就是长庚星"与"启明星就是启明星"这两个句子表达了不同的知识,我们就说它们的认知意义不同。因此,何以这两个等同句的认知意义不同,这个问题似乎就可以表述为,何以这两个等同句在信念语境内会出现替换失效的情况。

　　究竟该如何处理替换失效的问题呢? 可以有两个思考方向,一

---

　　① 语境通常是指使用句子或表达式时的周边环境。这里所说的语境是指句子语境,也就是说,表达式所处的句子就是该表达式的语境。在一个句子中略去我们所考虑的那个表达式,剩余的部分就是这个表达式的语境。

　　② 所谓内涵语境,就是不遵守替换原则的表达式所处的句子语境。其他语境就是外延语境。

个是认为替换原则本身是错的，另一个则是认为，在内涵语境中主词的指称不是对象，而是别的东西。弗雷格所采取的方向是后一个。坚持替换原则的理由是很充分的。考虑句子真值时，我们关心表达式的指称，因此用不同的表达式来指称同一个对象，这对句子的真值没有影响。因此，可以采取的措施就是，承认原来以为具有内涵性的语境其实是外延语境，也就是说，原来推想的表达式指称不是真实的指称。在弗雷格看来，在这类语境中名称的指称就是表达式在出现于外延语境时的涵义。

我们可以检验这一点。在关于张衡的例子中，如果长庚星是用"某时刻西边天空最亮的那颗星"这个描述来确定对象的，那么在通常情况下这个描述就是"长庚星"一词的涵义。而如果张衡就是用这个描述来确定长庚星的，那么用这个描述来替换 1）中的"长庚星"就得到

3）张衡相信，启明星就是某时刻西边天空最亮的那颗星。

而这个句子与 1）总是有同样的真值，只要对张衡来说"长庚星"一词的涵义没有发生变化。

这种情况也可以扩展到内涵语境中的句子指称上。看下面这个句子

4）张衡相信，宇宙中存在黑洞。

其中出现于信念语境中的从句与出现于 1）中的那个从句，在独立出现的情况下都是真的，因此它们通常的指称都是真，但 1）和 4）这两个完整句子的真值并不相同，替换原则在这里看起来也失效了。按前面的思路处理就可以说，在信念语境中出现的句子，其指称并不是真值，而是句子在通常情况下的涵义。显然，用涵义与之相同的句子

来替换从句,整个句子的真值应当是不变的。

于是,弗雷格就可以把这个思路加以推广——出现于信念语境中的表达式或句子,其指称就是其他情况下的涵义。弗雷格的整个思路都在于保护替换原则,并把这个原则当作讨论在各种情况下的指称的指导原则。运用这个原则的结果是,把一种情况下的涵义当作另一种情况下的指称。

4.3.2 对涵义的心理主义解释

这种把涵义当作指称的做法会产生这样一个看法:对于名称来说,我们可以用它来指称对象,也可以用来指称涵义。因此在信念语境中我们实际上把涵义当成了对象。由于对象总是实体,弗雷格就把涵义当成了实体。由此出发,弗雷格就将面临两种选择,他可以把涵义当作一种抽象对象,这就接受了柏拉图主义;他也可以选择把涵义当作心理实体,这样,他就等于是接受了心理主义观点,即把知识首先理解为心理过程。前一种选择看起来是弗雷格在"思想"这篇著名的文章中所持有的观点,在那篇文章中,弗雷格把思想当作是存在于第三域中的实体。我们已经在第1章讨论过这个观点。后一种观点,则是人们在解释弗雷格的涵义概念时有意无意加给他的观点。

理解哲学观点不是件容易的事。有时,人们会把某位哲学家明确反对的观点归于这位哲学家,而之所以如此,却是因为这样做更容易理解些。人们用心理主义的方式来解释弗雷格的涵义概念,就属于这种情况。

事实上,在前一节讨论信念语境时,我们就很难避免对涵义做出心理主义的解释。比如,当说"某时刻西边天空最亮的那颗星"这个描述就是确定"长庚星"这个名称指称的方式时,我们会把这里所描述的特征当作"长庚星"的涵义,进而就会认为,如果某人通过别的特征来确定长庚星,那么"长庚星"一词对他来说也就有了另外一种涵义。当我们这么理解涵义时,它就成了因人而异的东西。这与把涵义解释成心理的东西是一回事。心理实体就是一种因人而异的东西,每个人的观念都仅仅属于他自己。他可以随意选择用什么特征来确定对象,因而,也就可以为名称赋予随便什么样的涵义。在这种情况下,心理主义就体现在,涵义被解释成在提到某个名称时心中所想到的东西。

　　同样的问题也出现在用柏拉图主义的方式解释涵义的时候。通常,对同一个对象会有多个呈现模式,这些呈现模式都能成为相应名称的涵义。如果涵义就是柏拉图实体,那么我们就必须单独地将其与名称对应起来。这样一来,与前面相似的情况就出现了。一个人选择哪个柏拉图实体来充当某个名称的涵义,这是不确定的,涵义同样成了因人而异的事情。

　　对涵义做出的解释之所以是心理主义的,不是因为直接就把涵义解释成心理状态或者心理过程这样的心理实体,而是因为把涵义与对象之间的对应关系,建立在主观任意的选择之上。这样一来,我们也就不能说,不同的人共享了相同的知识。

　　进一步可以看出,在这两种解释中,涵义的选择之所以会陷入主观任意性,是因为这种选择是单独进行的。心理实体和柏拉图实体都是单独存在的东西,以之为涵义就意味着要单独确定它们与表达式的对应关系,在其中任何一个对应关系确定下来时,都不会影响其他的对应关系。在这种情况下,哪个涵义对应于哪个表达式,这都是任意的,我们没有依据来判断不同的人是否把同一个涵义赋予了某个表达式。

思考:回顾一下1.5节关于公共性和私人性的讨论,看你可以从那里得到什么东西,以解释为什么这里没有判断的依据。

人们之所以很容易把这种心理主义解释归于弗雷格,是因为过于相信他本人给出的柏拉图主义解释,而忽视了柏拉图主义解释与心理主义解释会导致相同的后果。虽然弗雷格表述过关于涵义的柏拉图主义解释,但他已经采取了足够的措施,来防止我们滑向心理主义。他所采取的措施就是语境原则。

4.3.3　语境原则

在《算术基础》这部著作的序言中,弗雷格提到,"要在句子语境中,而不要单独考察词语的意义",否则,"人们就总是会不得不把词语的意义当作心理表象或者心灵的活动",从而把心理的东西与逻辑的东西混在一起。① 这就是著名的语境原则(the context principle)。语境原则被弗雷格用来抵制心理主义。

直观地看,语境原则说明了这样一个事实:我们通常用一些句子

---

① G. Frege, *The Foundations of Arithmetic*, 2nd edition, translated by J. L. Austin, Harper & Brothers, New York, 1960, p. xxii.

来解释一个词的意义。比如，我们会用"哺乳动物用乳汁来喂养幼崽"这个句子来解释什么是哺乳动物。我们利用一些性质来确定一个词所指称的是什么东西，而这些性质用语言来陈述，常常就以句子形式出现。弗雷格提出语境原则时，还没有区分涵义与指称。不过，按照我们在这里推荐的理解，无论是表达式的涵义还是指称，都遵守语境原则。

语境原则还有更深的意思。它是说，究竟什么叫作一个词语具有指称，这一点也是由句子语境来确定的。这是一个哲学味很浓的要点，需要多些解释。我们知道一些特定词语的指称，比如"普罗米修斯"这个词语，我们知道它指称某个神话人物；但是，如果不理解什么叫作指称，或者说不理解指称这个概念，那么即使我知道那个神话人物，比如说在某部电影中见过，我也不知道，这个人物在什么意义上是"普罗米修斯"这个词语的指称。这不是知识上的欠缺，我们会认为这涉及一项基本的语言能力，如果不具备这种能力，我将无法理解任何名称，比如不理解我自己的名字。我知道自己是谁，但无法把自己与任何一个名字联系起来，从而无法知道我自己就是那个名字的指称。这种能力，就是把握指称这个概念的结果。

语境原则是一个非常强大的原则，它支配着弗雷格的整个语义学。在前面确定表达式和句子的涵义以及指称时，我们都看到一个明显的特征：弗雷格总是先确定句子的涵义和指称，然后在此基础上确定词语的涵义与指称。对构成句子的表达式来说，其指称是由表达式对句子真值所做出的贡献确定的。只要抓住这一点，我们就很容易理解，为什么要把概念词的指称确定为从对象到真值的函项，即弗雷格意义上的概念。不仅如此，指称这个概念也是由真这个概念

（有真假之别的是句子而不是词语）定义的，例如，对象就是名称对句子真值所做出的贡献，换言之，就是当我们关注句子的真假时，关于名称所要考虑的那个东西。

从这个角度讲，为了确定一个表达式是否有指称，我们只需看由这个表达式构成的句子是否有真值。弗雷格就以这种方式论证存在自然数这样的对象，因而被认为是数学哲学中的柏拉图主义者。然而我们需要注意，按照语境原则确定的对象概念，与我们通常理解的对象不同。通常理解的对象概念，要求对象独立于语言而存在，也就是说，即使没有语言，这种对象也能够存在；但按照语境原则所确认存在的对象则未必如此。语境原则允许对象是由于语言的使用而被认为存在。这样，自然数就可以是使用语言而导致存在的东西。在这种意义上说自然数存在，其意义不会超出说算术命题为真。而我们关于自然数的知识，也就无须像山川河流那样，要通过知觉才得以获得。知道算术命题的真值（这等于把握了其涵义），我们也就认识了自然数。

语境原则之所以可以用来抵制心理主义，是因为它解除了心理主义得以成立的必要条件，即表达式单独具有意义。只有当表达式的意义是单独确定的时，我们才有可能把其意义解释成心理实体。这是因为，心理实体是非语言的东西，而一组表达式要与非语言的东西建立对应关系，就必须逐个逐个地建立。由此可见，无论把意义理解成什么东西，是心理实体还是柏拉图实体，情况都是一样的，都需要单独赋予表达式。语境原则不仅抵制了心理主义，还抵制柏拉图主义。

其实，从这种解释也可以看到，语境原则不可能是在说，要在句子语境中建立的只是语言与意义的对应关系,而意义本身可以独立于语言确定下来。这样仍然可以对意义给予心理主义解释。它应该是在说,意义本身就必须在句子语境中确定下来。事实上,什么是表达式的涵义与指称,即涵义与指称的概念,就是通过句子来定义的。

从这种解释也可以看到,为了抵制心理主义,所需要的不一定是句子语境,也就是说,不一定要在句子语境中确定表达式意义,也可以在与别的表达式的其他形式的联系中确定表达式的意义。选取句子,实际上也是为了突出真这个概念的基础地位。我们看到,在为表达式和句子确定涵义与指称时,引入概念的顺序是,从句子真值开始,然后利用句子真值来确定句子涵义以及表达式的涵义和指称。由于句子是可赋予真值的天然单元,从真开始建立语义学,也就等于从句子开始。

对于句子的涵义概念我们还可以看到与语境原则相仿的处理方式,那就是通过与别的句子建立联系,来确定一个句子的涵义。

在 1906 年 12 月 9 日给胡塞尔的信中,弗雷格说明了如何确定句子所表达的思想。对两个非逻辑命题 A 与 B 来说,"如果在不知道 A 或 B 的内容为真或为假时,并且不需要除了纯粹的逻辑律以外的东西,由假定 A 的内容是假的而 B 的内容为真,以及假定 A 的内容为真而 B 的内容为假,都可以导致逻辑矛盾",那么它们就表达了相同的思想。① 而弗雷格在区分涵义与指称之前,则使用了类似的方法来衡量概念内容。在《概念文字》中他给出的方法是这样的:对两个判断来说,如果"其中一个判断与另外一些判断一起得到的结论,与另

---

① *The Frege Reader*, pp. 305–306.

外那个判断与这些判断一起得到的结论"相同,那么它们具有同样的概念内容。①

思考:运用你对逻辑的了解,比较一下这两种方法,看它们是否等效。考虑一下,弗雷格为什么要加关于非逻辑命题的限制?

在逻辑中,句子间通过推理关系构成系统,而涵义是否相同,这可以由句子在推理系统中的位置来判定。句子在推理系统中占据的位置也称该句子的推理角色(inferential role)。上述确定句子涵义的方法就相当于说,句子具有相同推理角色,也就具有相同的涵义。弗雷格有时候也说推理角色相同的句子具有等价关系(equipollence)。②

当我们把《概念文字》中表述的等价关系标准运用于"$a=b$"和"$a=a$"这一对句子就会发现,它们之间并没有等价关系。这是因为,当"$a=b$"与例如"$f(a)$"这样的句子一起,将推出"$f(b)$",但用"$a=a$"与"$f(a)$"却推不出。③ 这样就解释了,为何这两个句子所表达的知识内容不同。

用推理角色来解释句子涵义,也就避免了用心理主义的方式来解释它。由于推理角色体现在句子之间的关系上,句子涵义也就落

① *The Frege Reader*, p. 53.

② Frege, *Posthumous Writings*, Hans Hermes, et al ed. , Peter Long, Roger White trans. , Basil Blackwell & Oxford, 1979, pp. 197–198.

③ Cf. Michael Kremer, "Sense and Reference: the Origins and Development of the Distinction"(in *The Cambridge Companion to Frege*, Cambridge, 2010, pp. 220–292), p. 236.

实到句子在语言系统中占据何种位置上，而表达式的涵义也可以在此基础上得到确定。最终，对涵义的把握就等于是获得一种语言能力，这种能力能让我们识别正确或错误的推理。这样，我们就可以把抵制心理主义与语言学转向联系在一起。对心理主义的抵制，是通过完成语言学转向而完成的，而语境原则，是达成这一转向的关键。

阅读建议

必读文章："论涵义和指称"、"思想：一种逻辑研究"（即文中提到的"思想"这篇文章）。建议选读"函数和概念"和"论概念和对象"，以了解弗雷格关于函项逻辑的基本思想。这些文章都收录于《弗雷格哲学论著选辑》（王路编译，商务印书馆，2006年）中。弗雷格的文风简洁直接，不事修辞，但由于其用思深远，一定要细读。

弗雷格的论文集中常见的几个英文译本：

1. *Translations from the Philosophical Writings of Gottlob Frege*, Peter Geach & Max Black ed. , Oxford：Basil Blackwell, 1960.

2. *Collected Papers on Mathematics*, *Logic*, *and Philosophy*, B. McGuinness ed. , Oxford：Basil Blackwell, 1984.

3. *The Frege Reader*, M. Beaney, ed. , Oxford：Blackwell, 1997.

其中，最后那本书近来已经成为弗雷格研究的标准文献。这本书旨在提供一本自成一体的研究资料，其中不仅包含了重要的单篇文章，而且还从《概念文字》、《算术基础》和《算术的基本原则》中摘选了对哲学研究有关键价值的段落。书后有三个附录，分别是弗雷格的生活和著作年表、他的逻辑符号系统（主要解释概念文字系统），以及进阶读物。

读者也可以通过《算术基础》(王路译,商务印书馆,2003 年)来了解弗雷格的数学哲学。该书篇幅不长,可直接读英文版:

The Foundations of Arithmetic:*Alogico-mathematical enquiry into the concept of number*,2nd revised edition,trans. by J. L. Austin,New York:Harper & Brothers,1980.

关于弗雷格的二手文献首推达米特的巨著《弗雷格——语言哲学》(黄敏译,商务印书馆,2017 年)和 *Frege*:*Philosophy of Mathematics* (Harvard University Press,1995)。如书名所说,它们分别讨论弗雷格的语言哲学和数学哲学。实际上,前一本书的讨论范围远远超出了弗雷格,包含了大量的关于语言哲学本身的讨论,其中许多内容是富于洞察力的。达米特对弗雷格的一些框架性的解释已经被后来的学者所抛弃,但人们仍然认为是他为弗雷格研究提供了基础。

维娜(Joan Weiner)的 *Frege Explained*:*From Arithmetic to Analytic Philosophy*(Open Court,2004)是一部比较短的导论。关于主要专题的研究可以参考 *The Frege Reader* 中关于进阶读物的附录。

第5章 罗素的摹状词理论与构造主义分析

　　像弗雷格一样,罗素也在分析哲学运动中留下了永久的印记。罗素的摹状词理论被认为是分析哲学的典范,而他的逻辑形式(logical form)概念则是整个分析哲学传统中占据核心地位的一个概念。但罗素与弗雷格的风格迥异。弗雷格追求高度的清晰性与精确性,他很少改变自己的观点,也很少做出缺乏严格依据的结论。而罗素则是一个思路非常开阔的哲学家,或者说,是一个现实感很强的思想家。他知道人们常常必须在拿不准的情况下做出决定,因而,罗素经常改变自己的观点,就并不是一件奇怪的事情。罗素没有弗雷格那么专注,但这并不影响罗素思想的深刻性。这种深刻性也许会因为他对写作风格的重视(他常常追求明白平易的风格,这使他的思想具有极高的知名度)而被掩盖,但是,这种假象会在本章结束之前消失。

　　本章主要集中于罗素所提供的分析理念,这就是以逻辑构造代替实体的理念。这种理念以他的外在关系理论为基础,以摹状词分析为起点,在他关于数的定义以及关于心与物的知识分析中得到了完整的体现。

　　罗素曾经认为,哲学本身就是逻辑分析。这就要求我们对于逻辑分析的方法论本身做出足够的哲学探究。但在罗素那里这种探究并不彻底。相反,罗素所看重的是逻辑分析的运用,即如何用逻辑分析来获得确切的知识,而这不排斥经验性的研究,也不排除试探性的探究。可以说,把哲学本身看成是逻辑分析,这是在维特根斯坦的促动之下获得的想法——逻辑原子论就是维特特根斯坦对罗素的影响留下的印记,罗素为这种影响赋予了更容易接受的形式。一旦罗素逐渐消化了这种影响,他的思路就向一种把逻辑分析作为工具的方向发展,而这正是为大多数后来的哲学家所接受的方向。罗素预告了由蒯因所倡导的自然主义思潮。这种直到现在还占据上风的思潮全心全意地拥抱心理主义,从而与分析哲学的纯正理念背道而驰。历史的发展并不遵守一种事先设定的逻辑。

5.1 罗素主义和实在论

罗素对逻辑分析的理解,建立在两个支柱之上,一个是实在论,另外一个则是外在关系理论。这两种理论使他对整个哲学的理解都与弗雷格有很大差别,以至于可以认为,他和弗雷格各自建立了一种分析哲学,一种是弗雷格主义(Fregeanism),一种是罗素主义(Russellianism)。这里,我们先概括一下弗雷格所理解的知识是什么,然后通过与之对比,来对罗素的哲学进行定位。

弗雷格由于持有语境原则,而坚持通过真句子来确定表达式的指称。这等于说要我们必须通过语言来确定指称。如果存在一种非语言的方式来确定,那么在所指的东西与表达式间建立指称关系时,我们就可以把已经确定好的对象单独与表达式对应,结果就是,我们可以在句子语境之外确定表达式的指称。这正是语境原则所要排除的情况。是否有其他强制性的东西来让我们遵守语境原则，这并不重要，重要的是，要获得客观的知识，我们就应该遵守这个原则。语境原则是规范我们对知识的理解的原则。

坚持通过语言来确定对象，这就等于要通过语言来获得关于实在的知识。语言是人的心灵通达实在的必要中介，它就像戴在心灵之眼上的有色眼镜，决定了能够有什么样的知识，或者说，决定了我们能够知道什么样的实在。在这种意义上讲，我们可以说，弗雷格给出了一种语言学上的反实在论观点。

对于"实在论"（realism）一词，当代分析传统中的用法通常是与某类可能的实体联系起来。如果把这类实体称为"x"，那么通常就说"关于 x 的实在论"，意思就是说，承认这类实体是存在的。

但是，这个术语的意义仍然需要进一步辨析。我们要区分对实在论的形而上学解释与知识论解释。从形而上学角度来解释关于 x 的实在论，意思就是 x 这类实体本身就是存在的。由于形而上学就是对存在物本身的研究，而无须理会它是如何得到认识的，把"x 存在"解释成一个形而上学论断，也就是这个意思。而从知识论角度理解，实在论所断定的则是知识对象相对于心灵而言的独立性。对于按这两种理解的实在论来说，相反的论断通常用"反实在论"（anti-realism）或"非实在论"（irrealism）这样的术语作为标签，它们分别否定了与之对应的实在论观点。

事物的存在，终究要归结到独立存在的事物。因此，在哲学中人们关心事物的存在时，通常关心的是事物的独立性。在这种意义上讲，形而上学的实在论就是在断定相应的事物本身是独立存在的，而知识论的实在论则是在断定,相应的事物相对于我们据以认识事物的心灵而言是独立的。

一般而言,如果在形而上学上持有实在论,在知识论上就不会持有反实在论;但是,在知识论上持有实在论,并不意味着要在形而上学上也持有实在论。例如,贝克莱认为物质并不具有独立性,但仍然认为知识的对象独立于我们的心灵,因此对于物质来说,他在形而上学上持有反实在论,但在知识论上持有实在论。之所以能够如此,是因为他认为物质是由上帝创造的,物质依赖于上帝的心灵;但是,当谈到知识时,他讨论的还是人类的知识,因此,物质是独立于人类心灵的东西,这一点还是体现为知识论上的实在论。正是因为贝克莱持有这种意义上的实在论立场,他才认为自己实际上维护了常识信念。人们在常识上认为,世界是独立于自己的心灵的。

对于实在论者来说,知识的对象是独立于认知能力的。心灵是认知能力的首要拥有者,因此知识论意义上的实在论者要求知识的对象独立于心灵。此外,心灵对于语言的把握在某种意义上也属于认知能力,因此,当我们把知识与表述知识的句子、而不是与心灵联系起来的时候,知识论意义上的实在论所要求的,就是句子所谈论的知识对象相对于语言表达式的那种独立性。这样的实在论,我们就不妨称为"语言学实在论"(linguistic realism)。与之相对立的观点,就是语言学反实在论(linguistic anti-realism)。

罗素在上述两个方面均持有与弗雷格相反的观点。首先,他持有知识论上的实在论立场。由于语境原则与语言学反实在论立场的上述联系,一旦否定反实在论,罗素就将抛弃语境原则,从而持有实在论。

　　在罗素看来,知识本质上就是关于实在的知识,而实在是独立于心灵的,因此,他所持有的就是知识论意义上的实在论。不仅如此,罗素区别于前人的地方在于,他把这种实在论立场落实到了语义学上——他不仅把知识的对象当作是独立于语言的东西,而且把语言的内容也理解为独立于语言的东西。也就是说,他不仅持有语言学上的实在论立场,而且用语义学原则来贯彻这种立场。其实,这并不难理解。语言学实在论主张知识的对象独立于语言,既然知识的内容(它由句子来传达)就是确定地谈论对象,知识对象的这种独立性也就要求句子内容要能够独立于语言确定下来。因此,我们可以说,语言学实在论就要求我们按照实在论的方式来理解语义内容。这构成了罗素理解逻辑分析的基础。罗素一生在哲学立场上反复变化,但始终没有放弃这种语言学的实在论立场。罗素主义的核心,也就在于这种立场。

　　由此明显可以看到,罗素将不会同意语境原则。按照实在论,语言的语义内容必须能够独立于语言来确定。当然,表达式意义因此也就必须能够独立于句子语境得到确定,而这正好与语境原则相悖。

　　在第 4 章我们已经看到,弗雷格的概念文字,乃至函项逻辑的一些基本原则,都是建立在语境原则的基础上的,放弃语境原则,也就等于放弃这些基本原则。事实上,罗素所理解的逻辑已经不是弗雷格所设想的那种函项逻辑了,他的逻辑本质上是一种关系逻辑,其哲学基础是外在关系理论。这种关系理论虽然允许使用函项的形式来建立符号系统,但不能按照弗雷格的方式来给予哲学解释。

　　不过,有趣的是,罗素还是以一种独立的方式利用了函项逻辑的洞见,这就是他的不完全符号理论。按照这个理论来解释罗素的摹状词理论,就使他所理解的逻辑分析中包含了一些接近于语境原则的内容。由于语境原则与实在论不相容,罗素的逻辑思想中存在某种张力,这也为他的整个哲学带来了不稳定性。

5.2 罗素式命题

实在论和外在关系理论是罗素所建立的分析哲学的两个支点,这两个支点一起,决定了罗素要以何种方式来解释知识表述。在他看来,句子之所以能描述实在,从而能够表达知识,是因为它表达了罗素式命题(Russellian proposition)[①],而关于知识的逻辑分析,则是描述罗素式命题是如何构成的。摹状词理论就是关于这种逻辑分析如何进行的一种具有全局价值的方法论。这一节我们先看罗素式命题是什么。

5.2.1 直接指称理论

罗素采取了一种非常直截了当的方式,来贯彻他的实在论立场。他认为,表达式的意义仅仅是该表达式的指称,而不是像弗雷格所主张的那样,在表达式与指称之间还有一个涵义。对照弗雷格就立即

---

① "罗素式命题"实际上是后来的哲学家所使用的术语,用来说明罗素所应当持有的一种命题理论。罗素本人在大部分时间中,都认为并不存在命题这样的东西,认为命题可以利用构造主义分析排除掉。因此,本节关于罗素式命题的讨论,并不是罗素自己正式首肯的内容,而是罗素出于他本人始终坚持的观点而应当持有的命题理论。

可以看出这种观点的特点——它不承认确定指称的方式对于所表达的知识有任何贡献。

这个原则产生的最为直接的后果是,除了关于指称的理论,没有独立的意义理论。意义理论研究的是,为了表达知识,语言应当具有何种特性。弗雷格的意义理论就把涵义作为语言能够表达知识所要具备的首要特征,而指称是由涵义来确定的,在这种意义上,涵义就是语言表达知识所需要的中间环节。罗素完全抛弃了这个中间环节,我们可以把这种关于意义的理解称为直接指称理论。直接指称理论解释的是意义,而并不是要解释指称。在后面的讨论中,记住直接指称理论是一种意义理论,而不是指称理论,这是重要的。

直接指称理论是对实在论的贯彻。之所以这么说,是因为 1) 实在论要求能够单独确定表达式指称,2) 只有在坚持直接指称论的前提下才能满足这一要求。下面我们依次看看这两个要点。

对于 1) 来说,反实在论之所以与语境原则联系在一起,是因为语境原则要求在句子语境中确定指称,而这使我们对于所指的东西的理解依赖于语言。正是从这种联系中我们可以看出,要确保我们对所指的东西的理解独立于语言,就需要拒绝语境原则,也就是说,要求表达式的指称能够单独确定。

至于 2),我们需要注意,直接指称论否认的中介手段是指语言性的手段。比如涵义就是这样的手段。涵义被归于语言,我们需要语言才能确定某种涵义,因此涵义是语言性的。之所以说,只有在坚持直接指称论的情况下才能使表达式指称得到单独的确定,是因为,通过像涵义这样的中介手段来确定指称,实际上就等于在句子语境中来确定。比如,我们利用"早晨东边天空最亮的天体"这样的涵义来确定"启明星"一词的指称,就相当于在"启明星是早晨东边天空最亮的天体"这个句子的语境中来确定。

直接指称理论意味着,理解一个词语的意义,以及知道这个词语所指称的对象,最终都会追溯到直观上去,即罗素所说的"亲知"(acquaintance)。简单地说,亲知是一种无须借助语言即可获得的知识,这使它被用来贯彻语言学实在论立场。其次,由于不能无穷后退,亲知也不能是推理性的,因而是一种直观知识。从表述形式上看,亲知针对的是对象,因此只需使用词、而不是句子来表述。比如我们通常会说,"张三认识李四",亲知知识就是用这类形式表达的(当然罗素意义上的亲知知识要做出一些其他限制,而不会把一个人当作亲知对象)。关于亲知我们后面还会涉及,这里就先说这些。

由于罗素的意义理论最终落实到亲知上,他所设想的知识分析,也就是要把知识表述分析成最终是由亲知知识构成的样子。要确定亲知知识,就要确定一些表达式的指称,而这些表达式所指的,就是亲知对象。对于知识分析来说,亲知对象是如何被亲知的,这并不重要,重要的是它是通过指称引入的。这样,指称就是罗素的意义理论的基础概念。

前面我们已经知道,弗雷格的意义理论中真是基础概念。弗雷格以句子为单位建立语义学,他利用拥有真值的句子来确定构成句子的那些词语的指称。与之不同,罗素则是从指称出发,并从词语的指称来确定句子的意义以及真值。这样,罗素就要完成两个任务,一个是用指称这个概念来解释什么是命题,另外一个任务就是用指称来定义真这个概念。这两个任务联系在一起,它们是否能够完成,以及如何完成,最终决定了罗素主义的成败。接下来我们就一步步看他怎么做。

〰〰〰〰〰〰

思考:想想看,罗素要用词语的指称来定义句子的真假,这可以怎么做。在 4.1.2 节我们已经看到,弗雷格主张真这个概念是初始概念,它不能用其他概念来定义。应当说,弗雷格的这个论证也适用于用指称来定义真的情形。考虑一下,这个论证对罗素是否起作用?

〰〰〰〰〰〰

5.2.2　外在关系理论

罗素是通过反对当时盛行于英格兰的新黑格尔主义来建立自己的哲学观点的。新黑格尔主义既是一种一元论(monism),又是一种观念论(idealism)。① 它认为存在的只有一个东西,这就是绝对观念,所有看起来各式各样的存在物,都是绝对观念在自我发展的过程中产生的中间环节,而不具备真正的实在性。它还认为,任何知识都是绝对观念的自我认识,因此,在知识论上这是一种观念论。按照罗素的描述,他和同事摩尔(G. E. Moore)一起揭竿而起,反抗这种新黑格尔主义。摩尔主要反对观念论,而他自己则主要反对一元论。② 按这种说法,摩尔的主要成就是发展了实在论,罗素直接接受了实在论,而没有在论辩上做出多少工作。罗素主要考虑的是如何实现这种实在论立场。为了这个目的,罗素发展了外在关系理论,即多元论。

---

① "idealism"一词传统上译为"唯心论"。这个词表示在关于知识的讨论中发展出来的一种立场,而不是关于心灵的观点,译成"观念论"更为合适。

② 参见罗素:《我的哲学的发展》,温锡增译,商务印书馆,1982 年,第 47 页。

外在关系理论被罗素本人认为是他在逻辑上做出的最为重要的洞见。这种重要性可以从他的一个关于哲学史的观点上看出。他是通过研究莱布尼茨的哲学得出这一观点的。[①] 他认为先前所有哲学家都错误地理解了命题的形式,他们错误地认为命题最基本的形式是主谓结构。他认为,自己的外在关系理论,以及以这个理论为基础的关系逻辑,结束了这个局面。这个看法本身是否正确,这是另外一个问题。这里我们关心的是,被他赋予如此重要性的理论究竟是什么,以及为何被他如此看重。

外在关系理论与传统的词项逻辑一样,都是关于命题如何构成的理论。首先需要注意的是,只有当把词语的意义理解为比句子意义更加基本时,我们才需要在词语意义的基础上,解释句子意义如何构成。如果像弗雷格那样认为句子意义要比词语意义更加基本,那就不需要这样的解释。鉴于这一点,在弗雷格那里,由于意义是就表达真这一目的而定的,而真属于句子而不属于词语,句子意义就要比词语意义更加基本,因而不能用词语意义来解释句子意义;而对罗素来说,情况正好相反,这样,也就需要用词语意义来解释句子意义。

弗雷格认为命题具有函项结构,因此似乎也是在用表达式意义解释句子意义。但这只是表面上的。函项结构是用饱和的部分来填充不饱和的部分构成的,但究竟什么是饱和与不饱和,这一点却取决于什么是完整的句子。只需要明白,特定表达式只有按照与之匹配

---

① 参见罗素:《对莱布尼茨哲学的批评性解释》,段德志等译,商务印书馆,2000年。

的模式相结合才能构成有意义的句子,我们也就明白弗雷格所设想的函项结构究竟是什么。因此,函项结构并没有解释如何能够从表达式得到命题;它仅仅解释了,给定一些命题,我们如何能够从这些命题得到表达式,从而确定其他命题是怎样构成的。在这种解释中,句子处于优先地位,而表达式则是导出概念,我们无须解释句子。

罗素则需要解释句子意义是怎样得到的。对他来说,表达式意义是通过单独地建立指称关系来确定的,在建立这种关系时需要借助直观。句子意义则由表达式意义组合而成,而表达式组成句子的方式,与表达式的意义组合构成句子意义的方式相对应。因此,句子意义也就取决于构成句子的表达式的意义是什么,以及这些表达式是如何组合构成句子的。在罗素所理解的传统逻辑那里,句子总是可以解释为按照主谓结构得到;而在罗素那里,用来构成句子的基本结构不是主谓结构,而应当是一种外在关系。我们可以通过与词项逻辑相对照,来看看这种组合是怎样达到的。

这里要注意,罗素所说的传统逻辑实际上就是我们在第 2 章见到的词项逻辑。他提到主谓结构,但其中的“谓”却不是弗雷格意义上的函项,而是充当句子谓语的词项。为了区别于弗雷格,这里我们使用“主语”和“谓语”而不是“主词”和“谓词”这两个术语。

康德给出了关于词项逻辑的成熟的解释。从这种解释我们知道,词项结合为句子,是因为词项所表达的概念之间具有包含关系;包含关系只能建立在两个概念之间,因此词项逻辑所理解的句子,只能分析成两个成分。进一步可以看到,这种包含关系最终总是可以解释为概念—标志之间的关系,也就是说,解释为一个概念包含另外一个构成它的概念,而这被理解为一种主谓结构。比如,像“哺乳动物是动物"这样的句子,主语所表达的概念可以由谓语所表达的概念(此时康德称其为"标志")结合第三个概念(即哺乳)来定义,这就是通常所说的属加种差定义,因而,主语所表达的概念中包含了谓语所表达的概念。这样就有了两个概念之间的包含关系,即一个由另外那个构成,而这就是罗素所理解的那种主谓关系。

表面看来,似乎只有康德意义上的那种分析命题才会出现这种主谓关系,但仔细考虑就会发现,按照词项逻辑的思路,综合命题也要以这种主谓关系为基础。像"有些哺乳动物有翅膀"这样的句子,其所包含的两个概念似乎并没有那种构成关系,因为这两个概念就外延而言没有包含关系。如果这个句子是真的,那么两个概念的外延相交,但不一定需要一个外延完全在另外一个外延里面。但是,按照词项逻辑的解释,这个命题要能够是真的,就必须有这样一个外延不空的概念,即"长翅膀的哺乳动物"。这个概念的存在使得"长翅膀的哺乳动物是哺乳动物"以及"长翅膀的哺乳动物有翅膀"这两个命题是真的。而这两个命题是分析命题。

按照这个思路,综合命题是构成概念的命题,而一个综合命题为真,以关于所构成的那个概念的一些构成关系成立为前提,也就是说,以一些分析命题为前提。按照词项逻辑的理解,只要这些分析命题为真,那个综合命题也就是真的。出于这个理由,罗素认为,这就意味着所有命题只要是真的,就实际上是分析命题。①

───────────────

① 参见罗素:《对莱布尼茨哲学的批评性解释》,第10页。原文把谓语是"存在"的情况排除在外,这里忽略这一复杂情况。

　　这个想法与一元论联系在一起。如果所有真命题都是分析的，那么真命题唯一的作用，就在于用谓语所表达的概念来构成主语所表达的概念。现在，按照这种构成—被构成关系把概念排列起来，最终所有的概念就都汇聚并构成一个包含了所有概念的超级概念，这个概念将穷尽世间的所有真命题。现在设想这个超级概念的实例[①]是什么。由于不可能有其他未包含于那个超级概念中的概念，充当这个超级概念实例的那个存在物就是唯一的；否则就会有一个概念来将其与其他存在物区分开，并且由于用那个超级概念不足以做出这种区分，那个用来区分的概念也就没有包含在超级概念之内。

　　我们也许会认为，上述推论取决于有什么样的真命题，从而取决于有什么样的概念，而从这一点得不出实在中究竟有一个还是多个实体。但我们应当考虑到，这个结论是从命题的基本形式得出来的。如果词项逻辑是正确的，那么即使是上帝的知识，也要用主谓结构来表述。于是，我们可以考虑作为全知者的上帝，考虑从上帝的角度来看，实在是怎样的。这样一来，上帝只需要把握那个超级概念就可以得到所有知识，而这意味着，整个实在都是这个超级概念的实例。由于这样的超级概念只有一个实例，整个实在也就只是一个实体。由于上帝是全知的，一元论就表现了实在的真实情况。就此而论，一元论者就可以说，之所以我们会认为有多个东西，是因为我们的知识是有限的。至少有些概念是我们所没有把握的，这使我们无法区分已

---

　　① "实例"一词来自于英语"instance"。一个概念的实例就是满足该概念的个体。例如，苏格拉底是"人"这个概念的一个实例。人们也用"例示关系"（instantia-tion）这个词来说实例与概念的关系，例如会说，苏格拉底例示了"人"这个概念。

经把握了的概念的多个实例;但若把握了这些概念,我们就不会认为有多个实例。

这种一元论遭到了罗素的猛烈抨击,为了理解这种抨击究竟是怎么回事,需要一些预备性的说明。

从函项逻辑的形式来看,主谓结构的命题可以表示为一元函项结构,谓词表示的函项只含有一个空位,比如"赤兔是一匹马"中的"……是一匹马"。这时我们有一元谓词。函项逻辑中并不特意规定谓词表示的函项含有几个空位,例如句子"赤兔比乌骓快"中就出现了两个空位的函项"……比……快",而这个函项也被当成谓词。此时,我们有二元谓词以及多元谓词。通常,人们会用与弗雷格不同的方式来解释这种空位数目上的区别,把一元谓词的指称解释成性质,而把二元谓词及多元谓词的指称解释成关系。这样,谓词的句法特征就具有了形而上学意义。罗素尤其重视这种形而上学意义。他虽然没有采纳句子意义的优先性,但还是可以利用函项的形式,只不过要以不同于弗雷格的方式来解释这种形式。

性质与关系的区别在词项逻辑传统中,以及在基于词项逻辑建立的形而上学中,具有非常重要的地位。词项逻辑只允许由两个词项构成命题,这样,按照上述关于性质与关系的界定,它就只能表达性质,而无法表达关系。前面我们看到,词项逻辑实际上允许把关系当作构建新概念的方法,而一旦新概念建立起来,关系也就消失了,转而让位给性质。罗素意识到,如果一切命题本质上都是主谓结构,那么再加上"关系肯定能够用命题来表达"这个前提,就可以得到关系是不存在的这个结论。事实上,布莱德雷(F. A. Bradley)就提出了一个关于关系的非实在性的论证,而罗素正是通过拒斥这个论证,来建立自己的外在关系理论的。①

　　这种把主谓结构当作命题基本结构的观点,被罗素称为内在关系理论(internal relations theory)。罗素把那类能够解释成性质、因而仅仅是徒有其表的关系,称为内在关系。这样使用术语的用意是说明,内在关系是内在于关系项的,而不是关系项之外的第三者。比如,就兄弟关系来说,具备这种关系的两个人就是关系项,如果把这种关系当作内在关系,那么只需要确定这两个人是谁,也就能够确定他们之间有兄弟关系。按照罗素的解释,内在关系理论所说的就是,所有关系都是内在关系。我们可以看出,主张所有关系都是内在关系,也就相当于说,所有关系本身都是不存在的;这个结论可以从"主谓结构是句子的基本结构"这个观点推出。

　　"内在关系"与"外在关系"这两个术语目前被接受的标准定义是,如果 a 不具有与 b 的关系 R 是不可能的,那么与 b 的关系 R 对于 a 来说就是内在关系,否则就是外在关系。例如,一个空间点与另一个空间点间具有一段特定距离,这种关系对于这两个点是内在的,因为如果具有其他距离,就有不同的两个点。罗素对这两个术语的使用在形式上与标准定义不同,但也有联系。按照标准定义,给定了关系项 a,甚至无须提及另一关系项 b 以及关系 R,也就确定了 aRb 这样一种内在关系。因此,内在关系实际上是关系项的本质属性。而这在形式上也就是罗素的意思吻合,内在关系实际上就是一种性质,而且是一种本质属性。因此,只要罗素同意说,内在关系理论所断定

---

　　①　这里我们不讨论布莱德雷的这个论证以及罗素的反驳。可参见 D. J. 奥康诺:《批评的西方哲学史》(布莱德雷篇),洪汉鼎译,东方出版社,2005 年;罗素:《我的哲学的发展》,温锡增译,商务印书馆,1982 年,第五章。

的是,任何关系实际上都是关系项的本质属性,他所使用的内在关系概念就具有标准意义。

在说明罗素自己的观点前,有个要点需要指出。从命题结构到关于关系是否存在的推论,实际上就是从逻辑过渡到形而上学。这种过渡不仅在传统哲学中(例如在亚里士多德的形而上学中)经常见到,而且也是罗素的哲学分析所特意发展的。我们不难注意到,直接指称理论为这种从逻辑研究得到形而上学结论的做法提供了理论保障。因为,通过指称关系,句子中的词语与实在中的事物对应起来,而这使我们可以从句子结构看到实在的结构。如果没有直接指称理论充当前提,外在关系理论是无法建立起来的。

外在关系理论的要点是承认,如果没有关系项之外的第三者,即那个充当关系的东西,关系是无法建立起来的。比如,就前面关于兄弟关系的例子而言,如果认为兄弟关系是内在关系,那就相当于要求,在确定这两个人是谁的情况下,就能够判定他们是兄弟;但外在关系理论家否认这是可行的,理由是,即使我们可以通过 DNA 检验来判定他们是兄弟,这仍然是借助了一种关系,即具备那两种特定DNA 特征的人是兄弟关系。举另外一个例子。为了确定张三比李四高这种关系,我们只需分别测量两人的身高,比如张三 1.78 米,而李四 1.65 米;但是,如果不是借助 1.78 米长于 1.65 米这种关系,张三与李四之间的高矮关系仍然不能建立起来;因此,这里仍然有无法转换成性质的东西,这就是作为第三者本身就存在的关系。

罗素用了一种更加严格的方式来论证,内在关系理论是不成立的。这个论证的大意是说,内在关系理论不能把非对称关系(asym-mtrical relations)解释成性质。

　　所谓非对称关系,就是指不能反向理解的关系。比如,张三比李四高,反向理解就是李四比张三高;谁比谁高,这种关系不能反向理解,这就是说,从张三比李四高,得不出李四比张三高。在表述非对称关系时,关系项的先后顺序是重要的,而罗素论证的要点是,这种顺序上的差别不可能用一元谓词来表示,因而非对称关系本质上不是性质。

　　比如,"张三比李四高"这个句子要分析成一元谓词的形式,显然不能用"(张三)比李四高"这种形式,因为这样一来就无法表现它与"(张三)比王五高"之间的关系,换言之,无法表现"( )比李四高"和"( )比王五高"这两个谓词中的共同之处。这是因为,当它们都被当作是一元谓词时,它们的内部结构就要被忽略掉;它们是不同的一元谓词,因此可以用不同的符号来表示,例如用"$L(x)$"和"$W(x)$",于是,它们的共同之处就消失了。

　　也不能把"张三"和"李四"看作是一个整体,从而用一元谓词来表示谁比谁高。为了表达不对称性,这个整体最好是有序对。这样一来,我们就可以用比如"$H(\langle 张三,李四 \rangle)$"这样的符号来表示"张三比李四高"这个句子。由于有序对$\langle 张三,李四 \rangle$是一个整体,符号"$H(x)$"就是一个一元谓词,表示性质。但是,要这样做,仍然利用了张三与李四的一种关系,这种关系使得那个有序对能够建立起来,这就是在该有序对中张三先于李四这样的一种关系。

　　集合论提供了一种方式来表示有序对,例如,可以用集合 $\{\{$张三$\}$,$\{$张三,李四$\}\}$ 来表示有序对$\langle 张三,李四 \rangle$,这种方式不需要顺序关系。但其中仍然包含了一种不对称关系,即由"其中的单元集以张三而不是李四为元素"这个句子所表述的张三与李四间的那种关系,这种关系不同于"其中的单元集以李四而不是张三为元素"所表述的那种关系。

通过这个论证直接得出的结论是,至少有些关系不是内在关系,而是外在关系。但是,罗素希望得到的观点是,所有关系都是外在关系,甚至,那些所谓的性质,实际上也需要外在关系才能结合到具有性质的东西上。看起来罗素似乎是在以偏概全,不过,如果把他的那个论证看作是关于命题的基本结构是什么的论证,那么他确实得出了自己想要的结论。

我们看到,罗素是怀着逻辑的动机讨论关系和性质这样的形而上学范畴的。在讨论内在关系理论是否成立时,他关心的实际上是,命题的基本结构是不是主谓结构。如果内在关系理论不成立,那么命题的基本结构就不是主谓式的了。不管这种基本结构是什么,它都必须适合于表达所有的情况。也就是说,应当有一种统一的基本结构,使得逻辑分析能够普遍适用。这样,罗素的论证可以看作是关于主谓结构的归谬论证。并且,既然这个论证所谈到的那种情况只能在引入外在关系的前提下才能得到表达,那么命题真正的基本结构就起码要能够处理这种情况,因而必须是一种按照外在关系结合而成的结构。这样得到的是一个逻辑的结果,而"所有关系都是外在关系"这样的形而上学结论,则是这个结果的推论。

5.2.3　罗素式命题的构成

外在关系理论为命题结构确立了基本原则,而直接指称理论则建立了句子与实在的关系,这一横一纵两种关系,共同确定了罗素式命题这个概念。按照横向的关系,构成命题的各个项(term)之间按照外在关系结合成命题;而按照纵向的关系,词语的意义就是其指称,那么,构成命题的那些项,就是表达命题的句子中所包含词语的指称。由这些项通过外在关系构成的命题通常被称为"罗素式命题"。

就以"赤兔是一匹马"这个句子为例。"赤兔"与"一匹马"都指称相应的对象。"赤兔"所指的是单个的、特殊的对象,即那匹被称为"赤兔"的马、三国时期的英雄人物关云长的坐骑。罗素仍然沿用中世纪的术语,用"殊相"这个词来指相应的形而上学范畴。"一匹马"这个词的意思与"一匹马远远地走过来"中同样的那个词意思有所不同,它不是指某个特定的东西,而是指一个类别,用在那个句子里是说赤兔属于这个类别。在这时候我们可以说"赤兔是马",而不用"一匹"这个修饰语。照这样理解,我们可以把"一匹马"所指的对象称为"共相"。像"圆形"、"红色"、"善良"、"动物"等适用于多个殊相的词,其所指称的就是共相。现在,按照直接指称理论,赤兔这个殊相与马这个共相,分别是"赤兔"与"一匹马"这两个词的意义,因此,这两个东西组合,就构成了"赤兔是一匹马"这个句子所表达的命题。

横向关系则是在命题内部建立的。按照外在关系理论,构成命题的是外在关系,而不能解释成性质。在前面那个例子中,赤兔这个殊相与马这个共相之间的关系,如果按照(罗素心目中的那种)内在关系理论理解,就是马这个概念是赤兔这个概念的构成部分。此时赤兔必须理解为概念,这是因为它是由像马这样的概念所构成的,因而必须是普遍的东西,而不能是殊相。而按照罗素推荐的方式理解,这个句子所表达的命题就是赤兔这个殊相与马这个共相通过例示关系构成的,赤兔是马的一个实例。不同于构成关系,例示关系可以在殊相与共相之间建立,因此,按照罗素的方式理解的命题,就允许出现单称命题。例示关系是一种外在关系,这是因为,在给出这种关系的关系项之后,它们之间是否有例示关系,这仍然没有确定——已给出的殊相与共相间,可以没有例示关系。

对于熟悉弗雷格的思想概念的读者来说,罗素式命题是一个颇为奇怪的概念,因为,它看起来是个语言性的东西,但却是由实在的东西构成的。像马这样的共相,作为"马"这个词的指称,似乎不容易在实在中找到。如果我们承认,实在中的所有东西都是可以经验的,那么共相由于是不可经验的(比如我可以骑在一匹马身上,但不能骑在马这个共相上),而很难说是实在的。但是,如果要承认"马"这个词单独具有意义,并且这种意义取决于其所指称的东西,那就只能接受共相存在这个结论。按照语言学实在论,不管是什么构成了罗素式命题,它们都应当是实在之物。

罗素式命题由实在的东西构成,这就决定了当它存在时,句子就为真。如果赤兔与马这个共相通过例示关系连接成命题,那么句子"赤兔是一匹马"就为真。既然如此,那么我们就可以说,在罗素这里,句子的意义直接就是其真值条件。我们在 1.3 节讨论真值条件时区分了两种理解方式,一种是把意义直接等同于真值条件,另外一种则是只承认两者在知识论上的等价关系。罗素的真值条件概念就属于第一种。但是,正因为如此,罗素的命题理论遇到了困难。

5.2.4 罗素式命题的困难

由于采取了自下而上的路线理解命题,罗素就要利用指称这个概念,来解释命题由于具有真值而获得的一些特征。比如,有些表达命题的句子能够被赋予真与假两种真值,我们说这些句子有二值性(bivalency);再比如,当一个句子为真(或假)时,就不能同时为假(或真)等。我们先看二值性。

~~~~~~~~

思考:请自己列举几个具有二值性的句子,几个必然为真或为假的句子,看二值性在什么条件下才会出现。

~~~~~~~~

罗素式命题的构成方式就决定了,只有真命题存在,而假命题是不存在的。这对罗素的命题理论构成了严重的挑战,因为,一些句子具有二值性,这意味着假命题必须是存在的。

例如,要使"赤兔是一匹马"这个句子成为真的,赤兔这个殊相就应当例示了马这个共相,而这就等于说,这里的殊相与共相通过例示这一外在关系联结,构成了相应的罗素式命题。反之,当这个句子是假的,那个殊相就没有例示所提到的共相,它们也就没有联结成罗素式命题,相应的命题也就不存在。[①]

这当然是荒谬的。命题这个概念被用来表示理解一个句子时我

_____

[①] 参见罗素:"逻辑原子主义哲学"(载于《逻辑与知识(1901—1950 年论文集)》,苑莉均译,商务印书馆,1996 年),第 270 页。

们所知道的内容,进而,通过确定句子为真或为假,我们就能够了解实在是怎样的。人们能够使用句子来告诉他人实在是怎样的,这意味着必须能在不知道句子真值的前提下确定其所表达的命题。如果句子表达命题的前提条件就是句子必须是真的,那么这种交流也就不可能了。

弗雷格式的命题就不会遇到这个问题。弗雷格式命题是句子的涵义,即句子所表达的思想。思想是第三域实体,不管其是否为真它都存在,假思想也是思想。而当思想为假时,由该思想所确定的情况在实在中可以不存在,这完全是因为,思想,无论其是真还是假,都不是由实在中存在的东西构成的。罗素式命题不具备这种条件。

由此可以看出,罗素式命题这个概念不能解释,为什么有些句子既可以是真的,也可以是假的,也就是说,不能解释句子的二值性。

此外,句子因为具有确定的真值而能够在彼此之间建立一些逻辑关系,这些关系也必须用命题这个概念来给予解释。罗素式命题也不能解释其中一些关键的关系。

例如,罗素在批评内在关系理论时利用了非对称关系,一些关系的非对称性就是这样一类体现在真值上的关系。比如在下列四个句子中,当1)为真,2)就为假,而当3)为真,4)就为假。不仅如此,这些关系之间还存在另外一种关系,比如,1)与4),以及2)与3)这两对句子中,其中一个句子为真,对应的另外那个句子也就为真。

1)张三比李四高;

2)李四比张三高;

3)张三比李四矮;

4)李四比张三矮。

应当说,对这些现象,罗素最终都没有给出满意的解释。下面的讨论不是要展示他在这个问题上的全部观点,而只是通过讨论来表明这是一个什么样的问题。

要解释上述现象,要点在于恰当地处理顺序。"张三"与"李四"这样的名称按照先后顺序出现在句子中,而 1)与 2)、3)与 4)之间正是因为这种顺序上的差异,而具有不同真值;1)与 4)、2)与 3)之间的关系显然也与顺序相关。但是,这种顺序只能出现于句子中,而不能出现在命题中。命题是由实在中的东西按照实在所能容纳的关系构成的,这种关系并不取决于我们如何看待它们;但出现在句子中的先后顺序,则取决于我们的阅读方式或者书写习惯。比如,像 1)那样的句子,我们通常解释为,写在前面的那个词所指称的对象是高的那个,但是,并没有什么逻辑上的限制使我们说,不会有另外一种阅读方式,按照这种方式,指称较高的那个对象的名称放在后面。因此,先与后,这种顺序完全是人为的。要分析句子所表达的命题,就要排除这样的人为因素。这里对于命题结构起作用的因素是,如果按照同一种书写习惯,1)与 2)、3)与 4)这两对句子就不能同为真。

对这个问题罗素提出了不同的解决方案,这些方案都把句子通过词语的顺序表现出来的逻辑特性归于关系本身,与此同时在命题中排除掉顺序。这种归于关系本身的特性,就被称为"涵义"(sense)。①

一个稍早些的方案是这样的:把关系的涵义解释成方向,在语言

---

① 这里的"涵义"概念与弗雷格那里的"涵义"概念是非常不同的,两者不可混淆。Cf. Russell, *Principles of Mathematics*, Routledge, 1903/2010, § 217; Russell, *Theory of Knowledge: the 1913 Manuscript*, ed. by Elizabeth Ramsden Eames, London and New York: Routledge, 1992, pp. 86–89。

中,这种方向由词语的顺序表现出来。比如,在句子1)中,"张三"与"李四"这两个名称一前一后,就表现了H关系的涵义,这个涵义对应于方向,我们可以用"H↓"这个符号来表示这种特性。相反涵义的关系则写成"H↑"。这种解释有些类似于有机化学中的手性。当化合物的分子结构足够复杂时,同样元素即使是经由同样的化学键还是可能构成不同的化合物。这些化合物之间恰好像左右手的关系一样,在空间结构上完全一样,但由于有方向上的差异而具有很不相同的化学性质,因而属于不同的化合物。同理,附加了方向的关系虽然有相同之处,但方向上的区别还是使之不同。

按照这种解释,1)所表达的命题就是由张三、李四,以及H↓关系通过例示关系构成的复合物,即命题;而2)则是由张三、李四,以及H↑关系由例示关系构成的复合物。这两个复合物不能同时存在,这一点可以用其中包含的共相是方向不同的关系来解释——方向的相反使其不相容。当然,这样解释时,张三与李四这两个关系项在命题中就没有顺序区别了。这种顺序并不真的存在,真正存在于命题中的是关系的涵义。

这种策略还必须解释,为何1)真时4)也真,而2)真时3)也为真。对这种现象,最为自然的解释是,它们分别表达了相同的命题,因为"张三比李四高"这个句子显然说了与"李四比张三矮"同样的意思。但是,要得到这种自然的解释,对罗素的添加了涵义的关系概念来说,仍然有难以克服的困难。对此这里不再赘述。

由于有这些困难,罗素实际上放弃了罗素式命题,转而建立一种命题态度理论,以命题态度为背景来解释句子的意义。这种理论就是多重关系理论(the multiple relation theory),其有趣之处是,它让我们没有必要设定命题存在,但并未因此而抛弃实在论立场与外在关系理论。

引入命题的一个理由是要解释我们在 4.3.1 节所遇到的命题态度。把命题态度解释成人与命题之间的关系,这在理论上显得很简洁。此外,把命题当作拥有真值的东西,这也可以很方便地解释信念为真或者为假是什么意思。我们可以直接说,与张三建立相信这种命题态度关系的命题是真的,这就解释了张三错误地相信了某件事这是怎么回事。

但是,如果无须命题这样的实体也能够解释上述现象,事情对罗素来说就好办了。罗素的多重关系理论策略就是,1) 把真值归于命题态度而不是命题,2) 把整个由命题态度构成的复合物当作整体,利用这个整体的特性来解释命题态度上的正确与错误是什么意思。

比如,像"奥赛罗相信德斯戴蒙娜爱卡西欧"这个句子,就陈述了一个由命题态度构成的复合物。这个复合物与普通的复合物不同。普通复合物通常只含有一个关系,这里的复合物则是由两个关系,即"相信"和"爱"构成的,因此被称为"多重关系"。在这个复合物中,"相信"这个命题态度作为主关系出现,它连接了奥赛罗、德斯戴蒙娜、爱和卡西欧。可以看到,作为一种关系的"爱"这里是作为关系项出现的。

多重关系理论实际上是用人的心灵的主动能力来解释复合物的构成。把关系作为关系项来加以联结,这看起来有些奇怪,不过考虑到关系实际上是共相,是心灵的亲知对象,事情也就可以理解了。多重关系理论只不过表达了一种朴素的看法,像信念这样的命题态度并不是心灵与命题这样的实体之间的关系,而是心灵通过思考而把自己与一些亲知的实体联系到一起的结果。这种联系仍然是外在关系,而所联系的实体,则是相应的名词所指称的东西。这样,罗素也就能避免假定命题存在。

在这种情况下,奥赛罗的信念为真,就等于说他通过"相信"与之建立联系的那些东西,即德斯戴蒙娜、爱和卡西欧,构成了一个整体,奥赛罗与这个整体之间有命题态度关系;而奥赛罗的信念为假,就等于那三样东西没有这样连接起来。在信念为假时,这三样东西仍然分别与奥赛罗通过命题态度关系联系在一起,从而解释了奥赛罗的信念是什么。

思考:罗素真的避开了前面由命题引发的困难吗? 考虑一下因为词语在句子中的顺序而产生的问题。

5.3 摹状词理论

如果没有摹状词理论,罗素的实在论立场就会导致一些差强人意的结论。罗素实际上是在与这些结论斗争的过程中,经过几番修改,才建立摹状词理论的。

5.3.1 间接指称问题

在罗素的实在论背景之下,直接指称理论虽然是一种非常自然的选择,但这个理论本身却不合直观。因为,即使明确了所考虑的是认知意义,仍然有些词语不是通过知道其所指称的对象而为人们所理解的。在这种情况下,就需要解释这些词语的意义究竟是怎么确定的。这个问题就是间接指称问题。

之所以把这个问题称为"间接指称问题",是要与直接指称的情况相对照。如果词语的意义来自于词语所指称的对象,那么,词语具有意义,这件事本身就决定了词语所指称的是什么。这是一种直接指称的情况,在词语与对象之间并不存在其他中介。这是罗素语言学的实在论立场所要求的。如果词语的意义不是来自于所指称的对象,那就只能是语词与对象之间的第三者,词语通过它与对象联系起来。这就是间接指称的情况。直接指称理论需要解释,为什么间接指称的情况竟然存在。

事实上,这种间接指称的词语非常常见。可以区分出两种情况。第一种情况下,词语所指称的是不特定的对象,比如,"我遇到一个人"中的"一个人","有些人是自私的"中的"有些人","没有人知道逃犯的下落"中的"没有人"等。在这些例子中,"一个人"与"有些人"都是指称不确定的情况,若按照直接指称理论,这就意味着词语的意义也是不确定的,但问题是,相应的句子却具有确定的意义。同样,"没有人"这个词应该也有确定的意义。

第二种情况是,词语指称特定的对象,但对该词语所构成的句子的理解,却不需要它所指称的对象存在。比如,"太阳系中的第九大行星是不存在的"中的"太阳系的第九大行星"在那个句子为真的情况下就没有指称,但在那个句子中,无论句子是真还是假,这个词显然都是有意义的。事实上,对于一个有特定指称的词语"E",只要"E

不存在"这个句子是有意义的,这个词语就属于间接指称的情况。我们可以把是否能够有意义地断定其不存在,来当作词语是否属于间接指称的检验标准。容易看到,这样的词语是相当多的。像"太阳系的第九大行星"这样的由描述性的成分组合而成、指称单个对象的词组,我们称为"摹状词"(description)①;而像"孙悟空"这样不含描述成分但也指称特定对象的词,则称为"专名"(proper name)②。不仅摹状词属于间接指称,专名也是——我们可以有意义地说"孙悟空是不存在的"。

为了弄清问题何在,需要在罗素的框架中重新表述这个问题。

前面提到,罗素的实在论立场至少可以用知识论的方式、进而用语言学的方式,来加以理解。按这种方式,使用句子表述知识内容,也就相当于把这种内容与独立于知识和知识表述的东西联系起来,进而也就需要承认这样的东西存在,知识就是关于这些东西的知识。这样的东西的存在,就是一种本体论承诺(ontological commitment)。

"本体论承诺"这个术语在蒯因那里得到了充分的阐述,而其来源则是直接指称理论。在陈述中使用一个词语,当然是以这个词语有意义为前提的;而按照直接指称理论来解释这个词语有意义这件事,也就意味着承认这个词语所指称的对象存在。不过,其中还有些细节需要了解。

直接指称理论的本体论后果可以这样表述:

---

① "description"在中文文献中也被译为"描述语"。摹状词又被分为限定摹状词(definite description)和非限定摹状词(indefinite description),分别指称特定的和不特定的单个对象。

② 指称单个对象的词又称"单称词项"(singular term)。摹状词与专名均是单称词项。

　　a) 词语有意义,当且仅当,它指称的对象存在。

需要注意的是,这个后果不是在形而上学的层次上得到的,而是在对知识做出的语义学分析的范围内才有效。如果在形而上学层次上理解,那么它说的就是语言本身与实在本身这两个相互独立的东西之间的关系,但是,这种关系很难说能够毫无疑问地建立起来。如果它们相互独立,那么语言是否有意义,就与语言所谈到的东西本身是否存在没有关系。而如果就这是对知识做出分析而言的,那么事情就很自然了——如果我认为自己确实是在用"希格斯粒子"这个词表述知识,同时又认为希格斯粒子不存在,那么这至少在正常情况下是自相矛盾的做法。

　　出现间接指称问题的词语有时不能单独说明问题究竟是什么,比如由不存在的对象的名称所引出的问题就是这样。因此,间接指称问题应当结合句子来表述。提到句子,我们直观上会认为,既然句子的意义是由词语的意义充分地决定的,我们就应该可以把句子的意义分配到每个词语上。于是就可以得到这样一个前提:

　　b) 如果含有某个词语的句子得到了理解,那么这个词语就具有意义。

不难看到,b) 与 a) 结合就得到:

　　c) 如果含有某个词语的句子得到了理解,那么这个词语所指称的对象存在。

间接指称的情况出现,就意味着 c) 是假的。如何解释这一点,就构成了间接指称问题。

～～～～～～

　　思考:请从句子意义与词语意义之间的关系角度考虑一下,前提

b)与语境原则所断定的内容是相同的,还是仅仅是彼此相容,还是相互冲突。

〜〜〜〜〜〜

处理间接指称问题时,似乎既可以以词语为单位考虑,也就是说,以 a)为起点,考虑为何有些词语有意义而无需指称;也可以以句子为单位来思考,即以 c)为起点,考虑为何有些句子有意义但其中包含的词语无需指称。这种思考口径上的区别至关重要。如果以句子为单位来思考,那么,间接指称问题之所以出现,既可能是因为 a)是假的,也可能是因为 b)为假。但是,如果以词语为单位考虑,那就无法做出后一种诊断。然而,这两种诊断带来的后果不同。如果否认 a),那就很可能否认了实在论立场。因此,否认 b)也就成为一种有利于实在论立场的选择。罗素先后采取了两种策略来解决间接指称问题,先是按照前一诊断来解决,后来则采纳后一种诊断。下面依次说明这两种策略。

5.3.2　指谓概念理论

在1903年出版的著作《数学的原则》(*Principles of Mathematics*)中,罗素曾经提出过一种理论来解决间接指称问题,这就是指谓概念理论。这个理论的基本想法是,当不是通过指称来确定意义的词语出现时,句子所表达的命题①中所包含的相应成分是一个概念,即指

_____

① 罗素在提出指谓概念理论时,还没有放弃他的命题理论,还是认为命题是句子中词语的指称所构成的复合物。这里在陈述指谓概念理论时,就仍然在这种意义上使用命题这个概念。这时,对句子做出逻辑分析,就是讨论句子所表达的罗素式命题是由什么东西构成的。

谓概念(denoting concept),而如果指谓概念有对应的对象,那么该对象是由指谓概念以逻辑的方式所指谓(denote)的东西。

比如,对于"我遇到一个人"这个句子来说,"一个人"这个词的意义不是通过充当其指称的任何特定的人来确定的。此时,这个句子所表达的命题中对应于"一个人"这个词的成分就是一个概念,这个概念一方面确定了这个词的意义,另一方面,它指谓某个特定的人,这个人才是句子所谈到的对象。

〰〰〰〰

思考:罗素所提出的指谓概念是不是弗雷格所说的概念? 可以从弗雷格和罗素的命题理论之间的差别,以及函项逻辑与关系逻辑之间的差别,来考虑这个问题。

〰〰〰〰

罗素所设想的指谓概念,更接近于词项逻辑中所出现的那种"概念",即具有普遍性、以不特定多数的对象为外延的概念。比如,"一个人"、"有些人"、"所有人"和"没有人"这些词所对应的指谓概念,就来自于词项逻辑所理解的"人"这个概念,而"一个"、"有些"、"所有"以及"没有"这些成分,则作为修饰成分,表明了在"人"这个概念的外延中如何挑选出对象来。我们可以说,"一个人"、"有些人"、"所有人"和"没有人"所对应的指谓概念,就是由"人"这个概念与那些修饰成分结合而成的概念。按这种解释,指谓概念确实可以挑出事先未加确定对象来,但它本身仍然是确定的。这一点可以利用词项逻辑所理解的由概念所具有的普遍性来加以解释。在这种意义上的普遍性是利用概念的内涵达到的,即使外延中包含的对象尚未确定,内涵仍然能够是确定的。

之所以不用"指称"（refer）这个常用的词，而是用"指谓"，这是因为罗素想要强调的是，承担指谓功能的是概念，而不是词语。引入了指谓概念，词语与对象之间的关系就是一种复合关系，它由词语与概念间的对应关系，以及概念与对象之间的例示关系复合而成。[①]

引入指谓概念解决间接指称问题的关键是，上述两种关系承担不同功能，前一种关系使得词语具有意义，后一种关系则在此基础上把词语与对象联系起来，从而实现知识表述与实在之间的联系。这样一来，罗素就可以容纳词语具有意义但没有指称的可能性，这就是指谓概念并没有指谓任何对象的情况。

这个解决方案实际上利用了类似于弗雷格涵义概念中体现的一种想法，即用能够确定指称的要素来充当意义。这里，用来确定指称的要素就是指谓概念，它是表达式与对象之间的中介。

与此同时，罗素在这个理论中还是设法维持着与实在论的联系。在间接指称的情况下，尽管词语的意义由指谓概念而不是对象来确定，词语还是关于（about）对象的表达式。这里的"关于"关系把语言与实在联系起来了。在保留这种"关于"关系的同时，罗素把词语所关于的对象从命题中移出，把位置留给充当代理者的指谓概念，然后利用这个代理者来引入所关于的对象。

按照这个想法，要用到那些起间接指称作用的词项，就需要构造出一种特殊的、包含了指谓概念的罗素式命题。这种命题的特殊之处是，它所包含的指谓概念并不是借助这个命题所要谈论的东西。

---

① 随着摹状词理论的建立，以及蒯因利用摹状词理论来分析本体论承诺，我们可以看出，这种复合关系被谓词与对象之间的满足关系所取代。读者可以自己比较一下，这两种关系之间有何区别。

当"一个人"出现在句子中时,我们要谈论的绝不是与之对应的指谓概念,而是这个概念以任意选一的方式从"人"这个概念的外延中挑出的那个对象,而那是一个人。如果出现的是"有些人",从"人"这个概念的外延中挑出对象的方式,就是任意地挑选;而若出现的是"没有人",则对任何挑选的结果进行否定。当我们怀着这个目的使用那个词的时候,罗素式命题就按照指谓概念理论所说明的那种方式构成了,而指谓概念的作用就是,指向(指谓)所要谈论的对象。

如果利用指谓概念理论对于含有间接指称词项的句子进行逻辑分析,那么这种分析应当体现出如下两点:

a)罗素式命题所包含的指谓概念是什么;

b)这种指谓概念是如何挑出所指谓的对象的。

这样就得到一种基于指谓概念理论的逻辑分析。

但是,罗素本人并不满意于这个理论。在著名的"论指谓"(On Denoting)这篇论文中①,他给出了一些决定性的理由,决定放弃这个理论。② 我们可以通过简短的分析来理解其要点。

考虑这样一种问题:对于谈论指谓概念的句子,我们应该如何按照指谓概念进行逻辑分析。比如,要分析"'一个人'这个概念是概念"这个句子,我们该如何进行呢? 这个句子所谈论的,是"一个人"

---

① 参见罗素:《逻辑与知识(1901—1950年论文集)》,苑莉均译,商务印书馆,1996年。在这本书中,"denoting"被译为"指称"。我们已经看到,"denoting"这个术语意义不同于"referring"。

② 这篇文章中被认为关于涵义概念决定性的反驳,所针对的其实是罗素本人的指谓概念理论。参见 Harold Noonan, "The 'Gray's Elegy' Argument—and Others", in *Bertrand Russell and the Origins of Analytical Philosophy*, Ray Monk & Anthony Palmer ed., Thoemmes Press, 1996; M. Kremer, "The Argument of 'On Denoting'", *The Philosophical Review*, 103 (1994, 249–297)。

这个非限定摹状词所对应的那个指谓概念。在运用指谓概念理论进行逻辑分析时,这样的谈论肯定少不了。如果指谓概念理论有效,那么这个理论应当也适用于这类句子。

按照罗素式分析的一般要求,这就意味着要说明那个句子所表达的罗素式命题是如何构成的。做这件事的方式无非有两种,其一,把"'一个人'这个概念"这个词语当作直接指称的情况来处理;其二,则是将其当作间接指称的情况。我们依次考虑它们。

如果那个词语是直接指称的,那么它的意义就是"一个人"这个概念本身,并且,这个概念本身就是句子所表达的罗素式命题中的成分。此外,"概念"作为一个共相,为"一个人"这个概念所例示;这个共相与"一个人"这个概念之间以例示这样一种外在关系联系起来,以此构成罗素式命题。

但是,这个想法遭到了否定。按照指谓概念理论,当一个指谓概念出现在命题中时,这个命题(或者说,表达这个命题的句子)所谈论的,就是这个指谓概念所指谓的那个对象。对作为例子的那个句子来说,这样分析所得到的结果是,"'一个人'这个概念是概念"这个句子所谈论是某个不特定的人。但我们知道,它所谈论的是指谓概念,而不是人。

这个结果有些让人感到意外,因为我们使用"'一个人'这个概念"这个短语,目的显然就是要谈论指谓概念,但分析的结果却违背了我们的意图。我们似乎可以通过做出规定,来实现我们的意图,但做不到。指谓概念理论所提供的,是我们要实现某个谈话意图所要使用的工具。指谓概念就是这样的工具,指谓概念理论规定了这种工具的逻辑性质。按照指谓概念理论,当指谓概念出现在命题中时,它就按照概念本身已经定好的方式来挑出要谈论的对象。要进行谈论，就要选择相应的指谓概念来实现我们的谈话意图。在指谓概念出现的地方，我们并不事先确定指谓概念要挑出的对象，而是通过指谓概念来做这件事。正是因此，谈论指谓概念的意图就无法通过把指谓概念放进命题来实现。

第二种选择是，把关于指谓概念的谈论归于间接指称的情况。在这种情况下，要谈论"一个人"这个概念，就不是直接把它放到罗素式命题中，而是在命题中放入指谓"一个人"这个概念的概念，这样，按照指谓概念理论，这个命题所谈论的，就正好是我们想要谈论的"一个人"这个概念。然而，这个想法也遭到了否决。罗素的理由是，从所指谓的对象到指谓概念，并没有"返回的路"。[①] 要弄清这个理由究竟是什么意思，需要进一步解释。

从直观上讲，要谈论一个东西，我们总是能够找到相应的词语。比如，要谈论一个指谓概念，我们可以用类似于"'一个人'这个概念"这样的单称词项。但是，罗素的理由并不在这个层次，而在于由这样的单称词项构成的句子表达了什么样的罗素式命题，在于如何分析这样的词项的意义。现在，这个问题就落实为，给定了一个需要谈论的指谓概念，如何为这个指谓概念找到一个指谓它的指谓概念。

学者们通常这样解释这个理由：从概念确定对象，这是可行的，这是因为对任意概念都有确定对象与其对应；这允许从概念到对象是一种多对一的关系，即可以有多个概念指谓同一个对象的情况；但

---

① 参见罗素："论指称"，载于《逻辑与知识（1901—1950 年论文集）》，第 60—61 页。

是,这就意味着,要从对象来确定是什么概念指谓它,这是得不到保障的——这条返回的路可能不是唯一的,但我们需要对命题做出唯一的分析,否则就无法解释句子为何有确定的意义。

事实上,一个一般性的理由使得罗素只要有机会就毫不犹豫地放弃指谓概念理论,这个理由就是,它与罗素的实在论立场相冲突。这个立场自然而然地贯彻到"词语有意义,当且仅当,其所指称的对象存在"这个原则中。尽管罗素只是把指谓概念理论所处理的情况当作是一种特殊的情况,这个理论本身还是违背了这个原则。摹状词理论为罗素提供了放弃这个理论的机会。

5.3.3 摹状词理论

罗素在 1903 年详细阐述指谓概念理论之后,很快就放弃了这个理论,并于 1905 年提出著名的摹状词理论。这个理论形式上非常简单,但非常有效地解决了间接指称问题。如果把简单与有效当作是理论优美与否的标准的话,摹状词理论就是一个极其优美的理论。

从摹状词理论入手,我们可以挖掘出罗素的不完全符号理论;这种理论以命题函项为基础,而命题函项概念则把一种类似于弗雷格式的函项结构,引入了逻辑分析。这为罗素的逻辑理念带来了一种有趣的张力,这种张力存在于外在关系理论与命题函项概念之间。如果把不完全符号理论背后的理论潜力充分地挖掘出来的话,摹状词理论本身就可以成为取代以构造罗素式命题为目的的那种逻辑分析。因此,我们可以说,罗素同时有命题分析与摹状词分析这两套想法。它们之间也许是难以共存的,但它们的确构成了罗素在不同时期所采用的不同的理论选择。

接下来,我们先看摹状词理论是怎样的,然后再看摹状词理论如何建立在命题函项这个概念的基础之上。

利用摹状词理论来解决间接指称问题,也就是本章5.3.1节结尾处所说的按照第二种方式来处理间接指称问题,通过否认从句子具有意义能够推知其中包含的词语具有意义,来解决间接指称问题。用这种方式可以维护直接指称理论。倘若接受从句子具有意义到词语具有意义的推论,就只有把间接指称当作违背直接指称理论的情况来处理。而如果否认这样的推论,实际上也就把间接指称的情况排除了。罗素可以说,所谓的间接指称的词语实际上是没有意义的,我们只是从其所构成的句子有意义,错误地推论出这些词语有意义。

但这样推论是非常自然的。词语构成句子,因此对句子意义做出贡献的肯定是词语的意义,只要理解句子,我们就可以识别这种贡献,而这就意味着出现于有意义的句子中的词语也是有意义的。但仔细考察就会发现,这样推论忽略了一种可能的情况,即当一个词语出现在句子中时得到了理解,但当它单独出现时却并不具有意义。在持有直接指称论的背景之下,具有意义就等于有指称;按照实在论,这种指称是独立于语言确定的;因此,说词语有意义,就应该理解成是在说,词语独立具有意义。按照这种方式理解,上述推论所忽略的情况就是,词语虽然对句子的意义做出了贡献,但它只是参与构成句子结构,而不在于词语本身就有独立的意义。如果间接指称问题是由于这种情况的出现导致的,那么问题就得到了解决。

先按照间接指称的第一类情况,即指称不特定对象的情况,来说明摹状词理论的基本思路。回顾一下间接指称问题。在"我半路上遇到一个人"这个句子中,我们觉得,"一个人"这个词语具有确定的意义,这是因为我们理解整个句子,并认为整个句子有确定意义。按照直接指称理论,当"一个人"这个词有确定意义,这就意味着要承诺相应对象存在。但是,按照我们对句子的理解,这个词不需要指称特定对象,这样就与直接指称理论相冲突。

现在仔细看看这个句子,它相当于说,"我半路上遇到了一个东西,这个东西是人"。这个形式中出现了与"一个人"同样具有不确定指称的表达式,即"一个东西"。不过,如果使用变元来表示"一个东西",这种相似性就消失了。此时我们得到

1)存在 x,我半路上遇到 x,并且 x 是人。
这种形式把原来用"一个人"表达的内容,拆分成一个变元和一个谓词"是人",从而,当我们提到"一个人"时,就可以换成"x,x 是人"这种形式。谓词"是人"具有确定指称,即例示关系与"人"这个共相构成的不完整的复合物。在拆分以后的形式中,我们原来希望用"一个人"指称的对象,现在要通过变元 x 来指称;但是,从直观上看,我们不会认为变元本身就具有确定的意义。只有当变元取了值以后才能这么认为。要点是,原来由"一个人"所谈论的东西,现在表明是通过使用变元来谈论的,我们只要不认为变元有确定意义,也就不会认为"一个人"单独具有意义。

变元的意义高度依赖语境。这种依赖关系可以从含有变元的句子具有何种真值条件中看出。比如"存在 x,我遇到 x"这个句子,在我遇到张三时是真的,在我遇到李四时也是真的,在我遇到王五、赵六等情况下都是真的。在后面这些情况的任何一个得到满足时,"存在 x,我遇到 x"就是真的。由此可见,"存在 x,我遇到 x"这个句子的

真值条件不能被解释成,有这么一个我们可以用"x"来指称的东西,这个东西构成句子真值条件的成分;而要解释成,当"我遇到张三"、"我遇到李四"、"我遇到王五"、"我遇到赵六"等这些句子中任何一个为真的情况。"存在 x,我遇到 x"这个句子的真值条件,是在这些句子的基础上得到的。这些句子具有统一的结构,这种结构可以用"我遇到 x"来描述——它们是把其中的变元 x 换成常项以后得到。这样就揭示了变元的意义究竟是什么。变元并不单独表示对象,而是与其他成分一起,表示句子结构。

像这类指称不特定对象的间接指称,其典型情况就是使用像"一个人"这样的非限定摹状词。摹状词理论处理这类情况的一般方法,就是把摹状词中可以用来充当谓词的成分分离出来,而只剩下变元来承担引入不特定对象的功能,然后通过引入量词,来把含有摹状词的句子改写成含有约束变元的句子。这样,按照上面对变元的解释就可以看出,原来的摹状词并不是单独起作用的指称词项,进而解决这种情况下的间接指称问题。

其他指称不特定对象的情况,也可以按类似方式处理。比如含有"所有人"的句子,可以改写成含有全称量词和约束变元的句子;含有"一些人"或"有的人"的句子,可以用存在量词和约束变元来改写;而含有"没有人"的句子,则用否定的存在量词改写。

间接指称的第二类情形也可以按照相似的方式处理。在这类情形中,表达式被用来指称特定的对象,但表达式具有意义,这一点并不取决于它所指称的对象是否存在。摹状词理论处理这种情况的方法就是在处理非限定摹状词的基础上,再添加表示对象唯一性的限制条件。比如"我遇到那个高个子"这个句子,对于其中出现的限定

摹状词"那个高个子"就可以添加对应的限制条件,来表示唯一的那个高个子,由此得到句子:

> 2)存在 x,我遇到 x,并且 x 是高的,并且,(对于所有的 y,$y=x$,当且仅当 y 是高的)。

其中用括号括起来的,就是表示唯一性的部分。

按照与第一类情形相同的方式,可以解释限定摹状词为何也不单独充当表达式。这里就不多说了。

我们还可以用另外一种方式来理解这一点。为此需要先熟悉一下"是"这个词的意义。在下面两个句子中,"是"的意义是不同的,

> 3)马克·吐温是讽刺作家;
> 4)马克·吐温是克莱门特。

这种差异表现于这样一个事实,对句子中用"是"连接起来的成分进行换位,从3)得不到有意义的句子,但从4)可以。之所以会有这样的差异,用罗素的术语来说,是因为在3)中"是"表示的是一种非对称的关系,即前面的"马克·吐温"所指称的殊相例示了"讽刺作家"所指称的共相;而在4)中,"是"表示一种对称关系,即等同。换位表明了由"是"所连接的表达式具有相似的指称能力。

现在,考虑一下"《百万英镑》的作者"这个限定摹状词。假定"马克·吐温"这个专名确实是单独具有指称作用的表达式,它指称一个殊相。如果"《百万英镑》的作者"也是这样的表达式,我们就可以得到与4)相似的句子:

> 5)马克·吐温是《百万英镑》的作者。

而在这个句子中"是"也表示等同,因此,句子中的专名与限定摹状词就可以在换位以后构成有意义的句子。

但是,我们感觉到,5)可以用

　　6)马克·吐温写了《百万英镑》

这个句子来改写,它们有同样的真值条件。显然,6)是不能换位的。如果6)表明的是句子的真实形式,那么5)中出现的"是",就不足以说明,在这两个句子共同表达的罗素式命题中,确实包含了对应于两个表达式的对象。

　　运用摹状词理论确实可以说明,6)表明了命题的真实形式。我们把5)按照摹状词理论改写就得到

　　　　7)存在 x,x 写了《百万英镑》,并且马克·吐温是 x。

在这个句子中,如果按照等同来解释"是",意思就是说,马克·吐温是变元 x 的值。而这又意味着,马克·吐温使得句子结构"x 写了《百万英镑》"为真。由此恰好得到句子6)。事实上,由句子6)也可以得到7)。

　　不过,考虑到5)所包含的限定摹状词要求《百万英镑》只有一个作者,而6)并不含有这个意思,我们也可以把6)改写成"马克·吐温一个人写了《百万英镑》"。这样的修改并不影响我们的结论,即"《百万英镑》的作者"这个摹状词并不是真正用来指称的表达式。

　　对于第二类间接指称的情况,我们在前面已经给出了一种测试,即一个指称特定对象的表达式 E 如果能够构成"E 不存在"这样的有意义的句子,那么 E 就属于这种情况。显然,专名属于这样的情况。专名并不含有可以拆解的谓词成分,但我们可以用一个摹状词"那个F"来解释专名,只要它满足条件:

　　　　8)对任何 x,$F(x)$,当且仅当,x=E。

这时我们说,F 就是 E 的同一性条件。与专名对应的同一性条件,决

定了专名所指称的对象是怎样的。

引入了同一性条件,对于"E 不存在"这样的句子,我们就可以改写成"对于所有 x,F(x) 都是假的"。容易看到,在这种情况下,专名 E 就只是在表面上看像是指称词项,而实际上并不是——使用这样的词项并不需要承诺其所指称的对象存在。这样就解决了间接指称问题。

总起来看,间接指称问题的解决,是按照统一的思路进行的,这个思路就是区分句子的语法形式(grammatical form)和逻辑形式(logical form)。这里的语法形式,就是从语法角度看词语的特性。从表面上看,"《百万英镑》的作者"是指称词项,这就是其语法形式。决定相应句子真值条件的那种形式,就是词项的实际形式,我们称其为"逻辑形式"。在"《百万英镑》的作者"的逻辑形式中,有一个包含了约束变元的句子,如果这个句子为假,就并没有谁是《百万英镑》的作者。摹状词理论起作用的关键就是,我们发现句子的逻辑形式与句子的语法形式并不吻合,按照语法形式看是指称词项的东西在逻辑形式上并无指称功能。这样,我们理解了句子,就并不意味着可以按照句子所表现出来的那种形式,来为句子中的词语指派语义。句子的"透明性"消失了,这使原来以为属于间接指称的表达式也随之消失。

5.3.4　不完全符号与命题函项

对摹状词的逻辑性质进行进一步探究,就得到了不完全符号理论。这个理论与罗素的命题函项联系在一起,它们共同揭示了摹状词理论的深层机制。

在"我遇到一个人"这个句子中,"一个人"这个词按照语法形式是一个独立的表达式,但它的逻辑形式却是一个由谓词"是人"加以限定的变元。这个变元不具有独立的意义,因此,从逻辑的角度上讲,它甚至不是一个表达式。类似于这样在语法上独立、但在逻辑上不独立的词语,就被称为"不完全符号"。摹状词理论的实质是,把间接指称的表达式解释成不完全符号,因此我们也可以把摹状词理论称为不完全符号理论。

罗素建立摹状词理论的目的是要解决间接指称问题,但摹状词理论的提出,却是基于对变元意义的一种解释。这种解释具有独立的理论价值,它包含了罗素对于命题的一种相当基本的看法。为了理解这种看法,需要先解释一下"命题函项"(propositional function)这个概念。

命题函项是在关于函项的一般性概念的基础上定义的。函项是从主目到函数值的映射,因此,只要确定了在主目取各个值时函项的对应取值,也就确定了函项。命题函项是以对象为主目,命题作为函数值的函项。比如"x 是人"这个表达式,当 x 以对象为值时,比如以张三这个人为值时,如果认为由此得到的是"张三是人"这个句子所表达的命题,"x 是人"就表示一个命题函项。

当"x 是人"被理解为命题函项时,它就表示命题结构,或者说,表示"张三是人"、"李四是人"这类句子的共同特征。这样理解"x 是人"这个表达式,我们就不会把其中的"x"解释为指称一个不特定的对象,因为张三、李四等这样特定的人彼此之间的共同之处不在于他们都是不特定的对象;而是会理解为把"张三是人"、"李四是人"这样的句子中的专名抽掉以后得到的、可以代入特定值的结构。"x"表示这种结构中的空位。

~~~~~~~~~~

思考:罗素的命题函项与真值函项不是一回事,与弗雷格的概念也不是一回事。请你比较一下它们,并从语义学上看各自的特征是什么。进一步,请比较一下罗素与弗雷格对摹状词的解释,看两者会有什么区别。请你追踪一下这一区别,看究竟是什么原因造成的。

~~~~~~~~~~

利用命题函项这个概念,就可以这样表述不完全符号理论:命题函项不是罗素式命题中的构成成分。按照罗素式命题的构成方式,所有表达式的意义都是通过指称命题中相应的构成成分来确定的。如果命题函项不是命题的构成成分,那么,表示命题函项的表达式就不是真正意义上的表达式,而是不完全符号。由此,我们就可以像罗素所表述的那样,把"存在 x,x 是人"这类句子的真值条件,与具有"x 是人"这种结构的句子所具有的真值条件关联起来,解释成那类句子中至少有些句子是真的。所有含有约束变元的句子都要按照相应的方式解释,这些句子中包含了变元的部分都是不完全符号。摹状词理论的基本思路就是用变元来改写间接指称词项,因此所有这样的词项就都是不完全符号。

这样表述的不完全符号理论关系到命题的基本结构,因而对于罗素的逻辑概念来说是一个非常基本的学说。弄清这样一个学说的来龙去脉就显得很重要了。一个很有趣的要点是,不完全符号理论不能在罗素式命题的背景中得到解释,因而不在罗素的实在论立场以及外在关系理论所构成的框架之内。这一点读者可以在读完这一章以后自行思考。

按照罗素的框架,在"张三是人"这个句子中通过去掉"张三"这个表达式(我们暂且将其看作是完全符号)得到的部分,应当构成了命题的成分。这个命题是由张三这个殊相、"人"这个共相,以及例示关系构成的。去掉张三这个殊相以后,就得到由"人"这个共相与例示关系构成的复合物。虽然这个复合物不能算是完整的(它缺少一个关系项),但在同样的意义上,例示关系单独看来也不是完整的,它缺少两个关系项。既然例示关系是命题的构成成分,我们就没有理由不把例示关系与一个共相一起,也算作命题的构成成分。

至于为什么不能把命题函项看作是命题的成分,罗素在"论指谓"这篇文章中给出了一种解释。他说,"存在 x,x 是人"这个句子可以理解为"'x 是人'有时是真的"。① 这似乎可以解释成是在说,这类存在命题谈论的不是人这样可以独立确定的东西,而是语句的片段或者命题函项。这样理解是错误的,因为这样一来,"存在 x,x 是人"这个句子就将被解释为表达了这样一个命题,这个命题的一个成分是语句片段或者命题函项,另外一个成分则是共相"有时是真的",它们通过例示关系连接在一起。这样一来,"x 是人"就将是一个完全符号,它单独指称语句片段或者命题函项。

罗素的表述应当这么解释:"'x 是人'有时是真的"的意思是,对于把 x 换成常项所得到的句子中,有些句子是真的。我们不妨观察一下这个句子的真值条件。只要"张三是人"、"李四是人"等这样的句子中有一个是真的,"'x 是人'有时是真的"(= "存在 x,x 是人")

---

① 罗素:《逻辑与知识(1901—1950 年论文集)》,第 51 页。

这个句子就是真的。因此,后面那个句子的真值条件,取决于前面那一组句子的真值条件。这样,"x 是人"所起的作用就是,通过表示常项如何代入句子结构中,来确定这一组句子是如何得到的;而"有时是真的"所起的作用,则是把这组句子的真值条件与"存在 x, x 是人"这个句子的真值条件对应起来。因此,"x 是人"这类命题函项的作用就不是作为构件参与构成真值条件(即罗素式命题),而是确定其真值条件依赖于哪些不含变元的句子的真值条件,在于真值条件之间的这种依赖关系,后面那类句子的真值条件是作为整体起作用的。这样一来也就解释了,为何当"x 是人"这样的成分出现在句子中时,并不表示命题的成分。

这里的要点可以这样说明:假设世界中只有三个对象,它们依次是张三、李四和王五,这样,

　　1)存在 x, x 是人

这个句子的真值条件,就可以表述为:

　　2)张三是人,或者,李四是人,或者,王五是人。

可以看出,只要张三、李四和王五中有一个是人,2)就是真的,此时1)也是真的;而当三个都不是人,2)就是假的,当然,1)也是假的。这里,重要的是,2)中没有出现"x 是人"这样的成分,否则其中就会出现变元,而实际上并非如此。事实上,"x 是人"表明了2)中的三个从句的结构。这三个从句是对这个结构进行填充得到的,而这个结构却不是三个从句的成分。

当然,这样解释不是说,含有量词的句子1)就可以分析成不含量词的句子2)。罗素实际上否认可以这么分析,因为只有当张三、李四以及王五就是世界上的所有人时,两个句子的真值条件才是相

同的,但这种条件本身需要量词才能确定。

5.4　构造主义分析及其运用

摹状词理论直接导致了构造主义分析(constructivist analysis),这种分析的基本理念就是用结构来取代实体。罗素对这种分析抱有极大的信心,以至于认为这是哲学最主要的工作。事实上,罗素式的哲学分析就是构造主义分析,它在罗素为数学基础研究、逻辑哲学以及其他知识领域所做的分析工作中,都发挥了指导性的作用。我们也可以把罗素的认识论和形而上学看作是构造主义分析的运用。这一节我们就简要地了解一下这些内容。

5.4.1　材料与结构

从逻辑形式上看,利用摹状词来对指称词项进行分析,实际上就是用含有约束变元的形式(即量化句子)来替代原来的常项(如摹状词)。含有约束变元的形式就是结构,而充当变元之值的东西,就是材料。"用结构取代实体",在逻辑形式上讲就是用含有约束变元的形式来替代形式上的常项,即摹状词。

这个过程实际上就是概括的过程。我们用罗素本人的例子稍加修改来说明这个过程。① 观察下面所列的几个式子:

---

① 参见罗素:"逻辑原子主义哲学",载于《逻辑与知识(1901—1950 年论文集)》,第287 页。

苏格拉底是柏拉图的老师

x 是柏拉图的老师

x 是 y 的老师

xRy

如果在后面三个式子前面加上存在量词符号,以约束其中的变元,就得到了三个存在概括句,它们分别是前一个句子的存在概括。按照推理规则,每个存在概括句都为前一个句子所蕴涵。这几个式子依次表明了概括的程度。从上到下,概括的程度越来越高,由此得到的结构也就越来越抽象。与弗雷格一样,罗素也用含有约束变元的结构来解释普遍性。最后一个句子的普遍性显然是最高的。

上述几个式子没有表示出摹状词分析的形式,但它们的相互关系还是表明了摹状词分析给句子形式带来的变化。摹状词分析是一个普遍性逐步上升的过程。

思考:这里所举的例子虽然被认为展示了摹状词分析所得到形式的一般特征,但实际上还是有一段距离。请读者自己举个例句,看对句子中的常项进行摹状词分析所能够得到的结果是什么。你可以先对殊相进行分析,然后试着分析一下共相,最后看是不是真的能够得到这里所说的形式。

这种上升到了最终,就得到了逻辑结构,这种结构仅仅通过逻辑符号就可以得到表示。比如,前面那种关系 R,我们可以利用逻辑符号来刻画其不可逆性(irreversibility),即

如果 xRy,那么并非 yRx。

一般说来,这种逻辑结构所表达的,都是关系间的关系或者性质间的关系,或者是关系的性质与性质的性质,换句话说,是高阶的关系或性质。比如,上面所表示的就是关系的性质。由于这个层次上的结构并不取决于低阶的关系或性质是什么,也不取决于关系项和具有性质的实体是什么,我们可以说这种高阶的结构具有最高程度的普遍性。对罗素来说,逻辑所研究的对象,就是这种最普遍结构的特性,这种研究所产生的就是一种最为普遍的知识。

这样,像弗雷格一样,罗素也持有一种普遍主义的逻辑观,他们都认为逻辑是最为普遍的知识。但是,他们这么认为的理由不同。罗素实际上认为,我们是从关于实在事物的认识中抽象得到这样的普遍知识的,这种普遍知识所表现的,是存在于实在事物中的抽象结构,我们能够以一种“直接的”方式认识它们,而这种直接性与直接指称理论是一致的。因此,罗素的普遍主义逻辑,是实在论者所理解的逻辑。与之相比,弗雷格则认为,我们可以以一种独立于任何具体事物的方式认识逻辑,因为逻辑所表现的是真这个概念,而对这个概念我们必须先于其他知识而把握。弗雷格虽然承认这种逻辑知识也是客观的,但这种客观性却与其他种类的客观知识,例如与来自于感官的客观知识有着种类上的区别;这种客观知识与人的理性能力不可分离,因此,这样的逻辑观是一种反实在论的普遍主义观点。

摹状词分析也不会保证消除所有的非逻辑常项,它只能消除那些就逻辑形式而言的摹状词。前面我们已经知道,可以用一种方式来测试指称词项是否摹状词,方法是看是否能够用指称词项来构成有意义的句子,来断定所指称的对象不存在。如果可以,那么该指称词项就是摹状词。在罗素的逻辑中,指称殊相的指称词项就是单称词项。那些在逻辑形式上不是摹状词的单称词项,就被称为"逻辑专名"(logically proper name)。一般说来,共相被认为是必然存在的东西。但是,如果按某种理解,人们可以有意义地断定某共相不存在,那么也应当有一种方法来对共相进行摹状词分析。这里不进入细节。

按这个思路推演下去就不难看到,经过摹状词分析最终得到的常项都指称必然存在的东西,我们不可能断定其所指称的东西不存在。而对于含有量词的句子,由于允许这些句子进行例示推理,从而将其中的约束变元代换为常项,这类句子中的约束变元的定义域,也就是由这些常项的指称构成的。这些经过分析以后得到的必然存在的东西,也就是前面所说的材料。

5.4.2 亲知知识与描述知识

摹状词理论产生了丰富的认识论后果,它使罗素得以建立一种认识论框架,据以解释我们是如何获得关于外部世界的知识的。

经过摹状词分析以后,我们可以获得不同种类的材料。这些材料可以依据获知的途径不同进行划分,比如我们会有感觉材料(sense data)、记忆材料(memory data)以及逻辑材料(logical data)。逻辑材料就是逻辑常项的指称,一般是些共相。感觉材料以及记忆材料都是些殊相。其他的殊相和共相要经过分析才能确定其具体性质,这里不提。这些材料中讨论最多的是感觉材料。通过感觉材料,摹状词理论这样一种逻辑理论直接与认识论衔接。

从笛卡尔为近代哲学的认识论讨论奠定基础以来,哲学家们普遍认为,心灵是通过表象知道心灵之外的事物,即外部世界的。按照这幅图景,心灵对事物的表象具有确切无疑的知识,这就是笛卡尔所说的"我思"。与这种知识相比,关于外部事物的知识则是通过推论获得的。笛卡尔的怀疑论就在于,对这种从表象到对象的推论的可靠性提出挑战,而关于对象的知识需要经由这种推论获得,这一点则未被怀疑。人们一般认为,笛卡尔解决怀疑论的方法并不有效,这样,从表象到对象的推论也就作为问题保留下来。

罗素的认识论与近代传统紧密衔接。他承认怀疑论是没有办法解决的,我们没有一种方法能够确保从表象到对象的推论具有逻辑上的必然性。但他认为,按照一种降低了的标准,我们还是可以解释这样的推论一般而言是怎样的。在他看来,这种推论实际上就体现在摹状词理论中,我们通过摹状词来指称实在对象,而这种摹状词可以分析成指称感觉材料的逻辑专名的组合。

按这种观点,我们关于感觉材料的知识应当是确实的,也就是说,是不能怀疑的。因为只有这样才能像笛卡尔那样,为我们关于外部世界获得一个"我思"基础。在罗素这里,这一点有逻辑上的保证——就像所有的亲知知识一样,我们对于感觉材料的知识是不可错的。理由有两个。其一,我们知道,单纯的词语不存在真假之别,真假之别只对于句子来说才是适用的。由于是用词语来表达的,亲知知识也就无所谓真假了;其二,按照实在论立场,我们对于词语意义的理解本身就排除了我们不知道所指称的对象的可能性。

罗素把知识划分为两类,一类是亲知知识,另一类是真理性知识。[①] 像"张三认识(know)李四"这类句子所陈述的,就是张三的亲

---

① 这并不排除后来的哲学家对知识有更多的划分,比如实践知识。

知知识——当然,我们不考虑李四是不是前面所说的亲知对象这一问题。亲知知识针对的是单个对象,而不涉及对象的性质以及关系。而像"张三知道李四已经结婚"这样的句子,陈述的则是真理性知识。这类知识所知道的是事实,而事实是用句子来表达的,因此陈述真理性知识时必须使用从句,例如"李四已经结婚"这个句子。

亲知知识与真理性知识的关键区分在于陈述这两类知识所使用的逻辑形式。就逻辑特性而言,词语或者说名称不存在真假,而有真假之别的只有句子。一般而言,我们也可以说一个人认错了一个对象,但这种错误必定可以用句子来表达,例如"张三以为李四是王五"。我们也可以用一个名称来指称用句子来陈述的东西,但用这个名称来表达的实际上还是真理性知识。例如,

1)张三知道解放战争开始的时间。

2)张三知道解放战争开始于 1945 年 8 月。

用句子 1)所表达的,实际上是句子 2),而这是一种真理性知识。

罗素对这种区别的解释是,亲知知识的对象是简单的,而真理性知识则是复合的。一个东西只要是通过关系联结而成的,它就是复合的,否则就是简单的。简单性与复合性都是针对逻辑形式而言的,而与事物的物理特性无关。事物的逻辑特性决定了必须用何种方式来表示该事物。简单的事物只能用名称来表达,而复合的事物则可以用句子表达。复合性与真理性知识的联系于是就在于,复合的东西可以分解,这样,结合与分解这两种状态就可以用来解释相应句子的真假。① 与此不同,对于简单物则只有存在与不存在两种状态。

---

① 参见前面 5.2.4 节关于信念的真假的解释。

〜〜〜〜〜

思考:复合物成分的结合与分解也可以说就是复合物的存在与不存在,这样说来,是不是可以说复合物与简单物一样,都只有存在与不存在两种状态呢? 讨论一下,看复合物与简单物在状态上有什么区别。

〜〜〜〜〜

认为亲知知识不可错的第二个理由是,这种知识是由我们对语言的理解所保证的。按照罗素式的实在论,名称的意义就是其指称。而这意味着,理解名称的意义,也就知道其指称,换言之,也就具备对所指称对象的亲知知识。这个理由只有在必须承认理解名称意义的情况下才生效。

就关于外部世界的知识而言,充当知识起点的亲知知识其对象就是感觉材料。按照常识观点,感觉是沟通外部世界与人类心灵的通道,因此,来自于这个通道的材料就是获知外部世界的基础。当然,为了获得关于外部世界的知识,还需要对共相的亲知知识。这两种亲知知识最为主要的区别是,对感觉材料的亲知知识是私人性的,而关于共相的知识则否。

对于感觉材料的私人性,我们可以理解为,不同的人由于具有不同的观察角度而不可能分享同样的感觉材料。不过,如果人们可以交换观察角度,那么获得同样的感觉材料,似乎不是不可能的。这种可能性可以通过考虑另外一个方面的理由来加以排除,这个理由就是,我们只能通过感觉材料来获知外部世界。这一点让我们不可能知道自己的感觉材料是否与别人相同。论证过程是这样的:要知道别人是否有与我相同的感觉材料,我就必须知道别人的感觉材料是怎样的;但是,我只能通过自己的感觉材料来知道这一点,因为别人的感觉材料属于外部世界;要通过我自己的感觉材料来知道别人的感觉材料,就预先假定了我的感觉材料与别人的感觉材料是相同的,而这导致循环。

思考:考虑一下,这个论证只是证明了我们不可能知道自己是否与别人共享感觉材料,这不等于说,我们实际上不可能与别人共享感觉材料。那么,它真的说明了感觉材料是私人的吗?

比较一下这个论证与 1.5 节关于私人语言的论证,看两者的作用有什么不同。

但这对关于外部世界的知识带来了困难,因为这种知识应当是公共的。关于共相的亲知知识是公共的,但这并不解决问题,因为共相在形成外部世界知识时充当了结构,而填充这种结构的则是感觉材料,这样构成的整体仍然不能说是公共的。

罗素那里有克服这一困难的资源。他可以主张,我们对于外部世界的知识的有效成分就是结构,这样,私人性的感觉材料也就滤掉了。之所以可以这么认为,是因为关于外部世界的知识,或者说关于物理对象的知识,被罗素归为了描述知识。

前面我们区分亲知知识与真理性知识时,没有提到一种更加复杂的情况。我们注意到,亲知知识有两个关键特征,其一,它是用词语而不是句子表达的,其二,它的对象是简单对象。与之相反,真理性知识则用句子表达,其对象是复合的。这样的划分并未穷尽,因为,还有一种情况,虽然知识对象是复合的,但形式上还是用词语来表达,这种知识就是罗素所说的"描述知识"。在这种知识的表达形式中,所用的词语实际上是摹状词。按照摹状词理论,表达描述知识所用的词语是摹状词或者伪装成专名的摹状词,而那些真正的亲知知识,则用逻辑专名来表达。

这样区分了以后,关于物理对象的知识虽然在形式上是用名称来表达的,但就逻辑形式而言,仍然不是亲知知识,而是描述知识。

这样区分了以后,我们就能够解释,为什么物理对象是公共的。我们关于物理对象的知识也是公共的,并且这并不排斥这种公共的知识还是有一个私人性的来源。关键是,描述知识在经过分析以后,所有感觉材料,即所有私人性的要素,都以约束变元的形式出现于知识的内容中,而剩下的部分则都是共相,是公共的要素。如果私人性的东西只是以变元之值的形式存在,那么它们对知识的贡献也就只是在于它们是存在的,并且原则上有一种手段将不同的亲知对象区分开,而具备私人性的那些特性,也就不起作用了。

当去掉私人性的要素以后,剩下的公共的东西就是共相,即关系和性质。由于关系和性质都是建立起结构的东西,摹状词分析的最终效果,就是用结构替代实体。这条思路在当前的哲学中启发出了所谓的结构实在论(structural realism)。

5.4.3 中立一元论

按摹状词理论,我们原来以为指称实体的摹状词不再依据实体而具有意义。我们不必承诺这种实体存在,而只需要参与构成摹状词的逻辑结构的那些东西存在。利用这个特点,罗素建立了一种被称为"还原"的分析策略。"还原"（reduction）一词在这里的意思是，用更为基本的实体来取代派生的实体，从而将其从本体论中排除出去。对罗素的构造主义分析人们有时也称其为"还原论"（reductionism）。

还原是针对一些实体做出的。如果我们能够构造一个摹状词，利用它能够导出关于某类实体的所有事实，那么就可以说，我们对这类实体进行了还原。例如，一个瞬间可以分析为这样一个摹状词：

两两重叠的所有时间段共有的部分①

如果在所有提到瞬间的地方都可以用这个摹状词来代换，且代换后不会改变句子的真值，那么我们就可以说对瞬间这种实体进行了还原。经过这样的还原，我们就不需要瞬间这样一个无穷短的时间了，而只需要像时间段、重叠关系、整体—部分关系以及共有关系这样一些实体。这些实体更为基本，重要的是，不会出现像无穷短这样一种难以理解的性质。

前一节中我们实际上已经看到对物理对象进行还原的情况。这种还原也适合于心理对象。

感觉材料作为表象本身就是一种心理对象。但是，作为表象的拥有者，我们自己却并不把表象看作自己的表象，而是会把表象看作不属于任何人，否则，我们也不会认为这是物理世界的表象。正是在这种意义上，罗素把只承认感觉材料存在，而不承认物理对象和心理对象存在的本体论称为"中立一元论"（neutral monism）。

---

① 罗素：《我们关于外间世界的知识——哲学上科学方法应用的一个领域》，陈启伟译，上海译文出版社，2006年，第89页。

对心理对象进行还原,实际上是对表象属于某个心灵这样一个事实进行分析。如果这样分析以后无须提及心灵,那么心灵就可以从我们的本体论中排除出去了。罗素认为这是可能的。为了看出这一点,不妨注意,当我们说感觉材料 s_1 属于心灵 M 时,我们通常是希望能够在另外一种情况下说感觉材料 s_2 也属于 M。提到某个心灵,这常常是为了把多个感觉材料归于同一个心灵。因此,我们关心的实际上是下述情况

s_1 与 s_2 都属于心灵 M。

不妨注意,对此我们可以理解成 s_1 与 s_2 之间的关系,而心灵 M 作为这个关系的一个要素出现。于是,上述句子就等于是在说

s_1 与 s_2 具有关系 R

而不必提到 M。因此,心灵就相当于感觉材料之间的一种关系。把心灵还原为感觉材料,就等于在寻找这样一种关系。一旦找到,我们就可以说,心灵不是别的东西,就是通过这样一种关系联系在一起的感觉材料。

思考:请考察上述两种表述形式,看怎样使用摹状词理论。

正是通过上述逻辑转换,罗素意识到,我们通常所说的心灵与物质,实际上是同一批感觉材料按照不同次序构成的东西。这里的次序,就是关系。当感觉材料按照某种关系结合,我们会认为那是一个物理对象,当按另一种关系结合,我们会认为那是一个心灵。构成心灵和物质的,是同样的材料。

阅读建议

必读文章："论指谓"（"On Denoting"）、"逻辑原子主义哲学"。这两篇文章收于《逻辑与知识（1901—1950年论文集）》（苑莉均译，商务印书馆,1996年）。前一篇文章是罗素提出摹状词理论的关键文献。后一篇文章（从篇幅上应该说是一部短著作）则全面地阐述了罗素的逻辑哲学,也就是罗素心目中的逻辑分析。其实,"逻辑原子主义哲学"是一次系列讲座的讲稿,在这次讲座中,他向普通听众介绍自己的思想,因此可以算是罗素哲学的导论。《逻辑与知识（1901—1950年论文集）》这本论文集包含了罗素最重要的单篇文章,对于了解罗素的主要哲学思想提供了可靠的来源。

建议选读《我们关于外间世界的知识——哲学上科学方法应用的一个领域》（陈启伟译,上海译文出版社,1990年）。这部著作为逻辑分析的方法如何运用于哲学提供了极有说服力的范例。读了这本书,能使我们理解罗素何以会认为哲学本质上就是逻辑研究。这部著作篇幅不长,同时也很好读。罗素的散文才华在书中很好地体现了出来。

罗素哲学最好的导论是他自己的思想自传,《我的哲学的发展》（温锡增译,商务印书馆,1982年）。《数理哲学导论》（晏成书译,商务印书馆,1982年）则以通俗的形式讲述了他自己的数学哲学,其中也包括他的命题函项理论和摹状词理论。

关于罗素的二手研究文献很多,不过,有趣的是,导论性的著作并不多见。兰迪尼（Gregory Landini）的 *Russell*（Routledge,2011）是其中的佼佼者。不过,这本书的门槛较高,是写给专业读者的导论。

第6章　罗素悖论与类型论

罗素悖论(Russell's Paradox)的发现在数学基础研究中是一个分水岭,对这个悖论的处理方式决定了数学基础理论的基本形态。大体上可以把数学基础理论分成两种,一种基于类型论(type theory),一种基于公理集合论,两者的区别在于对罗素悖论(以及相应的其他几个悖论)的处理方式不同。这两种形态的基础研究就现在看来是公理集合论占据上风,现代数学的大部分分支都采用了公理集合论。但实际上这种情况不能一概而论。类型论在证明论(数理逻辑的一个分支)以及计算理论中有广泛的运用。近二三十年,又有一种新的数学基础分支建立起来,这就是范畴论。这种理论与类型论的联系非常紧密,有学者认为范畴论将深刻地改变人们研究数学以及哲学的基本方式。所以我们绝不可认为类型论是古董,仅具有历史价值。

类型论还具有丰富的哲学内涵。类型论是一种关于存在概念的理论。当这一理论运用于摹状词理论时,对如何解释摹状词理论在本体论上的后果,提供了方向。因此,类型论对于理解罗素的哲学是非常重要的。此外,我们可以在维特根斯坦的《逻辑哲学论》中找到一种形式独特的类型论,这种类型论与言说—显示的区分联系在一起。因此,类型论也是理解维特根斯坦早期哲学的一条线索。

本部分着重于类型论的哲学内涵,为了导入这个理论,需要对问题背景作一下简单的勾勒。

6.1　罗素悖论

　　公理集合论中通常要区分集合(set)与类(class)这两个概念。集合是一个外延性的概念,也就是说,只要确定了所有元素,也就确定了一个集合。而类则通过谓词来定义,例如所有红色的东西构成的类就由"是红的"这个谓词加以定义。现代逻辑发展的早期,人们通常认为,集合与类是同一种东西。一方面,对于任何集合,都存在相应的谓词来确定其元素;另一方面,似乎任何谓词都可以用来定义集合。但是,这种认识因为罗素悖论的出现而得到改观。策梅洛(E. Zermelo)与弗兰克尔(A. Fraenkel)共同创立的 ZFC 系统,即现在标准的公理集合论,就是通过区分类与集合来解决罗素悖论的。因此,人们通常把罗素悖论看作是需要这个区分的理由。但是,利用类型论,即使不区分类与集合,罗素悖论也可以得到避免。

　　据罗素在《数理哲学导论》中的叙述,他是在对康托(Cantor)对康托定理的证明中发现这个悖论的。这个定理说,任意集合中元素的数目必定小于这个集合的幂集(该集合所有子集构成的集合)的元素数目。如果这里提及的集合是所有东西构成的集合,即全集(universe),那么由康托定理就得到,存在一个比全集包含更多元素的集合。由此得出,全集不是数目最多的集合,而这违反了关于全集的定义。

　　这里介绍一下康托定理的证明,有兴趣的读者可以研究一下。

假定集合 S 的幂集是 P(S)，再假定分别属于 S 与 P(S) 两个集合的元素间存在一一对应关系 f，使得对于任一 $x \in$ P(S) 有 $f(x) \in$ S。这里 x 是 S 的一个子集，而 $f(x)$ 是 S 的一个元素，f 就是从 P(S) 到 S 的函数。对于任一 $f(x)$ 来说都存在两种相互排斥的情况，一种是，$f(x)$ 是 x 的元素，即 $f(x)$ 属于集合 x；另一种情况是，$f(x)$ 不属于 x。取所有不属于 x 的 $f(x)$ 做成一个集合 C，C 是 S 的一个子集，并且是 P(S) 的一个元素，我们来证明 C 不与 S 的任一元素对应。属于 C 的元素不与 C 对应，因为按照 C 的定义，没有属于 C 的元素与 C 对应；不属于 C 的元素也不与 C 对应，因为那些元素仅仅与 S 的包含这些元素的子集对应。由此可以反证，S 与 P(S) 间的一一对应关系不成立。再者，由于 S 中每个元素都可以构成一个单元集，这些单元集是 P(S) 的子集，所以 P(S) 的元素数目不小于 S 的数目。综合起来就得到 P(S) 的元素数目多于 S。

用形式的方式写出 C

1）$C = \{ f(x) : x \in$ P (S) 并且 $f(x) \notin x \}$

容易看出，在 $C \in$ P(S) 的情况下，如果 $f(C) \in C$，那么 $f(C) \notin C$；如果 $f(C) \notin C$，那么 $f(C) \in C$。只有当 f 是一一对应时这个推理才成立，而这导出了矛盾，所以一一对应关系不成立。

观察 1）就可以看出，如果把 f 变换成等同关系，S 变换成全集 U，就得到这样一个集合：

2）$C = \{ x : x \in$ P (U) 并且 $x \notin x \}$

其中 $x \in$ P (U) 无非是说 x 是全集的子集，也就是一个集合。由此得到：

3) $x \in C$,当且仅当,$x \notin x$

其中 x 是集合。若 x 就取值 C,就得到罗素悖论:

4) $C \in C$,当且仅当,$C \notin C$。

这个悖论可以用非形式的方式表述。令由所有不是自身元素的集合构成的集合为 C,C 是否这个集合中的一个元素呢?如果是,那么 C 就是自身的元素,但根据 C 的定义,C 中的元素不是自身元素,所以 C 不是自身元素;但如果 C 不是自身元素,那么根据 C 的定义,C 又是自身元素。这就构成了悖论。

在集合论中,一旦确定了集合的全部元素,这个集合就确定了。集合元素在这里采用谓词来确定,也就是说,凡是满足这个谓词的东西就属于这个集合。罗素悖论的出现在于询问,由这种方式确定的集合是否满足用来确定其元素的谓词。

另外一些悖论也是这样产生的。例如关于理发师的悖论。如果理发师只给那些不给自己理发的人理发,那么他是否该给自己理发呢?如果他给自己理发,那么依据他只给不自己理发的人理发,他就不应当给自己理发;如果他不给自己理发,那么他就要给自己理发。这个悖论可以转换成集合论的形式。理发师所服务的那些人构成一个集合,集合中的每个元素都不自己理发,那么这名理发师是否属于这个集合呢?如果属于,就不属于;如果不属于,就属于。

一个类似的悖论来自于柏拉图的理型论(the theory of forms)。按照这个理论,事物之所以具有某个性质,是因为它分有对应的理型。柏拉图也承认理型本身会有性质,也会分有理型。这种情况称为"自我述谓"(self-predication)。允许自我述谓也会引起悖论。现定义一个理型,即不分有自身,并且问,这个理型是否分有自身呢?

这个悖论也可以用集合论语言表述。读者可以自行尝试一下。

罗素发现这个悖论以后,立即写信通知了弗雷格。这个悖论在弗雷格当时(1902 年)差不多写竣的巨著《算术的基本原则》中也会产生。我们看看是怎么回事。弗雷格的算术基础系统允许在概念与概念的外延之间建立一一对应关系。例如对于概念 F,有一个集合作为其外延,记为"εF"。显然

　　5)对于所有 x,$F(x)$ 为真,当且仅当,$x \in \varepsilon F$。

现在令 $F(x)$ 这个函项就是 $x \notin x$,而相应的外延集合为 y,于是有:

　　6)对于所有 x,$x \notin x$,当且仅当,$x \in y$。

用 y 来代换 6)中的 x,就得到悖论。

弗雷格有可能避免罗素悖论。我们记得,弗雷格曾经区分了概念与对象,按照这个区分,就不会产生像理型论中的那种自我述谓问题。但弗雷格对概念采取了外延化的处理,用关于概念外延的谈论来代替概念,而概念的外延被理解成集合,进而被当成函项的主目,由此就产生了悖论。这种处理方式在弗雷格的数学基础研究中似乎是必不可少的,因为缺少它,还很难证明有无穷多个自然数。因此,罗素悖论似乎宣告了弗雷格的逻辑主义计划最终破产。[①]

思考:在本节的开头我们提到,罗素悖论的产生可以看作是对集合与类不加区别的结果,请利用罗素悖论来证明,我们需要这个区分。

[①]　现在有一些学者希望通过避免这种外延化的处理,来避免悖论,从而挽救弗雷格的逻辑主义计划。这些哲学家被称为"新弗雷格主义者"(the New Fregeanist)。

6.2 恶性循环

悖论在形式上就是矛盾。有一种更加狭窄的理解,把悖论理解为两难推理(dilemma),即穷尽了的各个选项都会导致不可接受的结论。像克尔凯郭尔这样的哲学家承认悖论的合法性,认为悖论是世界或者生活中不可缺少的内容。而更加审慎的做法则是把悖论看成是不应当产生的东西,想办法予以消除。对于罗素悖论,罗素本人的态度属于后一种。一般说来,消除悖论的方法就是将其转化成归谬论证的形式。归谬论证是从某个前提推出矛盾,从而反过来证明这个前提出了问题。要消除悖论,就要找到隐藏的、不可接受的前提。

但是,在产生罗素悖论的前提中,究竟是哪个前提出了问题,不能一下看出来。在从3)到4)的推论中,我们把 C 代入到3)中就得到矛盾。对于产生矛盾的原因,可以有两个不同的诊断,其一,3)是不能接受的,因为不能通过谓词"$x \notin x$"来确定一个集合,而需要进一步的限制,这种限制会消除矛盾。其二,不能用 C 来代入 x,这种代入是错误的或者不适当的。罗素本人采取第二种诊断。现在常见的集合论公理系统,即 ZF 及 ZFC 系统,是依据第一个诊断建立的。这个系统要求按某种方式构造集合,所有按这种方式构成的集合都不会产生自我包含的情况。我们现在要理解的是罗素的策略。

罗素认为,4)表明,无论说 C 是否包含自身,都将导向对立的命题,因此说 C 包含自身就是无意义的。按这种理解,我们要把句子分成这样几种情况,为真,为假,无意义。如果句子有意义,那么它或者是真的,或者是假的。这等于承认了二值逻辑和排中律。罗素接受排中律,对他来说,4)就意味着,说 C 包含自身既不为真又不为假,这进而意味着 C 无意义,而不是具有某个既非真也非假的真值。这样,罗素面临的问题就是,如何保证获得有意义的句子。一个自然而然的想法是,对于3)中的 x,有些值可以代入,从而构成有意义的句子,有些值却不能代入。能够代入的值所构成的集合就是变元的定义域,于是问题就变成了,如何确定变元定义域。

要理解罗素的策略,需要一些准备工作。看这样一个句子:

7)所有人都是有死的。

这个句子可以用半形式化的方式改写:

8)对任何 x,如果 x 是人,那么 x 是有死的。

在这种情况下,x 无论取什么值都不会影响 8)的真值。再看这样的形式:

9)x 是有死的。

这是个命题函项。如果 x 仅仅在人中取值,那么它总是真的;但如果 x 取值为上帝,而上帝是不死的,那么 9)就为假。8)和 9)中都出现了变元,但其作用显然不同,8)中的变元称为"表面变元",9)称为"真实变元"。表面变元的取值对句子真值没有影响,而真实变元则有影响。

上述区别有助于我们理解定义域是如何确定的。在 2.2 节我们已经看到确定定义域的一种方法,这其实就是通过明确表述的方式来限制定义域。按这种方法,如果我们规定 9)中变元 x 的取值范围是人这个类,那么这种规定就可以表述成 8)或类似的形式。如果我们想借助于9)来断定所有的 x 都有死,那么对定义域明确表述之后就是"'如果 x 是人,那么 x 是有死的'总是真的";如果仅仅是断定某些 x 有死,那么就是"' x 是人,并且 x 是有死的'有时是真的"。采取这种方式限定定义域,其实就是利用某些句子的真来限定变元的取值。例如,在8)中我们就试图通过使" x 是人"为真,来限定" x "的定义域。但是,这样得到的变元总是表面变元,也就是说,变元的取值对于句子的真值没有影响,因此句子的真值并不限制变元定义域。

但若利用表述定义域的句子是有意义的这一事实来规定定义域,会出现新的问题:关于定义域的问题又出现在表述定义域的句子中,我们又需要在表述定义域的句子中重新限定定义域。例如在8)中出现的变元要重新限定定义域。由此产生一种看法,即定义域不可以明示的方式确定,因而句子之有意义性必须通过某种固有的而无须明说的东西达到。适当的时候我们会回到这一点,现在继续看罗素的策略。

粗看起来,要避免罗素悖论,可以简单地约定所有集合都不能包含在自身之内。这样,当我们谈论集合时,所谈论的那个集合就不包含自身。这个约定中提到了"所有集合",从而确定了我们所谈论的是集合。如果用变元 x 来表示集合,那么这个约定就是

10) x 不包含自身。

但是对这个约定的表述却不能采取这种命题函项的形式,因为,命题函项并非命题,不能表达完整的意思。所以只能表述为

11)对所有 x ,如果 x 是集合,那么 x 不包含自身。

这样表述也就相当于说,我们先定义一个集合,这个集合由包含自身的集合构成,然后断定所有集合都不属于这个集合。但这等于承认

有包含自身的集合,所以这种约定也不可行。

再者,若假定所有集合仅有 a, b, c 这三个,那么提到"所有集合",就把这三个集合所构成的集合作为一个集合了,于是"所有集合"就包含了 $\{a, b, c\}$ 这个集合。而这意味着有一个集合包含自身,这就是由所有集合构成的集合。事实上,"所有"一词在所指上的不稳定性,是罗素总结出来的产生大部分悖论的原因。

在罗素看来,说"所有集合"以及"所有命题",都意味着构成了新的集合与命题。对于命题这种情况很容易理解,例如

　　12)所有命题都是假的。

这样一个命题就构成了一个新的命题,这个命题提到了所有命题,因而必须把命题12)算在所有命题之中。此时提到所有命题,就必定提到了12),而这样一来就把提到12)的那个命题也列为"所有命题"所指之列,如此,也需要把提到12)的命题算进去,如此以致无穷。这实际上就是自我指称展开得到无穷后退。罗素说此时得不到确定的所指,其实就是由自我指称引起的。

不过,自我指称不是产生悖论的必要条件。下面几个命题虽然没有构成自我指称,但仍然能用来构造悖论:

　　13)命题14)是真的。

　　14)命题15)是真的。

　　15)命题13)是真的。

在这种情况下,这三个命题任何一个中的"真"改成"假",都会造成悖论。这几个命题包含的指称词项通过指称关系构成了封闭,人们一般称这种现象为语义封闭(semantic closure)。语义封闭出现有时会使命题的真值条件变得不稳定。例如,单就上述三个命题本身而

言,任取其中一个命题,其余两个命题均为真的情况下,这个命题就是真的。但是,如果把其中的一个命题中的"真"改成"假",例如把14)改成"命题15)是假的",那么,为了让13)为真,14)就应当为真,而这要求15)为假,从而13)就要是假的,而这构成了悖论。容易看出,这种悖论是由于13)的真值条件不稳定造成的。13)的真值条件是,14)为真。由于语义封闭形成了循环,当我们沿着指称关系前进,就又会回到14),这次13)的真值条件却是要求14)为假。按照罗素的诊断,这种语义上的不稳定性就是产生罗素悖论的原因。罗素将这种情况称作恶性循环。

再看看集合的情况。如果认为集合可以通过命题函项定义出来,那么由提及"所有"的命题可以构造相应的集合。例如"所有为假的命题"就构成了一个集合,这个集合由所有假命题构成。一个普遍的形式是,"所有的 p"("p"在这里是谓词)可以确定一个集合$\{x:p(x)\}$。① 这样一来,由"所有命题"导致的悖论也会通过使用"所有集合"产生。

但这自然让人想到,如果规定集合不能由谓词定义出来,就阻止了悖论。这个方法在公理集合论中得到了运用。在 ZF 系统中,集合是初始的和不可定义的,也就是说,集合不能还原成类。公理集合论的成功使大多数人接受了这种看法。但罗素不赞同这个区分,把集合当成是不可定义的似乎只具有技术上的好处,而无助于揭示集合

---

① 这里出现的两个"p"在语法形式上是不同的,但这并不妨碍它们在逻辑上是同样的成分。比如,用"所有红色的东西"这样一个全称词组来确定集合时,起作用的是词组中的谓词成分,即"是红色的"。如果一个东西是红色的,那么它就是这个集合的元素。

的本质。

罗素所要求的解决办法是,以某种方式构造出所有的集合,使得关于集合的谈论总具有确定的所指,而不存在的集合(例如所有集合的集合)不在其中出现,也就是说,使产生悖论的情况不在其中出现。这就是类型论所要做的。

6.3 简单类型论

罗素实际上提出了两种类型论,即简单类型论(the simple type theory)与分支类型论(the ramified type theory)。前者规定了命题函项主目的类型,后者则进而规定了命题函项(谓词)的类型。通过限定类型之间的结合关系,悖论也就得以避免。

这两种类型论都有多种表述方式。下面我们先看看简单类型论,这种表述是在罗素"以类型论为基础的数理逻辑"一文中的表述的基础上经过修正得到的①:

　　S1)个体的类型为 i;

　　S2)以类型为 m 的对象作为主目的命题,其类型为 (m);

　　S3)分别以类型为 m 和 n 的对象为主目的关系命题,其类型为 (m,n);

　　S4)所有对象至少且至多有一个类型。

这里把个体和命题都称为对象。S1)到 S3)构成了一个关于逻辑类

---

① 参见罗素:《逻辑与知识(1901—1950 年论文集)》,第 91—93 页。

型(logical type)的归纳定义(inductive definition)。

归纳定义是数理逻辑中常用的技巧,例如合式公式(well formed fomula)的定义就是归纳定义。归纳定义是通过给出构造一个概念的所有实例的方法,来定义这个概念。其一般特征是,让这个概念的所有实例构成一个序列,从某个实例开始,后续的所有实例都可以按同样的方法从前面的实例得出。"自然数"这个概念的定义,就是通过归纳法得到的。通过归纳定义,不用"所有的"一词,就能够确定属于被定义概念的所有对象。

不过,这里仍然使用了全称命题S4),这是因为我们谈论的是已经给定了的东西(命题),而不是构造出来的东西(类型)。如果需要的仅仅是类型,就不需要S4),但我们需要在命题与类型之间建立对应关系,此时就需要S4)这个规定。

思考:请辨析类与类型这两个概念,说明一个类型是不是一个类。

按照这种定义方式,像命题"苏格拉底是有死的",其类型就是(i),命题"罗密欧爱朱丽叶"的类型是(i,i)。至于"所有人都是有死的",由于可以分析成"'如果x是人,那么x是有死的'对所有x都为真",其类型就是$((i))$。"所有人都爱自己"分析成"'如果x是人,那么x爱x'对所有x为真",因而其类型就是$((i,i))$。"苏格拉底是'苏格拉底是有死的'这个命题的主目",这个命题的类型为$(i,(i))$。上述各命题的类型不同,其区别在于括号的数量以及位置,而不是罗素在"以类型论为基础的数理逻辑"中所说的数字(阶次)。

之所以采取这种形式,是因为这样便于处理关系命题。

可以区分出绝对类型和相对类型。从个体出发来确定所有命题的类型,得到的就是绝对类型。但有时候不需要从个体出发确定类型,而只需要命题之间的类型关系。此时可以假定某个命题的类型,然后通过命题间的关系来确定其他命题的类型,这样得到的就是相对类型。

简单类型论避免了罗素所说的恶性循环。在命题 13)、14)、15)中,如果 15)的类型为 A,那么 14)的类型就为(A),13)的类型为((A)),但由此 15)的类型就是(((A)))。15)不具有唯一类型,因而与 S4)矛盾。为了满足 S4),就必须说这三个命题中至少有一个是无意义的。

上述表述难以直接看到何以能解决罗素悖论。但这一点在哥德尔(Gödel)对简单类型论的表述中就很清楚。他把个体的类型确定为 0,个体的类的类型确定为 1,而个体的类的类的类型为 2,如此等等。这个表述利用了谓词与类的对应关系,因而可以把命题写成对象属于一个类的形式。如果所有命题都是这样的,那么其类型就总是要表示成 $a(b)$ 的形式,其中 a 是类的类型,b 是主目的类型,并且 a 总比 b 高一个级别。显然,这就排除了一个集合属于自身的情况。

6.4　分支类型论

对命题函项的类型进行规定,就得到分支类型论。规定了命题函项的类型,就可以处理把命题函项作为变元从而进行量化的情形,这就是高阶逻辑(一阶逻辑视命题函项为常项)。分支类型论可以作为高阶逻辑的基础。

之所以要引入分支类型论,是因为罗素希望一揽子解决多个悖论。这些悖论都与"所有"一词的使用有关。分支类型论要解决的是包含"所有性质"以及类似短语的悖论。性质在逻辑中用命题函项(谓词)表示,因而"所有性质"这种说法要求对命题函项进行量化。例如这个悖论:

> 假定 b 具有 a 的所有性质,这就是说,对任何性质来说,如果 a 有这种性质,那么 b 也就有这种性质。现在 a 不具有不为 a 具有的所有性质,所以 b 也就不具有不为 a 具有的所有性质,因为所有性质中也包含"不具有不为 a 具有的所有性质"所指的那种性质。这样,就由 b 具有 a 的所有性质,推出 b 不具有不为 a 具有的所有性质,但这说的是 a 具有 b 的所有性质。显然,这个结论是荒谬的。[1]

容易看出,产生这个悖论的关键是使用了"所有性质"这类针对性质的全称表达式来构造新的性质。前面讨论的罗素悖论,则是由于用与"所有"一词一起使用的谓词来确定新的集合,而新集合仍然位于"所有"一词定义域中。这里的悖论与之相似。

分支类型论的思路非常简单,这就是把命题的类型对应到命题函项中去。我们知道,把命题主词换成变元,就得到命题函项。命题

---

[1] 把这个悖论形式化以供参考。令 $Q(x, y)$ 为 $\forall P(P(x) \rightarrow P(y))$,于是 $Q(a, b)$ 就是 $\forall P(P(a) \rightarrow P(b))$。假定 $Q(a, b)$ 为真。再令 $P(x)$ 为 $Q(x, a)$。显然 $Q(a, a)$ 为真,因而有 $P(a)$。再依据 $Q(a, b)$ 为真,得到 $P(b)$,即 $Q(b, a)$。这就从 $Q(a, b)$ 推出了 $Q(b, a)$。这个悖论来自于斯坦福哲学百科全书词条:https://plato.stanford.edu/archives/fall2018/entries/type-theory/。

函项所包含的变元由相应的常项来代入,因而变元必须具有与常项相同的类型。由此看来,命题函项的类型由命题类型与主目类型共同规定,依照这种规定能够获得合乎类型论要求的命题。

分支类型论可以像简单类型论的哥德尔表述那样排除罗素悖论,这里起作用的是命题函项与类的对应关系。由于命题的类型总要比其主目的类型高一个阶次(或者按照 S 的表述多一个括号),由命题确定的命题函项也比主目类型高一个阶次。命题函项对应于类,因而说一个对象属于一个类(在罗素这里不区分类与集合)的前提是,这个对象的类型要比类低一个阶次。这样就排除了类属于其自身的情况。

这里一定要仔细区分,当我们说 x 属于 y,其前提是 x 的类型比 y 的类型低一阶时,并不是说,如果 x 与 y 有同样类型,x 就不属于 y。如果情况是这样的,那么 x 的类型肯定与其自身相同,于是就有 x 不属于 x,而这又回到了罗素悖论。对此只需注意,类型论所要求的是:

　　16)"x 属于 y"有意义,仅当 x 的类型比 y 的类型低一阶,而不是

　　17)"x 属于 y"为真,仅当 x 的类型比 y 的类型低一阶。
因为 16)等价于

　　18)"x 不属于 y"有意义,仅当 x 的类型比 y 的类型低一阶。
类型论所规定的是命题具有意义的前提,而不是命题为真的前提。一个命题与其否定以同样的方式具有意义,因而分享同样的前提。这个前提并不规定其真假。由此可以看出,类型论正是以规定某些命题无意义的方式排除它们的。

给出分支类型论以后,在所有合法的命题中函项的类型都要比

主目高一个阶次,这种命题被称为"直谓命题"(predicative proposition),相应的函项被称为"直谓函项"(predicative function)。其他的命题与函项都被称为"非直谓的"(impredicative)。悖论都是由非直谓命题引起的。由于定义了函项的阶次,分支类型论就可以很方便地排除非直谓命题。

6.5 类型论的后果

采纳类型论会带来很多后果,既有逻辑学上的又有哲学上的。

从逻辑学的角度上看,类型论对什么是合式公式作了限定。合式公式就是那些具有意义因而在逻辑上合法的表达式。整个数理逻辑的基础就是对合式公式的定义,因而类型论对逻辑学的影响是基础性的和深远的。事实上,高阶逻辑就是发展类型论的一个结果。

最明显的一点是,类型论对变元和命题函项的类型做了规定。变元被分成不同类型,形态上相同的符号(例如同一个 x)被赋予不同的句法性质,只能与某些命题函项搭配构成命题。这样,对变元进行的量化操作也就受到了限制——量化必须在同一个类型的变元中进行。说存在某个集合,其中"存在"一词的意义就不同于说存在这个集合的某个元素。"存在"一词有多种意义,这些意义对应于不同的类型。于是我们不能说,存在一个集合,而这个集合有两个元素,最后一共有三个东西。在数理逻辑上有种构造无穷数的方法,这就是对任意集合构造幂集(即给定集合的子集构成的集合)。可以构造幂集的幂集,幂集的幂集的幂集,如此以至无穷。每构造一次,就在类型上高了一个阶次。此时如果说任意对象都属于确定的类型,那就不能说存在无穷多的东西,因为此时我们想的阶次是不确定的。为了得到无穷,就必须另想办法。罗素通过引入无穷公理来保证无穷数的合法地位。

相应地,命题函项也要做类似规定。每个命题函项都属于确定的类型。这样,当我们谈到所有性质时,所谈论的就是属于某个类型的性质,这种谈论不能直接用于其他类型。这样做的结果是使数学基础变得不可能。

例如,在数学上定义有穷数的方式是采用归纳法,此时需要提到所有性质。这个表述是这样的:

19)有穷数是具有所有这样性质的数:0 具有这种性质,并且对于任意的 i,如果 i 具有这种性质,那么 $i+1$ 也有这种性质。

但是,如果要证明任意数是有穷数,人们不得不采取归纳法,即论证:

20)0 是有穷数,并且如果 i 是有穷数,那么 $i+1$ 是有穷数。

其中 19)保证了归纳法适用于有穷数,其中提到了所有性质。但 20)又把"是有穷数"加到这些性质中,因而为类型论所不允许。

为了应对这一局面,罗素假定这样一条原则:任何合法的非直谓命题都能够划归为直谓命题。这就是可化归公理(reducibility axiom)。这个公理被认为是不可证明的,其性质究竟如何,罗素还没有完全想透。由于这一点,人们愿意绕过分支类型论,而仅采纳简单类型论。不过,近来人们又恢复了对整个类型论的兴趣,开始寻求使分支类型论得以挽救的方法。对此我们不再涉及。

再看看哲学上的后果。

类型论对变元与函项设定类型,并要求在每个类型之内进行量化操作,这就导致了各个类型分割的局面。由于"存在"具有多种意义,类型论就意味着一种多个层次的本体论,每个层次上的逻辑常项(例如全集和空集)都具有不同的意义,进而,所有的数学或逻辑命题的意义都取决于它们所在的层次。当我们说一个命题普遍为真,实际上就利用了词项的歧义性。针对这种情况,蒯因建议区分类型论的本体论方面与形式方面。① 在本体论方面,类型论规定了变元的取值范围,并设定范围内对象的逻辑齐一性;形式方面,类型论规定了何种命题是有意义的,这种规定通过确定变元与函项的搭配关系起作用。蒯因建议排除本体论上的类型划分,而只保留形式的方面,并为此对类型论做出修正。这种修正在一定程度上使类型论摆脱了形而上学的束缚。

但类型论仍然面临不融贯的威胁。通过对量化做出限制,类型论要求必须联系到特定类型使用"所有"一词,这是摆脱悖论的关键所在。但是我们在简单类型论的表述 S4)中看到违反这一禁令的情况。它提到"所有命题",而这些命题显然必须能够属于不同类型,否则类型论就不是普适的。这就导致一个有些令人难堪的局面:要么承认类型论是不融贯的,要么承认其使用要受到限制。

类型论是一种对命题做出规定的理论,这类理论必须注意把它用于自身的表述的情况。不妨称这种理论具有自反性。很多哲学理论都具有自反性。例如这样一个哲学命题"任何真理都是相对的",

---

① Quine, "On the theory of types", *The Journal of Symbolic Logic*, Vol 3, No. 4, 1938.

如果这就是一个真理,那么它本身就是相对的,于是就引出这样一个问题:说"'任何真理都是相对的'是相对的"这是什么意思。再例如"任何全称命题都是依据归纳为真的",这个命题本身也是一个全称命题,于是它本身也是依据归纳为真。

类型论是通过规定什么命题有意义而生效的,这就势必引出这样一个问题:依据其意义标准,对这一标准本身的表述是否有意义。例如,按照类型论,"人的类是一个人"就是无意义的。但"'人的类是一个人'是无意义的"这种说法本身就是无意义的,或者说它没有达到它试图达到的目的。为明白这一点,考虑下面句子的主词是什么意思。

　　　21)"人的类是一个人"是无意义的。

如果引号中的符号串仅仅表示声音,或者表示纸上的墨迹,那么整个句子所说的充其量就只是关于任意语言惯例的贫乏的经验事实,因为在这些声音中没有任何东西能够使我们说它没有给出意义。

但是按照罗素的意图,21)所要说的不是关于声音,而是关于意义。那么是否能够这样说呢:

　　　22)"人的类是一个人"这个表达式就汉语中的意义而言,
　　　是无意义的。

看来这不会奏效,因为如果这个表达式是无意义的,那么它在汉语中也就不具有任何意义,从而无法就其具有意义而言进行任何谈论。看来我们又要回头考虑把这个句子看成无意义的墨迹这一情况。①

由于这个困难,维特根斯坦认为,我们不能形成关于某些句子无

---

① Anthony Kenny, *Wittgenstein*, Blackwell, 1973/2006, pp. 35–36.

意义的断言。句子是否有意义,这一点显示于句子的句法结构中,而不能通过另外的句子说出来。所以,类型论要成为融贯的,就必须约束自己,而保持沉默。

阅读建议

要想真正理解类型论,必须对数理逻辑和数学基础有起码的了解。在这个基础上可以读罗素的经典文章"以类型论为基础的数理逻辑"(载于《逻辑与知识(1901—1950 年论文集)》)。这篇文章使用了罗素自创的符号记法,现在已经过时。关于这种符号记法的详细说明,可参见

Bernard Linsky, "The Notation in Principia Mathematica", *The Stanford Encyclopedia of Philosophy* (Fall 2016 Edition), Edward N. Zalta (ed.), URL = ⟨https://plato. stanford. edu/archives/fall2016/entries/pm-notation/⟩.

关于类型论最新研究进展的叙述,参见:

Coquand, Thierry, "Type Theory", The Stanford Encyclopedia of Philosophy (Fall 2018 Edition), Edward N. Zalta (ed.), forthcoming URL = ⟨https://plato. stanford. edu/archives/fall2018/entries/type-theory/⟩.

如果仅对类型论作粗浅的了解,可参见罗素的《数理哲学导论》第 13 章。这本书可作为数学哲学的入门读物,数学哲学方面的背景知识会使你对类型论的把握更为深刻。"逻辑原子主义哲学"(载于《逻辑与知识(1901—1950 年论文集)》)中则包含了关于类型论较多的哲学内容。

第7章 维特根斯坦的《逻辑哲学论》

　　维特根斯坦在分析哲学中的地位是不可动摇的,他的思想中包含着极有趣味的东西。在逻辑哲学、语言哲学以及数学哲学中,以及在伦理学、美学、宗教学中,维特根斯坦的思想都已经产生了深远的影响。事实上,维特根斯坦的影响已经越出了哲学领域,在广义的文化研究中、在文学理论、社会理论等领域都可以看到他的名字。

　　要理解其思想,有必要了解一下维特根斯坦其人。被认为属于分析哲学的那些哲学家很少有人像维特根斯坦那样把哲学问题与人生问题紧密地联系起来,而维特根斯坦却把充满技术语言的分析哲学思考当成解决人生问题的一种手段。对他来说,人生问题也许是唯一值得真正关注的问题,哲学思考的价值则是派生的。有这样一类哲学家,当他们对人生问题的感受达到一定层次后,需要非常彻底的思考才能解决,这通常是人格和精神的层次上的蜕变;这时,只有从事哲学思考,才能满足他们对这种彻底性的需求。这样的哲学家包括奥古斯丁、帕斯卡、克尔凯郭尔,还有维特根斯坦。他们的思考通常会带着明显的个人色彩,理解了他们的著作,也就理解了作者本人。

　　维特根斯坦面临的问题可以部分地概括为关于生命体验的疏离问题,他一直在摆脱自己身上的某种东西,"仿佛他的一生是一场与他自己本性进行的战斗"①。在宗教上可以把这个问题概括为罪。维特根斯坦虽然不是基督徒,但其宗教思考极为丰富。罗素曾开玩笑说,逻辑与罪是维特根斯坦同时思考的两大问题,此话不假。但维特根斯坦并没有成为基督徒,而是通过思考达到救赎。他认为这就是达到与人生及世界的和解,在这种和解中起主要作用的并不是理性的说服,而是意志的转变。② 不过,应当说,至少是在早期,维特根斯坦似乎就把理性与意志联系在一起考虑。他的《逻辑哲学论》试图解释什么是理性,但在这种解释中,意志仍然占据一个非常重要的位置。

哲学思考在维特根斯坦这里的这种个人性的特质,为公共的哲学事业造成了巨大的困难。维特根斯坦的作品通常只给出思考的结果,而略去论证。就是这些结果也不能作为哲学命题或论断来理解,而必须把它们当作达到一种世界观的阶梯。总之,你不能在能够重述维特根斯坦的结论的意义上说,自己理解了它们。在分析哲学界,被人误解最多的就是维特根斯坦。关于维特根斯坦哲学的研究在某种程度上有变成学者们自言自语的危险,人们借维特根斯坦的名义兜售千差万别的观念。这使许多学者对维特根斯坦研究持保留态度。

但我们仍然要试着去理解面前这本《逻辑哲学论》。这是一本由格言和简短的说明构成的奇书。这些格言被编上了号码,以标明其中的联系和次序。可以肯定,这些句子构成了一种相互支持的关系,

---

① 瑞·蒙克:《天才作为责任》,王宇光译,浙江大学出版社,2011年,第4页。

② 参见 P. R. 谢尔兹:《逻辑与罪》,黄敏译,上海师范大学出版社,2007年,第180页。

我们可以看到一种结构在起作用。也就是说,需要一种整体的眼光来理解。但这种眼光只有在通读了全书,并且把握了其中的关节才有可能。所以结果很可能是,虽然通读了全书,但仍未形成整体形象。反复阅读是必要的。我愿意把这本书比作一栋大厦,它掩盖了自己的地基。你可以在大厦里进行局部的测量,但究竟是什么在支撑着它,却并不清楚。所以,我们在这里就只能试着找到一些支撑点,从这些支撑点入手来重构整个建筑。由于篇幅限制,这个任务还要收缩一下,我会把我认为可能的支撑点指给大家看,然后粗线条地绘制大厦的草图,由此获得一种整体形象,以帮助大家后续的阅读。这样做对维特根斯坦来说尤其缺乏公认正确的标准,很多理解来自于我自己,并且,我不承诺我的理解是正确的。我只是把大家领到他的著作面前,获得理解的愉悦,还是要靠读者自己。

由于维特根斯坦的思想具有极强的原生性,在阅读和学习的过程中,强调自己参与思考无论如何是必要的。维特根斯坦在建立自己的思想时直接参照的是罗素和弗雷格,因此对罗素和弗雷格的了解是必要的。至于这种参照在多大程度上起作用,这还是一个历史研究的课题。

大体上说,对于《逻辑哲学论》这部著作,目前存在两种相互竞争的解读策略。一种是传统解释,按这种解释,维特根斯坦在这部著作中表达了一种关于语言的本质主义(essentialism)观点,即语言是有本质的,而在后期则转向了一种关于语言的反本质主义(anti-essentialism)立场,即语言没有本质。这就意味着维特根斯坦的思想从写作《逻辑哲学论》的早期到写作《哲学研究》的晚期经历了一次彻底的变化。

另外一种阅读策略是近二十年才发展起来的，其代表人物是戴尔蒙德（Cora Diamond）和柯南特（James Conant），我们可称之为治疗性解释（the therapeutic interpretation）。维特根斯坦在《哲学研究》中把自己的哲学思考当作对流行的哲学病的治疗活动，这种哲学病体现为寻求语言的本质，寻求一种为语言的意义奠定基础的形而上学存在物。虽然维特根斯坦并没有宣称并不存在这样的本质，但仍然把认为其存在的观点当作一种需要驱除的幻觉。治疗性解释的要点是认为，至少在对于哲学和语言的总的看法上，维特根斯坦的前期和后期之间是连续的，不仅维特根斯坦在后期认为自己的哲学思考是治疗性的，而且前期也是如此。如果治疗性解释是对的，那么《逻辑哲学论》中所有关于语言本质的断定就都无意义。《逻辑哲学论》6.54节为这种解读给予了支持。

我在这里提供的对《逻辑哲学论》的解读方式介于传统解释和治疗性解释之间。我们可以认为，语言不是以某种先于语言的东西为本质（这等于否认传统解释），而这并不妨碍我们通过谈论语言的本质来关注语言（而这等于否认治疗性解释）。换言之，既不能简单地说语言没有本质，也不能简单地说对于语言来说存在本质。如果语言的本质内在于语言，如果说语言本身就是自身的本质，那么关注语言的本质，就是关注语言自身的一种方式。《逻辑哲学论》的最终目的就是获得这样一种对于语言自身的关注方式，拿维特根斯坦自己的话来说就是，逻辑必须关注自己。① 在《逻辑哲学论》中维特根斯坦给出了关于语言本质的种种陈述，但随后又以某种方式限定了这

---

① 《逻辑哲学论》5.473；*Notebooks, 1914–1916*, Blackwell, 1979/1998, p.2。

些陈述起作用的方式。这就与我们的解读方式相合。

在这部著作的序言中维特根斯坦声称自己的目的就是要为语言划定界限,这就是可说的与不可说的界限,或者说就是言说与显示的界限。这样做得到的不是一系列的哲学论断,而是一种语言观,进而是一种世界观,一种关注语言和世界的方式,一种眼光。这个目的同时也限制了我们阅读和理解这部著作的方式。读者不仅要注意维特根斯坦在字面上说了些什么,更要注意他在说这些话时在做什么事情,他试图让我们看到什么,这种看的方式是什么。这种要求使得阅读变得更加困难和富于挑战性,与此同时,也使任何一种关于这部著作的综述和导论都只能起到为阅读原著做好准备的作用,而不能够替代对原著的阅读。

7.1 关系问题与形而上学

选择关于关系的讨论作为介绍《逻辑哲学论》的起点,这种做法几乎没有先例。但这样做一方面能够为进入维特根斯坦的思考路径提供很好的引导,另一方面也能够在维特根斯坦与罗素之间建立一个易于纵观全局的对照关系,从而使我们了解维特根斯坦心目中的哲学分析究竟是怎样的。维特根斯坦经常把自己的思考作为应对罗素和弗雷格的哲学问题的一种方式,而这两位长者的哲学思考是维特根斯坦建立自己思想的起点,我们很快就会看到这种对照关系是如何决定《逻辑哲学论》的基本骨架的。在这种意义上讲,由于罗素是从外在关系理论入手建立哲学分析理念的,考虑维特根斯坦对关系问题的反应,就是一件很能说明问题的事情。

7.1.1　布莱德雷的问题及维特根斯坦的回答

关系问题是布莱德雷关于关系的非实在性论证所引出的。我们在本书5.2.2节提到过这个论证,但没有解释它。这个论证的大意是,如果建立一种包含关系的事实(我们称为"关系事实")需要关系的存在,那么从给定的部分就不能得到整个关系事实。这是因为要使关系能够把关系项结合起来,我们又需要新的关系来使原来的那个关系与关系项相结合。比如,要说明苏格拉底这个殊相与人这个共相通过例示关系结合起来,从而构成了"苏格拉底是人"这个句子所描述的事实,我们需要说明例示关系确实结合了这个殊相与一个共相。由于例示关系也是一个共相,我们所需要的实际上就是,苏格拉底与人一起例示了例示关系,也就是说,新加的这个例示关系确实把原来那个殊相(苏格拉底)和共相(人)与原来提到的那种例示关系联结起来了。显然,这样就进入了无穷后退。

这个表面上看起来有些怪异的论证与我们通常的理解相冲突。按通常的理解,并不需要任何东西来使一个关系项与关系发生关系,因为关系本身就是这样一种关系,只要它存在,就把关系项给结合起来了。这个理解似乎是有道理的,但问题在于,当关系被理解成独立存在的东西,它就可以在没有结合关系项的情况下存在,也就是说,单从关系的存在,还不能确定它是否结合了关系项。

人们通常会把关系当成一种形而上学范畴(category)。如果现在有关系这个范畴,那么布莱德雷的问题就相当于问,关系这个范畴本身是怎么回事,它的独特性何在。我们会觉得,这个范畴的特殊性就在于它要结合属于别的范畴的事物。但是,布莱德雷发现,我们无法理解,这种结合究竟是怎么回事。这样就威胁到这个范畴本身的合法性。如果你发现一些东西是无法理解的,那么你就无权认为这样的东西存在。

布莱德雷就是这样利用这个论证的。他从假定关系是一种东西入手,推出了无法接受的结论,于是就要否定关系是一种东西。用哲学的行话来说就是,关系不是实体。不过,布莱德雷并未就此止步,他还从关系不存在,推出关系事实不存在。这样一来,所有我们认为表明了关系的事实都是虚幻不实的,实在的东西仅仅是包含了所有东西的那个绝对,由于绝对是唯一的一个实体,也就不存在任何关系事实。这就是一元论的结论。

罗素对这个论证持反对态度。他从反对这个论证所导出的结论开始,这个结论即内在关系理论。如果内在关系理论是错的,那么这个论证的结论也就是假的。罗素用非对称关系的存在来说明这一点。但是,罗素要能够成功,就需要"非对称关系存在"这一前提。罗素认为这个前提自然满足,但布莱德雷却不会这样看。对布莱德雷来说,任何关系事实都不存在,因此非对称关系也就不会存在。罗素的反论是预设问题。即使罗素是对的,他也仅仅指出了布莱德雷的论证有问题,但问题在哪里,却并没有指出。罗素主张外在关系理论,但为此需要先解决布莱德雷的问题,即解释实体如何能够通过关系结合起来。但罗素并没有解决这个问题。

罗素后来仍然纠缠在关系问题上。我们在 5.2.4 节看到,罗素通过引入"涵义"这个概念来解释非对称关系,但这种解释并不成功。

维特根斯坦用一种不同的方式来处理关系问题。在《逻辑哲学论》2.03①中他说,"客体就像链条的环节一样在事态中联接起来"。在给《逻辑哲学论》英文译者奥格登的信中,维特根斯坦强调说,这种联接是无中介的,也就是说,客体直接联接构成事态。② 这就透露出维特根斯坦实际上是如何处理关系问题的。他既不像布莱德雷那样否定关系事实存在,也不像罗素那样,认为要构成关系事实,就需要关系这种东西。维特根斯坦承认关系事实的存在,同时又认为要构成关系事实,并不需要关系。

可以看出,布莱德雷论证是由两个前提结合得到的,一个是,关系事实存在,另一个是,为了得到关系事实,需要关系。这两者结合就进入了无穷后退,这意味着两个前提中至少有一个是错的。布莱德雷肯定后者,而否定前者;维特根斯坦则否定后者,肯定前者。

思考:请比较一下维特根斯坦与罗素对布莱德雷论证的反应有什么不同。

7.1.2　事实本体论

不过,不用关系就可以得到关系事实,这看起来有些奇怪。为理

---

① 后面提到《逻辑哲学论》的文本时,将直接说明文本的编码,而不再说明来自于《逻辑哲学论》。

② Wittgenstein, *Letters to C. K. Ogden*, ed. G. H. Wright, Oxford: Blackwell/London: Routledge, 1973, p.23.

解这个观点,我们需要的仅仅是思考方向的转变。这要求转向与通常的或者说自亚里士多德以来的整个哲学传统相反的方向,这就是,认为基本的形而上学范畴是实体,事实是由实体构成的。维特根斯坦要求把事实作为基本的范畴,而把实体作为派生的、可以通过事实加以确定的东西。这就是1.1所说的"世界是事实的总和,而不是物的总和"的意思。这里的物,就是实体。维特根斯坦所说的"客体"(object)也是一个类似的术语。其实,只要读读2.01以下的几节,就会发现维特根斯坦是通过事实来确定什么是客体的。

形而上学研究事物本身是什么。我们只能够利用另一个东西来解释所讨论的那个东西是什么,这时大体上就可以说另外那个东西比要解释的那个东西更为基本。这意味着最为基本的东西就是可以用来解释其他东西,但其本身不能得到解释的东西。这些东西仅仅被给定,或者说必须假定其存在。其他东西可以由这些最基本的东西得到。形而上学中最抽象也是最困难的问题通常就是找到那些最基本的东西。之所以困难,是因为我们不能直接使用我们所熟悉的思考方式,这些方式很可能恰好设定了那些需要解释的东西,因而会带来循环解释。

我们面临的问题就是要决定事实和实体哪个更基本。如果实体更基本,那么事实就是由实体构成的,这时我们就需要用某种东西来结合实体,也就是说,就要引入关系。事实毕竟不同于实体(关系项)的罗列,关系的引入解释了这种差别。如果引入关系,这种关系就必须在某种程度上比事实更为基本,因为关系也是构成事实的东西。但这样就很难禁止我们像罗素那样把关系理解成实体。

维特根斯坦意识到,我们不可能在不借助事实的情况下解释一种关系是什么,因而事实并不是由实体派生出来的。举个很浅显的例子来说。我们是如何说明什么是父子关系的呢? 我们会用诸如"毛泽东是毛岸英的父亲"这样的句子来解释这种关系,而这样的句子则是在描述事实。即使采取函项的形式来避免提到完整的事实,也很难回避这样一个事实:函项中的变项要通过占据其空位的常项来得到解释。变项的作用在于指明填在相应位置上的是什么样的常项,如果从来没有这些常项,也就不必有变项;但是,一旦在句子中那些位置上出现的是常项,由此得到的就是完整的事实。

~~~~~~~~~~~

思考:对比一下本书 2.1 节所描述的弗雷格的函项概念,看它与这里叙述的思路有何联系。

~~~~~~~~~~~

但是,上述推理仅仅是在说,事实至少比实体同样基本,而不能说明事实比实体更基本。如果两者同样基本,那么要说明世界中有什么,就既要列举事实,也要列举构成事实的那些实体。但维特根斯坦认为这是不可能的。在剑桥大学的一次课上他这样解释:

> 世界并不由物的列举以及关于这些物的事实所构成(就像是一场表演的节目单一样)……世界是什么,这是由描述,而不是由对象的列举所确定。①

这并不止于说,世界不是由实体构成,而且还可以进一步理解为,世界不能由实体以及由这些实体构成的事实构成。熟悉了布莱

---

① *Wittgenstein's Lecture*, *Cambridge 1930–1932*, from the notes of J. King and D. Lee, ed. Desmond Lee (Oxford: Blackwell), 1980, #112.

德雷论证就会看到,只要牵涉到关系,就必定面临要通过关系来把一些东西结合起来的困难,无论需要结合的是实体还是事实,情况都是如此。因此,如果世界中包含了实体,那么,这些实体就只能像莱布尼茨所说的那样,是彼此毫无关系的单子。

这样一来,我们就必须接受事实要比实体更为基本,从而要用事实来解释实体的结论。这直接与亚里士多德在《范畴论》中遵循的思考顺序相反。维特根斯坦与古老的亚里士多德形而上学传统的对立关系是显而易见的。他指出了一个与这个传统区别巨大的思考方向。

由于关系问题处在最为基础的层次,在《逻辑哲学论》的许多非常重要的关节点上,都可以看到关于关系的理解模式在起作用。比如,语言与实在之间的关系、句子与真值的关系,都是通过这些关系已经建立起来的情况(相当于客体构成的事实),来得到解释的。即使到了后期,在《哲学研究》中的遵从规则论证以及私人语言论证,也都可以看到这种模式的印记。当然,维特根斯坦从来不是机械地使用这种模式,而是通过这种模式的引导,去发现使不同的东西得以连接的东西。在一种非常独特的意义上,维特根斯坦认为这种连接的东西属于逻辑。

7.2　客体、事态与可能性

如果事实比实体更加基本,那么能够做的就是用事实来确定实体,即维特根斯坦意义上的客体。客体之所以是必要的,是因为它就是构成事实的东西,利用客体,我们就可以从一个事实过渡到另外一个事实,从而得到关于事实的具有普遍性的知识。具体的做法就是先从事实中通过分解来确定客体,然后用由此得到的客体来构成新的事实。

分解究竟是什么意思,这并非一目了然。这种分解经历了两个步骤,先是分解世界得到事实,然后是通过分解事实得到客体。前一种分解决定了什么是事实,后一种分解则决定了什么是客体。在1.2维特根斯坦说,"世界分解为事实"。这就是指前一个步骤。

7.2.1 存在与事态

按照自然的理解,事实就是一种存在的情况。这里的"存在",常常是指在世界中存在,就是与世界上的其他事实的共存。我们可以把世界理解为所有事实通过共存关系建立的整体,而这个整体是一个由事实通过共存关系构成的"超级事实"。只有当这种共存关系存在,我们才说一个事实在这个世界中,从而说这个事实存在。[①]

~~~~~~~~~

思考:对于"存在"这个概念,我们可以将其理解为关系,也可以将其理解为性质。考虑一下这两种理解方式各自是怎样的,维特根斯坦会支持哪种理解。

~~~~~~~~~

通过对这个"超级事实"进行分解,我们得到一般意义上的事实

---

① 正是因为我们把"存在"自然地理解为在世界中存在,我们才对于认为不在世界中存在的东西,即抽象的存在感觉不适。不过需要注意,这里是以这种自然的理解作为起点来解释一些基本概念,这并不是说这种理解就构成了已经被接受的观点。

概念。这种分解实际上决定了我们可以如何看待事实。一旦把一个事实从作为"超级事实"的世界中分解出来,这个事实就被理解为既可能存在,也可能不存在的东西。这是因为,分解以后它与其他事实间的共存关系消失了,因而按照我们对"存在"的理解,它也就不存在;但我们仍然可以认为,它还是可以重新加到世界中,从而存在。这时,存在与不存在,就是事实的两种可能性。一个事实如果存在,它就不是不存在;如果不存在,它就不是存在着的。由于这两种可能性具有相互排斥的特点,我们就可以把它们解释成同一个可能性的两个方向,或者说它们都是对同一个可能性的实现。同一个可能性只能有一个实现,因此存在的情况与不存在的情况相互排斥。

当我们从存在与不存在的可能性来看待事实,它就成为一种情况,就是维特根斯坦意义上的"事态"(states of affairs)。把某事物称为事态,就意味着我们不关心它实际是否存在,但仍然会从它具有存在的可能性方面来理解它。事态存在,也就意味着它成为事实,从而被解释为其存在的可能性得到了实现。

有趣的是,这样一来,通过拆分得到的事态重新合并到世界中时,我们就不必认为它与其他事实通过一种共存关系构成了"超级事实"。存在与不存在作为可能性都是属于事态本身的性质,而事态的存在是这种可能性的一种实现,因此,我们可以单独考虑事态是否属于这个世界,而不必另外确定它是否与其他事实共存。这样,我们就无须提到其他事实了。这样理解世界,就与"超级事实"所代表的那种理解不同。在诉诸"超级事实"时,我们确实可以解释一种情况是否属于这个世界——我们用构建"超级事实"的那种共存关系来说明它属于这个世界。但是,把事态理解成具备存在和不存在的可能性,就只需单独考虑各个事态是否存在。如果它存在,那么它就属于这个世界。这样,共存关系就可以解释为若干事态由于都存在而自动满足的关系,而不需要一种专门的共存关系来连接这些事态。在这种情况下,就无须假定"超级事实"了。

在《逻辑哲学论》中,维特根斯坦用"逻辑空间"这个概念来说明这种理解方式。存在与不存在的可能性构成了两个相反的方向,就好像是坐标系的轴一样确定了一个维度;不同的事态属于不同的维度,多个维度构成一个空间。这样,事实就可以在这个逻辑空间中得到确定。每个事实都是单独确定的。我们只需罗列有哪些事实,也就可以确定世界是什么样的。因此,维特根斯坦说,"逻辑空间中的诸事实就构成世界"(1.13)。

按这种方式理解,就会出现一种原子论(atomism),即各个事态之间彼此独立,其中一个事态是否存在,并不取决于其他事态。(1.21)当事态被理解为从世界中拆分出来的事实,存在就被单独归于各个事态。而这意味着各个事态就存在与否而言,是彼此无关的。

7.2.2 分解法

不过,这样就出现了一个问题。前面我们说,事实是从世界中拆分出来才得到的。如果是这样,那么事实并不独立于世界。另一方面,事态的存在与否又独立于世界中的其他所有事实,这相当于说,它独立于这个世界。这两方面于是就出现了冲突,一方要求独立,另外一方要求依赖。要解决这个问题,就要弄清分解与合并这样的步骤更深一层的内涵。

　　简单地说,独立性与依赖性并不处于同一个层次,依赖性是针对"What"问题而言的,独立性则针对"How"问题。分解确定了由此得到的东西是什么,就其是什么而言,它依赖于被分解的整体;而分解得到的东西可以与不同的东西合并,可以表明分解得到的东西具有独立性,而这种独立性是就其是怎样的而言的。通过分解,我们看到,分解以后得到的东西的是可能性,即构成原来那个整体的可能性;这个可能性被用来确定分解得到的东西是什么。而当这种东西被合并回原来的整体(或者某个新的整体),也就确定了它是怎样的。因此,分解法所建立的这种独立性与依赖性,也就在于,整体决定了分解所得到的东西是什么,而不决定其是怎样的。在分解法适用的所有地方,我们都可以看到这一点。

　　比如,就其作为事实而言,一个事实不可能不存在,也就是说,我们必须结合到世界这个概念来理解它。我们把一个事实理解为是从世界中分解出来的,它依赖于世界。而就其是怎样而言,事实则作为一种情况出现,此时,这种情况就被理解为既可能存在,又可能不存在,因而独立于世界。此时它也独立于其他事实。维特根斯坦在前一种意义上使用"事实"(Tatsache)这个术语,在后一种意义上使用"事态"(Sachverhalten)这个术语。①

　　此外,一个东西是怎样的,这取决于它是什么。因此,当使用分解法来确定一个东西时,它的独立性也就建立在依赖性的基础上。

---

　　①　"Sachverhalten"这个德文词奥格登的英文译本译为"atomic facts"(原子事实),皮尔斯的译本译为"state of affairs"(事态)。前一译法引起了不少误解,人们以为维特根斯坦发展了一种与罗素的逻辑原子论相近的形而上学。如果我在这里提供的解释站得住脚,那么这个译法就是错的。我采用皮尔斯的译法。

就事实与事态的关系来说,很容易理解这一点。我们最初是以面对事实的方式来学会什么是一种情况的,例如我们是通过看一些人踢足球,来理解足球赛是一种什么情况的。最终,事态这个概念依赖于事实这个概念,而事实这个概念,则依赖于世界这个概念。

7.2.3　客体

分解法也可以用来理解客体这个概念。它在《逻辑哲学论》中相当重要,是理解维特根斯坦的意义理论的关键。

客体是通过分解事态得到的。这里有个梯级的分解步骤。第一级是把世界分解为事实,由此得到的独立的东西是事态,第二级则是对事态进一步分解,得到客体。通过第二级的分解步骤,我们得以确定第一级分解步骤得到的东西是怎样的。第一级分解把世界分解为事实,我们得到了多个事实。但是,这些事实之间是如何区别的,这一点无法通过这一级分解步骤来回答。因此,虽然通过把事实结合进世界,可以确定事实是怎样的,但在不能区分各个事实的情况下,这一点仍然无法办到。事实之间只能通过其各自的结构来彼此区别,因此进一步的分解是必要的。可以这么说,按照分解法的原理,整体决定了部分是什么,而部分决定了整体是怎样的。这个原理则进一步决定了,要确定世界是怎样的,必须有第二级的分解步骤。

对于第二级分解,一个候选方案是,从事实而不是事态中分解出客体,这样,就可以像理解事实的存在一样来理解客体的存在,把客体的存在理解为与其他东西一起构成世界。但是,前面关于关系问题的讨论否决了这个思路。客体就是前面讨论这个问题时提到的实体。如果客体和事实一起存在,那么它们之间如何能够结合起来,也就得不到解释。因此,在事实存在的意义上,客体不能存在。

对事态进行分解就得到客体,这种分解确定了事态是怎样的。分解世界确定了事实是什么,同样,分解事态就确定了什么是客体——客体就是构成事态的可能性。另一方面,客体独立于特定事态。这种独立性体现在,客体不仅能够构成通过分解得到该客体的事态,而且能够构成另外一些事态。例如,一支笔可以在书的右边,从而构成笔在书右边这一事态;也可以在书的左边,构成笔在书左边这一事态,由此构成的事态与前一事态相互排斥。这种排斥关系也表明了,对于笔来说构成这两个事态的是同一个可能性,而我们借这种可能性来理解笔这个客体是什么。在这里,笔是一个占据空间的东西,这一点构成了这支笔的本质。这种本质是通过分解事态确定的,它决定了笔能够进入什么事态,它就是这支笔构成事态的可能性。

通过分解步骤所得到的结论合乎我们的理解。我们不可能知道某个东西是什么,而不知道这个东西能够出现在何种情况中。例如,如果我们不知道能够把这支笔放在书的右边,那么我们实际上就不知道笔是什么;我们也许会把笔理解成一个音阶,但这样一来就绝不会认为笔在书的右边这种情况是可能的。事实上,除非联系到客体所出现于其中的情况,我们无法单独解释这个客体是什么。我如何解释一支笔是什么呢? 我会解释说,这支笔可以用来写字,可以夹在耳朵上或者别在上衣口袋里,或者可以作为礼品送人,诸如此类的解释实际上都是笔可能出现于其中的种种情况,也就是维特根斯坦所说的事态。在我这样解释什么是一支笔时,绝不断定笔确实构成了这些事态,我所需要的仅仅是表明笔可以构成这些事态。构成这些事态的可能性,就是客体的本质。这些决定了客体本质的可能性被维特根斯坦称为"内在性质"(internal property)或"内在关系"。

对一个事态的描述回答了该客体是怎样的这个问题,也就是关于客体的 How 问题。这时候我们要求这个客体确实构成了这个事态。例如我说这支笔在桌子底下,实际上就是在描述关于这支笔的事态。在这样描述时我们需要借助于其他客体,例如桌子。但这绝不意味着客体就其本质而言依赖于其他客体。这支笔是不是在桌子底下,这依赖于它与桌子间建立的关系事实。但是这支笔是否有在桌子底下的可能性,这一点却绝不依赖于桌子的存在。①

维特根斯坦把客体是怎样的称为客体的"外在性质"(external property)。客体可以缺少任何一种外在性质,但不能缺少这种外在性质的可能性。这种可能性决定了客体是什么。

~~~~~~~~

思考:2.0232 中说,客体是无色的。这其实是在说,客体本身没有任何外在性质。想想为什么这样说。

~~~~~~~~

7.2.4 实在

当事态通过客体的结合得到确定时,就可以经由事态重新合并,回到世界的层次。此时的世界是就其是怎样的而言是确定的,这种

---

① 人们会同意,如果没有桌子,笔就不可能在桌子底下。但是,如果把在桌子底下的可能性理解为这支笔的空间特性,理解为与在口袋里的可能性是同一回事,就立即可以看出,即使没有桌子,那种可能性还是存在。

确定性来自于客体。给定了所有的客体,世界是怎样的,也就此决定了。在这种意义上我们既可以谈论世界上存在的事态,也可以谈论不存在的事态。并且,就世界已经先行给定了而言,哪些事态存在,也就决定了哪些事态不存在。在这种意义上说,某事态的不存在,也是事实。因此可以把事态的存在或不存在都称为实在。

最后,整个分解—合并过程我们可以用下面的示意图来表现:

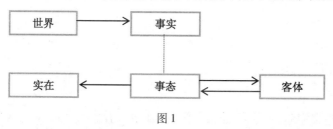

图 1

图中向右的箭头表示分解,向左的箭头表示结合。分解决定了箭头指向的东西是什么,结合的箭头则决定了箭头所指的东西是怎样的。事实与事态间的虚线表明了事态与事实间的关系。事态是就事实具有存在或不存在的可能性而言的,而事实则是就事态的存在而言的,因此事实与事态在其是怎样的意义上讲是同样的。最终,通过两级分解,依次确定了事实以及客体是什么,而通过两级合并,则依次确定了事态以及世界是怎样的。分解然后合并,也就是从给定的世界出发来确定世界是怎样的。这就为描述世界做好了准备。

7.3 逻辑图像论

逻辑图像论为建立《逻辑哲学论》中的主要观点提供了框架。事实上,逻辑图像论可以看成是维特根斯坦对于罗素的命题理论的一个反应,理解了逻辑图像论,我们就可以看清维特根斯坦在什么意义上解决了罗素的问题。

逻辑图像论实际上就是通过与图像对照来说明命题本质。这里的图像是指包含油画、照片、素描、地图、工程图纸等在内的所有用来表现某种情况的东西。按照逻辑图像论,命题本身在严格意义上就是图像。

7.3.1 否定

弗雷格曾经认为,一个完整的句子可以看作一个名称,当这个句子单独出现时,其指称就是真值,而当句子作为名词从句特别是在内涵语境中出现时,其指称就是句子所表达的思想,即弗雷格意义上的命题。这种处理方式很自然地导向关于思想的柏拉图主义理解。这样做虽然不会影响逻辑系统的建立,但还是会影响人们理解逻辑的本性,而这正是维特根斯坦所在意的。维特根斯坦反对把句子看作名称,不过,他的理由以罗素为参照更加容易说清。接下来就直接讨论罗素的相关想法,而在适当的时候再回到弗雷格。

不难注意到这样一个事实,句子总是成对出现的,其中的一个句子为真,另一个就为假,我们说其中的一个句子否定另外一个句子。两个相互否定的句子要为真,就分别要求不同的事实,我们说它们的真值条件不同。一个句子为真时所对应的事实就被罗素称为"肯定事实"(positive fact),而另一个句子为真时,所对应的事实就被称为"否定事实"(negative fact)。例如下面两个句子就分别描述了一个肯定事实和一个否定事实：

　　　1）奥巴马击败了麦凯恩；

　　　2）奥巴马没有击败麦凯恩。

　　按罗素的命题理论，一个句子所表达的命题就是其对应的事实，而句子中所包含名称的意义则是构成事实的那些东西。因此，1）所表达的命题就是奥巴马击败麦凯恩这样一个事实，而2）表达了奥巴马没有击败麦凯恩这个事实。如果前一个事实是肯定事实，那么后一个事实就是否定事实。于是罗素面临着的问题是，在肯定事实与否定事实中只可能有一个存在，但是，为了确保两个命题都有意义，罗素必须承认，不存在的事实仍然在某种程度上存在着。这样一来罗素就面临着意义理论与本体论经济性要求这两者间的矛盾。事实上，承认不存在的事实在某种意义上存在着，这本身就是一个让人有些难受的结果。即使接受这个局面，罗素仍然面临另外一个问题：肯定事实与否定事实这两者既然都存在，那么如何解释两者中一个使一个句子为真，另一个则使同一个句子为假呢？这种相互排斥的关系究竟是如何建立起来的呢？

　　这并不是一个傻里傻气的问题。存在的东西之间要建立一种联系并不困难，困难在于这种联系要使得当其中一个存在，另一个就不存在，也就是说，这种联系要在一个存在的东西与另一个不存在的东西之间建立。

　　弗雷格对否定的解释也不能避免困难。弗雷格的命题理论与罗素不同。对弗雷格来说，句子表达的命题是思想，因此，一个否定句所表达的，就是一个否定的思想，即对被否定的句子所表达的思想进行的否定。例如，非 p 所表达的思想就是对 p 所表达的思想的否定。

这样,否定实际上就是 p 和非 p 这两个思想的差别,后一个思想比前一个思想多出一个成分,这个成分就是否定。但是,这样就无法解释,非非 p 为什么又与 p 是同一个思想。多出的成分在叠加的之后就消失了,这说明这种成分不是实质性的东西。

弗雷格的问题与罗素的问题具有共性。罗素的问题表明,否定不能被解释成关系,而弗雷格的问题则表明,否定不能被解释成性质。如果在弗雷格的函项结构的框架中看待这个问题,这就意味着,否定不是弗雷格意义上的函项,即那种不饱和的东西。同样,这又意味着,句子并不表示弗雷格意义上的那种饱和的东西,也就是说,句子不是名称。

对这个事情维特根斯坦是这样看的:句子能够为真或为假,这表明句子不是名称,这是因为名称不能具有真假。[①] 这个思想虽然表达得极为简洁,但其内涵却绝不简单。它要求,绝不能用名称来命名事实,换言之,绝不能指称事实。这个想法与我们习以为常的做法相左,我们常常会用"这个事实"、"那个事实"这样的词组来指称事实。但这并没有使我们认为,一个描述事实的句子就是名称,该名称指称这个事实。一旦理解了句子,我们就总能够知道相应的否定句是什么。对这个习见的事实加以足够的注意,就能够理解维特根斯坦的思路。

这个事实意味着,从一个句子本身就能够过渡到这个句子的否定,而无需另外理解那种被称为"否定"的性质或关系。这种过渡可

---

① *Notebooks 1914–1916*, second edition, ed. G. H. von Wright and G. E. M. Anscombe, trans. G. E. M. Anscombe, Blackwell Publishers, 1998, p. 97.

以用真值可能性来说明。句子能够是真的或假的,因此,句子包含其真值的可能性。真和假属于同一个可能性,正是这一点使我们可以在句子为真的情况与句子为假的情况之间相互过渡;并且,由于这两种情况彼此排斥,这种过渡就是否定。

句子之所以不是对事实的指称,就在于从句子中我们能够直接看到这种可能性,句子的结构就起这个作用;与之相反,由于名称是无结构的,就不能表明这种可能性。

7.3.2　意向性事实

但是,单单说句子具有结构,还不足以解释句子具备的与真值相关的特性。在 5.2.4 节我们讨论罗素时就已经看到,通过在句子结构的基础上引入涵义①,并不足以解决问题。关键是无法解释,为什么不同的关系在方向相反的时候能够表达同样的关系。

～～～～～～

思考:回顾一下 5.2.4 节,看看这里提到的难题应该如何表述。

～～～～～～

在《逻辑哲学论》中,维特根斯坦似乎暗示了这样一种解决办法:客体结合为事实的那种结构,并不是被句子结构所表征(represent)的,而是我们使用句子的人通过观察句子结构看出来的东西。这样做之所以能够起作用,就在于我们可以把"张三比李四高"与"李四比

---

①　维特根斯坦也以与罗素相同的方式使用"涵义"这个概念,用它来表示句子和事态所拥有的相互排斥的真值可能性,即《逻辑哲学论》3.144 所说的箭头所指的方向。

张三矮"这样方向相反的不同关系解释为相同的结构——作为句子的使用者,我们把它们看作是同样的结构。下面解释这是什么意思。

在 1.2 节我们就讨论过标记句子。作为标记句子,写在纸上的句子就是一个物理实体。一个标记句子是一串墨迹,而一串墨迹并不是一个事实。我们可以为这串墨迹加上一些特征,例如说这串墨迹很长,或者是弯曲的,这样一来我们得到一个关于这串墨迹的事实,但这不是我们用来描述事实的句子。我们说这些是自然事实(natural facts)。在"张三比李四高"这个句子中,"张三"这个词位于"李四"这个词的前面,这就是一个自然事实。作为一个物理实体,有关它的自然事实还包括比如"张"与"比"之间被"三"这个字隔开,它们都适用于同一个对象。

然而,对于理解这个句子的人来说,这个物理对象却表明了一个意向性①的事实(intentional fact),即"张三"这个词与"李四"这个词在表现高矮关系的结构中形成了一种如句子所示的顺序,这种顺序对应于标记句子中的前后关系。这个事实是由使用这个句子的目的所规定的,同一个物理句子的其他事实就被排除了,比如"张"与"比"之间被"三"这个字隔开这样的事实就是不相关的。

同样的区分也适用于图画。当我们谈论某幅画描绘了什么时,

---

① "意向性"(intentionality)是一个针对心理内容的术语。当我们说罗密欧爱朱丽叶时,罗密欧的爱情作为一种心理状态要结合朱丽叶这个对象才能得到确定。心理状态的这种与对象的关联性,就被称为"意向性"。这个术语来自于中世纪。奥地利哲学家布伦塔诺(F. Brentano)把意向性理解为心理现象区别于物理现象的标志性特征。不过这个观点引起了一些争议。在这里,我们说一个事实是意向性的事实,其实是从该事实作为心理活动的对象的角度而言的。随着后面论述的展开,意向性事实的基本特征会逐步清晰起来。

并不是在谈论墙上的那张纸,但也不是在谈论那张纸以外的某个幽灵一样的存在物,在某种意义上我们谈论的就是那张纸,但我们要以某种方式或者确切地说从某个视角去谈论,从这个视角出发,我们能够从这张纸看到一处风景。这时,我们可以说所谓的图画其实是一些意向性的事实构成的。画上有一个霉点,则是一个自然事实,我们不会说霉点描绘了什么。

意向性的事实仅仅作为事实存在,而不作为复合物存在。因为,如果作为物存在,那么它所具备的其他特性也就会起作用,也要被认为表征了相应的情况,但我们不这样使用句子。比如,我们不会认为,"张"与"比"之间被"三"这个字隔开这样的事实说了什么。虽然这类事实也可以从句子中看到,但如果你关心这样的事实,那就只能表明你不理解这个句子。对理解句子的人来说,"张三比李四高",就仅仅表现了一个事实,这就是前面提到的那个意向性的事实。

〜〜〜〜〜

思考:维特根斯坦在《逻辑哲学论》3.1432 中说,"我们一定不能说,'复合记号"aRb"说的是 a 与 b 处在关系 R 中',而必须说,'"a"和"b"处于某种关系中这一事实说的是 aRb 这一事实'。"这段话是什么意思呢?其中提到的"某种关系"又是什么意思?

〜〜〜〜〜

对意向性的事实,只有从使用者的角度来看,才能看到命题[1]。

---

[1]　一般来说,"命题"一词用来指句子的意义,相对于句子来说,命题更是一种抽象的东西。在维特根斯坦这里没有证据表明了他区分了句子与命题,但我们还是可以用"命题"一词来指通过句子表现出来的意向性事实。由于是意向性事实,命题不是句子之外的又一种实体。因此维特根斯坦可以不必区分句子与命题。我们这里的区分仅仅是为了方便起见做出的。

这一点对理解逻辑图像论来说具有最为根本的意义。由于命题是作为意向性事实给出的,而意向性事实是使用者从作为物理对象的句子中"看出"的东西,我们就容易看到,为什么物理结构不同的句子,以及包含了不同符号的句子,可以描述同样的事实。比如,我们可以解释说通过"张三比李四高"给出了与"李四比张三矮"同样的命题。

使用者的视角我们也可以称为"第一人称视角"(the first-person perspective),旁观者视角则是第三人称视角(the third-person perspective)。通常把第三人称视角当作客观视角,而第一人称视角则是主观视角。第三人称视角是一种对于观察者没有特殊要求的视角。一片草坪对于牧羊人来说是草坪,对于羊来说也是如此。草坪作为草坪,这一点对于牧羊人和羊来说都是一样的,此时我们说这是一个第三人称视角中的事实。但是艺术品收藏者和老鼠肯定以不同的态度对待一幅画,老鼠不会害怕画中的猫,我们说一幅画是属于第一人称视角的东西。

说第一人称视角是主观视角,第三人称视角是客观视角,其实是一种很容易误导的说法。这使我们以为,第一人称视角的东西是随着主观意愿变化而变化的东西。对于第一人称视角来说,有多种看待事物的方式,既然如此,我们就可以在这些方式中随意选择,也就是说,我们愿意把一个东西看成是怎样的,就能够通过调整看待的方式,来把它看成是怎样的。这种理解并不正确。

为了说明正确的理解,我们需要区分一下看图像的方式和由此看到的东西。要按照什么方式来看图像,这取决于我们用图像来描绘的是什么样的东西。比如,对于"张三 R 李四"这个句子,如果把它看作是陈述的是高矮关系,我就会注意"张三"与"李四"这两个名称的顺序;但是,如果认为它陈述的是邻居关系,那么这种顺序就是无关的。在这两种情况下,这个标记句子会表现为两种不同的意向性事实。这种区别就是看图像的方式上的区别。至于按照这种方式看到的是什么,则取决于句子本身的物理特征,即"张三"与"李四"这两个名字的实际顺序。在这种意义上,图像表现了什么,这并不是主观的。

这样一来,句子的逻辑形式也就容易理解了。维特根斯坦说,句子与事实共有逻辑形式,是句子能够描述事实的必要条件(2.18)。被描述事实的逻辑形式就是相应事态所代表的那种可能性,比如,张三比李四高这一事实,它的逻辑形式就是两个空间对象的空间关系。这种关系可能是一个比另一个高,也可以是一个比另外一个矮,这两种情况的逻辑形式是相同的,它们同属一种可能性。而当句子被理解成例如纸上的墨迹时,线性排列的记号也具有自己的逻辑形式,比如一个记号总是位于另外一个记号前面或后面,除非我们习惯于垂直书写,一个字不会位于其后紧随的那个字上面。如果不是把句子看作是意向性的事实,那么句子与所描述的事实共有逻辑形式,这一点就决定了句子只能够描述前后或者左右这样的空间关系。这就让共有逻辑形式这样的要求显得很奇怪。

一旦从意向性事实角度来理解图像,进而理解句子,这个困难就不存在了。无论"张三比李四高"这个句子是怎样写的,它总是与张三比李四高这个事实共有逻辑形式,这是因为我们是按后者的逻辑形式来"赋予"句子以逻辑形式的。只要我们用那个句子来描述那一类事实,我们就会从句子的物理形态从看出两个名称之间的关系,而这种关系表明两个名称所指称的对象谁比谁高。

思考:回顾一下 5.2.4 节罗素所遇到的问题,看维特根斯坦是否解决了那个问题。

思考:回顾 7.3.1 节关于否定的解释。在《逻辑哲学论》中,维特根斯坦把包括否定在内的真值函项都解释成操作(operation)。看看这种解释与这里的意向性事实的概念是否一致。

此外,从意向性事实这个角度,也不难解释维特根斯坦为何可以说,基本命题最终仅仅是由名称构成,而不需要连接的成分(4.22;4.221)。这里我们不去理会关于基本命题的问题,而只是说明,维特根斯坦的命题理论允许他说,命题中可以没有连接成分。这显然是因为,命题是我们使用者所看到的事实,而不仅仅是写在纸上的一串符号。作为一串符号,"张三比李四高"这个句子中当然包含"张三"与"李四"这两个名称之间的连接符号;但是,作为意向性的事实,我们却可以只是按照顺序写下这两个名称,然后约定,当"张三"写在"李四"前面时,意思就是张三要比李四高。这里,连接性的符号是不需要的。这就说明,相应的命题并不包含连接性的成分。相应地,维特根斯坦也就不必说,基本命题中需要包含表示关系的连接成分。出于这个理由,他也不必认为,为了构成个关系事实,我们需要一种被认为是关系的东西。这就与我们在 7.1.1 那里看到的结论构成照应。

7.4 显示

接下来看关于言说与显示(show)的区分。这个区分在《逻辑哲学论》中无论如何都不能绕过,它决定了维特根斯坦哲学的基本特征,这就是后来人们常说的"寂静主义"(quietism)。在《逻辑哲学论》中,寂静主义体现在最后一句话上,就是"对于不可说的东西我们必须保持沉默"。这里,"不可说的东西"就是显示的东西。

维特根斯坦把很多东西都归入显示之列。对于意义理论来说非常重要的逻辑形式和客体,属于形而上学的事实、事态和命题,这些东西是怎样的,都是显示出来的。作为整体的世界、人生的意义、价值以及整个哲学本身,也都属于显示。可以显示的东西都是不可言说的。与属于显示的这个清单相比,可以言说的东西就只有事实是如此这般。

维特根斯坦认为,整个《逻辑哲学论》的首要任务就是为思想或言说划定界限,并且规定只思考可思考的,只言说可言说的,而对不可言说和思考的东西保持沉默。这个任务就以言说与显示的区分为基础。对于不可言说的东西保持沉默,也就是使显示的东西仅仅显示出来,而不要试图去说它们。这个规定究竟是什么意思呢? 要回答这个问题,就要先弄清楚显示与言说的区分究竟是怎样建立起来的,从而弄清什么是显示。

应当说整个逻辑图像论都是在解释什么是言说。图像描画实在,这与命题描述实在是一回事。言说就是对于实在的描述,通过这种描述给出的是事态。事态表明实在是怎样的。命题对于实在的描述需要两个必要条件,其一,命题中的名称对应于事态中的客体,其二,命题与事态共有逻辑形式。在命题与事态共有逻辑形式的前提下,命题所包含的可能性使我们可以知道事态的可能性。通过名称与客体的对应关系,名称在命题中结合起来的方式就表明了事态中客体的结合方式,因而就使我们能够从作为事实的命题中看到事态是怎样的。

7.4.1 两种解释

关于显示,我们可以从这个角度来考虑:既然显示的东西是不可说的,这就应当是由于显示出来的东西不合乎言说的必要条件。这就是说,承认存在显示的东西,但否认显示的东西可说。大部分对《逻辑哲学论》持传统解释的学者都这么认为。这个考虑似乎自相矛盾——既然显示的东西是不可说的,并且由于言说与思想在维特根斯坦那里自然地重合,显示的东西也就不能思考;但是,断定有显示的东西,进而断定这些东西不可说,也就是对于显示的东西的一种思考。这种自相矛盾让像罗素这样的哲学家感到费解。罗素在为奥格登英译本写的序言中表达了这个困惑。但是,既然这是自相矛盾的,那么按照一种善意的理解,就不能认为维特根斯坦的想法本身就自相矛盾。

还有一种思考方式是近年来开始流行的治疗性解释所倡导的,这就是认为显示的东西之所以不可说,是因为不存在这样的东西。维特根斯坦把语言的本质,即语言言说的必要条件,都归于显示。因此,如果维特根斯坦认为不存在显示的东西,那么他就持有关于语言的反本质主义观点。不过,按照治疗性解释,这种反本质主义观点本身也是不能表述的,因为它仍然是一种关于语言本质的观点。反本质主义观点贯彻下来,会使这种观点本身陷于无所谈论的境地。《逻辑哲学论》的 6.54 说,要把这本书中的命题看作是无意义的,才算是达到这本书的目的。这似乎就印证了这个解释。不过,这个解释中奇怪的是,既然这些命题是无意义的,那么它们是如何达到作者的目的的呢? 毕竟,作为哲学著作,《逻辑哲学论》不能像梦呓一样通过无意义的话,透露作者本人的主观感受或者意图。与其仅仅说些无意义的话来达到某些目的,还不如用更为直接的方式来做到这一点。

不过,关于维特根斯坦的反本质主义理解还可以采取另外一种策略来为自己辩护,这就是把《逻辑哲学论》这部著作看作辩证发展的过程,通过诱导读者按照某种方式思考,来使其意识到自己原来的某些想法其实是幻觉。在《逻辑哲学论》序言中,维特根斯坦声称自己已经解决了所有的哲学问题。考虑到这一点,这种辩证解读的支持者就不得不说,所谓问题得到了解决,不过是被消解了,这些问题的存在,这本身就是幻觉。如果这样理解,那就要承担这样一个异常困难的任务,这就是要以合适的方式展现整个辩证过程。辩证法的所有核心就在于过程,而不在于在过程中建立的个别观点,尤其是当这些观点面临最终消解的命运时。如果有人跳出来说,《逻辑哲学论》需要辩证解读,那么除非他展现了整个辩证过程,我们不能相信他。在这种意义上,仅仅说本质不存在是无济于事的,因为我们很有可能正是按照为幻觉所困的那种方式来接受这一点的,而这恰恰意味着这个观点与幻觉没有区别。

在这里我所采取的解读策略是,不管维特根斯坦最终的目的是什么,这个目的应当是按照一种严格而自然的方式达到的,因此通过对建立观点的方式给予足够的重视,就能够获得一幅最终的思想图景。这就要求补足文本中缺失的论证环节。无论如何,对于一个严格的哲学家,对于一部高品质的经典著作,这种解读策略都是值得认真对待的策略。因此,只要能够从文本中找到明确的表述,就必须先按照这些表述的严格意义来理解,只有在这样出现了问题的时候,才换用曲折间接的解读方式。下面我们就按照这个精神来处理显示与言说的区分这个问题。

7.4.2　关于描绘形式的论证

在文本中维特根斯坦直接说明了逻辑形式是不可言说的,而对其他东西为何不可言说,维特根斯坦并没有做出相应解释,因此应当可以以一种自然的方式引入。下面我们就以逻辑形式的不可言说作为切入点,来分析关于言说与显示的整个区分。文本中有两个地方集中处理这个问题,一处是在 2.17 以下,另一处在 4.12。我们先看前面一处。

　　2.17 为了能够按该有的那种方式描绘实在,不管描绘得正确与否,图像都必须与之共有的东西,就是图像的描绘形式。

　　2.171 对任何实在,只要图像拥有其形式,它都能描绘。

　　空间图像能描绘一切空间的东西,颜色图像能描绘一切有颜色的东西,等等。

　　2.172 但图像不能描画它的描画形式;它显示描画形式。

　　2.173 图像从外面表现事物。(它的视角就是用来表现的形式。)这就是为什么图像对于事物的表现有对有错。

　　2.174 但图像不能置身于它用来表现的形式之外。

这几段话引入了几个相互关联的术语:描绘形式、视角和表现形式。描绘形式与逻辑形式之间有些区别,这里我们可以先暂时忽略,而把它们视为同样的东西。至于视角,与图像联系起来很容易理解,而句子由于是意向性的事实,也容易与视角联系起来。视角与描绘形式的联系在于,描绘形式总是在特定视角下的描绘形式。出于这种考虑,维特根斯坦在这里使用"表现形式"这个术语来说明描绘形式与视角不可区分的关联。我们可以直接把表现形式理解为描绘形式,而不会被误导。

至此,我们就可以看到,维特根斯坦在这里实际上给出了图像为何不能描绘自己的描绘形式的论证:如果一个图像要描绘自己的描绘形式,那么它就必须来到自己的描绘形式之外,但这是不可能的,因此图像不能描绘自己的描绘形式。这个论证之简洁出乎意料,在前面 7.3 节给出了关于图像论的背景之后,理解这个论证并不困难。

关键是理解这个论证的一个前提,即图像从外面描绘事物。要点在于使用了一个通常表示空间关系的词"外面"。一个东西在另外一个东西外面,就是指前者没有被包含在后者中,也就是说,在后者不存在的情况下,前者仍然存在。用亚里士多德的传统术语,这一点表述为前者独立于后者。这样一来,图像从外面描绘事物,就可以严格地理解成,图像以一种独立于所描绘者的方式来进行描绘,也就是说,我们无须知道图像描绘的是什么情况,就可以通过观察图像知道这一点。

按这样理解,整个论证就是一个严格的论证。仅当图像是按照自己的描绘形式来描绘,它才是一个图像,因此,如果这种描绘形式不存在,那么图像也就不成其为图像。这就是说,在不知道图像的描绘形式的时候,也就不可能知道图像的内容。这就等于说,如果把图像的描绘形式当作是图像要描绘的东西,那么图像就不能从"外面"

来描绘,也就不能描绘。

不过,"图像从外面描绘事物"这个前提需要一些辨析。从 7.3 节关于逻辑图像的说明中我们知道,图像的逻辑形式取决于它要描绘的是何种事实,即取决于事实的逻辑形式,但图像在这种逻辑形式之下所描绘的情况是怎样的,则取决于图像本身的物理特征,取决于通过图像的物理特征确定了怎样的意向性事实。因此,在图像所描绘的情况是怎样的这种意义上,图像独立于所描绘的事物。图像是通过自己是怎样的,来表明所描绘的事物是怎样的。即使所描绘的事情不存在,图像照样起描绘作用。这样看来,前面论证的前提是成立的。

也许会有这样的反对意见:难道就没有描绘自身的图像吗?出于一种极为特殊的艺术理念,也许会有画家画一幅关于这幅画本身的画。虽然这样的画是什么样的,我们不得而知,但这似乎也不是不可以。好像没有什么能从逻辑上禁止一幅画画它自己。问题在于,我们事实上不能这样理解图像的概念。我们无从知道,一幅画要是画自己的话,那画的会是什么。使用图像的方式决定了图像必须描绘自己以外的事物。这一点在我们前面给出的分解法背景下尤其清楚。简单说来就是,什么是图像,这一点是由图像描绘实在这一关系事实所决定的,而这个关系事实就是我们实际上使用图像的方式。因此,我们实际上如何使用图像,就决定了图像只能如此,也就是说,一种事实上的约束在这里对应于一种逻辑上的约束。这种约束之所以是逻辑上的,是因为它约束的是什么是图像这一点,也就是图像这个概念本身。

　　问题:请把这段关于分解法的论述与 7.2 节关于客体与事实关系的讨论对照起来,看看分解法是如何使用的。

　　〰〰〰〰〰〰

7.4.3　关于逻辑形式的论证

　　下面考虑《逻辑哲学论》关于显示与言说之分的第二处明确说明:

　　4.12　句子可以描述整个实在,但不能描述为了描述实在而必须与之共有的东西,即逻辑形式。

　　为了能够描述逻辑形式,我们就得能够带着句子一起来到逻辑之外,也就是说,来到世界之外。

　　4.121　逻辑形式不能为句子所描述,它在句子中反映自己。

　　在语言中反映出来的东西,语言不能描述。

　　能够自己在语言中表达自己的东西,不能由我们用语言来表达。

　　句子显示实在的逻辑形式。

　　句子展示它。

关于逻辑形式,维特根斯坦给出的断言显然比 2.17 以下关于描绘形式的断言要强。从 4.121 的补充说明来看,一个命题的逻辑形式不仅是这个命题本身所不能言说的,任何命题都不能言说,故而才有语言不能表征逻辑形式的说法。与此相对照,在前一处论证中,图像的描绘形式仅仅是具有该描绘形式的图像本身不能描绘,但并不排除另一个图像能够描绘。这个对照与描绘形式和逻辑形式之间的区别有关,我们先看看这个区别是怎样的。

简单说来,描绘形式与描绘的特殊方式有关,而逻辑形式则是一般性的。2.181 和 2.182 说,"如果描绘形式就是逻辑形式,则图像称为逻辑图像。所有图像也都是逻辑图像"。这就是说,从图像描绘的特定方式中,我们可以抽出一些一般的东西,从而使图像在一般的意义上得到理解,即理解为逻辑图像。图像是被看作图像的,因此这种抽离应当与我们看待图像的方式有关。

用例子来说明这种区别。要描绘同一处风景,我们有油画、素描、示意图和句子这四种图像。就其进行描绘的特定方式来说,在油画的描绘形式中包含了色彩,而这一要素在素描中被抽掉;在素描中包含的表现形状及明暗对比的要素在示意图中被抽掉,但保留了表现三维空间的要素;而对句子来说,表现三维空间的要求也被抽掉了,剩下的仅仅是在纸上线性排列的记号。这些不同的描绘形式都对应于特定的标准,按照这些标准我们说这些图像是对的还是错的。这些标准彼此不同,比如用素描的标准来衡量示意图,一幅正确的示意图也会是错误的素描绘。不过,即使这样来衡量,我们也会说,这幅图画就其空间关系而言是对的,但明暗关系完全错了。对这些描绘形式来说,我们可以按照不同的描绘手段所对应的标准,来对图像的不同侧面进行评判,因此这些描绘手段可以分离出来。关键在于,这种评判的结果取决于描绘形式中所包含的描绘手段。把四种图像依次排列起来看就会明白,对描绘手段进行分离和抽取,这种依次抽取的步骤使得描绘手段对于评价正确与否的影响越来越少。而这就意味着,存在这样一种极限情况,为了评价图像的正确与否,我们不需要考虑描绘手段的限制。在这种极限的情况下,描绘形式就是逻辑形式。这时图像的正确与否,就仅仅取决于实在是什么样子的。

回到 4.12 以下关于不可言说的论证。考虑到描绘形式与图像自身的描绘手段有关,而这些描绘手段体现为图像本身的某些物理特点,我们可以说一个图像的描绘形式可以为另一图像所描绘。一个明显的例子是,我们可以用语言来描述一幅素描绘是如何表现明暗关系的,音乐教师也可以使用语言来描述对位法,而这属于素描和音乐的描绘形式。但是,按照维特根斯坦给出的论证,逻辑形式不能为任何命题所描述。在 4.12 中他说,命题的逻辑形式与整个实在有关,正是这一点使逻辑形式不能被描绘。为什么这么说呢?

对照描绘形式仔细考虑一下就会明白,用图像进行描绘的特定手段限制了图像能够描绘什么。例如,素描不能表现色彩,而充其量能够表现由于色彩引起的明暗差异;油画不能表现一个过程,而只能表现过程中的某个瞬间;音乐也只能在一种非常牵强的意义上描绘一处风景或者一张面孔。如果把描绘手段的影响抽离,我们就可以设想,图像可以描绘任何东西。维特根斯坦可能正是在这种意义上认为,任何一个命题应当都能够描述整个实在。

任一命题都能够描述整个实在,这应该是在说,该命题所具有的逻辑形式穷尽了实在的所有可能性。由于逻辑形式就是实在的可能性,要描述逻辑形式,按照图像从外面描绘事物这一前提,所需要的命题就要独立于实在的所有可能性,而这是不可能的。这是因为从某种可能性出发来进行描绘,即从某个逻辑形式出发来进行描绘,是图像能够描绘的必要条件。由此自然就得到任何命题都不能描述逻辑形式,无论是具有该逻辑形式的命题,还是别的什么命题。这就是所要得到的结论。

按对于显示的传统解释,逻辑形式因为不满足言说条件而不能被言说。这种解释虽然得到了文本的支持,但仍然不让人满意。首先,按这种解释,"显示"就仅仅是一个否定性的概念,它涵盖不满足言说条件的东西,但我们仍然不知道其正面意涵是什么。其次,说一个命题就穷尽了实在的所有可能性,这很难理解。一个命题诚然是从某个角度来描述实在。比如,"张三比李四高"是在描述一种空间关系,它不可能覆盖比如说事物的颜色。这样一来,说一个命题穷尽了实在,就只能是一种比喻了。显然,我们不能这样来理解显示。

7.4.4　关于显示的意向性解释

到现在为止,我们得到的观点是,逻辑形式之所以不能为命题所言说,是因为逻辑形式是言说的必要条件,而用于言说的命题需要独立于所要言说的事实才能言说,这种独立性要求命题独立于要言说的逻辑形式。这个观点不能解释,为何一个命题的逻辑形式不能为另外一个命题所言说。这里,我要给出的解释是,逻辑形式作为言说的必要条件起作用的方式使其不可言说。更明确地说,逻辑形式之所以不能言说,是因为它不能脱离使用,而要描述逻辑形式,却要使其脱离使用。

前一节我们得到结论是,命题是意向性的事实。这就是说,命题是使用句子的人在句子中所看到的事实。按这种理解,逻辑形式应当是使用句子的方式,也就是维特根斯坦所说的"视角"。如果我们把使用句子描述事实的行为归为意向行为,那么逻辑形式就是意向行为的必要条件,而所描述的事实就是意向对象。按这种说法,我要给出的解释就是,一个句子的逻辑形式之所以不能为任何句子所描述,是因为作为意向行为的内在特征,它不能成为任何意向行为的对象。这种解释我们称为关于显示的意向性解释。下面说明这是什么意思。

通常,我们会区分意向对象和意向行为。例如我崇拜某人,我所崇拜的那个人就是意向对象,而我的崇拜就是意向行为。意向对象与意向行为之间的关系相当奇特。其一,意向对象对于意向行为来说是必不可少的,也就是说,要说明一个意向行为是什么,必须说明意向对象是什么。比如,即使我的所有外部动作以及其他心理活动都相同,对夏洛克·福尔摩斯的崇拜与对约翰尼·李·米勒①的崇拜还是不同。其二,充当意向行为的对象,这会让对象具有内涵性,也就是说,指称该对象的不同名称在替换时会改变句子真值。② 当对象具有内涵性,由这些对象构成的事实,也就具有内涵性。这就意味着,不同的意向行为不能保证会分享同样的事实。③ 这样,由前一个特征我们知道,要描述一个意向行为的内在特征,比如,相应的逻辑形式,就必须诉诸相应的意向对象;而由第二个特征我们知道,要诉诸相应的意向对象,就要做出相应的意向行为。最终的结论就是,只有投入到相应的意向行为中,我们才能确定作为该行为视角的逻辑形式。而这意味着,不可能描述逻辑形式,也就是说,不可能"从外面"来刻画逻辑形式,无论是使用何种句子都不行。

可以用一个例子来说明,的确不能从意向行为"外面"来描述逻辑形式。像"张三比李四高"与"李四比张三矮"这两个句子虽然用

---

① 美剧《基本演绎法》中饰演福尔摩斯的演员。

② 可对照本书 4.3.1 节来理解这一点。

③ 这会导致唯我论,对此维特根斯坦在《逻辑哲学论》中并不避讳。

了不同的关系词,但它们描述了同一件事,这却是其逻辑形式的内在特征。如果在对逻辑形式的描述中不能体现这种特征,那我们就只好说,这样并没有成功地描述这种逻辑形式。很容易看出,我们可以说"相对于表示高矮关系的关系词来说,'张三'与'李四'这两个名称一个位于另外一个的前面",以此来描述两者的逻辑形式。为了说明那两个句子描述了同一个事实,我们可以继续说,"就像前后关系一样,'张三'这个词在'李四'这个词前面,'李四'就会在'张三'后面;反之也是如此"。这样解释,我们就利用了前后关系在逻辑形式上的特征,来说明高矮关系的特征。但是,之所以可以这么解释,是因为这两种关系都具有成对出现,且互逆互斥的特性,而需要描述的正好就是这样的特性。因此,在这种情况下,我们未能做到用不具有那种逻辑特性的句子来描述那种逻辑特性,也就是说,未能"从外面"来描述这种逻辑特性。

进一步,前面提到的4.12那种说法,即一个句子可以描述整个实在,似乎也可以理解了。如果逻辑形式是言说这样一种意向行为的内在特性,那么当我们关注于这种特性时,句子所描述的具体是什么样的事实,也就不造成影响了。我们使用句子时面对的是整个实在。比如,只有当整个实在都位于空间中时,我才能用具有空间形式的句子来进行描述。决定我们所用句子的逻辑形式的,是实在的一般性特征,而不是所要描述的那个具体的事实。具体事实的概念,只有在已经适用了逻辑形式加以区分之后,才能够起作用。因此,一个句子可以描述整个实在,这一点可以在意向性解释的框架内得到解释。

这样,"显示"就获得了一种正面的意涵。所谓显示逻辑形式,就是在使用相应句子的同时,不是关注句子所描述的事实,而是关注句子据以描述事实的那种逻辑形式。在显示时,关注的东西不是使用句子的意向行为的对象,而是意向行为本身的特征,是做出意向行为的必要条件。事实上,所有显示的东西几乎都可以纳入到这个框架来看待。显示就是按照不同的方式来关注言说。

关于显示的这种理解预示了一种与传统解释和治疗性解释都不相同的理解思路。传统理解承认显示的东西存在,但否认其可被言说。按我们这里的理解,却不能简单地说显示的东西存在。通常,说一个东西存在,就是说无论其是否被思考和言说都将存在着,但对于言说活动的内在特征来说却不能这么说。作为句子的使用者,如果我认为我使用的句子能够用来言说,那么我不会否认它具备这些内在特征,也不会认为它是否具备这些内在特征,取决于是否尝试着去言说它们。但是,这绝不意味着像逻辑形式这样的东西具有独立于所有言说行为的实质性存在。依据分解法,逻辑形式是由言说行为,由使用命题的事实所确定的,它依赖于这些事实,此时我们不能说逻辑形式独立于使用。

~~~~~~~~~~

思考:请结合本书7.2节关于分解法的解说,考虑如何对言说活动运用分解法。

~~~~~~~~~~

另一方面,我们的解释也区别于治疗性解释。治疗性解释认为并不存在显示的东西,因此显示的东西是不可言说的。这种理解也过于简单了。即使不像传统解释那样无条件认为显示的东西存在,我们也不会承认,显示的东西之所以不可言说,是因为其不存在。治疗性解释没有适当地理解什么是显示。显示不仅仅是不可言说,它还具有一种正面的内涵。它表明我们应当以何种方式来关注言说活动。只有使显示的东西显示而不是去言说,才能确保所关注的是在言说中实际起作用的特征。显示显示者,是关注使用命题的行为唯一严格正确的方法。维特根斯坦在5.473说,"逻辑必须自己照顾自己",逻辑是通过显示来照顾自己的。

7.5 逻辑

这一节我们了解逻辑是如何照顾自己的。

维特根斯坦与罗素和弗雷格一样,认为逻辑是哲学最重要的部分。但是,他们对于什么是逻辑持有不同看法,因而对哲学研究究竟是什么样的,也与他们两人的看法迥然不同。

对罗素来说,逻辑研究所提供的是关于实在的基本的形而上学知识,应当有什么样的逻辑命题,这取决于实在具有怎样的逻辑结构。逻辑命题表明了关于实在的最为普遍的知识。弗雷格也认为逻辑能够提供知识,这种知识也是最为普遍的知识,但这种知识的普遍性却不是因为它表明了实在的基本结构,而是因为它表明了理性的本质特征。尽管对逻辑知识的本质有不同看法,他们都把逻辑体系,即我们在数理逻辑中见到的符号系统,看作是逻辑知识的表述。这个观点在维特根斯坦那里遭到了激烈的反驳。在《逻辑哲学论》中,维特根斯坦把逻辑看作一种实践活动,由于逻辑研究是理性主体达到自我规范的过程,这种实践活动是自我规定的。逻辑体系以及逻辑命题的建立,只是这种自我规定的中间环节。

7.5.1　逻辑处理可能性

维特根斯坦对于逻辑的理解体现在下面两段话中:

2.012 逻辑中没有什么是偶然的——如果一个物可能出现在一个事态中,那么这种事态的可能性肯定在物本身中预先就决定了。

2.0121 要是一物凭自身就已经可以单独存在,后来才有一种情况与之相适应,那才称得上一种偶然。

如果物能够出现于事态中,那么这种可能性必定从一开始就已经在物中了。

(逻辑的东西不可能只是一种可能性。逻辑处理所有可能性,所有可能性都是其事实。)

正如根本不能在空间之外设想空间之物,不能在时间之外设想时间之物,我们也不能脱离与其他客体的连接来设想任何客体。

如果能在事态的连接中设想客体,那么我就不能在这种连接的可能性之外设想它。

这两段话中的“物”是指客体。这里的关键是说明了逻辑所处理的是可能性,在此基础上强调了逻辑的必然性。逻辑的必然性就是属于可能性的必然性。可能性就是可能的,说其是必然的,就似乎有些奇怪。不过,维特根斯坦的真实意思是,某种情况是可能的,这一点是必然的。用一个不嫌累赘的句子来说就是:“必然地,p 是可能的”。熟悉模态逻辑的读者会对此不陌生,这个命题在有些逻辑系统中是公理。

但是,维特根斯坦意义上的逻辑与模态逻辑也有区别。维特根斯坦承认命题"可能 p"蕴涵"可能非 p",而模态逻辑中并不承认这一点。维特根斯坦所理解的可能性不就是模态逻辑所理解的可能性。为理解这一点,我们需要注意前引 2.0121 对于可能性与客体间的关联的说明:"如果能在事态的连接中设想客体,那么我就不能在这种连接的可能性之外设想它。"这等于说,客体具有构成事态的可能性,这一点是必然的。我们在事态中设想客体,这种方式决定了客体是什么。客体是什么,这取决于它能够如何,因此我们不能脱离这种可能性来设想客体。显然,这种必然性来自于我们得以确定客体是什么的方式,也就是对事态进行分解的方式。

如此一来我们就可以解释维特根斯坦意义上的可能性与模态逻辑所理解的可能性有何区别了。对于模态逻辑来说,可能性是属于事态的一种性质,是外加于事态的;而对维特根斯坦来说,可能性就是客体本身,既然事态是由客体构成的,那么可能性就是构成事态的东西。对于模态逻辑来说,既然可能性是加于事态的,而 p 与非 p 是不同的两个事态,那么从其中一个可能,绝不能过渡到另一个可能。而对维特根斯坦来说,两个事态是按照同样的方式,或者说是由同一个可能性构成的,这当然意味着两者可以互相过渡。

关键在于,把可能性的概念与客体的存在结合起来,这一点表明了什么是逻辑必然性。客体不具有这种可能性是不可能的,这是因为这种可能性本身就确定了客体是什么,因此只要给出了客体,就给出了这种可能性。这种结合产生了奇特的哲学后果。我们很容易在本体论的意义上理解客体这个概念,把客体与可能性等同起来,就容易使人认为维特根斯坦给出了一种逻辑本体论。究竟该如何评价这一理解,我们需要更多讨论。

7.5.2　客体作为逻辑构造物

维特根斯坦意义上的逻辑究竟是什么,这一点取决于如何理解客体这个概念。确实,客体本身就代表着构成事态的可能性,而这种可能性为命题所具有,在这种意义上客体又代表着逻辑形式。在罗素的构造主义分析中,逻辑形式就是哲学/逻辑分析的最终目标。在维特根斯坦那里,逻辑形式虽然要在结构的可能性而不是结构本身的意义上理解,因而区别于罗素,但逻辑形式这个概念仍然占据了一个同样显赫的地位。既然客体与可能性这两个概念的关联表明了什么是逻辑必然性,那么只有当客体存在着,我们才会有逻辑上必然的东西可供研究。于是,维特根斯坦出于何种理由相信客体存在,就是非常重要的了。

关于客体存在的论证与客体的简单性联系在一起。这个论证是这样的:

2.02 客体是简单的。

2.0201 任何关于复合物的陈述都可以分析成一个关于其构成成分的陈述,进而分析成彻底描述复合物的那些陈述。

2.021 客体构成世界的实体。因此它们不能是复合的。

2.0211 如果世界没有实体,那么一个句子是否具有涵义,要依赖于另一个句子是否为真。

2.0212 这样就得不到关于世界的图像(无论是真或假)了。

客体的简单性是就其不能被分析而言的。这里显然参照了罗素的摹状词理论。摹状词理论表明,一些看起来像是以简单物的方式得到谈论的东西其实是复合物。我们可以把关于复合物的指称分析成一个关于复合物构成的命题,关于复合物的谈论有意义,仅当这个命题是真的。关于客体存在的论证要以此为前提,可以把这个论证陈述如下:如果世界中的所有东西都是复合物,那么所有关于世界的命题就都可以按摹状词理论分解,这些命题只有在分解以后得到的命题为真时才有意义;但命题为真,以命题具有意义为前提;因此如果分解以后得到的命题仍然是关于复合物的命题,那么这些命题具有意义,就要以另外一些命题为真为前提,如此就进入无穷后退。因此,必定存在简单物,这些简单物是对描述世界的命题进行分解以后得到的。无论这些简单物是什么,都应当是客体。

这个论证中值得注意的地方是,论证其存在的客体并不是就其本身而言的客体,而是要理解为对世界进行确定描述所需的必要条件。这使得我们不能简单地把客体的存在视为一个关于世界的本体论断定,而应当首先视为一个关于命题的使用行为的断定,即,必须如此使用命题,使得这些命题按客体存在的方式得到理解。这再次与我们关于逻辑图像论的理解相衔接。客体的存在是从命题能够描述实在这一事实中分解得到的,但作为命题能够描述实在的必要条件,客体是内在于使用命题的行为中的。因此,对于命题的使用者来说,对命题的理解,本身就显示了客体的存在。

在这个基础上,客体是不是普通意义上的事物,就是一个无意义的问题。根本不会出现"客体究竟是什么"这样的问题。客体是什么,这一点是显示出来的。只有在使用语言,我们才会遇到客体,但我们遇到的不是被认为是客体的东西,而是具体谈论的事物。客体是当我们谈论所谈论的东西时,为了(以一种不适当的方式)描述我们谈论的方式而引入的,是我们在实际的谈论中通过谈论所显示的。

客体概念的这种独特内涵提示我们,要在特定的意义上理解维特根斯坦心目中的逻辑。既然逻辑所关心的像客体、逻辑形式这样的东西是显示出来的,我们就不能够描述它们,进而也就不存在所谓的逻辑知识。维特根斯坦花了许多篇幅来说明这一点。

7.5.3　分析与逻辑联结词

客体的简单性提示了一种对于命题进行分析的理念,这就是把句子中包含的所有关于复合物的指称词都分析为指称简单物的名称,以此表明句子的涵义。由此分析得出的命题只包含名称,维特根斯坦就称只包含名称的命题为基本命题。所有命题都能够按摹状词理论的方式分析成基本命题,而基本命题表明这些命题具有确定的涵义。基于一种关于句子的理论,维特根斯坦认为,所有命题都可以分析成基本命题的真值函项。[①]

有趣的是,在《逻辑哲学论》中以及在此以后的手稿中,维特根斯坦都没有真正给出过任何一种这样的分析。关于这里给出的这种分析理念,关键之处并不在于给出任何实际的分析,而在于这种分析预先已经确定了,它的存在体现于我们对命题的理解中。事实上,维特

　　[①]　内涵语境会构成这个论断的反例,因为像"张三相信 p"这个句子的真值并不是句子"p"的真值函项。在《逻辑哲学论》5.54 以下,维特根斯坦用一种晦涩的方式处理内涵语境。这是他所处理的唯一一个反例。

根斯坦关于逻辑联结词的观点已经能够说明这种分析的真正性质何在。

按照罗素的命题理论和构造主义分析,如果一个命题被分析成多个命题通过逻辑联结词构成,那么由于这些命题都是事实,逻辑联结词就必须对应于连接事实的东西,因而具有与事实同等的本体论地位。这些与逻辑联结词对应的东西就是逻辑对象,它们是逻辑联结词的指称。

如果逻辑联结词确实表示某种连接物,那么这种分析就将表现一种关于逻辑结构的知识,通过把握这种知识,我们才得以理解命题,知道命题的意义。这种逻辑连接物就是罗素所理解的逻辑对象。但是,如果并不存在这样的连接物,那么这种逻辑知识也就不存在。而这就意味着,即使不经过这种分析,我们也能够理解命题;相反,意识到这种分析的存在(而不是实际上给出它们),显示了我们对命题的理解。

维特根斯坦论证说,逻辑联结词所对应的连接物并不存在。他的论证包括两个,一个是真值表论证,另一个则是逻辑联结词的交叉定义论证或可消除性论证。前一个论证出现于 4.441,后者则在 5.4—5.42 中出现。

真值表论证非常简洁。表面上,逻辑联结词具有表示关系(例如合取、析取、实质蕴涵)或者性质(如否定)的函项形式,这使我们觉得这里存在某种关系或性质。但是,任何逻辑联结词都可以用真值表来定义,在用真值表定义时却没有相应的函项形式。如果确实存在着这样的逻辑对象,那么无论用何种方式来表述包含这些逻辑对象的事实,只要进行了这种表述(无论其正确与否),命题中就应当有对应于这些逻辑对象的部分;但真值表中没有这样的成分,这意味着并不存在逻辑对象。

后一个论证是基于这样一个简单的事实:逻辑联结词可以交叉定义。例如我们可以用否定和合取来定义实质蕴涵,也可以用否定和实质蕴涵来定义合取。对于维特根斯坦来说,这个事实表明了这些连接词都不是表示真正的关系或性质的记号。如果这里确实有真正的关系或性质来作为逻辑对象,那么对逻辑联结词的定义就表明了一个逻辑对象是如何由其他逻辑对象构造出来的,进而,表明了它包含哪些逻辑对象。但交叉定义使这种包含变得不可理解。因为,用否定和合取定义实质蕴涵,就表明实质蕴涵中包含了否定和合取,而用否定和实质蕴涵定义合取,就表明合取中包含否定与实质蕴涵,这样,实质蕴涵中就包含了否定以及实质蕴涵,因而这种彼此包含的情况将导入无穷后退。

还有一个很有说服力的事实可以否定逻辑对象的存在,即双重的否定将使否定被消除。如果否定是一个表示性质的函项,那么对一个否定命题的否定将是在一个命题上附加双重的性质,而不是消除之前加上去的那个性质,因此否定不是性质。

对于逻辑对象的否定论证具有正面的效果,这就是表明逻辑联结词实际上是逻辑运算,或者确切地说是关于真值可能性的操作。真值表定义就说明了这一点。否定的真值表定义清楚地表明了,否定就是对被否定的命题所实现的可能性进行颠倒,也就是让排斥这个命题的那个事态得到实现,这表现为当命题为真时,其否定命题为假,反之则为真。这就可以很容易解释为何双重否定将消除否定。其他连接词也可以按照类似方式理解。例如对于析取来说,这就是在作为析取支的两个命题均为假的时候取为假,其他时候则取为真。

7.5.4　重言式

　　否定逻辑对象的存在,其结果就是否定逻辑知识的可能性。但是,如果没有逻辑知识,那么逻辑命题又在说什么呢?在维特根斯坦看来,逻辑命题根本不是真正陈述了某种内容的命题。逻辑命题被维特根斯坦称为"重言式"(tautology)。与重言式相对立的命题,即那些依其逻辑结构为假的命题,被称为"矛盾式"(contradiction)。在维特根斯坦看来,重言式与矛盾式都不是命题,它们的逻辑地位均不在于表征了什么内容,而在于表明了逻辑本身是什么。

　　我们已经看到在逻辑图像论中命题是如何得到理解的。命题本质上就是图像,因此,作为图像这一点肯定会对什么是命题施加某些限制,不满足这些限制的就不是图像。维特根斯坦的思路正是这样的,他所做的就是表明重言式不满足这样的限制。

　　最为核心的限制是,作为图像的必要条件是具有二值性,也就是说,既具有为真的可能性,又具有为假的可能性。2.173 的解释是这样的:"图像从外面表现其对象,这就是为什么图像对于事物的表现有对有错。"我们用真和假来衡量图像是否成功地描绘了实在。图像是否成功地描绘了实在,既取决于图像是怎样的,又取决于实在是怎样的;在是怎样的层次上图像独立于其所要描绘的实在,因此单从图像不可能确定其是否为真,换言之,图像既可能是真的,也可能是假的。既然命题就是图像,那么命题就必须具有真和假这两种可能性。由于重言式和矛盾式前者必然为真,后者必然为假,它们都不是命题。

可能会有这样的看法:重言式必然为真,是由于它所描绘的情况本身是一种必然的情况,而矛盾式必然为假,则是由于它所描绘的情况本身是不可能的,因此在这种意义上重言式与矛盾式毕竟描述了相应的情况,因而表达了知识。事实上,把重言式和矛盾式理解为依赖于命题结构为真和为假,就很容易导致这一看法。按照弗雷格和罗素对逻辑的理解,逻辑所刻画的正是命题的结构。

但在维特根斯坦这里,逻辑是关于可能性的研究,这种可能性体现为命题具有真值的可能性。沿着这一方向,维特根斯坦把逻辑联结词解释为关于真值可能性的操作,这使他能按不同方式来解释重言式和矛盾式必然具有其真值这个事实。对他来说,它们必然具有其真值,表面上看是因为其结构决定了其真值,实际上却是,由于用来建立结构的逻辑联结词表示的实际上是真值可能性操作,重言式和矛盾式具有必然的真值,就体现了相应的真值可能性操作是怎样的。这种操作对于重言式来说,就是让命题在所有真值可能性中都取真值,而对于矛盾式来说,就是让命题在所有真值可能性中都取为假。这样一来,重言式与矛盾式之所以必然为真,就不能用结构本身的逻辑性质来解释,其实根本就没有这样必然为真或必然为假的逻辑结构;而要用重言式和矛盾式不具备二值性来解释。结果就是,重言式和矛盾式就其本身来说什么也不描述。重言式和矛盾式之所以具有必然的真值,这不是因为它们所描述的情况怎样,而是因为它们本身没有描述任何情况。

由于逻辑命题都是重言式,关于重言式的解释就决定了维特根斯坦应当如何理解逻辑命题,从而决定了该如何理解逻辑研究。对维特根斯坦来说,重言式和矛盾式就像算术中的零一样,是逻辑符号体系的一部分,表明了符号体系的某种特征。这样一种属于符号体系但不描述什么的表达式被维特根斯坦归为空洞的(sinnlos)情况。重言式与矛盾式无所说。这种空洞的情况不同于无意义(unsinn)的情况。① 按照维特根斯坦的区分,试图言说显示的东西,就属于无意义的情况;而重言式与矛盾式不是试图言说供显示的东西,它们是正常命题的真值函项。如果《逻辑哲学论》所勾画的逻辑系统建立起来,那么无意义的命题也就不会出现,但系统中仍然会包含重言式与矛盾式。

要弄清重言式的逻辑本性,就要先明白在维特根斯坦那里逻辑是什么。在维特根斯坦这里,逻辑研究关注我们是如何思考世界的,这种关注旨在确保我们获得关于世界的正确看法。维特根斯坦与弗雷格都承认,逻辑是知识的必要条件,但与弗雷格的差异在于,对维特根斯坦来说逻辑并不是通过获得一些拥有基础地位的知识起作用,而是通过我们获得确定知识的实践活动起作用,是任何确定的思考实际上已经遵循的规范。逻辑或哲学研究让我们意识到这种规范已经存在,并且对这种规范起作用的范围和方式保持自觉的意识。重言式是借以达到这一目的的手段。

为了看到重言式是如何起作用的,我们先要弄清重言式是什么。

---

① 在《逻辑哲学论》中,维特根斯坦使用了两个意义接近的词,即"sinnlos"和"unsinnig"。前者我们译为"空洞",后者译为"无意义的"。这两个词的意思在《逻辑哲学论》中有所区别,例如重言式空洞(4.461),但却不是无意义的(4.4611),像"苏格拉底是同一的"以及哲学命题则是无意义的。我们可以把空洞的句子理解为属于符号体系但什么也没有说,而把无意义的句子理解为不属于符号体系的句子。由于特定的符号体系之有无取决于是否有这样的使用,我们可以把无意义归于没有这样的使用的情况。

通常我们会把重言式理解成基于结构即为真的命题。类似于"$p \vee \neg p$"这样的命题就是重言式,从这类命题的结构上我们就可以确定它是真的,这样也就解释了重言式为何必然为真。此外,我们也会认为,重言式之为真,并不取决于像"p"这样的句子的内部特征,而仅仅取决于像"$\vee$"和"$\neg$"这样的逻辑联结词的意义。它们构成了重言式的逻辑结构。从这个角度上考虑,重言式就表明了逻辑联结词是什么。比如,重言式"$p \vee \neg p$"就表明,否定就是一个命题与另外一个与其构成此类重言式的命题之间的关系。① 但这样做的结果是,我们使用了"p"这样的记号来表示一个命题,这就使得"p"与"$\neg p$"成为不同的命题,因而就面临着解释两者为何互相否定的问题。这个问题我们在7.3.1 节已经讨论过了。

维特根斯坦的看法是,除非这里的否定已经为"p"与"$\neg p$"所指的那两个命题的结构决定了,我们无法解释这两个命题何以互相否定。这种解释使我们不需要否定记号就能够知道这两个命题是相互否定的。这样一来,我们就不需要用重言式"$p \vee \neg p$"来确定什么是否定。这里的关键是,决定"$p \vee \neg p$"是重言式的不是否定,而是"p"的结构。因此,只要知道"$p \vee q$"是重言式,我们就能够知道"p"和"q"具有这样的结构关系,它们共享同一个逻辑形式,但却是不同的实现。再者,逻辑联结词不过是表示关于真值可能性的操作,而真值可能性受制于逻辑形式,因此,只要给出了命题结构和逻辑形式,完全不需要任何逻辑命题,我们就可以表明哪些结构会构成重言式。

---

① 在当代数理逻辑中,逻辑公理被当作是逻辑联结词的定义。在卡尔纳普那里,这是一种隐定义。参见8.3.1 节。

如果愿意，我们会用任何一种方式来做出重言式。在这种意义上，我们不需要任何特殊的逻辑命题。

情况也可以反过来理解——什么命题是重言式，这一点将显示构成该重言式的命题间在结构与形式上处于什么样的内在关系中。这正是前面关于"$p \lor q$"的例子所表明的。因此，逻辑命题就起这样一个作用，它们把特定的命题记号与我们从中能够构造重言式的逻辑结构对应起来，比如，把"q"与否定了命题 p 的那个结构对应起来，从而为"q"这个表面上没有结构的记号赋予一个逻辑结构。正是在这种意义上，重言式是符号体系中不可缺少的部分。重言式能够使我们在不实际给出命题逻辑结构的情况下为记号赋予结构。按这种方式，整个符号体系都可以通过重言式建立起来。

由于命题的逻辑结构是由客体名称构成的，重言式在符号体系中所起的作用也表现为对于客体的确认。例如，重言式"$p \lor q$"既表明了构成事态 p 的客体同时也就是构成事态 q 的那些客体，也表明了这两个事态具有同样的逻辑形式。与此同时，只有当命题 p 和 q 具有相反的真值，而我们可以把相反的真值归于两者中的任何一个命题结构时，"$p \lor q$"才是重言式，因此，它是重言式这一事实就表明了"p"和"q"都是命题，并且都对应于相应的事态。这样，客体与事态的存在都可以通过某个记号串是重言式这一事实显示出来。正是在这个意义上，作为重言式，逻辑命题就是描述世界的脚手架。它们表明命题描述世界所需要的必要条件已经具备。

当然，这些必要条件的具备都是显示出来的。重言式为我们关注这些显示出来的东西提供了手段。我们可以通过构造适当的重言式来使这些东西显示出来。但是，重言式的构造并不是任意的。一切用重言式显示的东西都可以不用重言式显示出来。这就意味着，存在着衡量一个符号串是不是重言式的独立标准，这就是实际上起作用的逻辑。我们可以区分逻辑与逻辑命题。逻辑命题仅仅是显示那些在逻辑中已经具备了的东西的符号串，通过研究逻辑命题，我们可以关注逻辑。

7.5.5　逻辑的自主性

对于应当如何关注逻辑，维特根斯坦给出了一个总的原则，这就是奥卡姆剃刀原则。这个原则也为罗素所采用，但维特根斯坦对这个原则的理解完全不同。维特根斯坦是这样表述的：

5.4732　我们不能赋予记号以错误的涵义。

5.47321　奥卡姆剃刀当然不是任意的规则，也不是为实践上的成功所验证的警句，它其实是说，没必要用的记号单元是没有指称的。

为同一个目的服务的记号在逻辑上是等价的，没有目的的记号在逻辑上没有指称。

在罗素那里，剃刀原则是作为本体论的经济性原则起作用的。如果一个事实能够用比较少的实体来得到解释，多余的部分就没有必要引入，由此可以得到一个更加经济的本体论。在罗素看来，如果引入的本体论比较经济，那么犯错误的机会就会比较小，因而在解释的时候就更可能成功。但是，维特根斯坦却不是通过解释的成功来衡量剃刀原则的价值。

在维特根斯坦这里，剃刀原则实际上基于一种逻辑上的要求，即,不必要的符号是没有指称的。我们可以在维特根斯坦关于不存在逻辑对象的论证中看到为何不必要的符号没有指称。对不必要的符号我们总是可以采取某种替换策略,来达到等效的逻辑后果。而这意味着,没有任何客体与这些符号相对应。之所以没有客体与之对应,是因为不同的逻辑符号中共同的东西才是对逻辑来说必要的东西。

这里,决定什么是必要的,其标准就是使用符号的目的。在《逻辑哲学论》中,符号的使用是以描述实在为目的的,这个目的决定了运用剃刀原则时起作用的标准。这里需要注意,逻辑系统的使用目的与剃刀原则是如何联系起来的。只有特定的联系才支持逻辑的自主性。

这种联系不是说,我们可以对不同的逻辑系统进行比较,看哪个系统合乎使用目的,从而在这些系统中做出选择。按照这种方式理解,就需要在独立于逻辑系统的情况下确定有些什么东西需要描述,并以此为标准来衡量逻辑系统。这样理解,逻辑就不是自主的了——虽然逻辑并不等于逻辑系统,但既然逻辑系统应该体现出逻辑的本性,那么,逻辑的自主性,就仍然应该体现为,在设计逻辑系统时并不依据外部标准。

正确的理解应该是,在运用一个逻辑系统时,是否能够在实践上自我一致,从而以有效的方式进行实践活动,这才是我们接受这个逻辑系统的标准。这里真正起作用的不是使用目的与逻辑系统的对照关系,而是逻辑系统内部的协调一致性体现出其目的性,我们通过这种目的性来对符号体系进行剪裁。使用目的在这里以另外一种方式起作用,可以说它塑造了我们的眼光,使得我们能够看出符号体系中什么样的要素是不必要的,什么才是协调一致的。

　　系统内部的一致性与系统的使用目的之间的关系可以用例子来说明。比如,足球比赛的规则构成了一个系统,在某种程度上我们也会明白这些规则彼此协调和制约的关系,例如越位的规则与射门得分的规则是相互制约的。越位的规则规定了进攻的一方在传球的那一刹那,己方的任何一个队员都不能处于对方最后一个防守队员身后,从而离底线更近;如果有这样的队员,进攻一方的持球队员就必须射门而不能传球,否则就算犯规。越位与射门得分的规则配合起来使得进攻的一方增加了难度,同时也使比赛更富于戏剧性,我们说这个体系按照比赛的目的协调得很好。在这样的体系中,规定射门前进攻一方的守门员必须把手举起来就是不必要的,而规定守门员在防守时不能晃动身体,就与整个体系的目的相冲突。在这种相互制约的系统中,规则的目的才得以界定。足球比赛的目的体现在射门中,但射门这个概念却只有在足球规则系统内部才得以确定。比赛的目标是由比赛该怎样进行定义的。

　　这个例子中的规则体系可以类比于剃刀原则对其起作用的逻辑系统。一个逻辑系统就是一个规则体系,它确定记号的使用方式。这个规则体系并不是依靠来自于外部的目的的裁剪成型,而是在其内部的协调关系中确定其目的。比如,在《逻辑哲学论》所描述的逻辑系统中,逻辑联结词可以用真值可能性来定义,[①]这样定义以后就可以用逻辑联结词来构成重言式,而重言式又可以表明真值可能性是

---

① 这种定义与我们现在使用的真值表在形式上完全一致,区别在于其中的真假被解释为真值可能性,而不是单纯的真值。

怎样的。比如，重言式"$p \lor \neg\ p$"表明，只存在两个真值可能性，它们分别对应于真和假。由于真值可能性体现了我们使用逻辑系统的目的，即用符号来描述实在，由此设计出的逻辑系统就起了利用自身的规则系统来确定自己的使用目的的作用。

　　逻辑系统一旦在其内部的协调关系中固定了其目的，它就能表明什么是逻辑必然性。足球比赛规则体系中的各个要素所建立的制约关系使得球员的所有行为(如果他们真正投入比赛的话)都具有确定的目的和可预测性，我们可以说，进攻队员必然会遇到防守队员的阻截，但这种阻截必然会在球出界后暂停。有趣的是，这些事情并没有在规则中被规定好，而是一系列规则协同作用的结果。逻辑系统以类似方式建立了秩序。例如，任何命题与其否定命题不能同时为真，对于命题的使用者来说这是逻辑上必然的，这种必然性来自于我们用真来衡量描述活动是否成功。这个目的同时也决定了命题是什么。对于命题的使用者来说，一个与其否定可以同时为真的东西就不合乎命题的使用目的，因而不是命题，正是这一点决定了命题必然不能与其否定同时为真。

　　由此可以看出，逻辑必然性是以何种方式建立的。不合命题使用目的的东西不是命题，而真这个概念也服务于这个目的，这就使命题与真之间的关联以逻辑上必然的方式建立起来——违反使用真这一概念的方式的命题就不是命题，因而命题必然按照这一方式被赋予真值。我们在7.3节知道，命题是意向性事实。意向性事实是什么，这取决于采取何种方式来看待句子。按照上述方式来解释逻辑必然性，也就与命题的本质相吻合。我们可以说，逻辑必然性是意向行为的一种特征。

这不是说,逻辑系统建立了逻辑必然性。确切地说,逻辑系统把我们看待句子的方式固定了下来,而这一点得以达成的标志就是,我们发现命题接受逻辑必然性的约束。逻辑必然性当然不是创造出来的。作为具有自主性的东西,逻辑必然性不可能从无到有地产生出来——它始终是使用语言的人所发现的。但被发现的并不是实在中的东西,而是我们看待和思考实在的方式本身的确定性。

~~~~~~

思考:为什么自主的东西不可能产生出来? 注意,这里,自主性意味着你不可能用别的东西来确定它是什么,也就是说,不可能用别的东西来解释它。

~~~~~~

从这个角度看,剃刀原则就意味着,这种确定的思考可以通过建立一套符号体系表现出来,这套体系只包含那些对于思考来说必要的东西。我们之所以能够区分出那些必要的记号和不必要的记号,是因为我们已经能够进行确定的思考。在运用剃刀原则时,我们据以裁剪符号体系的,和使我们能够进行思考的,是同一个东西,这一点落实到逻辑必然性上。使用符号的目的编织于逻辑必然性中,通过逻辑必然性,我们能够感触到符号体系的"目的"。

当然,只要是在使用符号,就是在确定地思考,因此,只要是在思考,就是在服从逻辑必然性。5.473 中说,"在逻辑中我们不能犯错误"。这里的"不能"就是一种描述。换句话说,只要是在思考,就是在合乎逻辑地思考。不合逻辑的思考就不是思考。但另一方面,这里的"不能"又是一种禁令。正是因为不合逻辑的思考就不是思考,逻辑错误的代价就是失去思考本身,即我们不能思考。这个责任当然是难以承受地重。如果我们不能思考,就不能设法进入思考,因为设法进入思考就已经是在思考了。对于思考来说,没有外面;思考的界限,是绝对的界限。

这样,我们就可以明白维特根斯坦在何种意义上说逻辑必须照顾自己。逻辑不受制于来自于外部的目的,而是受制于思考活动本身对于使用者表现的必然性。这是一种纯然内在于自身的活动,也就是说,任何一种对于逻辑的关注都是一种合乎逻辑的关注。没有别的东西能够干预或者培育逻辑,逻辑只能自己照顾自己。逻辑是自主的。

当然,正是因为这里没有外部的目的,最初进入思考所需要的动机就只能是意志,即我要思考。关于这个意志的讨论使我们进入伦理学的领域。

7.6 伦理学

对于伦理学应当是什么样的,不同的哲学家有不同的看法。伊壁鸠鲁的伦理学追求的是幸福,亚里士多德的伦理学则追求善,康德的伦理学则以义务为核心,维特根斯坦的伦理学,则以心灵的宁静状态为最终目的。在某种意义上,这种心灵的宁静就是幸福,是斯多葛主义(Stoicism)的幸福。

斯多葛主义哲学的兴盛时期是在古罗马,塞内加、爱比克泰德以及马可·奥勒留是传世的斯多葛主义哲学家。对于他们来说,这种宁静是以自我克制为基础获得的。欲望和情感是干扰判断力和道德完善的主要障碍,是堕落和不幸的根源,因而必须尽力戒除。斯多葛主义强调以自我克制的方式达成自我修养的目的。自我克制在佛教中被认为是抛离尘世躯壳,达到非人间的永恒福祉的途径,也就是说,自我克制的结果是自我的寂灭。斯多葛主义哲学家则不这么认为,相反,对他们来说,自我克制是真正获得自我的有效方法,它可以帮助人们达到圣人境界。自我克制不是使自我的意志被消灭,而是更有效地行使意志的前提。这种差别我们可以表述为,佛教是一种出世禁欲主义,而斯多葛主义则是一种在世禁欲主义。这个区别背后所蕴含的是关于自我的不同看法。对佛教来说,人的自我无非就是尘世情欲,由于情欲是痛苦之源,要摆脱痛苦就要戒除自我;而对斯多葛主义来说,人的自我不是情欲,而是意志,由于情欲干扰软化意志,戒除情欲就是实现自我。戒除情欲是对意志的转变,就是让意志从被欲望驱使的状态中解放出来,回到自身。

《逻辑哲学论》在整体上具有一个伦理学的框架,它在某种程度上接近于斯多葛式的在世禁欲主义伦理学。维特根斯坦没有正式提出过类似于斯多葛主义的伦理学观点,但他关于整个哲学的看法,以及他处理主体和世界关系的方式,可以在世禁欲主义框架中理解。这体现在:1)维特根斯坦意义上的伦理主体并不是经验意义上的人,也不是笛卡尔式的知识论主体,而是意志主体;2)这个意志主体面临着某种诱惑的侵扰,这就是试图去言说那些显示的东西,这种侵扰带来智力上的痛苦;3)唯有戒除这种侵扰,才能恢复自我的宁静,而这是一种与自我以及与世界合一的幸福。下面看这个框架是怎样的。

从前面关于逻辑的讨论进到伦理学的讨论是非常自然的。逻辑必然性系于命题的意向性本质,因此,只有在使用活动内部才会有受制于逻辑必然性的思考,从而才会有确定的思考。当然,这种确定的思考就是使用活动。因此,只有已经在进行这种活动,才会有这种活动,只有已经受制于逻辑,才会有逻辑。我们说逻辑和思考活动都是自主的。逻辑不存在知识论上的基础,也就是说,我们不能参照任何外部标准来建立逻辑或者判定逻辑是否被遵守。任何一种按逻辑之外的标准建立或判定逻辑的做法,都取决于这样一种判断是否能够得到证实,即某种做法是否合乎这个外部标准,而这是一种认知的方式。逻辑的自主性意味着不存在知识论基础。但是,既然不存在认知基础,那么我们如何能够开始有一种逻辑呢?答案只能是,我们决定要这样,我们之所以遵守逻辑,是出于意志。讨论认知主体的,是知识论,而讨论意志主体的,则是伦理学。有的伦理学以知识为基础,对这种伦理学来说伦理主体就是认知主体。维特根斯坦理解的伦理主体不是认知主体,而是意志主体。

维特根斯坦是通过对价值的思考引入伦理主体的。处理价值问题的起点是这样的:

> 6.41 世界的意义必定在世界之外。在世界中,一切都那样存在,那样发生。在世界之内没有价值存在——即使有价值存在,它也没有价值。
>
> 如果有种价值是有价值的话,它一定在事实和发生的领域之外。因为,所有的事实与发生都是偶然的。使其成为非偶然的东西不可能在世界之内,因为如果是的话,那又是偶然的了。
>
> 它一定在世界之外。

这是一个关于价值或者说有价值的东西并不存在于世界之中的论

证。如果有价值的东西是存在于世界中的东西，那么就没有任何东西会有价值，也就是说，也就谈不上什么价值。之所以如此，是因为有价值的东西是必然的东西，而世界上的一切都是偶然的。这个论证从字面上看相当清楚。但是，它是如何成立的，却不太明显。

世界上的一切都是偶然的，其实与世界中的一切都独立于主体是同一个意思。这种独立性体现在，关于世界的一切命题都既可能是真的，也可能是假的，也就是说，其为真是偶然的。这样得到的结果就是，世界上的一切对于我来说都是偶然的。

接下来看何以价值或者说有价值的东西是必然的。这是一个相当形式化的断定，我们可以通过关于价值的一般性思考来理解它。维特根斯坦自己没有解释为什么这样断定，这里给出我自己的论证。一般说来，某某具有价值，或者是由于它本身具有价值，或者是由于别的东西使其具有价值。如果是别的东西使其具有价值，那么它只是偶然地具有价值，它本身可能是没有价值的。它之有价值，是因为它与其他东西建立了一种关系，但这种关系也可能没有建立起来。比如说，如果一只苹果有价值是因为它是甜的，那么苹果是不是有价值，这一点就是偶然的，因为苹果可能并不甜。与此对照，如果一个东西本身就有价值，那么由于它不可能不是它自身，因此它有价值，这一点就是必然的。进而，如果它必然有价值，那么它本身就是必然的。这是因为，除非它的价值决定了它是什么，否则不可能保证它有价值这一点是必然的；但是，如果它是什么，这一点仅仅受制于它有价值，而它有价值是由于它本身有价值，那么它是什么，就不受制于除它自身以外的所有其他东西。这就是说，它是什么，这一点是无条件的，只要它是其所是，就必然是其所是——它是什么，这一点是必然的。维特根斯坦所谈论的价值就是本身具有价值的东西，就此而言，有价值的东西就是必然的东西。

很可能，我们会认为本身有价值的东西是必然的，这其实是在不同意义上使用"必然的"这一概念。说有价值的东西必然有价值，是在"应当"（ought）的意义上使用必然性的概念；而在说有价值的东西必然如其所是，则是在"是"（be）的意义上使用。我们把某物视为有价值的，就是认为此物应当如此，但这绝不意味着它就是如此。

但是，换个方向看，如果某物对我来说有价值，那么如果它实际上并不如其所是，我就不会继续认为它具有价值。按这种理解，我们不能容纳它实际上不如此的可能性——我们会认为它可能是没有价值的，而不会认为它必然有价值。

这两种理解方向分别是第三人称理解和第一人称理解。维特根斯坦的理解就是后面这一种。对于这种理解来说，具有价值的东西正是由于是其所是，才是有价值的，因而价值并不是附加于某物的东西，而是使某物成其为某物的东西，也就是说，具有价值的东西就是价值本身。

如果把价值理解成看待事物的方式，那么在维特根斯坦那里，看待事物的方式就决定了事物本身是什么。这在某种程度上印合了他所说的唯我论（solipsism）。但是，正是由于从第一人称角度来理解价值，把这种伦理学理解成唯我论才是错误的。相反，这里有一种关于价值的实在论。应当这样说，第一人称理解是一种自我消解的理解。这种理解必须否定它是出于某个视角的理解。这样看就很清楚：在某种意义上我们说，某物有价值，决定了某物是什么；但在另外一种意义上却必须说，某物有价值，正是由于它是其所是。这并非颠倒因果,而是角度转换。某物有价值决定了它是什么,这是关于某个价值判断的事实所要求的东西,或者说是这个事实所表明的东西;而某物是什么决定了它有价值,则是在这种意义上回到这一事实——这个价值判断是关于此物本身的判断,而不是与某个主体相对的判断。

既然世界中的一切都是偶然的,价值就必定在世界之外;既然所有命题所描述的东西都在世界之内,也就不存在关于价值的命题,这也就意味着,不存在伦理命题(6.42)。因此,伦理学是不能表述的。但这却并不意味着不存在伦理学——伦理学是超验的(6.421)。承认伦理学,就等于承认伦理主体,即承认把握价值并按照价值做出伦理行为的主体。另一方面,否认伦理命题,就等于说伦理主体不是认知性的,因为,没有任何表述价值的命题,也就没有任何伦理事实需要认识。否认伦理主体是认知主体,就等于说伦理主体仅仅是意志主体。

但是,如果这种伦理学中不存在命题,那么伦理学又是什么呢?

维特根斯坦本人没有给出正面的回答。如果要给出一个回答,那么就只能说,伦理学就是要解决人生问题,也就是说,解决生命意义何在的问题,即伦理主体与世界的关系问题。

这样就来到了6.43节关于生命和世界的讨论。伦理主体的意志决定了世界的界限:

> 6.43 如果好的或坏的意志改变了世界,那改变的也只能是世界的界限,而不是事实,不是可以用语言表达的东西。
>
> 总之,世界肯定会整个不同起来。可以说,这肯定是一种整体上的兴衰。

幸福的人与不幸的人不是活在一个世界中。

伦理意志的行使并不是欲求某个东西,而是决定某物成其为某物。这种决定在客体是什么的层次上起作用,这是世界的基础层次,它决定了世界中有什么样的可能性。6.43 第一段所说的"世界的界限",就是指世界的可能性。如果伦理主体的意志改变了世界,那么这种改变只能处于可能性的层次,也就是说,是对世界整体的改变。这里需要注意从第二段到第三段的过渡。第三段话所说的幸福与不幸,并不是对生活际遇的一种感受,而是对我生命本身的感受。幸福者的世界与不幸者的世界不同,这不是把一种自我感受投射到世界中去,而是对世界整体的体认。幸福者的世界和不幸者的世界,就是属于生命的世界,或者说就是表现了生命的世界。但是,既然伦理主体就是第一人称主体,从而处于一种自我消解的视角中,那么当主体面对世界整体时,面对的就是世界本身。如果世界表现了生命,那么这个生命就是世界本身的生命。在这种意义上,只有劳作于世界,才是解决生命意义何在这一问题的前提。但是,这种解决绝不是得到某个结论,而是这样一种超验的意识,意识到世界是我的世界。可以说这就是我与世界的和解状态。

只有投入劳作才会有精神上的收获。在生命意义这一问题上没有现成的成果可供利用。在某种意义上收获就是劳作本身,也就是说,内在于劳作活动本身中。维特根斯坦曾经说,可以把《逻辑哲学论》当作一部伦理学著作来读。如果遵循这一建议,那么这种劳作实际上就是整个哲学。哲学被看作是一种实践,它不以具体的结论为目的,不建立任何理论,也不提供任何知识,但是,它为思想负责,它使思想成为思想,从而,对于投身到思考中的人来说,它使世界成为世界。

7.7　寂静主义

这种劳作被维特根斯坦称为"阐明"。在《逻辑哲学论》中,这实际上就是整个哲学。对此维特根斯坦是这么说的:

4.112 哲学就是在逻辑上澄清思想。

哲学不是理论而是活动。

哲学著作本质上是由阐明构成的。

哲学的结果不是一些"哲学命题",而是使命题清晰。

哲学明确地界划思想并理清它,如果不这样,思想就只是模糊难解的一团。

这种对哲学的看法常被称为"寂静主义",因为它主张不存在哲学理论,而只存在哲学活动。与传统的哲学观对照就可以看出其消极之处。传统上人们认为,哲学的安身立命之所就是哲学理论,而建立自己的理论,则是哲学家的职责所在。但在维特根斯坦这里,哲学的目的达成后的状态却是寂静,是理论和观念的消灭。哲学本身就是通往这种状态的过程,而这种状态决定了哲学是一种实践。

问题来了。寂静主义涉及整个哲学,它是一种元哲学(metaphilosophy)观点,但是,《逻辑哲学论》通篇主要讨论逻辑——从关于逻辑的讨论中何以能得到关于整个哲学的观点呢?

在《我们关于外间世界的知识》一书中,罗素表达了一种哲学观,即哲学问题常常都是逻辑问题。① 罗素是通过考察像莱布尼茨和康德这样的哲学家们的思想,并对其功过加以评价得到这个观点的。可以说这只是个归纳,还未能得到严格的论证。维特根斯坦则给出了严格的论证,他说,"只有逻辑的必然性"(6.37)。如果这个观点成立,那么,既然哲学所关心的都是体现为必然性的问题,这些问题也就归逻辑来处理了。这种观点我们可以说是一种广义的逻辑主义(logicism)。

对于这种逻辑主义观点会有一些不解。一般而言,我们会认为逻辑必然性是用重言式来陈述的,但是,有些我们认为是必然的命题却不能表述成重言式。比如"一个东西如果是红色的,那么它就不是绿色的"这个命题就是如此。②《逻辑哲学论》似乎也支持"逻辑必然性只能用重言式来陈述"的结论,同时也支持关于颜色的那个命题表述了一种逻辑必然性,但是,我们很难说那个命题就是重言式。不过,如果放弃关于逻辑必然性只能用我们所理解的重言式③来陈述的结论,那么关于颜色的那个命题还是可以归于逻辑必然性。其实,《逻辑哲学论》的文本也支持这么做。在 2.0121 中,维特根斯坦明确地把可能性当作逻辑的研究对象。如果这么做,那么必然性也就只能是逻辑的。必然的情况就是遍及所有可能性的情况。

---

① 罗素:《我们关于外间世界的知识——哲学上科学方法应用的一个领域》,陈启伟译,上海译文出版社,1990 年,第 24 页以下。

② 这个问题通常被称为"颜色不相容问题"。

③ 维特根斯坦在《逻辑哲学论》中同时坚持,(1)所有必然性都是逻辑必然性,(2)逻辑必然性都可以用重言式来表达,(3)所有重言式通过真值函项分析都能化约成穷尽了所有真值可能性的形式。我们有理由认为,对颜色问题的解决是通过放弃(3)达到的。这里暂不讨论这个问题。

如果接受这种广义的逻辑主义,那么再考虑到维特根斯坦对于逻辑必然性的特殊解释,我们就可以理解寂静主义的元哲学观点了。

一种直接的解释是,逻辑必然性是显示的东西,而基于言说与显示的区分,我们就可以说,逻辑必然性不是一种可以言说的性质,而这意味着,不存在关于逻辑必然性的命题,进而,也就不存在相应的观点,或者说,不存在哲学观点。

这种利用言说与显示之别的解释与《逻辑哲学论》的文本吻合得很好。在结尾处,维特根斯坦实际上把显示的东西当作不可说的,并且把这种不可说的东西当作哲学的目的。不过,这么做还只是否定性的,我们需要了解的是,如果接受寂静主义观点,那么哲学肯定性的内容是什么。

言说与显示的区分实际上就是《逻辑哲学论》序言中所说的思想或语言的界限。这种说法为我们确定哲学的肯定意义提供了线索。应当说这里有两条界限。一条是有意义的命题与无意义的(unsinnig)记号间的界限,我们一般会理解为言说与显示的界限。当试图去言说只能显示的东西,就会产生无意义的记号。另一条则是两类合法的命题记号间的界限,即重言式与矛盾式作为空洞的(sinnlos)的命题记号与普通命题之间的界限。重言式与矛盾式虽然是逻辑系统所允许的命题记号,但不是真正意义上的命题——它们并不表征独立的事实。

维特根斯坦非常重视这种划界的工作,这意味着,在维特根斯坦看来,越界是非常容易发生的事情,并且,也必须是一种可以理解的冲动。这让我们猜测,人们之所以会去言说只能显示的东西,是因为有些命题记号看起来是在言说,而实际上是按照显示的方式起作用。

这样的命题记号就是重言式。重言式是合法的命题记号,因此我们自然而然预期从中获得其所言说的内容。但是,按照维特根斯坦的设想,我们应当按照显示的方式理解重言式,而不能将其理解为陈述了关于实在的必然真理。维特根斯坦花了大量的篇幅,试图论证说重言式并未表达任何内容,而是通过显示的方式为逻辑记号提供约束,它表明这些记号的逻辑结构应当是怎样的。

事实上,不只重言式,整个《逻辑哲学论》都是在描述逻辑记号所要遵守的一般性的约束。这些描述被安排成了哲学观点的形式,按照一种便于看到内在联系的方式连缀成整体,并为统一的哲学目的服务。这种内在联系让读者认为,这部著作提供的描述在逻辑上是必然的。作为作者,维特根斯坦期望,当读者通过理解这些陈述,通过把这些陈述看作言说了一些必然真理,最终领会到,这些内容应该按照显示的方式来理解。这个过程正是通过意识到自己已经越界达成的,也就是说,通过意识到《逻辑哲学论》中的论断是无意义的达成的。对此维特根斯坦是这样表述的:

6.54 我的命题在这种意义上是阐明性的:当人们以之为梯级,攀上并越过它们,那些理解我的人终于意识到它们是无意义的。(也就是说,他登上梯子以后,必须扔掉梯子。)

基于我们前面对于显示以及逻辑必然性的解释,这里所说的按照显示的方式理解,就是按照所说的方式来思考,而不是思考所描述的方式。换言之,要把从《逻辑哲学论》这部著作中读到的内容,以及从重言式中看到的东西,落实到思考世界的行为中,使其成为思考世界的方式,而不是当作所思考的对象。这样一来,《逻辑哲学论》就在结尾部分促成了一种视角的转换,即把原来认为属于言说的东西置于显示的角度上加以对待,从而从一种不同的视角看待书中关于世界和逻辑所说的东西。而这种视角转换的标志则是,发现原来所言说的东西属于显示,从而原来所说的东西是无意义的。只有这样,只有当维特根斯坦的逻辑哲学落实为显示的东西(而这是对待逻辑哲学的唯一正确的方式),我们才会"正确地看待世界"(6.54)。

这样一来,也就不可能有传统意义上的形而上学了。传统形而上学陈述本质的和必然的事实,它们提供一些概念,说明事物是怎样的或应当怎样的。从维特根斯坦的角度来看,这完全是错误的。之所以有形而上学,完全是因为我们在以一种不适当的方式处理基础概念。它试图言说,但应当做的却是借助于显示来完成。在这种意义上形而上学是没有意义的。

当然,《逻辑哲学论》中的大部分篇幅也是在提供形而上学,比如关于世界、事实、客体,以及命题等的形而上学,但这种形而上学却是一种后来加以转换的东西。这种转换的最终成果不是哲学观点,而是我们看待世界的方式,它最终落实到读者自己的理解上。《逻辑哲学论》的写作就像一次辩证法的演练,它在世界面前找到了恰当的位置,让心灵在这个位置上就位。这个位置,既是一种逻辑的规定,也是生命意义的一种实现。

阅读建议

《逻辑哲学论》是一部高难度著作,这不仅是因为思想本身的精致性和深度,而且也与其写作方式和写作风格有关。维特根斯坦思想的核心部分是逻辑,但很多对维特根斯坦的喜好和理解,却集中于其文化、美学、宗教、伦理以及社会方面的引申部分。要在真正意义上理解《逻辑哲学论》，就要对弗雷格和罗素有足够的了解。他的许多表述，以及他所要处理的问题，常常就直接来源于他们。

建议在阅读《逻辑哲学论》时，至少应读完本书第五、第六这两章，并建议精读罗素的《数学原则》(*Principles of Mathematics*，Routledge，1903/2010)第一部分。罗素的这部著作为维特根斯坦提供了思考的起点。

研究分析哲学史的克莱门特教授(Kevin C. Klement)在自己的个人主页上提供了包含《逻辑哲学论》德文及两个英文译本的电子书，三种文本并排放置，方便对照阅读。文档链接为：

http://people. umass. edu/klement/tlp/

关于《逻辑哲学论》可以选择的导论性二手文献包括：

1. *Wittgenstein's Tractatus*：*An Introduction*，G. E. M. Anscombe，Harper & Raw，Publishers，1959.

——这是关于《逻辑哲学论》最好的导论。安斯康(G. E. M. Anscombe)是维特根斯坦的学生及其著作的译者。这部导论非常尊重维特根斯坦与弗雷格、罗素的关联，其价值不在于给出了确定的解释，而在于提供了思考的深度。

2. *Wittgenstein's Tractatus*：*An Introduction*，Alfred Nordmann，Cambridge，2005.

——按照"新维特根斯坦"的解读策略写作的一部导论，可以用来了解这种解读的基本思想。

3. 韩林合：《〈逻辑哲学论〉研究》，商务印书馆，2007 年。

——这是一部篇幅长达 800 多页的专著，在文献梳理方面做了大量的工作，可以提供翔实的文献背景，适合研究时作为参考。

4. 黄敏:《维特根斯坦的〈逻辑哲学论〉——文本疏义》,华东师范大学出版社,2010 年。

——按照原文结构提供了逐段的梳理和释义,这些解释可以连成一种系统的解释。适合深读原文时对照着阅读。

5. 罗杰·M. 怀特:《导读维特根斯坦〈逻辑哲学论〉》,张晓川译,重庆大学出版社,2018 年。

——正文部分主要按照《逻辑哲学论》的篇章结构展开,但讲解是以假定读者正在读原文的方式进行的。这是一部篇幅短小的伴读读物,适合有一定基础的读者。

第8章　维也纳学派与逻辑经验主义

19世纪的欧洲哲学家生活在一种科学无往不胜的气氛中,对科学无论赞成还是反对,他们都必须严肃对待科学的全面胜利。这个世纪是现代科学迅速成熟的世纪,同时也是科学精神向哲学渗透的世纪。法国哲学家孔德把这种科学精神以实证主义的形式表达出来,他认为实证主义结束了宗教和形而上学的统治地位,成为未来社会的精神支柱。奥地利物理学家和哲学家马赫(E. Mach)推进了这一想法,他建立了一种统一的科学观,其基础是关于感觉的心理学。我们要了解的逻辑经验主义就是孔德和马赫的后继者。

逻辑经验主义(logical empiricism)又称"逻辑实证主义"(logical positivism),其前身是维也纳学派(the Vienna Circle)。维也纳学派是石里克(M. Schlick)1922年进入维也纳大学接替马赫的教席后形成的一个学术团体,当时的名称是"马赫协会"。维也纳学派的主要成员包括:石里克、卡尔纳普、费格尔(H. Feigl)、弗兰克(P. Frank)、汉恩(H. Hahn)、克拉夫特(V. Kraft)、纽拉特(O. Neurath)以及魏斯曼(F. Waismann)。像波普尔(K. Popper)和蒯因这样的哲学家,哥德尔(K. Gödel)这样的逻辑学家以及爱因斯坦这样的顶尖的物理学家也和维也纳学派有所接触。维也纳学派的成员大多是有科学或数学背景的哲学家,比如石里克和弗兰克是物理学家,汉恩是数学家,纽拉特是出色的社会学家。

他们是由于对科学的共同信念走到一起的。这是一种以经验为基础反对形而上学的科学观，这种科学观鼎承了 18 世纪以来的启蒙精神。维也纳学派赋予自己的任务就是为这种科学观寻求哲学上的支持和表达。这是一个非常有活力的学术团体，它吸引了当时欧洲大陆特别是中欧地区（当时的德国、奥地利、捷克和波兰是理论物理学、数学和逻辑学的中心）的知识精英，并与以莱辛巴赫（H. Reichenbach）为首的柏林学派（the Berlin Circle）建立了呼应关系。它对科学的强烈关注直接导致了科学哲学的诞生。莱辛巴赫就写了一本书《科学哲学的诞生》。它所宣扬的启蒙精神与当时欧洲的自由主义思想紧密地结合起来，影响了像米塞斯（L. von Mises）、哈耶克（Hayek）和伯林（I. Berlin）这样的经济学家和政治学家。

维也纳学派的大部分成员在纳粹掌权后流亡到美国。1936 年，维也纳学派的核心人物石里克在维也纳大学被一个亲纳粹的学生枪杀，维也纳学派作为正式的学术团体随后解散。但它的主要信条和哲学目标仍然为那些流亡国外的学者所坚持，相应的学术研究仍然继续。其中最具代表性的人物就是卡尔纳普。我们通常所说的"逻辑实证主义"或"逻辑经验主义"，就是包括维也纳学派在内的这些研究。

本章集中介绍逻辑经验主义的主要代表人物卡尔纳普的思想。在此之前，有必要区分一下术语。"逻辑经验主义"与"逻辑实证主义"这两个词的含义有些不同。"逻辑实证主义"强调意义证实标准，并以此标准来拒斥形而上学，而"逻辑经验主义"的内涵则宽泛一些，它强调逻辑方法与经验论立场的结合。由于实证主义的认知意义标准面临来自内部和外部的批评，维也纳学派主要成员的观点经历了从实证主义向经验主义的退缩。这是一个从认知意义的可检验标准向语言框架的观点退缩的过程,它使得独立的经验标准为逻辑标准所取代。在蒯因的批评之下,逻辑标准的独立性也逐渐失去,让位于统一的整体论标准。这标志着逻辑经验主义的瓦解。这一章我们主要讨论这个退缩的过程,由于蒯因的批评而导致的瓦解则留到下一章。在此,我们将在不同的情况下分别采用"逻辑实证主义"和"逻辑经验主义"这两个术语。

维也纳学派对科学的基础以及相应的哲学问题感兴趣,而且其兴趣主要集中在这样两个问题上:其一,是否存在一种使不同学科能够相互交流的语言平台,进而,各种不同的科学是否存在一个统一的基础,或者说是否有一种统一的科学;其二,哲学中的形而上学问题是否有合法地位。维也纳学派的成员们对第一个问题倾向于肯定的回答,而对第二个问题则倾向于否定的回答。可以说,统一科学的纲领和拒斥形而上学,构成了维也纳学派的两个基本点。前者使得维也纳学派(以及以莱辛巴赫为首的柏林学派)成为当代科学哲学的倡导者,后者则使维也纳学派(特别是卡尔纳普)的工作在当代分析哲学中成为一个至关重要的环节。我们这一章的内容集中在后一个方面。

8.1　哲学背景与动机

8.1.1　经验论与形而上学

知识的本质是什么,这个问题通常体现为经验论立场与形而上学的对立关系,而这种关系在休谟那里以怀疑论的形态出现。传统的亚里士多德式形而上学关注的问题是,事物本身是什么。由于事物本身处于经验范围之外,关于事物的知识也就不是经验知识。休谟从经验论立场出发,坚持一切知识来自于感官,唯有经验才是知识的基础。休谟从这个立场出发论证说,我们没有办法超出经验知识的范围。经验论立场意味着形而上学知识是不可能的。形而上学的不可能性在休谟那里是关于知识基础的普遍怀疑论的一部分。在休谟那里,不仅形而上学不可能,而且所有依赖于观念的连接才能建立的知识都不可能有理性的基础。休谟严格地贯彻经验论立场,结果在拒绝形而上学的同时也拒绝了理性。随着理性基础的丧失,我们很难说还有正常意义上的知识。可以说,我们这里所要讨论的逻辑经验主义,就属于从经验论立场出发召回理性,从而重建知识概念的一种尝试。为此我们需要重新梳理经验论立场与形而上学的关系。

康德接受经验论的一个观点,即知识的内容只能由经验提供,因为知识的内容应当来自于所知道的事物,而连接事物与心灵的只能是感官。因此康德有义务解决休谟的怀疑论。他解决怀疑论的方法是在经验之外引入了概念框架,这种先天有效的概念框架起着对经验予以组织的作用,组织的结果就是可以在观念间建立推理所需要的那种连接,而这种连接使推理成为可能,在这种情况下才会有知识。他注意到,观念间普遍必然的连接是无法从单纯的经验中获得的,而这样的连接恰恰是理性所需要的。① 因此,康德解决怀疑论的

---

① 康德:《纯粹理性批判》,韦卓民译,华中师范大学出版社,1991 年,B3–4。

方法实际上就是利用概念框架来实现知识的理性特征。

这样做不仅挽救了理性，而且像休谟一样拒绝了形而上学。康德同意贝克莱，认为知识的对象必须是经验性的，而不能是异于经验的东西。概念框架组织经验内容的结果就是构造了经验知识的对象，这种对象不是经验范围之外的对象自身，而是主体用概念框架和经验内容构造的东西，它位于经验之内。最终，康德解决怀疑论的结果就是，我们仍然不具备亚里士多德意义上的形而上学知识，但我们有经验知识。

康德的策略产生了一种新的形而上学，这就是关于概念框架的研究——康德本人就把自己的纯粹理性批判视为建立未来的形而上学的准备工作。当然，这种形而上学已经不同于休谟所反对的那种亚里士多德式的形而上学。人们通常称这种形而上学为"康德式形而上学"（Kantian metaphysics）。康德严格限制这种形而上学的适用范围，它不是对于事物自身的研究，而是对于经验对象的研究，或者严格地说，是研究主体如何构造经验对象。康德通过著名的二律背反论证，说明把概念框架运用于事物自身会导致矛盾。可以说二律背反起了划分知识范围的作用，这种划分为康德的知识论提供了稳定的架构。

然而，康德的二律背反论证遭到了罗素的严厉批评，罗素认为这个论证不可接受。[①] 罗素对于康德的这种批评在很大程度上使维也纳学派认为，康德的策略已经过时了。其实，康德哲学所引起的某些

---

① 参见罗素：《我们关于外间世界的知识——哲学上科学方法应用的一个领域》，陈启伟译，上海译文出版社，1990年，第六讲。

独断论后果也起了推波助澜的作用。按康德的判断理论,像几何定律这样的先验综合命题就是必然为真的。但随着 19 世纪后半期非欧几何的发展,特别是随着广义相对论的建立,人们开始相信真实的空间并不是康德时代人们以为的欧氏几何空间。康德的判断理论面临着危机。

在维也纳学派最初建立起来的时候,两个至关重要的灵感来源起作用了。一个是弗雷格和罗素建立的新逻辑,罗素把这种逻辑发展成了一种构造主义哲学分析理念;另一个就是从古典实证主义孔德和斯宾塞那里承接的实证主义理念。实证主义拒斥经验与对象的区分,从而拒斥了康德的物自体。马赫把这个想法贯彻到一种统一的科学理论分析中,他试图把物理学和其他科学都建立在感觉的基础上。前一个来源是逻辑经验主义者一贯坚持的东西,它构成其关注逻辑和意义这一主要特色;后一个来源则在从逻辑实证主义向逻辑经验主义的退缩中被弱化了。下面先看后一个来源。

8.1.2 古典实证主义

古典实证主义也是处理怀疑论的一种尝试,这种尝试来源于贝克莱的著名口号:存在即被感知。经验主义的知识论之所以导致怀疑论,原因就是对经验和对象进行了区分。知识来源于经验,但需要认识的却又是对象。如果对象处于经验之外,那就要求从经验到对象的过渡。这种过渡无法达到,于是怀疑论就产生了。如果无需这种过渡就可以获得知识,那就不会有怀疑论的立足之地。知识是关于对象的知识,这种关于知识的理解似乎正是在拒斥形而上学的同时导致怀疑论的根本原因。取消经验与对象的区分，或者说，取消经验之外的对象的存在，就是实证主义的出发点。实证主义的基本观点是，所有的知识都应当是关于经验的知识，或者说，所有的知识都是对于经验的表达，因而，命题所表达的东西之所以是真的，是因为得到了经验的证实。

与康德相比较，实证主义者清除了物自体（即事物自身）概念，从而以一种简洁的方式处理知识。既然知识不是关于对象而是关于经验的，那么只要得到经验证实的命题就是真的。与之相比，如果保留独立的对象（物自体）概念，我们就很难安置真这个概念。若持符合论，那么经验与对象间的符合关系就难以建立；而若转向融贯论，我们就又不需要物自体这个概念了。实证主义就省掉了这个麻烦，从而得到一种更加简洁的经验主义，与此同时还避开了怀疑论。

实证主义是一种不同寻常的知识论。比如在我们通常说"老师进来了"的时候，一名实证主义者会说，"我看到几个色块，一个小的圆形色块在一个大的长方形色块上面，还有四个长条色块连接在大色块上，这些色块以如此如此的方式摇摆着向这边移动"。通常给出的是关于一个对象（老师）的断言，而实证主义者所做的则仅仅是报告自己的感觉。在他看来，试图对感觉之外的老师做出断言，这在一开始就是错误的。

不过，实证主义还是存在问题。如何表述实证主义的基本信条，即不存在经验以外的对象呢？这个表述势必涉及这些对象。这些对象并不存在，因此说这些对象不存在，这就是真的，因而这样的命题也有资格表达知识。但是，这样的知识却是关于对象本身的知识，因而是形而上学知识。这样一来实证主义就是自相矛盾的。

这种实证主义就是我们说的古典实证主义。古典实证主义知识论的起点是关于真的实证主义理论,这个理论主张,只有得到经验证实的命题才是真的。带来自相矛盾的也在于这一点。因为,按照这个真理理论,形而上学命题不是不存在,而仅仅是假的。既然每个命题为假都对应于一个否定它的命题为真,我们就可以构造出形而上学的真命题,进而在一定程度上允许形而上学知识。

逻辑实证主义吸取了古典实证主义者的基本思想,即知识是关于经验的知识,而不是关于经验以外的对象的,因而一种融贯的知识概念要以拒斥形而上学为前提。但它以不同的方式来贯彻这一点,把它置于意义理论的层次上而不是真理理论的层次上来考虑。这就是逻辑实证主义区别于古典实证主义的地方。逻辑实证主义重新解释了弗雷格和罗素的新逻辑,从而能够在实证主义的知识论框架内按罗素的构造主义方法分析知识,同时又不致像罗素和弗雷格那样承认非经验的知识。

8.1.3　经验主义与逻辑

康德区分了分析命题与综合命题,又区分了经验命题与先验命题。如果一个命题的主词所表达的概念包含了谓词所表达的概念,它就是分析命题,否则就是综合命题。分析命题不表达知识,而综合命题表达知识。如果一个命题的真值要通过经验检验才能确定,它就是经验命题,否则就是先验命题。通过这双重区分就可以知道,如果知识的基础只能是经验,那么一切表达知识的命题,即综合命题,就都是经验命题。康德认为存在先验综合命题,因而在某种意义上否定经验论立场。与此同时,如果主张有形而上学知识,就会承认有先验综合命题。所以,拒斥形而上学的一条思路就是,否认存在先验综合命题,或者说先验综合命题都是无意义的。

～～～～～

思考:否定先验综合命题与否定关于事物自身的知识,这两者都是拒斥形而上学。它们有什么关系呢?

～～～～～

虽然康德的先验哲学在逻辑实证主义者这里不受欢迎,但通过与之对照,还是更容易看出逻辑实证主义是如何确立自己的立场的。

按照艾耶尔(A. J. Ayer)的分析,康德关于分析/综合的区分采取了双重标准。当康德说主词概念包含谓词概念的命题是分析命题时,所采取的是心理标准。这是因为他把概念理解为我们设想的某种东西。用康德的话来说,这是一种直观把握到的东西。例如当康德解释"7+5＝12"是综合命题时,其依据就是我们通过理解 7 和 5 所设想的东西并没有包含理解 12 时所设想的东西。另一方面康德又说,当否定其为真就违反矛盾律时命题就是分析的,此时他采取的又是逻辑标准。[1] 心理标准对于有些命题会陷入困难。例如,像无穷大的数这样的概念,我们就无从通过直观来把握它究竟是什么,因而也就无从了解"无穷大的数加上任一有穷数等于无穷大"这个命题是分析的和还是综合的。事实上,正是出于这个理由,弗雷格主张舍弃康德的直观标准。[2]

---

[1] 艾耶尔:《语言、真理与逻辑》,尹大贻译,上海译文出版社,1981 年,第84—85页。

[2] G. Frege, *The Foundations of Arithmetic*, 2nd edition, translated by J. L. Austin, Harper & Brothers, New York, 1960, p.6.

按照弗雷格的标准,所有按照逻辑和意义就能确定其真值的命题都是分析命题,而按这个标准不能确定真值的就是综合命题。这个标准重新划定了命题与知识间的关系。弗雷格允许按照逻辑和意义为真的命题也传达知识,这就是关于逻辑和意义的知识;这种知识与经验命题所传达的知识不同,因为经验命题是关于经验的知识,而逻辑与意义不是经验。但从实证主义角度来看,这就等于承认非经验知识,承认形而上学知识。

维也纳学派在《逻辑哲学论》中学到的一个观点使得弗雷格的框架不会对拒斥形而上学这一事业构成威胁,这个观点就是,所有弗雷格意义上的分析命题都是重言式,是不表达知识的。20 世纪 20 年代,维也纳学派曾经仔细研读过维特根斯坦的这部著作,并将其奉为经典。我们可以在艾耶尔的名著《语言、真理与逻辑》中看到《逻辑哲学论》的明显印记。很难说维也纳学派真正理解了维特根斯坦。从《逻辑哲学论》中确实可以导出分析命题不表达知识这一结论,但这个结论来自于逻辑图像论,而维也纳学派并没有采纳逻辑图像论的任何信条。不过,维也纳学派,特别是卡尔纳普,对于分析命题为何不表达知识,给出了自己独立的解释。这就是后面会讨论的约定论。

8.2　关于认知意义的可检验标准

在与维也纳学派的接触中,维特根斯坦表达了这样一个想法:命题的意义就是证实这个命题的方法。维也纳学派接受了这个想法,从而把命题的意义与证实联系起来。这个联系我们可以简单地表述为这样一个原则：一个命题是有意义的，当且仅当它具有经验可检验性（empirical testability）。这里所说的"意义"是指认知意义，而不是字面意义（linguistic meaning）。具有认知意义的命题，就是能够表达知识的命题；能够构成这类命题的词也具有认知意义。于是这个原则我们就称为"关于认知意义的可检验性标准"，或者简称"可检验性标准"。

8.2.1　建立可检验标准的方法

一般说来，这里所说的"可检验性"是指原则上可以得到经验的检验，而不是指在任何特定条件下已经得到检验，也不是指在任何特定条件下能够得到检验。这样，像"宇宙是由 11 维的弦构成的"这样一种目前还没有办法加以检验的命题，也就仍然具有可检验性，因为，在逻辑上还是可以找到这样的检验方法。

引入可检验性标准可以同时达到两个目的，其一，说明命题在何种意义上能够表达知识，其二，拒斥形而上学。这个标准并不像古典实证主义那样把经验检验与命题的真联系起来，而是与命题的意义相联系。把意义建立在经验证实的基础上，这种意义理论我们称为"证实主义"（verificationism）。既然关心的是意义，那么所要谈论的就仅仅是语言和命题。以谈论语言的方式来谈论知识，就可以避免前面提到古典实证主义遇到的那种自相矛盾的情况。这种把证实概念建立在意义理论的基础上的做法，构成了逻辑实证主义区别于古典实证主义的关键所在。

　　前面表述的并不是一个直接可用的标准,而仅仅是一个可以努力的方向。究竟什么是经验可以检验的,从这个表述中还看不出来。由于经验并不是命题,可检验性这个概念要起作用,就要把经验与命题的联系建立起来。这样就出现了一系列的技术问题。我们可以区分出两类问题:其一,经验内容以一种什么样的方式表现出来,其二,这种经验内容如何与具有认知意义的命题衔接起来。解决这两类命题具有明确的目标,只有达到这些目标,我们才会认为可检验性标准是合适的。我们不妨把这个目标分解成下述条件,即可检验性标准应当:

　　　　(a)体现出证实主义的意义理论;

　　　　(b)具有可进行逻辑分析的形式;

　　　　(c)能够保证所有科学命题不被判定为无意义;

　　　　(d)能够把所有形而上学命题判定为无意义。

　　条件(a)体现了可检验原则的基本目的,即表明认知意义与经验内容的联系。条件(b)建立这种联系的确定形式,也就是说,所有具有认知意义的命题都应当能够按照严格确定的程序与经验内容联系起来。关于命题是否有认知意义的判定程序对于认知意义来说应当是中立的,这个程序本身不能依赖于那些其意义有待判定的命题。对于逻辑实证主义来说,所有命题要么是分析的,要么是综合的,所有综合命题都应当是经验命题,因此,在认知意义上中立的只有分析命题。这就意味着,表述判定程序的命题,或者说表明认知意义与经验内容的联系的命题,只能是分析命题。自然,可检验性标准应当具有逻辑上可分析的形式。后面两个条件构成了评价认知意义标准本身是否成功的标准——它必须保证所有科学命题被判定为有意义,因为科学命题是认知意义的标准体现;此外,它还必须排除已知的形而上学命题。按照这四个条件来建立可检验性标准,给出的实际上就是一种关于语言的理论。

运用可检验性标准的基本程序是,先确定一些没有争议的陈述作为可检验性的基础,然后通过逻辑程序,也就是如上所述的中立的分析方式,来看是否能把要检验的陈述分析成这些充当基础的陈述。我们可以按照这种运用程序来检验所设想的检验基础和逻辑程序是否合乎要求。

为了确立检验基础,需要对科学语言进行甄别。卡尔纳普把科学语言区分成观察语言与理论语言。观察语言中的指称词项指称可观察的性质和关系,相应句子陈述可观察的事件或事物。这类语言也就构成检验基础。然而,究竟什么是可观察的什么是不可观察的,似乎没有一个确切的标准。例如这个物体的白色是可观察的,而构成这个物体的基本粒子是不可观察的。但在有些时候,例如在借助实验仪器的时候,我们却说基本粒子可以观察。因此,什么是可观察的东西,这取决于事物的尺度和对感觉范围的界定。不过,无论如何,可观察的东西是可检验性标准要承认的最基本的东西,对什么是可观察的这个问题的回答,决定了意义标准所承诺的本体论。

一般说来,有这样两种有所区别的本体论与检验基础相联系,一种对应于现象学语言(phenomenological language),一种对应于物理语言(physical language)。现象学语言描述感觉材料,物理语言则描述中等大小的物体。前者是直接经验到的东西,后者则是公共可观察的东西。究竟要采取哪种本体论,与对认知意义的要求有关。如果要求体现认识论上的优先性,那么要承认的就是感觉材料。感觉材料被认为是一切认识都必须依赖的东西。而如果要求认知意义是公共可判定的,那么由于感觉材料是私人的,人们就只能借助于物理语言来建立可证实标准。

不过,虽然可观察的界限是模糊的,但存在可观察的东西,这一点却是确定的。毕竟,科学被认为是具有认知意义的,而且无不通过经验检验的可能性来确定这种认知意义,这本身就说明了认知意义与可检验性联系在一起。这意味着,什么是可检验性的最终标准,这不是最重要的——我们有可观察的实例,这大体上就能够确定,什么东西是可观察的。剩下的问题是,如何通过一些逻辑程序把给定的陈述与可观察的东西联系起来,使得我们能够判定给定的陈述是可检验的。

8.2.2　证实(证伪)标准的困难

然而,在建立逻辑程序时却遇到了问题。按照亨佩尔(C. G. Hempel)的分析,这样的逻辑程序必须满足这样一个条件:[①]

e)如果句子 P 不具有认知意义,那么从句子 P 运用真值函项获得的所有句子均无认知意义。

这是显然的。如果 P 就是"绝对是可以认识的",而 P 无认知意义,那么 P 的否定"绝对是不可认识的"也就无意义。同样,"绝对是可认识的,并且太阳系有九大行星"也无认知意义。亨佩尔所指出的

---

① 参见亨佩尔:"经验主义的认识意义标准:问题与变化",载于洪谦编:《逻辑经验主义》,商务印书馆,1982 年。

问题是,我们可以证明,在命题的层面上,不存在这样一种把观察语句与给定陈述 P 联系起来的逻辑程序,使得关于 P 是否具有认知意义的判定满足条件 e)。

亨佩尔考虑了如下几种疑难情况:

(A)如果认为 P 有认知意义的条件是,存在蕴涵 P 的观察语句,那么全称命题就不具有认知意义,但全称命题的否定有认知意义。

一个句子如果能够为观察句所蕴涵,那么当观察句为真,这个句子也就是真的。在这种情况下,这个句子就得到了证实(verification)。因此,亨佩尔这里考虑的认知意义条件其实就是看句子是否能被证实。现在我们看像"所有鸟都有翅膀"这样的全称命题,它显然是有认知意义的,但不是观察句。这是因为其中的全称量词的意义不是通过观察确定的。不过,如果它能够为观察句所蕴涵,那么我们还是可以认为它有认知意义。然而我们失败了,这个句子不为所有"x 有翅膀"(x 指一只特定的鸟)这样的命题的合取所蕴涵。另一方面,"这只鸟没有翅膀"是一个观察句,它蕴涵"并非所有鸟都有翅膀",而这是我们要判定的那个句子的否定。

〰〰〰〰〰

思考:为什么"所有"一词的意义不是通过观察能够确定的?

请解释为何"x 有翅膀"这样的命题的合取即使在列举了所有鸟的情况下,仍然不蕴涵"所有鸟都有翅膀"。

〰〰〰〰〰

(B)如果认为 P 有认知意义的条件是,存在为 P 所蕴涵的观察语句,那么全称命题的否定不具有认知意义,但全称命题具有认知意义。

这里遇到困难的是证伪标准,即能够为经验所证伪(falsification)的句子具有认知意义。"所有鸟都有翅膀"蕴涵"这只鸟有翅膀",但"并非所有鸟都有翅膀"却不蕴涵此类观察句。全称命题不可证实,但可以证伪。也就是说,全称命题的否定是可证实的。由于存在量词与全称量词之间相互定义的关系,我们可以说,关于存在的命题可以证实,但不能证伪。

(C)单独地看,证实标准还有一个严重的问题。我们知道,如果 P 为观察句所蕴涵,那么"P 或者 Q"也为观察句所蕴涵(这是因为 P 蕴涵 P 或者 Q),而 Q 完全可以是任何一个句子,因而可以是一个无认知意义的句子。

同样,证伪标准也有类似的问题。如果 P 蕴涵观察句,那么"P 并且 Q"也蕴涵同样的观察句(P 并且 Q 蕴涵 P),而 Q 完全可以是一个无认知意义的句子。

综合上述情况,(A)和(B)使得具有认知意义的命题被排除,所以可检验标准限制过严,(C)又允许没有认知意义的命题,所以可检验标准限制过宽。由此可见可检验标准是不适当的。

亨佩尔没有考虑这样一种情况,即综合证实标准和证伪标准,句子只要能证实或者证伪,那就具有认知意义。这样,全称命题可以证伪,存在命题可以证实,所以两者都具有认知意义。不过我们可以把两种命题结合起来,构造出既不能证实又不能证伪的命题。例如:

1)所有物质都有溶剂。

这是一个全称命题,所以不能证实。再看它能否被证伪。如果有一种物质没有溶剂,那么它就被证伪了。要使这种情况成为可能,就要证实这样一个全称命题：所有溶剂都不能溶解这种物质。但这是不可能的，因此 1) 也不可证伪。

8.2.3 可定义性的困难

单纯在句子的层次上考虑认知意义的标准看来是不可行的。不过还是可以尝试在词项层次上建立这种标准。如果构成一个句子的词项（主要是主词和谓词）都具有认知意义，那么这个句子只要合乎语法标准，就应当算具有认知意义。对于 1) 这样的疑难句子尤其如此。最直接的想法是对词项进行定义。如果一个词项能够用指称或描述可观察对象或性质的词项定义出来，那么这个词项就有认知意义。例如"易溶解的"这个词就可以定义如下：

2) x 是易溶解的，当且仅当，如果把 x 置于溶剂中，x 就会很快溶解。

这个定义中包含三个要点，其一，像"易于……的"，"倾向于……"这样的词项通常指作为倾向（disposition）的性质，关于这类性质的解释构成了科学哲学和分析哲学中一个很有趣的话题；其二，这种定义是显式定义（explicit definition），与之相对照的定义形式是隐定义（implicit definition）或用法定义，我们很快就会看到隐定义的例子。

定义 2) 是否合适呢？它合乎直觉。但有这样一个问题，如果一个东西从未被置于溶剂中，那么 2) 的定义项（即双条件句右手边的那个蕴涵式）中的前件就是假的，于是右手边的蕴涵式就为真，因而这个东西就是易溶的。一个从未被置于溶剂中的东西必定是易溶的,这当然是一个不可接受的结论。2)是不合适的。它之所以合乎直觉,是因为我们并不按蕴涵式的真值表定义理解"如果……那么……",我们通常会把"如果"引导的条件句当成是真的,而不考虑其为假的情况。也就是说,我们不顾事实地规定其前件为真,这样理解的就是反事实条件句(counterfactual conditional)。这当然与实质蕴涵式不同。引入了反事实条件句,就引入了命题逻辑不太好处理的困难。为避开这一点,我们不用2),而用:

3)如果 x 被置于溶剂中,那么,x 是易溶的,当且仅当,x 很快溶解。

这样说的好处是,如果 x 从未被置于溶剂中,那么无论说它是否易溶都没有关系(一个前件为假的实质蕴涵式总是真的)。这就是说在这个条件下对于易溶性没有规定,因而谈论易溶性也就没有意义。看来3)要比2)更为可取一些。不过,这还是会引起一个争议。

思考:按照3)的形式定义出的概念是不是表示真实存在的性质?

3)是操作定义(operational definition)的一个例子。所谓操作定义,就是在特定的实验条件下通过某种操作性的后果来定义概念。操作定义并不确定这些实验条件并不满足时概念的意义。

同时,3)也是一个隐定义。所谓隐定义,就是给出一个包含了要定义的概念、并且为真的句子,这个句子不能转换成像2)的那种形式。与隐定义不同,显式定义可以看成是一种消去被定义项的转换规则,比如用双条件句一边的表达式来替换另外一边的表达式。通过隐定义建立的概念不能这样消去。在有些时候我们甚至不能得到形如3）那样有条件的双向条件句，而只能得到含有被定义项的真命题。例如：

4）过不重合的两点有且仅有一条直线。

就可以看作是关于直线的隐定义。我们会发现，如果画出的线不"直"，那就可以画出不止一条同样的线。读者可以试试，自己在纸上画出不重合的两个点，然后用一条曲线连接它们。把纸折起来，让两个点都在折痕上，你就会看到另外一条线出现在纸的背面，它与起初画的那条线对称。

隐定义与显式定义背后的理念有所区别。显式定义有些类似于把一个或一些词语的意义"传递"给被定义的词，只要默认用来定义的词是有意义的，而无须对这种意义做更多解释，这种形式就可以起作用。隐定义则隐含了一种关于意义的理解，人们通常称其为"概念角色语义学"（conceptual role semantics）。这种观点主张，词语可以通过与其他词语建立稳定的联系而获得意义。按照这种主张，词语不仅可以通过这种联系从其他词语中获得意义，而且，彼此这样联系的词语可以一同获得意义。比如，句子4）可以让"点"和"直线"这两个词语一同获得意义。这看起来有些循环定义的色彩，但是，概念角色语义学通常会主张，只有在足够多联系的情况下，这种一同获得意义的情况才会发生。比如，人们会把欧几里得几何学中的那几条公理，一起当作"点"、"线"、"面"这类词语的隐定义，而不会单独取其中一条公理，说某个词语得到了定义。当有足够多的联系存在，整个系统也就获得了一种稳定性，而这意味着其中的那些词语得到了确定的意义。

思考:请自己举出一些操作定义的例子,并分析是否所有操作定义都是隐定义。

回到亨佩尔。他已经证明,以句子为单位给出可检验性标准是不可行的。而如果把注意力集中到词项的层次,就要引入隐定义,而这意味着概念之间的联系才是需要考虑的主题。这种联系贯穿到多个句子中,并由此构成语言或者理论的整体。这就是语言框架。要得到有认知意义的命题,就必须把命题所使用的概念与表述经验的那些概念联系起来,而这种联系要通过语言框架来完成。如果能够利用这种框架来建立认知意义标准,那么,在一个语言框架内建立命题,就是命题具有认知意义的必要条件。

8.3　形式的说话方式与本体论中立

语言框架(linguistic frame)以及以语言框架概念为核心的**句法—语义**思想,使卡尔纳普开辟了一条处理认知意义与形而上学问题的蹊径。其核心思想就是寻求一种合适的研究方法,能够以中立的方式区分形而上学命题和具有认知意义的命题。由于形而上学命题以特定的本体论承诺为标志,所要寻求的中立方式就要尽量避免本体论承诺。大体上讲,卡尔纳普在 30 年代以后的进路就是这样的。下面我们先看看卡尔纳普关于逻辑句法(logical syntax)的基本思想,然后过渡到他关于外部问题与内部问题的区分。

8.3.1 句法

我们已经初步了解了什么是句法。句法就是关于命题的形式规定性，在建立这种规定时意义不起作用，也就是说，不考虑词项的指称和命题的实际真值。简单说来，一个完整的句法理论包括两个方面，其一，一个合适的句子以何种方式构造出来，什么样的词项能够构成有意义的句子，这种构造句子的规则被称为"形成规则"（rules of formation）；其二，何种句子能够从已给出的句子中推演出来，这就是关于形式推理的规则，即"转换规则"（rules of transformation）。

在卡尔纳普看来，包含形成规则与转换规则在内的句法理论就是逻辑学。① 卡尔纳普所理解的逻辑学就是我们现在的数理逻辑。按照这种理解，使推理具有有效性的约束，只有在施加于借以推理的表达式而不是内容上时，才具有所要求的明晰性。这种明晰性体现在形式上。这样，逻辑语言就被理解成一种运算，或者说是一种符号操作。这种操作过程是可判定的，也就是说，通过有限次机械地运用形成规则和转换规则，就能够获得我们所需要的结果。这个过程就像数学运算一样，即使对于算式的意义一无所知，计算结果正确与否，仍然能够从算式本身直接看出。

借助合适的句法理论，我们就能把关于命题意义的谈论转化为关于命题句法的谈论。这种看法使卡尔纳普就像弗雷格与罗素一样

---

① 这里要注意卡尔纳普意义上的逻辑学与维特根斯坦意义上的逻辑有何区别。卡尔纳普把逻辑学看成是关于有效推理的研究，而维特根斯坦则把逻辑看成是对于可能性的阐明。

属于理想语言学派。他们都主张,语言的句法形式能够完整地揭示关于意义的本质,而这需要在句法上严格定义了的语言;日常语言不能这么定义,因此只能另外设计一套语言,即符号语言。

关于上述句法理念卡尔纳普在哲学上的创见在于,关于命题句法的谈论可以使我们避免本体论承诺。这就是所谓形式的说话方式(formal mode of speech)。让我们来看看这一点是如何达到的。看下列句子:

5)5 是一个数。

6)"5"是一个数词。

这两个句子的显著区别是,一个谈论的是 5 这个数,而另一个谈论的则是"5"这个词。如果根本就没有数这种东西,5)就是无意义的,但 6)仍然有意义。这就是说,5)需要一个关于数的本体论承诺,而 6)不需要。

也许我们会问,既然数词就是指称数的词,如果根本就没有数,我们如何确定哪些是数词呢?这样问,就是从语义的角度来理解"数词"这个概念,我们依据它的指称来确定这个概念。但这是不必要的,可以把"数词"这个概念理解成一个句法概念,也就是说,规定使用"数词"这个词的使用规则,而这种规则给出了"数词"这个概念的隐定义。例如下面这些命题:

7)"0"是数词,并且如果"x"是数词,那么"$x+1$"也是数词。

8)如果"x"是数词,那么"x 是素数"是句法上合式的。

9)如果对"x"的任何值,$f(x)$,当且仅当,$g(x)$,那么谓词"f"和"g"适用于同一个数词。

10)一个数词与一个名词构成复合名词。

在这些定义中给出的是对"什么是数词"的回答。它们不是以显式定义的方式给出的。显式定义通常需要给出使一个存在物成其为数所需要具备的性质,因此需要先有相应的存在物才行。隐定义则无需如此,它只需要词语之间的连接。在隐定义中起作用的也只是词语之间的连接,这种连接通过句法特征就充分确定了。这样,当用上述方式确定各个数词的句法规则后,相应的意义也就确定下来了。句法规则同时就是语义规则。于是我们就可以满足于在句法上处理数词,而"数词"也就可以视为句法概念。

8.3.2　形式的说话方式与实质的说话方式

这样就可以理解卡尔纳普关于形式说话方式与实质的说话方式(material mode of speech)的区分。看下面几个句子:

　　11)5 是一个素数。

　　12)5 这个数是一个素数。

　　13)"5"这个数词与"是素数"这个谓词构成了一个句子。

当我们说出 11)这个句子时,所说的意思可以用 12)这个句子来表达。12)是关于 5 这个数的陈述,这个数并不是"5"这个数词,而是这个数词之外的东西,是对象。这种说话方式就是实质的说话方式。这种说话方式承诺了数的存在,5 就是一个数。与此同时,13)也可以成为对 11)的一种描述。虽然 13)所说的并不是 11)所说的东西,但 13)是对 11)的一种句法上的描述。数词是一个句法概念,13)既无关乎 11)的语义,又无关乎其所说的是什么对象,这是一种形式的说话方式。

显然,11)与13)有这样一种对应关系,11)是真的,当且仅当,13)所提及的那个句子也是真的。我们说形式说话方式与实质说话方式等效。这种等效性为关于意义的外延化处理提供了依据,而卡尔纳普的句法理论就是一种这样的外延化处理方法。

像5)这样的句子就是一种实质的说话方式,它要求数存在。可以这样看出这一点,如果5)是真的,那么5存在,而5是一个数,所以数存在。这就是说,5)的真值条件中包含了数的存在,5)因而承诺了数的存在。但是,6)并不承诺数的存在,它所说的仅仅是,"5"这个词的使用遵循关于数词的句法规则。如果在语义学上6)与5)等效,那么为了使5)有意义,对数的承诺就不是必需的。正是由于这种等效性,卡尔纳普称类似于5)这样的句子为"伪对象句子"(pseudo object sentence)。意思就是说,表面上看来这些句子谈论的是对象,但我们可以将其"宽容地"理解是在陈述句法规则。也就是说,伪对象句子就是以实质说话方式来表达形式说话方式所表述的内容。

8.3.3　伪对象句子

在卡尔纳普看来,所有形而上学命题都是伪对象句子,而形而上学命题就是由于不适当地使用了实质的说话方式产生的。例如这样一个句子:

14)这张桌子是一个物(thing)。

这个句子不仅承诺了这张桌子这样一个特定的存在物,而且承诺了物的存在。这张桌子与物的区别在于,即使这张桌子不再是桌子,从而这张桌子不存在了,物仍然存在。借助摹状词理论我们可以知道,使用"这张桌子"所承诺的是一个是桌子的东西，即逻辑主词"x"所指的东西。对 x 的承诺使得即使桌子不存在，我们仍然能够有意义地谈论这张桌子。现在我们可以断定这个"x"所指的就是物。物可以不是经验范围内的任何东西，所以它不在经验范围之内；它只是物自身，而这就是传统的形而上学所想象的那个东西。

一旦把 14) 理解为形式的说话方式，所有这些推论就失去了起点。此时这个伪对象句子实际上就是一个准句法句子（quasi-syntactical sentence）。句子 14) 所说的仅仅是，"这张桌子"是一个物—词项（thing-word），它遵循这类词项的句法规则。即使这张桌子不存在，我们仍然可以有意义地使用这个词。而原来使我们以为有物自身的诱因，只不过是这类词项总是有其特定的句法功能这一事实，即使履行这一功能的不是"这张桌子"这个词，也会有别的词来履行。形式的说话方式是本体论中立的。

这里一定要注意，从形式说话方式的有效性这一点，得不出唯名论的结论。唯名论所说的是，指称词项不过是名称，不存在任何实体与之对应（相反，实在论则认为有这样的实体）。无论是唯名论还是实在论，都可以作为可以表述的观点用命题加以表达，而这些命题都要提及指称词项所指的对象；而从形式说话方式中得不到这样的命题。如果句法理论充分有效，那么这类命题就都无认知意义。从这种意义上讲，从卡尔纳普主张形式说话方式这一点就认为他主张唯名论，就是一种误解。我们已经可以看到，卡尔纳普其实是排斥了表达唯名论立场的命题。如果以唯名论的方式，即主张不存在形而上学对象这种方式，来反对形而上学命题，这仍然是以形而上学的方式来反对形而上学；如果卡尔纳普是对的，那么他拒斥形而上学的方式就是一种更为彻底的方式,这是一种逻辑的方式,而不是形而上学的方式,这种方式宣称形而上学命题是无认知意义的。

上面我们看到的对于形而上学的拒斥是否定的方面,这里的关键在于确认形而上学命题是由于从实质的说话方式来理解伪对象句子,而实际上正确的方式却是以形式的说话方式来理解。接下来看这种正确的说话方式究竟意味着什么。

8.4 内部问题、外部问题与约定论

8.4.1 语言框架

区分两种说话方式的依据是,具有认知意义的句子必定在句法形式上呈现出某种合乎规则的特征。对这种特征的刻画就构成了逻辑句法。现在的问题是,这种特征究竟是什么。

为了弄清这一点,需要首先理解什么是"普遍词项"(universal word)。像上面提及的"数"和"物"就是这样的普遍词项。看下面的序列:

15)5,素数,数

16)桌子,木质器具,物

17)红色,颜色,性质

18)芝加哥很大,真命题,命题

这是一些词或句子,这些词或者句子之间具有一种统一的关系。例

如对于 15），我们知道：

    19）5 是一个素数；

    20）一个素数是数。

这两个句子是真的，而

    21）5 不是一个素数。

是假的，

    22）5 不是一个数。

则是无意义的。如果 5 不是数，那么我们所说的"5"，就改变了意义，因而没有谈论我们要谈论的那个东西，即数 5。这就意味着 22）并没有否定它所要否定的东西。因此，22）是无意义的。这里的要点是，"5 不是一个数"并不是对"5 是一个数"的否定，两者谈论的不是同一个东西。这样一来就得出，

    23）5 是一个数。

必然为真。之所以这么说，并不是因为 23）的否定（即句子 22））是假的，而是因为我们无法做出这个否定，所做出的否定是无意义的。"数"于是在这种意义上是普遍词项，满足该词项的东西必然地满足它。这就是普遍词项的一个特征。容易看到，"物"、"性质"、"命题"这样一些词项也是普遍词项。

    普遍词项的一个特征是，没有同时满足两个不同普遍词项的东西。比如说，数既不是物，也不是性质，更不是命题。如果说普遍词项表征了事物的类，那么这些类是互相排斥的。事实上，以这种方式理解的普遍词项就是亚里士多德所理解的范畴，也就是针对存在物的分类。隶属于同一个普遍词项的对象就构成了一个范畴。后面讨

论蒯因的时候,还会使用"范畴"这个术语。

　　当然,上面介绍普遍词项的时候,我们使用的是实质的说话方式。从形式的层面上看,引入一个普遍词项,就相当于引入类似于7)—10)所示的句法规则,这些规则构成了对普遍词项的隐定义,从而使得这些普遍词项被理解为句法概念。从属于一个普遍词项的那些词项通过隐定义联系在一起,就构成一个语言框架(linguistic frame)。于是我们有数语言(number-language)、事物语言(thing-language)、性质语言(property-language),以及命题语言(proposition-language)。对这些语言的界定采取形式的说话方式,而使用这些语言则采取实质说话方式。

　　语言框架对于知识来说具有非常重要的作用,这种作用相当于康德的先验综合判断对于经验知识的那种重要性。在康德那里,没有先验综合判断,就不会有普遍必然的知识,而这进而意味着,不会有基于经验的推理。这是因为,只有在判断之间具有普遍必然的连接时,推理才会具备有效性,而这种连接只有先天地建立起来。语言框架实际上也是在提供这种先于经验的连接。这种连接形成理论词项的隐定义。显式定义只能在观察词项与理论词项之间建立对应关系,而不能让理论词项连接起来;这种连接只能通过隐定义建立。同属一个语言框架的词项通过隐定义构成的网络结构,使得相应的推理得以进行,从而使相应的知识得以可能。

　　这种建立知识的方式与康德不同,康德是通过理性认知能力的固有结构来获得知识的先验条件,而逻辑经验主义则通过语言的逻辑结构来建立。在这里,我们不难看到语言学转向的效应。

8.4.2 外部问题和约定论

卡尔纳普对内部问题与外部问题的区分是这样的:如果预设了相应的语言框架,关于某物存在的问题就是内部问题;而针对语言框架本身应当如何的问题则是外部问题。我们可以说,与内部问题和外部问题相对应的,是内部陈述和外部陈述,关于内部问题和外部问题的讨论可以套用到内部陈述与外部陈述上。下面我们就围绕内部问题和外部问题展开讨论。看下面两个问题:

24)存在大于 100 的素数吗?

25)存在数吗?

对于第一个问题,如果在数语言的框架内理解,那么所问的就是是否有这样一个数,它大于 100,并且是素数。当然,由于“100”和“素数”这些词项属于数语言框架,所以预设了这个框架,这是很明显的。24)就是一个内部问题。在 25)中没有明显的证据表明预设了数语言框架,因为所问的恰恰是构成这个语言框架的普遍词项是否被满足。于是就有两种理解,一种理解是,在预设了数语言框架时问是否有关于数的实例,第二种理解则没有预设这个框架。按第一种理解,只要找出一个数就行了,现在 5 就是一个数,所以有数存在。这样理解的就是内部问题。而按第二种理解,由于不能借助数语言框架,所以像 1、2、3、4、5 这样的东西是否是数,就还未决定,此时不能以给出具体数的方式来回答是否有数。由于没有借助于语言框架,我们关于像 1、2、3 这样的东西的谈论,正是以形而上学的方式进行的——我们假定它们独立于语言框架。这样理解的存在性问题就是外部问题。

引入数理逻辑的形式可以更清楚地说明这个区分。24）可以采取半形式化方式来回答：

26）∃x（x 是大于 100 的素数）

这个回答就是断定，在某个定义域中包含某个东西，以之作为变项 x 的值，就使得函项"x 是大于 100 的素数"为真。显然，使这个断定有意义的前提是，这个定义域已经确定了。如果在数语言框架内给出 26），那么这个定义域就是全体数构成的集合。以第二种方式理解的 25）所问的就是，是否存在这个定义域。即使已经给出了单个的数，例如 5，我们还是可以问，5 是否属于这个定义域。这个问题所问的不是就一个定义域已经给出而言，某个对象是否属于这个定义域，从而是否相应普遍词项的一个实例；而是问，在这个定义域中包含了什么。这样的问题就是外部问题。

关于这两类问题，卡尔纳普的重要论断是，一个关于存在的问题只有当其是一个内部问题时具有认知意义，而外部问题不具有认知意义。借助 8.4.2 节结尾处所陈述的语言框架与知识的关系就可以看出这一点。既然知识的必要条件就是要预先假定语言框架，那么在语言框架之外也就不可能有知识，因而也就不可能有认知意义。由此自然得出，只有内部问题才有认知意义。

思考：关于语言框架与认知意义关系的思想，能否用来支持经验主义立场呢？考虑一下这一思想与经验主义立场之间的关系。

对这个论断也可以从逻辑角度来理解。一个关于存在的问题要能够有一个存在命题作为回答,除非这个回答具有认知意义,问题也不具有认知意义。而一个存在命题具有认知意义的前提是,有一个类或集合已经作为变项的定义域给出了。如果没有这样已经确定的定义域,关于存在的问题就无认知意义。显然,外部问题没有认知意义。

外部问题可以转换成关于是否能够引入一个语言框架这样的问题。对此卡尔纳普的观点是,外部问题是实践问题,而不是理论问题。理论问题要求具有认知意义的回答。外部问题之所以是一个实践问题,是因为它牵涉到的回答是语言框架,是确定认知意义的条件本身。因此,关于外部问题的不同回答意味着整个语言体系的不同,意味着在具有认知意义的命题体系这一层面上做出调整。这样,就无法说一个回答是正确的或错误的,只能够说一个回答是合适的或不合适的。我们并不依据一种知识来做出回答,而是依据这种语言的实用性,方便性和经济性来做出权衡。因此,关于外部问题的回答缺乏认知依据,它最终是约定出来的。我们可以出于实践目的来调整这种约定,但对这种调整没有最终的评判标准。

这就是著名的约定论(conventionalism)。约定论由法国的科学家庞加莱(Poincare)通过研究相对论提出,他认为理论在最抽象的层面上是通过约定加以选择的。例如我们可以在普通尺度的物理学中选择欧几里得几何学,而在广义相对论的大尺度上选择非欧几何,至于为何这样选择,没有最终的依据。我们仅仅是依据应用这些几何学所得出的理论是否具有简单性实用性来选择,因而最终依赖于约定。卡尔纳普把这种约定论贯彻到语言的层面上,这样,他就可以为形而上学给出一个正面的理解:形而上学问题,就是一种实践问题。

～～～～～

思考:卡尔纳普关于语言框架的思想为何导致了约定论？约定论是如何拒斥形而上学(亚里士多德式的和康德式的)知识的？

思考:卡尔纳普的约定论是一种关于什么的约定论,是关于真的,还是关于意义的？如果把相对主义理解为,一个命题的真值是相对的,那么卡尔纳普的约定论是否会导致这样一种相对主义？

～～～～～

阅读建议

必读文献:

1. 亨普尔:"关于认知意义的经验主义标准:问题与变化";

2. 卡尔纳普:"经验论、语意学和本体论"。

——均收于《论逻辑经验主义》(洪谦主编,商务印书馆,1982年)。第一篇对可证实性标准所引起的问题给出了全面而又深入的讨论,是处理这个问题的最佳文献。第二篇文章则对卡尔纳普的语言框架概念以及处理形而上学问题的方法给出了标准的阐述。

要比较系统地了解逻辑实证主义,最好的材料是艾耶尔的名著《语言、真理与逻辑》(尹大贻译,上海译文出版社,1981年)。这本书的第一版出版于 1935 年,正是逻辑实证主义建立立场的较早阶段。尽管面临这样那样的困难,书中表达的思想还是富于感染力的。

关于逻辑经验主义的二手研究是从 20 世纪 90 年代以后才逐渐开始兴旺的工作,导论性的二手文献不多见。剑桥的指南由资深专家按照主题分工撰写,兼具深度和广度,读者可按需阅读。两部指南如下所列:

The Cambridge Companion to Logical Empiricism, Alan Richardson & Thomas Uebel ed. , Cambridge University Press, 2007.

The Cambridge Companion to Carnap, Michael Friedman & Richard Creath ed. , Cambridge University Press, 2007.

第9章 蒯因:自然化的经验主义

蒯因当然是 20 世纪影响最大的哲学家之一,这不仅是因为他的著名文章"经验论的两个教条"("Two Dogmas of Empiricism")[1]被认为是逻辑经验主义的盖棺之作。事实上,这篇文章仅仅是蒯因工作的一个逻辑上的起点,他试图在一个新的层面上考虑意义问题,进而向整个知识论领域辐射,从而获得一种彻底的经验主义哲学,这种哲学被人称为"新实用主义"。实用主义的特征我们在第 3 章已经看到了,简单说来这就是整体主义的意义理论、关于真理的融贯论以及以实践为目的的知识论。这些特征在蒯因这里都有所体现。

让人记住蒯因的另外一个方面就是他的自然化知识论(naturalized epistemology),可以说这对于蒯因来说实际上就是他的整个哲学的另一个称呼。[2] 这个称呼有一种特殊的含义。通常,知识论要研究的是知识的基础是什么,可以用这样一个简单的问题来概括——"凭

---

① 蒯因:《从逻辑的观点看》,江天骥等译,上海译文出版社,1987 年。

② 应当说,对蒯因哲学最好的概观还是其外延主义(extensionalism)哲学,自然主义只是外延主义的一种实现形式。在总结自己的哲学以及逻辑工作时,蒯因说,"我不是一个本质主义者,据我所知,也不是一个存在主义者,但我是个坚定的外延主义者。在近七十年的逻辑研究和哲学研究中,我都矢志不渝地信守外延主义准则"。("Confessions of A Confirmed Extensionalist", in *Future Pasts: The Analytic Tradition in Twentieth-century Philosophy*, Oxford, Juliet Floyd & Sanford Shieh ed. , 2001, p. 215.)关于外延主义的详细解说,参见黄敏:《哲学分析教程》,中国社会科学出版社,2018 年,第十一章。

什么说你知道"。可以看到,这个问题实际上就是关于知识的辩护问题。但是,这个问题让经验论遇到了困难,这个困难以怀疑论的形式表现出来。对这一困难,蒯因的对策是放弃辩护问题,转而研究我们实际上如何获得知识,研究我们获得知识的一般方式具有何种知识论后果,从而理解这种方式。这实际上也就是休谟给出怀疑论以后所采取的路线,蒯因沿着这条路继续走下去。

自然化知识论的工作前提是:无论何种知识,都必定有其发生学的基础,而这种基础就体现为认识主体是有血有肉的人类,因此,任何知识都必须与感觉证据相联系。这种联系体现在两个方面,其一,人与世界之间通过感觉器官相联系,其二,人与人之间的理解通过公开的行为才能达成。关于语言和知识的所有考虑,都受制于这个基本框架。

从历史的角度上看,蒯因是个极具启发性的人物,几乎所有后于蒯因的分析哲学家都必须面对来自于蒯因的压力,这种压力或者是正面的,或者是负面的。在形而上学、知识论、语言哲学及科学哲学中蒯因制造了多个问题域,从而大幅度修改了分析哲学的地貌。他的哲学思考具有高超的技巧和复杂的结构,人们可以在他那里学到很多东西。这是一个绕不过去的人物。

我们从蒯因对逻辑经验主义的批评开始。

9.1　分析性问题

9.1.1　经验主义与分析性

前一章我们已经看到,卡尔纳普区分了形式的说话方式和实质的说话方式,从而引出了语言框架的概念;进而,又区别了内部问题和外部问题,从而给出了关于语言框架的约定论。这一系列步骤的直接目的在于,把原来认为属于形而上学的先验综合命题,以及弗雷格的身份可疑的逻辑命题吸收进语言框架中,从而消解其表述知识的作用。另一方面,语言框架的概念导出了一种与隐定义相适应的语义学,即概念角色语义学。简单说来,这种语义学就是从概念之间的关联入手来确定概念的意义。可以把这种概念关联以规则的形式表述出来,这就是语义规则(semantic rules)。进而,它可以用来解释分析命题的意义何在,或者确切地说,解释什么是分析性(analyticity)。

前面我们已经知道关于分析性的两种定义,一种是康德的(概念包含关系),一种是弗雷格的(依据逻辑和意义为真),引入了语言框架,就引入了第三种定义,这就是依据意义为真。逻辑定理可以看成逻辑常项的隐定义,依据逻辑为真实际上就是依据逻辑常项的意义为真。于是,分析性就是句子依据(逻辑常项与非逻辑常项的)意义为真这一特性。这时,语言框架就是一个由隐定义构成的系统,这个系统由各概念的关联构成,它确定了这些概念的意义。由于概念之间的关联总是可以表述为句子的形式,语言框架就可以以一系列句子的形式刻画出来。这些句子是分析的,就意味着语言框架具有稳定的结构,这个结构不受我们使用这种语言表述的知识内容的影响。

卡尔纳普的经验论立场以还原论的形式表现出来,他主张知识表述都可以还原成可证实的表述,或者说经验表述。知识表述以句子为单位出现,一个句子表述一个确定的内容,因此表述知识的句子应当能够按照某个确定的程序还原成经验表述。确定的语言框架为这种还原提供了中立的程序。语言框架由分析命题构成,而分析命题是没有认知内容的重言式,这一点保证了还原程序的中立性。分析命题与中立的语言框架一起,为卡尔纳普的还原论理念服务。[1]

9.1.2 驳约定论

卡尔纳普进而为分析命题何以为真给出约定论的解释。一方面,分析命题与隐定义联系在一起,另一方面,关于分析命题的问题被认为是外部问题,对外部问题不能提出有效的理论支持,因此隐定义实际上是约定出来的。分析命题之为真是基于约定,这在一种意义上是对分析性的一种解释,但在另外一种意义上,却是一种不解释——这是解释的极限。

约定论很快遇到了困难。蒯因在"约定真"这篇文章[2]中指出,关于逻辑的约定论是站不住脚的。有两个理由可以这么说,第一个理由涉及无穷后退,第二个理由是说,用来做出这类定义的句子无法区别于其他句子。下面依次看看。

第一个困难。以关于逻辑常项"并且"的隐定义为例。这个定义通常采取句子模式

1)$p \wedge q \rightarrow p$ 以及 $p \wedge q \rightarrow q$

---

① 把卡尔纳普说成是还原论者,这在一定程度上是为了方便地理解蒯因的立场。但是,如果对卡尔纳普的整体论想法予以足够重视,这种还原论的解读也就应当弱化。卡尔纳普的思想同时包含了康德主义的要素,这使其具备不同的解释维度。读者可在读完本章以后返回头来再来看看卡尔纳普。

② Quine, "Truth by Convention", in *The Ways of Paradox and Other Essays*, Harvard University Press, 1976.

的形式来表述。在这两个句子模式中，无论把"p"和"q"同时替代为何种句子，都会得到真句子，而这两个句子模式也正是这样用的。现在的问题是，如果这是一种约定，那么该如何表达它呢？似乎只能是：

> 2）对于"$p \land q \to p$"以及"$p \land q \to q$"来说，用一个句子来替换其中的"p"，并且用另外一个句子来替换"q"，由此得到的所有句子都是真的。

但是，在这个表述中不仅出现了逻辑常项"所有"，而且出现了需要约定的合取，即"并且"。由于需要进行新一轮约定，就构成了无穷后退。

第二个困难。要在数理逻辑中找到这种例子似乎不太容易，这里另外举例：

> 3）如果把盐置于水中，那么，盐是可溶于水的当且仅当盐溶解了。

> 4）如果盐是可溶的，那么，盐被置于溶剂中当且仅当盐溶解了。

对比这两个句子，3）可以说是一个关于"可溶于水"这样一个谓词的隐定义，但4）不是隐定义。我们可以把它看作是对"可溶的"一词的显式定义，但也可以不这么理解。我们可以将其理解成，在盐是可溶的情况下，它被置于溶剂中并且溶解了，但并不把溶解理解为可溶性的表现——这两件事仅仅是同时发生。保证这种伴随关系的正是"可溶性"的定义，但关于这种伴随关系的描述并不是定义。在这种理解之下，4）连显式定义都不是。我们可以说，按这种方式理解的4），它和3）一样都显而易见是真的，但从这一点无法区分它们哪个是隐定义,哪个不是。

~~~~~~~~~~~

思考:在分析句子3)和4)时,我们已经区分出了哪个是定义哪个不是。我们已经做出的这个区分,是不是对约定论的支持呢?为什么?

~~~~~~~~~~~

上述论证表明,对语言框架的约定论解释无法成立。由于语言框架处于非常基础的地位,它本身必须在约定中起作用,而这意味着约定无从开始。

不过,约定论者似乎可以这么反驳这个论证:它所说的仅仅是,我们无法以一种理性的方式来选择语言框架,而这恰恰说明了对语言框架的选择是没有理论基础可言的。这里所说的"约定"不是真的有一个商讨过程,大家坐到一起,就采纳何种语言达成一致意见;而是说,大家恰好发现自己采纳了同一种语言,而这是所有其他事情的开端。因此,"约定"仅仅是说,这里有种一致性,而这种一致性不是某种认知过程的结果。

但是,蒯因可以回应说,这种反驳并未切中关键。在他看来,问题的关键在于,隐定义的基本理念是有缺陷的。隐定义是说,词语通过彼此连接而获得意义。但是,蒯因质疑道,词语由此获得的意义又是什么呢?第一个困难针对逻辑中的初始词项。如果把包含初始词项的逻辑公理当作对逻辑常项的隐定义,那么在运用这个定义时要使用这些逻辑常项,这就意味着用这种方式并未真正把逻辑常项的意义固定下来,因为,对于并不理解这些常项的人来说,隐定义对他什么都没有说。第二个困难更是直接针对隐定义的形式。由于在形式上隐定义与普通陈述没有区别,我们就不能区分出相应的句子是因为要通过定义固定下来的意义而为真,还是因为句子所陈述的事实情况而为真。这样一来,我们也就无法确定隐定义究竟让词语获得了什么意义。

反对卡尔纳普的约定论,这并不意味着反对卡尔纳普的这一观点:对于语言框架的选择是一个实践问题,我们在选择的时候参照的是便利、经济和实用的标准。很可能,以实践的方式来确定语言框架并不是一个约定的过程。从自然主义的观点看,以更经济实用的方式来获取知识,是自然选择的结果,这一点并不取决于我们的主观意愿,而是受制于一种客观的约束——我们能够以一种舒适的方式存活下去,恰好就表明了这一点。因此,蒯因可以同意,在选择时我们可能并没有理论依据来支持,但我们的选择并不是任意的,并不排除以后能够找到一种理论来解释我们为什么会这么选择。如果这样,那么构成语言框架的那些分析命题也就不能说是重言式,或者说,不能说是没有认知意义的了。其实,蒯因接下来要做的,就是批评分析—综合这个区分本身。

9.1.3 驳分析—综合之分

前面我们看到蒯因对约定论的驳斥,其矛头指向对分析性所做的解释上。即使这种解释不正确,分析命题与综合命题的区分还是可以存在的。如果这个区分再出了问题,那么分析性这个概念本身的有效性,也就遭到质疑了。在"经验论的两个教条"这篇著名的文章中,蒯因就对分析—综合之分提出了反驳。

这篇文章尽管影响极大，但其要旨却并不容易把握。蒯因的矛头指向分析性与还原论，这是没有问题的。这两者就是他所说的经验论的两个教条。这里的"经验论"应当理解成逻辑经验主义，特别是卡尔纳普的逻辑经验主义的意义理论和知识论，而不是一般意义上的经验主义。蒯因要得到一种摆脱了这两个教条的经验主义，即"无教条的经验主义"。他的目的是要重塑经验主义。我们先看蒯因对分析性概念的质疑，然后再看他关于还原论的意见。

蒯因的思路不容易把握的地方在于，他直接提出的反论并不是不存在分析命题，而是在分析与综合之间不能给出一个明确的界限。这个反论可以有不同理解。

  a) 在分析性与综合性之间没有明确的界限，因此什么是分析命题，就没有确切的标准，因此"分析性"不是一个有效的概念，我们不能说存在分析命题。

  b) 在分析性与综合性之间没有明确的界限，但在特定条件下我们还是可以做出区分。这个区分是相对的，因此分析性概念在一定程度内还是有效的。

这两种解释中有相容的部分。第一种解释是说，不存在绝对的（即无条件的）分析—综合之分；第二种解释则是说，虽然不存在绝对的分析—综合之分，但存在相对的区分。一般来说，绝对的分析—综合之分意味着这个区分是基于可以独立地归于句子的性质；而如果是相对的区分，则分析性就仅仅是句子与某种条件之间的关系。

这两种理解之间的区别在对分析性这个概念的要求有所不同。如果不允许不明确的分析性概念，那么就会有 a)；如果允许，就会有 b)。如果 a) 合乎蒯因的本意，那么关于分析性的批评就意味着否认卡尔纳普的整个语言框架理论；如果是 b)，那么蒯因就可以大体上承认语言框架理论，但需要对其前提做出重大修正。

究竟哪种理解对，其实还是可以判断的。后面会看到，蒯因还是承认一种分析性的概念，这种概念建立在刺激意义的基础上，因而分析—综合之分是一种相对的区分。这样，第二种解释是对的。

蒯因的驳论策略是，不直接质疑分析性，而是质疑分析—综合之分。直接质疑分析性这个概念，通常就是论证说，这个概念的内涵存在某些问题，比如不融贯，或者不可能用来确定任何对象是否满足其预定的内涵。而质疑分析—综合之分，则是一种针对概念外延的处理方式。这两种策略之间的关系是，如果前一种策略成功，那么分析—综合之分自然就不存在；但在后一种策略成功的情况下，前一种策略可能还是不起作用。比如，不存在无条件的区分、但在任何特定条件下都可以做出分析—综合的区分，那么分析性这个概念的内涵仍然是融贯的，并且这个概念也总是有特定的外延——只是在不同情况下外延不同罢了。

在"两个教条"中蒯因所采取的策略可以简述如下。

设"g"表示语义谓词，例如"是分析的"这样一些表示语义特征的谓词，变项"x"以句子为值，那么对语义谓词"g"的分析就可以写成

$$对任一 x, g(x)，当且仅当，f(x)。$$

其中谓词"f"是另一语义表达式（例如"必然为真"）。蒯因认为，这样的分析必须满足非循环条件。

非循环条件将保证分析的非贫乏性（non-triviality），或者说分析应当能提供内容。这类分析式是否提供内容，取决于能否独立地确

定双条件句右边子句的真值,这一要求就是非循环条件。某个分析不满足非循环条件,例如,对 $f(x)$ 的判定要依赖于对 $g(x)$ 的判定,那么这个分析就不提供内容,因为它所说的仅仅是,$g(x)$ 当且仅当 $g(x)$。举个例子来解释这一点。例如对于"单身汉"这个谓词,如果提供的意义分析式是

对任一 x,x 是单身汉,当且仅当,x 喜好幻想,

同时又被告知,在给出这个分析的小圈子里,人们都是用"喜好幻想者"来指称单身汉,那么这个分析就不提供内容。

蒯因证明,对于分析性这一语义谓词的分析不满足非循环条件。在"两个教条"中,他并没有质疑逻辑定律的分析性,而仅仅是说,对于像"单身汉是未婚的成年男人"这样依赖于词语的意义而为真的分析命题来说,并没有一种将其区分于综合命题的标准。蒯因论证的具体过程不拟赘述。

～～～～～

思考:请自己阅读"经验论的两个教条",按上述思路重构蒯因的论证过程。

提示:蒯因说分析性与必然性属于同一类,这需要解释。他之所以这样说,是因为如果不预设分析性,就无法把那些被用来说明分析性的必然命题与陈述必然事实(例如物理定律)的真命题区分开。

～～～～～

对于蒯因的策略不少人表示不敢苟同。例如斯特劳森(Peter Strawson)和格赖斯(Paul Grice)在"捍卫一个教条"(In Defense of a Dogma)一文中就认为,既然分析综合之分在哲学家中是一种被广泛地运用的区分,并且这种区分表达了某种可以传递的直觉,那么说分

析综合之分不存在,就是毫无道理的。[①] 这个理由有些牵强。蒯因完全可以反驳说,一种幻觉的普遍性并不意味着这个幻觉是真的。也有人说,按照蒯因的要求,就不存在一种合格的词典解释。一本词典里包含的词是有限的,并且词典里所给出的解释都要借助于同一本词典里的其他词,因此最终必定会构成循环解释。这不能算是对蒯因的非循环标准的归谬论证。他可以否认词典解释是一种分析,而只承认这是一种对用法的描述,因而可以放宽要求。

应当说,蒯因对分析—综合之分的批评没有遇到真正有力的反驳意见,因而大多数分析哲学家倾向于接受蒯因的结论。

但是,蒯因并没有给出为何要拒斥循环分析的有效理由。循环分析在某种意义上是贫乏的,但情况不都如此。我们可以给出非贫乏的循环分析。举个类比的例子,牛顿力学用加速度和质量的乘积定义力,又用加速度和力来定义质量,就构成了循环,这个循环不是贫乏的。"$F = ma$"这个公式给出了力与质量之间的相互依赖的关系,这种关系使得两者可以纳入到这个方程所表现的结构中。以此类比我们可以看到,如果一种循环分析能够表现出概念之间的相互依赖关系,并且在这种依赖关系的基础上建立了稳定的结构,那么这种循环分析不是贫乏的。因此,如果蒯因的策略就是如上所说的,那么没有决定性的理由说,蒯因就达到了拒斥分析—综合之分的目的。

最近又有一种看法,认为蒯因对分析—综合之分的攻击点实际上不是循环性,而是这个区分不具有知识论上的可区分性,换言

---

① Strawson & Grice, "In Defense of a Dogma", in *Studies in the Way of Words*, Harvard University Press, 1989.

之,在不预设这个区分的前提下,不可能提出一种区分分析与综合的标准。[①] 这个解读与前面的解读的区别在于,前面的解读是在语义学的层次上,而新的解读则是在知识论层次上。如果在语义学层次上理解,蒯因提出的质疑就是,如何理解分析性概念。由于不同的概念之间有可能通过循环的方式建立联系(这其实就是隐定义的一种情况),这个质疑没有太大分量。但是,如果在知识论层次上理解,蒯因的质疑就成了"如何能够知道什么句子是分析的,什么句子是综合的"。这样不会为循环留下余地。如果不能回答这个问题,分析—综合之分在知识论上就没有地位了,我们说这个区分在知识论上是不相关的。[②] 很清楚,从卡尔纳普对分析性的解释来看,这个问题是不能回答的。

〰〰〰〰

思考:比较一下卡尔纳普与蒯因处理分析性这个概念的角度有何差别,说明蒯因在何种程度上是在批评卡尔纳普的。

〰〰〰〰

9.1.4　框架与类型

在卡尔纳普那里,分析—综合之分体现在内部问题与外部问题

---

① Richard Creath, "Quine on the Intelligibility and Relevance of Analyticity", in *The Cambridge Companion to Quine*, Cambridge, 2004.

② 这种知识论上的不相关性可用一例来说明。著名的莱布尼茨律(Leibniz's Law)说,如果两个东西不具有可资区分的性质,那么这两个东西是同一个东西。其依据就是,在性质上不可区分,就是无法知道它们有何不同,此时说它们不同,就在认识论上不相关。

的划分上，这个划分是有认知意义与无认知意义的截然区分。蒯因既然反对分析—综合之分，也就要反对这种关于内部问题与外部问题的区分。为理解这一点，需要重新表述卡尔纳普的思想。

我们知道，通过引入形式的说话方式，卡尔纳普得到的观点是，关于对象的有些谈论其实是关于逻辑句法的谈论，这种谈论规定一些词项的用法，而这些用法体现在普遍词项的隐定义上。这些隐定义都是分析命题，它们确定了哪些对象属于某个普遍词项所约束的范围，因而受这些普遍词项的隐定义的约束，这些约束构成语言框架。我们也可以采取类型论的方式来表述这一点。普遍词项的隐定义所确定的其实是一些逻辑类型，是哪些对象属于这些类型，而这就规定了关于这些对象的哪些谈论有认知意义，哪些谈论没有认知意义。

≈≈≈≈≈≈

思考：回顾罗素的类型论，比较类型这个概念与卡尔纳普的范畴（普遍词项），看看在何种意义上它们可以一起讨论。

≈≈≈≈≈≈

蒯因并不认同类型论的说服力，相反，他认为策梅罗的公理集合论更好一些。这个系统舍弃了类型概念，而只保留集合。类型（以及范畴）与集合之间的区别是，任何两个集合的合并都可以构成一个新的集合；而类型的合并却不能构成新的类型。比如，数的集合和命题的集合合并起来会构成新的集合，这个集合中既包含数，也包含命题；但是，并不存在一种既包含数，也包含命题的类型。之所以有这个区别，是因为一个集合是什么，这纯粹是由集合中的元素所决定的；但类型却不是由其中包含的元素所确定——不包含任何元素的类型仍然可以不是同一个类型，但空集却只能有一个。这在逻辑上就是外延实体与内涵实体的区别。

要区分出一个内涵实体,需要借助于谈论它的方式,而外延实体则仅仅取决于它本身。逻辑学家认为,集合是外延实体,类型则是内涵实体。集合是由其元素确定,因而并不取决于如何谈论它。但类型则是由它的表达式与何种其他词语连接构成有意义的句子决定的。实在论者一般都不承认内涵实体存在,蒯因也不例外。

在蒯因看来,取消了类型的区分,就排除了内涵实体。蒯因进而认为,一个对象属于一个类型,这一点可以表述为一个对象属于一个集合。正是这一点改变了局面。在卡尔纳普体系中,一个对象属于一个类型,这一点是由普遍词项的隐定义给出的,它属于概念框架的一部分,这种断言是分析命题,且没有认知意义;有认知意义的是关于一个对象属于一个集合的断定,这个集合由与该对象同类型的元素构成。舍弃类型概念,把类型等同于集合,这与取消分析/综合的绝对区分,是同时发生的。随之消失的是内部问题与外部问题的区别。

试举一例来说明。对于卡尔纳普来说,这个句子没有认知意义:

5)3 是一个数。

这个句子中的"数"就是一个普遍词项,它代表的不是对象,而是一个类型,属于这个类型的对象能够有什么有认知意义的句子,受制于这个词项的隐定义。当然,5)这个句子也是这个隐定义的一部分,我们说它属于数语言框架。相应地,

6)3 是一个素数。

就有认知意义,它在数语言框架内谈论问题。3 是一个数,而数既包含是素数的东西,又包含不是素数的东西,在这种情况下 3 就有可能

是一个素数,也有可能不是。数语言框架并不决定 6)的真值,因此这个句子的真值并不受制于意义,这是个综合命题。

现在,从蒯因的角度来看,5)中的"数"并不表示类型,而是表示一个集合,这个集合中所有的元素都是数。这样一来,5)和 6)就没有本质上的区别了,它们都表示一个对象属于一个集合。蒯因与卡尔纳普之间的分歧集中在,对于卡尔纳普来说,5)必然为真,但对蒯因来说并非如此。在蒯因那里没有类型的区分,所有概念的外延都是同一个全集的子集。关键是,任何一个对象都不可能先天地属于某个子集,它都可以独立地确定下来,而不管是作为数还是作为命题得到确定。这样一来,当 3 刚好落入到"数"这个概念的外延中,5)就是真的;但它也可以不落入到这个外延中。如果 3 实际上落入到"物体"这个概念的外延中,那么 5)就是假的了。于是就其本身而言,5)并不是分析命题。

♦♦♦♦♦♦♦

思考:类型论也被称为多变元理论,而蒯因所持有的理论则被称为单变元理论。请结合摹状词理论思考一下,这种说法是什么意思。

提示:像"3"这样的单称词项也可以处理成摹状词,从而引入变元。方法是,用"$\exists x(x=3)$"来分析"3"。

思考:请依据 5)和 6)的例子考虑,为何分析综合之分是相对的,在何种情况下我们可以有这个区分? 可参考"本体论的相对性"这篇文章。[1]

---

[1]　载于陈波、韩林合主编:《逻辑与语言——分析哲学经典文选》,东方出版社,2005 年。

〜〜〜〜〜〜〜

9.2 意义整体论和行为主义

9.2.1 信念整体论与意义整体论

前面提到,分析—综合之分是相对的,现在就可以问,这个区分是相对于什么的呢?如果蒯因有一种回答,那就应当说,相对于语言整体。这个回答就是意义整体论。

有两种不同的整体论(holism),一种是信念整体论(belief holism),一种是意义整体论(meaning holism)。前者是说,一个信念具有什么内容,这一点取决于信念整体,后者则说,一个句子的意义取决于它所属的语言整体。信念整体论来自于迪昂—蒯因论题(Duhem-Quine thesis),意义整体论则是蒯因在迪昂—蒯因论题的基础上结合意义证实论(the verification theory of meaning)得出的。

迪昂(P. Duhem)的观点是针对物理学理论提出的。物理学理论由一系列句子通过一些逻辑联系构成。检验一个物理学理论的方法通常是,由这个理论得到一些观察预测,然后通过实验来检验这些观察预测是否成立。迪昂认为,通过实验得到检验的是整个物理理论的句子系统,而不是其中的单个句子。他的理由是,单个理论假设不可能导出可通过经验得到检验的陈述。比如,关于对撞实验中亚原子微粒运动的陈述,需要在关于气泡室的工作原理的辅助理论帮助之下,才能导出我们可以观察到的关于气泡室中气泡运动轨迹的陈述。同样，在一个理论内部的一个陈述，也需要与其他陈述一起，才能推出可观察的陈述。由于理论陈述总是在一起才能得出经验预测，如果某个预测被推翻了，那么问题具体出在哪个句子上，是无法确定的。这是一组句子的合取蕴涵一个观察预测的情形，由观察预测为假，我们不能确定这组句子中的哪个句子为假，而只能说，这组句子的合取为假。因此，面对经验法庭的是整个理论，而不是单个句子。

当然，如果经验预测得到证实，那么获得确证的还是整个理论，而不是单个句子。

似乎可以把这个观点理解为，我们仅仅是不知道哪个信念错了，但这并不意味着整个理论都错了。迪昂论题不能这么理解。如果经验检验是判定对错的唯一依据，那么说其中的某个信念错了，就没有意义。我们缺乏这样说的标准。科学家实际上进行的工作是对这些句子进行试探性的调整，从而对理论进行改进，最终得到检验的，仍然是整个理论。

思考：请读者自己用逻辑符号来表述获得迪昂论题的逻辑过程。然后尝试寻找一种方法，来确定当遇到不利经验证据时，应当如何锁定错误的理论命题，看看是否能够推翻迪昂的观点。比如，从理论中去掉一个句子，比如 p，看由剩下的句子（我们用"Σ"来表示这些句子的合取）推出的经验预测 r 能否得到证实。运气好的话，我们会得到证实。这样一来就可以说，原来那个理论中的句子 p 就应当予以否弃。

　　迪昂论题是针对物理学理论提出的,但人们常常在这个范围之外来运用它。蒯因对迪昂的引用,更是把它的覆盖范围推到最大。

　　现在看把这个论题推广到关于信念的一般情况,会是怎样。对于信念来说,面对经验检验的,同样也是整个信念体系。如果经验检验是判定信念是否为真的唯一标准,那么,除非有其他信念支持,说一个信念的真假是没有意义的。这样一来就绝不能单独检验一个信念的真假。比如说"我看到了红色",这个信念看起来是直接受到检验的,但除非我有关于什么是红色的信念,就不能断定"我看到了红色"这个信念何时为真何时为假。这就是说,一个信念只能在信念体系内部受到检验,没有任何信念直接面对经验。现在,如果再加上这样一个前提,即,"如果不知道一个信念何时为真何时为假,我们就不能确定这个信念的内容是什么",就得到信念整体论。

　　信念整体论可以过渡到关于句子系统的整体论,为此只需把上面提到的"信念"替换成"句子"即可。这样得到的就是意义整体论。其论证如下:

　　　　7)一个句子能够得到检验,仅当该句子属于一个句子系统;

　　　　8)一个句子有意义,当且仅当该句子能够得到检验;

　　　　9)因此,一个句子有意义,仅当该句子属于一个句子系统。

其中9)所表达的就是意义整体论。意义证实论用8)来表述。

9.2.2　证实与经验

　　在"经验论的两个教条"中,蒯因把意义整体论拿来充当还原论教条的对立面。让我们来看看这是怎么回事。

还原论实际上是这样一种分析理念:通过一些可操作的程序,知识表述中属于能够直接得到经验检验的那部分可以被分离出来,而这部分就是该表述中所包含的知识内容。在卡尔纳普那里,这种程序就体现为语言框架,进而体现为分析命题,而直接检验的那一部分就是综合命题,这部分穷尽了知识内容。这就是分析—综合二分的动机。前面我们已经看到,除非有这种区分,不可能得到中立的还原程序。从蒯因的角度来看,既然分析—综合二分站不住脚,这种中立的还原程序就不可能得到,于是还原论也就难以实行。

真正给予还原论以毁灭性打击的还是整体论。如果整体论成立,那么就没有什么句子能够直接面对经验检验,从而也就无所谓还原了。一般说来,认为我们的知识系统中有一个基础的部分,它最终可以确定所有句子所能够表达的知识内容,这是一种基础主义观点。经验论的基础主义认为存在着直接来自于感觉经验的信念,这些信念构成了所有知识的基础。整体论显然否定这种基础主义。

～～～～～～

思考:对照一下蒯因的信念整体论与皮尔士关于知识的推理性的观点(本书3.4.3节),看两者有何相同和差异之处。

～～～～～～

不过,关于意义整体论似乎有这样一个问题:既然没有什么句子直接面对经验检验,那么意义证实论又是在什么意义上有效呢? 换句话说,这里的"证实"又是什么意思呢?

～～～～～～

思考:蒯因为何要引入意义证实论? 对于证实的不同理解会影响意义整体论的立论吗?

～～～～～～

这并不是一个容易回答的问题。对于卡尔纳普来说，如果与这块写字板联系在一起的感觉材料确实是白色的，或者说我们确实在这块板上知觉到白色，那么这就证实了"这块写字板是白的"这个句子。这里，证实依赖于指称，通过指称关系而与句子建立对应关系的事实，就是使句子得到证实的东西。单个句子能够得到证实，这以它具有充分确定的语义为必要条件。对这种认为单个句子具有充分语义，从而能够得到单独证实的观点，我们不妨称为"语句主义"（sententialism）。语句主义表明了这样一个自然的直觉：一个句子的语义对应于使这个句子为真的东西，也就是这个句子的真值条件。于是我们可以说，在语句主义那里，证实一个句子的意义就是其真值条件得到实现的情况，即在真值条件得到满足的情况下，这个句子就证实为真。而对于整体论来说，单个句子只有在句子系统中才能够有意义，因此句子的意义取决于句子系统的整体。这就意味着，在构成一个句子系统之前，单个句子不能得到证实。但是，证实显然不是针对一个句子系统的整体的，当我们说证实时，所证实的只能是单个句子。证实总是依赖于一个句子与经验的对应关系，这种对应关系确定了语义。这就使得蒯因的证实概念显得有些费解。

让我们把问题分解一下。这里有两个问题需要解决。其一，什么是我们所熟悉的语义关系（指称）。正是基于语义关系，我们才能说句子表达关于世界的知识，也正是在这个意义上我们才能有所谓的证实。其二则是句子系统是怎样建立的，这一点对于整体论来说是使句子获得意义的必要条件。这两方面结合起来，才会有整体论者可以设想的证实。

如何使句子联系起来，形成句子系统呢？一个自然而然的回答是，句子要有结构。没有结构的东西彼此无法建立联系。具有结构的东西通过相互重叠的部分联系起来，构成系统。这些相互重叠的部分就是词。能够构成句子系统的必要条件是，要有稳定的词汇。

至于语义关系，在逻辑经验主义那里，则要区分观察词项与理论词项，它们以不同方式建立语义。对卡尔纳普来说，理论词项是通过句子系统中的稳定部分，即充当隐定义的那些分析命题获得意义，而观察词项则通过与经验建立对应关系而建立语义。这种对应关系就是我们称为"指称"关系。当然，词语不可能自己指称经验，这种指称实际上还是使用语言的人来完成的。当使用词语的人怀着谈论某个经验的意图来使用词语时，该词语就指称那个经验。这样，词语与经验之间就通过一种心理活动联系起来。

蒯因的看法则有所不同，他引入了自己的行为主义（behaviorism）理论。语言与经验之间的联系，通过行为主义理论得以揭示。

行为主义可以是一种关于心理学研究的观点，也可以是一种理解心理现象的方式。有些哲学家（例如后期维特根斯坦）认为，内在的心理现象必须参照外部的可观察的行为标准才是可以理解的。这是理解心理现象的一种方式，通常并不蕴含关于什么是心理现象的明确观点，因而不属于严格意义上的行为主义。严格意义上的行为主义观点或者认为心理现象实际上就是行为，或者认为所有利用心理过程或心理状态来解释的现象都可以在行为的层次得到解释，或者认为所有关于心理过程的概念都可以还原成关于行为的概念。我们都习惯于利用信念、目的、动机等心理过程或心理状态来解释人的行为，例如我们会用某人对上帝的信仰，以及求得死后进入天堂这样的动机来解释他的善行。但是,行为主义者不认为利用心理过程或心理状态做出的解释是有效的。他们认为心理的东西是不可观察的,因而以之为基础做出的解释不是一种具有科学地位的解释。在行为主义者看来,心理学概念的运用依赖于行为上可以观察到的标准,例如我们会通过观察别人的面部表情来发现他感到痛苦或者快乐,因此关于心理现象的描述所涉及的实际上是这种行为反应的倾向,或者说是在特定刺激下产生特定反应这样一种刺激—反应模式(stimulus-response pattern)。这样,通常的心理解释在行为主义这里就变成用刺激—反应模式这样一种因果机制来进行的解释。

从行为主义角度理解的语言,与我们通常理解的语言很不相同。按通常的理解,句子与经验之间的关系是一种可以落实到意图中、人们能够有意识建立的关系。这是一种意向性的关系。在这种情况下,经验就是一种类似于表象的心理现象,人们可以通过"心灵之眼"来看到经验。按这种理解,我们可以逐个证实句子,方法就是将句子所说的内容与经验相对照。而在蒯因这里,句子与经验的关系则与此不同。首先,语言就像突然的惊吓而发出的喊叫一样,是对刺激的反应,而不是基于意图的行为。其次,经验作为一种心理现象,受制于刺激—反应模式,尤其是,当我们考虑经验与语言的关系时,这里的反应就是说出句子的行为,是一种语言反应。这样一来,句子与经验的对应关系就不可能单个建立,而是句子嵌入到刺激—反应模式中的结果。这种嵌入使得句子系统化和结构化。

在蒯因看来,稳定的刺激—反应模式,就是构造句子系统的边界条件。单个看来,作为对刺激的反应而说出的句子可以没有语法结构,但是,一旦刺激与反应之间规律性的联系建立起来,这种结构就获得了基础。关于这种结构的一些细节，我们后面讨论。

　　蒯因的整体论与行为主义的关联我们可以用这样一个图式来得到理解：

图2

在这个图式中，实在是产生经验的刺激源，语言作为这种刺激的反应存在。作为连接语言与实在的机制，这种刺激—反应过程取代了逻辑经验主义的语义关系。这个机制是因果性的，而逻辑经验主义理解的语义关系则是意向性的。整体论在经验（作为刺激—反应模式）与语言（作为反应）这两个层次同时起作用。意义整体论在语言的层次上有效，这以语言的结构化为前提。语言的结构化在这个图式中建立在经验的模式化基础上。我们可以说经验的这种模式化就体现为刺激与反应之间稳定的对应关系，因而体现为稳定的刺激—反应模式。

　　理解了这一点，也就可以说清楚什么是蒯因意义上的证实。在蒯因这里，语言并不诉诸人的意图来指称经验，人们也并不把语言拿来与经验相对照，以此使句子得到证实。语言之所以有意义，语言之所以与经验相联系，就在于它属于刺激—反应过程。这里并没有一条从语言回到经验的路线以用来证实句子。相反，句子具有意义，从而与经验联系起来，在于句子与经验都经过了结构化，从而建立了稳定的刺激—反应模式。而证实不过是产生要证实的句子的那个刺激与其他经验的协调关系，也就是说，是经验内部的融贯。对于整体论而言，证实一个句子，不是把这个句子所说的内容与经验相对照，而是把这个句子纳入一个句子系统,这个系统通过与其对应的刺激—反应模式与经验相联系。当然,这里可以再一次看到,这种联系是因果性的,而不是意向性的。语言并不是像镜子那样反映经验,而是为经验所产生,语言背靠经验。①

9.2.3 真,以及意义

证实一个句子就是为句子赋予真值。上述证实概念意味着,真这个概念是通过纳入到句子系统从而落实为经验内部的协调性。由于句子为真并不是与经验事实相对照,所以这种真理理论不是符合论;由于一个句子为真被认为是这个句子属于一个句子系统,而这个系统以行为主义的方式与经验联系在一起,这种真理理论就是一种实用主义的真理理论,即真在于句子所说的东西在经验内部的融贯性。

当联系到真值来理解句子时,大体上可以说句子陈述了理论,而当联系到意义来理解句子,我们可以把句子纳入不同的语言。由于使句子为真与使句子有意义的是同一个条件,都是句子系统的融贯性,在蒯因这里语言与理论就可以看成是同一回事。蒯因实际上取消了这个区分,在他看来,任何语言都是理论。这就与卡尔纳普关于语言的看法形成对照。卡尔纳普区分了语言的意义与认知意义,又把后者理解为使得句子能够表述经验内容(从而有真假之分)的特

---

① 建议在读过 9.4.1 节以后再返回头读这一节。那一节为这里的叙述提供了足够的细节。9.4.3 节会进一步讨论证实。

性,因此对卡尔纳普来说语言与理论在外延上并不重合。在卡尔纳普那里,由于确定了意义的语言框架独立于经验,从而不依赖于证实,意义在某种程度上是先于真的。而对蒯因来说,意义的这种优先性被解除了,相反,具有优先性的是真这个概念。事实上,在蒯因那里根本就没有独立存在的意义。

9.3 彻底翻译

9.3.1 拒斥意义

蒯因给出了著名的翻译不确定性论证,据此拒斥意义这个概念。这个论证在分析哲学中极为重要,普特南称这个论证是"自康德关于范畴的先验演绎以来最富于想象力并讨论最多的一个哲学论证"。这个论证对我们的意义概念提出了挑战,同时也辐射到本体论和心灵哲学的领域。虽然这个论证颇有争议,但其启发性是巨大的。

先看看这个论证说了什么。它看起来在谈论翻译问题,其实是在谈论意义。蒯因不是一般性地证明翻译不可能是确定的,例如语言的感情色彩不可能忠实地传达,或者由于语法规则或者文化背景上的差异而难以一一对应地进行翻译,如此等等;蒯因的论证是要表明,即使所有的条件都得到满足,翻译也不可能是确定的,而这种不确定性,是由于不存在像我们所理解的意义上的限制——也就是说,根本就没有意义这种东西。因此,翻译的不确定性不仅要表现为语际的不确定性(inter-linguistic indetermination),而且要表现为语内的不确定性(intra-linguistic indetermination),或者说,表现为人际交流上的意义不确定性。这个论证将导向一种交流理论,进而导向一种关于信念的怀疑论——由于句子表达的信念就是句子的意义,拒斥了意义实体,也就拒斥了信念的实体性地位。

蒯因的论证大体上可以这样理解:

10)句子 L_2 正确地翻译了句子 L_1,当且仅当,L_2 与 L_1 具有同样的意义;

11)句子 L_3 正确地翻译了句子 L_1,当且仅当,L_3 与 L_1 具有同样的意义;

12)如果存在意义实体,那么,若 L_2 和 L_3 都与 L_1 具有同样意义,则 L_2 与 L_3 具有同样意义;

13)如果存在意义实体,那么,若 L_2 和 L_3 都正确地翻译了 L_1,依据12),L_2 与 L_3 具有同样意义,此时 L_2 与 L_3 不可能在逻辑上不相容;

14)存在这种情况,虽然 L_2 和 L_3 都正确地翻译了 L_1,但它们在逻辑上并不相容;

15)依据13)和14),不存在意义实体。

这里的关键是,通过引入意义实体来分析同义关系(synonymy),也就让这种关系成为可传递的。因此如果否认了这种可传递性,就否定了意义实体。而蒯因所做的,就是为同义关系找到一种不用承诺意义实体的分析。

这个要点可以用一种形式的方式来说明。不妨用一个函项"M(L_1)"表示 L_1 的意义。对于下面这个等式,我们可以有两种不同的方式来理解,

$$M(L_1) = M(L_2)$$

一种方式是将其理解为 $M(L_1)$ 与 $M(L_2)$ 之间的等同关系,于是我们就可以说它们都等同于一个东西,而这个东西我们说就是意义。另外一种方式就是将其理解为 L_1 与 L_2 之间的关系,这种关系由结构

$$M(\ ) = M(\ )$$

来表达。在这个结构中,等号并不单独具有意义,也不表示等同关系。如果采取后面这种理解方式,那么同义关系就不见得是传递的;但采取前一种方式理解,却一定是可传递的。

〰〰〰〰〰

思考:尝试一下,用方向这个概念来解释上述要点。用"……的方向"来替换前面的函项"$M(\ )$",用"L_1"和"L_2"来表示直线,你就可以说明,我们能够用一种方式来理解平行关系,而不必借助一类被称为"方向"的抽象实体。

〰〰〰〰〰

蒯因的主要任务就是给出 14)所说的情况,这就是著名的彻底翻译(radical translation)思想实验。按照这种思想实验,翻译的标准就是按照上述第二种方式建立的,它不必借助意义实体。这个标准就是实用主义标准的行为主义版本。我们知道,实用主义有一个著名的口号,"make difference different",意思就是说,要使差异表现出来,或者确切地说,要在实践的差异基础上理解意义的差异。语义关系必须体现为实践后果,这就是实用主义意义理论的核心信条。如果把这里的实践理解成刺激—反应层次上的行为,就得到了蒯因的翻译标准。要理解这个标准究竟是什么,需要看蒯因彻底翻译是怎样一种场景。

9.3.2 翻译的不确定性

彻底翻译的场景概括来说就是,一个语言学家来到一个说着陌生语言的土著部落,试图学习土著语言。语言学家掌握自己的母语,因此他的学习过程就是把土著语言翻译成母语的过程。语言学家除了能够听到土著人的发音,看到他们的身体动作以及说话的环境之外,对于土著人的所思所想以及说话的意思都一概不知。这样一来,语言学家所依据的就只能是外部可观察的行为,而不会涉及内在的心理状态。不过,蒯因还是设想,语言学家能够设法明白土著人以什么方式表示赞同,什么方式表示反对。在这个基础上,语言学家就可以先观察土著人的发音及说话的环境,获得关于土著语言的基本知识(例如语音的规律,以及语音与环境之间的联系)。接着,语言学家采取一种质询法,试探性地在某个环境下向土著人讲出一些土著语言(当然,这只是音节而已),然后看土著人做何反应,是赞同、反对,还是不做反应。在这样做时,语言学家实际上已经依赖于观察而在土著语与自己的母语间试探性建立了一种翻译关系。不妨认为语言学家建立了自己的翻译手册,其中记载了土著音节与自己母语间的对应关系。语言学家在特定的环境下把自己要说的母语按这种方式翻译成土著语。质询法被用来检验自己的翻译手册是否正确。当然,这就表明蒯因所说的正确翻译的标准是什么。如果土著人的反应与语言学家的预期达到一致,语言学家的翻译手册就是正确的,这时,语言学家就可以不借助质询法,而直接用土著语言进行交流。

这个标准在不知道意义的情况下起作用,它仅仅要求在音节、环境、土著人赞同与否的态度之间建立一种稳定的关系。这种关系被蒯因称为"刺激意义"（stimulus-meaning）。在运用这个标准时，土著人虽然理解语言学家所说的话（当然，语言学家在学土著人发音），并依据自己的信念做出反应，但对语言学家来说，土著人的信念不起作用，而他发出的音节仅仅是对土著人的刺激。土著人的反应对语言学家来说，也仅仅是对这种刺激做出的反应。所以对语言学家来说，自己所做的事情就是给出刺激，然后看土著人的反应。这个过程类似于程序员对计算机输入一些信号，看计算机做何反应，从而了解计算机在依据什么程序工作。土著人的信念状态对于语言学家，就像计算机程序对于程序员一样，可以看成黑箱里的东西，语言学家与程序员都是在按照这个黑箱的输入输出来窥探黑箱的秘密。

在这种彻底翻译的情境中，会出现蒯因想要的那种情况：两种不同的翻译方式都正确，但彼此不相容。假定土著语中有个句子"gavagai"，每当有兔子经过时，土著人都会对语言学家说出的这个句子表示赞同。这样，语言学家就可以把"gavagai"翻译成"兔子"。但是，他也可以把这个句子翻译成"有兔子的时间段"（rabbit stage），或者"兔子分离的各部分"（unattached rabbit parts）。有理由相信，这两种替代的翻译可以像翻译成"兔子"一样，按照按行为主义的标准是正确的，但这些翻译却互不相容，因为兔子既不是有兔子的时间段，也不是兔子分离的各部分。

可能有这样的反对意见，既然这些翻译不相容，那么必定会出现有所差别的情况（例如不同的土著句子与之对应），而语言学家可以利用这些差别来设计一些质询的情境，从而区别它们。比如说，当兔子出现时，有一只兔子，但有多只兔子部分，于是语言学家就可以用土著语问道，这里有多于一个"gavagai"吗？但是，无论土著人给予肯定的回答还是否定的回答，语言学家都可能通过调整与自己母语中"多于一个"相对应的那个土著词语的翻译，来使土著人的反应得到融贯的解释，而这意味着语言学家无法从土著人的反应中区分这些不同的翻译。

上面的叙述中最明显的问题是，语言学家对"gavagai"所做的其他翻译总是能够通过调整而与土著人的行为相协调，这一点缺乏论证。改变对数词的翻译，将会导致大面积的调整，那么，是否存在一种限制条件，使这种调整不融贯呢？蒯因赞同的看法应当是，不存在这种限制。不过，这里需要独立的论证。蒯因并没有给出这个论证。

思考：翻译的不确定性论证与迪昂—蒯因论题的论证之间有什么相似之处？有人说前者是后者的另外一种形式，你能看出这一点吗？

翻译的不确定性论证可以扩展到同一个语言内部，只要这种语言是由不同的人说出的，就可以得到同样的不确定性。这种不确定性可以以一种更为激烈的方式出现，同一个人在不同的时刻所说的语言之间，也存在翻译的不确定性。这样一来，无论如何也不能使用"意义"这个概念了。

不过，即使没有意义这个概念，也可以说句子有或没有意义。排除意义这个概念，就是否定有一类能被称为"意义"的实体；但即使没有意义这种实体，仍然可以有句子有意义这样的事实。举个例子说，我们可以说不存在红色这种实体，但仍然可以有意义地说某个东西是红色的。进而，即使没有意义这种实体，也可以说某个句子的意义与另一个句子相同；没有了意义实体，只是无法保障句子间的同义关系是可以传递的。这样看来，蒯因可能否定了意义实体，但仍然没有否定关于意义的事实。对这个问题可以这么看：如果承认同义关系（如果有的话）必须是可以传递的，那么翻译不确定性同时就否定了同义关系的存在，因而蒯因很可能连关于意义的事实也一起否定了。但是，既然可以在承认同义关系存在的同时否定其可传递性，蒯因就可以保留同义关系，从而保留关于意义的事实。

9.3.3　本体论的相对性

指称的不可测知性（inscrutability of reference）与翻译的不确定性同时成立。所谓指称不可测知，就是说任何单个词的指称什么，不可能以独立的方式确定下来。例如，对于语言学家来说，"gavagai"所指称的究竟是不是兔子，是不能单独确定的。这一点只需要把上面所提到的"意义"换成"指称"就可以看出。

指称所起的作用可以用一个比喻来说明——如果把句子系统看成是一张网，那么指称的对象就对应于网上的纽结，要构成这张网，只需要这些纽结彼此区分开就行了，至于纽结上究竟是什么，这对于网来说是不相关的。简单说来，指称不过是对句子结构的一种刻画，而句子的意义仅仅取决于结构，至于是什么构成这个结构，则不相关。

由于本体论承诺通常是通过指称引入的，从指称的不可测知性可以直接过渡到这样一个结论：一个理论（或者说语言）承诺何种本体论，对这种理论的认知意义来说没有影响。蒯因用另一种方式来表述这一点，他说，只有在一个更大的理论（这个理论通常称为"背景理论")内部,一个理论的本体论承诺才有意义,也就是说,本体论是相对于背景理论的。这就是本体论的相对性。在蒯因的自然化知识论中,本体论相对性产生了重要的哲学后果。关于这个后果,在下面讨论自然化知识论时再加以介绍。

9.4　自然化知识论

9.4.1　观察与理论

前面我们已经知道蒯因的证实概念大体是什么样的,这里要对认识过程的理解提供一些细节,这些细节表明了蒯因所理解的知识是怎样的。

对蒯因来说,所谓认识就是输入刺激,输出句子的过程。这是最基本的事实。当然,我们也可以说输出的是信念(由于刺激产生信念),但这样说就包含了某种解释,这就是把输出的句子解释为信念。蒯因从最基本的事实出发,在这个层次上,刺激—反应系统的工作可以用这种情形作为模式来了解:你突然被针刺了一下,发出一声喊叫。我们在物理形态上看待这种输出(喊叫)。当然,有时你可能没有喊,但我们会说你有喊叫的倾向,这就像有时你没有说出句子,但有说出句子的倾向一样;有时候你可能连要说什么句子都不知道,但会对某个句子在这种情况下使用表示赞同。这种说出句子的倾向,以及赞同某些句子的倾向,都可以作为对刺激的反应。这些反应可以是各种各样的,但有一点相同,这就是没有语法结构——当它们作为一种生物学意义上的反应时,是没有语法结构的。

　　蒯因认为观察句就是这种作为对刺激的直接反应的句子。一般来说,观察句满足这样两个条件:a)并非在任何情况下都会被认为是真的;b)把握相同语言的人在相同的情况下都有同样的命题态度,即认其为真或认其为假。前一个条件保证了观察句不会是独立于刺激的句子(例如数学命题或逻辑命题),后一个条件则使得观察句成为可以公共检验的。蒯因为了保证后一点,预设了人类的刺激反应模式至少是相似的。这个预设不是没有争议,但这里先不必理会。注意,观察句并不是感觉材料,而是物理形态的句子,是可以公开观察的东西。观察句在知识论层次上起着与感觉材料类似的作用,这就是充当联系世界与知识的中介,但两者的共同之处也就仅此而已。

　　观察句通过被赋予结构而联系在一起。在蒯因看来,所谓获得理论知识,就是一种结构化过程。观察句结构化以后才会有词项及语法上的区分。结构化以后,有些观察句之间通过共有词项联系起来,比如"这块板是白的"和"这支笔是白的"之间的联系就是如此;有些观察句之间通过引入一个更抽象的概念联系起来,例如在

　　　　16)x 被置于水中,

　　　　17)x 溶解,

　　　　18)x 是可溶的。

中,16)与17)通过18)联系起来。这种联系使得"对所有 x 来说,如果 x 被置于水中,且 x 是可溶的,那么 x 溶解"这个句子总是真的。18)与16)和17)这两个句子显然不同。把"x"替换成常项之后,16)和17)在不同情况下人们既可能认其为真,也可能认其为假,蒯因称这类句子为"场合句"(occasion sentence)。18)则在不同情况下有相

同真值,蒯因称其为"固定句"(standing sentence),有时也称其为"观察范畴"(observation categorical)。这类句子包含了观察句,但其是否为真,则不受观察环境的限制。可以说,一个理论就是通过观察范畴与观察相联系的。这种结构具有层级特征,也就是说,由观察句构成观察范畴,而后者又通过类似的联系(例如蕴涵关系)得到更抽象的概念,如此等等。概念的层级越高,离经验就越远,但它所能联系的观察句就越多。

逻辑经验主义者通常会把这些包含了更抽象的概念的句子归为理论句。但是对于蒯因来说,当观察句结构化以后,就已经是理论句了。结构化就是把一个句子中会在其他句子里重复出现的部分隔离出来,我们说这些部分构成了更小的单元,进而说它们是词。一个词在其他句子中出现仍然是同一个词,就是因为我们已经把它们视为构成句子的单元了。这种获得词的步骤实际上就是把词这种单元从物理形态的句子(观察句)中抽出来。这个过程需要语句系统中足够多的部分已经建立起来,因而要以足够多的理论背景为基础,因此,结构化以后的观察句也是理论句。这样,蒯因就获得两种不同的句子,观察句和理论句。

观察句与理论句的最大区别是,观察句不具有通常所说的语义,也就是说它们不能指称什么;理论句具有通常语义,只有它们可以用来谈论对象。换句话说,观察句不具有本体论承诺,进行本体论承诺的是理论句。因此,所有表达信念与知识的都是理论句,而不是观察句。蒯因独特的经验论主张是:直接具有经验内容的是观察句,而不是理论句;理论句通过与观察句相联系而获得经验内容。他进而用"刺激意义"这个术语来刻画观察句的经验内容。观察句的刺激意义就是由使说话人认其为真的刺激环境构成的集合，与使说话人认其为假的刺激环境构成的集合，这两个集合的有序对。我们也可以简单理解为，这两个集合共同决定了刺激意义。显然，刺激意义并不是我们通常理解的语言的意义，后者要能够用来谈论对象，而刺激意义并无此功能。所以不能说蒯因引入了他已经据斥了的意义概念。

假定一个小孩看到一只兔子跑过，他喊了一声"Gavagai"。从刺激反应的角度看，这是一个观察句。它只由一个词构成，但这无损于它是一个句子。这里还谈不上语法结构。只要是观察句，即使小孩喊的是，"Look, it's a gavagai!"，这也无损于它没有语法结构这一事实。但是，如果这个句子被理解成是在说，那是一只兔子，那么这就是一个理论句。它表达了小孩的信念，其中"gavagai"指称兔子，并承诺了兔子的存在。

观察句与理论句间通过结构化联系到一起。当观察句被结构化以后，就得到理论句。结构在这里并不包含在观察句中，它仅仅是使得观察句联系在一起的人工构造物。有了结构以后，就能够从给定的观察句获得新的观察句，这就是利用理论得到可检验的预言。如果结构不同，就会得到不同的预言。比如，如果采用"易生锈的"这个概念来进行结构化，就会从"x 置于水中"得到"x 生锈"而不是"x 溶解"。从蒯因的自然主义立场来看，科学理论的首要价值就在于得到经验预言，结构在这里是至关重要的。

9.4.2 非充分确定性论题

从观察句到理论句的结构化过程与彻底翻译是同样的。彻底翻译无非是把作为对刺激做出反应的句子变换成具有意义的句子。在作为反应时,句子没有结构,彻底翻译就是为这种没有结构的句子建立结构,达到建立句子系统从而赋予语义的目的。对于知识来说也是这样一个过程。刺激—反应过程中谈不上有什么知识,只有在对信念进行归属后才会有知识。信念归属可以表述为"S 相信 p"的形式,而在刺激—反应过程中出现的却是"S 说'p'"的形式。从刺激—反应过程过渡到信念归属,就是从后一种形式过渡到前一种形式。这里的关键就是从"p"到 p 的过渡,前者是一种发音,一种物理形态的东西,后者则是有内容的命题。从物理形态的东西过渡到有内容的命题,就是彻底翻译所要做的。

与结构相比,本体论就不太重要了。结构化有点像对观察句的某种解释,本体论是这种解释的结果。但具有经验内容的是观察句,而不是对观察句的解释。因此本体论对于经验内容是不相关的。结构发生变化,会引入不同的观察句,因而产生经验内容上的影响;而本体论的变化则对观察句没有影响。比如,无论说"the gavagai"是指兔子还是兔子的部分,这对于"The gavagai has a short tail."这个观察句都没有影响,因为当我们把"a short tail"解释成指称一个体积较小的东西时,这个观察句的刺激意义不变。这样看来,我们可以说经验意义是本体论中立的。

由此可以理解蒯因的另外一个重要论断,即观察对于理论的不确定性,或者表述为"非充分确定性论题"(under-determination thesis)。这个论题论证如下:

19)对于同一组观察句,有多个本体论承诺与之对应,这些本体论承诺之间互不相容;

20)如果一组理论句的本体论承诺与另一组的本体论承诺不相容,则这些理论句属于不同理论;

18)因此,一组观察句不足以确定理论。

其中18)表述的就是非充分确定性论题。对于这个论题蒯因以一种极易引起争议的方式表述说,对应于所有可能的观察,存在不同的物理理论与之相容,而这些物理理论互不相容。由于蒯因认为所有的科学命题都可以用物理理论来表述,这里所说的"物理理论"可以理解成一般意义上的理论,也就是由理论句构成的句子系统。

非充分确定性论题的论证思路与翻译的不确定性论证的思路如出一辙,都是基于整体调整的可能性提出的。这种调整保留了结构,而这里只有结构是重要的。

之所以说非充分确定性论题容易引起误解,是由于"观察"一词引起的歧义。这个词既可以指观察句,也可以指经过结构化以后的理论句,它们在物理形态上没有区别,但知识论地位截然不同。如果把"观察"理解为经过了结构化了的句子,由整体论就会得出观察被理论渗透的结论,这当然是蒯因所赞同的——在这种意义上不存在中立的观察。但是,在这种意义上理解观察,情况很可能是这样的:正因为观察为理论所渗透,不可能有同样的观察与不同理论相容,而这些理论互不相容的情况。这是因为,为不同理论所渗透的观察应当是不同的观察,而不是同样的观察。这样理解就不能有理论相对于观察的不确定性。应当说,要在未结构化的意义上理解观察,才会得到非充分确定性论题。

蒯因的非充分确定性论题想要说的是,不同的理论在经验内容上可以相同,因而不存在一种客观的限制,使得我们说哪个理论优于哪个理论——完全可以依据实用原则来选择理论,一旦选定了理论,包括能够做出何种预言在内的一切就都确定了。

9.4.3 物理主义

信念结构化以后就可以说它具备了内容。按照一般的理解,信念内容指向某对象或某事实。信念内容具有意向性。当然,这就涉及指称。显然,观察句作为对刺激的反应没有指称什么,因而不是信念内容。观察句只有在结构化了以后才能是信念内容,因此只有理论句能够表述信念内容。相应地,由于知识本质上就是一种信念内容,所以也只有理论句能够表述知识。观察句是信念和知识具有经验内容的基础,但其本身还不表述信念或知识。

在9.2节中我们已经分析了证实这个概念,现在我们可以更进一步看到关于证实的细节。从直观上看,证实就是把通过理论得到的经验预测与观察进行对比。但这里的观察并不是直接具有经验内容的观察句。由于证实是一种通过信念完成的活动,而观察句本身并不表述信念,所以进入证实程序的其实是理论句,即结构化了的观察句。这当然要在一个理论内部进行,所以证实实际上就是把一个观察句通过结构化纳入到一个句子系统中。由此得到蒯因独特的相对主义的真理概念,即只有在一个理论内部才能有意义地谈论真。

与此同时,本体论承诺现在被理解成了结构化以后的产物。在结构化之前,句子仅仅是物理形态的东西,即观察句。作为一种对刺激的反应,观察句不具有通常所理解的语义——观察句的刺激意义并不是通常的语义。只有在结构化以后,才会有词与词的区别,进而才会有指称和本体论承诺。结构化以后得到理论句系统,所以只有在一个理论之内才会有本体论承诺。即使在一个理论之内,对证实起作用的也仅仅是句子系统的结构。理论所承诺的实体仅仅是句子网络上的节点,这个实体本身是什么,对结构没有影响。但是,如果把这个句子系统纳入到一个更大的理论中,而这个理论告诉我们这些被承诺的实体是什么,那么这个句子系统的本体论承诺就可以确定了。这里所谓的"更大的理论",就是对一个理论的本体论承诺做出说明的理论,这就要求前一个理论要把后一个理论的所有词项都包含在自身之内。这就是蒯因的本体论相对性(ontological relativity)论题。这个论题所说的是,只有在一个更大的理论之内,一个理论所承诺的本体论才是确定的。这个更大的理论就是背景理论(background theory)。这个论题允许关于理论层次的无穷后退。一个背景理论所承诺的本体论是什么,要在一个新的背景理论之内才是确定的。

不妨把本体论相对性论题与前面所说的证实概念结合起来看。只有在一个背景理论中才会有本体论承诺的确定性,这也就是说只有在背景理论中,才能够确定属于一个较小理论的句子所谈论的是什么(即属于该理论的词项的指称)。为了证实一个理论,当然需要先确定这个理论所谈论的是什么,因此要证实一个理论,必须先有一个更大的理论来充当它的背景理论。要证实一个句子,就要把这个句子纳入到这样一个理论中,这个理论就是据以给出这个句子的那个理论的背景理论。比如说,要验证一个生理学的句子,我们需要一个物理理论,这个物理理论把生理学理论包含在内,它就是生理学理论的背景理论。

由此产生一个问题,什么是我们最终所需要的理论,这个理论是所有科学理论的背景理论。这是个有趣的科学哲学问题。蒯因有时自认是一个物理主义者(physicalist)。我想他可能是这样一个物理主义者,即使不认为所有的其他科学理论都能够还原成物理学理论,他也会认为所有其他科学理论的验证,都要以物理学为背景理论。

由此也可以产生一个有趣的知识论问题——这个迄今为止最大的理论是可靠的吗?会不会有这样一种可能性,这个理论本身也是错的?这就是知识论的怀疑论。对这个问题蒯因可以直接回答说:由于不存在独立于任何理论的本体论,所以这个问题无法提出。提出这个问题,就承诺了存在一个独立于这个理论的世界,这个世界可能不同于这个理论所描述的那样;但是,我们无法给出这样一个承诺。这个回答与卡尔纳普关于内部问题与外部问题的区分是一致的。

但是,蒯因也可以这样回答:这种可能性肯定是有的,因为我们还不能断定目前所拥有的理论是最好的,由于背景理论的无穷后退是没有止境的,所以不能肯定不会有一个更好的理论来表明目前的理论是错的。当然,这个回答抹去了外部问题,从而对怀疑论给出了一个科学的回答——我们仅仅在科学理论之内理解这个问题,这使我们会有一个回答,这个回答就是给出一个更好的科学理论。人们始终有权提出怀疑论问题,因为怀疑论并没有被消除,但人们同样有权在科学的范围内做出回答。对怀疑论的这个回答无需假定超验的东西,例如不需要假定康德的先验主体,也不需要假定笛卡尔的上帝,而只需要对科学抱有信心。这就是关于怀疑论的自然主义解决,它预设了科学理论的无限进步。如果这就是蒯因给出的回答,那么他就是一个临时的物理主义者,他之所以持物理主义态度,是因为物理学是迄今为止涵盖最广的学科。

～～～～

思考:对于怀疑论的上述两个回答,哪个回答会好些呢？请站在蒯因的角度上考虑这个问题。

～～～～

9.4.4 自然主义

出于这种对科学的信心,蒯因建议把知识论当作心理学的一章。所谓"自然化知识论",意思就是取消知识论研究的独立地位,而以认知心理学取而代之。这样,自笛卡尔以来的第一哲学,也就变成了自然科学中的一个门类。对知识论进行自然化,也就是用自然科学吸收哲学。

这样做最大的哲学后果,就是把认知主体与被认识的世界之间的关系,从传统的笛卡尔式的**对立—表征**关系,变成了**包含—驱动**关系。在笛卡尔那里,由于恶魔欺骗的可能性,世界与心灵分割开来,知识论的目标就是让心灵能够从外面重新召回世界。心灵与世界之间的关系,也是表征性的,也就是说,就像镜子反映事物一样,心灵反映着世界。这种表征关系尤其适用于心灵与世界对立的双方。然而,这样的心灵—世界图景被知识论的自然化所打破。按照自然化以后的图景,心灵不在世界之外,而是为世界所包含;心灵也不是从外面表征世界从而达到知识,而是从世界之中,为世界所驱动而建立的一种与环境之间的联系。心灵不再以整个世界为认识对象,它所认识的是环境。心灵是环境的一部分,而知识则是一种自然的过程,这就是自然主义在知识论中的体现。在蒯因这里,我们看到了与实用主义的交汇。

从另外一个角度讲,自然主义对知识的规范性特征提出了要求,它认为,只有在因果过程中能够实现的特征,才能够进入知识论的考虑。因此,知识的规范性特征应该能够在因果过程的基础上得到解释。这些规范性的特征包括知识的适真性(即知识都有真假之别)、可推理性,以及合理性。应当说,解释这些规范性特征,对自然主义构成了巨大的挑战。这些挑战能否得到正确对待,尚属疑问。

下一节可以说是其中的一个挑战,它针对的是知识的目的,求知活动就是围绕这一目标展开的。

9.4.5　可疑的刺激意义

关于蒯因的自然化知识论,人们批评最多并且蒯因对之也深有疑虑的地方就是刺激意义这个概念。观察句之所以成为经验内容的基础,是因为句子系统通过它接触到实在,同时它也体现着人与实在的因果联系。心灵、世界、语言这三者的关系体现为观察句的刺激意义,即人在何种刺激条件(世界)下认为某句子为真(语言)。可以说,如何理解这种关系,决定了我们能否形成对于知识的正确理解。知识的目的就是把关于世界(实在)的内容对应到语言中,从而为心灵所把握。因此,一种关于知识的理解应当正确地处理经验与意义的关系,使世界与语言以恰当的方式联系到一起,从而让心灵能够通过把握语言的意义产生关于实在的信念。

不过,刺激意义这个概念却并不是很清楚。究竟什么叫作一个刺激呢? 设想在你面前有一支燃烧的蜡烛,这支蜡烛发出的以及反射的光线达到你的视网膜,并刺激你视网膜上的锥状和柱状感光细胞。这些感光细胞中,锥状细胞对光线的亮度敏感,而柱状细胞则对色度敏感,这些细胞产生的强度不一的神经信号达到大脑皮层,使你产生看到蜡烛的感觉。在这个复杂的过程中,蒯因用什么来定义刺激意义呢? 有意思的选项可以是那支蜡烛和到达视网膜的光线。这里,蜡烛是远端刺激(distal stimulus),而到达视网膜的光线则是近端刺激(proximal stimulus)。让我们分别考虑一下这些选项。

先考虑近端刺激。如果定义刺激意义的是到达视网膜的光线,那么问题立即出现。到达我视网膜的光线显然不是到达你的视网膜上的光线,我们面对的刺激不同,用它们来定义的刺激意义不可能是相同的。既然刺激意义是确定句子经验内容的基础,那么即使我们认同的是同一个观察句,这个观察句的刺激意义对你我仍然是不同的。因此,对任何两个人来说,同一个句子也不会表达同样的经验内容。这个结论对于知识论来说是灾难性的,对于经验内容的公共检验会因此而变得不可能。显然,认为刺激是由光线产生的神经电信号,会产生同样后果。

再考虑远端刺激。如果定义刺激意义的是那支蜡烛,这个问题就可以解决了。我们可以看到同一支蜡烛,从而分享同一个刺激,由此可以确定同一个观察句的刺激意义对我们来说是相同的。但真是这样吗? 蜡烛不仅发出光,而且放射热量,我们认同一个观察句,但如果我所认同的观察句是对其光亮的反应,而你则对其热度做出反应,那会如何呢? 这时,虽然这个观察句的刺激意义对我们来说被认为是相同的,但这并不意味着它们的经验内容相同。于是刺激意义也不反映经验内容。

由远端刺激产生的困难在近端刺激上不会产生。蒯因倾向于近端刺激,于是要针对前一个困难提出解决办法。虽然达到我们两人视网膜的光线不同,但这种差异是一种标记(token)意义上的差异,或者说是一种数上的或者存在上的差异。而我们关心的则是性质上是否相同,它们在类型(type)上相同,正是这一点确定了刺激意义。要确定一个观察句的刺激意义,我们需要的是刺激和反应(包括认同与否定),现在这两个条件都可以在类型的意义上相同,因而刺激意义能够是主体间相同的。

但仍然有新的困难出现。如果在类型的意义上理解近端刺激,那么情况很可能是,一支蜡烛与一支装饰灯发出了同样的光,而我和你做出了同样的反应。如果说我们的反应涉及的观察句有同样的刺激意义,从而在经验内容上相同,那么建立在这种经验内容基础上的理论如何能够具有经验上的等价性呢? 似乎不能说这样的观察句具有同样的经验内容,因为它们是由不同的东西产生的反应。如果硬性规定这就是经验内容,那么经验内容以及建立于其上的理论由于切断了与实在的联系,在知识论上就变成无关紧要的了。这当然是不可接受的。

戴维森(Donald Davidson)以相似的方式批评蒯因。由于认其为真的东西不是近端刺激,而是产生刺激的那个对象,也就是说,是远端刺激,因而蒯因把认其为真的命题态度与近端刺激联系起来是错误的。建立在这个基础上的证实概念也是错的。而如果采取远端刺激,就要避免前面提到的困难。戴维森是这样做的,他把人认为对自己产生刺激的那个对象当成是刺激的来源，也就是说，人们以一种溯因的方式理解对象，而这种理解方式就是人们对刺激做出反应的方式。例如对于蜡烛是否"它很亮"这个句子所说的对象这个问题，人们首先把蜡烛理解成发光而不是发热的东西，并按这种理解把蜡烛作为这个句子谈论的对象。这样，对象、理解对象的方式，以及句子，这三者就共同参与到确定意义的过程中，而刺激这个概念，以及建立在这个概念基础上的整个行为主义，就被抛弃了。

阅读建议

蒯因的"论何物存在"给出了他关于本体论承诺的核心想法。这篇文章在形而上学上非常重要，值得细读。"经验论的两个教条"包含了蒯因哲学的基本动机，鉴于其影响之大，引用次数之多，使其占据了基本经典的地位。这两篇文章均载于《从逻辑的观点看》（江天骥等译，上海译文出版社，1987 年）。

《词与物》（*Word and Object*：*Studies in Communication*，MIT，1960）是蒯因最有影响力的著作，可以看成是整个蒯因哲学的集中体现。第 2 章给出了关于翻译不确定性的详细论证。推荐阅读。

"本体论的相对性"（"Ontological Relativity"）可供选读。这篇文章有些技术性的成分需要熟悉数理逻辑和公理集合论，可以跳过。"自然化认识论"（"Epistemology Naturalized"）给出了自然化认识论的主要思想以及与其他观点的联系，推荐阅读。这两篇文章均收于文集《自然化认识论及其他论文》（*Ontological Relativity and Other Essays*，Columbia University Press，1969）。"本体论的相对性"也收于《逻辑与语言——分析哲学经典文选》（陈波、韩林合主编，东方出版社,2005 年)。

关于蒯因哲学的概貌,可以读 Alex Orenstein, *W. V. Quine*, Acumen, 2002。该书是"Philosophy Now"丛书中的一本。这套丛书为包括戴维森、塞尔、普特南、克里普克在内的许多哲学家提供了导论。

第 10 章　　戴维森：语言、世界与心灵

　　1917 年，戴维森出生于马萨诸塞。他早年在哈佛大学学习古典学（classics）和比较文学，后来在蒯因的影响下转向哲学。在漫长的学术生涯中，戴维森发表了近百篇论文，半数以上具有极高的质量（他的大部分哲学思想都以论文的形式出现）。这些文章几乎都有一种统一的风格：行文精致，用墨节省，但立论深透。通常，分析哲学论文会以明确醒目的方式给出论证过程，就像解数学题一样。读戴维森的文章不会有这种感觉，他似乎有意简化论证过程，突出其中隐含的洞见，从而达到哲学上的深度。他似乎是个缺少技术性的分析哲学家，但其思想的核心部分即使不是建立在技术手段之上，也有赖于这些手段，这就是塔斯基的真谓词定义，和先由拉姆塞（F. Ramsey）提出，后来由他自己发展的决策论方法。他把这些成分隐藏在风格性的文字背后，而把注意力集中在最有哲学味的东西上。

　　戴维森哲学的核心部分是蒯因。他从蒯因那里学到了许多东西，特别是关于语言的基本看法。他同意蒯因，意义并不像弗雷格所想的那样，是一种独立存在的实体，而是属于人类行为和信念之网的一部分，是编织这张网的一种方式。戴维森从蒯因那里汲取了关于彻底解释的灵感，并从中发展出涵盖了语言、世界和心灵的一整套哲学，这套哲学覆盖了许多基础性的哲学主题，这在专业分工繁复的当

代分析哲学中是极为罕见的。他是一位体系哲学家。在他那里，一些技术性的问题以一种充满洞见的方式导向重要的哲学问题。在对分析哲学有了一些了解以后阅读戴维森，将是很好的熏陶和提升。

下面我们就分语言、世界和心灵这三个主题了解戴维森的哲学。按他本人的思考顺序，从语言入手。

10.1 语言

10.1.1 彻底解释的基本思路

彻底解释（radical interpretation）是一种意义分析模式。所谓分析模式，就是构建一种假想的情境，在这个情境下展开关于意义的分析。

蒯因的彻底翻译就是一个分析模式。这个模式设定的问题是，当一个语言学家面对他完全不懂的土著语言，他该如何翻译它。蒯因的意义理论完全是在彻底翻译这一模式中展开的。他之所以采取这种分析模式，是因为（1）这个模式就是习得一种语言的情境，意义理论应该有义务解释语言何以能够被习得；（2）依据本体论的相对性，只有在另一语言中才能表述一种语言的本体论，而翻译恰恰就是在两种语言间建立一种依据意义成立的对应关系。蒯因的意义理论可以被理解为对彻底翻译如何可能的构想，各种语义性质是怎么回事，这应当以彻底翻译为框架来得到解释。

　　注意,关于意义的分析模式不是对语言的实际起源进行考古学或历史学上的研究,不是一种旨在获取事实的研究;而是对于意义在经验上的可理解性的研究。分析模式所提供的是一种理想的起点状态,其方法论意义就像 18 世纪的政治学家(霍布斯、洛克、卢梭等)所设想的人类社会的自然状态(the state of nature)一样。例如,霍布斯假定人类天生是自私的,人类的自然状态就是一种战争状态。以此为起点,霍布斯问道,像这样的物种何以能够聚集成社会。显然,从自然状态达到社会现存的状态所需要的条件,也就是这个社会的存在所需要的条件,因而就是体现社会本质的东西。可以按照类似的思路来研究语言以及与语言相关的东西的本质。假定要研究的问题是,X 具有何种性质,而我们所设想的理想状态是 S,那么这种方法暗含着如下的论证形式:

　　　　P)如果 X 不具备性质 C,那么从起点状态 S 得不到 Y;从 S 开始能够得到 Y;因此 X 具有性质 C。

　　不难把这个表述套用到蒯因的彻底翻译模式中。S 为持陌生母语者间的交流情境(例如人类学家在一系列情境中面对土著人),X 为土著语,C 是说话者共享行为的形式结构,即刺激反应模式,Y 则是成功交流。这样,彻底翻译模式就可以用来论证,土著语的说话者拥有共同的刺激反应模式。之所以能够得出这个结论,是因为按照彻底翻译的情境设计,只有在有共同的刺激反应模式的情况下,人们(土著人与人类学家,以及土著人与土著人)才能用土著语成功地交流,而这种成功交流则是必须承认的前提。

　　但是,彻底翻译是恰当的分析模式吗? 戴维森对此表示了疑虑:作为一种关于意义的研究,彻底翻译已经假定说话者把握了意义,因此,彻底翻译所揭示的至多是什么叫作同义性,而不是意义。① 这个疑虑针对的是彻底翻译模式作为意义分析模式的有效性。彻底翻译所建立的是词语之间的同义性,不过,这是借由对于参与翻译的两种语言(土著语与人类学家的母语)的理解达到的。因此,虽然蒯因会强调说,这种同义关系的建立并不借助被理解为实体的意义,但在实际操作中,人类学家建立同义关系还是通过对于自己母语意义的理解完成的。这样,彻底翻译也就不能满足一个基本要求,即,作为一种意义分析模式,它应当在不预先假定对意义的理解的前提下,解释清楚怎样才算理解了意义。

从戴维森的立场来看,关于意义的研究应当设定这样一种分析模式:某人不理解某种语言,但通过分析模式所界定的那种方式却能够理解了。这样,戴维森的问题就是,任何一种语言要能够习得,必须满足什么条件,进而就是在不知道任何语言的意义的情况下,如何能够理解意义。这就是设计彻底解释模式要解决的问题。

思考:不妨假定戴维森对蒯因的彻底翻译模式的指责是对的。在这种情况下蒯因利用彻底翻译来论证并不存在意义实体,这个论证仍然有效吗?

彻底解释模式一般说来是这样的:设想一个不懂任何语言的人A(解释者),面对某个说母语者B(说话者),A如何才能够理解B所

---

① D. Davidson, "Radical Interpretation", in *Inquiries into Truth and Interpretation*, Oxford, Clarendon Press, 1984, p. 129.

说的句子呢? 假定 A 是一个具有成熟心智的人:他(1)能够识别 B 的发音结构,(2)能够识别 B 说这些句子的周边环境,(3)拥有关于世界的通常的知识(确切说是信念)。但 A 对于 B 在说什么,在通过说话干什么事,以及对于 B 在想什么,B 的知识背景、文化背景等都一无所知。换言之,A 像一个外星人一样观察 B。通过对 B 的言语行为进行观察,A 得到一些素材,然后对这些素材进行适当的加工,从而最终理解 B 所说的语言。A 如何加工这些素材,在何种前提下进行这种加工,这些情况就将揭示关于意义的本质。

思考:我们知道,学习自己的第一种语言是婴儿的事情,但婴儿不具有成熟的心智——设想 A 具有成熟的心智,这一点合适吗? 为什么?

思考:在彻底解释模式中,实际上在彻底翻译模式中也是一样,我们都不能假定解释者以及翻译者对于土著人的信念有所了解,而要求解释者和翻译者都只能观察土著人的行为。正因为有这样的要求,我们才会说解释和翻译是"彻底的"(radical)。为什么这么要求呢?

彻底解释的起点是这样一个事实:B 用句子表达信念,并且,一旦知道句子的意义和句子表达的信念中的一方,A 就知道另外一方。例如 B 说"现在是夜晚"这个句子,A 一旦知道这个句子的意义,他就知道 B 是想表达"现在是夜晚"这个信念。同样,一旦知道 B 所要表达的信念,就知道这个句子所说的是什么。但是,无论是句子意义还是句子所表达的信念,都不在 A 所知道的之列。彻底解释所要面对的问题是,在既不知道意义又不知道信念的情况下,何以能够知道这两者。解释者此时所面对的局面有点像解包含两个未知数的不定方程,只要知道其中一个未知数的值,就能求得另外那个未知数,但两个未知数他都不知道。解释者所面对的问题就是不确定性问题。如果引入另外一个方程式,就可以得到一个唯一解,新引入的方程式给出了更多限制,这些限制消除了不确定性;同样,戴维森的解释者也需要新的限制来消除不确定性。

戴维森解决这一问题的思路是,同时在意义和信念这两方面施加限制,尽可能消除不确定性。在意义这方面施加的限制是通过真值条件语义学得到的,由于它是针对句子结构的限制,因而被称为形式限制。通过信念施加的限制则被称为经验限制,它表现为一种经验理论。

10.1.2 真值条件语义学

先看形式限制。这方面的限制是以真值条件语义学(truth-conditional semantics)的形式引入的,戴维森把塔斯基(A. Tarski)的真谓词定义拿来作为形式工具。先看看塔斯基的定义,然后看戴维森如何利用这一定义。

塔斯基建立了一个逻辑语义学系统,来定义"是真的"这样一个谓词。这种定义构成了现代数理逻辑中的模型论。定义的目标是用所谓的"T约定"(convention-T)来确定的。所谓 T 约定,就是指形如

    1)"Snow is white"是真的,当且仅当,雪是白的。

的句子。这类句子是双条件句,也就是说,左右两边子句的真值相同。左边的子句是在谈论引号中的句子。被谈论的句子我们说属于

对象语言(the object language),而用来谈论对象语言的语言则被称为"元语言"(meta-language)。整个句子 1)都是元语言句子,带引号的表达式则是元语言中用来谈论一种语言的手段。对于被归于 T 约定的句子来说,至为重要的一点是,左边子句所谈到的那个对象语言句子与右边的子句(它属于元语言)具有相同的意义。在 1)这个例子中,"Snow is white"这个对象语言句子,与"雪是白的"这个元语言句子的意义是相同的。由此可以看出,T 约定实际上表达了这样一个直觉,我们可以用意义与之相同的句子来表达一个句子的真值条件。

塔斯基定义的是用于对象语言的真谓词。对一种对象语言定义的真谓词不能用于另外一种对象语言。这种定义的一般方式是,依次为对象语言的每个词语做出解释(即指派语义),把这些解释表述成公理,并将其合并到一个数理逻辑系统中,只要用这些词语构成的所有 T 约定句子都能够从这个系统中推出来,我们就可以说这个系统给出了对于相应真谓词的具有实质充分性(material adequacy)的定义。另一方面,如果从这个系统中不会推出说谎者悖论,它就满足了形式正确性(formal correctness)的要求。既满足实质充分性,又满足形式正确性的逻辑系统,按照塔斯基的设计,就提供了对真谓词的定义。

思考:我们对"*iff*"的解释中使用了真谓词,这是否就使塔斯基的定义变成了循环的?

提示:可参考卡尔纳普关于形式的说话方式与实质的说话方式的区分;也可利用数理逻辑中关于逻辑联结词的公理化定义和真值表定义的区分。

在这个基础上得到的定义实际上是对所有 T 约定句的枚举,这样也就确定了"真"这个概念的外延。这是一个外延定义。如果要确定这个概念的内涵,所采取的形式就是:"真就是……"。比如说真理符合论的表述"真就是与事实符合"就是一个内涵定义。塔斯基为什么要用外延定义而不是内涵定义呢? 原因是,外延定义是一种容易形式化的定义,而采取形式化,就可以避开这样一个循环问题:用来定义真的句子必须是真的,因此定义的有效性依赖于真是什么。有了形式系统,就可以得到可证明性这个概念,然后证明可证明性与真①这两个概念外延相等,就避免了循环。

这种利用形式化的思路构成了当代数理逻辑的主导思想。在当代数理逻辑中,逻辑系统首先是符号系统,其中所包含的符号都是在不考虑其语义的情况下引入系统的。这时,逻辑推理就是符号运算,是纯符号性的操作。可证明性这个概念就是在这个基础上建立的。如果一个符号串可以用系统所制定的演算规则从公理中导出,那么这个符号串就是可证明的。显然,可证明性是一个句法概念,它不牵涉到语义。与之相比,真则是一个语义概念。如果真这个概念的外延可以利用可证明性这个概念确定下来,那么按这种方式获得的对于真这个概念的定义,也就不是循环的了。

对于1)左手边引号中的句子,通常需要用一种表明结构的方式来描述,而这种结构应当适合于为其所使用的语言建立模型。相应地,句子1)的右边则可以这样改写:

---

① 确切地说,是"相对于所有模型为真"这样一个更加复杂的概念。

2)雪这个对象例示了白色这一性质。

3)雪这个对象满足谓词"being white"。

改写以后所表达的是一个对象例示一个性质或一种关系,或一个对象满足一个谓词。这样我们就可以用模型的方式来表述1)的右边。所谓一个模型,就是一个集合和一套解释①构成的结构。这套解释把左手边出现的谓词解释为集合所包含个体的性质或关系,这个集合就是变项的定义域。用外延性的方式说,谓词就被解释为定义域的一个子集,子集中每个对象都例示了相应性质或关系。句子中常项的解释也被包括在这个集合中。这样一来,T 约定的一般形式就是

4)"$f(a)$"为真,当且仅当,"a"对应(指称)的个体具有(满足)"f"所表示的性质,或者,"a"指称的个体满足谓词"f"。

塔斯基是用指称和满足来定义真。由于指称和满足是利用模型来得到指派的,这个定义是相对于模型的,与此同时,被定义的真谓词也是相对于模型的。

下面以一个具体的例子来说明塔斯基的真谓词定义是如何起作用的。以汉语为元语言,英语为对象语言,假定有下面关于真谓词的公理模式:

A1)"Not that P"是真的,当且仅当,"P"不是真的;

A2)"P and Q"是真的,当且仅当,"P"和"Q"都是真的;

A3)"P or Q"是真的,当且仅当,"P"或"Q"是真的。

这些公理模式允许我们以迭代的方式构造出无穷的句子。

---

① 这里使用的"解释"一词是一个模型论术语。在模型论意义上使用的"解释"简单说来就是确定与符号对应的事物,也就是说,确定符号的语义值。很多文献也使用"指派"(assignment)这个术语。

现在我们有一个包含两个对象的模型{雪,雪人},在这个模型中把雪这个对象指派给"snow",把雪人指派给"snowman"。对谓词来说,则可以把"being white"指派给白色这个性质,把谓词"being black"指派给黑色这个性质;也可以按照外延的方式,把"being white"指派给{雪}这个集合,而把"be black"指派给{雪人}这个集合。

这样指派以后,我们就可以得到一些等式:

A4)"snow"指称的个体 = 雪

A5)"snowman"指称的个体 = 雪人

A6)"be white"表示的性质 = 白色

A7)"be black"表示的性质 = 黑色

这些等式代入到 4)中就可以得到

A8)"Snow is white"是真的,当且仅当,雪例示了白色(= 雪是白的)。

A9)"Snowman is black"是真的,当且仅当,雪人例示了黑色(= 雪人是黑的)。

A10)"Snow is black"是真的,当且仅当,雪例示了黑色(= 雪是黑的)。

A11)"Snowman is white"是真的,当且仅当,雪人例示了白色(= 雪人是白的)。

这些正是 T 约定的形式。我们既可以把 A4)—A7)当作公理,也可以把 A8)—A11)当作公理,并且添加 A1)—A3),以及一些用于构造逻辑系统的其他公理,最终构成一个对真谓词的定义,这个真谓词适用于一个仅仅包含"snow"、"snowman"、"being white"、"being black"这样四个非逻辑常项的对象语言。用于描述该对象语言模型的元语言（与逻辑语言一起）所能够构成的所有形如 T 约定的句子，都可以从这个系统中推出来。

练习:请读者用上述元语言自己构造一些 T 约定句子,然后用上述系统证明这些句子。

关于塔斯基的真谓词定义到目前为止还存在着许多争论。比如塔斯基为什么要定义真谓词,为什么要这样定义,这样定义的真是否承诺了一种关于真的内涵解释,承诺了什么解释,如此等等。但无论如何,这个定义在数理逻辑中的地位是举足轻重的——它是模型论的一个重要组成部分,是逻辑语义学的基础,对数学基础研究是不可缺少的。这里要采纳的部分主要是其技术思想,戴维森所利用的也主要是其形式上的一些性质。下面我们就来看看戴维森是如何运用塔斯基定义的。

戴维森以一种反向的方式运用 T 约定。在塔斯基那里,运用 T 约定的方式是从模型获得关于真谓词的公理,而戴维森则是从关于真谓词的公理获得模型,进而得到语义。他把真谓词作为初始词项,而不是作为被定义词项。但是,他不是要用真来定义指称和满足,因为在逆向使用 T 约定时,这两者不具有可分离的形式。不如说,戴维森使用 T 约定来确定"'a'指称的个体满足谓词'f'"这个论断的整体。当然,由于模型并未事先给出,戴维森要做的就是构造出模型。模型是由定义域集合和解释构成的。对于语言来说,定义域集合构成了语言所表示的对象,而解释则建立了语言与对象之间的对应关系,两者结合起来就为语言建立了语义学。

但是,戴维森的目标是解释意义,而建立语义学,并不等于获得了意义理论。"语义学"(semantics)与"意义理论"这两个概念之间有明确的区分。在塔斯基以来的当代逻辑中,语义学一般采取了模型论的形式,它仅仅是在符号与事物之间建立对应关系,只要确定了符号与符号所表示的事物,符号的语义也就确定下来了。但是,确定这两者并不意味着由此也就确定了符号的意义。承认意义具有独立地位的人一般都承认,意义是内涵性的。这是因为,陈述句的意义在直觉上被理解为陈述句所表达的内容,进而被理解为,当人们理解一个句子时所知道的东西。当这个句子被置于信念语境内,影响整个信念归属句①真值的,就是该句子的意义。由于信念语境构成内涵语境,意义也就被理解为内涵性的。与之相比,模型则是外延性的,它仅仅是表达式与对象之间的对应关系,而这种关系可以在外延语境中得到表达。

～～～～～

思考:关于外延性(extensionality)和内涵性(intensionality)我们已经见过了一些讨论,什么是外延性和内涵性呢?

～～～～～

戴维森声称,自己建立真值条件语义学是基于一个普遍接受的直觉,即知道一个句子的意义,也就相当于知道这个句子的真值条件。对于这个直觉我们需要做出一个区别。它有可能是说,句子的意义本身就是该句子的真值条件,但也有可能是在说,我们可以用知

---

① 信念归属句(belief ascription)就是用来陈述某某相信什么的句子。

道真值条件,来说明知道意义是怎么回事。前一种理解我们称为关于意义的形而上学解释,后一种则称为关于意义的认识论解释。戴维森所说的直觉,应该按后一种方式来理解。由于是以这个直觉作为基础,戴维森的语义学就被称为"真值条件语义学"。对于真值条件语义学要采取何种形式,这两种解释的区别不会造成影响。影响只是在于如何在这种语义学的基础上解释意义。

思考:请用语言形式来说明上述两种理解的区别何在。可以自己设计一种表述形式来说明。

真值条件与语义学都是外延性的,因此,从真值条件到意义的过渡也是从外延到内涵的过渡,都要回答"如何通过采纳外延性的形式来处理内涵性的东西"这样一个问题。

按照认识论的方式理解真值条件语义学,确实可以回答上述问题。这是因为,知识本身就是内涵性的,而所知道的真值条件,也就要解释为内涵性的,因此从真值条件到意义的过渡,并不存在前面说的那种障碍。就此而论,彻底解释所给出的不是意义本身,它只是解释了,知道意义,这是怎么回事。

但是,从表述上,仍然可以利用外延性的形式。关于真值条件的直觉可以表述成下述形式:

9)S 是真的,当且仅当,P。

在这里这种形式表示 P 是 S 的真值条件。关于真值条件语义学的直觉就是,知道 P 就是 S 的真值条件,这就意味着知道了 S 的意义。这个直觉也就意味着,只要按照语义学的方式确定了 S 的真值条件,我们就按照知识论的方式确定了 S 的意义。不难看到,这个双条件句在形式上就是 T 约定。T 约定是依据真值上的实质等价("当且仅当"就表示实质等价)关系建立起来的,而这使得"P"处于外延语境中。

采用 T 约定来作为意义理论的形式,就避免了彻底翻译中的循环。避免循环的正是这种外延性。如果用来解释意义的句子或表达式位于内涵语境中,那么,要确定整个解释是否为真,就要借助于内涵语境中的句子或表达式的意义,这样就陷入了循环。比如,如果解释所使用的形式是"S 意味着 P",由于"意味着"构成内涵语境,我们就只有在知道"P"的意义的情况下,才能确定"S 意味着 P"是否为真,但这已经预先假定了意义。为了避免这种循环,就必须让用来解释意义的句子位于外延语境中。

此外,戴维森的一个很重要的考虑就是,一种意义理论必须把意义刻画成具有递归性的要求,塔斯基的定义为此提供了很好的技术条件。意义为什么要满足递归性的要求呢? 戴维森对此给出了一个论证,这个论证也叫"习得论证"(the argument from acquisition),它已经为大多数人所接受。这个论证的前提是一个明显的事实:人只能够习得有限的语言资源,但能利用这些有限的资源构成无限多有意义的句子。单独习得每个句子的意义是不可能的。而要通过习得一个句子知道另一个句子的意义,就要以这两个句子具有某种共有成分为前提,并且这些共有成分以一种有规律的方式联系在一起构成句子。这就是句子意义的递归性。

很明显,句子在意义上要具有递归性,就要在语法上具有组合性。句子以词为单位构成,学会了这些词,就可以造出无限多的句

子。因此，一个自然而然的考虑是，为什么不从词的意义入手建立一
种意义理论呢？

以句子为单位建立意义理论，其一大好处就是具有可检验性，这
样就便于与彻底解释的经验限制衔接起来。这种衔接很容易在 T 约
定的形式中实现。T 约定双条件句左手边所说的就是，说话者所说
的句子 S 是真的，右手边的句子 P 所表达的是 S 的真值条件。基于
信念与句子意义，以及与真值条件间的关系，P 表达的也就是说话者
用句子 S 来表达的信念。彻底解释的一个重要任务是，确定说话者
在某个情境下使用句子来表达什么信念。正是通过确定这种信念，
意义理论得以通过彻底解释得到检验。说话者的信念肯定与其对说
话情境的认知联系在一起。解释者也就要通过了解说话情境来确定
说话者的信念。因此，解释者的工作就是，要在说话者给出的表达式
与自己关于情境的认知间建立可以预期的适配关系。检验意义指派
与信念解释都依赖于这种适配关系。由于这种认知总是表达为句
子，与之适配的表达式最好也是句子。

戴维森利用 T 约定是着眼于递归性，这不像在塔斯基那里那么
明显。当指称和满足被分别给定，它们就是构造所有真句子最基本
的单位。戴维森这里没有这样的基本单位，他所拥有的仅仅是具有
语法结构的句子，这就是使用 T 约定的基本单位。但是，T 约定对戴
维森来说显示了句子与句子在语义上的关联，这种关联是通过共享
某些语法成分达到的。

举一例说明。例如给定"牛在吃草"和"草长起来了"这两个对
象语言的句子，在元语言中我们分别给出它们的真值条件，在这两个
真值条件中有一个共同的成分是两个句子所共享的"草"这个词项所

对应的。这样,由真值条件所表现出的意义中就有一个共享的成分,这个成分对于所提到的两个句子的意义有同样的贡献。这时就可以尝试性地引入指称和满足,由"草"这个词所指称的对象同时参与构成了这两个句子的真值条件。现在,对于新的句子例如"风吹草动",我们可以用包含在前两个句子的真值条件中共同的东西,来构成这个句子的真值条件。由此可以理解,利用 T 约定的递归性,为什么可以得到关于真值条件的形式限制。我们会依据句子结构来对可能的真值条件进行筛选。

至此,什么是彻底解释的形式限制,就变得很清楚了。彻底解释的形式限制就是其所提出的关于意义的理论表述必须合乎 T 约定以及相应的公理化形式。形式限制起作用的方式可通过下述步骤得到描述:

一)解释者通过观察得到合乎 T 约定形式的结论,这些结论在说话者所说的句子为真,与解释者通过观察获知的说话者信念之间,建立一种双条件关系,通过这种双条件关系,这些信念就构成了说话者所说句子的真值条件;

二)解释者通过自己所了解的关于说话环境的基本事实,结合前一步骤获得的对应关系,确定关于真句子的公理;

三)解释者试探性地建立一种关于说话者所使用的逻辑联结词的公理模式,这些模式形如 A1)—A3);

四)结合第二、第三两个步骤建立关于新句子的定理,这些定理使得解释者获知说话者在其他场合下使用这些句子所表达的信念。

上述步骤不是对彻底解释必需步骤的完全枚举,它们仅仅是对于利用 T 约定来说必要的步骤。在彻底解释的实际展开中,这些步骤也非必须逐一进行。实际上,彻底解释的过程肯定会从后一步骤跳回前一步骤,例如从第四步跳到第一步。这些步骤间的切换通常是这样的:试探性地确定了说话者信念以后,解释者获得了某些句子的真值条件,然后利用 T 约定来得到新句子的真值条件,从而推断说话者的其他信念。形式约束提供了在不同句子间进行切换的有效手段。

10.1.3　信念解释学

依据彻底解释的思路,解释者还要获得关于信念的限制条件。我们已经看到,解释者 A 拥有三个条件,即(1)能够识别说话者 B 的发音结构,(2)能够识别 B 说这些句子的周边环境,(3)拥有关于世界的通常的知识(确切说是信念)。从第一个条件结合 T 约定得到了形式限制,而后两个条件则服务于彻底解释的经验限制。引入经验限制的目的在于尽可能地确定 B 使用句子表达的信念。但是,如何能够从说话行为的周边情况和关于世界的一般知识得到说话人所要表达的信念呢? 这里似乎有不可逾越的鸿沟。A 所要知道的是 B 的信念,但他只拥有自己的信念。A 只能通过自己所具有的信念来推知 B 的信念,而这何以可能呢?

为了解决这个问题,戴维森引入宽容原则(the Principle of Charity)作为解释说话者信念的指导原则,又利用了拉姆塞的决策论技术。先看宽容原则,然后再了解一下决策论技术。

宽容原则可以区分成两个方面,一是融贯性原则(the Principle of

Coherence），一是对应性原则（the Principle of Correspondence）。按融贯性原则，B 的信念应当被认为在逻辑上是融贯的；按对应性原则，A 应当认为 B 在与自己相似的情景下对其做出反应的对象与自己相同。引入了融贯性原则，就能在 B 的各信念间建立推理关系。如果他持有某个信念，那么也会持有该信念所蕴涵的信念；如果 A 发现两个相互排斥的信念被归于 B，那么他应当放弃其中的某一个。第二个原则允许解释者站在说话者的角度上看待事物，从而知道说话者的信念。

人们实际上持有一些相互矛盾的信念，但这并不与融贯性原则相冲突。融贯性原则所说的是，人的信念必须是趋于融贯的。这是一种规范性的要求，而不是关于信念的事实性描述。再者，融贯性原则可以以一种相当松散的方式得到贯彻，它允许说话者的某些信念彼此不融贯——只要大多数信念融贯即可。之所以如此，是因为在以说话者彼此融贯的信念为背景的情况下，解释者能够确定说话者的一些信念，而在确定了足够多的信念以后，就可以容纳其他信念出错的情况。融贯性原则体现出解释者如何着手确定说话者的信念，只有在说话者彼此融贯的那些信念的基础上，解释者才能推断出说话者持有什么信念。

对于对应性原则，人们似乎也可以提出关于跨文化差异的疑虑。不同文化的人之间确实很难理解，以至于有人会说无法理解。在这种情况下，对应性原则似乎不适用了。从戴维森的角度来看这件事，我们不妨区分一下。一种情况是，不同文化的人之间完全陌生，以致认为对方不是有理性的人，而是完全不同的生物。另外一种情况则是，可以合理地认为对方是理性的人，但存在巨大的理解障碍。戴维森的对应性原则不针对前一情况，而是针对后者。它是说，只要把对方看作是理性的人，即看作是有意识地相信一些事情的人，理解上的障碍原则上是可以克服的。

不妨按后一种情况想想，我们说 A 没有理解 B，意思是什么。不要站在第三者角度来看这件事，而是考虑 A 能不能确认，自己没有理解 B。A 发现自己没有理解 B，显然是因为他认为 B 的信念是自己不可能产生的。而这意味着 A 认为 B 一般而言会有信念，从而意味着，A 知道 B 拥有信念会是怎么回事。比如，我们会认为狗会相信一些事情（比如相信主人回来了），而这意味着狗会做出我们在持有某种信念的情况下可能做出的事情（比如到门口等着）。认为一个东西一般而言具有信念，是对这个东西的行为模式的总体描述，它表现得好像我们自己在拥有信念时的那样，会按照某种模式做出行为。而把 B 看作是有理性的，则意味着 A 会认为 B 按照与自己相同的模式产生了足够多的信念。

在认同对方是理性的情况下，不理解是以理解为前提的。A 认为 B 不可理解，这种看法可以更精确地表述为：A 发现 B 有一些信念，这些信念自己在相应的条件下不可能产生。但是，A 却不可能认为，B 的某个信念是自己不可能有的。因为，只要能够确定这个信念是什么，他就以某种方式将其与某个条件联系了起来，从而发现自己在这种条件下会产生这个信念。这是因为，确定 B 的信念内容，就等于看 A 自己在 B 所处的情况下会产生什么信念。而这就等于承认，B 会按照与自己相同的方式来形成信念，A 自己在总体上是理解 B 的。

宽容原则对于戴维森的目的来说非常关键。戴维森在考虑，需要何种条件才能使彻底解释得以进行。既然彻底解释是习得语言必定要经历的过程,那么彻底解释如何得以进行,也就决定了语言何以得到理解,语言的本质也就得以揭示。可以说这是一种回溯性的推理,是一种寻求必要条件的推理。通过这种推理就可以解释,语言竟然有意义,这一事实是如何可能的。戴维森的宽容原则是一种理性预设,他得到了这一结论:只有按照宽容原则所界定的理性方式,才能理解语言。这样,从我们理解语言这一事实出发,就可知宽容原则实际上成立。

戴维森的这种论证策略通常被称为"先验论证"(transcendental argument),就是一种通过证明某个命题 Q 为真是某个关于知识的命题 P 的必要条件(精确地说应当是,Q 是 P 成为可能的条件),然后通过表明命题 P 为真,来论证命题 Q 成立的论证方法。一种更严格的先验论证要求 P 要先验地为真,也就是说,不需要经验证据就能够表明为真。先验论证是康德的先验唯心论得以建立的核心论证。人们常常认为,先验论证是康德首创。

宽容原则使解释者能够解释说话者的信念。对应性原则允许解释者从自己的信念出发来确定说话者的信念,而融贯性原则则允许解释者从已知的信念入手推测说话者的其他信念。解释者仅仅看到说话者的身体动作和发音方式,他不能看到说话者的内心,也不理解说话者的语言,现在他要同时确定这两者。面临这一任务,宽容原则还是极为宽泛的,解释者还需要其他资源。

如果在信念之间存在一种系统的依赖关系,那就可以采取决策论的手段来通过与说话者进行试探性地交流,以确定说话者的信念。下面举一例来说明这种手段。

拉姆塞给出了一种方法。在不知道某人的偏好和确信度(degree of belief)的情况下,通过设计赌局的方式求得确信度。[①] 所谓偏好(preference),是指偏爱某个结果的程度,我们可以用效用值(utility)来衡量。效用值通常是一个相对量。确信度就是认为某个事件发生的概率是多少。这个概率是一个从 0 到 1 的数。另外,引入期望效用(expected utility)这个参数。所谓期望效用,就是某个东西的效用值与获得该东西的确信度之积。不妨设计这样一个赌局 G,当事件 E 发生时,受试者将获得某个结果 a,而当 E 不发生时,受试者获得结果 b。可以定义对于这个赌局的期望效用,即 a 的期望效用与 b 的期望效用之和。用"EU(G)"表示对于赌局 G 的期望效用,用"$u(a)$"表示对于 a 的偏好值,用"$p(E)$"表示对事件 E 发生的确信度,于是我们有

10)$EU(G) = u(a) \times p(E) + u(b) \times p(\neg E)$

举一个抛硬币的赌局来说明。向上抛硬币,如果正面朝上,受试者将得到 5 块钱,如果正面朝下,受试者将失去 5 块钱。如果受试者相信正面朝上与正面朝下的概率相等,那么整个赌局的期望效用就是 0。可以另外设计一个赌局 H,其中当 E 发生时受试者将获得 b,而当 E 不发生时受试获得 a,我们有

11)$EU(H) = u(b) \times p(E) + u(a) \times p(\neg E)$

从上述两个公式可以看出,在已知 $p(\neg E) = 1 - p(E)$,并且 $u(a)$

① F. P. Ramsey, "Truth and Probability", in R. B. Braithwaite (Ed.), *The Foundations of Mathematics and Other Logical Essays* (pp. 156-198). London: Routledge and Kegan Paul, 1931.

≠$u(b)$的情况下,只要知道 EU(G)= EU(H),就可以算出 p(E)= 1/2。这说明,经过适当设计的赌局可以确定受试者关于概率的信念,为此我们不需要知道受试者的偏好,需要知道的仅仅是受试者在受控的情况下选择何种赌局,而这是可以公开观察的。拉姆塞证明了,只要受试者的偏好满足一些公理(这些公理使得偏好之间可以比较和排序),就可以唯一地确定他对于所有命题的确信度。显然,一旦确信度得到确定,就可以通过受控实验来确定受试者关于各种结果的偏好值。

拉姆塞的研究成果不能直接用在彻底解释中,但彻底解释可以利用其决策论的形式。由于决策论可以采取一种非常抽象的形式,有些学者就对彻底解释所需要的决策论技术做出了一些形式化的研究。① 在彻底解释中,在不知道句子意义与说话者信念两者的情况下,解释者只知道说话者"输出"的行为,这种情况很类似于拉姆塞所研究的情况。如果拉姆塞表明他的问题能够以何种方式解决,能够解决到何种程度,那么彻底解释的问题也就可以以类似方式得到解决。关键在于,在对待双变量问题时,如果对两个变量的取值存在一种结构约束,那么拉姆塞所提供的就是一种设法消除一个变量的影响,从而确定另一变量的方法。

彻底解释所面临的问题实际上也是一种双变量问题,一个变量是句子意义,另一个变量则是相应的信念,这两个变量产生的"输出"(对应于前面提到的期望效用)就是一种被戴维森称为"认其为真"

① 参见 *Donald Davidson* (Kirk Ludwig ed. , Cambridge University Press, 2003),第94 页以下。前面关于确信度的计算例子来自于该书第86—87 页。

（hold true）的言语反应行为。这里，戴维森基本上借用了蒯因的彻底翻译模式中使用的受控情境，在这种情境中，解释者把说话者置于一个可以检验的情境中，并用说话人语言中的某个句子充当提示，然后看说话者的反应是赞同还是反对。说话者赞同句子 S，就是他认为句子 S 是真的（hold true that S）。句子意义与说话者信念是否存在相应的结构约束呢？从前面关于 T 约定的讨论已经看到，必定存在一种对于句子意义的结构约束，这种约束可以表现为公理化的形式。问题是对于说话者信念来说，是否也有一种结构约束。

戴维森的回答是肯定的。在前面我们已经看到，融贯性原则将保证信念之间存在逻辑上融贯的关系。不过，这种融贯关系与拉姆塞问题所需要的结构约束不同。融贯关系是对信念的一种松散的限制，它所要求的支持与被支持的关系从理论上讲可以在无限多的信念间建立；而彻底解释所需要的则是一种足够强的限制，它要求解释者只需要在数量非常有限的备选信念中做出选择。对此，戴维森援引蒯因的整体论，断定信念以一种相互依赖的形式存在。蒯因认为，只有在一个信念之网的内部，才会有信念可言。例如"鸟飞翔"这个信念，如果没有关于什么是鸟，什么叫作"飞翔"的信念，这个信念不可能存在。这样，信念整体也会对信念的选择范围产生约束。

但限制似乎还不够强。在关于"鸟飞翔"的例子中，即使通过其他信念确定了什么是鸟，以及什么叫作"飞翔"，仍然不能保证"鸟飞翔"这个句子所表达的信念中没有除了鸟和飞翔之外的东西。这个问题通常被称为关于语言和心灵的优先性问题，即心灵是否依赖于语言。如果心灵依赖于语言，那么在信念中就不存在未予表达的部分，于是解释者就可以利用语言的结构来对信念进行结构化。

他给出了一个心灵依赖于语言的论证,[①]其大意是这样的:能够持有信念,要以信念内容的客观性为前提,这意味着信念必须有真假之分,而只有借助于人际的交流,才能够把握真这个概念。这个论证涉及我们后面要讨论的"三角测量法"(triangulation),这里先简单说明这个论证怎么起作用。要断定 A 所持有的某个信念 p 是假的,就要以另外一个与之相矛盾的信念 p′为前提。仅当两个信念是关于同一个对象的信念时,它们才相矛盾。因此我们需要在 A 持有信念 p 时,该信念所关涉的对象事先固定下来。如果 A 单独产生信念,那么就彻底解释而言,我们不可能确定该信念是关于何物的信念;必须另外一个人 B 参与,B 与 A 的视角交叉才能确定其信念对象。两人视角交叉要以两人都形成关于对方信念的信念才有可能,这样,我们就要求一种用来传递信念,并且有真假之别的手段,这就是语言。

这个论证的关键是,信念必须是能够表达出来,从而与他人交流的。它并不决定这种交流一定通过语言进行。语言在这里出现是因为一个经验事实:只有语言才会拥有信念所具备的那种复杂程度,因而只有语言才能承当交流信念的任务。

施加于信念的限制可以说就是一种整体论的限制,在某种程度上也可以说是一种结构限制。需要一种什么样的整体才能产生所需要的限制呢? 在这个问题上戴维森追随蒯因。戴维森和蒯因一样,拒绝分析—综合之分。这就意味着,对任一句子,都不存在一种界限明确的整体使其对应的信念得到个体化。否则,表述这个整体的句

---

① D. Davidson, "The Emergence of Thought" (in *Subjective*, *Intersubjective*, *Objective*, Oxford, Clarendon, 2001), p.130.

子就能够产生一个在任何情况下都为真的命题,这个命题依据意义
为真,因而是分析命题。例如,对于关于什么是鸟的信念,如果存在
一个具有固定成员的信念整体来使其个体化,那么这个信念整体的
成员表述成句子,这些句子的合取就会产生一个形如"鸟是……"的
句子,这个句子恒真,并且其为恒真,取决于使其语义个体化的条件。
这个句子就是分析命题。

　　即使不存在界限分明的整体来为某个信念提供个体化条件,戴
维森仍然可以说,这是一种充分的结构限制,这种限制的存在使我们
可以在彻底解释中运用决策论方法。关键是,为了得到一种结构限
制,只需要信念整体就行了。为此不需要卡尔纳普意义上的分析命
题或语言框架。语言框架所给予的结构限制可以对若干语言整体来
说保持不变,比如汉语和英语共享事物语言框架,因此语言框架是一
种更强的限制。但这种限制对戴维森来说是不必要的。

～～～～～～

　　思考:戴维森为什么会认为语言框架限制对彻底解释来说是不
必要的?

～～～～～～

10.1.4　解释的不确定性

　　彻底解释的产物是一种语义学,它为说话者使用的每个句子指
派语义。这时,名词的语义是该名词的指称,而形容词或者动词的语
义则或者是其所指称的性质或关系,或者是具备这些性质或关系的
对象构成的集合。彻底解释的一个重要特征是,这种语义学实际上

不是确定的。这一特征被称为彻底解释的不确定性。

这种语义学虽然有时候也被称为意义理论，但它实际上并未解释意义是什么，因此不是真正意义上的意义理论。要说明语义学实际上达到了意义理论的目的，还需要一番解释。这种解释可以借助于解释的不确定性来完成。接下来我们先看看解释的不确定性是怎么回事。

T 约定为彻底解释施加了一种形式限制。另一方面，当解释者把这种语义指派与说话者的说话行为结合起来时，就得到一种信念解释理论，它指派给说话者一整套信念，宽容原则与信念整体论对这种信念指派施加了另一种限制。与 T 约定的限制不同，后面这种限制是一种经验限制。由于施加这种限制的是其界限并不确定的整体，解释者不能在解释的某个特定阶段就断定已经获得了一种最终确定的信念指派。解释者所能做的，只能是在提出了一种指派之后，在后续的解释过程中，随着获得关于说话者行为的新的观察素材，不断检验这种指派。这是一种典型的经验研究过程，解释者先试探性地进行一种局部的解释，然后逐步扩展，同时进行修正和优化。在最好的情形下，这样得到的指派对于彻底解释是充分的，但不是必要的，也就是说，不能证明这是所有的解释都必定会达到的指派，从而不能证明这是唯一的指派。可以说，彻底解释是不确定的。

这种不确定性类似于为不定方程求解的情况。这并不是一个含有两个未知数的方程式，而是一组方程式，出现于其中的是两类变量，其形式如下：

$$D_1 = a_1 \times x_1 + b_1 \times y_1$$
$$D_2 = a_2 \times x_2 + b_2 \times y_2$$

$$D_3 = a_3 \times x_3 + b_3 \times y_3$$

$$\cdots\cdots\cdots\cdots\cdots$$

$$D_n = a_n \times x_n + b_n \times y_n$$

每个关于信念与语义的指派情境对应于方程式组中的一个方程式。彻底解释所引入的双重约束分别是对两类变量的约束，即分别对于 $\{x_1, x_2, x_3, …, x_n\}$ 和 $\{y_1, y_2, y_3, …, y_n\}$ 这两个集合的约束，这两个集合中的变量表明了所需要指派的值分别属于语义和信念这两个序列。这些约束使两集合内的元素满足特定的结构关系。通过添加系数 $a_1, a_2, a_3, …, b_1, b_2, b_3, …$，可以表示这种限制。即使这种关系是结构性的，也必须在足够多的变量（相当于数学中的边界值或者边界条件）确定下来以后，其他变量才得以确定下来。当然，按目前的局面，我们面临的仍然是不确定性。如果说每个语义指派都构成了一个意义理论，这个意义理论确定了所有词语及句子的意义，那么由此得到的将不是唯一的意义理论。

思考：比较一下这里的不确定性与出现于蒯因那里的翻译的不确定性，看出现这两种不确定性的原因是否相同。

不过，这并没有使戴维森感到疑虑。对于彻底解释的目的而言，即使得不到唯一确定的语义学，意义这个概念仍然可以得到阐明。戴维森认为，意义对应于对于语义指派的结构约束。[①] 在彻底解释

---

① 参见戴维森："无指称的实在"（《真理、意义、行动与事件——戴维森哲学文选》，牟博编译，商务印书馆，1993 年)，第 162—163 页。

中,就指派给表达式的实体(名称、性质或真值等)而言,我们得到了语义学;这种指派具有系统特征,而就语义学体现了这种系统特征而言,这种指派所确定的就是意义。这样一来,对同样的语言即使我们有不同的成套语义学,这些不同的语义学仍然可以体现出同样的系统特性,因而,也会为这同样的语言赋予同样的意义。不同的语义学都是同一个意义理论。

语义学与意义理论属于不同性质的研究活动。语义学是一种经验理论,这是因为彻底解释工作是一种经验研究工作,或者说,是科学家(语言学家)所从事的工作。什么是意义,也就是说,意义这个概念的本质,是这种经验研究的基础。对意义的阐明不是经验研究,而是哲学的任务。为了阐明意义,并不需要任何特定的语义学,而只需要知道会有什么样的语义学。为此,只需假定某些变量已经确定,在此基础上考虑如何确定其他变量即可,此时得到展示的就是结构约束。说明这种结构约束的存在及其理论后果,就是对意义的阐明。语义学的不确定性,无损于意义的确定性。彻底解释虽然不确定,但作为语言哲学的分析模式,却是充分的。

事实上,解释的不确定性恰好表明了意义的内涵性。这是因为,这种不确定性是不同表达式语义指派的彼此依赖关系造成的,而这种依赖关系解释了意义为什么是内涵性的。

为理解这一点,不妨回顾一下外延性这个概念。语义学本身是外延性的,这种外延性体现在,当我们用语义相同的表达式来替换一个句子中的表达式,整个句子的真值不会发生变化。特定概念的外延性表明,充当相应表达式语义的东西是独立于语言的,因为对于外延表达式来说,表达式的替换不会对语义造成影响。外延性与相对于语言的独立性之间的这种关系,让我们可以反过来,用相对于语言的依赖性来说明什么是内涵性。意义就在这种意义上是内涵性的,它不独立于语言——一个表达式的意义是什么,取决于另外一个表达式的意义,而这种依赖关系可以通过 T 约定和信念解释学得到刻画,从而体现为语言本身的系统特性。

因此,翻译的不确定性不是戴维森的意义分析模式的缺陷;相反,这种不确定性是通过语义学来阐明意义最终达到的状态,是用外延的方式来分析像意义这种内涵实体的结果。

10.2　世界

10.2.1　关于语义和信念的外部论

戴维森的整个哲学呈现出各种论证和观点相互交叉的复杂格局,这使他的思想很难得到全局性的把握。不过,戴维森的立论方式却有比较清晰的路线可循。真值条件语义学和彻底解释理论构成了戴维森哲学的基石。真值条件语义学既可以单独成论,也可以整合到彻底解释模式中。我们也可以说彻底解释模式是戴维森哲学的基石。彻底解释不仅是意义理论的基础,还是一个通向更广阔的哲学问题域的论证枢纽,在建立其他方面的观点上显示出了强大的潜力。

彻底解释模式发挥作用的基本方式是这样的:能够进行彻底解释是理解意义得以可能的前提条件,或者说,彻底解释的必要条件就是理解意义的必要条件,从人们实际上能够理解意义这一事实,就得出彻底解释的必要条件必定能够满足。有多种因素是彻底解释所必需的,这样就可以建立关于这些因素的结论。

下面看看在彻底解释中起作用的一个知识论要素:解释者知道说话者做出说话行为的周边环境,而这使解释者能够知道说话者的信念。我们问这样一个问题:关于周边环境的知识,以及关于说话者信念的知识必须是怎样的,才能够从前一种知识获得后一种知识;换言之,什么是知识,什么是信念,使得这种彻底解释所必需的推论成为可能。这是一个为知识论提供基础的问题,我们将看到,在彻底解释中对这个问题的回答将得到一些极为重要的结论。

戴维森在发展自己关于信念和知识的理论时可供选择的是这样一种观点:信念是对象作用于感官的结果,而关于对象的知识是以感官接受的刺激为证据获得的推论。事实上,蒯因就持这种看法。

回顾蒯因的行为主义立场。他把说话行为看成是刺激反应过程,语言的同义关系就在这个过程的基础上建立。如果没有同义性,在不同情况下或者由不同人说出同一个句子,将具有不同意义,这将使交流变得不可能。蒯因把按照刺激反应模式理解的同义性称为"刺激同义性"。刺激同义性是如何得到的呢?蒯因考虑过两种不同的回答,一种说是因为对不同说话人的刺激共享一个对象,另一种则说这是因为不同说话人具有同一种刺激模式(刺激感受器的构造以及刺激信号的配置)。前一个回答被戴维森称为"远因理论"(distal theory),后一个回答则被称为"近因理论"(proximal theory)。这来自于知觉心理学中对远端刺激和近端刺激的区分。远端刺激就是造成刺激的对象本身,而近端刺激则是感觉接受器(例如视网膜或者皮肤)所获得的刺激信号。蒯因认同近因理论。对他来说,发出刺激的对象本身可以作为本体论从认知意义中消掉。重要的是近端刺激。近端刺激是定义刺激同义性的基础，而作为知识知证据的观察句，其可交流性就是由人们共享刺激同义性保证的。

蒯因的理解来自于洛克的知觉理论。洛克认为关于外部世界的知识是通过感官刺激得到的。感官刺激所造成的印象（近端刺激）是获知外部对象的证据，而关于外部对象的知识则是感官印象的推论。刺激近因理论是一个关于意义的理论。意义通常被认为对应于（或者说就是）信念内容，因此，刺激近因理论也可以说是一个关于信念内容的理论，它认为信念内容是由刺激近因决定的。由于刺激近因独立于对象而存在，而处于观察者经验的"内部"（观察者具有某个感官印象），这种理论就既是语义内部论（semantical internalism）又是信念内部论（belief internalism）。

内部论（internalism）与外部论（externalism）是关于语义、信念以及知识的两种相互对立的观点，这种对立来自于心与物的区分。如果认为语义、信念以及知识存在于心灵之内，或者取决于心灵状态的性质，那么相应的观点就是内部论观点。语义内部论、信念内部论和知识内部论就分别认为语义、信念和知识存在于心灵内部，或者取决于心灵状态的性质。反之，外部论则认为语义、信念或者知识至少部分独立于心灵存在，或者并不完全取决于心灵状态。内部论和外部论的区分是一个非常基本的区分，是持内部论还是外部论，在很大程度上影响着语义学和知识论的一般特征。

内部论面临怀疑论的困难。由于总是存在着外部对象与感觉印象之间错误配置的可能性，外部对象与感觉印象之间不存在必然的联系，我们总是不能真正地认识外部对象。外部对象与感官印象之间之所以存在错误配置的可能性,是由于假定了两者是一种因果关系。因果关系是一种不可回溯的关系,虽然原因在某种意义上决定了结果,但结果并不在同等程度上确定原因——同样的结果能够被不同的原因所引起。在关于信念的因果理论中,外部对象是因,感官印象是果,要通过感官印象知道外部对象,就是从结果确定原因,但这是一个不能得到逻辑保证的回溯过程。

与近因理论不同,远因理论则从信念的意向性方面来理解其内容。信念总是关于某个对象本身的信念,因此信念具有意向性。当我认为自己看到一朵红花,我自己的信念内容就是由那朵红花确定的。即使我看错了,即使我出现了幻觉,那里实际上没有红花,我的信念也仍然要以提到对象的方式来加以表述。这种观点我们通常将其归为知识论意义上的或者语义学意义上的实在论。[①] 虽然都用信念的原因来确定信念内容,近因理论单纯用因果关系来解释,而远因理论则为信念提供了意向性解释。在后一种解释中,用来确定信念内容的原因,实际上是信念所指向的那个对象。

戴维森对于意义和信念持有远因理论,他认为,我们对于感觉的表述,其真值取决于远端刺激。例如"我看到一朵红花"这个观察句,虽然关于红花的感觉可以成为看到红花的证据,但观察句的真值还是取决于所看到的是不是红花,而非是否有那种感觉。当语言学家进行蒯因的彻底翻译,以质询法建立刺激意义时,会发现无法在土著人的语言与他自己的语言之间建立刺激同义的关系。因为质询法就是在土著人表示肯定与否定的刺激间找到确定的配置关系,其结果取决于土著人为句子赋予何种真值,而这依赖于远端刺激是什么。既然远端刺激与近端刺激之间可能出现错误配置,在近端刺激的基础上定义刺激同义性,实际上也就无法保证同义性。

戴维森自己给出了一个论证。在蒯因的彻底翻译模式中表述,这个论证的大意是这样的:假设语言学家看到一头野猪跑过,而土著人产生的近端刺激是兔子对语言学家产生的近端刺激,这样,当土著人说"Gavagai"时,语言学家就要翻译成"Rabbit",但他看到的是野猪。[①] 按近端刺激来定义刺激同义性,"Gavagai"与"Rabbit"同义,但两者在同一情况下却有不同真值,即"Gavagai"为真而"Rabbit"为假。这里的问题是刺激同义性是依据近端刺激定义的,但实际确定刺激同义性的程序(质询法)却不得不诉诸远端刺激。当我意识到看到的是野猪时,并未意识到投射到视网膜上的是野猪形象。近端刺激实际上不能被意识到,因而不能作为具有某信念的证据。

这个论证的结论是,在彻底翻译中(或者说,在戴维森自己的彻底解释中),只有对象本身才是推测信念内容的证据,而近端刺激则是不相关的。这进而意味着,决定信念内容和句子语义的,是对象本身而不是对象在说话人那里引起的因果效应。这就是关于信念内容和句子语义的外部论。

信念外部论有一个非常重要的理论后果,这就是反怀疑论。在戴维森看来,如果信念外部论是对的,那么怀疑论就无从产生。他认为产生怀疑论的原因无非是关于认识过程的中介理论,这种理论认

① Cf. Davidson, "Meaning, Truth and Evidence", in R. B. Barret and R. F. Gibson (eds.), *Perspectives on Quine* (pp. 68–79), Cambridge: Blackwell, 1990.

为关于对象的认识是通过某个中间环节产生的。如果存在这种中间环节，就存在对象与中间环节产生错误配置的可能性，这就为由此确定的信念内容与对象之间不相匹配留下了逻辑上的可能性。这种逻辑上的可能性是无法消除的，因为即使引入了某种限制条件，在这种限制条件下信念内容与对象必定匹配，这种限制条件是否真的满足，仍然是个问题。要判定信念内容是否的确为真，或者说要判定信念内容是否确实与对象相匹配，就要先判定这种限定条件是否满足。但是，要使关于限定条件是否满足的判断免于怀疑，又需要新的条件，如此进入循环。

10.2.2　真作为初始概念

语义外部论是否承诺了关于真的符合论呢？并非如此。关于真的符合论所说的是，所谓真就是信念与对象的符合。要使关于信念与对象符合与否的说法有意义，就要假定信念独立于对象就能够得到确定，对象独立于信念能够得到确定，信念与对象分别得到个体化。但信念外部论所说的却是，离开了对象，就无法谈论信念，因而也就无法有意义地谈论信念与对象符合或不符合。信念外部论也不要求任何一种关于真的理论，它需要的仅仅是关于真的这样一个直觉：真信念将揭示对象的状况。事实上，戴维森认为真是不可定义的，或者说，真是一个初始概念。他的意思看来是，真这个概念是理解意义和信念的先决条件。这意味着，如果定义了真，那么用来定义真的那些概念不能先于真这个概念得到运用，因而所有这些关于真的定义都是无效的。

虽然外部论据说具有应对怀疑论的能力，但怀疑论会在另外一个方向上重新出现。即使接受外部论，信念也仍然总可能是错的。既然外部论并不承诺关于真的符合论，那么信念内容为对象所确定，这一点并不保证信念是真的。对这个问题戴维森的回答是，当然不能保证所有信念都是真的，但能够肯定，大部分的信念都是真的，或者说，信念大体上是真的。他的理由是，彻底解释的必要条件是，解释者必须发现说话者的大部分信念是真的。

如何解释戴维森的论点呢？有两个途径，一是认为戴维森关于真持一种融贯论观点，即，真信念就是与其他大部分信念相一致的信念；第二个途径则关系到信念外部论起作用的方式。

先看第一种理解。前面我们已经看到，宽容原则是解释者不得不遵循的原则，而宽容原则中包含融贯性原则，也就是说，解释者必须认为说话者的信念遵循逻辑融贯性的要求。如果真信念就是与其他大部分信念相融贯的信念，那么按照融贯论，解释者就不得不认为说话者的大部分信念是真的。这种理解实际上假定了戴维森持有一种关于真的理论，按这种理论，真不再是一个初始词项，而是为另一个词项，即融贯所定义。戴维森曾经认为真就是融贯，但后来放弃了这个看法。① 按照关于真的直觉理解，一个信念即使与所有信念相融贯，它仍然有可能是假的，因为从这个信念并不能知道对象是怎样的——与其他信念融贯，这与由此能够知道对象是怎样的并不是一

---

① 参见"关于真理与知识的融贯论"以及"'关于真理与知识的融贯论'补记"这两篇文章(载于《真理、意义、行动与事件——戴维森哲学文选》，牟博编译，商务印书馆，1993 年)。写于 1981 年的前一篇文章阐述了一种关于真的融贯论，后一篇文章(1987 年)则撤回了这一观点。

回事,两者之间还存在必须跨越的逻辑间隙。再者,戴维森也不需要融贯论,他有别的理由认为信念必须大体上为真,可以从信念外部论的角度来理解这一点。

按照信念外部论,既然信念内容是由其对象确定的,那么,对解释者来说,说话者唯有确定了信念对象,才能说其具有一个有内容的信念——用来确定信念对象的,只有真信念。因此,解释者既然设定了说话者持有具有内容的信念,就必须认为其大部分信念是真的。举个例子来说,解释者要断定说话者在说出"鸟飞翔"时表达了一个有内容的信念,无论这个信念是真还是假,解释者都必须预设,说话者具有关于鸟的正确信念;如果解释者认为说话者没有关于鸟的信念,那么他就只能认为说话者没有对应于这句话的任何信念;如果解释者认为说话者关于鸟的信念是错的,那么他就必须借助于他赋予说话者的另一信念来断定说话者说的是什么,如此追溯直到说话者的正确信念为止。当然,解释者能够这样追溯,必须利用他在说话者那里找到的线索,而这些线索的获得,依赖于他认为说话者的某些信念是真的。比如解释者通过说话者的话"鸟有鳞"来断定他关于鸟的信念是错的,那就必须假定他关于什么是鳞的信念是真的。

~~~~~~~~

思考:戴维森给出的反怀疑论论证属于语义学的反怀疑论论证。请利用信念外部论来论证:至少说话者的大部分信念应当是真的。

~~~~~~~~

这里的要点是,唯有真的信念和真的句子,才能起赋予信念以内容和赋予句子以意义的作用,因此,真被语义和信念所预设,而不仅仅是通过认知程序所发现。就这种被预设的地位而言,真不是一个纯认识论概念。另一方面,信念及句子的真也是被解释者所发现的。在彻底解释中,解释工作的起点是试探性地进行信念指派和语义指派,并在此基础上形成关于新的说话行为的假说。在这个过程中,某些指派被推翻,解释者发现说话人的某些信念和句子与原来的预期相反,是或不是真的。在这种意义上,真又是被解释者所发现的。一个信念或一个句子是真的还是假的,这对于形成进一步的信念具有不同后果,从而影响了整个认知过程。在这种意义上,真又不是非认识性的。通过承认真不是纯认识性的,戴维森拒绝了怀疑论;通过承认真不是非认识性的,他拒绝了超验的真理观。他所突出的是真这个概念的规范性,即真具有一个非认识论的来源(真并不来自于经验内部),同时又具有认识论上的后果。

语义外部论还有一个理论后果。通过语义外部论,可以把关于世界的形而上学纳入到语义学的框架中考虑。戴维森有一篇文章"形而上学中的真理方法"[①]来处理这个问题。形而上学就是关于对象本身是什么的研究,如果对象本身决定了语义,那么关于对象本身是什么的结论就必须与语义学的考虑相一致,也就是说,可以在语义学的框架内研究形而上学。事实上,戴维森关于事件的形而上学,就是从语义学的角度建立的。后面就会讨论这种形而上学。

10.2.3　三角测量法

语义外部论使戴维森能够以一种强有力的方式揭示语言、他人

---

① 《真理、意义、行动与事件——戴维森哲学文选》,牟博编译,商务印书馆,1993年。

和世界之间的关系。这种关系他后期引入的"三角测量法"(triangu-lation)框架得到揭示。这一框架是解释者、说话者和对象在彻底解释中建立的三角互动关系。

三角测量法是一种大地测量技术,人们用这种技术来测量不可到达的遥远物体的距离。其图示如下:

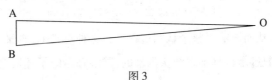

图 3

为了测量遥远物体 O 离 A 点的距离,可以进行如下计算:任取一个离 A 点较近的点 B,由于 O 点离 A、B 两点都很远,可以认为距离 OA 与 OB 近似相等;可以直接确定的是距离 AB 以及角度 ∠OAB 和 ∠OBA,于是可以求得 ∠AOB;依据三角形的正弦定律(各边长与其对角的正弦值成正比)可以求得距离 OA 或 OB。

三角测量法对于理解彻底解释模式中说话者与解释者之间的关系,是一种非常形象贴切的模型。在彻底解释中,解释者和说话者的地位就相当于 A 和 B 两点的位置,解释者和说话者共同面对的周边环境——重要的是,其中包含他们对其产生信念的对象——就相当于 O 的位置,既然仅当确定了信念对象,才能确定信念内容,解释者就必须首先确定 O 的位置才能确定信念内容。解释者不能直接知道说话者的信念内容,这就相当于点 O 的距离不能直接测得,解释者的任务就是确定这个距离。

以关于意义和信念的外部论为前提,三角测量法精炼地刻画了彻底解释中某些极有扩展力的方面。一方面,既然说话者信念的确定需要对象才能进行,对解释者来说,他就不是直接面对说话者进行解释工作。解释必须同时面对说话者和对象。

另一方面,戴维森认为三角模式对于说话者持有信念来说也是必要的。依据信念外部论,信念的内容就是引起信念的刺激远因,即对象本身,这样就有了说话者和对象这两个点——第三个点,即解释者是否必要呢?戴维森认为是必要的。前面我们已经见过这个论证。信念要能够有客观的内容,就必须有对错之分,而这意味着必须把对象独立地确定下来——仅当两个信念是关于同一个对象的信念,才能够说它们是互相矛盾的信念,因此,仅当对象独立于信念确定下来,信念才有真假之别。但是,说话者所拥有的仅仅是信念,而不直接是确定的对象。要确定对象,就要依赖于第三方,即另一个说话者(在彻底解释中就是解释者)。同一个对象引起了两个人的信念,产生信念的因果链条从同一个对象延伸出来,到达两个不同的人那里。分别与两个人的信念相连的因果链条相互交叉的那一点,就是对象。这就像是三角测量法中,分别从 A、B 两点发出的射线交于 O 点,对象由此得到确定。这个论证具有一般性的后果。前面我们利用这个论证证明了语言相对于心灵(信念)的优先性。这个论证还可以证明语言的公共性——如果语言具有意义以句子能够具有真值为前提,那么仅当有第三者,才能满足这个条件。

练习:请自行补齐这里提到的关于语言的公共性的论证。

这样,对象、说话者和解释者,这三者就构成了一个稳定的三角形。一方面,解释者以一种独立于说话者的方式形成关于对象的信念;另一方面,解释者必须以说话者面对对象产生信念的方式理解说话者的信念。这两方面结合起来,彻底解释才有意义,或者说才有真假可言。后一个方面预设了,无论说话者对于对象具有何种反应模式,都要假定这种模式在原则上可以为其他说话者(其中包括解释者)所共享。因此,仅当说话者共享关于对象的反应模式,彻底解释才有可能,或者进而说,语言才有可能。这一点不难理解,仅当语言的学习者与教语言的人按照同一种方式产生信念,学习者才能够按照同样方式使用语言表达信念。

10.2.4　对象

此外,三角模式还蕴涵这样一个结论:仅当在交流中,即在社会中,才能够形成关于对象的概念。这里要注意,这样说并不是对象的存在依赖于社会,而是说,有意义地谈论对象,从而,确定地思考对象,这只有在社会中才有可能。前面关于对象在因果链条交叉点上的说明就已经给出了一个论证,这里我们可以说明一些细节。

确定一个对象,并不是直接指认这个对象,而是形成关于这个对象的信念。比如要确定那块石头,并不是直接指着那块石头,当我这样指时,所指的仅仅是那个东西,至于是什么东西,这一点并不包含在指这个动作中。为了指出所要指的东西,我必须使对方明白,我所指的是一块石头,而这是一个信念——那是块石头。但仅仅说那是块石头,还不足以确定所要指的是什么具体的对象;这只是在说,有个东西引起了关于石头的信念,而关于这个东西是什么,我们不能说它就是石头而已——这只是一种同语反复。对此唯一能够采取的对策是，当我们说那个对象就是石头时，就预设了另外一个同时出现的信念，这个信念能够以另外一种方式引起不同的信念，例如那东西在桌上。这个信念能够回答"什么东西引起了关于石头的信念"这个问题，答案是，那个放在桌上的东西。这就避免了同语反复。事实上，这也就使我们可以表达错误。如果这个东西被误以为是石头，那么在仅有"这是一块石头"这一信念的情况下，这个错误就无法表达。有了另外那个信念，就可以说"放在桌上的那个东西不是石头"。

这似乎并没有证明非得有另外一个人。其实不然。如果承认信念在同一个人那里发生要按照时间顺序，那么单单通过信念内容，我的确无法确认。原因如下所述。在一个人单独判断的情况下，确定自己依次产生的两个信念 A 和 B 是否是关于同一个对象的信念，他只能这样进行这个程序：在产生了 A 和 B 这个信念之后的另外一个时刻，产生一个关于 A 的对象与 B 的对象同一的信念。但是，形成这个新的信念的前提是，这个信念所提到的对象就是 A 和 B 的对象，这就相当于预设了问题已经得到解决。因为我们的问题就是，两个先后发生的信念是否是关于同一对象的信念。因此，一个人不能独自确定两个信念是否是关于同一对象的信念，进而，也不能独自确定一个对象。

关于对象这个概念，戴维森还有一个很有意思的结论。类似结论我们也在蒯因那里见过，这就是指称的不可测知性。对于蒯因来说，指称之所以不可测知，是由于在他看来，能为彻底翻译提供的仅仅是一种经验约束，而面对经验检验的只能是整个翻译手册，在接受了意义整体论的情况下，个别词项的翻译总是可以通过对其他词项进行调整，得到合乎经验检验的观察预测。戴维森也像蒯因那样持整体论观点。但与蒯因不同,彻底解释所得到的意义理论不仅服从经验约束,而且服从来自 T 约定的形式约束。这种形式约束能够消除指称的不可测知性吗? ——不能。就像我们在前面看到的那样,彻底解释所面临的问题是不定方程的问题,无论是关于句法的形式约束,还是关于信念解释的经验约束,其所约束的在本质上都是同类变量之间的关系,除非加入一些边界条件,我们无法得到确定解。不管怎样,在解释实践中加入的边界条件都是作为经验假设起作用,只有在特定的意义理论之内,这些假设才起作用。因此,戴维森与蒯因一样,也得到了指称不可测知的结论。

不过,指称的不可测知性似乎与三角模式相违背。在三角模式中,对象作为其中的一个点起作用,这个点是不可缺少的。如果允许指称不可测知,那么指称对于意义理论来说就应该是不必要的,才不会危及意义理论;但三角模式却表明指称是必要的。看来这是个矛盾。对这个问题戴维森是这样解决的:仅在一种意义理论内部,指称才是必要的;不存在先于或者独立于意义理论的指称概念。[①] 对这个回答需要一点解释。

关于对象语言(假定为英语)的意义理论可以在元语言(汉语)内得到表达,例如:

12)“bird”这个词指鸟。

这是一个关于意义指派的表述。假定做出这个表述的是解释者,他要解释的是说话者所说的英语。依据三角测量法,这个意义指派得

---

① 参见戴维森:“无指称的实在”,载于《真理、意义、行动与事件——戴维森哲学文选》,牟博编译,商务印书馆,1993 年。

到检验，其必要条件是解释者和说话者所面对的是同一个对象，这个对象同时为"bird"和"鸟"所指称。现在，这两者的共指称关系就包含在相应的彻底解释的经验限制中。指称此时是必要的。但是否存在一种指称概念，它独立于任何一种意义理论呢？如果是这样，那就必须设想一种关于该指称的信念，这种信念独立于语言，进而独立于任何一种意义理论。但前面通过三角测量法得到的论证却表明这是不可能的，这样的信念没有真假可言。

～～～～

练习：这里省略了一个论证环节。仅当不存在一种不受任何意义理论约束的语言，这个论证才是完整的。请补全这个论证。

～～～～

由此可见，所谓指称是必不可少的，并不是说，在建立一种意义理论之前就要把指称确定下来，使得意义理论满足这个指称概念的要求。这应当是说，要检验一种意义理论，就必须借助于指称概念。所谓指称不可测知，实际上是说，只有在一种意义理论内部，才有指称可言。这就揭示了意义理论的一个非常独到的特征：要检验一种意义理论，要么在另一个意义理论的框架内进行，要么在自己的框架内进行。

从关于指称的结论可以过渡到对象这个概念。戴维森指称理论的一个合理的推论是，对象是意义理论的一个可以消去的假设，保留对象仅仅是由于，如果没有对象，也就没有指称可言。事实上，很多研究者据此认为，戴维森是一个关于对象的反实在论者（anti-real-ist），即认为对象的存在依赖于语言。不过，如果这么理解，那就必须解释语义外部论是怎么回事。语义外部论意味着语言的内容依赖于其对象,如果承认对象反过来依赖于语言,那么,这是否会进入循环呢? 这个问题留给读者。

10.2.5 事实

在"真理与意义"这篇文章中①,戴维森提出了一个很有名的论证,这个论证被人称为"弹弓论证"(slingshot argument)。戴维森把这个论证归功于弗雷格。丘奇(Church)和哥德尔分别给出了这个论证略有不同的形式。弹弓论证直接的结论是,如果认为句子有指称,那么所有真句子的指称都相同。当初戴维森提出这个论证是想表明,以指称理论的形式建立意义理论虽然对于词项来说是可取的,但对于句子来说不可取。这个论证的作用不仅仅在于此。这里我们关心的是弹弓论证的另外一个后果,即,如果认为句子指称的就是事实,那么要么接受仅有一个事实这一结论,要么否认会有一种关于事实的形而上学。

在叙述这个论证之前,先介绍一下背景。

分析哲学家通常认为,引入实体,或者说引入一种本体论,可以采取的方式有两种,一种是通过单称词项(singular term)的指称形式,另外一种则是通过量化。单称词项就是那些指称单个对象的词项。专名和摹状词都是单称词项。下列句子就具有引入本体论的作用:

13)红色不同于绿色。

---

① 参见戴维森:"无指称的实在",载于《真理、意义、行动与事件——戴维森哲学文选》,牟博编译,商务印书馆,1993 年。

14) 有些红色比较亮一些。

15) 大部分红色都很温暖。

这三个句子中,13) 是通过单称词项引入了红色这种实体。这个句子所说的不是红色的东西不同于绿色的东西,而是说红色就其作为颜色来说不同于绿色,因此其实际意思应当是"红色这种颜色不同于绿色这种颜色"。红色常常作为谓词,此时没有指称功能,但在 13) 中"红色"却起指称作用,并且是充当单称词项。后两个句子都对红色进行了量化。其中的量词都可以转化成存在量词,因而起了表述本体论的作用。

弗雷格曾经认为,句子指称的是其真值。后来有哲学家对此感到疑虑。如果句子指称真值,那么所有真句子的指称就是相同的,但这些句子的意义却不同。因此就有人认为,句子应当指称事实。如果这样想,那么就可以采取这样的方式来分析句子,例如把 16) 分析成 17) 的形式:

16) 所有人都读了戴维森的文章。

17) 事实是,所有人都读了戴维森的文章。

在 17) 中,句子与事实的关系就显得很清楚了。由于其中包含了"事实(the fact)"这个单称词项,它同时也表达了关于事实的本体论,这就是说,承认事实是存在的。

有趣的是,弹弓论证却表明不能承诺一种关于事实的本体论。这个论证有好几种形式,下面的叙述来自戴维森的文章"真理与意义"。①

① 韩林合提供了另外一种形式,可参见韩林合:《分析的形而上学》,商务印书馆,2003 年,第 186—188 页。

该论证依赖于下述两个前提：

（A）逻辑等价的单称词项具有相同指称。

（B）如果用一个指称相同的单称词项来替换包含于另外一个单称词项中的相应部分，那么后面那个单称词项的指称不变。逻辑等价是就句子而言的，句子 p 与句子 q 逻辑等价，意思就是说，"p 真，当且仅当 q 真"在逻辑上为真。由于认为句子指称事实，句子就被认为是单称词项。如果不认为句子是单称词项，那么（A）可以这样表述：

（A′）如果两个句子逻辑等价，那么它们对应于同一个事实。对（B）也可以做类似调整。（A′）中的表述"同一个"包含了量化。因此，这样做对论证的影响仅仅在于，原来是通过指称来承诺关于事实的本体论，现在则要通过量化。这对论证的主旨没有影响。

论证的主体部分并不复杂。看下列四个句子：

18) R

19) $\{x : x = x \ \& \ R\} = \{x : x = x\}$

20) $\{x : x = x \ \& \ S\} = \{x : x = x\}$

21) S

其中 R 和 S 都是真句子。$\{x : x = x\}$ 是一个集合，确切地说是包含所有与自身等同的东西的集合，即全集。$\{x : x = x \ \& \ R\}$ 则是这样一个集合，其中包含的所有元素与自身等同，并且满足条件 R（"&"是合取符号）。如果 R 为真，那么 $\{x : x = x \ \& \ R\}$ 仍然是全集，并且"$\{x : x = x \ \& \ R\} = \{x : x = x\}$"为真；如果 R 为假，那么 $\{x : x = x \ \& \ R\}$ 是空集，且"$\{x : x = x \ \& \ R\} = \{x : x = x\}$"为假。由此可见，这四个句子中 18) 与 19) 逻辑等价，20) 与 21) 逻辑等价，依据前提（A），它们分别指称同一事实。考虑到 R 和 S 都是真句子,$\{x: x=x\ \&\ R\}$ 和 $\{x: x=x\ \&\ S\}$ 都是全集,因而指称相同。再依据(B),19)与20)指称相同。综合起来就得到上列四个句子指称全部相同。由于 R 和 S 是任意真句子,结论就是,所有真句子都指称同一个事实。

这个论证有一个很明显的特征,它利用了一种逻辑构造技巧把两个看起来没有联系的命题联系起来,以证明其指称相同。其形式像弹弓,"弹弓论证"因而得名。

关于弹弓论证是否成立,有各种各样的意见。目前似乎普遍认为这个论证不成立。其中的一个理由是关于前提(A)的。在戴维森原来的表述中,"逻辑等价"这一表述被用于单称词项,但这个术语的标准用法是用于句子。在用于句子时,逻辑等价的意思是,对于两个句子,无论对非逻辑词项做何种解释,其真值都相同;换言之,两个句子真值相同,在逻辑上可证(逻辑上是否可证,这只取决于其中包含的逻辑词项)。例如"牛=牛"与"马=马"这两个句子就是如此,无论对"牛"和"马"作何种解释,这两个句子的真值都相同。在用于句子时,关于逻辑等价的前提可以表述成(A′)的形式。但(A′)似乎缺乏说服力,尽管"牛=牛"与"马=马"逻辑等价,但很难说对应于同一事实——一个是关于牛的事实,另一个则关于马,风马牛不相及。戴维森的论证打算把逻辑等价扩展到单称词项上(尽管这是不必要的,但仍然需认真对待),但单称词项的逻辑等价,这该如何定义呢? 似乎只能定义成:无论对两个单称词项中包含的非逻辑词项做何种解释,它们的指称都相同。但由于论证所要做的恰恰就是要在不设定指称相同的情况下得到关于指称相同的结论,这个定义很明显是预设问题(question-begging)①。

另外一种反对意见针对前提(B)。共指称替换的原则对与弗雷格来说是一个非常基本的原则,但这个原则的使用有个限制,即被替换的部分应当是起指称作用的部分。也就是说,在命题函项中,被替换的部分应当是函项的主目词项。② 在论证19)与20)指称相同时,19)中的"R"为"S"所替换,由此得到20)。在这里被替换的却是摹状词的一部分,即"那些满足 $x=x$ 以及条件 R 的 x 所构成的集合",也就是说,被替换的部分实际上可以分析成谓词或者限定从句。

尽管如此,把句子处理成指称词项,这种方式如今已经无人采用了。如果弹弓论证成立,其后果将是非常重大的。首先,事实这个概念在形而上学中不再是一个合法的概念,我们将有一个没有事实的世界,或者整个世界都仅仅是一个事实。这样,我们将不会有关于真的符合论——命题与什么相符合呢? 如果与事实符合,那么所有真句子其为真的理由都是相同的(世界就是这样的),而这将是一个非常贫乏的理论。不过,戴维森的形而上学中确实没有事实的地位。他没有一种关于真的符合论,实际上他没有关于真的任何理论——他认为真是不可定义的。在戴维森的世界里也没有事实,前面我们已经看到他也不会直截了当地接受对象,那么在这个世界里确实有

---

① 预设问题在哲学论证中是一种非常常见的谬误。如果论证的前提中包含了或者预先假定了要论证的结论,那么这个论证就预设了问题。由于哲学论证要得出的往往是一些非常一般的结论,在论证时就要屏蔽掉很多我们习以为常的前提,因此,论证过程中要对是否犯了预设问题的错误非常小心才行。

② 在弗雷格那里,替换原则不仅是用于主目,而且适用于谓词。谓词的指称,即概念,就是从对象到真值的函项。但是,后来的哲学家,特别是像蒯因这样的哲学家,认为谓词是内涵性的,因而不适于替换原则。这样一来,替换原则也就收紧了。

的是什么呢？事件。

10.2.6　事件

　　戴维森关于事件(event)的形而上学来自于一种语义学分析,这个分析至少表明,应当有一种包含事件在内的本体论。从某种程度上讲,这个结论所说的少得可怜。但只要想想,形而上学是哲学中争论最多的领域,而事件作为一种形而上学范畴,是自戴维森之后分析哲学家所普遍接受的,就会意识到这绝不是泛泛之论。在介绍戴维森关于事件的论证之前,需要先了解一下事件是一个什么样的范畴。下面的讨论基本上可以帮助我们从直觉上区分出事件这个范畴,但不排除会有些哲学家否认其中的某些区别。①

　　事件不是对象。通常我们会说一个对象存在,说一个事件发生。"存在"是就其状态而言的,而发生则是个过程。对象的存在会有一个持续的时间,但谈及一个对象时我们并不关心其经历的时间。我们一般不会说一个对象会由于持续时间长一些或短一些,而变成另外一个对象。用分析哲学的术语说,时间不是对象的个体化条件。而时间却是事件的个体化条件。如果林彪死得晚一些,那么我们会说"林彪之死"指称另外一个事件,即使他仍然是坠机而死。此外,空间是对象的个体化条件,但并非事件的个体化条件。

---

　　① 万德勒(Zeno Vendler)的 *Linguistics in Philosophy* 是一本借助日常语言分析专门澄清对象、事实、事件以及因果关系这些形而上学范畴的著作,它把精到的概念分析结合到细致的语感之中,是一本不可多得的好书。已有中译本(《哲学中的语言学》,陈嘉映译,华夏出版社,2002 年)。

事件不是事实。事实仅仅存在,但既不存在于时间中,也不存在于空间中。苏格拉底死了,这个事实对于古罗马时期和对于现在而言,对于雅典和对于中国,都是一样的。但苏格拉底之死,却仅仅发生在那个特定的时间和地点。一般说来,对所有事件,都有一个事实相伴,例如苏格拉底之死这个事件和苏格拉底死了这个事实。但反过来却不一定,例如 2+2＝4 这个事实就没有与之对应的事件。事实是一个比事件更抽象的范畴,同一个事件可以有多种描述方法,而事实却往往由于描述方法的改变而改变。比如苏格拉底死了这个事实,与柏拉图的老师死了,就可能不是一个事实(苏格拉底可能不是柏拉图的老师)。

事件与性质很容易区分。有人把性质理解成殊相,有人则理解成共相。作为共相,性质可以重复,而事件却不可重复。事件是殊相。作为殊相,性质在形而上学上类似于对象,而不类似于事件。这种差异通常是,事件的个体化条件中包含时间,但性质的个体化条件中并不包含。

下面看按戴维森的思路,如何依据一种语义学分析获得关于事件的本体论。简单说来,这种分析就是寻求一种对于句子真值条件合理的表述形式,使其满足这样的条件:其一,能表现句子意义的组合性;其二,能体现不同句子间的逻辑联系。

为了便于书写,我采用英语句子为例:①

22) Shem poked Shaun.

---

① 例子来自于 *Donald Davidson* (Kirk Ludwig ed. , Cambridge University Press, 2003),第五章。

23) Shem poked Shaun forcefully.

24) Shem poked Shaun gently.

25) Shem poked Shaun with a red stick.

26) Shem poked Shaun with a blue stick.

27) Shem poked Shaun forcefully with a red stick.

28) Shem poked Shaun gently with a blue stick.

29) Shem poked Shaun gently with a red stick.

30) Shem poked Shaun forcefully with a blue stick.

先看看 22)该如何分析。要体现该句子意义的组合性,有一种自然而然的方法可以采用。我们已经在弗雷格那里看到函项形式,22)陈述的似乎是一种关系,即 Shem 戳了 Shaun 这种关系,于是该句子就可以分析成:

22′) $Poked_2$(Shem, Shaun)

我们用加下标的"$Poked_2$"来表示这是一个二元谓词。这种分析可以解释成,有序对⟨Shem, Shaun⟩满足二元谓词"$Poked_2$",当且仅当,Shem 戳了 Shaun。这种分析很快就遇到问题。正如 23)—30)所展示的那样,这样的句子是可以无限扩展的,加上去的成分都是副词性的修饰成分。为了分析这些句子,自然而然的办法是把副词成分与谓词结合在一起,构成新的谓词,例如:

23′) $Poked\text{-}Forcefully_2$(Shem, Shaun)

24′) $Poked\text{-}Gently_2$(Shem, Shaun)

25′) $Poked\text{-}⟨With\ a\ red\ stick⟩_2$(Shem, Shaun)

26′) $Poked\text{-}⟨With\ a\ blue\ stick⟩_2$(Shem, Shaun)

27′) $Poked\text{-}Forcefully\text{-}⟨With\ a\ red\ stick⟩_2$(Shem, Shaun)

28′）Poked-Gently-⟨With a blue stick⟩₂（Shem，Shaun）

29′）Poked-Gently-⟨With a red stick⟩₂（Shem，Shaun）

30′）Poked-Forcefully-⟨With a blue stick⟩₂（Shem，Shaun）

注意 22）—28）这些句子之间的关系。23）—28）均蕴涵 22），也就是说，如果 Shem 用力戳了 Shaun，那么 Shem 戳了 Shaun，如此等等。与此同时，27）蕴涵 23）和 25），28）蕴涵 24）和 26），但其他各句互不蕴涵。如果 22′）—28′）的分析方式是恰当的，就应当能够表达这些逻辑联系。

可用的方法无非是用谓词之间的关系来体现上述逻辑联系。这些谓词都是组合谓词。是否能用这些谓词间的组合关系来达到目的呢？似乎可以规定谓词"Poked-Forcefully₂"和"Poked-Gently₂"蕴涵"Poked₂"诸如此类，以此来解释相应句子间的蕴涵关系。但现在需要的正是要用合适的形式来解释，为什么这些谓词间会有这种蕴涵关系，因此这种方法不可取。

可以对这些谓词采取外延的方法分析，这样，"Poked-Forcefully₂"和"Poked-Gently₂"蕴涵"Poked₂"，就被解释成，满足前两个谓词的有序对构成的集合是满足"Poked₂"的有序对构成的集合的子集，其中添加的副词成分起了限定相应谓词的外延集合的作用。但问题来了。如果仅仅是添加限定的成分，那么添加的顺序就是无关的。依据集合运算的结合律，对于集合 A、B 和 C，我们有 $A \cap B \cap C = (A \cap B) \cap (A \cap C)$，运用于 30）就得到句子：

31）Shem poked Shaun forcefully, and Shem poked Shaun with a blue stick.

但事实上这个句子并不与 30）等价。如果 Shem 戳了两次 Shaun，一

次用蓝色棍子轻轻戳,一次用红色棍子用力戳,这就是说 27) 和 28)
是真的。显然,此时 29) 和 30) 是假的,但 31) 却是真的。

如果仅用谓词间的逻辑关系来表明句子的逻辑关系,那就没有
什么东西能把不同谓词有选择地联系起来,而我们需要这种联系。
要建立这种联系,可以借助于新的主目,利用主谓关系来对谓词进行
选择。戴维森推荐的方式是引入一个专门表示事件的新变元,从而
把 22) 分析成下述形式:

22″) $\exists e \, (Poked_3(Shem, Shaun, e))$

新引入的变元"e"的取值范围就是事件。为了容纳这个变元,这里引
入了一个三元谓词"$Poked_3$"。三元有序对 $\langle Shem, Shaun, e \rangle$ 满足该
谓词,当且仅当,事件 e 就是 Shem 戳 Shaun。相应地,23) 和 27) 可以
分别分析成:

23″) $\exists e \, (Poked_3(Shem, Shaun, e) \wedge Forceful_1(e))$

27″) $\exists e \, (Poked_3(Shem, Shaun, e) \wedge Forceful_1(e) \wedge With_2(a\ red\ stick, e))$

这里把副词成分处理成以事件变项为主目的谓词。仅依据形式就可
以看出 23″) 蕴涵 22″),27″) 蕴涵 23″)。其他的蕴涵关系也按同样方
式成立。这显然是一种更加简洁的形式。

现在我们来看看戴维森的方案如何解决前面遇到的问题。把这
种方法运用于 30) 得到:

30″) $\exists e \, (Poked_3(Shem, Shaun, e) \wedge Forceful_1(e) \wedge With_2(a\ blue\ stick, e))$

这表明函项模式"$Forceful_1(x)$"和"$With_2(a\ blue\ stick, x)$"适用的是
同一个事件。显然,如果 27″) 是真的,那么 30″) 就是假的。现在我们

能够解释为何此时 31）是真的。31）可以分析为：

$$31'') \quad \exists e \, (\, Poked_3 \, (\, Shem, \, Shaun, \, e \,) \land Forceful_1 \, (\, e \,) \,) \land \exists f$$
$$(\, Poked_3 \, (\, Shem, \, Shaun, \, f \,) \land With_2 \, (\, a \, blue \, stick, \, f \,) \,)$$

这个分析并不要求两个事件 e 和 f 是同一个事件。如果这是同一个事件，那么在 27″）为真时 31″）是假的；如果这是两个不同的事件，那么即使 27″）为真，31″）也能是真的。戴维森的分析能够确定哪些副词成分是结合在一起的，这种结合关系不同于谓词的合取关系，因而也不同于句子的合取关系，如此一来，前面提到的集合运算的结合律也就不适用了。引入了新的变元，就在技术上解释了为何集合运算是不适用的。

解决技术问题不是戴维森的最终目的。他借此引入了事件这个形而上学范畴。引入一个形而上学范畴通常既是一件容易的事，又是一件困难的事。说其容易，是因为很多哲学家在做这事儿时实际上是在自说自话。引入一个形而上学范畴，建立一种形而上学观点，在哲学上是非常基本的，许多东西都依赖于它，因而在某种程度上有点像建立一种词汇表或者语法，在这样做时通常无所参照（如果以前从没有人做过）。正是因此，要很有说服力地做这件事就不容易了。是否真的需要建立一个形而上学范畴，其理由不能从形而上学的角度上获得（这常常预设了问题），而通常是技术性的。我们从戴维森这里看到了，如何通过分析语言表达来建立形而上学。这是这方面的一个范例。

事件概念的引入在戴维森那里是非常关键的一步，它关系到关于行动（action）、因果关系、解释（explanation）以及心灵哲学的一些基本观点。下面我们看看这些观点是如何一环扣一环地联系在一起的。为了简明起见,这里省掉关于行动的讨论。

10.2.7　因果关系

前面我们已经看到,事件通常被理解成殊相,也就是说,a)我们可以对事件进行量化,b)关于事件的指称对于描述是不敏感的,即我们可以对同一个事件有不同的描述。就前一特征来说,事件不同于性质,就后一特征来说,事件与事实相区别。

既然可以对事件进行量化,那就应当存在一种个体化条件,借以区别不同事件。关于事件的个体化问题,蒯因有一种看法,即事件是通过其所占据的时间和空间得到个体化的。这种看法与通常的看法不同。通常,事件与物理对象不同,物理对象具有严格的空间界限,因而可以合理地认为,物理对象的个体化条件中包括空间。事件并不与严格的空间界限相联系,比如要严格划分出第二次世界大战这样一个事件的空间界限,这似乎是不可能的和不必要的。因此一般不认为空间是事件的个体化条件。蒯因是个物理主义者,他认为所有事件归根结底都是物理事件,是发生在物理对象身上的事件,因此说空间是事件的个体化条件,似乎是可以理解的。

不过蒯因遇到了一个问题:假定有一个金属球在旋转的同时发热,那么由于占据了同样的时间和空间,金属球旋转与金属球发热,就是同一个事件,但这两者似乎应当是可以区分开的事件。这可以看作是蒯因理论的一个反例。不过,在进一步分析这个反例之后似乎也可以为蒯因辩护。金属球旋转与金属球发热在这样一种意义上是不可区分的,它们都是构成金属球的原子的微观行为在宏观上的表现,因而归根结底是同一个事件。就这个事件是殊相,而殊相与时间和空间之间总是有联系而言,这也是可以理解的。因此我们可以这样化解这个问题,金属球的旋转和发热,这两者的区分实际上是看待同一个殊相的不同方式造成的。我们从不同的角度去描述它,可以区分的仅仅是描述的角度,而描述的事件仍是一个。这种辩护在后面会得到一定的呼应。不过,在戴维森发展自己的观点时,却倾向于认为这是两个不同的事件,因而他需要不同的个体化条件。

可以发现,这两个事件在因果关系上会有不同表现。金属球旋转,那么它会把粘在球表面的液体甩出去;而金属球发热,会使周围的空气变热。但金属球发热,不会引起粘在球表面的液体飞出的结果;而金属球旋转,也不会像金属球发热那样使周围的空气变热。对戴维森来说,这就说明了金属球旋转和发热不是同一个事件。我们可以用因果关系来对事件进行个体化,由此得到的结果是合乎直观的。因此戴维森认为事件个体化的条件是因果关系,而不是时间和空间。

戴维森的这个想法能否得到决定性的支持呢?如果上述区别确实是金属球旋转与发热是不同事件的证据,那么他需要的一个前提就是,同一个事件不可能产生不同的因果作用。如果把因果关系看成是连接不同事件的环节,由此构成事件序列,那么这个前提就要表述成,对事件序列来说不存在分岔的情况。这个结论看起来是不令人信服的。一个台球手用球杆击打白色母球,结果是黑色球和红色球分别落入底袋和中袋。直观上看,黑色球落入底袋,和红色球落入中袋,这是两个不同的事件,而球杆击打白色球是一个事件,它引起了两个不同的事件,因而这是一个事件序列分岔的例子。

　　严格说来，戴维森并没有为事件提供真正的个体化条件。是否产生不同的因果关系，对这一点也没有可以在知识论角度确定的准则。休谟曾经指出，我们能观察到的仅仅是事件在时间上的前后接续，而不是一个对象对另一个对象的作用。因此，我们只能依靠作为原因和结果的事件来确定因果关系。这样一来，除非已经预设被个体化了的事件，戴维森的个体化标准是不可运用的。戴维森本人也承认，拿因果关系来充当事件的个体化条件会构成循环。但他并不拒绝这个循环。如果事件这个范畴是个初始范畴，那么，不能给出非循环的个体化条件，就不是一个真正的缺陷。在同样的意义上我们也不能给出关于物理对象的个体化条件，因为所需要的时间和空间关系也只有在预设了物理对象的前提下才是可以区分的。另一方面，正如彻底解释仅仅探寻理解的必要条件而非充分条件，如果要揭示的仅仅是概念之间在理解上的必要联系，那么这种循环并不构成威胁。下面我们就按照这个思路看看如何处理进一步的问题。

　　前面解释了事件与事实之间的区别。一般说来，一个东西如果存在于时空中，那么它就是殊相，殊相都会有明确的时空边界。物理对象就是典型的殊相。事实则不是殊相，而是一种抽象的东西，不与特定时空相联系；但事实与描述相联系，它使句子为真。事件作为殊相比较特殊，它没有明确的空间界限，但有时也可以与空间相联系。由于殊相一般被理解为不依赖于描述，或者说对描述不敏感，如果事件被看成殊相，就应当也不依赖于描述。不妨先看看下面两个句子：

　　32）布鲁透斯刺杀恺撒，这个事件导致了恺撒的死。

　　33）最高贵的罗马人刺杀最伟大的罗马皇帝，这个事件导致了恺撒的死。

如果事件是存在于时空中的殊相,那么32)与33)中提到的就是同一个事件,因为作为存在于时空中的个体,布鲁透斯就是最高贵的罗马人,而最伟大的罗马皇帝就是恺撒。这样理解,两个句子所描述的因果关系就是建立在同一对事件间的因果关系,因此它们是同真同假的。

但是,因果关系具有一种有趣的特征,有时候我们利用因果关系来解释一些事实,这就是说,用一个事实来解释另一个事实。这就是因果解释。这里要注意,解释项和被解释项都不是殊相。由于解释关系是一种"普遍"的关系,它成立与否不依赖于特定的时空,因此构成解释关系的双方,解释项和被解释项,就不能是殊相。这样一来,建立解释关系的双方就不能是事件,比较自然的选择是与事件相对应的事实。考虑到这一点,下列两个句子就不一定同真同假:

    34)布鲁透斯刺杀恺撒,这个事实解释了恺撒的死。

    35)最高贵的罗马人刺杀最伟大的罗马皇帝,这个事实解释了恺撒的死。

句子后半部分出现的"恺撒的死"这里说的是事实。如果布鲁透斯不是最高贵的罗马人,那么即使34)是真的,35)也可能是假的。这就是说,即使两个句子的前半部分对应于同一个事件,它们说的也是不同的事实。区分它们的是摹状词,也就是说,是说话的方式。

思考:区分一下因果关系(causal relation)和因果解释(causal explanation),这两者在形而上学上有什么不同?

如果事件与事实就这样区分开,还不至于导致混淆。但这两者间似乎存在某种联系，即事实与事件间有种对应关系，这就使问题变得复杂了。金在权注意到①，如果事件是一个不依赖于描述的殊相，那么下列两个句子就应当是同真同假的：

36）螺母脱落，这个事件导致了桥的坍塌。

37）螺母猛然脱落，这个事件导致了桥的坍塌。

其中 37）中的副词成分仅仅是对事件的进一步描述，这并不使其描述的变成另一个事件。但实际情况却是，我们倾向于使用 37），而不是 36），来描述这两个事件间的因果关系。② 单单是螺母脱落，还不足以使桥坍塌，这个事件必须以某种方式发生（以一种快速的方式），才会导致相应的后果。

对这个质疑，戴维森可以这样回答，之所以使用 37）而不是 36），是因为下述两种因果解释中后一个对而前一个错：

38）螺母脱落，这个事实解释了桥的坍塌。

39）螺母猛然脱落，这个事实解释了桥的坍塌。

这个回答合乎前面关于因果关系与因果解释的区分，因而显得很自然。但如果戴维森真的这样回答，就等于承认，因果关系是否成立，取决于采取什么样的因果解释。这会导致一系列的后果，其中就包括事件的个体化问题。承认因果关系受制于因果解释，就等于承认关于因果关系的陈述真值受制于描述。但是，这会导致矛盾，因为我

---

① Cf. J. Kim, *Supervenience and Mind : Selected Philosophical Essays.* New York : Cambridge University Press, 1993.

② 对这一点可以有两种不同的解释。其一，之所以使用 37）而不是 36），是因为前者为真而后者为假，此时两者的差别是语义上的；其二，交流中有一个原则，即要提供足够而且不多余的信息，37）合乎这个原则，而 36）不符合，这样两者的差异在于语用上的合适与否。这两种不同的解释会产生不同的后果。

们同时还接受,a)事件是殊相,以及 b)事件通过因果关系得到个体化。如果事件是通过因果关系个体化的,那么因果关系就应当是殊相,从而就不能受制于描述。

要解决这个问题,可以有三种选择。其一,放弃因果关系是事件间的关系这样一种看法;其二,坚持这种看法,但认为事件不是殊相,因而承认,关于事件间的因果关系的陈述,其真值受制于描述;其三,既坚持因果关系是事件间的关系,又坚持事件是殊相,但否认因果关系是事件的个体化标准。前两种对策都意味着要对关于事件的形而上学做出大范围的调整,只有最后一个选择是最自然的。这就是戴维森的选择。在 1985 年对蒯因的答复中,他还是回到了蒯因的时空标准。①

因果关系与因果解释之间的联系保留了下来。我们可以满足于这样一个观点:作为殊相,事件的个体化虽然不依赖于描述,但事件之间建立因果关系,却依赖于描述,即依赖于从何种角度来描述事件,依赖于按照这种描述方法所给出的事实间有没有所需要的因果解释。这个观点也许有些其他意想不到的后果,但无论如何这都是一个具有深刻后果的观点,这些后果中最引人注意的要数戴维森的无律则一元论。

～～～～～

练习:关于因果关系、因果解释以及事件之间关系,上面给出了一段有些复杂的论证。这段论证表明了戴维森面临的问题以及他给

---

① Cf. Davidson, "Reply to Quine on Events" (E. Lepore ed. , *Actions and Events: Perspectives on the Philosophy of Donald Davidson*, Oxford: Blackwell, 1985).

出的解决方案。请回顾这段论证,用分行的形式说明戴维森是如何
解决问题的。

〰〰〰〰〰

10.3　心灵

既然戴维森的本体论是一种关于事件的本体论,那么关于心灵
的基本问题就可以归结为心理事件的本质问题,以及心理事件与物
理事件之间的关系问题。在了解戴维森关于这些问题的回答之前,
先限定一下问题域。

10.3.1　关于心灵的理性假设

通常认为,心灵哲学的两大问题域分别围绕意向性和感受特质
(quale)展开。意向性是心理状态之于其对象的关联性,这种关联性
体现在心理状态所具有的内容上。哲学家希望能够理解,心灵为什
么会具有这种内容。而感受特质则被归于心理状态本身,就是由于
处于某种心理状态而获得的主观感受。戴维森在心灵哲学中的兴趣
集中于前一个问题域。信念是一种具有意向性的心理状态,而心灵
就是信念的主体,我们把信念归属给它。戴维森主要是通过讨论信
念来讨论心灵的基本特征。

可以通过与蒯因比较来理解戴维森的心灵哲学。两人在语言哲
学上立场接近,而语言哲学是心灵哲学的基础,这使对他们的比较能

够说明一些问题。蒯因是个物理主义者,他相信心灵是物理对象,或者说,就是皮肤包裹的有机体。这样,所谓信念最终就是人的生理状态,就是对物理刺激的生理反应,因而归根结底完全受自然律(natural law)的控制。对于这样的心灵,其所产生的信念是否合乎逻辑,就完全是另外一回事,我们说它首要地不是服从理性的制约。戴维森对心灵的看法有所不同,他认为心灵是有理性的。不过,这并不是说,戴维森就认为心灵不受自然律控制;相反,他接受蒯因处理本体论的方法,因而接受其物理主义的本体论。这样,他就必须在心灵哲学中处理理性与自然律之间的关系,而这就使其心灵哲学显得饶有趣味了。

思考:在这部分我们没有解释戴维森为何接受物理主义立场,请回过头去看关于蒯因物理主义立场的讨论,并与戴维森比较,看能不能自己来给出这种解释。

前面提到戴维森关于信念持外部论,但其具体内涵还没有充分展开,这里要进行一下延伸讨论。戴维森虽然赞同蒯因的物理主义本体论,但不赞同其关于信念内容的内部论观点。如果把信念看作是从对象的刺激出发,经由神经系统的传导,最终在大脑中产生的效果,那么只要重现了从感觉器官到大脑的因果链条,也就确定了信念内容,而对象本身是无关的。这一想法对于自然主义者来说非常自然。自然不会跳跃,在对象通过感官达到心灵的过程中,只有最后一个环节才是真正确定心理状态的东西。

然而,在外部论者看来情况就不一样了。对象本身是通过彻底解释，特别是通过三角测量法确定的，而这有赖于交流——彻底解释本身就是一个交流的过程。这样，彻底解释本身的一些特性，也就决定了信念内容是怎样的。彻底解释是一个理性的过程，它表明一个人（解释者）如何理解另外一个人（说话者），从而确定其信念。在此基础上，持有外部论也就意味着，信念内容的归属是一个理性的过程，它"内置"了相应的解释模式。如果说信念内容的归属方式就体现了信念概念，体现了人们应当如何理解信念，那么，持有一种信念，也就意味着以解释者的方式看待心灵。在这种看待心灵的方式之下，心灵是具有理性的。也正是在这种方式之下，心灵得以跳过从对象到大脑的因果链条，从而达到对象。

这种理性特征体现在，信念内容趋于融贯，因而可以用决策论的方法加以确定。信念内容具有融贯性，这是一种规范性的要求，这种要求与信念内容的产生遵守自然律不是一回事，可以说其间的差别就是理性与非理性的差别。理性与规范性联系在一起，只有理性的东西才会遵守规范。因此，对于信念的内部论与外部论解释，其区别也就在于分别通过规范性与因果性来解释心理状态。

在1.4节我们已经看到了因果性与规范性这两者的区别。这个区别是一种范畴上的区别。满足规范条件的东西被认为是真的或者合适的，而满足因果条件的东西则仅仅是发生或者存在。这种区别使得我们很难说，这两个范畴会有交叉之处。说一个东西既遵守因果律又遵守规范性，这在直觉上看似乎是矛盾的。一个行为如果是遵守规范而做出的，那么我们会认为做出这个行为的人也可以不这么做；否则，如果是某种必然性驱使他做这件事，那么我们就不会认为他遵守了规范。如果从规范性的角度理解，那么假信念也就必须遭到摒弃。但是,只有心灵有摒弃假信念的自由,真假之别才成其为一种规范性的特征。在这种意义上,规范性与因果性是有冲突的。这种冲突实际上就是自由意志与决定论(determinism)的冲突。

戴维森就面临着这个冲突。一方面,他从规范性的角度来理解信念,从而把心理状态也理解成遵守这种规范的东西;但另一方面,作为一个本体论上的物理主义者,他又有义务接受因果性的普适性。这两者如何协调起来呢? 这就是他的无律则一元论所要处理的问题。

在戴维森看来,信念的存在形式就是心理事件。这看起来是因为,他明确承认的是关于事件的本体论。因此,在戴维森那里有两个基本的形而上学范畴,即心理事件和物理事件。他的无律则一元论(anomalous monism),也就在这两个范畴之间展开。无律则一元论包含两个论断,其一,不存在关于心理事件的定律,其二,心理事件在本体论上就是物理事件。下面我们分别讨论这两个论断。

10.3.2 心灵的无律则性

在戴维森那里,心灵不是可以作为对象的实体,而是被当成一系列的心理事件,因此其形而上学性质受制于心理事件。关于心理事件的形而上学性质,这节要介绍的是戴维森的这样一个观点:

P1)不存在涉及心理事件的严格定律(strict law)。

这就是著名的心灵无律则性论题。这个观点究竟在说什么,其实争议很大,这里尽可能做出澄清。我们先看看什么是严格定律,然后看主张心灵无律则的理由是什么。

戴维森所说的严格定律以物理学定律为典型,并且以最先进的物理学为典型。关于这类定律的严格性,戴维森认同两个标准,其一是无例外性,即所有该定律可以解释或预测的现象都遵守该定律,而不会出现例外;其二则是普适性,即该定律属于这样一组定律,这组定律有效范围内的所有现象都可以为这组定律所解释或者预测。

这里有两个关键概念需要澄清。一个概念是定律的有效范围,另一个是定律的可解释范围。一般说来,物理定律都是用定量的方式把一些现象联系起来,使得我们能够从一种现象推出另外一种现象。依据这种推导关系,我们就用一种现象来解释或预测另外一种现象。因此,定律联系了哪些类别的现象,哪些现象也就属于该定律的可解释范围。比如欧姆定律涉及电流、电压和电阻,这样所有涉及这三个参数的现象都属于欧姆定律的可解释范围。而如果利用欧姆定理所给出的解释或预测是错误的,那么它就没有对相应现象做出有效的解释,此时我们说该定律在其可解释范围内出现了例外的情况。

由此可见,上述两个标准中,第一个实际上就是要求定律不被证伪,第二个则是要求有效范围内的所有现象都服从定律所建立的那种关系,从而为定律所解释或预测。普适性其实是要求,定律不是以偶然的方式获得证实,而是通过系统的解释得到普遍的证实。如果两个条件同时满足,那么所有在有效范围内的现象都能被定律成功地解释。①

下面看看戴维森为何认为 P1)成立。他把这个论题分成两个子

---

① 不妨考虑一下这两个标准是否适合于统计学定律,例如统计力学的定律。

论题,一个是不存在严格的心理—物理定律(psychophysical laws),即不存在连接心理事件与物理事件的严格定律;另一个论题则是不存在严格的心理定律(psychological law),即不存在连接不同心理事件的严格定律。对这两个子命题戴维森分别给出了理由。

戴维森承认,关于心理事件不存在成熟的科学。这是就第二个子论题而言的。这当然不是对心理学现状的一种概括,而是针对心理学概念进行哲学分析的结果。这个分析要以他本人关于信念的理论为前提。对这一点他的理由表述起来很简单:心理领域不是封闭的。[①] 但这个理由理解起来却容易发生歧义。似乎可以这样理解:所谓心理领域不是封闭的领域,意思就是说物理事件可以导致心理事件。[②] 如果这样理解,那么戴维森并没有达到自己的目的。我们可以按同样的思路说,不存在关于物理事件的严格定律,因为戴维森承认心理事件会导致物理事件。合适的理解要借助于信念外部论。按照信念外部论,使信念得到个体化的标准就是被用来解释信念产生的东西,这就是信念对象。信念对象属于物理对象,而不是心理的东西。这里的关键不是物理的东西导致了心理的东西,而是这种因果关系构成了心理事件的个体化条件。这就是说,心理的领域在概念上而不是因果上不是封闭的。正是这一点使戴维森说,关于心理事件不存在成熟的科学,也没有严格的定律把不同的心理事件联系起来。

---

① 参见"心理事件",载于《真理、意义、行动与事件——戴维森哲学文选》,牟博编译,商务印书馆,1993 年。

② 参见金在权为 *Donald Davidson*(Kirk Ludwig ed., Cambridge University Press, 2003)写的文章,"Philosophy of Mind and Psychology",第 121 页。

　　为了理解戴维森，就必须在某种程度上想得更多一些。先看看标准的严格科学，几何学。虽然几何学并不是自然科学，但应当说它为物理学组织概念和命题的方式提供了典范。几何学中的基本概念不需要几何学研究领域之外的东西来进行定义，而是通过几何公理在这些基本概念之间建立联系，从而以隐定义的方式给出。这种方式是严格科学的基本模式。这种方式的一个基本特征是，基本概念的诸实例是相互个体化的，这就是概念上的封闭性。这种封闭性使概念间严格地联系起来，从而使得用这些概念构成的描述之间具有了必然的推衍关系。比如说，在几何学中点的确定通常要借助于线或者面，而线的确定又在某些时候借助于点，在某些时候借助于面，如此等等。这些确定了的点线面，就是作为几何基本概念的点线面的实例。有了这种必然的推衍关系，人们才能保证这种科学对于所有能够描述的现象都能给出不被证伪的（即必然的）解释。

　　关于心理事件的无律则性，还可以从信念整体论角度来考虑。对一个心理事件进行个体化，这要依赖于另外一些心理事件，这种联系为心理事件提供个体化条件。要使两个心理事件通过因果关系连接起来，这也要依赖于一些心理事件，以此为心理事件提供解释条件。在心理事件的领域有这样两个特征，其一，对同样的心理事件，个体化条件与解释条件可以是不重合的；其二，心理事件间的因果关系可以通过解释条件的变更而被修正。例如与相信天下雨对应的心理事件 A 与关于地湿的心理事件 B，这两者间可以建立连接关系，B 是 A 的原因；而要个体化 A，则可以不需要 B。由于信念整体的紧致性，我们总是可以通过不同的信念关联来对同样的心理事件进行个体化。这一特性使得心理事件间不能得到必然的定律联系。在严格的科学中可以得到这种联系,这是由于这些科学中的命题是通过一些既具有个体化功能,又具有解释功能的公理得到的。比如在牛顿第二定律中一方面力的概念要通过质量和加速度来定义,力的大小要用质量和加速度来衡量,另一方面,力的产生也要用质量和加速度来解释。个体化条件与解释条件的重合关系使得某些解释是必然的,否则就改变了原来使用的概念,也就是说,在谈论不同的东西。相反,对心理事件总是可以通过引入新的事件来改变原来的因果关系。比如相信洒水车刚刚经过,就切断了 B 与 A 间的因果关系。这一特征是严格的科学所没有的。严格科学中的因果关系是稳定的,不依赖于因果双方之外其他东西,这就保证了因果解释拥有定律的地位。

如果心理事件在概念上不封闭,那么就会有物理的东西被用来对心理事件进行个体化。这时就会出现这样的问题,对于究竟如何个体化,既不为心理定律所约束,也不为物理定律约束;只有心理—物理定律能够限定这种个体化,这种心理—物理定律既包含了心理学词项,又包含了物理学词项。这样,我们就需要讨论关于心灵无律则性的第一个子论题——不存在严格的心理—物理定律。

关于心理—物理定律是否存在的问题,通常认为戴维森的理由是,构成心理领域的基本原则与构成物理领域的基本原则不同,因而在心理事件与物理事件间既不可能建立稳定的对应关系,也不可能建立稳定的因果解释关系。

稍加观察就很容易看出这一点。就对应关系而言,如果我们通过物理事件对心理事件进行个体化,就似乎建立了一种心理—物理对应关系,但这种对应要以另外的适当的心理事件为前提才有可能。

例如我说"天下雨了"这句话，这个行为对应于我相信天下雨了这个
心理事件，但这种对应关系要以我相信"天下雨了"这个句子具有相
应语义为前提。如果我关于这个句子语义的信念发生改变，那么这
个物理事件就对应于另外一个心理事件。这个例子也可以用来说
明，心理—物理的因果解释不可能是稳定的。如果用我相信"天下雨
了"这个心理事件作为我说"天下雨了"的这个物理事件的原因，那
么这种因果关系的建立，也依赖于我关于这个句子语义的信念。心
理事件的这一特性就是心灵的自主性。这里我们可以把这种自主性
进一步解释为，仅当在信念系统的内部，才能够对信念进行个体化和
因果解释。就这种自主性而言，对信念进行因果解释，无论要援引的
是其他心理事件还是物理事件，都没有来自于外部的限制，使得这种
解释能够稳定地建立，也就是说，关于心理事件的解释总是可以调整
的。正是这一特点阻止了心理—物理定律的建立。

至此，戴维森就可以这样说：由于心理事件与物理事件所遵循的
是不同的解释原则，由于心理概念与物理概念所处的概念系统不同，
在心理领域与物理领域间没有真正的定律可言。

10.3.3　物理主义一元论

用常用的术语来说，物理主义一元论(physicalist/materialist mon-
ism)就是指心灵和物理实体是同一个实体，即都是物理实体。对戴
维森来说，这就是说心理事件不是除物理事件以外的实体，只有一类
事件存在，这就是物理事件。

这个观点单独看来没有什么好奇怪的，这是物理主义者都会持

有的看法,但把这个观点与心灵的无律则性观点联系起来看就显得不同寻常了。如果心灵是无律则的,那么心理事件就不能还原成物理事件,这时说心理事件不是物理事件,就是自然的。这种非还原论(non-reductionism)与一元论看起来是冲突的,这就使为何持一元论显得饶有趣味。下面先看戴维森给出的论证,然后看一元论与心灵无律则性论题如何协调起来。

戴维森给出的论证很直接,可列述如下:

P1)不存在涉及心理事件的严格定律,只存在关于物理事件的严格定律。

P2)存在关于心理事件的因果关系。

P3)仅当在有严格定律的情况下,才存在因果关系。

C)心理事件实际上是物理事件。

其中P1)就是心灵的无律则性论题,它断定既不存在连接心理事件与心理事件的严格定律,也不存在连接心理事件与物理事件的严格定律。P2)成立,理由是我们会把获得知识的过程理解为物理事件产生心理事件的过程,而把行动理解成心理事件引起物理事件的过程。P3)也不难理解,严格的定律实际上就是在事件之间建立确定的、不依赖于其他条件的关系,这里是在说这种关系是建立因果关系所需要的。严格定律实际上就是建立因果解释的一般模式。在10.2.7节我们已经讨论过,戴维森应当承认因果解释是在事件间建立因果关系的必要条件。P3)所说的就是这一点。

〰〰〰〰〰

思考:由P2)与P3)似乎可以得出,存在关于心理事件的严格定律,而这与P1)矛盾。戴维森的无律则一元论使这个矛盾消失了吗?

〰〰〰〰〰〰

关于 P3) 要注意一个问题。我们在前面 10.2.7 节讨论因果关系时就已经区分过事件与事实，以及因果关系与因果解释。定律所表述的当然是事实，依照定律我们可以构造出因果解释，而因果解释所连接的也是事实；另一方面，按照戴维森，因果关系存在于事件之间。事实依赖于概念，而事件则是独立于概念的殊相。[①] 这样，如果因果关系以存在定律为前提，那么戴维森实际上就应当持这样一种观点：殊相间建立关系，要依赖于概念或概念间的联系，这种概念上的联系就构成了定律。这个观点明显有康德哲学的痕迹。在康德看来，殊相是被给予的，但由殊相构成知识，却要依赖于概念间的先天关联，当然，这要以殊相被置于概念之下为前提条件。

上述分析为协调戴维森的心灵无律则性与一元论指出了方向。一方面承认心理事件就是物理事件，另一方面又否认心理事件合乎定律，这两个相互对立的观点处于不同层次上。因果关系属于殊相的层次，心理事件实际上就是物理事件，也就是在这个层次上说的。而说心灵无律则，则是在概念的层次上说的。这个区分通常被称为"标记（或者殊相）上的同一"(token-token identity) 和"类型（或者概念）上的区分"(type-type distinction)。我们甚至可以说，戴维森关于心物问题在标记的层次上是一元论者或者说殊相一元论者，而在类型层次上是个二元论者，或者说是个概念二元论者。在前一种意义上有物理主义，在后一意义上是反还原论，他是个物理主义的反还原

---

① 事件是否独立于概念，这部分地取决于我们是否把时间也看成是概念。如果是，那么事件当然要依赖于时间这个概念。这是一种比较独特的依赖关系，此处不讨论。

论者。

～～～～～～

思考:能否设想在概念上不同一,而在其所指的殊相(对象)上同一? 请论证你的观点。

～～～～～～

物理主义内部有其他反还原论立场。比如功能主义(functional-ism)就认为同一心理现象可以为多种物理机制所实现,这样就不存在还原所需要的一一对应关系;与此同时,功能主义承认,一切心理现象都必须在物理上实现,因而不存在独立的心理实体,于是这就是一种物理主义立场。功能主义之所以不能认同还原,是由于不存在连接心理概念与物理概念的一一对应关系,但它认为存在一对多的对应关系,即一个心理状态可以由不同的物理状态来实现。在戴维森那里,干脆连这种一对多的对应关系也不存在。

10.3.4 物理世界中的心灵

康德哲学的一个目标是,调和关于世界的决定论与人的自由意志之间的紧张关系。戴维森的无律则一元论呼应了这个动机。心灵的无律则性为自由意志留下了余地,而物理主义一元论则认同决定论的世界①,因而这两者的协调就预示了心灵在物理世界中的地位,

---

① 这里暂时不考虑对物理世界的非决定论解释。如果物理世界不是决定论的,也就是说,如果我们承认物理世界本质上是由统计定律支配的,那么这里的问题可能也就不存在了。但这对于这里所考虑的问题来说是不相关的。这里的问题可以理解为,如果世界是决定论的,那么自由意志是如何可能的。

从而预示了自由意志与决定论之间的调和。

　　但是,情况真是这样吗？如果戴维森所说的心灵就其本质而言不会对物理世界有所作用,那么这种调和也就仅仅是徒有其表。认为心灵对物理世界没有因果作用,而只存在物理世界对心灵的因果作用的观点,在心灵哲学中通常被称为"副现象论"(epiphenomenalism)。戴维森是否承诺了副现象论呢？如果心灵对物理世界没有因果作用,那么前提 P2)中所说的"关于心理事件的因果关系"就不包括心理事件对于物理事件的因果作用,但仍然可以利用物理事件对心理事件的因果作用,以及心理事件之间的因果关系,来达到论证目的。副现象论不一定会使无律则一元论的一致性面临威胁,不过却会减损无律则一元论在哲学上的价值。副现象论也会危及戴维森的行动理论(theory of action)。后者把行动的概念建立在心理事件(意图或欲望)对于物理事件(身体动作)的因果作用上。因此戴维森必须设法抵制副现象论的结论。下面我先简单介绍一下副现象,然后看戴维森的理论如何导致副现象论,最后讨论一下它能否避免副现象论。

　　副现象论是在与笛卡尔式的相互作用二元论的论争的基础上发展出来的一种观点。就像在知识论中人们对待怀疑论的态度一样,在心灵哲学领域中人们对副现象论通常也在情感上有某种抵触。副现象论是一种否定性的观点,因此关于心物问题也就谈不上是二元论。虽然在立论背景上副现象论预设了二元论,但如果副现象论是对的,那么心灵的这一元就仅有某种影子般的存在。出于这种考虑,不如转向物理主义一元论。

　　副现象论的立论依据很简单:如果承认物理定律具有因果上的

封闭性(causal closure),那么在物理现象的因果链条中就不可能有心理现象的地位。这里所谓在因果上的封闭性,就是说只有物理事件才能解释物理事件,或者说,引起物理现象的,必须也是物理现象。如果对物理定律给予因果性的含义,那么只要物理定律成立,就不可能出现用非物理的东西解释物理现象的情况。比如说要解释台球开始滚动,就要用到力的作用,否则牛顿第二定律就是错的,进而,就要用一个有质量的东西来进行作用从而产生力,这样,使台球滚动的原因就是物理的。如果认为一个物理事件有一个心理的原因,那么,按照物理现象在因果上的封闭性,心理原因只能借由某个物理的原因起作用。心理的原因仅仅是一种表面上的原因,实际起作用的只能是物理的原因。这样,我们至多只能认为心理现象是伴随的,它缺乏因果力(causal power),是一种副现象。由于立论的依据很简单,其基础又是似乎不能被否认的物理定律,副现象论是一种很难对付的观点。

戴维森的无律则一元论很容易导致副现象论。由于不存在心理—物理定律,因而也不存在以心理事件为因、物理事件为果的因果关系,因此心理事件对于物理事件没有因果力。即使区分了殊相一元论和概念二元论,也会产生副现象论。

表面上看,殊相一元论可以应对副现象论。由于在殊相上心理事件与物理事件是同一的,因此心理事件还是可以导致物理事件,只不过这与说这是由物理事件导致的是一回事。既然这样,副现象论就只是一种说法上的选择罢了。

但戴维森的情况是,在殊相层次上的因果关系之有无,取决于是把殊相归为具有严格定律的物理事件,还是归为无严格定律的心理事件。如果归为物理事件,在殊相层次上就有因果关系;而如果归为心理事件,就没有因果关系。要得出副现象论,只需利用后一种归属,而将某些殊相归于心理事件,这时诉诸前一种归属是没有效果的——副现象论所说的是心理事件没有因果作用,而不是与心理事件对应的物理事件没有因果作用。

在戴维森的整个论证中似乎存在一个矛盾。如果承认心理事件与物理事件是共外延的,也就是说,对于任意心理事件,都有一个物理事件与之同一,那么一方面,将其置于心理学概念之下,该外延集合中的事件均无因果作用,另一方面,将其置于物理学概念之下,又都有因果作用,同样的殊相既有因果作用,又无因果作用,由此导致矛盾。可以这样化解这个矛盾:对适用于心理事件和物理事件的因果关系进行区分,进而,这要求区分两种不同的定律,由这种定律上的区分来获得因果关系上的区分。

如果站在戴维森的立场上,我们可以说支配心理事件以及与物理事件相联系的也有一种定律,这就是非严格定律(non-strict law)。①比如难为情(心理事件)导致脸红(物理事件)就是如此。如果掩饰得好,难为情并不伴随脸红,这是一种有例外的定律,因而与物理定律不同。这个对策可以用来回应副现象论,它确实为心理事件建立了一条引起物理事件的通道。

但这个办法却又威胁到物理主义一元论的论证。如果关于心理事件存在一种使其具有因果力的定律,而这种定律不是严格的,因而与物理定律不同,那么这个论证的前提 P3)就不成立,因而无法得到

---

① *Donald Davidson*, Kirk Ludwig(ed.), Cambridge University Press, 2003, p. 129.

心理事件实际上就是物理事件的结论。

关于无律则一元论的讨论还在继续,这个题目依然是引人入胜的。

～～～～～

思考:仔细考虑一下前面提到的那个矛盾,它是戴维森真正面临的困难吗? 你所提出的辩护是否也能帮助戴维森应对关于副现象论的指责?

提示:不妨从戴维森指称的不可测知性论题考虑这个问题。

～～～～～

阅读建议

关于戴维森的一手文献很容易搜集,除了一本专著,它们都以论文的形式被编辑在几本文集中。阅读时建议先读几篇重要的:"Truth and Meaning"(1967),"Belief and the Basis of Meaning"(1974),"Mental Events"(1970),"A Coherence Theory of Truth and Knowledge"(1983)及其所附"Afterthoughts"(1987)。国内有牟博编译的戴维森文选《真理、意义、行动与事件——戴维森哲学文选》(商务印书馆,1993 年),为上述文章提供了汉译。

戴维森的五本文集依次是:

1. *Essays on Actions and Events*, New York:Clarendon Press, 1980/2001.

2. *Inquiries into Truth and Interpretation*, New York:Clarendon Press. 1984/2001.

3. *Subjective*, *Intersubjective*, *Objective*, New York:Clarendon Press.

2001.

4. *Problems of Rationality*，New York：Clarendon Press. 2004.

5. *Truth*，*Language and History*，New York：Clarendon Press，2005.

这本专著是 *Truth and Predications*（Harvard，2005）。

戴维森经常在关于不同主题的文章中从不同角度阐述自己关于彻底解释的思想，由此可以见其思路发展的脉络。尽管如此，他的文章并不好读，虽然文笔优美，但呈现思路的方式却有些松散。建议在自己读几篇一手文献后，找一本系统阐述其思想的导论来参考对照。我选的导论是 *Donald Davidson* （Kirk Ludwig ed.，Cambridge，2003）。这本书的各章由相关领域的一流学者撰写，比如金在权（Jaegwon Kim）撰写的心灵哲学和索萨（Ernest Sosa）撰写的认识论。该书虽是入门级的读物，但绝不缺乏深度。

关于塔斯基的真理概念定义，建议阅读"语义性真理概念和语义学的基础"（收于马蒂尼奇编：《语言哲学》，牟博等译，商务印书馆，1998 年）。

第11章 克里普克:专名与模态

克里普克(Saul Kripke,1941—)35 岁前就已经完成了他最为重要的工作,其中包括 25 岁前完成的关于模态逻辑的工作,以及 1972 年出版的名著《命名与必然性》。克里普克是个非常早熟的逻辑学家,他关于模态逻辑的研究从中学就开始了。他在 1959 年发表的论文"模态逻辑的完全性定理"让他开始在学术界崭露头角,它与他后来发表的两篇论文共同奠定了克里普克语义学的基础,这个语义学是现在人们使用的模态逻辑的重要部分。克里普克的兴趣后来转向语言哲学。在《命名与必然性》中,他建立了影响巨大的专名理论和模态本质主义学说。一方面,这个专名理论捍卫了一种适合于日常专名的直接指称论,从而为罗素的实在论立场赋予了一种更加合理的、无须逻辑专名的形式;另一方面,克里普克关于模态的观点提示了一种对于形而上学的不同态度,无论这个学说对与否,都是非常具有启发性的。克里普克的思想像他的老师蒯因一样,在很大程度上修改了分析哲学的地貌。

11.1　模态语义学

11.1.1　可能世界

克里普克的基本思想涉及一个技术性的课题,这就是模态语义学(modal semantics)。通常,我们的讨论会使用"可能地"、"必然地"这样的措辞,这些词就被称为模态词(modal term)。对含有模态词的句子意义进行分析,就是模态语义学的基本任务。模态语义学的常见形式是利用可能世界(possible worlds)这个概念建立的。

我们通常会认为自己理解模态词的意义,有时候也会遇到一些困惑。例如这样的句子

1)即使奥巴马在 2008 年当选美国总统,他在这一年也可能没有当选。

我们会认为这句话说的是真的。与此同时,下面的句子显然也是真的,

2)如果奥巴马在 2008 年当选美国总统,那么他就不可能没有在这一年当选。

但是,我们直觉上觉得,这两句话是相互冲突的。1)是在说,奥巴马没有当选的可能性并未被他当选这件事排除,但 2)却认为这种可能性被这件事排除了。问题出在哪儿呢?

逻辑学家对这个问题的诊断是,这两种说法都对,并且它们并不彼此冲突;我们之所以认为两者冲突,是因为没有足够的手段来区别

这两种说法的意义。看看逻辑学家是如何揭示两者的不同意义的，我们就知道可能世界这个概念的理论价值在哪里了。利用可能世界这个概念，这两个句子就可以分别改写成：

　　1′) 相对于奥巴马 2008 年在其中当选的现实世界来说，至少有一个可能世界，在这个世界中奥巴马在 2008 年没有当选美国总统；

　　2′) 没有任何一个可能世界，在其中如果奥巴马在 2008 年当选美国总统，那么他在这一年就没有当选。

改写后的形式表明区别在哪里。句子 1) 表述的是两个世界，即现实世界与一个可能世界间的关系，而 2) 表述的则是在同一个可能世界内两种情况之间的关系。我们用"至少存在一个可能世界"来替代"可能地"，而用"在所有可能世界中"来替代"必然地"。这样，句子 1) 所表述的是模态特性之间的蕴涵关系，而句子 2) 则表述蕴涵关系本身的一种模态性质。其符号形式如下：

　　1″) $p \rightarrow \Diamond \neg p$

　　2″) $\neg \Diamond (p \rightarrow \neg p)$

　　人们一般用"$\Diamond$"来表示"可能的"，用"$\Box$"表示"必然的"。在 2) 中，虽然"不可能"是用来修饰"$\neg p$"（即奥巴马在 2008 年没有当选美国总统）的，但实际上用来修饰整个句子。引入了可能世界这个概念，我们就可以从语义上区别出这两种情况，进而使用模态符号来表达这一区别。

　　可能世界这个概念最初是莱布尼茨引入的。他用我们前面提到的方式来分析什么是可能的，什么是必然的。这个想法被现代逻辑学家所采纳。为分析模态词而建立的逻辑学就是模态逻辑（modal logic)。用可能世界来解释模态词的语义,就是可能世界语义学(possible-world semantics)。

11.1.2　基于可能世界概念的内涵语义学

有了可能世界的概念,就可以处理某些内涵语境。在 4.3 节中我们通过是否可以保真替换区分了外延语境和内涵语境。表达式在外延语境中时,决定整个句子真值的就是该表达式的指称,这时我们就说,这种所指的东西就是表达式的语义;而在内涵语境中,表达式是通过什么东西来确定句子真值的呢? 这就是内涵语义学要解决的问题。

在弗雷格那里,信念语境就构成了内涵语境。他认为,在这样的语境中,决定句子真值的是表达式的涵义。但如 5.1 节所说,罗素出于实在论的立场并不接受这种解决方法。罗素之后的分析哲学家中也有许多人认为,涵义不是一个足够清楚的概念,因而还是沿着罗素的方向来处理内涵语境。克里普克也接受罗素主义,因此我们还是先撇开弗雷格的内涵语义学。

利用谓词,也就是我们所熟悉的"概念",比较容易说明如何用可能世界概念来建立内涵语义学。

当谓词处于外延语境时,我们可以将满足该谓词的对象所构成的集合当作其语义。这是因为,当用同样对应于这个集合的谓词来替换原来那个谓词,句子真值不变。这个集合就是谓词所表达概念的外延。在外延语境中,谓词的语义就是概念的外延。

但是,在另外一些语境之中我们不能这么认为。蒯因举了一些例子,我们用与他略有不同的例子来说明。假定实际上所有有心脏的动物都有肾脏,并且所有有肾脏的动物都有心脏,这样"有心脏"和"有肾脏"这两个概念是共外延的,于是在命题中进行替换时将使真值保持不变。但是,下面两个命题显然具有不同真值:

　　3)对于任何动物来说,因为它有心脏,所以会有脉搏。

　　4)对于任何动物来说,因为它有肾脏,所以会有脉搏。

显然,在前一个命题为真的情况下,后一个命题是假的。即使这个动物既有心脏又有肾脏,肾脏也不是脉搏的原因。正是由于这种替换不保真,谓词的语义被认为是内涵性的。

　　引入可能世界,就可以把谓词的语义解释成从可能世界到外延的函项,也就是说,在不同可能世界中允许具有不同的外延。在特定可能世界中,当外延相同,那么替换是可以的,但这并不意味着在其他可能世界中也能这么替换。只有在所有可能世界中都是共外延的谓词,替换才能无条件地进行。这样一来,即使在现实世界中"有心脏"和"有肾脏"这两个概念共外延,也不能保证它们在其他可能世界中也可以替换;只要有心脏的动物有可能没有肾脏,我们就不能把3)替换成4)。

　　引入了可能世界,就能够表述非现实的情况,因而也就能够表述事实之间更为丰富的关系。比如3)所表述的因果关系。仅就现实世界而言,我们只能表现两件事一同发生,而不能区分出一件事的发生与另外一件事的发生之间是否有依赖关系。利用可能世界就可以表明这一点。如果在存在有心脏的动物的所有可能世界(即使在有些可能世界中有些有心脏的动物没有肾脏)中,这些动物都有脉搏,而在存在没有心脏的动物的可能世界中,这些动物都没有脉搏,那么我们就可以断定心脏与脉搏之间有种依赖关系。哲学家们常常使用可能世界概念来分析因果陈述,这也就是一件自然而然的选择。

〰〰〰〰〰

思考:罗素在分析模态词时并没有使用可能世界概念,而是用存在概括解释可能性,用全称概括解释必然性。比如,"独角兽可能存在",被罗素解释为"有些东西是独角兽"。① 请将其与使用可能世界概念做出的解释相比较,看哪种解释更可接受。

〰〰〰〰〰

11.1.3　模态一阶谓词逻辑的语义学解释

由于内涵语境种类繁多,可能世界概念的使用也就非常广泛。模态词和量词的组合使用是模态逻辑中最为常见也最为典型的情况,如何使用可能世界概念来为这种情况建立语义学,也就非常重要了。在进入主题前,先引入几个术语。

我们有下面两种不同的形式:

5)$\Box \exists x \mathrm{F}(x)$;

6)$\exists x \Box \mathrm{F}(x)$。

它们分别表达了这样两个命题的形式:

7)存在着不死的人,这是必然的。

8)存在着这样的人,这个人必然是不死的。

---

① 罗素:"逻辑原子主义哲学",载于《逻辑与知识(1901—1950 年论文集)》,苑莉均译,商务印书馆,1996 年,第 279 页。

对于7)来说,如果所有可能世界中都有人不死,那么这个句子就是真的。而对8)则不是这样,如果所有可能世界中不死的人不是同一个,那么这个句子就是假的。句法上,在5)和7)中,模态词以整个命题为辖域,而6)和8)中模态词的辖域仅仅包含谓词,模态词出现于量词的辖域之内。这个区别对应于对模态词的不同理解。如果把模态词理解成函项,那么我们可以说在5)的情况下,模态是命题或命题所对应的东西的某种性质,而在6)的情况下,模态则被归于对象,是对于对象性质的某种限定。前一种理解我们称为"从言模态"(de dicto modality),后一种理解则被称为"从物模态"(de re modality)。

上述两种理解对应的只是不同的模态命题,在这种意义上并没有相互竞争的关系。但如果考虑的是一般而言模态命题本质上应当是何种形式,选取哪种解释就很不相同了。我们也许会认为从言模态命题更为基本一些,而类似于6)的命题可以分析成从言模态命题;也许会认为情况正好相反,从物模态命题更为基本一些。这两类命题的一个明显的区别是,类似于5)的命题不承诺不同的可能世界共有任何对象,而类似于6)的命题则一定要承诺这一点。对于这个区别,人们通常说这是对于对象的跨世界同一性(trans-world identity)问题的回答不同。如果持前一种看法,那么情况就是,我们分别在每个可能世界中确定对象,然后看这些分处于不同可能世界的对象是否是同一个对象。如果是,那么就可以有从物模态命题。而如果持后一种看法,那么就会认为所有可能世界都共有了对象,我们可以在此基础上建立从言模态命题。通常认为,前一观点对于跨世界同一性问题给予知识论上的回答,也就是说,对象的跨世界同一性是我们通过认识获知的;后一观点则要给予形而上学的回答,即对象的跨世界同一性是对象本身的自我同一。关于可能世界的形而上学本质的讨论将使我们更清楚地认识上述对比。

关于可能世界，一个直接的想法是，认为所有的可能世界都存在着，而现实世界不过是所有可能世界中的一个。这个观点通常被称为"模态实在论"（modal realism）。莱布尼茨就持这种观点。对他来说，现实世界恰好是我们所在的这个世界，这是由上帝决定的。因此，在莱布尼茨那里确实存在着哪个世界是现实世界的问题，而这个问题之所以出现，是因为现实世界与可能世界在形而上学上是平等的，都同样真实。然而，我们一般会认为实际存在的只有一个世界，这就是现实世界，因此认为所有的可能世界都存在，这个观点看起来有些不合常理。事实上，真正坚持模态实在论的哲学家为数极少，大卫·刘易斯（David Lewis）就是这样的一位哲学家。

在哲学中绝不能轻易断定某个观点是不合理的，那些看起来不合理的观点通常是从非常合理的前提得出的。刘易斯关于可能世界的形而上学也是如此。这个形而上学从一个自然而然的直觉出发建立起来，即所有的可能性都必须以某种方式得到承诺，而这种承诺自然采取的方式就是，承认相应的可能世界存在。这样理解，就是从字面上严格对待"某种可能性存在"这样的说法。

随后的问题就是，那些除了现实世界以外的可能世界是如何存在的。一个直接的回答是，用时间和空间来充当世界的个体化条件。一个世界在时空中包含了其所包含的东西，在这个时空之内或者在时空上与之相连续的事物都属于这个世界。例如，你不能来到另一个可能世界中，因为你的"来到"实际上就意味着你所到达的那个位置与现实世界相接，因而属于现实世界，而不属于那另一个世界。刘易斯的可能世界是与现实的宇宙相平行的宇宙，各个可能世界间彼此不交叉。这样我们也不可能通过望远镜来看到另一个可能世界是怎样的。

这就引起了另一个问题：我是如何知道另一个可能世界是怎样的呢？这就涉及刘易斯的对应物（counterpart）理论。对这个问题刘易斯可以给出的回答是，不是位于现实世界中的这个你知道另一个可能世界是怎样的，而是位于那个可能世界中的你的对应物知道那个世界是怎样的。你在另一个可能世界中的对应物就是一个与在现实世界的你一模一样的存在物。这个看起来有些不可思议的回答在另外一种意义上是合理的。我们所知道的所有东西都是通过这个东西的性质来确定的，因此我们把性质上不可区分的东西当作是同一个东西。这就是莱布尼茨律（Leibniz's Law）所说的，不可区分物同一。① 如果我不能区分我在哪个可能世界中，那么无论我在哪个可能世界中，情况对我来说都是一样的。因此当我谈及某种在现实世界中并没有实现的可能性时，我所谈及的可能性实际上就是另一个可能世界中的情况。作为对应物的我在那个可能世界中知道这种情况。在很多时候，特别是在从繁忙喧闹的日常事务中突然转移注意力，反思自己在干什么的时候，就会有一种好像在另一个世界中的感觉。这个世界既陌生又熟悉，它与现实世界完全不同，但又好像没有任何区别。这种感受似乎就包含在刘易斯的形而上学中。这是一种

---

① 莱布尼茨律其实有两个，一个是不可区分物同一，另一个是同一物不可区分。是否可以区分，这是在知识论层次上讲的。通常人们把这两个莱布尼茨律解释为两种不同的同一性概念。不可区分物同一，意味着知识论的同一性（epistemic identity）概念。而同一物不可区分，则对应于形而上学的同一性（metaphysical identity）概念。前者用共享所有性质来定义同一性，后者则把同一性当做初始概念。

很有想象力的形而上学。

〰〰〰〰〰

思考:一个对象凭什么被认为是我们所谈到的对象,这个问题就是关于对象的同一性(identity)问题。蒯因认为如果没有回答同一性问题,就不能引入关于对象的本体论承诺,这就是"没有同一性就没有实体(No entity without identity)"这个口号的来历。考虑一下,蒯因所理解的同一性是知识论上的还是形而上学的。

〰〰〰〰〰

对应物理论具有强大的理论后果。从这个理论出发可以建立一种关于对象的形而上学,这就是,一个对象对应于所有可能世界中的对应物的集合,当我们谈及这个对象时,事实上谈论的是这个集合中的某个元素。例如,当我说"奥巴马没有在 2008 年当选美国国家总统,这是可能的"这个句子时,我实际上谈到的情况是:

9)存在这样一个可能世界,在其中奥巴马的对应物没有在 2008 年当选美国总统。

当我们严格按照 9)所表示的方式来进行谈论时,没有哪个对应物能够在不同的可能世界中出现,因此,所有的模态命题都是从言模态命题。但是,如果把关于对象的谈论按照对应物集合来理解,我们就可以构造出从物模态命题。例如我们可以说

10)奥巴马必然在 2008 年当选美国总统。

11)在任何可能世界中,总是存在奥巴马的对应物,这个对应物在 2008 年当选美国总统。

这两个命题是等价的。10)是一个从物模态命题,11)则是从言的,而我们把一个从物模态命题分析成了一个从言模态命题。按照这个思

路,刘易斯发展了一种模态语义学,并在此基础上建立了模态逻辑系统。不过,现在在数理逻辑中通行的模态语义学不是刘易斯的系统,而是克里普克的。

克里普克的模态语义学与刘易斯不同,它不承诺模态实在论。在克里普克看来,只有现实世界存在,所有可能世界都是现实世界的某种变形,或者说是现实世界的可能的情况。这种观点通常被称为"现实主义"(actualism)。在刘易斯那里,现实世界是所有可能世界中的一员,所有可能世界都可以成为现实世界,对此并没有任何实质性的限制;而在克里普克这里,可能世界与现实世界不在一个层次上。关键的差别在于,刘易斯把可能性理解为需要形而上学的实体来加以确定的东西,这个形而上学实体就是可能世界;而在克里普克这里,可能性只是现实事物的一种性质,因而依赖于现实事物。也就是说,可能世界在刘易斯那里是初始的形而上学范畴,而在克里普克这里,则是派生的东西。克里普克把可能世界界定为事物的可能状况(possible situations),或者说存在方式(ways of being),就意在突出其作为性质的地位。

用形象的方式来表述两种立场。我们把魔方旋到不同状态上,以此表示可能世界。对刘易斯来说,魔方的不同状态就是我们借以认识魔方的东西,魔方在现实中所处的状态是所有这些状态的一种,魔方本身就是这些状态的集合。而对克里普克来说,魔方本身与其现实所处的状态事先就已经给定了,这就是现实世界;魔方的其他状态不过是魔方不同于现实状态的其他状态。对克里普克来说,这些可能的状态可以用现实事物的不同组合来解释,例如,魔方的可能状态就是其各个侧面从不同角度拼合而成的。这样,不同的可能世界就共享魔方的各个侧面。

如果用跨世界同一性问题来作为检验,那么刘易斯的回答就是,对象的跨世界同一性是一种知识论上的同一性,我们通过认知来确定这种同一性;克里普克的回答则是,跨世界同一性不是个问题,这种同一性就是对象本身的自我同一性,也就是说,是形而上学的同一性。

这个差别最后集中在可能世界的哲学地位上。虽然刘易斯把可能世界作为初始的形而上学范畴,但对模态命题的解释最后还是要落实到知识论上,因此刘易斯所理解的可能世界所表明的是知识论可能性(epistemic possibility)。克里普克所理解的可能世界则直接表明了对象本身所允许的组合方式,而这些都是形而上学可能性(metaphysical possibility)。

对于模态命题,克里普克自然需要一种从物模态理解。因为,既然可能世界不过是现实世界的可能状况,那么构成可能世界的东西也就是现实世界的对象。这就是说,现实的对象应当出现于所有可能世界中,从言模态命题总可以变换成从物模态的形式。

〰〰〰

思考:请从克里普克关于可能世界的理解出发,考虑如何解释某个对象不存在的可能性。

〰〰〰

11.2 严格指示词理论

在《命名与必然性》中,克里普克建立了一种专名理论,它可以简单地表述为:日常语言中的专名是严格指示词。这个理论究竟是什么意思,要取决于什么是严格指示词。严格指示词理论是克里普克的意义理论的核心部分。下面我们先了解什么是严格指示词,然后再看在何种意义上专名是严格指示词。

指示词(designator)其实就是指称词项。所谓严格指示词(rigid designator),就是在所有可能世界中都指称同一对象的指示词。暂且不考虑对象在所关心的可能世界中并不存在的情况,我们可以这样定义严格指示词:

> R)指示词 d 是严格指示词,当且仅当,如果在现实世界中 d 指称 o,那么在所有可能世界中,如果 o 存在,那么 d 指称 o。

严格指示词概念的提出意在应对蒯因的批评,从而捍卫模态语义学和模态逻辑的合法地位。蒯因曾经认为,对于模态词不存在合法的语义学。事实上,同样的理由让他还认为不存在关于命题态度词的合法语义学。他所谓的合法性,在这里就是指具有确定语义,进而就是说,满足外延性的要求。

我们来看看蒯因关于模态词的观点。在下列三个句子中,

> 1)必然地,$8 > 7$;
>
> 2)太阳系的大行星数目 $= 8$;
>
> 3)必然地,太阳系的大行星数目 > 7。

2)是真的,因此"太阳系的大行星数目"与"8"这个词具有同样的语义值。如果在一个命题中这两者可以替换而不改变命题的真值,我们就可以说被替换的成分是外延性的,也就是说,其语义值是确定的。之所以这样说,是由于如果这种替换并不影响语义值,我们就可以把语义值分离出来,在一个外延系统中加以刻画,而这表明其语义

值是确定的。相反,如果语义值是确定的,那么就似乎没有理由不能将其与表达式形式分离,从而也就没有理由不能够保真替换。因此,蒯因就把外延性与语义值的确定性等同起来。如果不满足外延性,就意味着没有确定语义,此时就可以说其语义值受到表达式形式的影响。这个标准运用于句子1)就可以看到,基于2)的替换将得到真值不同的句子3),1)是真的,但3)是假的。由于1)中除了模态词"必然地",没有其他东西能够影响替换程序,就只能说模态词是内涵性的,因而其语义是不确定的。

在上面的例子中,所考虑的语义值就是指示词指称的对象。可以用另外一种方式来展示蒯因对于模态词的分析。把1)中的"8"换成变项,由此得到一个含有模态词的函项"$(x > 7)$"。用 10.1.2 中提到的模型论方法,我们可以定义,"$(8 > 7)$"为真,当且仅当8满足函项"$(x > 7)$"。由于满足是一个对象与一个函项间的关系,我们可以用任何方式引入这个对象。但是,如果用"太阳系的大行星数目"这个词来做这件事,得到的却是假命题3)。这就意味着,在模态词的辖域中我们不能以正常的方式建立对象与函项的关系,因而没有合法的满足概念,进而这类含有模态词的命题不适用于真这个概念,因此,我们不可能有关于模态词的逻辑。[1]

由于这个理由,蒯因对模态逻辑表示怀疑。在他看来,问题的关键在于,模态词辖域内指示词的语义不仅涉及对象,而且涉及指称对象的方式,因此不能作为指示词理解。

---

① 参见 Stanley, J. , "Names and Rigid Designation", pp. 558–562, in *A Companion to the Philosophy of Language*, Bob Hale & Crispin Wright ed. , Blackwell, 1997。

〜〜〜〜〜〜

思考:词语所指称的东西本身是确定的,这与词语确定地指称其所指称的东西,这两者之间是否是有区别的? 请考虑一下这个问题。在此基础上,看看蒯因对于外延性的要求是否站得住脚。

〜〜〜〜〜〜

仔细分析蒯因的批评不难看出,使得3)为假的情况是,太阳系的大行星数目可能不是8,这就是说,在有些可能世界中"太阳系的大行星数目"这个指示词并不指称8。如果避开这种情况,我们仍然可以满足外延性的要求,而满足这个要求的指示词在任何可能世界中都指称同一个对象。例如"八"这个词就是如此。既然"八=8"是真的,那么用"八"来替换1)中的"8",我们就得到另外一个命题

4)必然地,八 > 7。

而这个命题是真的。

这样的指示词就是严格指示词。因此,为满足蒯因的语义确定性标准,我们可以规定,所有对象都可以通过严格指示词来引入。而这意味着,所有模态命题最终都应当能够分析成含有严格指示词的命题形式,并用这类命题来充当这些模态命题的语义基础。

可以用另外一种方式来说明,严格指示词为何满足蒯因的要求。在每个可能世界中,如果用来替换的指示词和被替换的指示词都是严格指示词,它们都指同一个对象,那么替换可以在每个可能世界中分别进行。既然在每个可能世界中替换都是保真的,那么在所有可能世界中的替换就都是保真的,由此就得到我们所需要的必然命题。这种理解要求下面的命题为真:

K) $\forall x \forall y (x = y \rightarrow \Box x = y)$

在这个命题中,变项所取的值只能是通过严格指示词引入的。这个命题保证了,两个严格指示词只要在现实世界中指称同一个对象,在所有可能世界中它们就都指称同一个对象,因此在所有可能世界中都可以进行保真替换。

思考:令"x 和 y 所取的值都是通过严格指示词引入的"为命题 P。依据严格指示词的定义,P 蕴涵 K),那么,K)是否蕴涵 P 呢? 你的理由是什么?

如果严格指示词在所有可能世界中都指称同一个对象,那么通过严格指示词确定了什么指称,也就不受可能世界影响。依据蒯因的分析,以满足外延化条件的方式理解的指示词,其语义值与引入对象的方式无关。严格指示词是按照这一精神引入的,因此在语义学上它就应当直接指称对象,也就是说,严格指示词对于句子真值条件的贡献只在于引入了对象,而不会引入包括可能世界在内的任何中介。这里说"在语义学上"直接指称,就并不排除人们在使用严格指示词时仍然使用某些中介手段间接确定指称,它只要求这些手段不会对句子的真值条件构成影响。[1]

这样一来,命题 K)就可以在克里普克所理解的可能世界中得到自然的解释。既然所有可能世界都是现实世界的可能状况,那么命题所谈论的对象在其可能的状况中也仍然是所谈到的那个对象。这

---

[1]　一般而言,语义学的区别性标志就是是否对真值条件构成影响。语义学所研究的东西都是构成这种影响的东西。人们常常用这一标准来区别语义学与语用学。

就是对象本身的形而上学同一性。另一方面,严格指示词直接指称对象,而与可能世界无关。这样一来,如果两个指示词在现实世界中指称同一个对象,那么在所有可能世界中都将指称同一个对象。我们可以说,通过严格指示词,对象的形而上学同一性体现为指称上的同一性。也就是说,对象本身自我同一,体现为指示词的指称必然同一。

在这个背景下可以做出这样的区分。在一种情况下,指示词也是在所有可能世界中都指称同一个对象,但不是这里所要求的直接进行指称的严格指示词。例如"4+5"这个指示词在所有可能世界中都指称 9 这个数,但它却是通过 4+5 = 9 这个必然的事实做到这一点的。要得到这种严格性,需要相应的形而上学事实。这类指示词所具有的严格性被克里普克称为"事实严格性"(de facto rigidity)。在另一种情况下则不借助这类事实,而是直接由语义规范保证严格性,克里普克称其为"法定严格性"(de jure rigidity)。这里所说的语义规范,仅仅是指这样一种规定:这类指示词要在所有可能世界中都指称同一个对象。就现在的目的而言,所要关心的是严格指示词的语义,因此只有法定的严格指示词才是相关的。

不过,这两种严格性的区分究竟是否应当作为建立专名理论的前提,却不是十分清楚。具有事实严格性的指示词通过某个中介(必然的形而上学事实)来指称,而具有法定严格性的指示词则依据指示词的语义规范是直接指称。即使不考虑"中介"这个词在某种意义上是一种形象的说法,我们还是可以问,为什么这里所说的中介不是语义规范本身所规定的。毕竟可以设想,语义规范要求对象在任何可能世界中都与指示词对应,而这种对应可以借助关于对象的事实建立起来。例如,卡普兰(D. Kaplan)认为索引词是严格指示词,但索引词与其所指称的对象间的对应关系却依赖于关于该对象的事实建立起来。例如"我"所指称的对象是什么,依赖于当时是谁在说话这个事实。①

　　由于有这样的困难,克里普克关于严格指示词的概念是否真的为其专名理论提供了足够的支持,就不是毫无问题。下面我们就转入克里普克的专名理论。这个理论被学者看作是克里普克对于语言哲学最重要的贡献。

11.3　专名理论

11.3.1　论辩的局面

　　克里普克的专名理论起点是严格指示词理论。严格指示词理论认为,具有合法语义学地位的指示词是严格指示词,但它并不断定,存在着严格指示词。专名理论则断定,确实有严格指示词,这就是普通专名。前一节的讨论结果是,如果存在严格指示词,那就可以建立合乎蒯因要求的模态语义学。通过证明专名就是严格指示词,克里普克就证明了确实存在严格指示词,从而得以保证模态语义学的合法性。

---

① Kaplan, "Dthat", *The Philosophy of Language*, 3rd ed, A. P. Martinich ed., Oxford, 1996.

当然,这就要求克里普克在不预设模态语义学合法性的情况下建立专名理论。要做到这一点,克里普克应当能够放弃在11.1节中关于可能世界的理论偏好(即采用刘易斯的模态实在论,还是克里普克的现实主义观点),也就是说,仅仅把可能世界概念当成一种方便的说话方式,从而在模态语义学上取中立态度。在后面建立专名理论的论证中,凡是提到"可能世界"的地方我们都可以朴素地理解为具有相应的可能性,并且这种说法的有效范围仅限于直觉,而不必有理论上的承诺。

要建立专名是严格指示词这样一个观点,就要驳斥关于专名的描述理论。至少就《命名与必然性》这部著作的文本来看,克里普克的专名理论是以弗雷格和罗素的关于普通专名的理论为靶子建立起来的。[①] 克里普克的这个理论主张专名直接指称对象,也就是说,对象本身就是专名的语义值。罗素则认为,普通专名是伪装的摹状词。在克里普克看来,这就意味着普通专名其实可以分析成摹状词,而这就诉诸了中介,是需要反驳的理论。我们把这个理论称为关于专名的描述理论(the description theory of proper names)。

但这绝不意味着克里普克批评的就是罗素本人的语义学。罗素并不认为普通专名具有指称功能,只有逻辑专名才是真正的指称词;而克里普克把普通专名也当成指称性的词项。撇开这一点,克里普克在语义学上还是属于罗素传统。他们都用指称来解释意义,克里

---

① 克里普克在新近的一篇文章中承认,《命名与必然性》中的专名理论针对的不一定是弗雷格本人的指称理论,而是某种通常被接受的对于弗雷格理论的解释。参见 Kripke, "Frege's Theory of Sense and Reference: Some Exegetical Notes" (*Theoria*, 2008, 74, 181–218), p. 208.

普克不同意的只是罗素关于普通专名的理论。

11.3.2　关于专名的描述理论

描述理论有其严格的含义。描述在句法上就意味着要使用谓词,其中不带有索引成分或专名。描述理论的内容是说,专名在语义上可以分析成不带索引词或专名的谓词成分,即不含这些成分的摹状词。

很难说弗雷格的涵义理论就是一种描述理论。涵义不一定具有谓词的形式。在弗雷格那里,涵义是确定指称的方式,但所指称的对象与涵义的关系不一定就是满足关系。对象位于指称的层次,而涵义则属于思想。弗雷格实际上通过指称层次的函项结构来刻画思想的结构,一旦认识到这种函项结构,也就把握了思想的结构,在这种意义上弗雷格并不需要指明思想本身是什么。如果把名称(主目)的涵义理解成谓词或者是谓词性的,那么由于谓词的涵义并不具有完整性,将其与另外一个同样不完整的谓词涵义结合,也得不到完整的思想。因此克里普克所批评的描述理论不是弗雷格的涵义理论。

描述理论与弗雷格的涵义理论虽然不是一回事,但在认识论上有相似的依据。弗雷格引入涵义的目的是要说明句子何以能够传达知识。达米特(M. Dummett)以一种略为不同的方式来说明这一点。① 在达米特看来,只有引入涵义概念,才使知识归属成为可能。

---

① Michael Dummett, 1974, "What Is a Theory of Meaning? (Ⅰ)", in *The Seas of Language*, Oxford University Press, 1993, pp. 23-24.

所谓知识归属(knowledge ascription),就是把某个命题知识归于某个主体,例如 A 知道 p,就是把命题 p 所表征的知识归于 A。如果对意义的理解仅限于知道指称,就会使关于对象的知识不能以合适的方式归于某人。例如,我们说 A 知道"Oxford"的指称,就是说 A 知道牛津这个城市就是"Oxford"这个词的指称;如果这个词不与确定这个指称的任何方式相联系,那么上述情形就不能表达成:"A 知道那座如此如此的城市就是'Oxford'的指称"。如果名称不与涵义相联系,我们甚至不能把"是一座城市"这样一个特性归于"Oxford"的指称。能够归于 A 的任何关于指称的知识都只能以一种不提供信息的方式表达,即"A 知道 Oxford 就是'Oxford'的指称"。而这相当于说,"A 知道 Oxford 就是 Oxford"。但这并不是我们想说的。

思考:达米特的这个论证可以引出另一个论证:如果不引入涵义,那么我们将不可能说某个关于专名的使用是错误的。这个论证我们可以称为误识别论证。请表述这个论证。

思考:虽然"A 知道 Oxford 就是 Oxford"这个句子不能说明 A 究竟知道什么,但"提到 Oxford,A 知道它就是 Oxford"这个句子却可以用来说明,A 知道它是哪个城市。请比较一下这两种说法,看看能不能用这种方式来反驳达米特的论证。

当把涵义理论用于专名,然后再加上一种关于信念的表征(representation)理论,就得到了关于专名的描述理论。所谓表征理论,就是讨论对象是以何种形式在信念内容中呈现。我们这里所需要的表征理论是,对象是以定性的(qualitative)方式呈现于信念的,其中不含有专名和索引成分。这种定性的表征理论所要求的正是描述理论，即用被对象所满足的谓词来刻画信念内容。不难看到，如果持这种表征理论，那么专名所指称的是什么，就由独立于对象本身的信念内容确定了，这就是我们前面 10.2.1 节看到的关于信念的内部论。

明确发展一种描述理论的哲学家是塞尔（John Searle）。[①] 塞尔主张一种关于专名的簇摹状词理论（the cluster description theory）。应当说塞尔的这个理论是描述理论的精致版本，它是应对简单描述理论的一些困难而建立的。

简单描述理论可以这样表述：专名 n 成功地指称对象，当且仅当存在相应摹状词 P，使得存在唯一的对象 o，P(o) 为真。塞尔的精致化在于，把原来的那个唯一的摹状词 P 改成一组数量不确定的摹状词，只要对象 o 满足了这组摹状词中足够多的摹状词，n 就指称了 o。例如，对于"摩西"这个专名来说，这组摹状词中就包括"把犹太人领出埃及的那个人"、"与上帝订立十诫的那个人"、"埃及幸存的希伯来男婴"、"法老女儿的义子"等。一个人知道摩西与上帝订立十诫，知道他带领犹太人逃出埃及，即使他对《出埃及记》所知不多，不知道摩西曾被法老的女儿收养，也仍然知道"摩西"这个专名所指是谁。

这种精致化的动机是，簇摹状词理论可以解决简单描述理论的三个困难。我们将其依次表述为（1）分析性疑难，（2）同一性疑难，以及（3）可交流性疑难。所谓分析性疑难是指，如果专名 n 的语义是

---

① 参见塞尔："专名"，载于马蒂尼奇编：《语言哲学》，牟博等译，商务印书馆，1998 年。

用一个摹状词 F 来确定的,那么命题 F(n)就依据其意义为真,是分析命题;但是,这个命题却陈述了一个关于对象的事实,因而不应当是分析命题。所谓同一性疑难就是指,如果不同的人用不同的摹状词来确定同一个专名的语义,那么对这些人来说,专名的语义就是不同的,此时如何确定它们所谈论的是同一个对象呢? 由这个疑难自然导致交流上的问题。对于 A 和 B 来说,如果他们用不同的摹状词来确定专名 n 的语义,那么在 A 使用 n 时,B 并不知道 n 在 A 那里的意义。我们总是可能用不同的摹状词来对应于同一个专名的标记,因此,通过这个标记,我们就总是可能并不知道其意义。

簇摹状词理论仅仅承诺数量不特定的那些摹状词。在这种情况下,对于任何摹状词或者摹状词组合而成的复合摹状词 F,即使它所适用的就是专名 n,命题 F(n)仍然不能算是分析的。再者,即使说话者使用了不同的摹状词集合来确定一个专名的语义,只要这些集合中有足够多的重合元素,就能够确定所谈论的是同一个对象,并且谈话的双方能够彼此理解。

〰〰〰〰〰〰

思考:簇摹状词理论真的解决了简单描述理论的困难吗?

〰〰〰〰〰〰

描述理论,无论是简单版本还是精致版本,都可以从两个不同角度来理解,这两个角度分别对应于弗雷格对涵义的不同理解。在弗雷格那里,这两种理解不作区分,但克里普克则主张区分开。[1] 弗雷

---

① 克里普克:《命名与必然性》,梅文译,上海译文出版社,2001 年,第 38 页。

格一方面把涵义作为表达式的语义内容,[1]另一方面又当作确定指称
的方式。假如弗雷格承认摹状词表达了专名的涵义,那么摹状词就
既是专名的语义内容,又是确定指称的方式,并且在弗雷格看来这两
者是同一回事。弗雷格这样做,也就表明句子的语义内容就是其所
表达的知识,当我们理解了句子意义,也就知道它所谈论的指称,从
而获得其所表达的知识。

如果将语义内容和确定指称的方式区分开,就可以得到对于描
述理论的两种不同的理解。从语义内容角度理解描述理论就意味
着,对于任何一个包含专名 n 的句子 F(n),如果表达 n 的涵义的摹
状词是 G,那么下列情况就是真的:

1)G(n)是分析命题。

2)对于任何说话人 S,S 相信 F(n),当且仅当,S 相信 $\exists x$(G
(x) $\wedge$ F(x))。

但是,如果仅仅从确定指称的角度来理解描述理论,那么下列情况就
是真的:

3)F(n),当且仅当,存在摹状词 G,使得 $\exists x$(G(x) $\wedge$ F
(x))。

这两种情况中的后一个不需要 1)所提到的分析命题。此外,2)和 3)
之间的区别是,2)所要求的是在任何情况下或任何可能世界中都有
同一个摹状词对应于专名,用弗雷格的命题概念来说就是,2)表明 F

---

① 句子的语义内容就是人们理解句子时所把握到的东西,它在认识论上等价于
句子的真值条件。在弗雷格那里,句子的语义内容由词语以及句子的涵义确定;而在
罗素那里,则由表达式的指称所确定。在许多时候我们谈到"语义",常常与指称联系
起来,但这不是语义内容。

（n）和$\exists x(G(x) \wedge F(x))$表达的是同一个命题；但是 3）却不一定要这样解释。在 3）中所需要的摹状词"G"其实以变元的形式出现，它允许在不同情况下，或者说在不同可能世界中，有不同的摹状词与同一个专名对应。因此前一种理解要比后一种理解更强一些。

11.3.3 模态论证

对描述理论的驳斥与建立专名理论这一目的紧密相关。描述理论主张，专名指称什么，依赖于对应的摹状词。如果这些摹状词是严格的，那么专名也就是严格的。但是，从直觉来看，摹状词允许不同的对象来满足它，因此在不同可能世界中指称不同的东西。如果描述理论是普遍适用的，那么专名就无论如何不是严格的。这就使得驳斥描述理论成为必要的。

现在看克里普克如何驳斥描述理论。对于描述理论的上述两种理解分别对应于两种不同的表述：

A）对于任何专名都存在摹状词，把专名替换成该摹状词得到的命题不变；

B）对于任何专名，任何情况下，都存在摹状词，使得专名的指称为摹状词所确定。

我们可以通过对摹状词进行限定，来表明这里所表述的是简单版本还是精致版本。不过，克里普克对这两个版本的处理方式是同样的，这就是论证，至少有些专名不能为任何摹状词所替换，并且其指称不能为任何摹状词所确定。

对于 A）来说，克里普克的驳论通常被称为"模态论证"（the mo-

dal argument),对于 B)的驳论则被称为"知识论论证"(the epistemo-
logical argument)。模态论证既是驳论又是立论,它建立了专名是严
格指示词的观点,而这个观点在克里普克那里又极为重要,因此人们
普遍认为模态论证更为重要。我们先看模态论证。

模态论证的思路借助直觉展开。可以直接论证 1)是假的。例
如对于"乔治·布什"这个专名,如果它与"2000 年当选的美国总统"
具有同样的意义,那么

4)乔治·布什于 2000 年当选美国总统。

这个句子就表达了一个分析命题。分析命题依据意义为真,而这与
可能世界是什么情况无关。因此,如果 4)表达了分析命题,则它在
任何可能世界中都是真的。但是,显然布什可能并没有于 2000 年当
选,在 2000 年布什没有当选美国总统的可能世界中,4)就是假的。
因此 4)不是分析的。

同样,也可以证明 2)是假的。为此只需看下列句子就行了:

5)乔治·布什下令攻打阿富汗。

6)2000 年当选的美国总统下令攻打阿富汗。

这是用摹状词来替换专名的情形。如果摹状词"2000 年当选的美国
总统"确实分析了专名"乔治·布什"的意义,那么这两个句子表达
了同样的命题,但是在布什没有于 2000 年当选的可能世界中,即使
6)为真,5)也不是真的。这就意味着,人们可以相信其中一个句子表
达的命题而不相信另一个句子表达的命题。

模态论证的对手是描述理论。如果仅仅是反驳描述理论,那么
克里普克需要做的就只是给出类似于布什的反例,从而表明并非所
有专名都可以被分析成摹状词。但是,模态论证还有一个更强的目

的,这就是论证所有专名都不能分析成摹状词。这时所需要的就不仅仅是反例,而是一个正面的立论。为此,克里普克通过论证专名是严格指示词,而摹状词并不是严格的,来表明专名的语义不能分析成摹状词。

专名是严格指示词,这个结论并不容易接受。11.2 节我们已经给出了严格指示词的定义 R),但专名明显不符合这个定义。假定我们在现实世界中使用"布什"这个专名来指称布什这个人,也就是在现实世界中于 2000 年当选美国总统的那个人,这丝毫也不能阻止我们在另外一个可能世界中用"布什"这个名称来指称另外一个人,例如本·拉登这个人。一个名称完全可以不指称它所指称的对象,而一个对象也完全可以不为原来指称它的专名所指称。事实上,定义 R)的形式也助长了这个反对意见。这个定义使用了元语言来谈论词与对象间的关系,但没有表明有什么实质性的限制来维系这种关系。

要弄懂克里普克的专名理论,就要弄清他是怎样把定义 R)所要说的东西,与名称可以指称不同对象这个事实区分开的。关键是要注意,专名理论是一个关于专名语义的理论,它所考虑的不是名称与对象之间如何建立对应关系,而是考虑,让名称与对象对应起来的那种语义学关系具有什么性质。如果专名是严格指示词,那么这种建立起来的语义学关系将排除指称其他对象的可能性。比如,如果我们在某个可能世界中用"布什"这个专名来指布什,那么这种指称就排除了用这个专名来指本·拉登的可能性。这就是说,除非本·拉登就是布什,"布什"这个专名所指的就不可能是本·拉登;除非布什就是除了布什以外的某个人,这个专名所指的就只能是布什。

克里普克正是用布什只能是布什这一点来论证专名的严格性的。布什只能是布什本人,而不能是其他东西,布什这个人与自己本身同一,这一点就是前面所说的形而上学同一性。

不过,形而上学同一性与严格性似乎还不是一回事。形而上学同一性是事物与自身的关系,而严格性则是事物与专名之间的关系,如何用形而上学同一性支持严格性,还不是一目了然的。对照下列句子:

7)布什不可能不是布什。

8)"布什"不可能不指称布什。

句子7)所表述的是形而上学同一性,句子8)表述的是专名的严格性。克里普克所做的就是从前者推论出后者。在不考虑对象不存在的情况下,这个推论基于下述一般性的原则:

P)对于任何 x,"D"指称 x ,当且仅当, $x=D$。

当我们把布什这个人作为变项 x 的值,而用"布什"这个专名来代换"D",就可以从7)得到8)。P)的特殊之处在于,指示词"D"出现了两次,一次是被使用,被用来指称,另一次则被提及。它表明了使用与提及之间的关系,这种关系决定了我们应当如何谈论指示词,如何表述关于指示词的语义学特性。

利用P)也可以处理摹状词。看下面的句子:

9)布什可能并没有于2000年当选美国总统。

10)"2000年当选的美国总统"可能并不指称布什。

这里我们使用的不是专名,而是限定摹状词"2008年当选的美国总统"。从9)得到10)的方式是,我们用这个限定摹状词代换 P)中的"D",而用布什这个人来代入 P)中的变项。由于9)是真的,10)也就为真,由此可以得出这个限定摹状词是非严格指示词的结论。

然而,又有什么理由认为原则 P)成立呢?

其实,要找到这样做的理由,只需要注意这样一个事实:我们总是要通过使用指示词,来解释指示词的语义。比如,要说明"2000 年当选的美国总统"指称什么,我们需要使用比如"布什"这个词。在有些时候,用来解释一个指示词语义的是另外一个指示词,但是,这种在指示词之间的推移总是会结束,在这种情况下,我们就要使用一个指示词来解释这个指示词本身的意义。这是对指示词进行语义学解释的起点,在这个起点上,P)成立。在这种情况下,我们是作为指示词的使用者来看待其语义的。

P)被认为有些难以接受,是因为我们没有站在指示词的使用者角度上。确实,作为旁观者,我们不会接受这个原则。一个人用"布什"这个词来指称一个人,由这一点不能推出那个人就是布什;同样,那个人是布什,也不足以推出非要用"布什"这个词来指称他。但是,作为专名的使用者,如果我们已经用"布什"来指称了,我们所指称的那个人就不能不是布什,否则我们用"布什"所指的又是谁呢? 当然,作为旁观者,我们也许会说,"布什"所指的其实是本·拉登。但是,能够这样断定的前提是,我们对于"本·拉登"这个词的使用,又是不得不满足 P)的。这样使用"本·拉登"这个词,就给我们断定"布什"所指的其实是本·拉登提供了支点。

~~~~~~

思考:作为使用者,我们会如何解释自己对"2000 年当选的美国总统"这个摹状词的使用? 这种解释是否使这个摹状词与专名"布什"一样成为严格的呢?

500

❦❦❦❦❦

关于 P）的分析为我们揭示了指示词的视角性（perspectiveness），即指示词的语义性质对于使用者的依赖性。模态论证就利用了这种视角性。这使模态论证本质上所诉诸的就是说话人的直觉，因而是一个直觉论证。这个论证简单说来就是这样的，布什不可能不是布什，因此"布什"这个指示词是严格指示词。我们可以从形而上学同一性直接得到专名的严格性。

能不能说"'布什'不指称布什"，从而说明"布什"这个专名不是严格指示词呢？这就相当于说，"布什不是'布什'这个名称所指的那个人"，这种情况不是足以证明"布什"这个专名不具严格性的反例，因为在这个表述中我们使用了不是专名的指示词，即"'布什'这个名称所指的那个人"。而如果非要用专名，那么能构成反例的只能是"布什不是布什"，而这与形而上学同一性直接冲突。

关于专名严格性的论证之所以不好理解，是因为我们直观上认为，一个名称可以指称任何东西，因此找到专名不满足定义 R）的情况似乎并不困难。定义 R）是在元语言的层次给出的，它界定的是在对象语言中起作用的使用，因此这个定义是否被满足，需要判定的是在对象语言中出现的情况。克里普克心目中的结论，也就是在对象语言的层次中给出的。问题是，在对象语言中专名所具有的必然性，没有直接体现在关于专名的元语言陈述中，因为，在元语言中我们并没有使用专名，而仅仅是提到它。起作用的恰恰就是使用和提及之间的那种区别。

如果所有的专名都是严格指示词，而所有摹状词都不是严格的，那么专名无论如何都不能分析成摹状词。这样克里普克就否定了关于描述理论的论题 A)。

11.3.4 关于专名理论的一些讨论

至此,克里普克就论证了专名是严格的。不过,对于是否区分了专名与摹状词,局面仍然不是十分明朗,因为还不能肯定是否所有摹状词都不是严格的。例如像这样的摹状词"2 与 3 之和",以及"实际上于 2000 年当选的美国总统"就是如此。由于 2 与 3 之和必然是 5,"2 与 3 之和"无论如何都指称 5,因而按照定义 R),它是严格指示词。对于"实际上于 2000 年当选的美国总统"这个摹状词,如果把"实际上"这个词按照刘易斯的方式理解成恰好就是我们生活于其中的那个可能世界,那么这个摹状词带有索引成分,因此还不是描述理论所要求的摹状词。按这个意见,第二个摹状词并不对克里普克的论证目的构成威胁。但是,如果不这样理解,而是按照克里普克的方式理解为指称现实世界,而现实世界并不是与可能世界并列的非事实情况,那么这个成分确实会得到严格的摹状词。因为,在现实世界中当选 2000 年美国总统的是布什本人,这并不取决于我们谈论的是哪个可能世界,对于任何可能世界来说这都是真的,因此这个摹状词在任何可能世界中都指称同一个对象。

对于这种情形,克里普克可以求助于事实严格性和法定严格性的区分。"2 与 3 之和"与"实际上于 2000 年当选的美国总统"这两类摹状词都是因为必然为真的事实而具有严格性,因而所具有的严格性是事实严格性,而不是法定严格性。鉴于法定严格性与语义直接相关,而严格性是一种关于语义的性质,我们可以认为这两类摹状词的存在，并不妨碍克里普克得到的这样一个结论：就语义而言，专名具有摹状词所不具有的严格性，即法定严格性。不过，如果仅仅是采取这样一种策略，由于 11.2 节所指出的、关于这个区分具体性质的困难，克里普克的模态论证仍然是不令人信服的。

然而，似乎还是有理由怀疑，专名区别于摹状词在于其严格性。我们可以约定，以某个摹状词来确定一个专名所指称的对象，而不管这个专名实际上是怎么用的。埃文斯（Gareth Evans）设想了一种情况，例如我们用"朱利乌斯"这个专名来指称发明拉链的那个人，无论是谁发明了拉链，我们都用"朱利乌斯"来指称他，因此这个专名实际上是利用摹状词来确定专名指称的情况。[①] 这里，"朱利乌斯"看起来完全就像普通专名一样，但是它并不具有严格性。

不过，这个反例是否有效尚属疑问。克里普克在某种意义上承认这样的情况。他自己就举了一个关于"碎尸犯杰克（Jack the riper）"的例子。[②] 在警察没有破案之前，暂时用"杰克"这个专名来指称还不知道其身份的罪犯。但这种情形并没有撼动克里普克的赖以立论的直觉，即杰克可能并没有犯谋杀罪，但他不可能不是他本人。由于有这个直觉，我们不会认为用来指称杰克本人的专名"杰克"与某个摹状词间具有必然的联系，当我们使用这个专名时，这个摹状词就描述了我们心里想的内容。

就专名与摹状词的区分来说，克里普克要建立的观点是，专名是没有语义内容可言的。这个观点同时也是穆勒（J. S. Mill）的观点。

---

① Gareth Evans, "Reference and Contingency", in *Collected Papers*, Oxford, 1985, pp. 178–213.

② 克里普克：《命名与必然性》，梅文译，上海译文出版社，2001 年，第 73 页。

穆勒认为,像"达特茅斯(Dartmouth)"这样的专名并不能理解成达特河口。达特河改变航道以后,那个地方仍然叫作"达特茅斯"。在克里普克手中,这个朴实的观点充分发挥了它在哲学上的潜力。对照弗雷格的三层次意义理论我们就会看到这一点。在弗雷格那里,或者说至少在写作《命名与必然性》的克里普克心目中,涵义就是能够用来解释认知意义的内容,通过把握这种内容,我们知道句子所谈论的事实。对象和事实所在的层次则是指称的层次。专名的涵义就是语义内容,它决定其指称。如果承认是心灵所把握的内容决定了指称,就有语义内部论,而如果否认这一点,则有语义外部论。克里普克专名理论的哲学动机正是要建立语义外部论。我们将看到,语义外部论是一种全局性的理论架构。与语义外部论相比较,专名理论不过是一种局部理论。正是在这个更大的目标面前,克里普克才并不准备建立一种严格精确的专名理论。他以一种粗线条的方式勾勒出专名理论的轮廓,目的是要引向更为重要的哲学洞察。

11.3.5 专名理论:知识论论证

语义内部论可以有强弱两个版本。强版本是,存在语义内容,并且语义内容是表达式的性质,而不取决于别的东西;弱版本则是,存在语义内容,但它与表达式不存在固定的对应关系。克里普克的专名理论试图建立的观点是,不存在对于专名语义的分析,基于这种分析,专名的内涵决定了其指称。关于这个观点也可以有较强的理解和较弱的理解,它们分别针对弱和强的两种内部论。较强的理解是,对于专名来说连与之没有固定对应关系的语义内容都不存在;而较弱的理解则允许这样的语义内容存在,所否定的仅仅是那种固定的对应关系。知识论论证的目的是反驳弱版本的内部论，从而建立较强理解的外部论。

　　按克里普克自己的表述，知识论论证所要驳斥的观点是，专名的指称是通过摹状词确定的。这个观点与模态论证要驳斥的观点有所不同。模态论证要驳斥的是，对于专名来说存在可以分析成摹状词的语义内容。在 11.3.3 节里我们把后一观点标为 A)，前一观点标为 B)。用一个摹状词 F 来说明，令 n 为任意专名，那么 A)和 B)将分别对应于下列半形式化的表达：

　　　　A')对于任何专名 n，都存在摹状词 F，使得必然地 F(n)；

　　　　B')对于任何专名 n，必然地，存在摹状词 F，使得 F(n)。

从形式上看，这两者的区别在于，在 A')中，关于摹状词的量化位于模态词辖域之外，而在 B')中则位于模态词辖域之内。因此，观点 B)允许在不同的可能世界中有不同的摹状词与专名对应，而 A)则不允许这一点。这就是 B)要比 A)更弱的原因。

　　联系到克里普克所要勾勒的外部主义语义学图景来理解这个区别。如果把语义内容理解为描述性的、通过摹状词所表述的内容，那么观点 A)意味着，无论是在何种情况下或者在何种可能世界中，对于专名总是存在这样的内容，因此 F(n)在所有可能世界中都为真。而 B)则意味着，在不同可能世界中与专名相联系的语义内容可能是不同的，但无论如何总是有这样的语义内容与之联系。由此可见，B)是 A)的必要而非充分条件，即使 A)是错的，B)仍然可能是对的。既然对 A)的驳斥不足以驳斥 B)，克里普克就必须单独驳斥 B)。

　　在驳斥 A)时克里普克运用了模态论证。按照模态论证，由于专名是严格的而摹状词不严格，因此 A)为假。但很容易看出，在专名和摹状词具有这种模态性质上的区别时,B)仍然可以是真的。它不需要摹状词是严格的。为了驳斥 B),克里普克需要的是知识论论证。B)断定,为使专名有所指称,使用专名的人必须在某种意义上具有关于所指对象的信念,这个信念的表述形式中专名被替换为摹状词,而这个摹状词确定了这个对象是什么。知识论论证要证明这样的信念不是必要的。

之所以称这样的论证为知识论论证,是因为它所要驳斥的观点是这样两个观点的合取, i)关于对象的指称以关于该对象的知识作为前提, ii)这种知识是描述性的。这个观点并不承诺表述这种知识的命题必然为真,而只承诺其为真,这对应于观点 B)。如果知识论论证是成功的,那么 i)和 ii)中就至少有一个是错的。

下面我们就来看这个论证的主体部分。

对于 B)的一个直接支持性的观点是,任何一个专名"n"的指称都可以理解为是通过摹状词"被称为'n'的那个东西"所确定的。这个观点在某些情况下也许有效。例如我们知道某些人被称为"弥赛亚"(即《圣经》里的先知),而我们知道这些人是些什么样的人(他们宣称上帝要派他的儿子亲临尘世),这时我们说"弥赛亚就是那些被称为'弥赛亚'的那些人"就确实解释了"弥赛亚"这个专名的指称。但是,如果我们事先并不知道那些被称为"弥赛亚"的那些人是谁,那么这个解释就无助于确定"弥赛亚"的指称。这里有一个基本的要求,这就是用来确定指称的方式不是循环的。在某些情况下我们用来确定指称的方式并不满足这个条件。例如"西赛罗就是痛斥喀提林的那个人"就是如此。要利用这样的描述来确定"西赛罗"的指称,就要先知道谁是喀提林,如此等等。这样说来,用来确定指称的,就只能是定性的描述性的成分。

但是,原则上,定性描述的方式不能唯一地确定指称。无论添加多少描述成分,由于它们都是定性的,也就都适用于不特定的多个事物,但是,需要确定的专名指称却是唯一的个体。而另一方面,专名常常成功地指称了我们用来指称的东西。所以,下面的这个要求不能满足。

　　PR1)专名 n 成功地指称了对象 o,仅当存在摹状词 F,只有 o 满足 F。

关于西塞罗,即使我们只知道他是古罗马伟大的演说家,而这一点远不足以唯一地挑出西塞罗这个人来(古罗马的伟大演说家可不少),"西赛罗"这个专名仍然成功地指称了西赛罗。这个反例表明 PR1)是假的。

～～～～～～

思考:9.1.2 节说明了循环分析并不总是不可接受的。请结合到这里关于确定指称的问题,运用这个说明来为描述理论辩护。当然,这个辩护要以描述理论的某种弱化为代价,说明这种弱化是怎样的。

～～～～～～

当然,描述论者可以放宽要求,转而主张这样的指称原则:

　　PR2)专名 n 成功地指称了对象 o,仅当存在摹状词 F,o 满足 F。

这样一来,只要我们在某种程度上知道关于所指对象的事实,就可以成功地指称这个对象。于是,关于西赛罗的例子就不构成威胁了。

但即使如此,PR2)仍然是错的。克里普克设计了一种反事实的情形来表明此事。假定关于哥德尔我们所知道的仅仅是他证明了算术不完全性定律,于是用这个描述来确定"哥德尔"一词的指称。我们认为"哥德尔证明了算术不完全性定律"是真的。但是,假定真实情况并非如此,算术不完全性定律不是哥德尔证明的,而是另外一个人证明的,这个人是施密特。由于某种原因,这个定律被归功于哥德尔。于是情况就是,施密特证明了算术不完全性定律。现在,按照描述理论,我们使用"证明算术不完全性定律的那个人"这个摹状词所确定的指称就是施密特,既然我们用"哥德尔"来指称如此确定的对象,那么"哥德尔"这个词所指的就是施密特。但实际情况却是,"哥德尔"所指的是哥德尔,而不是施密特。这样一来,PR2)中的前件是真的,专名"哥德尔"成功地指称了哥德尔,但后件却是假的,哥德尔并不满足所说的摹状词。

这个论证并不像初看起来的那么简单。一个直接的反应是,既然使用"哥德尔"这个专名的人用"证明算术不完全性定律的那个人"来确定谁是哥德尔,那么对他来说施密特就是哥德尔,或者这样说,施密特就是叫"哥德尔"的那个人。在这种意义上,对使用者来说,PR2)仍然是对的。对此克里普克会说:确实如此,但是,正因为我们按这种方式把这个原则解释得正确,这种方式本身不可接受,这一点才表明了这个原则是错的。这个解释合乎描述论的基本精神。但是,如果这样解释,那么"哥德尔证明了算术不完全性定律"这个句子就是真的;而依据假定,这个句子却是假的。这样,通过归谬,PR2)就是错的。

对这个论证可以有一种反驳。我们可以依据唐纳兰(K. Donnellan)关于摹状词的指称性用法与归属性用法的区分来构造这个反驳。[①]

---

① 参见唐纳兰:"指称与限定摹状词",载于马蒂尼奇编《语言哲学》。

唐纳兰争辩说,在有些情况下即使所使用的摹状词不被所指称的对象所满足,这个摹状词仍然指称了该对象。例如在一次鸡尾酒会中,有人用"那个喝香槟酒的家伙"这个词,来指称一个离得较远但是在喝水的人。只要听者正确地领会说话者的意思,这个摹状词仍然成功地指称了那个人,但他并不是在喝香槟酒。在哥德尔的例子中,我们把"哥德尔"理解成这样的摹状词,就可以借用唐纳兰所描述的情况来应对克里普克的论证。这里的关键在于,即使 PR2)是错的,专名仍然可以看作是摹状词。

唐纳兰的辩护是否正确呢? 唐纳兰所给出的是一种非标准的情况,也就是说,除非说话人出于某种修辞上的目的来突出隐含意义(例如把香槟酒与娘娘腔联系起来,是说话人所在小圈子的说话方式),他不会故意使用这样错误的摹状词来指称。克里普克的论证属于误识别论证(the argument from mis-identification),通过这个论证,我们可以看到专名与摹状词在构成知识内容方面的不同特质。克里普克这样说:"如果哥德尔的欺骗行为被揭露出来了,那么哥德尔就不会再被称作'不完全性定律的发现者'了,但他仍然会被称作'哥德尔'。因此专名不是摹状词的缩写。"[①]

对这种区别,我们可以这样解释:面临误识别,摹状词将被收回,而专名则不被收回。设想这样的情形,在大雾的清晨我看到远处的一块石头,我对同伴说,"那个扫落叶的人这么早就开始工作了"。如果我发现自己弄错了,就不会再用"那个扫落叶的人"来指称我要指

---

① 参见克里普克:《命名与必然性》,梅文译,上海译文出版社,2001 年,第66 页。译文有错误,已更正。

称的东西，这时我收回了摹状词。再设想，那里确实有人在扫落叶，扫落叶的人是张三，但我误以为是李四，我说"李四这么早就开始工作了"。一旦发现错误，我会改口说"张三这么早就开始工作了"。这不是收回专名的情况，因为我本来可以说"那不是李四，而是张三"。李四仍然被称为"李四"，而不会因为我的错误而改叫"张三"。这不是不用"李四"指称我要指称的东西的情形，而是我要指称的东西不是李四的情形。

这个差别好像并不存在，因为在摹状词的情况下，我们也可以说我要指称的东西不是扫落叶的人，因此"那个扫落叶的人"也指称了它所指称的东西，即扫落叶的人。这个解释是错的。我们可以设想，在我看不到的某处确实有个人在扫落叶，而"那个扫落叶的人"这个词本该指称那个人。但即使是这样，"那个扫落叶的人"实际上也不是指那个人。我们不会认为，由于我要指的东西（那块石头）并不是那个我没有看见的扫落叶者，我错误地识别了那块石头。而在专名的情况下，虽然"李四"并没有指称我要用这个词指称的东西，即张三，但它本身是指李四的，这一点仍然在起作用，并且成为我表明自己错误地识别了张三的基础。

误识别论证揭示了摹状词与专名起作用的机制上的差异。摹状词本身可以被错误地使用，而专名的错误使用，则以正确的使用为前提。这个差异从我们对误识别的不同解释就可以看出。对于摹状词来说，误识别在于对象不满足摹状词，摹状词的使用本身并不以指称了什么为前提；而对于专名来说，误识别在于对象与专名的指称不同一，此时专名已经正确地指称了它所指的东西。

〰〰〰

思考：满足与等同都用"是"来表述，我们可以轻易地将两者区分开。考虑一下，这个区别对于这里的论证起什么作用？

~~~~~~~~~

这意味着，在某种意义上我们不可能在专名的使用上出现错误。不过，究竟该如何理解这一点，仍然需要考究一番。显然，会出现张冠李戴的情况，比如说叫错孪生子的名字。在这种情况下，我们可以把错误解释为没有正确地识别专名所指称的对象。但是，对于究竟什么才算是正确地识别了所指的对象，我们的标准并不是与这个标准相联系的可以描述的特征，而是这个对象本身是什么。要理解这种情况，我们只需要考虑这样一类情形，有些孪生子以互相扮演对方为乐，这实际上就是孪生子互相交换可描述特征的情况。如果孪生子就以这些特征为标准来识别的，那么这种互换角色的游戏就是不可理解的。只有在孪生子的身份已经以某种方式确定了以后，我们才能够有解释误识别的余地。我们会把误识别解释为已经确定的对象被赋予了它所不具备的特征。考虑到任何可识别特征都可能错误地被归于孪生子，我们就只好说，孪生子身份的确定，并不参照任何附加的可识别特征，相反，它是这些可识别特征赖以存在的基础。在这种意义上，身份的识别，换言之，专名所指对象的确定，并不依据任何特征。

这样一来我们就可以解释说，专名之所以在某种意义上不可能指称错误的对象，是因为这种指称根本上是没有认知内容的，也就是说，并不伴随着认知性的内容。既然错误仅仅产生于有认知性内容的情况，这里就不会有发生错误的余地。

这样就得到了克里普克的结论：专名的使用并不以认知为前提，

专名的指称不是通过描述性的内容或者说摹状词确定的。换言之，专名没有认知内容。

到此为止，我们看到了一个完整的知识论论证。知识论论证在介绍克里普克的专名理论的文献中常常不被重视，但我们已经可以看到，这是一个比模态论证更强的论证。它所驳斥的是模态论证所驳斥的观点的一个必要条件。即使没有模态论证，知识论论证也可以独立完成驳斥描述理论的任务。模态论证仅限于指出，专名在语义上与摹状词具有模态性质上的区别，这个区别对于任何可能世界来说都是同样的；而知识论论证则表明了，即使把摹状词与可能世界捆绑在一起，把可能世界当成运用摹状词的前提条件，我们仍然不能把专名视为摹状词。模态论证不能为何以说专名不是事实严格性意义上的严格指示词提供支持，但知识论论证却可以。对于这一点读者可以自行验证。模态论证的结果是，一般而言，摹状词不能刻画专名的语义内容。知识论论证的结果则是，即使在确定指称的角度上讲，专名也没有语义内容。

～～～～～～

思考：有些时候我们仍然用摹状词来确定指称，例如我们用"位于天王星轨道外面的大行星"这个摹状词来确定"海王星"的指称。克里普克甚至承认，命名仪式就可以这样进行。[①] 这个观点与知识论论证要建立的观点相冲突吗？为什么？

～～～～～～

---

① 参见克里普克：《命名与必然性》，梅文译，上海译文出版社，2001年，第74页，注2。

　　但是,这样一来就产生了两个问题,其一,专名的使用毕竟要以指称已经确定为前提,如果专名的指称不是通过描述的方式确定,那么又是以何种方式来确定的呢? 其二,如果专名除了所指称的对象以外并无认知内容可言,那么如何解释通过专名可以构成类似于"启明星＝长庚星"这样有认知意义的命题呢? 对于前一个问题,克里普克给出的因果链条模式,大体上可以算是一种回答。对于后一个问题,克里普克论证说,解释此类命题的认知意义,并不属于语义学的任务。下面依次看这两个回答。

11.4　因果命名理论

　　克里普克关于命名的因果链条模式(causal chain model of naming)大体上是这样的:我们通过一种命名仪式(naming baptism)来为某个对象命名,这个对象与其名称的对应关系通过名称的使用链条传递下来,位于链条末端的使用者总是以前一环节所确定的指称作为标准来确定专名指称。链条的传递机制可以这样表述:

　　　　NC)对于说话者 B 来说,n 指称 o,仅当在事实上说话者 A 用 n 指称 o。

　　这个传递机制的关键在于,B 认为应当使用 n 来指称 o,是因为位于因果指称链条前一环节的 A 事实上使用 n 指称了 o,而不是因为他认为 B 使用 n 指称了 o。这样一来,说话者 B 就不是通过"说话者 A 使用 n 所指称的那个对象"这样的摹状词来确定专名 n 的指称,甚至也不是"说话者 A 使用 n 实际上所指称的那个对象"。因为,B 完全有可能忘记了他是从谁那里得知 n 这个专名的,但实际上命名链条仍然在起作用。这里的关键在于,关于命名的因果链条并不是说话者本人所认为的那个链条,而是实际上起作用的那个链条。如果仅仅是说话者认为的那个链条,那么当他忘记是从哪里获得这个名称时,该名称就没有所指;但是,如果是实际上起作用的那个链条确定了指称,那么即使说话者忘记了名称的由来,该名称仍然成功地指称了对象。

不过,对这里描述的究竟是不是一个关于专名的理论,还存在很大疑问。克里普克本人就承认,因果链条的模式不是一个理论,它并没有给出关于专名成功地指称其对象的充分必要条件。克里普克自己举了一个例子。一位老师对学生说,最早求出圆面积的那个人是施密斯。施密斯恰好是老师的一位邻居,老师只是不想特意说明是谁最早求出圆面积,就随口说了一个名字。在这种情况下,学生关于施密斯所知道的东西不能被归于老师的那个邻居。虽然学生使用"施密斯"这个名字在因果链条上来自于老师的使用,但这一点并不意味着学生使用这个名字所指的就是老师的那位邻居。就这一点而言,老师的使用并不是学生确定这个名字指称的充分条件。[1]

也许我们会说,之所以出现这种情况,要归咎于老师不负责任的态度。如果学生知道老师仅仅是随口说了一个名字,就不会把最早求出圆面积归功于施密斯了。但是,问题在于在这个因果传递链条中,起作用的并不是老师认为自己所指称的是谁,而是老师使用"施密斯"这个名字实际上指的是谁。因此,虽然老师只是随口说是施密

---

① 参见克里普克:《命名与必然性》,梅文译,上海译文出版社,2001 年,第 71 页。

斯第一个求出了圆面积,他使用的"施密斯"这个名字仍然是指他的邻居。

　　也可以设想因果链条对于确定指称并不必要的情况,这就是埃文斯所设计的一个例子。[①] 在欧洲殖民者还没有到达非洲时,"马达加斯加"是指非洲大陆的某个部分,后来殖民者误以为这个名字指非洲东南方的一个岛,就继续用这个名字指称这个岛。在这个例子中,殖民者确定"马达加斯加"这个词的指称时,原来非洲原住民使用这个词的因果链条就失效了。这是因为在因果链条中起作用的并不是原住民认为这个词指称的是什么,而是它实际上指的是什么,但它实际上指的是什么,并没有在殖民者的使用中得到传递。因此我们就可以说,当殖民者开始用"马达加斯加"来指称那个岛时,在此之前的链条就直接消失了。此时由于指称实际上已经得到了确定,因此这个因果链条并不是必要的。

　　可以把前面的两个例子当作对于因果链条模式本身所遇到的困难,从而否定这个模式是正确的。但是,也可以把这些例子看作是这个模式不够完善的证据。克里普克就是在后一种意义上看待这些例子的,他倾向于说,因果链条是一种优于描述理论的可选项,但还没有达到能够给出确定指称的充分必要条件的地步。至少,这个模式不会被知识论论证所推翻。因果链条模式不诉诸描述性的内容来确定指称,而是把指称看作是对象本身,这样,在确定指称时,能够起作用的就只能是使用专名来指称某个对象这一事实,而不是与该使用

---

① Gareth Evans, "The Causal Theory of Names", in Evans, *Collected Papers*, Oxford, 1975.

相联系的信念。

克里普克的因果链条模式是一种语义外部论,它把指称的确定建立在整个语言共同体(linguistic community)的使用活动中,我们可以称其为社会学上的语义外部论。还有一种语义外部论把指称的确定建立在说话者所处的物理环境中,我们可以称为物理主义的语义外部论。后一种看法大致上是说,专名所指的对象就是引起使用这个专名的行为的那个东西,这也是一种因果指称理论。物理主义的语义外部论也满足克里普克的论证所施加的限制,也就是说,专名指称的是对象本身,指称的确定取决于发生指称活动这一事实,而不是伴随着指称活动的信念。

～～～～～

思考:请比较一下这里所说的语义外部论和10.2.1节所介绍的戴维森的外部论,两者的区别最终在哪里。

～～～～～

11.5 信念之谜

依据知识论论证,专名的使用在某种意义上没有错误可言,而这是因为,专名的使用并不以任何认知性的内容作为前提。但是,既然专名的使用不能表达认知意义,那就不能像弗雷格那样,解释由专名构成的等同句的认知意义。这就是克里普克的专名理论面临的第二个问题。

我们知道,弗雷格引入涵义这个概念的目的是要解释句子的认

知意义，也就是说，解释下列两个句子何以会有这样的不同，以至于
1）表达了一个天文学上的发现，而2）却没有。

　　　1）启明星＝长庚星；

　　　2）启明星＝启明星。

这个问题通常被称为"弗雷格之谜"（Frege's puzzle）。如果1）是真
的，那么它与2）具有同样的真值，这是因为，"启明星"和"长庚星"这
两个词的指称相同。但这绝不意味着它们表达了同样的认知意义，
因为，如果把它们置于信念语境内，得到的是两个真值不同的句子：

　　　3）张衡相信，启明星＝长庚星；

　　　4）张衡相信，启明星＝启明星。

这就是说，使得1）和2）有所区别的，是它们在信念语境内的所指，这
就是弗雷格意义上的命题。在信念语境内"启明星"与"长庚星"不
能在使句子真值保持不变的情况下互相替换，于是就可以说，使1）
和2）得以区别的是这两个词在信念语境内的指称，而这是它们在通
常语境中的涵义。

　　克里普克的专名理论否定专名具有可以分析成摹状词的涵义，
在知识论论证中，他进而论证了指称的确定并不以可以表述为摹状
词的信念内容为前提。从这个结论可以得到一个一般性的结论：专
名不具有涵义，也不表达相应的认知内容。

　　如果这个一般性的结论站得住脚，那么1）与3），以及2）与4）所
共有的那些专名在语义值上就不会有区别。无论是在信念语境之内
还是之外，专名的语义都是拥有专名的那个对象。于是克里普克就
不能利用3）和4）在真值上的区别来解释1）和2）在认知意义上的区
别。他甚至得承认3）和4）在真值上不会有区别，而这是一个相当奇

怪的结论。最终，克里普克要么承认1）和2）在认知意义上没有区别，要么承认，它们在认知意义上有区别，但这种区别并不来自于专名的语义，而是比如说一种语用学上的区别。

克里普克的立场是，无论1）和2）的认知意义有没有区别，都与专名的语义无关。他认为专名理论没有义务来回答这个问题，因为他的专名理论所关心的仅仅是语义，而语义学与认知意义问题无关。如果克里普克采取这一立场，那么整个认知意义问题就从语义学中消失了。这一点与弗雷格的理论动机在本质上是不同的。①

克里普克在1979年发表了一篇论文来为他的这个立场辩护。②他希望论证，弗雷格之谜不是一个关于语义的问题，而是一个关于信念本质的问题。

人们一般认为，1）和2）为何具有认知意义上的区别，这个问题等价于为何3）和4）在真值上有区别。弗雷格通过回答后一种形式的问题来回答前者。在弗雷格看来，3）和4）在真值上的区别在于"启明星"与"长庚星"这两个共指称的名称互相替换时不能保持句子真值不变。因此弗雷格之谜就可以划归为信念语境内的保真替换失效的问题。在这个背景下，克里普克的论证策略就是，说明这里并

---

① 对于弗雷格来说，整个语义学都是从认知意义问题引出的，因此语义学与认知意义问题自然而然地联系在一起。克里普克否定这个联系。联系到整个分析哲学在弗雷格那里奠基于对知识问题的关注，而这种关注自然而然地以语言哲学为基础，我们就可以在克里普克这里看到一个巨大的转折。我们可以说，整个问题的格局在这里发生了变化。总的说来，这个变化就是形而上学摆脱知识论考量，并以实在论的形式独立发展。

② Kripke, "A Puzzle about Belief", in A. Margalit, ed., *Meaning and Use* (Dordrecht: Reidel, 1979); reprinted in *Basic Topics in the Philosophy of Language*, Robert M. Harnish ed., Prentice Hall, 1994, pp. 352–392.

没有这样的替换问题,同样的问题可以用另外一种方式产生,而产生这个问题的那种方式与我们理解信念的方式相关。这样一来,克里普克就可以说,弗雷格之谜与信念有关而与语义无关,我们实际上没有理由把问题归于语义。

为了便于说明,我们不用克里普克本人的例子。在《超人》这部电影中,女主人公露易丝是报社记者,她的同事肯特是个刚入行的笨拙的年轻人。露易丝不知道肯特就是近一段时间在城市上空飞来飞去惩恶扬善的超人,她压根没有把肯特与超人联系起来。至于超人为什么要向自己喜欢的姑娘隐瞒自己的身份,这似乎还是一个谜。不过,无论如何,下面两个句子露易丝都认为是真的:

5)肯特不会飞。

6)超人会飞。

要表明这个故事对于克里普克的价值,需要引入这样一个看来非常自然的原则,我们称为"去引号原则"(the principle of disquotation):

PD)对于任何说话者 S 来说,如果 S 审慎而又真诚地相信句子"p"是真的,那么 S 相信 p。

这个原则在说话人对于一个句子的态度与说话人的信念内容间建立了对应关系,让我们可以认为说话人所赞同的句子表达了说话人的信念内容。在很多时候,我们都是通过这种方式知道人们相信什么不相信什么,例如在问卷调查中就是如此。把这个原则运用于露易丝的例子,就得到关于她的下列两个信念描述:

7)露易丝相信肯特不会飞。

8)露易丝相信超人会飞。

~~~~~~~~~~

思考:在 PD)的表述中我们省略了一个要求,即"*p*"中不含代词或者索引成分。考虑一下,为什么这个要求是必要的。

~~~~~~~~~~

这个例子说明什么呢? 露易丝并不知道"肯特"和"超人"指的是同一个对象,因此即使 7)与 8)都可以合理地描述露易丝的信念,而这两个描述相互矛盾,对于信念来说它们也仍然相容。但是,我们是站在习惯了的常识角度这样断言的,这样就让我们对信念的难解熟视无睹。不妨问问自己,可以按什么方式把两个不相容的信念解释得相容呢? 如果不借助信念,我们不可能让一个东西(即超人/肯特)既会飞又不会飞,但是,借助信念,却可以把不相容的性质同时归于一个东西。超人/肯特就可以既被路易斯认为会飞,又被路易斯认为不会飞。这说明信念具有某种特异之处。这种特异之处被克里普克称为"信念之谜"。

从克里普克的角度看,弗雷格之谜可能是由于信念的这种特异之处而产生的。在借助信念的情况下,我们可以把不相容的性质归于同一个东西;但在不借助信念时却不能这么做。这两种情况可以通过让信念语境内的替换失效来协调。在信念语境内共指称的专名不允许替换,这就直接避免人们将其"视为"指称了同一个对象。而弗雷格则把这种限制进一步解释为,在信念语境内专名所指称的是不同的对象。克里普克希望论证,弗雷格的这种做法站不住脚。为看到这一点,先比较一下信念之谜与弗雷格之谜。

产生信念之谜的前提是:

a1)去引号原则;

　　　　a2）信念的融贯性要求。

而产生弗雷格之谜的前提则是：

　　　　b1）去引号原则；

　　　　b2）保真替换原则；

　　　　b3）信念的融贯性要求。

之所以要加上 b1）这个条件，是因为这就使得弗雷格所面临的问题与克里普克所面临的问题处于同一水平上。如果我们面对的是关于信念归属的问题，那么就不能在一开始就假定一个关于信念的理论。例如，我们不能假定，持有信念就等于建立一种命题态度，即在一个人与一个弗雷格意义上的命题或者罗素意义上的命题（事实）之间建立关系。只能从关于信念表述的句子入手，也就是说，以认为某个句子为真（holding true）为起点，来考虑整个问题。如此一来，产生弗雷格之谜的前提中也要加上去引号原则。

　　如果上述前提确实分别产生了信念之谜和弗雷格之谜，那么，对比之下就可以看出，弗雷格之谜并不是一个独立的问题，弗雷格之谜可以归咎于信念之谜。

　　信念之谜就是去引号原则与信念的融贯性要求如何协调起来的问题。它要求一种关于信念的理论，而不是一个关于语义的理论。在产生信念之谜与弗雷格之谜这两者的前提中，去引号原则是一个关于信念归属的直觉性原则，它涉及我们如何理解信念，信念的融贯性要求也是如此；惟有保真替换原则是关于语义的。保真替换原则所说的是，整个命题的真值仅仅依赖于构成命题的词的指称，换言之，命题的语义值是其结构要素的语义值的函项。弗雷格解决弗雷格之谜的方式就是为信念语境内的指示成分指定语义值，由此得到一个关于语义的理论——信念语境内的名称的指称被认为不是其所对应的对象,而是涵义,由此得到三层次的语义理论。但是,如果按照克里普克所给出的信念之谜,那么弗雷格的整个思考方向都是错误的,信念语境内的替换失效问题不能以语义学的方式解决,关于认知意义的问题需要的是关于信念的理论,而不是意义理论。

如果克里普克的这个论证成功,那将是对整个弗雷格传统的重大打击。遭到威胁的是这个传统的根基,即三层次的语义理论。不过,我们很难说这个论证是成功的。为了看出这一点,不妨区分一下两种不同的信念类型,我们分别称之为从言信念(de dicto belief)和从物信念(de re belief)。

9)马利认为"那个最矮的间谍是间谍"是真的。

10)马利相信那个最矮的间谍是间谍。

11)对于那个最矮的间谍,马利相信他是间谍。

如果把10)视为对9)的解释,那么我们就说9)表达了一个从言信念。从言信念的标志性特征是,命题态度词项的辖域包含了整个命题,所有属于该命题的指示词都在这个辖域之内。在这种意义上,10)总是真的。11)则表述了一个从物信念,其标志是指示词位于命题态度词的辖域之外。11)不一定为真。如果马利并没有认出那个最矮的间谍,11)就是假的。

显然,从物信念与从言信念并不等价。这一点可以直接从前面的例子看出。10)和11)的真值不同,因而被归于马利的是两个不同的信念。对于这个差异可以有一种直观的解释:从言信念和从物信念是两种不同的信念归属方式。从言信念是把整个句子所表达的内容归于说话者,因而也把说话者确定指示词指称的方式包含于其中;

从物信念则是把句子除了指示词以外的、谓词性的内容归于说话者，而不考虑说话者确定指示词指称的特定方式。因此，如果认为说话者确定指称的方式是谓词性的，那么从言信念与从物信念就不能互相过渡。这是因为，把说话者确定指称的这种谓词性的方式从信念内容中排除出去，从而得到从物信念，这对于从言信念来说是一种损失。反之，如果认为说话者确定指称的方式不是谓词性的，那么这种排除则不一定是一种损失。

回顾前面得到信念之谜的方式就可以看出，之所以认为 7) 和 8) 把两个不相容的信念归于露易丝，是因为我们把这两个信念看作是关于同一个对象的信念，这样理解的是从物信念，而不是从言信念；但是，就 7) 和 8) 是通过去引号得出的而言，又应当被理解为从言信念。既然按照某种理解，从物信念与从言信念不等价，这种过渡就需要依据。克里普克能够给出这样的依据吗？这个问题就作为进一步的研究课题留给读者。

通常，人们并不把与信念之谜联系的论证理解为知识论论证的一部分。不过，信念之谜论证起了把专名语义与认知意义问题剥离开的作用，而这是克里普克的知识论论证所导致的论证负担（burden of proof）①。由于在弗雷格那里专名的语义内容被用来解决认知意

---

① 哲学争论遵守"谁主张谁举证"的游戏规则，由此产生举证责任的问题，通常人们称其为"论证负担"。例如，在 A 与 B 的争论中，如果 A 认为自己的观点能够解释 C，而 B 反对 A，那么 B 就有义务论证：或者 1) A 实际上不能解释 C；或者 2) B 与 A 冲突，但 B 的观点也能解释 C，且 B 的观点优于 A 的观点。在这种情况下，我们就说 B 由于主张自己的观点而招致了论证负担。只有完成了上述任务，B 的观点才算真正建立起来。判定论证负担在谁身上，对于哲学论辩来说是至关重要的。有时，哲学观点会由于论证负担过重而失效。

义问题,克里普克否定专名具有语义内容,于是就有义务论证,要解决认知意义问题,无须承认专名具有语义内容。

11.6　附录:普特南论自然类名

这里插入普特南关于自然类名的观点,以表明严格指示词理论和语义外部论以何种方式组合成一幅融贯的图景。所谓"自然类"(natural kind),就是一些被认为是自然存在的事物类别,例如黄金、穿山甲、恒星、闪电等。自然类不同于人造物的地方在于,对于人造物的分类标准是由我们自己制定的,我们按照自己的需要来确定(例如)什么是桌子,什么是椅子等;但自然类的分类标准则被认为是独立于我们而存在的。一头动物是不是穿山甲,这不是人为规定的。

思考:在把一头动物命名为"穿山甲"时,似乎可以任意地选择名称。这是否意味着,一头动物是不是穿山甲,这可以人为规定呢?

普特南构造了著名的孪生地球论证(the Twin-earth Argument),其目的是证明"意义不在头脑之中",同时,它也揭示了在何种意义上自然类名是严格指示词。[①]

先简述一下这个论证的哲学背景。弗雷格区分了涵义与指称,

---

① 参见普特南:"'意义'的意义",载于《逻辑与语言——分析哲学经典文选》,陈波、韩林合主编,东方出版社,2005 年。

并认为,词项的涵义决定了它的指称。我们可以对词项 w 的涵义做出如下解释:

1)w 的涵义就是当人们理解 w 时所知道的东西。

这个解释保留了涵义与指称的区别。我们可以理解"全世界最矮的成年男人"这个词的涵义,知道这个词所说的是全世界最矮的成年男人,但不知道谁是全世界最矮的成年男人,也就是说,不知道这个词的指称。与此同时,这个解释也能够保留涵义与指称的联系,因为涵义能够决定指称,无非是说通过理解涵义我们就能够确定指称。只要告诉我谁是全世界最矮的成年男人,我就知道它是这个词所指称的对象。

普特南不同意涵义决定指称的观点,他用孪生地球论证来推翻它。这个论证并不直接针对这个观点,而针对一个引申了的观点。这个论证的大体思路是这样的:

2)涵义决定指称;(假定)

3)人的知识对应于人的心理状态;

4)人的心理状态决定了要指称的对象是什么;(结合 1)、2)、3)得到)

5)但是,存在关于 4)的反例。得到 4)的前提 1)、3)都可接受,所以 2)不可接受。

普特南所举的关于 4)的反例就是孪生地球的思想实验。我们可以把孪生地球看作是一个与现实世界不同的可能世界。假定有一个与地球在各方面都一模一样的行星,我们称其为"孪生地球"。除了有一点不同,这就是在孪生地球上的江海湖泊里流动的液体在其他一切方面都与水相同体,但其分子结构式是"XYZ"而不是"H_2O"。这种液体也被生活在孪生地球上的居民称为"水"。两个星球上的居民在各方面都一模一样,比如心理状态、语言、生活习惯等,这使两个星球上的人交流没有任何困难。当然,我们可以设想孪生地球人与地球人关于"水"的知识完全相同,因此,"水"这个词的涵义对他们来说也完全相同。普特南论证说,即使对于地球人和孪生地球人来说,各自的"水"一词所指称的对象仍然不同。由此构成所需要的反例。

这个反例要说的不是,在旁观者发现了这两种"水"的差别,而地球人或孪生地球人都没有发现这种差别时,这个旁观者会说"水"一词的涵义并没有决定其指称。如果是这样,这就会是一个涵义的差异(旁观者发现的差异)决定了指称的不同的例子,而不是论证所需要的反例。

当然,一旦地球人知道孪生地球人所说的"水"其实是 XYZ 而不是 H_2O,他就不会认为孪生地球人所谓的"水"就是地球上的水。普特南完全承认这一点。但他并不就此承认,只有当地球人知道孪生地球人所说的"水"其实是指 XYZ 而不是 H_2O 时,双方使用的"水"这个词才指称不同的东西。因为这仍然是不同的涵义决定不同指称的例子。在地球上,"水"的涵义中包含了"具有 H_2O 这种化学结构",而在孪生地球上"水"的涵义则包含了"具有 XYZ 这种化学结构"。

普特南是不是在说,即使地球人与孪生地球人不知道水的化学结构,只要他们发现了化学结构上的不同,"水"一词的指称就会不同?但这样理解也有问题。这无非是用一种预期的涵义来确定预期的指称,在对涵义的预期中并不排除发现化学结构不同的可能性。

其实,普特南给出的反例应当这样理解:无论地球人发现水是一种什么样的液体,它的化学结构是什么,只要孪生地球上的"水"与地球上的水不是同一种液体,孪生地球人使用的"水"与地球人所指的"水"就不是指同一个自然类,它们的指称也就不同。在这个论证中谈到的化学结构,不过碰巧是我们在哲学讨论中用来解释这两种液体之间为什么不同的标准,它不必在地球人或孪生地球人的谈论中起作用。这样理解的要点是,自然类名的用法就是先确定水的样本,然后看谈到的某一种液体是否与这个样本是同一种液体。简言之,人们并不通过"水"一词的涵义来确定什么是水,而是通过与这个词相联系的样本来确定什么是水。在任何情况下,都始终要使用同一样本来确定什么是水,正是在这种意义上,"水"这个自然类名是严格指示词。

对于像穿山甲这样的自然类来说,在不知道穿山甲的 DNA 结构之前,或者说在不知道什么是区分穿山甲这种动物的决定性的标准之前,人们已经能够大体区分穿山甲与(比如说)食蚁兽,并且,关键在于,人们已经能够有意义地谈论穿山甲这种动物。人们采取的方式就是拿一只穿山甲作为样本来与所谈到的动物相对照,而对照要从哪些方面进行,则取决于什么叫作"同一种动物"。

在这种意义上理解,普特南的反例是这样的:即使地球人与孪生地球人关于各自被称为"水"的东西拥有一模一样的知识,也就是说,"水"一词的内涵对他们来说是一样的,按照他们确定什么是"水"一词的指称的方式,"水"的指称也不相同。这里的关键是,地球人与孪生地球人确定什么是水的方式,并不依赖于他们关于水具有什么样的知识。他们仅仅是把各自地球上的那种液体作为样本来确定什么是水而已。

思考:请考虑下面两种情况是否使"水"一词改变了指称:

1)人们后来发现,水的化学结构并不是 H_2O,而是(例如)XYZ;

2)人们后来发现,不应当把化学结构作为衡量是否是同一种物质的标准,而应当使用另外一种完全不同的物质特性。

按照这种方式解释自然类名的语义学,也就很容易看出为什么自然类名是严格指示词。这里不费笔墨,请读者自己来完成思路。

11.7 形而上学

11.7.1 模态本质主义

模态本质主义是克里普克专名理论所包含的一个非常重要的哲学洞见,这个洞见在某种程度上改变了人们思考形而上学问题的方式。

所谓本质(essence),就是使某对象成其为某物的条件。本质主义观点认为,存在着能够被称为本质的东西,它决定了对象是什么。古典的亚里士多德式本质主义(Aristotelian essentialism)提供了一种理解本质的框架,这就是把本质与事物的概念联系起来,从而充当对概念的定义。人们常常把这样的本质称为"名义本质"(nominal essence)。这种本质主义观点试图理解的一般是存在物的类别,而不是特殊的存在物。

模态本质主义(modal essentialism)与亚里士多德式本质主义相对照,可以用下面的模态命题来表述:

> ME)某对象 o 的本质是 F,当且仅当,如果 o 存在,那么 o 必然地满足 F。

首先,这种本质概念并不限制在存在物的类的水平上,o 既可以是特定对象,也可以是一个类。其次,这个表述对于本质使用的是谓词的形式,但并不排除在这种形式中包含指示的成分。其实我们很快就会看到,其中一定要包含指示词。第三,这里所使用的是从物模态命题,而这是模态本质主义的标准形式。

为了在模态本质主义的意义上确定一个本质,所需要的不是寻求关于存在物概念的定义,而是确定从物模态命题的真值。这样,模态本质主义就允许把能为命题所表述的东西当作本质,这个范围很可能不同于亚里士多德式本质主义。在亚里士多德式本质主义那里,能够成为本质的东西总是某种定性的东西。例如说,模态本质主义允许"与自身等同"成为本质,但亚里士多德式本质主义排斥这一点。这是因为在没有确定这里提到的"自身"是什么之前,"与自身等同"究竟是什么性质,仍然不得而知。模态本质主义允许这一点,仅仅是因为"$a=a$"是一个必然为真的命题。

此外,ME)这个从物模态命题并不足以表明,我们实际上是如何理解存在物的,但它却是建立这种理解的必要条件。为看到这一点,我们只需注意到,一个不合乎 ME)要求的谓词不可能包含在 o 的定义中。这意味着一个亚里士多德式的本质必须是一个模态本质。模态本质主义放宽了对于本质的预设要求,因而实际上是一种比亚里士多德式本质主义更为基础的本质主义表述。

模态本质主义并不是一种具有确定内容的观点,而是建立本质主义观点的形式,至于这些观点是什么,取决于我们把什么样的命题作为 ME)的实例。克里普克认为下面几种观点都是真的。

第一种观点是,由严格指示词构成的等同句或者其否定句表达了关于严格指示词所指对象的本质。例如这样的等同句:

1)启明星=长庚星;

2)启明星不是火星;

3)水=H_2O;

4)水不是甲烷。

第二种观点是,由严格指示词构成的表示种属关系的句子表述了本质。例如:

5)猫是动物;

6)鲸鱼不是鱼;

7)克里普克是人;

8)克里普克不是机器人。

第三种观点是,由严格指示词构成的表示对象的材料构成的句子表述了本质。例如:

9)这张桌子是木头做的;

10)石头的主要成分是硅酸盐。

第四种观点是,由严格指示词构成,表示生物体的出生的句子表述了本质。例如:

11)约翰是杰克和玛丽的儿子;

12)骡子是由驴和马杂交而生的。

这四种观点的共同特征是,其一,都是由严格指示词构成的、表示相应对象间的关系的命题；①其二，这些命题通过同一种方式与ME)相联系，即，如果这些命题实际上是真的，那么它们必然为真，也就是说，只有在这些命题实际上是真的情况下，才能得到合乎 ME)的模态本质主义观点。前一个特征表明建立这些观点的方式依赖于克里普克关于专名和严格指示词的理论，后一个特征则与克里普克思想的一个非常有趣的方面相联系，这就是，关于本质的断定是否为真，依赖于现实世界是怎样的。

就第一种观点来说，如果在现实世界中启明星就是长庚星，那么在现实世界中"启明星"和"长庚星"指称同一个对象；它们都是严格指示词，因此在所有可能世界都指称同一个对象；这意味着，启明星必然是长庚星。另一方面，如果在现实世界中启明星不是火星，那就没有启明星是火星的可能世界。如果情况相反，在某个可能世界中启明星是火星，那么由于"启明星"和"火星"是严格指示词，在所有可能世界中启明星都是火星，于是在现实世界中也是如此；但是，依据假定，在现实世界中启明星不是火星，这个矛盾表明没有在其中启明星就是火星的可能世界。

对第二种观点，我们可以结合关于自然类名的严格性来理解。确定自然类名指称的方式独立于任何可能世界，因此，一旦确定了属于该类的对象是否严格指示词的所指对象，那么该对象是否属于这个自然类，在所有可能世界中就都是同样的。因此，如果在现实世界中某对象属于一个自然类，那么在所有可能世界中都属于该类。

---

① 在9)中，"这张桌子"这样的指示词也是严格的，关于这一点我们不准备涉及。可参见 Kaplan, "Dthat", *The Philosophy of Language*, 3rd ed, A. P. Martinich ed., Oxford, 1996。

第三种观点是,例如,如果这张桌子(我们用一个严格指示词"B"来指称它)是一块木料(用严格指示词"A"来指称)制作的,那么任何除了 A 以外的其他材料(例如 C)制作的桌子(例如 D)都不是 B,无论它与 B 有多么相像,也就是说 B 必然地是由 A 制作的。这个观点其实不难理解。如果 B 与 D 是由不同材料制作的,那么它们就不是同一张桌子。

第四种观点可以按类似方式理解。如果约翰实际上是杰克和玛丽所生,那么他必然地是由杰克和玛丽所生的。这是因为,不是由杰克和玛丽所生的人与约翰不是同一个人。

在第三、第四种观点中起作用的是同一物不可区分的原理,也就是说,有所区别的东西不是同一个东西。不过,这里有两个限制,其一,用来区别的谓词必须包含严格指示词,因而,实际上就是一种关系谓词;其二,所要区别的东西可以用与严格指示词所指对象的关系来进行个体化。出于这种考虑,由白色的材料制成,这一点就不是本质属性,这是因为它不满足第一个要求。制作这张桌子的材料无论是什么,都将具有不是白色的可能性。此外,是杰克和玛丽的养子,这一点也不是约翰的本质属性,这是因为这个性质不能用来进行个体化,因而不满足第二个要求。只需要考虑,同一个人可能为不同的夫妇所收养,就能够明白这一点。

模态本质主义的一个有趣之处是,它允许通过确定现实世界的状态来确定事物的本质。例如,通过研究发现金刚石实际上是由碳元素构成的,这就意味着由碳元素构成是金刚石的本质。对现实世界展开研究,这是科学的任务。因此,模态本质主义允许通过科学研究来确定事物的本质,这就为把科学引入形而上学研究提供了理论依据。模态本质主义，实际上就是一种科学本质主义（scientific essentialism）。

正如亚里士多德式本质主义规定了传统的亚里士多德式形而上学的探究方式，模态本质主义规定了另外一种即当代形态的形而上学探究方向，对这个探究方向的哲学内涵的刻画，是克里普克在分析哲学传统中留下的不可磨灭的印记。下面我们就来讨论这种本质主义的哲学内涵。

11.7.2　实在论的形而上学

在 8.1.1 节我们提到，康德式形而上学是一种继亚里士多德式形而上学之后的探究方式，它用对于概念框架的探究代替了亚里士多德式形而上学对于事物本身的探究。在康德式形而上学中，关于概念框架的知识被解释为先验知识，并被表述为先验综合命题。我们已经知道这一做法在反怀疑论方面的动机。先验综合命题其实是先验主体建构知识的前提条件，它表明了先验主体如何把经验对象作为知识的对象构造出来，而按这种方式构造的东西自然而然是主体所能够认知的。这样，不是知识要去适应知识之外的对象，而是知识的对象反过来要适应构造知识的概念框架，这就是康德所谓的"哥白尼式的革命"。这实际上就是一种唯心论或反实在论，它把知识的对象当作依赖于心灵的东西。在这种意义上，作为构建经验对象的框架，康德式形而上学其实是构建经验对象的规则。这种规则限定了经验对象能够是怎样的，对象不能超出这种知识的范围，因此这些知识是必然的。这样，我们就得到了关于康德式形而上学的两个要点：

α) 形而上学是经验知识的限制性条件;

β) 形而上学知识是一种先于经验的知识。

这两个条件的前一个说,概念框架是构造经验知识的必要条件,这样就保证了形而上学知识的必然性;后一个则说,这种概念框架本身是先于经验可知的,这样就保证了形而上学知识的先验性。两者合起来就确保了经验知识具有可靠的基础。

应当说克里普克的模态本质主义(当然,不是类似于上面所说的那四种模态本质主义观点,而是这些观点的一般形式)颠覆了康德式形而上学的基本理念。形而上学在克里普克的意义上仍然是关于存在物本身的知识,也就是说,是关于可经验的事物本身的知识,确切地说,是克里普克所说的关于对象本身的必然知识,即模态本质主义意义上表达本质的命题。由于模态语义学的建立,这类命题的模态性质得到了更为细致的区分。

我们可以按照 11.1.3 节关于两类可能世界的区分,来划分出知识论模态和形而上学模态,或知识论可能性和形而上学可能性。所谓知识论可能性,就是指相应认知条件所允许的可能性。由于克里普克关于模态主张形而上学解释,我们就可以专门把"必然地"和"可能地"这样的模态词留给形而上学可能性。相应地,知识论意义上的模态就体现为命题的先验性和经验性,依据知识论可能性为真的命题是先验的,而需要补充一些认知内容才能够得到确定真值的命题则是经验的。于是我们就可以在克里普克的框架内说,必然为真的命题穷尽了对象本身的可能性,也就是说,穷尽了克里普克所说的形而上学可能性,而先验为真的命题则穷尽了我们的认知条件,穷尽了知识论可能性。

在克里普克的这个术语框架内看康德关于形而上学的理解，α)所说的是，形而上学可能性限定了知识论可能性。按这个思路容易看到 α)蕴涵 β)。由于形而上学可能性限定了知识论可能性，穷尽了形而上学可能性的命题同时也就穷尽了知识论可能性，不需要附加任何认知性的内容就可以判定这样的命题是否为真，这样的命题表达了先验知识。显然，在克里普克这里，康德传统的标志就是，承认所有先验命题都是必然的。

克里普克对于康德传统的背离首先体现在模态本质主义观点的一般形式上。观察前面列举的那些本质主义观点就可以看出，所有命题当然都必然地具有其真值，也就是说，如果其为真，那么就必然地真，如果为假，则必然为假。这些命题同时也是关于对象本身的命题，也就是说是形而上学命题。但是，这些命题却不是先验命题。启明星是不是长庚星，这一点只有通过经验探究才能确定。同样，其他命题是不是真的，也需要经验证据。由此立即得出，β)是错的。由于在康德的框架内 β)为 α)所蕴涵，这就意味着 α)也是错的。

不过，模态本质主义的命题是经验必然命题，这一点看起来并不容易接受。如果启明星不可能不是长庚星，那么就不可能发现启明星不是长庚星，但是，在人们不知道启明星是不是长庚星的时候，错误地认为启明星不是长庚星，这仍然是可能的。事实上，正是因为有这种可能性，启明星是长庚星，这个命题才表达一种知识。如果启明星不可能不是长庚星，那么断定启明星是长庚星，就不会增添任何知识。但是，"启明星是长庚星"这样一个命题作为经验命题，应当是能够增添知识的。

克里普克会拒绝这样看问题。为了明白他的立场，可以对比下

列两组表述:

  1a) 可能存在经验证据,表明启明星不是长庚星;

  1b) 如果启明星是长庚星,那么启明星就不可能不是长庚星。

  2a) 可能存在一个证明,表明哥德巴赫猜想不是真的;

  2b) 如果哥德巴赫猜想是真的,那么它不可能不是真的。

这两组表述不在一个层次上。每组表述的前一个都是关于我们的认知条件的陈述,后一个则都是关于所认知的对象的陈述。这两组陈述的区别可以这么说明,启明星是长庚星,这一点排除了启明星不是长庚星的情况,但并不因此而排除存在着某种情况,我们发现启明星不是长庚星的证据。比如说,我们发现早晨出现在东边天空的那颗星,其运动轨迹并不与黄昏出现在西边天空的那颗星的运动轨迹重合,而这使我们有理由断定启明星不是长庚星。但是,这种情况对于克里普克来说仅仅是早晨东边天空的那颗星不是黄昏西边天空的那颗星的情况,而这不是启明星不是长庚星的情况。对于哥德巴赫猜想也是同样如此。我们也许在用计算机进行证明的时候发现它证明了哥德巴赫猜想不成立,但后来发现机器出了问题,因此早先的证明并没有推翻哥德巴赫猜想。无论如何,这都是我们的认知状况所面临的可能性。对于哥德巴赫猜想本身来说,如果这个猜想本身不成立,那么它不成立,这一点却是必然的。

  一旦明白知识论可能性与形而上学可能性不重合,我们自然就会把关于认知意义问题归于前者而不是后者。在这种情况下,即使启明星实际上就是长庚星,表明启明星不是长庚星的证据仍有可能出现。换言之,即使启明星必然是长庚星,我们发现这一点,仍然需要某些证据来排除一些知识论上的可能性。

事实上,承认经验必然命题,恰好就是实在论的形而上学所具有的特征。我们看到,之所以有经验必然命题,是由于形而上学模态与知识论模态区分开了。这种区分之所以可能,也正是因为承认了事物本身的状况独立于我们的认知条件,而这正是实在论立场。由此我们可以理解,为什么克里普克会否决康德式的形而上学。这是因为后者是反实在论的形而上学,或者说,是唯心论的形而上学。

～～～～～

思考:11.5节中关于信念之谜的讨论把认知意义问题与语义学分隔开了,这里我们又看到知识论可能性与形而上学可能性也被分隔开了,这两种区分有什么联系呢?

思考:请回顾一下关于罗素的实在论立场,看克里普克的立场与之有何关系。

～～～～～

经验必然命题的存在表明,有些属于知识论上可能的情况在形而上学上是不可能的,例如,在启明星实际上是长庚星的情况下,启明星不是长庚星在形而上学上就是不可能的,但它在知识论上却是可能的。这是区分形而上学可能性与知识论可能性的一个后果。另外一个后果就是,有些在知识论上不可能的情况,在形而上学上却是可能的。对此克里普克给出了先验偶然命题。例如

　3)巴黎的标准尺在时刻 t 的长度是一米。①

就是这样一个命题。它先验为真,这是因为人们规定了存放在巴黎的那根金属杆在这个时刻的长度是一米,因此,不可能有证据表明它

---

① 实际上是标准尺上的两根刻线之间的距离。我们不考虑这些细节。

实际上不是一米。事实上,说有这样的证据是没有意义的,在我们的测量系统中,"一米"所指的长度是多少,是通过参照这根杆此时的长度来确定的。但另一方面,这根杆在时刻 t 的长度可能不是像它实际上所是的那个长度,可能会由于温度的不同,这根杆具有不同的长度,因此在时刻 t 其长度是一米,这是偶然的。

对于命题 3)是先验偶然命题,可能会有一些反对意见。第一个意见是,这个命题真的是先验命题吗?即使我们承认这个命题是出于规定为真,要理解这个命题,似乎仍然需要知道"巴黎的标准尺在时刻 t 的长度"所指的究竟是什么,而这却是通过实指来确定的,也就是说,要通过经验来确定这个指示词的指称。没有这种经验的成分,3)仅仅是一个贫乏的断言。例如"白马是马"这样一个句子,如果不知道白马是什么,这个句子仅仅是贫乏地为真,人们并不知道这个句子所断定的是什么。因此,在一种自然的意义上说,要以非贫乏的方式知道 3)为真,就要以关于巴黎的标准尺在时刻 t 的长度的经验知识为前提,而这意味着 3)是一个经验命题。

这个意见不成立。它混淆了理解一个句子与知道一个句子为真,在仅仅需要一个句子为真的情况下把理解一个句子的条件拉进来了。按这个意见的思考方式,"白马是马"这个句子表达了一个经验命题,但它表达的应当是先验命题。同样,像"如果天在下雨,那么天在下雨"这样的句子也是如此。理解一个命题是一回事,判断这个命题是不是先验命题,这是另外一回事。一个命题是否先验命题,取决于是否需要经验来确定其是否为真。一个命题的内容中也许包含了需要经验才能加以确定的东西,但这些东西并不影响命题的真假,这却是可能的。在这种情况下,我们得到的就是先验命题。

另一个反对意见针对3)的偶然性。按这个意见,既然我们通过这个命题确定什么是一米,那么这个命题就必然为真,因为,这个命题为假的情况就是一米不是一米的情况。我们实际上是这样理解这个命题的:无论巴黎的那根杆在时刻 t 的长度是多少,它都是一米,即使因为温度不同,它的长度不是实际的那个长度,情况也是如此。我们不能有意义地否定3)是真的,因为如果它是假的,那么我们所说的"一米"又是指什么呢?

针对这个反对意见,似乎可以这样辩护:在确定什么是一米时,3)当然是必然为真的,但是一旦按这种方式确定了什么是一米,3)就可以有意义地为假了。持这种看法的人可以进一步说,我们关于3)这样的命题的理解是动态的,这种动态的特点是我们的探究过程所具有的。先是利用一个命题来达到一点,然后从这个点出发才能获得知识,但是,从这种知识回过头去看,原来的起点不可避免地发生了变化。为了描述这种变化,我们可以把作为必然命题的3)理解为赋予"一米"以意义的语法句子,而把理解为偶然命题的3)解释为表达知识的命题,即经验命题。按照这个句子所起作用的不同,我们可以协调这两种不同的理解。

这个辩护不适合于克里普克的目的。一米的长度不可能不是一米,因此"一米"是严格指示词。但巴黎标准米在时刻 t 的长度可能不是实际的那个长度,因此"巴黎标准米在时刻 t 的长度"不是严格指示词。3)是通过描述来确定一个严格指示词的指称的情况。如果巴黎标准米在时刻 t 并不是它实际所是的那个长度,那么它就不是一米长。因此不能说,无论它在时刻 t 有多长,这个长度都是一米。这样一来,3)为真就是偶然的。

这里的关键是区分这样两件事。第一件事是,在时刻 t,我们用某个东西与巴黎标准米相比照,由此知道这个东西是一米长。这时,无论标准米有多长,这个长度我们都说是一米。第二件事则是,标准米本身的长度可以变化,因此在时刻 t 它可能不是一米长。对第一件事,我们可以说这是就知识论可能性来谈论,我们把标准米的长度作为断定什么是一米的标准。一个极端的情况是,我们用标准米来测量它自己,它本身不得不是一米长。这正是 3)在知识论上具有先验性的情形。我们所知道的一米,就是标准米在时刻 t 的长度,而无论这个长度是多少。第二件事则是就标准米本身来说的,关系到关于巴黎标准米的形而上学可能性。标准米的长度是可以变化的,因而绝不排除在时刻 t 的长度不是一米——它实际上是一米,这是偶然的。这表明,3)在知识论意义上是先验的,它排除了我们认为标准米不是一米的可能性;但在形而上学的意义上,标准米不是一米,则是可能的。这两种意义的区别存在于我们必须认为标准米的长度,与标准米实际的长度之间。

康德传统从弗雷格那里就已经在分析哲学的核心处扎下了根,这体现为通过语言来分析知识的基本动机。这个动机预设了语言对于知识的优先性,因而,关于语言的研究就是关于知识是如何构成的研究。在这个传统中,语义学将回答关于知识的本质的问题,语义学就是康德先验范畴学说的当代对应物。在这个意义上,语义学构成了一种先验知识,这种知识是经验知识的基础;语义学实际上就是康德式的形而上学。逻辑经验主义虽然并不认同形而上学的合法性,但实际上仍然在这个传统中工作。

对这个传统的有意识脱离是蒯因的自然化知识论所达成的效

果。在蒯因那里，语义学被关于语言的行为主义心理学所吸收。事实上，这种脱离从罗素的中后期就已经开始了。罗素和蒯因都采取了取消语义学的独立地位的策略，其结果是经验论的成分从外部侵蚀弗雷格所留下的语义学遗产。对这个遗产的正面清除在克里普克的专名理论中才真正启动，这个理论从语义学内部排挤弗雷格传统。按照克里普克的专名理论，语义学应当独立于认知内容，关于认知意义的问题与语义学无关，因而弗雷格的哲学分析动机是无效的；按照他的模态本质主义，我们可以建立一种独立于知识论的形而上学，这种形而上学可以从经验研究得到结论，因而离科学更近。

克里普克在分析哲学的演进中占据了一个不可忽视的位置。他为当代分析传统的形而上学研究提供了一种相对自由的形式，使形而上学不再拘泥于传统的康德式进路，不再需求以独立于经验的方式从事概念研究，而是可以自由地借用经验研究的成果来构建关于世界的哲学图景。于是，科学研究与形而上学研究相重合了。

尽管如此，克里普克学说究竟是否融贯，它的真正涵义是什么，由此将产生何种哲学后果，还是引起了广泛的争论和强烈的反弹。许多哲学家试图恢复语义学与知识论的连接关系，有的哲学家从对语义学的修改入手，来使语义学能够刻画认知意义，有的哲学家则修改我们关于知识的理解，以此来适应克里普克所阐述的语义外部论。这些话题不属于这里所要处理的内容。

无论如何，克里普克的模态本质主义提供了一种相当深刻的洞见：要把知识论的东西从语义学或形而上学中区别出来。这个区别也许仅仅是一个起点，因为，有趣的问题是，这样两个不同的东西是怎样联系起来的。为了看到这个问题，我们只需要注意知识是关于对象的知识这个简单的事实。对于形而上学可能性与知识论可能性这个对子来说，情况就是，"启明星可能不是长庚星"这个句子既能表达形而上学可能性，又能表达知识论可能性。当这个句子被解释为表达知识论可能性时，可以解释说这表明了我们还没有足够的证据来确定启明星是不是长庚星，因此这种可能性关乎我们的认知条件。但是，知识是关于对象的知识，这一点决定了这种表达出来的认知条件是关于启明星和长庚星本身的认知条件，因此，只有当"启明星可能不是长庚星"这个句子被理解为是关于启明星和长庚星本身的可能性，从而被理解为一种形而上学可能性，它才表达了知识论上的可能性。就这种状况而言，真正需要解决的问题恰恰是，这两种被认为可以区分开的可能性应当怎样联系起来。对这个问题，克里普克的理论没有提供任何提示；对这个问题的解决，很可能会推翻这个理论。不过，无论如何，只有建立在克里普克所提供的洞见的基础上，这项进一步的工作才是可能的。

阅读建议

克里普克在 1970 年于普林斯顿大学发表的演讲《命名与必然性》（梅文译，上海译文出版社，1988 年）已经成为一部经典著作，是了解克里普克的必读文献。该书文字浅显，但其技术含量一点也不低，在涉及论证的时候必须仔细揣摩。克里普克有篇较短的文章，可从中找到关于模态和同一性的技术性更强一些的表述，即"同一性与必然性"（"Identity and Necessity", in *Identity and Individuation*, M. K. Munitz ed., New York University Press, 1971）。

建议选读克里普克的"信念之谜"（"A Puzzle about Belief", in

A. Margalit, ed., *Meaning and Use*, Dordrecht: Reidel, 1979; reprinted in *Basic Topics in the Philosophy of Language*, Robert M. Harnish ed., Prentice Hall, 1994, pp. 352–392)。这篇文章处理信念之谜,从中可以了解克里普克关于专名的理论如何与弗雷格的涵义理论建立对照关系。

克里普克的上述两篇论文收在一本文集 *Philosophical Troubles: Collected Papers*, Volume I(Oxford, 2011)中。

建议选读普特南的文章"'意义'的意义"(收于《逻辑与语言——分析哲学经典文选》,东方出版社,2005 年)。这篇文章给出了普特南的意义理论的标准表述,其中包含了孪生地球论证以及关于自然类名严格性的论证。

关于克里普克的导论可以读伯吉斯(John P. Burgess)的 *Saul Kripke: Puzzles and Mysteries*(Polity, 2013),该书是"Key Contemporary Thinkers"丛书中的一部。

第 12 章　维特根斯坦:实践与哲学

理解维特根斯坦的后期思想,与理解他的前期思想,面临不同的困难。《逻辑哲学论》提供了一整套环环相扣的命题系统,要在这些命题之间建立可以理解的联系,需要付出巨大的智力劳动;《哲学研究》所给出的却不是这样的命题系统,而是一组松散的素描,它要求的似乎不是一种智力,而是某种趣味或者说鉴赏力。对比是鲜明的。在前者,维特根斯坦想说出些什么,在后者,他却要读者看出些什么。在《逻辑哲学论》结尾处,维特根斯坦建议抛掉正文中的命题系统,以达到他所需要的理解——他要求的理解实际上超出了这些命题。即使理解了所有这些命题,它们所达到的效果也仅仅是把读者引向一个这些命题无法达到的地方。这里有种思想上的深度,命题的排列方式体现了某种透视效果,视野的尽头就是实在、价值,或者其他那些终极的东西。但在《哲学研究》中,这种深度感消失了,一段段的文字似乎只是在一个单一的层次上徘徊,似乎刻意要把读者的注意力拉向一个极易错过的浅表层次。这里有种奇特的困难,理解上的困难与风格上的平易形成强烈反差,使读者无所适从。维特根斯坦说,他写作《哲学研究》的目的就是要给捕蝇瓶中的苍蝇指出一条出路。这暗示读者,在此路不通的情况下换一个方向就会摆脱困境。苍蝇一次次撞向玻璃,要弄清有什么东西挡住了去路。苍蝇的困境在于,专为困住它而设置的陷阱，被它看成某种必须克服才能前进的障碍，于是它一次又一次地冲击面前的障碍，而不知道出路就在身后。苍蝇的问题不在于力量不足，而在于失去了方向。同样，在阅读《哲学研究》时，我们也面临转变方向的问题。我们面临理解上的困难，不是由于智力不够，而是方向不对。

《哲学研究》无疑是一本一流的哲学著作。它的成就不在于满足了我们对于真理的预期，而在于让我们看到这种对哲学真理的预期是一种错觉，它阻止我们看到事情的真相。这让人想起皇帝新衣的故事。问题在于遏制关于新衣的预期。维特根斯坦的后期思想被很多人认为对哲学起了破坏作用。罗蒂则欢呼，维特根斯坦表明，用文化来取代哲学的时代来临了。我认为这些论断为时尚早。在维特根斯坦那里，真正的哲学是一种实践，而不是一种理论，不存在哲学命题，只有哲学活动。哲学是一种独特的实践，它让其他实践活动各就其位。

整部《哲学研究》都在与这样两种关于意义的理解作斗争：其一，词语的意义在于它确定了词语的指称，其二，语言具有意义在于使用语言时所伴随的心理活动。这两种看法似乎都是自然而然的。前者把语言与对象联系起来，后者则把语言与心灵联系起来。因此，两者一起就让语言连接了心灵与对象。一种让人满意的知识概念也就可以建立起来了。

按第一种理解，仅当词代表着对象，由词构成的句子才能表达知识，因为知识无非就是关于对象的知识。所以即使不像罗素那样认为意义本身就是指称，我们至少也应当承认，语言具有意义的必要条件是具有指称。正是出于知识论上的考虑，在引入了"涵义"这个概念之后，弗雷格仍然认为，就一种理想的情况而言，没有指称的词项不应该存在。

而按照第二种理解，则知识是一种信念，词必须通过信念与对象建立联系，才能具有意义。按这种理解，对于意义重要的是有一种心理状态伴随——句子具有意义，在于表达了某种心理状态。

这两种看法并非不能相互协调，但维特根斯坦对做这种协调工作不感兴趣。从他的角度来看，这两种观点都受制于这样一种考虑：为了能够表达知识，意义应当是怎样的，关于知识的预期决定了我们如何看待意义。

令人忧虑的是，单一的知识论诉求在方法论上很可能起误导作用。对哲学真理的古老追求推动着人们试图通过哲学研究达到一种概念性的知识，或者说某种必然的知识。这种动机与以知识为目的的意义理论形成了一个闭合的圆圈：为了达到知识，我们需要一种意义理论，而这种意义理论本身又以知识的形式产生出来。知识与意义的相互促动使哲学在一个方向上越走越远，而这个方向本身却没有被质疑。

对于理解维特根斯坦的思考方式来说，上述背景起了参照作用。

在正式介绍维特根斯坦的后期思想之前，建议读者对于区分维特根斯坦前期与后期的通行观点持保留态度。通常认为维特根斯坦的思想从《逻辑哲学论》到《哲学研究》的发展经历了剧烈的转变。这种剧烈的转变是否真的发生，要以对维特根斯坦思想的完整理解为前提才能确定，而这种理解迄今为止并没有达成。因此在这里我不准备对这一观点作任何评价，只是要求读者在学完本章后，按照自己阅读原著的经验来加以判断。

12.1　概念综观法

与《逻辑哲学论》不同,在《哲学研究》中维特根斯坦似乎竭力避免做出严格的断言。他总是摆出一个个例子,通过这些例子引导读者看到一些要点。他称这种方法为"综观"(übersehen)。他说:

> 我们对某些事情不理解的一个主要根源是我们不能综观语词用法的全貌。——我们的语法缺乏这种综观。综观式的表现方式居间促成理解,而理解恰恰在于:我们"看到联系"。从而,发现或发明中间环节是极为重要的。
>
> 综观式的表现这个概念对我们有根本性的意义。它标示着我们的表现形式,标示着我们看待事物的方式。(这是一种"世界观"吗?)(122 节)①

举个例子。在考察理解时(138 节以下),维特根斯坦想说明理解并不是一种心理过程。但在指出这一点之后,却没有下多大工夫来对理解究竟是什么给出说明,而是转向了对"阅读"这个概念的阐明。为了不与关于"理解"这个概念的讨论纠缠在一起,他特意指出,要考察的是不带理解的阅读(156 节)。注意,维特根斯坦并不是要在理解与阅读之间建立一种过渡关系,在论证阅读不是一种心理过

---

① 参见维特根斯坦:《哲学研究》,陈嘉映译,上海世纪出版集团,上海人民出版社,2001 年。后文引此书均只注明该书第一部分的分节编号。安斯康(G. E. M. Anscombe)的早期英文译本(Blackwell, 1958/1986)把"übersehen"译为"clear view"(清晰的图景),不确切。2009 年的英译本第四版则改译为"overview"(综观,全览)。

程之后，着手证明理解不是一种心理过程。可以说这里起作用的是一种类比关系，即，在阅读不是心理过程的意义上，理解也不是心理过程。这里，关于阅读的考察就是一种中间环节。

在另外一些情况下，维特根斯坦设计的中间环节与论题直接相关。例如在 156 节讨论了假装阅读的情况之后，就会有人认为真正的阅读是一种自觉的心理活动。157 节就设想了一种阅读机器的情况。这时仍然有阅读，但没有心理过程。接着，160 节设计了一种感觉错位的阅读，以说明是不是真正在阅读，并不取决于伴随的感觉；163—164 节又以类似的方式表明真正的阅读并不取决于内在的推导过程；如此等等。这也是一类找到中间环节的情况。与前一种用来类比的中间环节不同，这类情况既给出了反例，也表明使用概念的不同方式，这些方式要求各式各样的标准。

综观法是一种精心设计的方法，它指向一个极为重要的目的，这就是阐明构成概念的条件。关于概念的本质的问题是一个从柏拉图就开始的古老问题。柏拉图引入理型（form）的目的就是要解决这个问题。究竟什么是概念呢？关于这个问题可以有两种不同的进路。其一，研究通过把握概念，我们所把握到的是什么。柏拉图主义认为，把握一个概念，就是获得关于抽象实体的知识。这就属于这一进路。其二，研究据以把握概念的条件。这是康德开出的路子，康德认为概念的形成依赖于先天知性能力。综观法所采取的路子就是后者。通常，前一条路要求给出概念的定义。既然概念被看成抽象实体，那么要说明一个概念 c 是什么，就是要给出这个抽象实体的同一性条件 f，使得某个东西是 c，当且仅当它满足 f。这样就得出一个必然命题 $f(c)$，这就是关于 c 的定义。后一条路并不承诺概念是实体，因此不必采取定义的形式。更重要的是，为了避免无穷后退，也不能使用概念性的东西来作为把握概念的条件，因此也不能仅仅追溯到命题或者知识的层次。康德的先天知性能力虽然保证先验综合命题为真，但它本身却不是知识，也不能以命题的形式表达出来。达到这种非命题条件的方式在康德那里就被称为"阐明"。在《逻辑哲学论》中维特根斯坦也把自己的方法称为"阐明"，而这仍然适用于《哲学研究》。

综观法行进在一个极易被错过的层次上。在《哲学研究》中最常见的就是从一个主题不加过渡地跳到另一个主题，这时我们就要小心了。这种方法并不是要就某个主题得到结论，而是要直接处理这些结论背后的理解方式。这时，表面上看起来的跳跃，就在理解方式上表现出相关性。维特根斯坦说，"无论谁愿在哲学里提出论点，都永不会有人同他辩论，因为所有人都同意这些论点"。(128 节)问题不在于同意或者否认这些论点，而在于看出理解或得到这些论点的方式。换句话说，哲学的任务就是为某个目的采集"提示物"(reminder)(127 节)①。这种提示物就是一种图画。

维特根斯坦明确地在"范式"(paradigm)的意义上使用"图画"(picture)一词(300 节,301 节)。一幅图画并不仅仅是我们想到的一个景象，后者被称为"意象"(image)。图画是我们理解某个概念的范本，它要求用特定的方式来运用这个概念。因此，我们总是可以说，

---

①　这个词在陈嘉映译本(上海世纪集团,上海人民出版社,2001 年)中被译成"回忆"，在韩林合译本(商务印书馆,2013 年)中被译成"纪念品"，我认为都不完全恰当。这个词应当是指当哲学家在从事纵观式分析时所做的事情，而不是分析所产生的效果。纵观法是按照某个目的来有计划地引导读者注意一些自己已经把握了的东西，而这需要的是提示。

一幅图画适合或者不适合。与此不同,意象则是心理状态的产物,是我们设想或者感觉到的东西;我们不会去使用意象,它只是通过其所表现的情况起作用。意象有时候也对应于图画,此时我们以这个意象呈现的东西为范本来理解相应概念,但意象本身并不是图画(301节)。比如说疼痛的意象(感觉,或者与之相伴的联想)不是图画,但疼痛的行为却能够是图画。我们依据疼痛的行为举止来理解什么是疼痛,而不是依据我所感觉到的疼痛来理解这个概念。

关于这一点要稍加解释。说理解疼痛这个概念,也就是说理解什么是疼痛。人们通常觉得,理解一个概念,就是知道这个概念所指的是什么。按这种看法,知道什么是疼痛,就相当于说,在有针刺的情况下知道这就是疼痛。这就是按照概念的指称来理解概念。这种理解看起来似乎是自然而然的。但是,如果不知道在什么情况下能够使用疼痛这个概念,即使痛在我身上发生,我也不能够说自己知道这就是痛。所以,对概念的理解要以知道其用法为必要条件。对概念的理解中既包含用法的方面,又包含对象的方面,概念将两方面联系起来。当对象呈现于理解之中时,按照维特根斯坦的说法就是一个意象。我有一个意象,并不等于我用概念指称这个意象所表征的对象,而必须在我知道这个概念的用法的情况下才能这么指称。

那么,"图画"这个概念又是什么意思呢?这与维特根斯坦处理概念的方式有关。什么是概念,这个问题向来是不清楚的。但至少有一点可以肯定,理解了一个概念,也就相当于知道何种对象属于这个概念。例如理解了疼痛这个概念,也就知道什么东西算作是疼痛。当然,在表述中"疼痛"只是一个词,只有在这种情况下它才被认为是一个概念:当我得知这个就是疼痛时,就知道另一个东西也是疼痛。

概念是普遍的，人们把一个概念与不同对象联系起来，这一点对于概念来说是本质性的。这种效应我们不妨称为"迁移"。维特根斯坦的问题是，究竟是什么使得概念能够迁移。人们据以在不同情况中使用概念的东西，就被称为"图画"。

图画与意象之间的区别可以这么看：当我试图理解一个概念时，我会想着某个东西，就我在想着它，这是一种心理活动而言，这个被想着的东西就是意象；而就我试图以这个东西为依据来设想其他东西，进而理解这个概念而言，这个东西就是图画。意象关乎心理活动，而图画则涉及意义或说概念。

维特根斯坦方法论的基本要点是，考察一种被认为是图画的东西能否迁移，能够以何种方式迁移，从而建立起一种正确的图画，形成一种正确的理解方式。综观法要揭示的是关于概念的理解方式，就此而言，中间环节的建立就显得极为重要了——能否建立中间环节，关系到一个概念能否迁移，从而关系到它在什么意义上是一个概念。

概念综观法既是一种语法研究又是一种形而上学研究。作为语法研究，它考察的是词语的用法；同时它还是一种形而上学研究，它考察的是构成一个概念的条件，因而揭示了什么是例如疼痛。但这里一定要注意，这种揭示并不是给出一个关于疼痛的定义，而是给出能够有意义地说疼痛的条件，勾勒出据以理解疼痛的方式。

12.2　语言游戏：意义与用法

"语言游戏"（language game）这个概念是《哲学研究》的核心概

念。这是一个天才的概念。如果不是《哲学研究》，很难想象会有一个如此简单的概念能够如此妥帖地实现如此复杂的理论意图。

维特根斯坦不愿定义什么是语言游戏，也拒绝为语言游戏提供理论上的说明。为便于理解，我们使用一种较为直接（因而也较为抽象）的方式来说明语言游戏这个概念。

先说什么是游戏。简单说来，一个游戏就是一个稳定的行为—目的系统。游戏是行为之间彼此交织的状态，这种状态体现了行为的目的间彼此钳制的关系。由于我们实际上是通过行为的目的来理解行为的，这种行为目的间彼此钳制的关系使我们把这个系统理解为稳定的行为系统。

用类比的方式来说明这种系统的稳定性。我们知道，太阳系这个天体系统是一个由运动的物体构成的系统，这个系统内的天体处于稳定的运动状态，这个运动系统是稳定的。我们用引力来解释这个系统的稳定性。构成这个系统的机制就是引力和运动的平衡。

游戏则是行为之间的互动构成的稳定系统。如果一个行为的实施赋予另一个行为以目的，而它又需要后一个行为的实施来实现自己的目的，那么这两个行为间就具有互动关系。关于命令的游戏就是一个典型的行为系统。发出一个指令的行为赋予执行命令的行为以目的，而发出的指令通过执行的行为来实现自己的意图。象棋游戏是另外一种典型的行为系统，在这个系统中，一次行棋影响到另一次行棋，行棋的意图彼此衔接钳制，这使行棋行为构成一个稳定的系统。

思考：比较一下这里所谈到的行为与蒯因所理解的行为。考虑一下，如果以这样的行为系统为基础来研究心理学概念，是否就是一种行为主义？带着这个问题读下去。

～～～～～～～

作为行为系统，游戏可以重复和移植，在某种情况下进行的命令游戏，在另外一些情况下也可以引进。这对维特根斯坦为何要引入游戏来说具有本质意义。只需联系到维特根斯坦要考察的是概念，而概念的本质在于普遍性，这一点就变得很明显了。一个自然而然的想法是，如果能够通过游戏来阐明概念的构成条件，那么游戏的可重复性和可移植性就能够使我们了解概念如何能够迁移。概念与游戏之间可以以多种方式建立关系，而我们所需要的则是通过游戏来解释概念，因此自然而然需要这样一种关系：概念内嵌在游戏中，通过学会游戏，来获得概念。概念内嵌在其中的游戏就是语言游戏。语言游戏就是其中包含言语行为的游戏。

这里要注意，言语行为并不等同于说出一个句子，而要理解成通过说出一个句子来完成某个行为。比如我说"我向你道歉"，这就是一个道歉的行为。说出一个句子究竟是一种什么样的行为，这要取决于它出现在什么样的语言游戏中。比如，移动一下棋盘上的木块是否算是将军，取决于这是否是在下棋的时候所做的事情。与之相比，伴随言语行为的心理状态并不决定行为的性质。在道歉这种游戏中，"我向你道歉"并不是描述我此时的心理状态，例如我感觉到内疚等。我可以感觉到内疚，但拒不道歉；也可以道歉，而不感到内疚（由于某种压力，我必须道歉）。

当然，可以进一步追问，该如何确定玩的是什么游戏呢？这里起作用的就是维特根斯坦所说的周边情况。我可以不会下象棋，但大体上知道下象棋是一幅什么景象——两个人相对而坐,轮流在画有方格的平面上移动木块。当然,只能说大体上是这样。关于这一点引发的问题到后面关于遵守规则的讨论中再展开。

　　要用来阐明概念,语言游戏中所包含的言语行为必须成为行为系统中的一部分,而不是游离于其外。这也就是说,言语行为必须影响其他行为的意图,从而在目的和意图的交织关系中起作用。所有棋手在每走一步棋时都要喊一句“痛啊”,喊“痛啊”的言语行为也不属于象棋游戏的一部分,对象棋游戏的了解也无助于阐明“痛”这个概念。

　　概念嵌入语言游戏的方式,就是相应词的用法。例如在医学诊断的语言游戏中,医生按压病人身体的某个部位,病人有时说“痛”,有时说“不痛”,医生根据病人的反应做出不同的诊断。在这个语言游戏中,“痛”这个词与医生和病人的行为联系在一起,这种联系就构成这个词的用法。一个词的用法就是在什么情况下使用这个词,而使用这个词的行为构成了语言游戏的一部分。但这样说时我们要注意,用法并不是一次性的使用,而是可以重复出现的行为模式,我们依据这种模式来理解使用语言的行为。因此我们可以这么区分,对语言的某次使用是一种事实层面上的情形,而所关心的用法则关系到逻辑——就“逻辑”一词比较宽泛的意义上讲。

　　概念是可迁移的,这就是说相应词的用法可以从一个语言游戏过渡到另一个语言游戏。例如小孩跌倒了,母亲在身边时,小孩喊“痛”,母亲问“哪里痛”。在这个语言游戏中,“痛”的用法与在医学诊断中的用法有相似之处(这都是为疼痛定位的游戏),这种相似之处保证了“痛”这个概念能够从一个游戏迁移到另一个游戏。

不能期望这些游戏之间具有整齐划一的相似之处。维特根斯坦用"家族相似"（family resemblance）来刻画游戏之间的关系。游戏 a 与游戏 b 之间有相似之处，也有不同之处，而 b 与 c 有另外一些相似和差异，如此等等。这种相似关系不是传递的，也就是说虽然都与 b 相似，但 a 与 c 之间可能已经很难说相似了。尽管没有一种特征能够贯穿由这些语言游戏构成的"家族"，但这些时而重叠时而消失的特征已经能使我们看到它们属于同一个类别。

事实上，对于概念迁移来说，家族相似已经足够了。如果这些相似关系能使概念从一个语言游戏迁移到另一个语言游戏，那么即使没有为所有游戏所共有的特征，概念也可以贯穿这些游戏。

现在来看看意义。关于意义的问题与关于概念的问题联系在一起，可以说这是同一个问题。问一个词的意义是什么，也就是问这个词代表什么概念。通过前面的简短分析我们已经看到，为了理解意义，知道用法是必要的。但由此得不出，知道用法就知道意义——虽然用法是意义的必要条件，但未必是其充分条件。然而，我们在《哲学研究》第43节读到，至少在大部分情况下，一个词的意义是它在语言中的用法。这又是怎么回事呢？

意义怎么能与用法等同呢？让我们回到为疼痛定位的游戏。小孩跌倒后喊"痛"，母亲问"哪里痛"，小孩指着膝盖说"这里痛"。这可以说是一幅图画，这幅图画中包含着"痛"这个词的用法，我们依据这幅图画在医学诊断的游戏中使用"痛"这个词。当然，现在我知道这个用法，问题是，这就算是知道"痛"这个词的意义吗？如果小孩从来不会感觉到痛（痛觉神经缺陷），如何能说他知道什么是痛，理解"痛"这个词的意义呢？

这涉及用法这个概念的进一步内涵。"痛"这个词如何与疼痛联系起来呢？如果从来没有人有痛觉，那当然就没有我们现在这种意义上的"痛"这个概念。这个概念与人类的某种共性联系在一起，从而与人类的共同实践相联系。这就是说，人的行为是这样一种行为，即使站在旁观者的角度上，我也能够看出你的行为意图，从而理解你的行为。用来构成用法的那些行为，就是这些通过其意图得到理解的行为。

回头来看小孩的疼痛游戏。在一个更大的背景下可以看到新的东西。小孩是如何学会喊"痛"的呢？在没有学会之前，小孩跌倒以后发出求助的哭喊，这时母亲就教他说"痛"。重复几次后小孩学会了用"痛"来代替哭喊。后来又学会了用"痛"换来安抚，即使没有真痛。关于"痛"的用法扎根于人的共同实践中，一旦这个概念被用来实现某些意图，就允许在没有痛感的情况下喊"痛"。但是，这并不意味着，他所说的"痛"拥有不同的意义。他以喊"痛"的方式撒娇，这个意图本身只有在人的共同本性这一前提下才是可以理解的。他有这个意图，这就意味着他知道什么是痛。

看来，具有痛感不是理解"痛"一词的意义的必要条件。那么，具有痛感是不是"痛"这个词具有意义的充分条件呢？后面关于私人语言论证的讨论将处理这个问题。

由于要从意图的角度来看待用法，用法与意义之间的关系就显示了一个新的层次。这种关系可以这样表述：使用语言的意图决定了什么是意义的充分条件。这并不是说，使用语言的意图本身就是意义的充分条件；而是说，使用语言的意图决定了在什么情况下，关于一个词的理解是足够精确的。

　　维特根斯坦举了这样一个例子:甲对乙说,"就站在那儿"。这里的"那儿"究竟是指什么地方呢?是否应当在地上用足够细的笔画出一个圈,来解释"那儿"的意义呢?乙可以在一个相当大的范围内转圈,而并未违背甲的命令。这是否要说,"那儿"指一个相当不明确的位置,从而是一个模糊的概念呢?并非如此。这是一个足够精确的概念。如何理解它的意义,这取决于说话的意图。如果甲是一个正在探地雷的工兵,那么乙就以双脚像粘在地上一样纹丝不动来表明自己的理解;而如果甲正在与另一个人谈私事,那么这里的"那儿"就指任何一个足够远的地方。

　　可能会有这样一种意见:"那儿"本身是一个模糊的概念,或者是一个有歧义的概念,仅仅是由于引入了各种意图,才会使这种歧义消失。这种解释相当自然,但恰好说明了问题之所在。对此维特根斯坦会这样回答:脱离了用法就谈不上概念。为了看到这样说的理由,让我们来看看关于遵守规则的悖论,这个悖论展示了维特根斯坦对实践的独特理解。

12.3　规则悖论

　　从一个简单的问题入手:路标是如何能够指出方向的?

　　旅行者来到一个岔道口,路牌上写着"广州"两个字,并在字的下方画了一个箭头"←"。问题:你是如何知道这表示往广州要走左边的那条路?路牌上并没有写着"去广州往左",一个箭头又能说明什么呢?对,箭头指向左边。但怎么能够从"←"这个符号上看到它指向左边呢？为什么不能理解成它指向右边呢？比如说，这个符号说的也许是：站在尖端的那个位置上向相反的方向望过去就是要指的方向。

回答是，人们就是这样使用箭头的。只有在这种用法中，"←"这个符号才说了些什么。这个符号指向哪里，这一点属于实践的一部分，而旅行者所处的情境与这种实践相接。

这个例子的道理很简单，它说的是，意义内嵌于实践中，这就体现为用法。但它的一个推论却并不容易接受。这个推论是，实践之外，没有意义。

看这样一个游戏：老师教小学生数数，老师写出一个数列，1、2、3……，然后让学生继续下去。通常，老师会先教会数 10 以内的数，然后示范如何进位，后面的数在示范一些以后就让学生自己继续。也许会有一个从 1 写到 1000 的作业，而老师在课堂上仅仅列出了 100 以内的数。这样，学生就可能写出这样的数列：……、100、102、104……、……。学生的理解是，100 以后的数要以 2 为单位继续。现在的问题是，学生能够从哪里知道 100 以后的数包括哪些呢？老师只数到了 100，并且补充说这样继续下去就会得到所有的数。但怎样继续下去呢？好吧，老师已经说了，在所有的情况下，要先让 0、1、2、3、4、5、6、7、8、9 这些数依次在个位上出现，但是，这为什么不是在说 100 以后要以 2 为单位继续呢？"依次"这个词的意义在 100 以后为什么不能理解成隔一个呢？

不错，在这种情况下，老师已经教给了学生数数的规则，但这种规则的运用却有多种方式。如果说数的概念就由这些规则来确定，那么由于规则的运用有多种方式，只好说数这个概念是不确定的。

但这并不意味着老师没有办法教学生数 100 以后的数。老师会不容争辩地说,这是错的,而正确的方式是这样的……学生也不会和老师争辩——这里缺乏争辩的周边环境。总之,在教数数时老师并不和学生讲道理。老师示范,学生照样子去做。在这种情况下不会出现关于"依次"一词究竟该如何理解的问题:学生的学习并不是理解一个指令,而是学习一种行为模式。

为什么不能说那个在 100 以后以 2 为单位继续数列的学生所掌握的是另外一种数概念呢? 这的确是一种新的行为模式,而这种模式可以看成是学生自己发明了一种计数法。老师也确实没有理由排斥这种计数法——他只是武断地说,这不是我要教你的数。老师确实有把握断定自己要教的数是什么吗?

看看克里普克的一个论证。[①] 克里普克认为维特根斯坦给出了一个关于遵守规则的悖论(我们简称"规则悖论"),而这个悖论导致了关于意义的怀疑论,其结论是,我们没有依据做出关于意义的断定,不存在关于意义的事实。克里普克认为,维特根斯坦给出了一个关于这个悖论的怀疑论解决。意思就是说,不存在产生怀疑的条件,人们的确不需要任何理由来为自己是否遵从了规则而辩护。规则由语言共同体的成员一致赞同(agreement)决定。

克里普克的依据是 201 节:"我们刚才的悖论是这样的:一条规则不能确定任何行动方式,因为我们可以使任何一种行动方式和这条规则相符合。"略去一些不重要的枝节之后,克里普克所认为的悖

---

① 参见克里普克:《维特根斯坦论规则和私人语言》,周志羿译,漓江出版社,2017 年。

论可以这样表述：

> 假定我们以前所做的加法运算都是小于 57 的数相加,这种运算通常被称为"plus"。现在定义一种新的运算,当加数小于 57 时与 plus 相一致,但在加数中有一个大于 57 时都得到 5,这样的运算可称为"quus"。就我们仅仅计算过小于 57 的加法而言,不可能就此确定我们所做的是 plus 还是 quus。如果我们确认以前所做的是加法,那么这就表明不能确定加法规则究竟是 plus 还是 quus。如果我们要做加法运算,那么在遇到大于 57 的情况下,得出的 5 这个结果将不能被视为是违反了加法规则。

> 容易把这个结论扩展到更一般的情形。可以任意定义 quus 的结果,也可以任意确定以前所做的加法是在哪个范围做出的。这样,任意得出的结论都可以视为是合乎加法规则的。

怎么会是这样呢? 我明明会做加法,我懂得如何列竖式,记得 10 以内的加法表,也知道如何进位,只需要按这种方式操作就行了。有理由相信,这种操作可以算出任意大数的和,并且得出的答案是唯一的。克里普克的问题是,怎么能够说你的确按照你所想的那种算法计算了呢?

事实上,我们有一种统一的方法来构造出多样解释的可能性。这就是古德曼(N. Goodman)的"绿蓝悖论"(the grue paradox)。[①] 定义"grue"和"bleen"这两个谓词:

> *x* is grue, *iff*, *x* is green before time T, and blue otherwise.

---

① Nelson Goodman, *Fact, Fiction, and Forecast*, 4th. edition, Harvard University Press, 1983, pp. 72-81.

x is bleen, *iff*, x is blue before time T, and green otherwise.

这样的谓词在不同的时间为不同的东西所满足,我们可以称为"曲谓词"(bent predicates)。如果在任何时候都为相同的东西所满足,我们就称这样的谓词是可以投射的(projectable)。曲谓词是不能投射的。显然,只有使用可投射的谓词,我们才能够进行归纳推理;使用曲谓词,则会得到一些稀奇古怪的结论。比如,我们会从一个东西,比如绿宝石,在 2008 年 12 月 31 日前是绿色的,得出结论说,这块宝石在 2008 年 1 月 1 日是蓝色的。此时上述定义中的"T"为"2008 年 12 月 31 日"。克里普克所提到的"plus"与"quus"也可以按照类似的方式来定义,为此我们只需修改"T"的意义即可,例如我们可以让它来表示其他条件。

产生怀疑论的要点是,我们没有办法区分可投射的谓词和不可投射的谓词。表面上看,曲谓词是用了上述分情况的方式来定义的,这一点似乎可以用来将其与可投射谓词区别开,但实际上不是这样的。我们可以反过来,用曲谓词来定义普通谓词。比如,我们可以用"grue"和"bleen"来定义"blue"和"green"。

x is green, *iff*, x is grue before time T, and bleen otherwise.

x is blue, *iff*, x is bleen before time T, and grue otherwise.

当我们要利用定义来区别曲谓词与可投射谓词时,就必须预先认定一些谓词是可投射的。但是,既然这些谓词也有可能是按照曲谓词的方式定义的,在区别哪些是曲谓词时,也就不能假定这些谓词已经被认定不是曲谓词了。这样,我们就不能利用定义来做出区别。

〰〰〰

思考:绿蓝悖论所关涉的是事物的颜色还是谓词的意义? 如果

是前者,我们说这是一个关于形而上学的悖论,如果是后者,则是一个关于语义学的悖论,这两种理解都对吗?

考虑一下,我们能不能用其他方式来区别曲谓词与可投射谓词。

思考:蓝绿悖论可以成为克里普克悖论的一种普遍的表述形式,请说明这一点。

～～～～～～～～～

克里普克的悖论要求我们考虑某次加法运算的依据。当依据的回溯结束,我们只能依靠自己决定该如何进行下去。这时所能参考的仅仅是以前做过的加法。如果克里普克所指出的可能性存在,那么以前做过的加法并不能决定我现在该得出什么结果。因此,当我独自做加法时,我没有依据。只有参照他人的意见,才能确定我做的是否正确。但是,他人独自看来也没有依据。究竟什么是加法,这是一个没有依据的决定。不存在这样一种关于什么是加法的事实可以充当判断的依据,这就是克里普克笔下的维特根斯坦所得出的怀疑论结论。

克里普克认为,维特根斯坦给出了一个解决这种怀疑论的方案,他仿照休谟关于因果推理的怀疑论,称其为"怀疑论的解决"(the sceptical solution)。之所以这么称呼,按照克里普克的解释,是因为维特根斯坦接受了怀疑论结论,但认为这个结论并不妨碍我们遵守规则,因为在遵守规则时我们并不依赖于那样的依据。简单说来,这种解决办法就是主张,在语言共同体中,我们按照共同的做法,来确定加法规则究竟是什么。

按照这个解决方案,怀疑论质疑我们用来判断规则是否得到遵守的依据,而怀疑论的解决则在于指出,我们并不需要这样的依据,我们只需要一个决定，决定我们下一步该如何做。在克里普克心目中，维特根斯坦把这个决定交给了语言共同体，这样一来，我们就可以依据共同体的决定，来确定我们自己所做的是否正确。这样就保证了遵守规则的行为是具有规范性的，而不是怎么都行。

克里普克的这个解决方案其实也行不通。即使是语言共同体替我们做决定，对我们来说也存在着我们自己的行为是否合乎共同体决定的问题。即使共同体做出的决定是，$57+92=5792$，除非共同体通过我的脑袋思考，我仍然有可能把这个决定解释为，正确的答案是 $57+92=23$，因为在我看来，共同体所给的答案是"5792"这四个数之和。如果通过一个极端的方式来结束怀疑，即要求我只是重复"$57+92=5792$"这个句子，以此来充当计算结果，我也有可能认为，这样给出的句子恰恰是假的答案。

思考：麦克道威尔（John McDowell）认为，克里普克错误地解释了维特根斯坦。在他看来，正确的解释是，维特根斯坦要求不通过解释来确定规则要求该如何做。请从麦克道威尔的角度来看看上面对克里普克的批评。

克里普克认为规则悖论是私人语言论证的核心所在。在他看来，只有在语言共同体中才谈得上意义，这就直接否定了会有私人语言。应当说这是以一种错误的方式得到正确的结论。确实，只有在语言共同体中才谈得上意义，但理由不是：由于不存在关于意义的事实，因而意义的一致性是共同体一致同意的结果；而是：有这种事实，而这要以实践为基础，这种实践是人类共同的实践活动。

就在克里普克所引用的 201 节,维特根斯坦说:

> 我们依照这条思路提出一个接一个的解释,这就已经表明这里的理解有误;就仿佛每一个解释让我们至少满意了一会儿,可不久我们又想到了它后面跟着的另一个解释。我们由此要表明的是,对规则的掌握不尽是对规则的解释;这种掌握从一例又一例的应用表现在我们称之为"遵从规则"和"违反规则"的情况中。

如果规则不是通过解释被掌握并起作用,那么允许多种解释,就不会影响到规则是否被正确地遵守,从而也不会有关于规则的怀疑论。

201 节可以视为一个归谬论证,这个论证大致是这样的:如果规则需要解释才能够得到遵行,那么就不能确定什么行为遵守了规则;既然我们可以确定什么行为遵守了规则,那么遵守规则其实就不需要解释。把这个论证补全就是:

1)规则都需要解释才能确定遵守该规则的行为是怎样的;

2)对于规则的解释也需要解释才能确定规则的内容;

3)因此,遵行规则的行为不受规则确定;

4)但是,遵行规则的行为是确定的;

5)因此,如果 2)成立,1)就不成立。

这个论证的核心部分在 2),它导致了后退,从而导致 3)。当对规则的解释需要经过解释才能确定规则的内容,那么新的解释也就需要进一步解释,因为,对规则的解释本身也是以规则的形式起作用的。

当我们为加法规则给出克里普克所说的那种怪异的定义时,其实就提出了一个问题,我们该如何在不同的解释中做出选择。这也就相当于要对解释规则的方式做出解释,以确定哪种解释是正确的。在这种高一个层次的解释中,解释的正确性标准得到了运用。克里普克认为,维特根斯坦所接受的解决方案就是封闭这高一层次的解释,代之以共同体的决定。这样,在上述论证前四行给出以后,克里普克所做的就是否定2),但保留1)。

而按照我们的理解,即使共同体的决定封闭了高层次的解释,如果共同体的决定本身也需要解释才能为我们所用,那么悖论仍然会出现。因此,问题不在于如何封闭高层次解释,而在于从一开始就封闭解释。也就是说,问题在于要否定1)。

按照维特根斯坦,规则的确定性并不是解释上的确定性,而是一种实践上的确定性。支撑这种确定性的不是理由。算术老师说不出数为什么一定要这样计算,这是因为确定数概念的,不是一种理由,而是实践。下面就着手讨论解释与实践间的关系。

12.4　解释与实践

上述考察导致非常重要的方法论后果,它关系到如何处理实践。克里普克把用法理解成对规则的解释,从而把实践吸收到对规则的解释中。显然不能这样,解释不足以决定如何使用规则。假定我们有解释的集合 R,这体现为一个表述规则的命题集。把用法也表述成命题的形式加进 R 中,于是得到一个新的命题集合 R′,但这个集合中的命题又需要新的解释来支持,于是得到新的集合 R″,如此进入后退。在后退的尽头,我们只有用法,而没有解释。如果关于意义的解释总是体现为一种命题表述，那么只有在一种用法背景下才会有确定的解释。在这种意义上讲，用法之外，没有意义。但与此同时，解释对我们来说已经不再重要了，重要的是用法，是作为实践的用法。

所谓用法，无非是在何种情况下用语言做出何种反应，这是一种模式性的反应。一种自然而然的想法是，这种反应应当是依据意义做出的。我们时常面对没有先例的情况，此时不可能援引以前的用法。这时，我们就要假定要做出的反应由意义规定好了，把这种规定用命题的形式表述出来是自然而然的。但是，不诉诸解释，如何能说明意义呢？

维特根斯坦的办法是，通过例子来使我们看到用法。首先，这是一种看。维特根斯坦强调说，要看，而不要想。想，就是给出解释，就是给出命题式的结论，并希望从这种结论中抽引出规则。但既然意义并不取决于解释，我们就不能指望这种命题式的结论能够增进我们关于意义的理解。解释仅仅起装饰作用。维特根斯坦的想法是，之所以能够看到这些命题解释了要解释的东西，是因为我们已经理解了。解释表明已经理解，但并不构成理解。因此，需要关心的东西不是躲在命题背后的本质，而是更为表层的、公开展现的。这些东西就是前面提到的提示物。在维特根斯坦看来，本质仅仅是一种迷信，或者说是一种神话。

其次，这样看到的就是用法。玩一种语言游戏时，我们都会说些什么，用法不在我们说了什么的层次上，而是在如何说的层次上。在玩语言游戏时，我们投入其中，认同游戏规则所规定的目标，孜孜于所说的内容，从而投入到游戏世界的深度中（为赢得对手而煞费苦心,或真或假地赔礼道歉,如此等等)。但为了看到用法,必须从这个小世界的深度中摆脱出来,来到外面,就像看待一场表演一样研究其行为模式,研究意图和行为的交织关系。这个层次也可以说就是显示的层次。投入语言游戏中,我们所关心的东西都是游戏规定好了的,我们无法关心自己的行为本身——演员在做出行为时关心行为本身,但想象一下如何能够一边哀悼,一边表演哀悼。可显示的不可说,但为了说,必须有所显示。说与显示之间的这种紧张关系,就体现在对用法的关注中。对用法的关注以对深度的拒绝为前提,而这就要抵制进入游戏的诱惑。这种诱惑来自于形成意义的机制本身——既然用法之外没有意义,为了能够有意义地谈论,也就必须进入语言游戏。这可以说是某种挣扎的过程:进入,就无法看到用法;不进入,就无法谈论用法。维特根斯坦采用综观法,从一个游戏过渡到另一个游戏,竭力指出一些他不能明确谈论的东西,这就是在显示。

最后,也是最为关键的,就是把用法看成实践。从一种角度看,我们很难抵制一种诱惑,这就是克里普克深陷其中的诱惑。克里普克把用法理解成对规则的解释,这里规则是某种外来的东西,只有通过解释才能够变成行动。这就是说,在要说话时,我不知道该怎么说,这就需要规则发话。规则就像某种电脑程序,电脑中必须有一个指令解释器,把程序语言解释成机器码才能执行。这在表面上看就是要把一切都弄成可以解释的样子,在解释失效的时候就宣布不存在这样的事实。但是,如果深入一点看,这是一种过分扩张的理论化态度。抵制这种诱惑的方法就是把用法看成实践而不是吸收到解释中。

　　说"实践"这个词很容易,但要把用法看成实践并不容易。必须把用法与意图而不是与依据(reason)联系起来。当要决定在某个时刻该怎样做的时候,我们会问这么做的依据。一旦依据被给出来,做这件事的步骤也就确定了——依据会把正确的步骤与错误的步骤区分开,从而告诉我们怎么做。而从意图的角度来看待用法,关于怎么做的问题就不是通过确定依据来回答,而是通过要达到什么目的来回答。这里,规则是为了达到目的而设置的手段,我们会依据目的来评估它;同样,我们也可以从规则中看出设置规则的目的,而当我们这么对待用法,而不是考察背后的依据时,我们就是在从实践的角度来理解用法。

　　由于与意图联系在一起,关于用法以及规则的讨论,也就内在地引入了人的角度。这里,与解释的态度相对立的是理解的态度。这是一种敌视理论,反对科学主义的态度。这种态度的核心是移情或者同情,就是站在他人的角度上看待他人所处的境遇,从而知道他人的意图。这在维特根斯坦那里体现为一种能够从行为中看出意图,从而知道这是一种什么行为的能力。这种能力也是使人能够参与语言游戏的前提条件。能够理解一种意图,就意味着有能力做出相应的行为。这种能力不可能用理论语言或者通过命题说出来,获得这种能力的方法只能是训练。要运用这种能力需要一些一般性的背景条件,这就是人的某些共性,比如都有类似的肉体、欲望、生活方式等。在具体情况下,要运用这种能力还需要一些周边环境以及行为模式的某些外部特征。可以说综观法就是借助了这样的能力才得以可能。因为综观法就是要在行为中看出意图,从而看到用法。

　　这样看到的可以说就是一幅图画。意象是我们从概念的使用中获得的东西。与意象不同,图画是使用和理解概念的范本,是概念从一个语言游戏向另一个语言游戏迁移的支点。究竟什么是图画,我们在下面关于私人语言与私人经验的讨论中可以体会得到。

12.5　私人语言论证

关于《哲学研究》,到目前为止在某种意义上讲可以说只是开了一个头,我们所理解的还仅仅是维特根斯坦的方法。这是一种运用起来非常困难的方法,它与我们对于哲学思考的预期背道而驰,在按照这种方法面对具体问题时难免陷入通常的思考轨道,这就是维特根斯坦经常提醒读者要避开的诱惑。为了看到这种诱惑究竟有多强,我们来看看人们讨论最多的一个题目:私人语言论证(the private language argument)。人们对这个论证的理解(或者说误解)从一个侧面说明了维特根斯坦方法论及其哲学后果的深度。

究竟什么是私人语言,为什么要讨论私人语言?应当说,这个话题与罗素的亲知理论联系在一起。为了便于衔接,这里我们用一种与第 5 章略有区别的方式来描述这个理论。

我们知道,关于知识的通常看法是这样的:获得关于外部对象的知识的途径是经验,或者更确切地说是感觉经验。我们把这个信条用更清楚的方式表述如下:

1)通过知道感觉经验 E,我们才能知道相应的外部对象 O。这个表述不同于下面的表述:

2)通过具有感觉经验 E,我们才能知道相应的外部对象 O。

这两种表述的区别在于"知道"与"具有"之间的区别。按通常的理解,对我自己来说,知道我有某种感觉与我有某种感觉,是一回事,但我可以知道你有某种感觉,自己却没有这种感觉。这表明这两者之间是有区别的,但在罗素那里,具有一种感觉和知道一种感觉,这两者间却有一种非常密切的关系,它使得

3)S 知道感觉经验 E,当且仅当,S 具有感觉经验 E。

对此我们可以称为直接性原则,即,我们关于自身的感觉经验具有直接的知识。这个原则实际上是说,我们关于感觉经验的知识是由这个感觉经验本身的存在直接保证的。罗素的亲知理论就建立这个原则的基础之上。这个原则立即与关于感觉经验的知识归属问题联系了起来。显然,3)把关于感觉经验的知识自动归属给具有感觉经验的人,于是

4)S 知道自己具有感觉经验 E,当且仅当,S 具有感觉经验 E。

但直接性原则并不能把关于感觉经验的知识归属给其他人,因为

5)如果 S 具有感觉经验 E,那么另一个人 R 不可能知道 S 具有 E。

原因是,在 3)中为 S 所知道的那个感觉经验是 S 所具有的感觉,而且就其是殊相而言,同一个感觉不可能同时为两个人所拥有。这样一来,当 S 具有 E,R 就不可能具有 E,依据 3),R 不可能知道 E,也不可能把 E 归于任何人。可以说,他人不可能以一种直接的方式知道我的感觉经验。这并不意味着他人不可能知道我的感觉。但是,如果

坚持感觉经验只能以直接的方式知道①，那么，他人不可能直接知道我的感觉经验，就蕴涵着他人不能知道我的感觉经验。这就是感觉经验的私人性。罗素及其追随者都认为，感觉材料是私人的，他人既不可能拥有我的感觉材料，也不可能知道我的感觉材料是什么，于是描述感觉材料的语言就是维特根斯坦所讨论的私人语言。

在 243 节维特根斯坦说明了私人语言是一种什么样的语言，这种语言谈论的是私人感觉，并且没有他人能够理解。一般说来，即使是谈论私人感觉，他人原则上还是可以理解。私人语言的设想包含着一种形而上学，即存在一种他人不可能知道的私人经验（感觉材料），以及一种语言观：由于指称这种私人经验，他人不可能理解这种语言。这种语言观把知道指称的对象当成是理解一种语言的必要条件。因此，如果私人语言被证明是不可能的，那么这两者至少有一个是错的。不过，维特根斯坦同时否定了这两者。在这一节我们讨论私人语言论证，它处理那种语言观。

维特根斯坦拒斥私人语言的方式不是直接证明一切语言都必定是他人可以理解的，而是证明，即使对于使用私人语言记录自己私人经验的人来说，私人语言也是不可理解的。这就是说，先承认私人经验，然后论证私人语言不可理解。这就证明了前面所说的语言观是错误的。

讨论私人语言的主体部分是 258 节，在这一节中维特根斯坦设想了一种记录感觉的私人语言，不妨说这是一种私人经验的日记。

---

① 在 3）中使用双条件句，实际上就要求这么解释。从罗素的亲知理论看，其实，从笛卡尔以来许多人都这么看，认为自己有一种感觉，也就意味着有这种感觉，正是因此，我们关于自己感觉的信念才是不可怀疑的。

这种语言不借助任何可公开表现的东西,而仅仅是把注意力集中在出现的感觉上,并以某个记号来表示它。这种语言必须要有一种稳定的意义,在确定了记号的指称之后,当同样的感觉再次出现时,我们能够用同一个记号来表示它。维特根斯坦以一种极为简洁的方式完成这个论证,他说:"在这个例子里我全然没有是否正确的标准。有人在这里也许愿说:只要我觉得似乎正确,就是正确。而这只是说:这里谈不上'正确'。"但是,这个论证究竟是如何有效的,却一点也不清楚。

考虑这样一个问题:当一种感觉 E 出现时,我写下一个记号"E",这就在"E"与 E 之间建立了一种语义上的关联吗?我把注意力集中在 E 这个感觉上,来达到这样一个效果——我向自己表明,我是在用"E"这个记号表示这个感觉。这是指物定义的一种形式。但这个定义不一定具有语义学效果,通过定义建立的这个关联也许是不确定的。当"E"下一次出现时,我没有任何限制地用它来表示另一个感觉,此时就不能说"E"指称 E 而不是另外那个感觉。只有当用"E"指称 E 与指称其他感觉之间有某种差别,并且这种差别使我要用"E"来指称 E 而不是其他,才能说"E"与 E 之间建立了某种语义学关联,即"E"指称 E。要注意,无论这种差别是什么,它都引起了对于指称行为的某种限定,只有在这种情况下,我们才能谈论对于 E 的正确指称。

维特根斯坦说,把注意力集中在要命名的感觉上,就是要使命名者将来能够正确地回忆起记号与感觉之间的联系。随后,他又否认这里有谈论正确的标准。这样说来,私人语言论证所说的似乎是,由于记忆是不可靠的,所以记号与感觉之间的联系未能建立起来。这是一种关于记忆的怀疑论。如果私人语言论证建立在关于记忆的怀疑论的基础上,那么情况就会是,由于记忆是不可靠的,所以记号与感觉之间的联系也就是不确定的,因此"E"指称 E 这种关系不能成立。这就是艾耶尔对私人语言论证的解读,这种理解曾经为一些人所接受。艾耶尔说,如果对记忆的怀疑论导致了对私人语言的否定,那么接受私人语言论证就会导致对知识的彻底否定,因为获得知识的主要途径就是记忆,如果不在某种程度上依靠记忆,那么所有的知识都不可能。①

　　艾耶尔的理解可以更清楚地表达为这样一个预设:语义关系是以相应的认知内容为前提的。例如用"E"指称感觉 E 这样一种语义关系,它之所以成立,依赖于"'E'指称的对象是 E"这个元语言命题为真。如果不能保证这个命题的真,就不能保证语义关系成立。这样,指称行为正确与否,就取决于某个命题的真,语义层次上的正确,依赖于真,或者说意义依赖于真。但这个预设有问题。如果语义关系没有建立起来,就不能在元语言内使用"'E'指称的对象"这个表达式,因为假定其中的"E"有指称,就预设语义关系已经建立了。问题是,艾耶尔不能假定,在这种认知内容得到满足之前语义关系就已经建立了。

〰〰〰

　　思考:可以认为"'E'指称的对象"是个摹状词,而在不假定"E"指称 E 这种语义关系已经建立的情况下,我们把"E"当作一个物理的记号,就可以解释说,"E"恰好指称了 E。这是否是对艾耶尔的辩

---

① 参见艾耶尔:"可能有一种私人语言吗?",载于马蒂尼奇编《语言哲学》。

护？考虑一下，维特根斯坦为何说这里我们没有关于正确的标准？

～～～～～～～

艾耶尔理解错了。如果维特根斯坦所说的是，谈论记号"E"使用得正确与否的标准就是对 E 准确无误的记忆，那么使用这一标准来判断对"E"的特定使用是否正确，就会变成是借助一种对标准的记忆来谈论正确，此时所要做的就是回忆过去所建立的那个标准，即E。而这恰恰是维特根斯坦所要揭示的谬误。对此他打趣说："在想象中查图表，并不是在查图表，就像对想象的实验得出的结果的想象并不是实验结果"（265 节）。

把这里的推论过程展开就会看得更清楚一些。假定在某天，我们暂且称其为"命名日"，我用"E"来指称 E，在另外的时刻 t 我又使用了"E"，要问的是，这时我的使用是否正确呢？只有当"E"在时刻 t 指称的确实是 E，对"E"的使用才是正确的。于是在时刻 t 我必须正确地回忆起了 E。但是，要判断这种回忆是否正确，能做的只能是再次回忆 E。这就意味着我不能说，自己正确地回忆起了 E。由于标准所规定的东西（记号与感觉之间的联系）与实际要借助于标准判定其正确与否的东西是同一个东西，使用这个标准就好像是有人买了几份今天的同一种报纸来确保报纸所说属实。

显然，问题并不出在记忆的不可靠上，而是出在用来判定是否正确的标准上。我们来想象另外一个情形，E 不是一种私人经验，而是一个可以公开观察的物理对象，比如这张桌子。在时刻 t 我对"E"的使用是否正确，就依赖于它是否被用来指称这张桌子。我如何运用这个标准呢？要判断我的使用是否正确，只有再次指称这张桌子，而如果我只用"E"来指称它，那么就无法判定我是否正确地使用了

"E"。

当然,我们可以提这样一个维特根斯坦本人没有回答过的问题:如果用了两个不同的词"E"和"E′"来指称同一个东西,情况会怎么样呢?这里的关键是,这两个词必须独立地确定自己的指称,否则就会又回到自己衡量自己的情况。但是,如果两者独立地确定指称,我们又如何利用其中的一个指称来衡量另一个词的指称呢?例如假定在"E′"独立地确定了指称之后,我们问,"E"指称的是否 E′?看来只能这样回答,只有当"E"确实指称了 E′时——这正好是我们要问的。

问题的实质不是标准必须正确无误,而是,用来衡量其正确与否的标准不能与被衡量的东西是同一个东西。这种情况就是维特根斯坦所说的没有标准的情况。在 279 节他说,设想某人把手放在头顶上说"我当然知道我个子有多高"。这就是自己衡量自己的情形。这时我们会说,"E"指称 E 还是别的,这无所谓。如果说 E 不同于(例如)E′,从而断定"E"指称 E 而不是 E′,那么我们就会说,E 与 E′的差别使"E"具有意义,而这就偏离了指称,因为"E"并不指称这种差别。

看看用其他东西来进行衡量的情况。例如在写私人感觉日记时,感觉 E 的出现伴随着血压升高,后者可以通过量血压来确认(270节)。这样,血压就可以成为正确使用"E"的标准。当然,这不涉及想象,也不会出现类似于报纸的那种情形,我们用另外一种东西来衡量。但是,在使用这个标准时,关于记忆的怀疑论仍然会以另一种方式起作用。此时仍然会有记忆导致的错误,仍然会有认识上的错误,例如我们错误地识别 E。但是,能够有意义地表述这种错误,这一点本身就表明感觉 E 与血压之间的联系已经建立起来了。我们用血压并没有升高来解释"E 并没有出现"这个句子是什么意思。

换个角度看问题:我们能否说我们在 E 与血压之间建立了一种错误的联系呢? 如果这就是我们唯一的联系,就不能这么说。如果这种联系是错误的,那么一开始使用"E"所谈论的东西又是什么呢? 如果我只能使用"E"来谈论要谈论的那种感觉,那就无法有根据地说"E 与血压之间没有联系"。我们不会锯断我们坐在上面的树枝。[①] 除非 E 与另外一个东西建立联系,我们无法切断 E 与血压的联系。

这表明,作为意义标准的东西并不体现为真命题。虽然我们要求标准本身必须准确无误地建立起来,但无法有意义地(即独立地)断定这一点,我们不能说自己错误地建立了标准。这不是一种认识论上的不能,而是一种逻辑上的不能。在维特根斯坦这里,是正确的用法保证了判断是有意义的,而不是判断的真保证了用法的正确。

~~~~~~~~~

思考:我们似乎可以设想 E 与其他东西之间具有联系,例如把 E 与血压联系起来;我们总是可以设想这类联系。这是否就说明"E"一词总是有正确的意义呢? 这种随意设想的联系是否就是维特根斯坦所说的那类联系呢? 这两者有何区别?

思考:为使"E"能够正确地使用,我们不用血压作为标准,而是用别的东西,例如另外一种感觉行不行? 是否需要这里的标准必须是可以公开观察的?

~~~~~~~~~

至此为止,私人语言论证给我们的见识可以这样表述:如果一种

---

① 当然,要精确地说就是,"我无法抓住自己的头发把自己提起来"。

语言仅仅依据其所谈论的对象而具有意义，那么这种语言是不可能的；必须借助于其他东西来建立什么是正确谈论的标准。与标准的联系，就是一种语言的用法。在血压的例子中，与血压联系在一起使用"E"这个记号就是一种用法（用法1）。当然，我们可以说用"E"来表示感觉 E 也是一种用法（用法2）。如果说意义在于用法，那么单单是用法2，不能构成一种有意义的使用。一种有意义的使用必须能够谈论其正确与否，在用法1与用法2联系起来时，前者构成了后者的标准，此时才能谈论正确。不同的用法联系在一起才构成语言游戏，单独一个用法就像空转的轮子，并不带动什么。

前面在讨论痛的时候提到，具有痛感并不是"痛"一词有意义的充分条件。现在可以理解这一点了。这还为理解我们前面提到的概念迁移增加了内容。概念只有在成为一条由用法交织而成的绳索时，才能够从一个语言游戏到另一个语言游戏。通过指物定义得到的概念，只能停留在它的诞生地，而不能进入其他任何一个语言游戏——甚至连重复指物定义的游戏都不可能。这当然不能称其为概念。

换个角度看概念迁移。语言游戏是由行动构成的。某个游戏中出现的用法当然是一次行动，而不同行动之间的交织关系就相当于在同一个游戏中不同用法的交织。行动之间以特定方式交织就构成行为模式。单个行动不可重复，可以重复的是行为模式。行为模式的这种可重复性，使我们可以说这个游戏与那个游戏类似或不同。另一方面，用法的交织对于概念迁移是必要的。可以说，这是从不同角度说同样的事情。

既然用法不能通过解释确定，那么"意义即用法"这个口号就不是一个定义。用法本身当然不是句子,而是一种行为或者行为模式。因此,如果这个口号是一个定义,那么这就意味着,对于某个表达式"E"存在这样一个用来定义的句子:"'E'的意义就是 P"。其中"P"是一个命题,它解释了用法。既然解释不能确定用法,那么"P"就不足以给出它想要给出的用法,因此这不是一个关于意义的定义。那么这个口号的意思究竟是什么呢?——意思就是,通过看出用法来看到意义。这是一种"看",而不是"说"。

12.6 心灵哲学

上面的讨论给我们留下了一个奇怪的印象,语言与世界的联系似乎被切断了。同时切断的似乎还有语言与心灵的联系。语言独自漂浮着,从一个语言游戏到另一个语言游戏。这只是错觉。上面提到的那两种联系都存在,不过不是以我们习惯的那种表征方式,即语言表达(心灵的)信念,表述(关于世界的)知识的方式。本节我们处理语言与心灵的关系,由此得到的是一种心灵哲学。

12.6.1 私人经验

私人经验问题与经验知识的基础有关。如果坚持拥有一种经验就等于知道这种经验,那么获得经验知识就要以关于经验的知识为中介。由此容易导致休谟式的关于外部世界的怀疑论——既然我们所知道的仅仅是经验,而外部对象不是经验,那么我们就无从知道外部对象。维特根斯坦拒绝把具有感觉经验与知道感觉经验等同起来,从而表明,感觉虽然是获得知识的基础,但并不是所知道的对象。当然,他没有采取一种知识论的方式来论证这一点,而是通过展示谈论私人经验的语法①,来揭示私人经验的逻辑特征。

关于私人经验的讨论与私人语言自然而然地联系在一起。在私人语言的情况下,我们遇到标准与被衡量的东西同一的情况,这导致了私人语言不可理解的结果;同样,如果宣称知道一种他人不可能知道的东西(私人经验),那么关于这个东西的谈论也会遇到这种不可理解的局面。

为了理解维特根斯坦说了些什么,需要解释一下这里所说的"私人性"(privacy)究竟是什么意思。通常,说一个东西(例如一处地产,一支铅笔等)是我的,意思就是只有我对它拥有支配权,由于某种原因(这通常是一种法律上的或者社会习俗上的规定),他人的支配活动被禁止了。但是,这种意义上的私人性有一个逻辑条件,这就是他人原则上也能够拥有这个东西,只不过这种可能性被排除了。我们称这种可能性被排除的情况就是私人性。有时候我们也会把私人性称为"专属性"——这个东西专属于我。私人经验显然不是指这种意义上的私人性,私人经验的概念否认了他人会具有这种经验的逻辑可能性——他人不可能具有我的这个经验。为了能够说这是一种私人经验,并没有他人有这种经验的可能性需要排除。正是因为这里没有需要排除的可能性,说我知道我的某种私人经验才是不可理

---

① 维特根斯坦并没有赋予"语法"一词以有别于"用法"的涵义,我们可以把这两个术语替换使用而不影响理解。

解的。

假定我看到此时的天空,它给我留下了一种难以言表的印象,我用这样的句子来表达这种印象:

1)多么蓝的天啊!

这时我没有丝毫的意思说,只有我才具有这种印象。为了表达这种印象,则要说:

2)只有我才具有关于这蓝天的印象。

当然,要能够说2)表达了某种知识,那么起码的条件就是,要能够有独立的依据说2)是真的。暂且不管这依据是什么,也无论这依据是对是错,我们假定这个依据是P,当P为真时,2)也就为真。现在的问题是,P独立于2),这意味着什么。回忆一下7.4.2节关于独立性的说明就会知道,这意味着即使2)反事实地为假,P在逻辑上也仍然可能是真的。这就是说,2)为假,即他人拥有关于这蓝天的印象,这一点要在逻辑上是可能的,才能够有意义地运用标准P,才能够有意义地说2)表达了知识。但是,如前所述,私人经验的概念排除了这种逻辑上的可能性。

这就得出,即使存在着私人经验,也不能有意义地断定它具有私人性。如果情况的确是这样,那么私人经验这个概念就徒有其表了。于是只好说,不存在私人经验,所有经验在逻辑上都是公共的。

但的确有强烈的诱惑使我们认为有私人经验。我们总是有一种心灵过程,而这种过程是他人不可能观察到的。因此,否认私人经验,不就否认了心灵过程吗?维特根斯坦并没有否认我们具有感觉、记忆等,但他拒绝在"心灵过程"这个概念名下来理解它们。

他设想了一个甲虫实验(293节)。我们每人都有一个盒子,里

面装着被称为"甲虫"的东西。盒子里的东西除了自己以外别人不可
能看到，并且大家都通过看到自己的甲虫知道什么是甲虫。现在大
家谈论甲虫。容易看出，甲虫究竟是什么样子的，是否经常在变化，
甚至盒子里是否是空的，对关于甲虫的谈论来说都毫无影响。[①] 这就
是说，如果"甲虫"被用来指称盒子里的东西，那么对象本身是什么或
者有无对象就是不相关的。起关键作用的假定是，每个人都只通过
看他自己的盒子知道什么是甲虫。这就是我们关于私人经验的假
定——我们只通过自己的经验知道这种经验。既然我只通过看自己
盒子里的东西知道什么是甲虫，那么在盒子里的东西经常变化的情
况下，我会认为这种变化的东西就是甲虫，而不是甲虫变成了其他东
西；如果盒子里空空如也，我会认为里面的虚空就是甲虫。我有什么
依据说甲虫变了或者没有甲虫呢？如果这么说，我所说的"甲虫"又
指什么呢？

12.6.2　自我经验与语法句子

这里要注意，在谈论甲虫时，我们是通过指称来引入要谈论的对
象的。因此，甲虫实验可以看成是这样一个论证：如果的确存在私人
经验，并且要以指称的方式谈论它，那么私人经验是什么样，这对于
谈论是不相关的。这是一个归谬论证。要么否认私人经验，要么否
认可以指称这种经验。无论采取哪种方式，我们都不能像现在这样

---

①　注意，甲虫实验并不是关于私人语言的实验。人们彼此间能够理解关于甲虫
的谈论。

借"私人经验"这个概念来谈论心灵过程。究竟该如何谈论呢？这看来就是维特根斯坦的心灵哲学的起点了。

不妨改变一下术语。不说"私人经验"，而说"经验"，或者说"自我经验"和"他人经验"。我在痛，这是自我经验；他在痛，这是一种他人经验；他说"我在痛"，这是他的自我经验。下面先看自我经验具有何种逻辑特性。

对维特根斯坦来说，使我们认为有私人经验的是这样一种关于自我经验的情况："说别人怀疑我是否有疼痛，这话有意义；但不能这样说我自己"（246 节）。从前面关于独立性的分析来看，这就意味着，自我经验没有为依据提供余地，而这决定了自我经验的逻辑特性。

怀疑我痛就意味着，我即使真的在痛，也可能不知道是我在痛。这是如何可能的呢？设想这样一种类似的情形：一些人手拉手围在一起，他们根据观察确定是谁受到了电击，但都不知道电极接在谁身上。在这种情况下我们也许会说：我感觉到电击，但不知道电极接在谁身上。这样使用"知道"一词是有意义的，这个语言游戏创造了电极没有接在身上而感觉到电击的可能性。但是，没有哪个语言游戏创造了感觉到痛而不知道自己痛的可能性。我们会把"我不知道我有的这个是不是痛"这种表述当成是不理解"痛"这个词的表现，而不会把它理解成确实不知道自己痛这一经验事实。

因此说"我知道我痛"，并不是在陈述关于这种自我经验的知识或者信念。说"我知道我痛"无非是在说，关于痛，表达不确定性没有意义（247 节）。

在这种意义上说

　　3）别人不可能以我知道我痛的方式知道我痛。

就是在强调这样一种区别：前一个"知道"与后一个"知道"的意义不同。前者不陈述经验事实，后者陈述。私人经验论者的错误在于认为这两个"知道"的意义是相同的，于是就认为，必定是我的痛具有某种特征使得 3）成立。这就对一种正常的语法现象做出了错误的解释。

　　那么这是一种什么样的语法现象呢？这里区分了两种不同的句子，一种被称为语法句子，一种被称为经验句子。语法句子不能用来描述事实，而经验句子则描述。换句话说，经验句子表述知识，而语法句子不表述知识。语法句子所确定的是相应的概念。语法句子为假，就等于说构成句子的不是原来的那个概念，而这意味着它没有说它要说的事实，或者说它根本就没有陈述事实。经验句子为假，则是由于事实是另一种样子。比如这样两个句子：

　　4）每根棍子都有长度。

　　5）这张桌子和那张桌子长度相同。

其中，4）是语法句子，它给出了棍子的长度这个概念。5）则是个经验句子。如果否定 4），那么情况就是，某些棍子没有长度。但是，说"某些棍子没有长度"时，这里的"长度"又是指什么呢？既然 4）给出的就是棍子的长度这个概念，那么否定它就意味着这里的"长度"缺乏意义，因此否定 4）并没有否定它要否定的东西。对维特根斯坦来说，否定一个概念，就是让相应的词退出语言游戏，就像废币退出流通。

〰〰〰〰〰〰

　　思考：对于维特根斯坦来说，像"巴黎的标准尺在时刻 t 的长度是一米"这样的句子是语法句子。在11.7.2节我们知道克里普克把这个句子称为先验偶然命题。对比一下克里普克与维特根斯坦在这个问题上的观点，看两者有何差异和相似之处。

～～～～～～

按这个区分，表述自我经验的是语法句子，而表述他人经验的是经验句子。由于语法句子并不表述知识而经验句子表述，这就意味着，不存在一种关于自我经验的知识，而只存在关于他人经验的知识。下面我们依次看看这两类句子。

类似于"我痛"这样的表达自我经验的句子，给出的是"痛"的概念。给出"痛"这个概念，这样说又是什么意思呢？我们来到维特根斯坦思想中极易错过的关节点上。给出一个概念，是不是定义一个概念呢？定义"痛"这个概念，就是说，给出一个同一性标准，一个东西只要满足这个标准，就是痛。如果这样，那么当我说"我痛"时，就是在使用某个标准来判断我是不是真痛，这样一来我就会搞错，从而出现并不知道自己痛的情况。在维特根斯坦心目中并没有这种情况。他认为，这样给出"痛"这个概念，并不是给出定义，也不是把痛与一个同一性标准联系起来。没有这种联系，我们说自己痛时并不依据什么标准，说自己痛时，并没有依据。说"我痛"给出了痛的概念，意思就是，这么说本身就是痛的标准，或者说本身就是依据。正是在这种意义上，说"我痛"，就是痛的行为，就像凄厉的呼喊或呻吟一样，是我们使用"痛"这个词的依据。说"我痛"这个行为本身就是给出"痛"这个概念。

那么，这是不是就是说，当我说"我痛"的时候，我就真痛了呢？我可以撒谎啊。我可以说痛而并不真痛。但是，当某人撒谎说他痛的时候，我们并不认为他错误地描述了自己的感觉。说"我痛"并不是在描述，撒谎说"我痛"或"我不痛"并不是错误地陈述了事实。如果用"痛"这个词来陈述事实，那么我也许会弄错，但当我说"我痛"时，却并不在陈述我痛的事实，我用这个表达来做些别的事情，比如，在医学诊断中作为一种痛的反应，在另外一些时候，孩子利用这个行为博得母亲的注意。

这难道不是在说，"痛"这个词要有意义，根本不需要痛这个实体吗？不错，理解一个词，并不是知道这个词所指的那个实体，而是学会这个词的用法。按照我们在前面关于用法的解说，理解"痛"这个词，就是学会用这个词做出反应——"痛"这个词，是对于痛的自然反应的一部分。这里，我们有一种痛的行为。痛哭，呻吟，皱眉等，这些能够用"痛"这个词来替代的行为都是痛的行为。回忆一下前面关于如何学会"痛"这个词的说明。小孩跌倒后哭喊起来，母亲就教他说"痛"，以后小孩就用"痛"来代替哭喊。说"我痛"就像哭喊一样，是痛的行为，而不是对感觉的描述。"痛"的意义就这样与人的自然反应联系在一起，从而与人的心理状态紧密地联系在一起（比"知道"的联系更为紧密），而不是从一个语言游戏滑向另一个语言游戏。①

那么，这是不是说，在说"我痛"的时候，就不需要我真的在痛吗？确实，如果我没有撒谎，那么当我说"我痛"的时候，我确实感觉到痛。这并不是维特根斯坦所要否认的，他所否定的是，痛的感觉赋予了"痛"这个词以意义。仅当这个词以正确的方式嵌合在例如诊断的语

---

① 这里我们进入维特根斯坦思想中极为难解的部位，这也是他提示最少，因而为自由发挥留下的空间最大的部位。所以我并不保证下面所说的就是维特根斯坦本人的思想。只能说他应当持这种看法。

言游戏中,它才具有意义。一旦这个词在关于痛的语言游戏中以我们在12.5节所看到的方式形成用法的交织网络,它就可以从一个语言游戏过渡到另一个语言游戏。在这种从一个游戏到另一个游戏过渡中,关于自我经验的表达使得这个词植根于心理状态。这种表达就是规定痛这个概念的语法句子,我们通过这种表达来学会这个概念,而关于痛的语言游戏建立在这类表达的基础之上。

12.6.3   他人经验与撒谎

把关于痛的自我经验的表达理解为痛的行为,这就使撒谎的情况变得饶有趣味。肯定会有这种情况,我说痛,但并不真的痛。这时我在撒谎。但是,我能够用一种其意义来自于自然反应的语言撒谎,这肯定是一件不同寻常的事——撒谎的逻辑条件是什么? 这个问题涉及他人经验。

经验论关于他心问题(the problem of other minds)的一个回答是,我们通过把自我经验投射到他人那里才得以知道他人经验。但这种关于他人经验的解释在维特根斯坦这里行不通,因为说我有什么样的自我经验,并不是在陈述一个可以用来投射到他人身上的事实。设想他人在痛并不是把自己的痛投射到他人身上(302 节)。我们根据一些周边情况来确定他人经验。例如,我们不会说石头痛,也不会说机器痛,但会说苍蝇痛——缺了翅膀的苍蝇在我面前挣扎着。

周边情况的引入,在维特根斯坦关于感觉经验的观点中起了至关重要的作用。就像私人语言论证所表明的那样,痛的行为必须与其他关于痛的征兆,例如流血的伤口、变形的肢体等结合起来,才能够为关于感觉经验的表达提供说其正确或错误的余地。只有在这种用法上的交织中，才能够说某个表达是真的某个表达是假的，从而可以说某个表达传了知识。一个胃口很好的人声称自己胃痛，这使我们怀疑他不是真的胃痛，因而他声称自己胃痛，这个表达就是假的。这里，他大嚼大咽的神态举止，就是关于胃痛的表达的周边情况；关于痛的表达是痛的行为，这种行为是否与周边情况协调一致，是我们判断他是否真痛的基础。

思考：在《哲学研究》第 300 节维特根斯坦为何说疼痛的意象不是图画？（提示：所谓疼痛的意象就比如说，这是一种刺痛，就像针刺一样。）

如果疼痛的意象不是图画，那么关于疼痛的图画是什么？

经验表达与周边环境不是同一回事，这为痛而不说或者假装喊痛创造了条件。如果某人在缺乏周边情况的条件下喊痛，我们不会认为他是在真痛。当然，如果他能弄错自己的感觉，那么他喊痛就不是撒谎。只有他不会弄错自己是否在痛，但却不痛喊痛，那才叫撒谎。关于自我经验的表达可以是撒谎，这一点预设了人们对自己的经验不会出错。关于撒谎的游戏预设了，存在着不会出错的痛的行为，也就是说，预设了相应的语法句子的地位。面对一个装病的人，外科医生要做的事情并不是纠正他关于自己身体状况的信念，而是揭露他的意图。

我们对撒谎意图的理解基于自我经验的逻辑特征——他人的表述是对他的自我经验的表述，因此，一方面他不会弄错自己的自我经验,另一方面他知道,作为听话人的我也会认为,他不会弄错自己的自我经验。他会认为我倾向于相信他的陈述,这样他就可以利用这一点。一幅关于撒谎的图画就这样构成了。[①]

～～～～～～

思考:也有看来是弄错自己感觉的情况,例如癔病患者会莫名其妙地说自己痛。这是否构成关于自我经验的表述是语法句子的反例? 考虑一下我们是如何理解癔病的。

～～～～～～

12.6.4　心灵的公共性

下面讨论一下自我经验的私人性问题。按照维特根斯坦的看法,自我经验显然不是私人性的,但是在何种意义上不是私人性的,却不很清楚。如果关于自我经验的表达是一种自然的反应,那么他人是无从置喙的。在这种意义上,自我经验总是私人性的,因为当我对自己的感觉做出一种反应时,这种反应只与我有关,他人原则上不能以我做出反应的方式做出反应。但是,这却不是私人经验概念产生的问题。在关于痛的情况下,如果说"我痛"仅仅是我的反应,那么在"我痛"这个句子中"痛"不起作用,因为"我痛"这个句子与一声哭喊没有区别,他人不能拿这声哭喊来描述我的感觉。在这种情况下,"痛"还没有成为一个概念,因而什么都不能指称。"痛"要成为概

[①]　学会撒谎,这在儿童的心理发展史上揭开了新的一章(大约 4 到 5 岁左右)。这标志着儿童开始形成自主意识,或者说,能够理解行为的意图。

念,就要通过特定用法进入语言游戏,这就是说,必须与周边情况联系在一起。正是在这个意义上,他人出现了。

在学习"痛"这个概念时,我的痛必须为他人所观察到,教我的人才能在适当的时候诱导我用"痛"这个词来替代哭喊,从而使我能够学会做出关于痛的行为。因此,痛一开始就与周边情况以及他人关于周边情况的观察联系在一起,这种联系使痛的概念能够被习得。

另一方面,当我用"我痛"这个句子来表达我的感觉时,我所做的也就是从他人原则上可以处于其中的角度来处理我的自我经验。当然,并不是说这种陈述使我的自我感觉成为公开的,而是说,它只有在以我的自我感觉不是私人的为前提时,才确实陈述了我的状况。在陈述我的感觉时,我始终可以撒谎。这意味着,即使我不是真的在痛,"痛"这个概念仍然具有意义。这种意义来源于存在着痛的行为与周边情况相互协调的情形,我们依据这种协调性来判定是否真的在痛。我们在陈述自己的感觉,这一点本身就预设了这种相互协调的行为与周边情况是向他人公开的。陈述感觉的游戏为倾听陈述的人留下了判断这种陈述是否为真的余地,他判断我是否说谎的依据对他来说当然是公开的,而这些依据就是我痛的行为与一些周边情况相协调的状况,这构成了"痛"这个词被用来充当概念的必要条件。在这个背景下,坚持痛是私人性的,将使陈述感觉经验的游戏难以为继。

～～～～～～～

思考:通过讨论语言游戏来讨论指称痛的词语,而不是痛本身,这条思考路径是一种关于概念的研究。如果不是讨论词语,而是讨论词语所指的东西,例如痛的感觉,可以说是一种关于事物的研究。

请结合本节关于痛的语言游戏的讨论,考虑关于概念的研究与关于
事物的研究之间有什么区别和联系。

～～～～～

12.7　附录:摩尔关于知识的常识观点

在讨论了语言游戏与心理状态的联系之后,应当考虑语言游戏
在何种意义上与世界相联系。与摩尔关于知识的常识观点相对照是
具有启发意义的。实际上,正是摩尔关于常识观点的想法,激发维特
根斯坦在生命的最后岁月里重新思考关于知识和确实性的问题,思
考的结果就是《论确实性》这个小册子。

摩尔关于知识的常识观点是作为应对怀疑论的一种策略提出
的。我们在笛卡尔那里可以看到这种怀疑论的典型形式。对笛卡尔
来说,怀疑论并不是一种要建立起来的观点,而是作为寻求确实知识
的参照性的标准。笛卡尔设想,经受怀疑论的挑战仍然存活的知识才
是确实的知识,因此怀疑论所包含的实际上是一种关于什么是知识的
理解。关于知识的常识观点是一种与这种理解针锋相对的观点。

笛卡尔设想的怀疑论论证基于这样一种直觉,可以设想,我认为
自己知道的一切都实际上是魔鬼蛊惑的结果,这样一来,我为我的所
有信念提供的依据都不足以支持这些信念。关键是,我不具备排除
我受魔鬼蛊惑这种可能性的证据,而这意味着我不能声称自己具有
任何知识。这个论证的结构可以先权宜地表述如下:

1)对于任何命题 p 来说,如果我是由于魔鬼的蛊惑相信 p,

那么我并不确实地知道 p；

2）我所知道的任何证据都不足以表明我不是受到魔鬼的蛊惑，因此不能排除我受魔鬼蛊惑的可能性；

3）因此，对于任何命题 p 我都不能断定我是否确实知道 p。

这个论证建立于两个前提的基础之上，一个前提是知识闭合原则（the principle of epistemic closure），另一个前提则是关于知识的确实性原则（the principle of epistemic certainty）。所谓知识闭合原则是

PCL）如果知识主体 S 知道 a，并且 S 知道 a 蕴涵 b，那么 S 知道 b。

关于知识的确实性原则则是

PCT）S 确实知道 p，仅当 S 所知道的证据排除了 p 不为真的可能性。换句话说，S 确实知道 p，仅当 S 知道证据 e，e 蕴涵 p。

从这两个原则重构怀疑论论证的步骤是这样的。首先，魔鬼的蛊惑无非是说，对于任何命题 p，我相信 p，但 p 可能为假。由此结合 PCT）就得到，如果我受魔鬼蛊惑相信 p，那么由于 p 为假的可能性没有被排除，我就并不确切地知道 p。这样就得到前提 1）。1）等价于说，如果我确实知道 p，那么我就没有受到魔鬼的蛊惑。当然，我知道 1）所说的这一点。因此，按照 PCL），如果我不知道我是否受到魔鬼的蛊惑，那么我就不知道自己是否知道 p。可以这样证明我不知道我是否受到魔鬼的蛊惑：任何用来排除这种可能性的证据都可能是魔鬼蛊惑的结果；依据 PCT），我并不确切地知道这些证据；因而我无力排除魔鬼蛊惑的可能性；再次依据 PCT），得到我并不确切知道我是否受到魔鬼蛊惑。

　　练习:请按前面说明的步骤用分行形式重构怀疑论论证。

　　思考:对于这个怀疑论论证,一种常见的陈述形式是这样的:

　　　　1)如果我不知道我没有受魔鬼蛊惑,那么我并不知道 p;

　　　　2)我不知道我没有受魔鬼蛊惑;

　　　　3)因此,我并不知道 p。

请分析一下这个论证是怎样得到的,并与正文中给出的那个论证比较一下。

～～～～～～

　　这个怀疑论论证具有一个很有趣的特征。如果把"我并不确切地知道我知道 p"理解为"我不能确实地断定我知道 p",那么它所建立的论点可以理解为,我们没有权利声称自己知道什么,而不是我们实际上并不知道什么。也就是说,这是关于知识主张合法性的论断,而不是关于知识主张之真假的论断。这样,怀疑论者就避免了一种自相矛盾的处境。如果怀疑论者直接声称我们实际上并不知道什么,那么他同时也就断定了自己知道什么,这就是我们的无知这样一个事实。因此怀疑论者是自相矛盾的。但按照怀疑论者的路数,他并不愿意做出任何关于自己知道什么的断定,而是针对任何声称自己知道什么的断言,提出一个反论,这个反论使得我们不能声称自己知道什么。也就是说,怀疑论针对我们宣称自己知道什么的权利发难,而不是陈述一种关于我的知识状况的事实。怀疑论所挑战的,是我们的知识概念的融贯性。

　　把怀疑论理解为关于无权断定自己知道的论断,其结果是,如果我们接受这个论断,就不能声称自己知道什么。从某种程度上讲,知识论的基本目的之一就是应对怀疑论的挑战,换言之,为人们能够获得知识这一点给出辩护。

笛卡尔式的怀疑论论证可以充当关于知识的普遍怀疑论，而关于外部世界的怀疑论则是这个论证的特例。只要把前述怀疑论论证中提到的命题 p 替换成"外部世界存在"，我们就得到了关于外部世界的怀疑论。摩尔在"关于外部世界的证明"一文中所处理的就是关于外部世界的怀疑论。①

摩尔的这个"论证"颇为奇特。这篇文章是一篇讲演稿。在讲演中他举起一只手说，这是一只手，又举起另一只手说，这是另一只手，然后说，因此，至少有一个包含了这两只手的外部世界存在。这个论证可以写成下面的形式：

4）这是一只手，这是另一只手；

5）因此，存在外部事物；

6）因此，存在外部世界。

这并不是一个容易对付的论证。表面上看，它是一个反驳主观唯心论的论证。像贝克莱这样的唯心论者认为不存在独立于感觉的东西，因此所谓的外部世界是不存在的。摩尔的这个论证直接反对贝克莱的这个观点，它让人想起约翰逊博士第一次听说有人认为外部世界不存在时所做出的反应，他用脚踢一块石头说，"喏，石头是存在的"。像约翰逊博士一样，摩尔也是通过给出外部事物的实例，以此否认外部世界的不存在。对这个论证，索萨（Ernest Sosa）也这么

---

① G. E. Moore, "Proof of an External World", in Thomas Baldwin ed. *G. E. Moore: Selected Writings*, London & New York: Routledge, 1993.

看。① 但是,关于这个论证的思考,摩尔的主要着力点却在我们是否有权断定这是一只手这个问题上,而不是仅仅关心这是不是一只手。事实上,这个论证可以改写成:

> 7)我知道这是一只手,这是另一只手;
>
> 8)因此,我知道存在外部事物;
>
> 9)因此,我知道存在外部世界。

这是一个关于我具有什么知识的论证,因而是一个反怀疑论的论证。从这个论证可以得到前面引述的摩尔本人的论证,这是因为,"我知道 p"这个命题蕴涵"p",也就是说,如果"我知道 p"是真的,那么"p"就不可能不是真的。

〰〰〰〰

思考:研究一下"我知道 p"与"p"之间的关系,看是否能够找到关于"p"的例子,使得我知道 p,但 p 是假的。然后再看看"p"是否蕴涵"我知道 p"。这是一个非常重要的关系,它使哲学家可以通过讨论我们知道什么,来谈论情况实际上应当是什么。

〰〰〰〰

在摩尔看来,他的论证是有效的。用他本人的话来说,这是一个证明(proof)。一个推论成其为证明需要满足三个条件:a)前提与结论是两个不同的断言;b)前提是确实知识;c)前提蕴涵结论。对照这三个条件可以看到,首先,4)和6)是不同的断言;其次,由于摩尔的两只手是外部事物,因此手的存在蕴涵外部事物的存在,同理,5)也

---

① Ernest Sosa, "Moore's Proof", in *Themes from G. E. Moore*: *New Essays in Epistemology and Ethics*, Susana Nuccetelli & Gary Seay ed. , Oxford, 2007.

蕴涵6)；最后，在摩尔看来，4)是确实知识。但是，情况果真如此吗？

其实，对于这个论证是否满足条件b)和c)，我们都可以提出质疑。如果摩尔被笛卡尔的魔鬼所蛊惑，那么即使摩尔看到自己的两只手，也绝不意味着这两只手是存在的，同时，也绝不意味着这两只手是外部事物。在这种意义上，我们可以说摩尔的论证不足以表明外部世界存在。如果把摩尔的论证看作反怀疑论的论证，那么这个论证恰好预设所要论证的结论。怀疑论的观点是，对于任何命题p，我们都不能声称自己知道p。摩尔的论证却是通过给出我们确实知道的实例来表明怀疑论是错的。但是，摩尔用来作为前提的，正是怀疑论者所要质疑的东西。因此摩尔必须证明，他确实知道这是两只手，并且确实知道这两只手是外部事物。但他并没有证明这一点。

摩尔所犯的是一个低级错误吗？在给出上述论证之后，他区分了证据（evidence）和证明：

> 我怎样才能证明"这是一只手，这是另一只手"？我相信我做不到。要证明这一点，像笛卡尔指出的，就要证明我现在不是在做梦。但怎样才能证明我不是做梦呢？毫无疑问，我有决定性的理由断定我不在做梦，我有决定性的证据说我现在清醒，但这与证明它完全是两回事。我无法告诉你们我的所有证据，而要给出一个证明，我至少要这么做。①

我们大体上明白，怎样才算给出了一个关于自己不是在做梦的证据。我掐一下自己的大腿，感觉到痛，转动一下脖子，看到连续变化的情

---

① G. E. Moore, "Proof of an External World" (Thomas Baldwin ed. *G. E. Moore*: *Selected Writings*, London & New York: Routledge, 1993), p.169.

景,如此等等。我们通常就是通过这种方式确认自己确实清醒,痛感以及连续变化的视野,这些都可以成为自己在醒着的证据。但即使有这些证据,仍然不能排除做梦的可能性。我可能在梦中掐了自己一下,并且感到了痛。我甚至也可以在梦中做梦,并在这个梦中验证自己不是在做梦。摩尔似乎抱有这样一种想法:把所有证据都列出来,将排除掉我在做梦的可能性。把所有证据列举出来,从而完全排除我在做梦的可能性,这对摩尔来说就是一个关于我不在做梦的证明。他承认,这种证明是不可能的。

但是,摩尔认为,对于确实性来说情况就不同了。具有一些证据,这本身就可以保证我具有确实的知识。痛感作为证据并不证明我没有在做梦,但它却能够让我确实知道自己没有做梦。

为了理解这一点,不妨回顾一下怀疑论论证。支持那个论证的PCT 原则所说的无非是,我具有确实的知识,仅当我所具有的证据能够排除与之相反的可能性,也就是说,我确实知道 p,仅当我所拥有的证据 e 蕴涵 p。如果按摩尔的说法,这个原则所说的就是,仅当我能够证明 p,才能够说我确实知道 p。而关于证据与证明的区分则意味着,即使我不能证明 p,也可以说我确实知道 p。因此,摩尔所反对的是 PCT 原则,而不是依据这个原则得到的任何结论。

整理一下思路。怀疑论者依据确实性原则导出,我们不能确实知道任何东西。摩尔所给出的论证,看来是在给出一个我们确实知道什么的反例,来表明怀疑论是错的。怀疑论者依据确实性原则说,摩尔实际上预设了要论证的结论。摩尔回应说,这个指责是不令人满意的,因为我们可以给出针对确实性原则的反例,这就是我们确实知道自己有两只手,我们确实知道自己不是在做梦,如此等等。摩尔的这个步骤可以有两种理解。较强的理解是，我们确实知道这些，因此怀疑论者关于确实知识的标准是错误的；较弱的理解则是，我们不一定断定自己确实知道这些，而只是通过这种断定的可能性来表明，怀疑论者有义务论证确实性原则是唯一站得住脚的标准。摩尔没有表示应当采取哪种理解。但是，无论如何，就论辩的局面而言，论证负担都落到了怀疑论者头上。在争论的这个回合中，摩尔赢了一分。

摩尔的处境如何，取决于是否能够存在基于证据而不是证明的确实知识，换言之，取决于这种关于知识的观点是否融贯。如果存在一种贯彻了这一观点的知识论态度，那么上述观点的融贯性就自动获得。这种知识论态度就是摩尔所说的关于知识的常识观点（the commonsense view about knowledge）。这种观点与笛卡尔式怀疑论论证所包含的知识论观点相区别，笛卡尔的观点是关于知识的理性主义观点。

简单说来，关于知识的常识观点就是承认那些合乎常识的信念，那些信念没有得到怀疑论者所要求的那种辩护，但在日常生活中却被认为是真的。常识观点是绝大部分人在其日常生活中都接受的观点。这种观点是否正确，这并不是以反思的方式加以确定的。事实上，常识就是那些没有运用具有普遍性的知识标准就加以接受的信念，人们明确感受到这些信念的强制性，而这种强制性与特定的环境紧密地联系在一起。在摩尔看来，类似于"这是两只手"、"地球并不是五分钟之前才存在"、"他人都有心灵"等，都属于这类信念。即使是怀疑论者本人，在没有考虑知识一般而言应当是怎样之前，也会接受这些信念。在怀疑论者向别人论证怀疑论观点的时候，如果他不相信他人具有心灵，这类论证的行为根本就无从开始。在这种意义上,即使怀疑论是融贯的,怀疑论者本人的行为,以及怀疑论者本人的信念体系,也不能算融贯。我们要从某个角度才能看到这种不融贯性,而这个角度正是常识观点看问题的角度。

常识观点并不是从摩尔才有的。里德(Thomas Reid, 1710—1796)是常识学派的创始人,自他以后,常识观点就活跃在英伦三岛的经验主义传统中。皮尔士也在很大程度上贯彻了常识观点。常识观点在罗素所谓的"健全的实在感"中留下了明显的印记,并通过摩尔的工作在分析哲学中成为普遍接受的默会传统。在分析哲学家的争论中,提出违背常识的观点无形中就承担了相应的论证义务,从而面临更大的立论阻力。

由于不承担理论辩护的义务,在哲学中援引常识信念常常是借直觉之名进行。人们认为这些直觉实际上已经被大多数人所接受。但这就与哲学思考的无前提性要求相冲突。不加论证的观点在哲学上就是独断的观点。常识观点与独断论间究竟有多大的区别呢?如果不加批判地接受常识信念,哲学思考就失去了原初的价值。我们面临失去哲学惊异的危险。哲学不应当直接采纳常识信念,而应将其作为理论反思的对象。即使从属于常识的信念本身不是理论性的,这种信念的存在仍然具有理论兴趣。事实上,摩尔的反怀疑论事业也与这个问题相关。摩尔需要从理论上揭示,究竟什么是常识观点,而不是仅仅把常识观点运用于哲学思考。否则,他就总是在与怀疑论者不同的层次上思考问题,而不会正面与之交锋,从而根本不会遇到怀疑论问题。摩尔并没有从事这项理论工作,从事这项工作的是维特根斯坦。

12.8　世界图画

《哲学研究》没有直接讨论语言与世界的关系，本节的内容基本上来自于《论确实性》这本著作。在这本著作中，维特根斯坦接过怀疑论问题，并用与摩尔不同的方式处理它。

维特根斯坦的主要看法是，摩尔所说的那些知识其实不是真正意义上的知识，摩尔所列举的那些句子其实是语法句子，而不是经验句子。这些语法句子是相关的语言游戏能够得以进行下去的基础，当然，其中也包括那些关于知识的语言游戏。下面我们先看看维特根斯坦关于这一观点的论证，再简单讨论一下其哲学内涵。

前面我们已经知道，一个句子要能够表达知识，就必须为依据留下逻辑上的余地，而这意味着能够有意义地怀疑这个句子是否为真，这个句子及其否定都可能是真的。按照怀疑论论证的思路，这就意味着所有能够表达知识的句子都不可能免于怀疑。因此，一个句子如果不能被怀疑，那么原因只能是，这个句子没有被用来传达知识。

这涉及关于句子意义的思考方向上的转变。当摩尔说"这是一只手"时，我们不由自主把注意力转向这个句子所说的东西，似乎是这个句子本身在说。我们面对孤零零的句子，并考虑这个句子为真或为假时情况是怎样的。维特根斯坦在思考方向上的转变在于，把这个句子置于语言游戏中，这样一来，句子说了什么，就受到语言游戏的限制，为了理解句子，我们不得不考虑使用这个句子的周边情况。

为了更清晰地看到这种转变所产生的效果，维特根斯坦这样说：

"我知道我是人。"为了看到这个句子的意义多么不清楚，考虑它的否定句。它最多可以看作是在说，"我知道我有人的器官"。（例如大脑，但没有一个人曾经看到过自己的大脑。）但像"我知道我有大脑"这个句子该怎样理解呢？我能怀疑它吗？这里缺乏怀疑的基础！所有东西都支持它，没有任何东西与之冲突。然而，在我的头骨上做手术却发现里面是空的，这却是可以想象的。

一个命题是否可以被证明是假的，最终取决于我把什么算作这个命题的决定性要素。①

按维特根斯坦的思路，怀疑的基础并不是漫无边际的可能性，而是使用句子的目的所涉及的那些可能性。没有任何东西与"我知道我有大脑"这个命题相冲突，但事实却是，我可能被发现我的头盖骨里面空空如也。如果我确实没有大脑，那么"我知道我有大脑"就是错的。但是，我没有大脑，这种可能性却不在"所有东西"之列。这里所说的"所有东西"，就是与这个句子的意义相关联的那些可能性，这些可能性已经被我说"我知道我有大脑"的语言游戏排除了——我在玩这个语言游戏，这个事实本身已经表明并没有这些可能性。对于玩游戏的人来说，这些可能性被排除掉以后得到的，就是所有的可能性，就是引文中说的"所有东西"，换句话说，就是所使用命题的决定性要素。

① Wittgenstein, *On Certainty* (G. E. M. Anscombe & G. H. von Wright ed. , Denis Paul & G. E. M. Anscombe trans. , Blackwell, Oxford, 1969), p. 7.

就以一个例子来说明维特根斯坦在何种角度上考虑问题。对于正在下象棋的人来说，那个形状特殊的木块就是卒，这是不容怀疑的。她正在如此这般地走棋，这件事本身就支持了"她知道那个木块是卒"这个论断。对棋手来说，没有任何东西让这个句子为假。事实上，这个句子根本不可能为假，或者说，对她来说，说"那个木块不是卒"根本就是无意义的。棋手仅仅是不考虑这样的可能性。但是，我们可以不用那样的木块来充当卒，也就是说，"那个木块不是卒"可能是假的。这种使其为假的情况本身就被正在进行的象棋游戏所排除。那个木块可能是别的形状，这并不是决定它是不是卒的决定性要素。

这种角度的转换直接坐实了摩尔对证据与证明的区分。证据属于游戏活动的关联域，即维特根斯坦所说的周边情况，是游戏者据以支持判断的东西，而这些判断对于游戏来说是有效的。证明所要考虑的可能性则是就一般意义上的可能性而言的，其中也包括被游戏所排除的那些可能性。比如，如果不是就游戏者的角度来说，而是一般性地考虑，那么"那个木块不是卒"所表达的可能性，就是棋手要确实地判断对手的行棋意图所要排除的可能性。毕竟，如果对手移动的棋子不是卒，而是别的棋子，那么他的行棋意图肯定会有所不同。这就是说，如果要证明我对对手的行棋意图的判断是正确的，就必须排除那个可能性。但"那个木块是卒"所表达的却不是棋手本人所需要的一个证据。"对手如此如此地移动了那块木头，那块木头是卒，因此对手是想……"诸如此类的句子描述的不是棋手的思考过程。如果要追根究底，我们可以说这是在描述一个不懂棋的人的思考过程，但是，这样的人所思考的根本不是行棋意图。

在维特根斯坦那里，确实地知道某件事，这一点是以相应的语言游戏为背景的，此时需要的仅仅是摩尔意义上的证据。并且，只要是在从事语言游戏，所谓的证明从来都不需要出现。事实上，只要是在从事语言游戏，证据和证明之间的摩尔式区分也从来不会出现，因为，既然所有的可能性都已经被考虑了，给出了证据，也就能够证明所要的结论。

～～～～～

思考：请对照一下维特根斯坦所说的语言游戏与摩尔的常识观点。如果语言游戏的概念确实为常识观点提供了基础，那么常识观点是什么样知识论态度？常识观点是不是意味着接受大多人的信念？

～～～～～

在这个转换了以后的角度上讲，摩尔所说的类似于"这是一只手"的句子在大部分语言游戏中所处的地位，就像"这个木块是卒"在象棋游戏中的地位一样，是所有属于游戏的东西所预设的，或者说，其为假的可能性已经被游戏本身所排除了。这样的断言是游戏者不会做出的，它不属于游戏的一部分。但是，否定这样的断言，将使断言者来到游戏之外——他失去了玩游戏的资格，或者说，进入了另外一个游戏。因此，这样的句子是建立语言游戏框架的句子，即语法句子。语法句子是不能被怀疑的。在一个语言游戏中，没有怀疑这样的句子的基础，游戏本身切断了其为假的可能性，因而怀疑论论证无从开始。

为了看到这一点，我们可以构造这样一个论证。就以"这是一只手"这个句子为例。如果这个句子的否定只能属于另外一个语言游戏,那么我们就不能说,在这个语言游戏中我们能有意义地怀疑这个句子。

例如这样一个语言游戏:在收拾房间时,我对张三说,"把书递过来",于是他用自己的手拿着书,送到我面前。按照摩尔的说法,这就意味着,张三相信拿着书的是一只手,并且只有相信这一点,才会那样拿着把书递给我。当然,摩尔要证明张三知道那是一只手,就必须认为,他不得不把书那样递给我。铁杆怀疑论者会拒绝对我的话做出反应,以此来拒绝承认摩尔是对的。摩尔对此毫无办法。

对维特根斯坦来说情况有所不同。现在假定张三相信那是一只手,于是他把书递过来;如果他认为那不是一只手,那么他的反应就会有所不同。假如他认为那是一支蜡烛,那么他的行为将会是对于"把书烧掉"的反应,而不是对"把书递过来"的反应。持这种信念会使整个语言游戏发生变化,以前的游戏也就难以为继了。假如他的反应是,"手在哪里呢?"我将跑过去看着他的眼神,而不是去找他的手。这里,"这是一只手"与"这不是一只手"这两个句子属于不同的语言游戏,我们无法把它们放到同一个游戏中。

在某些情况下也许可以。老师指着一幅画问"这是不是一只手啊?"。学生回答是,或者不是。但这是关于"手"这个词的游戏,而不是关于手的游戏。

要点是,为了进行某种游戏,必须有些背景不能被质疑,"描述"这些背景的就是语法句子。人们从事各种各样的游戏,这些游戏有的需要这个语法句子,有的需要那些语法句子,这些句子的交织使得这些游戏彼此间能够衔接起来,从而使我们能够从一个游戏过渡到另一个游戏。有些句子在大部分语言游戏中是不能质疑的,例如摩尔认为他确切无疑地知道的那些句子就是如此。这些句子就构成了维特根斯坦所说的世界图画(the world picture)。世界图画表明了世界大体上是什么样子,而这是大部分语言游戏的基础,当然也包括在其中我们宣称自己知道什么的语言游戏。

在维特根斯坦这里,凡是知识都是可质疑的,而不可置疑的就不是知识。世界图画不可置疑,因而也不是知识。但这并不是像摩尔所理解的那样,之所以不可置疑,是因为我确切无疑地知道,而是因为,世界图画提供了确实性的标准,我们依据这个标准来判断什么是确实的什么是可疑的。关于确实性的标准,我们没有什么依据来说它们是不确实的,没有理由来怀疑它们,但也不能说它是确实的——这等于什么也没说。

但世界图画本身并不是不可变的。就像一条绳索,构成世界图画的语法句子不需要贯穿整条绳索,所需要的仅仅是这些句子之间彼此交叉衔接。有时候我们也会修改一些语法句子,我们依据与之衔接的语法句子做到这一点。当然,依赖于它的那些语言游戏就从此消失了。比如说日心说的发现改变了世界图画,因而也改变了依赖于它的语言游戏——有教师下岗,而天文学作业要以另一套标准来批改。

结合关于自我经验与世界图画的观点,我们可以看到一种很有意思的相似之处,语法句子一方面是语言通过它分别接触心灵和世界的边界,另一方面它也划定了语言的界限。我们不能在陈述经验和表达知识的意义上理解语法句子,语法句子不是用来说的,而是用来显示。在这种意义上,后期维特根斯坦实际上是在继续前期的工作,这就是显示那些不可说的东西。

12.9 实践与哲学

自然有一个问题:在语言游戏之外,仍然会有怀疑论,因此怀疑论并没有被驳倒。对这个问题也可以这么回答:既然怀疑论对人类实践不产生影响,就由它去吧。这就像《哲学研究》第一部分的结尾所说的那样,如果关于黄油涨价的传闻不造成麻烦,那又何妨。

这难道不是一种鸵鸟政策吗?

并非如此。如果维特根斯坦的思想能站得住脚,那么实践之外,就既没有意义,也没有确实性。这不是在说,按照某个标准,脱离了实践的句子是无意义的,脱离了实践的信念是不确实的,而是说,脱离了实践就没有这样的标准可言。这意味着在实践之外,根本就提不出怀疑论问题。

不妨区分一下怀疑态度与怀疑论问题。你可以有一种执着的疑虑,无论说什么都不愿认同。这是一种怀疑态度。对于怀疑态度,我只好说:"你这是摆明了什么都不想听,既然如此,那么我就只好什么都不说了。"单单是怀疑态度,不值得认真对待。值得认真对待的是怀疑论问题,即有根有据地质疑某个论断。笛卡尔的怀疑论就是这样。他说,你无法排除你弄错了的可能性,进而有理有据地描述了这种可能性。对维特根斯坦来说,既然这里毕竟有些根据,那么就可以引出一些确实的东西。

维特根斯坦要克服的障碍是,一旦对这些确实的东西持理论态度,或者说以脱离实践的方式理解,这些东西就会丢失。这正是他心目中的传统哲学所做的。从实践的角度上讲,持某种信念是参与语言游戏的结果,它们不是自觉的过程,而是自发形成的。下象棋时,我不会说服自己要这样走棋,也不会论证这一点,我就是这样走棋的,就像走路一样自然而然。但如果采取理论态度,从而脱离游戏,这种自发性就消失了,于是必须要有依据,而依据总会有尽头。依据走到尽头,我们面临的就是无底深渊。脱离了游戏,就意味着失去了基础,一切都只能飘浮在半空中。

这种理论态度并不容易对付,可以说陷入这种态度是永远伴随着人类共同的语言实践的一种诱惑,是语言无法摆脱的影子——这种态度深深植根于语言起作用的机制中。语言游戏已经为自主意志留下了逻辑余地,并且这对于游戏来说是必要的。虽然我不会就该如何走棋做出决定,但我必须为具体走哪步棋做决定,这意味着要以棋局为依据走棋。这里有一种有所限制的理论态度。但并没有什么东西来实施这种限制——假如棋手要自己修改下棋的规则,我无法说服他。他可以有数不清的理由,我要么没有,要么就只能是,"这样就没办法下棋了"。但这不是理由,而是目的。

因此,维特根斯坦的问题就是关于态度转变的问题——从理论态度转变为实践态度。这里不可能说服,也没有理由来说服。这就像一个哈姆雷特式的问题:我是应当先去生活,还是应当先思考该如何生活?如果选择思考生活,那么这个问题就存在;而选择生活,就等于说没有这个问题,从而也没有任何选择的活动发生过。一旦思考,这个问题就一直存在,直到选择生活。按照维特根斯坦思路就可以这么认为:既然没有理由来支持一种回答,这里就没有问题。既然没有问题,那就是在生活,就等于根本没有选择过。

这是一个关于意志的问题,对维特根斯坦来说,这是真正的伦理问题。

～～～～～～

思考:维特根斯坦驳倒了怀疑论吗? 如果你是怀疑论者,维特根斯坦的论辩是否令你信服? 请给出你的理由。

～～～～～～

阅读建议

《哲学研究》注定是一部要被大多数读者所误解的著作。它在不交代背景的情况下直接展开,其论述有时过于散文化、有时又过于紧凑,还常常夹杂着近乎独白的对话,读者很容易错失其中的关键点,将其中的哲学庸俗化。《哲学研究》的思考深度是《逻辑哲学论》赋予的,只有在至少掌握了《逻辑哲学论》所处理的问题以及由此得到的框架的前提下,才能找到理解《哲学研究》的角度。

《哲学研究》的文本建议选用陈嘉映的译本(世纪出版集团,上海人民出版社,2005 年)。这个译本保留了原文舒适的阅读体验。也可以读最新的德—英对照版:

Ludwig Wittgenstein, *Philosophical Investigations*, Rev. 4th edition, translated by G. E. M. Anscombe, P. M. S. Hacker, and Joachim Schulte, edited by P. M. S. Hacker and Joachim Schulte, Wiley-Blackwell, 2009.

关于这部著作的导论有多种,推荐阅读

1)威廉·恰尔德:《维特根斯坦》,陈常燊译,华夏出版社,2012 年。

——这部导论兼顾前后期维特根斯坦,在《逻辑哲学论》与《哲学研究》的衔接上做了一些工作。

2）M. 麦金:《维特根斯坦与〈哲学研究〉》,李国山译,广西师范大学出版社,2007 年。

——本书实际上是关于《哲学研究》的一部研究性质的导论,可以在对文本有足够的熟悉以后再读,从而对照着建立自己的理解。

为了建立理解,避免被《哲学研究》的散文体所催眠,可以尝试思考其中所涉及的问题。克里普克的 *Wittgenstein on Rules and Private Language*: *An Elementary Exposition*（Harvard, 1982）是这方面的典范。这本书是按照导论的要求写成的,可以充当研究《哲学研究》的前导。该书的汉译本为《维特根斯坦论规则与私人语言》（周志羿译,漓江出版社,2017 年）。

Cambridge Companion 系列为维特根斯坦出版了第二版, *The Cambridge Companion to Wittgenstein*（Hans Sluga & David G. Stern ed., Cambridge, 2018）。内容比起 1996 年的第一版,有大幅度的更新,体现了维特根斯坦研究的最新成果。Blackwell 出版的 *A Companion to Wittgenstein*（Hans-Johann Glock & John Hyman ed., 2017）也可供参考。

第13章　日常语言学派

　　日常语言学派的主要代表人物是奥斯汀(J. L. Austin)、斯特劳森(P. F. Strawson)、赖尔(G. Ryle)、格赖斯和塞尔。这几位哲学家主要是在20世纪40至70年代发展自己关于日常语言分析的主要想法。前四位哲学家都是牛津大学的教授,他们又被称为"牛津学派"(the Oxford School)。塞尔的整个大学教育,也是50年代在牛津完成的。应当说,他们在哲学上都是成就卓著的人物。奥斯汀发展了对日常语言进行细致研究的方法,奠定了日常语言分析的哲学进路。斯特劳森则把以日常语言为主要关注点的哲学分析推进到形而上学领域,从而恢复了由于逻辑经验主义的活动而受到压制的形而上学兴趣。赖尔把日常语言分析的方法运用于关于心灵的概念分析,从而建立起分析的行为主义观点。格赖斯关注于交流活动,给出了以交流活动为基础,且涵盖了心灵哲学与意义理论的理论框架。塞尔则在奥斯汀与斯特劳森的工作的基础上建立了完整的言语行为理论,并把这个理论推进到心灵哲学。本章主要介绍日常语言学派如何确定自己的研究方向,并在此基础上说明这一研究方向所导致的哲学后果。

　　日常语言学派的基本理念有三个来源。其一,摩尔的常识观点及其关注日常语言的理论兴趣。常识观点强有力地打消了试图一劳永逸地为知识打下基础的雄心。这种雄心支配着从弗雷格、罗素到卡尔纳普的逻辑主义计划，他们试图找到所有知识的形式基础，并用系统的方式加以刻画。牛津学派对逻辑主义的反感在摩尔那里得到了支持，摩尔在其精细的分析中体现出来的对日常语言的充分尊重肯定是极富感染力的，这推动人们关注具体情况和细节，从而以一种零打碎敲的方式工作。其二，维特根斯坦的后期工作。维特根斯坦在30、40年代的影响主要通过教学工作产生。他对语言的使用的强调，与牛津学派不谋而合。维特根斯坦后期的思想通常就被归于日常语言学派。其三，奥斯汀的关于述行语式的观点。奥斯汀独立于维特根斯坦发展了通过使用来理解语言的观点，其思路和风格都是独一无二的，它导向与维特根斯坦不同的方向。奥斯汀的工作构成了日常语言学派的硬核部分，在后面的叙述中，我们要关注的正是这个硬核以及从中发展出来的观点。

牛津学派的工作，乃至整个日常语言学派的工作，被很多人认为琐碎，没有哲学趣味，例如罗素和维特根斯坦就这样认为。在日常语言学派逐步扩大影响之际，这种评价甚至变成其他传统的哲学家对整个分析哲学的评价。至今仍然有许多不明就里的人认为分析哲学不关心哲学的基本问题。毫无疑问，这不是真的。

现在已经很难说有完全意义上的日常语言哲学家了。日常语言学派关于什么是语言、什么是概念以及各类概念间的关系提供了极为宝贵的见解，并且积累了大量极具启发性的事实，这些都已经被吸收进如今的语言哲学研究中。就像历史上许多其他学派一样，以前被忽视的事实和思考方向以一种崭新的方式被揭示出来，在其理论可能性的激励之下，学派诞生了；一旦这些事实与思考方向成为人们习以为常的东西,学派便不复存在。日常语言学派就是这样的。

13.1 常识观点

在12.7节中我们已经了解过摩尔的常识观点。常识观点可以说是日常语言学派的底层架构,在他的"捍卫常识"[①]一文中我们可以看到对这一观点的阐述。这里还是接着前面关于知识的讨论来说明常识观点究竟是什么。

前面的讨论中起主要作用的是这样一种知识论态度:承认我们在前反思的状态下就能够正当地拥有某些知识。如果这种知识存在,我们就可以据此拒斥怀疑论。我们还可以从这种知识出发,来探究怎样才算辩护。这种知识论态度与关于世界的态度联系在一起,承认这些常识知识,也就承认了看待世界的一种方式。于是我们就有一种关于世界的常识观点。

在"捍卫常识"中,摩尔首先列举了两类命题,并认为这两类命题就表达了典型的常识知识。[②] 第一类命题可以看作是摩尔的自我中心叙述,从关于他自己身体的事实开始,逐步扩大到生活环境、生活史,其中还包括他自己的知觉、意识、信念等一系列心理内容。第二

---

① G. E. Moore, "A Defence of Common Sense", in Thomas Baldwin ed. *G. E. Moore: Selected Writings*, London & New York: Routledge, 1993.

② 这种列举是从摩尔本人的第一人称视角出发进行的。这一点非常重要。像笛卡尔这样的哲学家也是从第一人称开始哲学思考,但是其结论仍然是无人称的,或者说,可以是从上帝的角度展开的论述。但摩尔以及日常语言学派的特点,则在于始终把哲学家作为普通人的身份作为思考的起点。后面我们马上可以看到这一点。

类命题则针对他人,它们表明,从摩尔的第一人称看来,也会有关于他人的类似事实,为与第一类命题相似的方式所表达。第一类命题所陈述的是关于自己的事实,第二类命题所陈述的是关于他人的事实。经过非常仔细的解释,摩尔希望说明,常识观点就是每个人从自己的角度持有的由这两类命题所表达的信念。这些信念以"我知道……"的方式表达,而不是以"我相信……"的方式表达。它不是叙述关于自己的事实,而是体现为自己与世界的关系,体现为一种世界观。

在摩尔的论述中,常识观点既是一种世界观,又是一种元哲学观点(meta-philosophy)①,它要求按照相应的方式来展开哲学研究。为日常语言学派所贯彻的,正是作为一种元哲学观点的常识观点。

作为一种元哲学,摩尔所列举的两类命题应当就"字面"(face-value)来理解。当然,这不是说,这些命题的字面意思是不容置疑、没有歧义的;而是说,无论这些命题该如何分析,都应当承认我们实际上理解它。对此,摩尔进一步的解释是,"显然,除非我们真的理解它,我们通过它所理解到的东西该如何分析的问题甚至都无法提出来"。② 如果人们对这些命题都有同样的理解,那么无须说明它们该如何分析,人们就可以对其展开讨论。这种在理解上的共同性,也就成为常识观点的一个要素。

这种理解被当作分析的前提,这是日常语言学派的分析观的一个特色。粗略地说,理想语言哲学家希望通过分析来获得一种以前

---

① "元哲学"就是指关于哲学本身的观点,或者关于哲学本身的哲学研究。它考虑的通常是哲学本身是什么,哲学应该如何进行等。一般而言,哲学思考中都含有元哲学的成分。哲学是自我关涉的。

② G. E. Moore, "A Defence of Common Sense", in Thomas Baldwin ed. *G. E. Moore*: *Selected Writings*, London & New York: Routledge, 1993, p.111.

阙如的理解,而日常语言哲学家则把分析更多看作是重现既有的理解。日常语言哲学家会承认,存在着一种足以指引分析的直觉,而这种直觉就是常识观点所承认的、从字面理解的那些命题。

之所以说那些命题足以指引分析,是因为从认识论上讲,我们对那些命题的把握比对正确分析的把握更加可靠。[①] 而承认这一点,是常识观点的一个基本特征。比如,对于我有一个身体这件事,我的确很有把握,而这种把握性要比"我有一个身体"这个命题是什么意思更大;我会认为,无论是否知道这个命题是什么意思,我都会同意自己有个身体。与之相比,哲学家常规上都会认为,只有弄清了这个命题是什么意思,才能有把握决定自己是否相信它。就此而论,持有常识观点,就意味着与哲学家的常规理解背道而驰。

作为一种世界观,常识观点则被认为既是反对怀疑论,又是实在论的。我们在前面讨论摩尔关于外部世界证明时已经看到了这种特征。如果我知道这是一只手,那也就知道存在一个包含了这只手在内的外部世界,而这意味着我不会接受怀疑论,同时也意味着我会认为存在一个独立于我的世界。可以看到,认同摩尔所说的第一类命题,就要求承认关于外部世界的实在论,而认同第二类命题,则会承认他人心灵的存在,从而会反对关于他人心灵的怀疑论。

摩尔为这种世界观提供了辩护,这个辩护主要诉诸一致性。比如,一个哲学家不可能自我一致地相信他人心灵是不存在的,他甚至不能自我一致地怀疑这一点。这是因为,作为一个从事写作和讨论,

---

① G. E. Moore, "A Defence of Common Sense", in Thomas Baldwin ed. *G. E. Moore: Selected Writings*, London & New York: Routledge, 1993, p.133.

并力图通过写作和讨论来说服别人的哲学家,不可能真的认为他人有可能不存在。

这个论证诉诸哲学家的身份。在笛卡尔的沉思中,哲学家是作为一个独白者从事哲学思考的。他一个人面对所有其他东西,他自己不属于那些东西之列。笛卡尔甚至通过怀疑论的假设,把他自己的身体也从自己那里隔离出去了。但是,在摩尔这里我们看到一个作为论辩者的哲学家形象,他必须面对其他哲学家,通过论辩和说服这些哲学家,以此来进行哲学思考。这种与他人交互的处境至关重要,因为这就等于承认自己也属于这个世界,也与他人同属一类。这样,我们就有一个作为普通人的哲学家身份。摩尔的论证就等于说,作为普通人的哲学家在从事哲学思考,这件事本身就排除了一些笛卡尔式哲学家所接受的立场。从这个论证中我们可以清楚地看到,元哲学的事实,即哲学家在干什么,对哲学立场产生了怎样的影响。

不过,我们也不是非要接受摩尔的论证——我们可以不接受他对哲学家身份的解释,从而坚持自己是笛卡尔式的独白哲学家。这样做是有代价的,因为这就等于退出了争论,从而让摩尔赢得这一分。一种可能的出路是,区分哲学家的两种身份,即从事论辩的世俗身份和从事沉思的本真身份。由于哲学家只为思想负责,论辩只是获得思想的途径,论辩时所主张的东西就只是过渡型的立场。因此,摩尔所说的常识观点并不直接等于正式的哲学观点。这样,摩尔所赢得的那一分终将失去。

不过,无论如何,常识观点的核心特点也就就此确定了——它从作为普通人的角度来从事哲学思考,把哲学思考当作属于世界和社会进程的行为,而不是世界之外的沉思。这为哲学添加了更为丰富的思考维度。

摩尔坚持认为,常识观点是一种实在论观点。从关于手的论证我们看到,摩尔从"我知道这是一只手"得出手的存在。这个论证看起来很直接,但还是暗含了一些前提。从"我知道这是一只手",可以直接推出"这是一只手"这个命题是真的;但是,从这个命题为真,还不能推出"这只手是存在的"——是否能够得出这一点,取决于这个命题该如何分析。而摩尔则认为,该命题为真,以及我是否知道这是一只手,这些并不取决于对命题要如何分析。如果情况相反,我们也就无法由此得出手的存在。

思考:回顾一下摹状词理论,看能否从罗素那里找到一种方法,来说明为了让"这是一只手"为真,确实可以不需要手存在。

但是,常识观点仍然可以是一种实在论,不过它将区别于其他意义上的实在论。即使"这是一只手"这个命题分析后并不意味着这只手存在,它也会意味着,分析以后总有存在的东西来让这个命题为真。我们可以对分析抱无所谓的态度,继续坚持实在论。我们可以认为,最终总是有存在的东西让这个命题为真。在什么东西存在这个问题上退让一步以后,常识论者可以推进一步,指出,那种最终通过分析确定了的东西,仍然需要按照常识观点来加以保证。这就是说,常识观点构成了分析的底线。

在这种底线意义上,常识观点仍然是一种实在论,并且是摩尔所坚持的那种实在论。这是由理解命题的一般方式决定的。从常识观点来看,命题被用来谈论某个东西,因此命题为真,这本身就保证了被谈论的东西存在。被谈论的东西必须在命题中得到表示,否则我们如何知道命题谈论的是什么呢?因此,即使命题"这是一只手"被分析以后手消失了,命题中仍然有一个东西表明它谈论的是什么,这就是"这"。我们终将对命题的字面意义报以信任,从而,基于常识观点,我们终将承认,一些就字面意义谈论的东西存在。这就是常识实在论。

摩尔关于常识观点的讨论有相当大的启发性。虽然未能证明我们应当采纳常识观点,但他还是表明了常识观点是一种融贯的哲学—元哲学立场。要解释这种立场究竟是什么,我们或许需要知道这种立场为什么是必须接受的,从而需要给出摩尔未能给出的证明。不过,摩尔所说的东西已经足以表明这种立场的主要特征是什么。常识观点以一系列的常识信念作为标志,这些信念为人们所共享。我们之所以接受这些信念,是因为我们在作为思考者的同时也是行为者。这些信念是我们要被当做这样的行为者而必须具备的。只有认为他人心灵存在,我才能和他争论关于他人心灵的怀疑论问题。常识信念为我的行为者身份所预设。①

对于日常语言学派来说,常识观点的重要性也就在于提示了这样一种立场:思考本身就是一种行为,因此,这种行为所需要的条件,也就是思考所必须接受的前提。日常语言学派的特殊性就在于对这一立场的消化和贯彻。从语言学转向的背景来看,这就意味着思考以及对思考(知识)的分析必须借助日常语言来进行。因为,日常语言才是已经被使用的语言,从而才是能够用来做事情的语言。理想

---

① 关于预设,参见本书13.3节。

语言则不是。

13.2　奥斯汀:述行语式

　　语言总是所使用的语言,这并不是新鲜事。但是,这一点在哲学上究竟意味着什么,却是牛津学派,特别是奥斯汀的伟大发现。在4.1.1节讨论弗雷格的判断理论时,我们已经看到弗雷格对于这一事实给予了重视,但奥斯汀关注使用行为的方式与弗雷格迥然不同。不过,与弗雷格对照起来看,对于理解奥斯汀的思考路线还是有帮助的。

　　我们知道,弗雷格的判断理论关注对于句子的一种特定使用,这种使用旨在达到真。也就是说,如果说出的句子是真的,那么说出这个句子的行为就是成功的或者有效的。这种使用就是判断。判断为弗雷格思考语言、心灵与实在这三者的关系提供了基本框架。一个判断如果是真的,那么它就是关于实在的有效判断,通过把握这个判断,心灵获取关于实在的知识。意义理论的目的于是就在于从判断中分离出是真的东西,即真值载体,从而在语言、心灵与实在间建立连通关系。在真值载体究竟是什么这个问题上,对于判断的理解起了关键作用。弗雷格把判断行为区分为语力和思想这两个成分,并把判断理解为断定一个思想为真这样一种行为。这样,他就可以通过为思想指派真值,来刻画判断行为。这种刻画是规范性的,它表明了判断行为应当是怎样的。例如,如果宇宙真的是无限的,那么所做出的判断行为就应当是断定"宇宙是无限的"。

这一整套想法会让人们自然而然地认为,真值就是思想的性质,而思想作为真值载体,就是具有这个性质的实体。进而,判断行为就等价于对真值载体的描述,说明某个真值载体是真的,也就给出了一个判断行为。弗雷格本人并不认为真是思想的性质,他认为真是思想的指称。但从处理逻辑的方式来看,他也确实在描述一些被认为产生真命题的思想结构,并以此来对判断行为做出规范。而引起奥斯汀不满的,也正是这种做法。

为看到其中的要点,我们注意:

1)断定宇宙是无限的。

2)表达"宇宙是无限的"为真这一思想。

3)抱有"宇宙是无限的"这一信念。

显然,在这三种情况下用"宇宙是无限的"这句话所做的不是一回事。在1)中它描述一个判断行为,在2)中描述的则是表达的思想,在3)中则描述了心理状态。在弗雷格那里,说话者通过给出一个思想来做出判断,思想是判断的必要条件。弗雷格所做的是,通过描述那些为真的思想,来对判断行为做出规范性的限制。但是,这个理论动机促成了这样一种理解,让人以为拥有"宇宙是无限的"为真这一思想,就是断定宇宙是无限的,而把握这个思想,就是获得"宇宙是无限的"这一信念。

在奥斯汀看来,这是一个错误。对于这个错误,奥斯汀所做的不是纠正它,从而修正弗雷格的正统,而是从这个错误入手,揭示出弗雷格传统完全忽视的东西。这项工作甚至有可能颠覆这个传统。既然弗雷格传统允许这样的错误发生,它必定在某些重要的方面存在缺陷。这个缺陷发生在判断理论这样一个非常基础的层次,揭示这个缺陷的工作肯定有巨大的回报。奥斯汀关于述行语式的见解,隐含一个野心勃勃的规划:在一个全新的基础上重新建立心灵、语言和实在间的联系。

在"述行式言语"这篇文章中,奥斯汀区分了使用陈述句所做的两种不同言语行为(utterance),述行式言语(performative utterance)和断言式言语(constative utterance)。[①] 为看到这个区别,我们注意下列句子:

　　4)我向你道歉。

　　5)我把这艘船命名为伊丽莎白号。

　　6)我和你打赌,明天准下雨。

　　7)我走在乡间的小路上。

这四个句子都是第一人称单数、现在时态的陈述句,并且都是主动句。我们可以很清楚地把它们区别为两组,第一组包含前三个句子,最后一个句子属于另外一类。这两组句子的区别是这样的,第一组句子中包含的动词本身就是说这些句子所做的事情,第二组句子则不是这样的。当我说4)时,我就是在道歉,说5)时,就是在为一艘船命名,而说6)时,就是在打赌;但是,当我说7)时,却并不是在走路,而是在描述走路。这两组句子中,说出前一组句子的行为本身就是

---

① 参见奥斯汀:"完成行为式表述"(Performative Utterance),载于马蒂尼奇编《语言哲学》。但我在此采取的翻译不同于这里所说的中译文翻译,以下是理由。"performative"强调说出一个句子本身就是在做一件事,而这件事不同于仅仅是旨在描述一种状况的断定行为。用"完成行为式"来翻译有些别扭。在说出这个句子的同时,相应的行为并没有被完成,而是正在进行,这里说和做是一回事,是同时的,译成"述行式"简洁恰当。"utterance"若译成"表述",就不易与"expression"区别。后者既指说出的句子,又指说出句子的行为。"utterance"指说话的行为,实际上就是"speech act",译成"言语"合适。

在做句中动词的行为,而说出第二组句子的行为仅仅是在描述句子中所说的行为。说出第二组句子的行为,是断定式言语,而说出第一组句子的行为,则是述行式言语。

对于这个区别,似乎可以提出这样一种反对意见:述行式言语其实可以看作是对于相应行为或者过程的描述。当我对你说出4)的时候,你可以理解为我是在告诉你我内心的真实感受,这就是我为对你做出的事情而感到难过。同理,说出5)可以是对于我的命名行为的描述,因为,如果这个描述是真的,那我就确实把这艘船命名为了伊丽莎白号。对于6)也可以作如是观。

这种理解会出现一种很奇怪的后果。如果我向你说出了4)这个句子,但我一点也不为我对你做的事情而感到难过,这样一来4)所说的就错误地描述了我的心理状态。这时该如何评价我对你说出4)这个句子的行为呢?我对你说出4),这通常被理解为我向你道歉。如果这个道歉行为进一步被解释成描述我的心理状态,那么我的这个描述是错的,就要被看成一次不成功的道歉。这是因为,既然道歉是描述,那么一个不成功的描述就是一次不成功的道歉,也就是说,我实际上没有向你道歉,即使我向你说了道歉。奇怪的是,如果我向你说了道歉,那么道歉就完成了。

这种理解起源于这样一种看法:陈述句总是描述性的,它总是断定了某种情况,而这体现在陈述句的语力上。由此进一步,就会使我们把真和假看作对于所有使用陈述句的行为的评价,因此,像4)、5)、6)这样的句子,就要么是真的,要么是假的。顺着这个思路,当4)是真的,使用4)这个句子的行为就达到了目的。因此当我对你说道歉时,你要做的事情就是鉴别我心里是否难过。这样,虚伪的道歉就等于撒谎。

在奥斯汀看来,这样理解就犯了方向性的错误。真和假,并不是评价说出第一组句子的行为的标准,这类句子并不描述任何东西。正是由于被这种理解所误导,使人认为在人的行为底下,还隐藏着心理状态或者心灵,这些东西为4)这样的句子所描述。把本来不是描述性的句子误认为是描述性的,在奥斯汀看来就犯了描述谬误(description fallacy)。

至少,有些陈述句的使用不是描述性的,这就是述行语式。述行语式的使用本身就是做出句子所说的行为,这类行为我们不能用真和假评价,但能用恰当(felicitous)或不恰当(infelicitous)来评价。我对你说道歉,但我不是真心的,我甚至为伤害了你而沾沾自喜,这样的道歉不是假的,而是虚伪的,也就是说,是不恰当的。假定在某个深夜,一个喝醉了酒的流浪汉跑过来把酒瓶砸向刚竣工的那艘船,并说出了句子5),那么这艘船并没有因此而被命名为伊丽莎白号。这样的行为也是不恰当的。恰当的命名行为是在命名仪式上某个被指定的人在适当的时间以适当的方式说出5),对于什么样的时间是适当的,什么样的方式是适当的,有一整套社会约定或者规则。事实上,规定述行式言语是否恰当的,总是一套相应的规则,这些规则植根于行为者所生活的社会环境和文化背景,并使这些行为以某种方式与说话的语境相联系。

～～～～～～～

思考:上一节结尾处我们说,只有日常语言才是用来做事情的语言,理想语言则不是。理想语言是我们设计出来的语言。考虑一下,为什么这么说。你是否同意这一点?

～～～～～

　　述行语式与断定语式的区分是针对语言使用所做出的经验层次上的区分，借助这个区分奥斯汀在哲学上所达到的最多是这样一种见解：有些哲学问题，例如关于心灵实体或者心理状态的问题，是受描述谬误的诱导产生的。但是，这个见解到目前为止仍然脆弱。某些陈述句不是描述性的，这并不意味着不存在描述性的陈述句。如果有这样的陈述句，那么我们关于存在心灵实体或心理状态的看法，就可以在那些确实是对心理状态的描述中得到支持。奥斯汀在这个区分的基础上做出了推进，把断定语式吸收进了述行语式。

　　奥斯汀的做法是，先指出有些陈述句不是断定性的，而是述行语式，然后说明，述行语式与断定语式间不存在真正界限，进而亮出底牌：断定语式实际上是述行语式的一种。

　　述行语式被区分出来，是依据这样一个标准：我们不用真和假来评价使用句子的行为，而是用恰当与不恰当来评价。但是，有两类显而易见的情况使这个区分标准变得模糊起来。一类情况是，有些陈述句同时是述行语式和断定语式。例如"我很难过"（I am sorry）就既可以理解为对我的心理状态的描述，又可以理解为道歉行为。裁判员说"进球有效"，既是一次裁决行为，又是对于进球的情况的断定，它可以是真的或假的。第二类情况是，对断定语式很明显存在恰当与不恰当的评价。例如"约翰的所有孩子都是秃顶"这个断定句在约翰没有孩子的情况下是不恰当的。真和假不是对陈述的唯一评价，存在大量其他评价的余地。只要我们意识到，断定不过是所有述行语式中的一种，而没有任何特殊的地位，这一点就非常明显。毕竟，一个断定语式"p"可以等效地说成"我断定p"，这就清楚地表明了,断定语式不过是述行语式中的一种。

由此自然引发一个问题:既然对于述行语式的恰当与否,我们有一套规则来依据一些语境要素做出评价,而断定语式不过是述行语式中的一种,那么对于断定语式,我们据以做出评价的规则又是怎样的呢?关于述行语式的规则是怎样的,这是一个经验研究的问题。我们可以对各种各样使用陈述句的行为进行分类研究,然后在此基础上按照各种类别讨论什么样的行为是恰当的,什么行为是不恰当的,一个行为要成为恰当的,需要什么样的条件,如此等等。这种研究依赖于我们对人类说话行为的了解,以及我们通过参与和习得这些行为所获得的语感和想象力。语言学家从日常语言哲学家的这类经验研究中获益良多。但是,我们在这里所关心的是这类工作的哲学部分。提出关于断定语式的规则的问题,就是进入哲学部分的入口。由于知识是通过断定语式的陈述句表达的,知识的基本性质就可以通过对断定语式的研究得到揭示。当把断定语式看作是述行语式的一种,从而接受相关规则的约束,知识的基本性质也就受制于这些规则。

〰〰〰〰〰〰

思考:很多哲学家把哲学研究归于与经验研究完全不同的层次。通常,他们会认为哲学是关于概念的研究,而经验研究则是关于事实的研究,这些事实研究以相应的概念研究为基础。按这个观点,哲学在逻辑上要先于经验研究。你对于哲学研究与经验研究的区别与联系是怎么看的?在奥斯汀这里我们看到经验研究在某种程度上先于哲学,这是否推翻了在这个问题上的通行看法?

〰〰〰〰〰〰

事实上,奥斯汀就试图探讨真所依赖的述行规则。① 对此我们在这里不准备涉及。奥斯汀对于建立关于一般意义上的述行规则的理论缺乏兴趣。对他来说,更有价值的事情是观察人们通过说话做各类事情的方式,以此来纠正某些哲学上的错误。例如前面提到的描述谬误就是这类错误的一种。用奥斯汀本人的话来说,这样做对哲学具有"治疗性的"效果。②

奥斯汀开出的这个研究思路,在塞尔与斯特劳森那里得到进一步发展。在斯特劳森那里,把陈述内嵌到行为中,这一步骤导致了至关重要的后果,由此我们可以得到一种新的哲学分析模式,一种描述的形而上学是这个模式中的核心部分。而在塞尔那里,关于述行语式的研究以言语行为理论(speech act theory)的系统形式建立,把这个形式运用于一般而言的意向行为,就得到一种心灵哲学。在后面对这两者的基本思路的讨论中,我们会看到奥斯汀的基本想法是如何起作用的。

13.3 斯特劳森:描述的形而上学

罗素的摹状词理论被认为是分析哲学的典范,我们也看到了这个理论如何支配着罗素的分析理念。自 1905 年"On Denoting"这篇文章发表以来,它很久未遇到强有力的批评。1950 年,斯特劳森揭竿

---

① Austin, "Truth", in *Philosophical Papers*, J. O. Urmson & G. J. Warnock ed., Oxford, 1970.

② Austin, *How to Do Things with Words*, Oxford, 1962, p. 3.

而起,在《心灵》(*Mind*)杂志上发表文章"On Referring",①从摹状词
理论的根基处抨击这个理论。对罗素来说,摹状词理论是一种哲学
分析理念的基础,斯特劳森对摹状词理论的批评,也为建立他自己的
哲学分析理念提供了基础。

为了理解斯特劳森对摹状词理论的批评,需要回顾一下这个理
论。对于句子

1)当今法国国王是秃头。

按摹状词理论给出的分析是:

2)存在唯一的 x,x 是当今法国国王,并且 x 是秃头。

如果这个分析成立,那么 1)是真的,当且仅当 2)是真的。这就相当
于说 1)蕴涵句子

3)存在唯一的 x,x 是当今法国国王。

如果说出 1)的时候法国没有国王,那么 1)就是假的。斯特劳森攻击
的是 1)蕴涵 3)这一点。如果这种蕴涵关系不成立,那么摹状词理论
也就不成立,因为它所提供的分析不可接受。现在看为什么斯特劳
森认为这种蕴涵关系不成立。

斯特劳森看待 1)的方式与罗素不同。对于罗素来说,句子 1)直
接就具有意义和真值,它的意义是这个句子所对应的事实(如果有的
话),是句子中词项所指称的东西构成的复合物。如果句子所对应的
是事实,那么该句子就是真的。斯特劳森则从奥斯汀的角度,把句子
理解为属于述行语式的陈述,或者说,理解为陈述行为的产物。一个
陈述行为就是使用句子来做出一个陈述(即断定)行为。奥斯汀并没

---

① 参见斯特劳森:"论指称",载于马蒂尼奇编《语言哲学》。

有严格区分把真归属于句子本身和归属于陈述行为这两种情况，但他把断定语式作为述行语式的一种，却隐含了这样一种看法：仅当一个句子被用来做出一个陈述行为时，我们才说它是真的或假的，这其实就是说，我们实际上是把真值归于陈述行为。简言之，首要的真值载体对于罗素来说是句子，而对于斯特劳森来说，则是陈述行为。

从这个新的角度看待类似于1）这样的句子，就不仅要考虑句子的真值，还要考虑使用这个句子的陈述行为是否恰当。如果陈述行为不恰当，那么句子就既不真，又不假。因为在这样的行为中，句子不能被理解为一个陈述，进而，句子并没有被用来成功地断定什么，无论其所断定的是真还是假。

考虑说出句子1）的行为是否恰当。结合使用句子进行交流的通常情况，可以很自然地给出回答。假定一个人在2000年对我说出句子1），我的反应可能是这样的："我不知道当今法国国王是不是秃头，因为现在根本没有法国国王"。言下之意就是，你的话对我来说根本就不知所云。在2000年说出句子1），这不算恰当的陈述。如果情况是这样的，那么3）为假，并不意味着1）也就假的，而意味着使用1）做出的陈述是不恰当的，此时它既不真也不假。

按照罗素的观点，我的反应就会是，"当今法国国王是秃头？当然不是这样的，因为现在法国根本就没有国王。"这个反应有些奇怪，因为，既然我们是在谈论当今法国国王，那么说情况不是像1）所说的，其实就是在说，对于当今法国国王来说，"是秃头"对他是假的，即当今法国国王不是秃头。但是，我又说当今法国国王并不存在，这种情况就类似于说，"我手上的杯子不是粉红色的，因为我手上根本没有杯子"。

思考:回顾摹状词理论,看这个奇怪之处是否真的存在,斯特劳森对罗素的批评是否公允。

提示:罗素不会说,"当今法国国王"指称了不存在的东西,而是说它根本不指称什么。这一点在这里起什么作用呢?

用摹状词理论来分析我们日常的断定行为,就会面临这样的两难选择:要么承认摹状词理论没有对我们的指称活动做出正确分析,要么承认摹状词理论所分析的并不是我们通常所做出的指称活动。因此,从日常使用的角度说,摹状词理论是不可接受的。

那么,可以接受的分析是怎样的呢? 斯特劳森重新考虑了 1)和 3)之间的关系。在我们说出 1)这个句子来做出断定的时候,如果 3)是假的,那么这个断定并非是真的或者假的,而是不恰当的,是既非真又非假的。在斯特劳森看来,情况不是 1)蕴涵 3),而是 1)预设(presuppose)3)。

为了理解什么是预设,我们设想这样一个对话情境:警察盘问一起谋杀案的嫌疑人:"你是用床单还是绳子让她永远闭嘴的?"心情紧张的嫌疑人回答说:"床单。"在这之前,嫌疑人并没有供认是自己杀死了被害者,而只是承认自己与她发生了口角。警察询问发生口角的细节,通过这个看似仅仅与争吵有关的问题,警察撕开了嫌疑人的心理防线。如果嫌疑人确实是这样回答的,就等于承认是自己杀死了受害者。当他这样回答时,实际上就默认了提出这个问题的所有背景,而在这个背景中包含了是自己杀死了受害者这样一点。如果嫌疑人足够镇定,就会说,"我没能让她闭嘴。"从而推翻警察发问的那个前提,即他成功地使受害人永远闭嘴。显然,无论嫌疑人是回答"床单"还是"绳子",还是别的什么,都承认了这个前提。这里我们就说,警察的问题预设了这个前提。

类似地,无论是断定1)还是断定当今法国国王不是秃头,3)都必须是真的。我们可以近似地说,如果 p 预设 q,那么不仅 p 蕴涵 q,非 p 也蕴涵 q。这只是一种近似的说法,因为预设实际上是使用句子的陈述行为的特征。当说"p 预设 q"时,我们所说的"p"和"q"都是陈述,当说"非 p 蕴涵 q"时,所提到的"非 p"也是陈述。说一个句子是陈述,是就其为一个陈述行为所使用,是该行为的产物而言的。在斯特劳森那里,真值载体是陈述而不是句子或者命题,像蕴涵这样的真值函项也应当是陈述之间的关系。

对于预设来说,首先,预设是一个陈述和另一个陈述间的关系,这种关系通过它们都是陈述行为的产物这一点建立起来;其次,陈述行为的背景决定了会有这样的预设关系。在警察盘问嫌疑人的例子中,使一个人永远闭嘴,就意味着杀死他。在这个背景下,那个问题就预设了是嫌疑人杀死了受害者。同样,绳子和床单都足以使人毙命,这也属于建立预设关系的背景。在其他背景下,原有的预设就不一定成立了。预设并不是一种逻辑上的关系,例如不是罗素所设想的逻辑蕴涵关系,而远比逻辑关系松散。

～～～～～～

思考:认为真值载体是陈述而不是句子或命题,会引发一些问题。例如,按这个看法,当我们说"p 蕴涵 q"时,我们所断定的是什么呢?考虑一下这个问题。

～～～～～～

从上述已经可以看到,p 预设 q,这与 p 蕴涵 q 不是一回事。如果 1)和 3)之间的关系是前者预设后者,那么就不是前者蕴涵后者。而如果 1)并不蕴涵 3),那么摹状词理论就是错的。

在对摹状词理论进行批评的过程中,我们可以看到斯特劳森在看待问题的方式上的变化。这种看问题的方式与奥斯汀关于述行语式的观点一致,它要求把说出一个陈述句子看作是做一件事,是在做出一个陈述行为,并以此为基础分析陈述句。

这样就很自然地解决了罗素用摹状词理论来解决的排中律失效问题。如果当今并没有法国国王,那么 1)和

4)当今法国国王不是秃头。

都不恰当,它们都不具有真值。斯特劳森实际上回到了通常对于类似于 1)和 4)这样的陈述句的理解上,即其中出现的摹状词确实是用来指称的,而不是像摹状词理论那样,认为它们没有指称。

要得到关于陈述句的完整理解,我们还需要考虑意义。这一点关系到罗素用摹状词理论来解决的另外一个问题,即非存在问题。对罗素来说,

5)当今法国国王不存在。

这个句子如果不按摹状词理论来分析,而是认为它所说的是"当今法国国王"所指称的对象不存在,那么它就没有意义,但它却是真的。如果按斯特劳森的观点,认为这个摹状词确实是用来指称对象,那就必须解决这个问题。他的解决方式是,认为指称词项的意义不是其指称,而是确定指称的手段,这种手段已经以某种事先约定的方式与词语联系在一起了。这样一来,即使 5)确实是真的,这也不意味着"当今法国国王"这个摹状词没有意义。

　　但是,对于非存在问题还有另外一种解释,即5)这个关于当今法国国王的陈述句在本体论上承诺了当今法国有一个国王,但5)与这个承诺相冲突。即使引入预设概念,也不能消除这个冲突,因为5)所预设的恰恰也就是当今法国有一个国王,而这与它自己所断定的内容相冲突。①

　　对这个问题斯特劳森可以有两种不同的回答。第一种回答是,像5)这样用来断定存在的句子中的摹状词并不是指称词项;第二种回答则是,为了断定5),无须预设当今法国国王存在。要采取第一个办法,就必须对断定某某存在这样的本体论陈述给出一种特殊的解释。斯特劳森采取的是第二种办法。事实上,摹状词理论在这一点上确实提供了一条出路,这就是把本体论陈述中的指称词项消去,从而避免上述冲突。② 斯特劳森可以利用这一点。他所反对的并不是摹状词分析的一般形式,而只是反对把摹状词分析所给出的东西解释成被分析句子的逻辑等价物。他引入了独立于指称的意义概念,意义一般而言就是确定指称的方式。自然,做出一个指称,就预设了能够按相应的方式来确定这个指称,这个关于某物存在的预设可以恰当地理解为预设具有某某性质的东西存在,我们依据这样的性质来确定指称。

　　一旦涉及关于某物存在的断定,就可以过渡到本体论。现在,我们可以讨论斯特劳森的路线将会导致什么样的哲学后果。斯特劳森本人着力发展的是一种形而上学研究策略,这是一种非还原的—描

---

　　① Strawson, *Individuals：An Essay in Descriptive Metaphysics*, Doubleday & Company, Inc., 1953, pp. 234–235.

　　② Ibid. p.248.

述式的哲学分析。这种分析的两个核心要点是,1)被分析项预设了分析项,2)被分析项并未被还原为分析项。而这两个要点的基础则是,我们可以通过描述陈述行为所预设的东西,来获得一种形而上学。下面通过与罗素的构造主义分析相对照来说明这种形而上学的主要特点。

在第5章我们已经看到,摹状词理论是如何导致构造主义分析的。构造主义分析就是罗素心目中的哲学分析。《数学原理》中的整个逻辑主义计划都是这种构造主义分析的产物。这种分析的基本思想是这样的:既然通常关于某对象的谈论都可以通过摹状词分析写成具有特定逻辑形式的命题,而原来的命题与这个新产生的命题等价,那么我们通常认为其存在的那个对象,即被分析的那个对象,本身就是按这种逻辑形式构造出来的,因此它可以还原成这种逻辑构造,只要我们承认这种逻辑构造所需要的要素存在,被分析的那个对象也就存在。这样一来,我们就可以得到一种更为经济的本体论,其中不包含被摹状词理论分析掉的那些对象。可以看到,这种构造主义分析的两个基本要点是,1)关于被分析项的谈论与具有特定分析项的逻辑结构等价;2)这是一种还原论分析。这两个要点依赖于一个基本思想,即摹状词分析是一种独立于陈述行为的逻辑分析。

否定了摹状词理论的基本思想,情况就有所不同。一个明显的变化是,通过摹状词分析所获得的逻辑结构并不是原来陈述的逻辑等价物,而仅仅是原来陈述的预设。由于预设是一种基于使用语境的关系,而比罗素理解的逻辑关系更为松散,我们实际上得不到一种还原论。因此,即使能够进行一种摹状词分析,所获得的逻辑结构也不是被分析项在本体论上的替代物。在很多时候,我们实际上仍然需要承认被分析项具有独立的存在。斯特劳森所得到的哲学分析，是一种内嵌于陈述行为中的分析。

　　一旦把哲学分析内嵌于陈述行为中，对于指称就会提出一个宽松得多的要求。在罗素心目中，需要对指称做出下面的规定：

　　　　6) 指称词项 R 指称对象 o，当且仅当，有且仅有一个对象满足谓词 F，F 是 R 的摹状词分析，而这个满足 F 的唯一对象就是 o。

这是一个定义性的条件。谓词 F 定义了我们关于对象 o 的概念，只要把握了这个概念，也就知道 o 是哪个对象。而在陈述行为中所要求的仅仅是，在特定的对话语境下说话者能够通过做出一个指称行为，让听话者识别出他所指称的对象。我们可以这样表述这个要求：

　　　　7) 在语境 C 中，说话者 S 使用指称词项 R 指称对象 o，当且仅当，存在一种对于能够为听话者 L 在 C 中所使用的手段，这种手段与 R 相联系，并能够使 L 在 C 中识别出 o。

这就是说，S 之所以能够使用 R 来指称 o，是因为 R 提示了一种能够使 L 识别出 o 的手段。这个条件是识别性的，而不是定义性的。即使这种手段不能唯一地确定对象 o，只要能够在说话的语境中使 L 识别出 o，指称行为就达到了目的。S 使用 R 来指称，部分地是因为它具有某种约定性的内涵，这种内涵也为 L 所把握。对这种约定内涵的要求可以随着说话语境的不同发生变化。在最为一般的情况下，例如在科学语言中，所需要的内涵可以是非常一般的，以确保在 L 具有最基本的背景知识的情况下也能确定指称。如果 S 对 L 的知识背景有足够了解，那么对指称手段的要求可以降低，只需要能够使听话者识别出说话人所谈论的那个对象，R 甚至可以不负载在 C 中唯一

地确定 o 的那种意义。

从这种对话模式出发,可以有两个发展方向,一个是语言哲学上的,另外一个则是形而上学上的。从语言哲学的方向上看,这个模式中出现了两种意义的区分,即字面意义(literal meaning)和说话人意义(speaker's meaning)。所谓说话人意义,就是指说话人使用具有字面意义的词句所要传达的意义。例如"天黑了"这句话,它有确定的字面意义。如果现在说这句话,我就在用这个句子陈述天黑了这一事实;陈述天黑了这一事实,就是我使用这句话的说话人意义。一般说来,说话人意义的基本形式是"By utterance of P, speaker S means x."。具有哲学意味的是,如果认为交流是语言的本质,那么说话人意义就是字面意义的基础,因此,研究字面意义是如何从说话人意义中建立起来的,就是一件饶有趣味的工作。格赖斯就发展了这个想法。斯特劳森认为,可以把奥斯汀关于述行语式的恰当性条件的思想运用于字面意义问题,从而建立一种关于字面意义的语言学规则。[①] 另一个方向,即形而上学的发展方向,就是斯特劳森的描述的形而上学(descriptive metaphysics)。

在斯特劳森这里,所谓描述的形而上学,就是探究我们实际上如何思考世界。由于世界中的东西是通过指称和量化引入陈述的,关于事物的形而上学问题也就与指称和量化如何进行相联系。这就与前面所说的7)衔接起来。与描述的形而上学相区别的是修正的形而上学(revisionary metaphysics)。修正的形而上学旨在提供比我们实际上更好的思考世界的方式。在斯特劳森心目中,笛卡尔、莱布尼

---

① 参见斯特劳森:"意义与真理",载于马蒂尼奇编《语言哲学》。

茨和贝克莱是修正的形而上学家,而亚里士多德和康德则是描述的形而上学家。应当说,修正的形而上学家旨在提供关于世界本身是怎样的图景,这幅图景构成了他们所提倡的那些观点的基础。而描述的形而上学家则谦逊得多。他们从我们实际上是如何思考世界的,整理出一幅关于世界是怎样的图景。这幅图景不是独断的,而是局部的和临时的。随着对我们实际思考方式的了解深入,世界图景也允许得到相应修改。[①]

~~~~~~~~~~~~~~

思考:在《个体》这部著作的序言中,斯特劳森声称描述的形而上学能够可靠地应对怀疑论,言下之意是,修正的形而上学就不具备这一优点。请对斯特劳森的这一观点做出评论。描述的形而上学何以能够应对怀疑论,而修正的形而上学何以不能?笛卡尔不是从怀疑论入手的吗?

~~~~~~~~~~~~~~

具体说来,什么是描述的形而上学呢?

举个简单的例子来说明。假定在一次对话中甲对乙说,"柱子后面的那个人在抽烟。"甲用"柱子后面的那个人"这个摹状词来指称一个对象,乙明白她在说什么。乙在这个对话语境中不仅明白这句话中所包含的每个词的字面意义,而且明白甲所说的话的内容,还可以验证她所说的是不是真的。甲是如何使乙明白她在谈论什么的呢?他们都没有看到柱子后面的那个人,柱子挡住了视线。这句话预设了有根正被谈论的柱子存在。即使在乙的视野内有多根柱子,

---

① Strawson, *Individuals*, Introduction.

甲也没有指明是哪根柱子，乙仍然可以对照这句话的字面意义做出判断，甲所预设的那根柱子后面有青烟冒出，就像一个人在那儿抽烟一样，从而找到那根柱子。种种语境要素使乙能够确定甲所谈论的是什么，而甲知道乙知道这些要素，从而利用它们来使乙明白自己在说什么。

现在的问题是，甲和乙能够这样彼此交流的前提是什么。哪些关于特定语境要素的知识在起作用，这并不是理论所关心的，理论所关心的是具有某种普遍性的东西，即这些要素彼此以何种方式联系在一起。在我们假想的对话中，空间对象之间的空间关系在起作用。甲和乙在一个共同的空间中进行了一次定位活动，而这种定位活动依赖于他们对空间和物体关系的共有理解。按这种共同的理解，空间概念与物体概念之间以特定方式彼此联系，由此构成一个概念图式（conceptual schema）①。可以说，描述的形而上学主要研究的就是我们通常所采用的概念图式。

上述对话中出现的概念图式表明了空间与物体是如何联系起来的。对话者通过柱子这个物体确定了一个空间位置，然后利用空间关系来确定另外一个空间对象，即吸烟者。这既不是用空间概念来定义物体概念，也不是反过来用物体概念来定义空间概念，而仅仅表明这两个概念在使用中相互依赖。我们可能会把物体定义为占据空间的东西，这是因为我们通常可以利用空间来识别一个物体。例如一个物体通常应当占据连续的空间，而这个空间具有形状、尺寸等特征，如此等等。但如果我们识别一种空间关系也需要物体，那么就会

---

① 有些文献译为"概念框架"。

反过来用物体来定义空间,而这表明用定义的方式来理解这两者的关系只能导致循环。确实,为了识别一种空间关系,我们需要物体。用尺子来测量距离就是这样的一个例子。

～～～～～

思考:我们似乎可以不用物体来确定空间关系。例如,几何学引入了点、线、面,而这些都不是物体。事实上并不存在几何学意义上的点、线、面这样的物体。这是不是就表明了空间概念并不依赖于物体概念呢?

思考:克里普克对关于专名的描述理论的批评,是否威胁到了斯特劳森的描述的形而上学?① 确实有理由考虑这个问题。斯特劳森虽然猛烈批评摹状词理论,但还是保留了摹状词理论的精神实质,即任何通常意义上的指称,都要以某些描述性的内容作为支持。描述的形而上学实际上就是要研究这种描述性的内容是如何构建起来的。如果克里普克对描述理论的批评是对的,那么描述的形而上学就可能遇到困难。

～～～～～

13.4　塞尔:言语行为理论

在区分了述行语式与断定语式之后,奥斯汀在《如何以言行

---

① 在《命名与必然性》第 62 页中,克里普克明确地把关于专名的描述理论归于斯特劳森。

事》①中引入了言谈行为(locutionary act), 言内行为(illocutionary act)和言效行为(perlocutionary act)的区分。这个区别为分析说话行为提供了一个基本的框架。

所谓言谈行为, 就是说出有意义的句子; 言内行为就是说话的行为本身就完成的行为; 言效行为则是借助于说话在听者那里引起某种效果的行为。例如, 说"警察来了"这个句子的行为就是言谈行为; 就说这个句子是在发出一个警告而言, 这是一个言内行为; 就说这个句子是要在听话者(小偷)那里引起使之逃离现场的效果而言, 这是一个言效行为。对于言谈行为, 奥斯汀又区分了发声行为(phonetic act), 用词行为(phatic act), 和取义行为(rhetic act)。其中发声行为就是指发出音节的行为, 用词行为则是指就构造合乎语法的句子而言的行为, 取义行为则强调说出的句子是有意义的。这个区分是对言语行为按不同的抽象方法进行区分得到的。也就是说, 一个言语行为可以既是一个言谈行为, 又是一个言内行为和言效行为。奥斯汀又把做出不同言内行为的方式称为"言内语力"(illocutionary force), 例如警告、预言、许诺等。新的三分法实际上取消了断定语式的独立地位, 把它纳入到言内行为中。

塞尔对这个三分法提出了质疑。② 他看到像"我警告你, 警察要来了"这样一类言内行为, 实际上依赖于"警告"一词的语义。这就是说, 说出"我警告你, 警察要来了"这个有意义的句子就实施了一个言内行为。与此同时, 说出这个句子的行为是一个取义行为, 因此,

---

① Austin, *How to Do Things with Words*, Oxford, 1962, Lecture VIII.

② Searle, "Austin on Locutionary and Illocutionary Acts", *The Philosophical Review*, Vol. 77, No. 4 (Oct., 1968), 405–424.

言谈行为与言内行为是彼此重叠的概念。由此他引入了可表达原则(the principle of expressibility),即任何言内行为都可以表达出来,也就是说言内行为的意图(体现为言内语力)都可以以取义行为的形式表达。如果可表达原则是有效的,那么所有的言内行为都可以通过字面意义得到表达。

在塞尔看来,按照奥斯汀的三分法,言谈行为(确切地说是取义行为)要按照句子的意义来识别;而这就要事先假定命题、即句子的意义已经确定了,由此就难以通过研究言语行为来确定句子意义。塞尔的推进在于,把独立的取义行为合并到言内行为中,通过研究言内行为的恰当性条件来得到句子意义。这样也就可以利用行为来解释意义了。为了做到这一点,塞尔引入了命题行为(propositional act)这个概念。

注意这样一些言内行为:

1)我警告,警察要来了。

2)我预言,警察要来了。

3)我陈述,警察要来了。

在这三种言内行为中都有一个共同的部分,即"警察要来了",可以说它表达了一个命题。这三个句子的差异在于言内语力。用函项式表达其结构就得到

4)$F(p)$.

其中的函项是语力函项,主目则是命题 p。在这个形式中命题 p 似乎是独立出现的,当我们说下面的句子就是如此:

5)警察来了。

实际说这个句子的行为仍然要理解成 1),2),3)这些行为中的

某一个,在适当的语境中可以进一步确定究竟是哪个行为。不过,即使一个命题没有作为独立的行为出现,我们仍然可以将其作为一个行为抽象出来,并按照可表达原则单独为其命名。塞尔就把这种行为称为命题行为。一个命题行为可以说成是"表达命题 *p*"。于是一个言内行为就可以说成是"通过表达命题 *p*,做⋯⋯(by expressing proposition *p*, do *x*)"。

至此,确定语义的任务就与对命题行为做出言语行为分析一致了。

一般说来,日常语言哲学家会在借助于何种言语行为要素来分析语义上多加考虑。像格赖斯这样的哲学家就认为,可以通过分析交流意图(communicative intention)达到语义。其一般形式是:说话人 S 通过说出 P 意味(mean)X,当且仅当 S 的言语行为使听话人 A 通过识别出 S 的说话意图而引起某种效果,即知道 X。这实际上是通过在听说双方的交流意图之间建立因果关系,来建立语义。

对塞尔来说,这种方法就是在言效行为的层次上来分析语义。但说什么以及意味着什么,却是一种言内行为,因此格赖斯的起点(言效行为)与目的(言内行为)隔了一层。再者,格赖斯的方案无疑有任意之嫌,因为说话人可以用任何一个表达式来意味任何东西,对此难以说会有什么限制。塞尔的批评是否公正,对此我们暂且不论。

塞尔的目的是要把言语行为中意图的成分和规则或约定的成分结合起来,从而得到确定的意义。从这一思路出发,他考察了两个层次的规则,即命题行为的层次和言内行为的层次。在命题行为的层次,他建立了指称的规则和述谓的规则,而在言内行为的层次,则讨论了许诺,请求,断言,发问,感谢,建议,警告,问候和祝贺,这样一些行为的恰当性条件。这样就建立起一套言语行为理论。

这里我们不准备考察塞尔究竟建立了什么样的规则，而是着重讨论一下规则（rule）的基本性质及其与意义的联系。

塞尔从罗尔斯（John Rawls）那里获得启发，区分了调节性规则（regulative rule）和构成性规则（constitutive rule）。塞尔认为，说一种语言是一种依规行事的行为，而这里的规则是构成性的。①

所谓调节性规则，就是指对已经有的行为进行规范的规则。例如一种礼节。在首次见到客人时握一下对方的右手，这是迎接客人的规则。即使我没有与客人握手，这也并不表明我没有迎接客人。迎接客人这个行为与握手这个规则之间没有必然联系，握手只是让迎接的行为更加容易辨识或者让人感觉更加舒适。对于迎接客人这个行为来说，握手的规则就是调节性的。

所谓构成性规则，就是指构成一种行为的规则。例如象棋规则对于下象棋的所有行为来说就是构成性的。下象棋时有一方将了对方的军，这个行为如果没有象棋规则，特别是关于将军的规则，是不可能做出的。设想有两个人面对面坐在棋盘边，棋盘上摆着棋子，一个人把黑色的棋子移到一枚红色棋子附近。如果我不知道下象棋的规则，就不会知道那个人所做的就是在将对方的军。如果在那个人的文化中没有下象棋的规则，我们也很难说他是在下象棋；我们会说他是在做一些类似于下象棋的动作，而不是在下象棋。如果没有象棋规则，就不可能下象棋，也不可能产生下象棋的意图。

① 塞尔："什么是言语行为？"，载于马蒂尼奇编《语言哲学》，参见第231—233页。

那么,构成性规则所约束的是什么行为呢? 在象棋的例子中,象棋规则规定的是不是如何移动棋子呢? 如果是,那么由于移动棋子既可以是随意为之,也可以是按照规则移动,从移子的行为中我们就不能判断是否是在遵守规则。为理解象棋规则所约束的究竟是什么行为,需要对行为进行区分。下象棋是一种行为,移动棋子也是一种行为,移动棋子而没有下象棋是可能的,下象棋而没有移动棋子也是可能(例如下盲棋的情况),这表明移动棋子与下象棋不是同一个行为。象棋规则规定下象棋的行为,而不是移动棋子的行为。

构成性规则通常会规定什么叫作"做某某事",以及把一个什么样的对象(或者事件)解释为"某某"。例如象棋规则规定了什么是将,什么是卒,也规定了什么是吃子,什么是将军。这种规定独立于下象棋的各种形式(在木质棋盘上下棋,在电脑上下,下盲棋,以一种匪夷所思的方式,例如通过叫喊或者跺脚来下),以至于我们可以说,象棋规则造就了一种关于象棋的事实(例如某人被将死,某个人作弊等),也造就了一种专属象棋的目的—手段体系(例如为了将死对方,就要先尽可能的吃掉对方的子等)。不妨说,构成规则具有自主性。

显然,只有预设了象棋规则,才能给出关于下象棋行为的描述,因为相应词项的语义是通过象棋规则确定的。如果情况是这样,那么对于象棋规则的描述就势必导致循环或者同语反复。其一般情况是这样的:假定给出一系列关于象棋规则的描述,如果这些描述中不出现诸如"将"、"卒"、"相",或者"支仕"诸如此类的术语,而只是例如关于如何移动什么样的棋子这样一类的陈述,那么这不是关于象棋规则的描述;如果出现了这些词语或者句子,那么这些词句只有在预设了象棋规则的情况下才有意义,而这就构成了一个循环。塞尔有些犹豫地说这些是重言式，也就是说，是分析命题。但是他又紧接着说，适当改变一些不重要的规定，仍然不失为原来的规则。例如，一种没有仕的中国象棋似乎不能说不是中国象棋。有些具有中心地位的规则是不能改变的。这意味着不能在真正的意义上说，对象棋规则的描述是分析的。对构成规则的描述究竟是何种性质的描述，在塞尔这里还是一个悬而未决的问题。[①]

思考：塞尔关于构成性规则的观点可以用来解决 12.3 节克里普克的规则悖论吗？请对照一下塞尔与维特根斯坦关于语言规则的看法。

如果把说一种语言的行为理解成按照规则行事，而这种规则是构成性的，那么言语行为就可以通过给出这些规则得到界定。塞尔的任务是，研究何种言语行为能够具有说话人意义。他把说话人意图设为前提。说话人意图就是想做出某个言内行为的意图，例如试图警告某人。在此基础上，塞尔所理解的关于句子意义的问题，就是说话人意图通过何种规则才能构成的问题。也就是说，满足何种条件，才能说说话人成功地使用了语言。因此，言语行为的构成规则所规定的就是其成功条件。正是在这种意义上，塞尔认为自己的言语行为理论实现了约定与意图的结合。

这个方案可以扩展到命题内部，从而把言语行为理论变成一种关于命题的语义学。他认为构成命题的两个要素，即主词和谓词，其

---

① 塞尔："什么是言语行为？"，载于马蒂尼奇编《语言哲学》，第 232 页。

语义都可以纳入到言语行为的模式中。对此只需注意,塞尔认为不仅有言内行为和言效行为,还有一种命题行为。命题行为就是表达命题的行为,是一种按可表达原则得到表述的言语行为。如果就指称和述谓的功能来分别理解主词和谓词,由主词和谓词构成的句子就会被理解成命题。指称和述谓被塞尔认为是一种可以从命题行为中抽出来的言语行为(其情形犹如在下象棋的行为中可以分离出将军和拱卒的行为),因而可以给出关于指称和述谓的构成规则。

这是否穷尽了整个意义问题呢? 我们注意到在言语行为理论中实际上没有字面意义的位置。他似乎不准备考虑这个问题。不过在建立言语行为理论之后,塞尔又发表了一篇名为"字面意义"的文章①,其主旨是要说明,字面意义这个概念是一个不确定的概念,究竟有没有字面意义,是很值得质疑的。塞尔希望消除独立的字面意义概念,把它吸收进言语行为理论中,从而论证言语行为理论就是一种完整的意义理论。

13.5 赖尔的心灵哲学

日常语言哲学家对心灵哲学尤其关注,塞尔和赖尔都建立了自己的心灵哲学。塞尔通过对意向性的讨论,建立了一种生物主义的心灵哲学。其核心思想是,意向性一种生物特性。尽管所有的生物

---

① Searle, "Literal Meaning", *Expression and Meaning: Studies in the Theory of Speech Acts*, Cambridge, 1979, pp. 117–136.

都服从于物理定律，意向性还是不能用物理学来解释，它是生物组织的独特性质。[①] 这一理论虽然巧妙，但并不能体现出日常语言学派的基本特色，我们这里也就不予讨论。

从前面四节的讨论，我们已经可以看清日常语言哲学的基本特色是什么了。可以说这就是对于行为的重视。对笛卡尔式哲学家来说，决定哲学是什么的首先就是沉思，即对于事物进行中立的观察。这不仅体现在，哲学家本人以沉思者的身份从事哲学研究，而且体现在，心灵的一般本质也在于进行沉思。这样，笛卡尔式哲学家就以理解一般心灵的方式来理解自身，从而达到理解的一致性。对于日常语言哲学家来说，哲学家则以活在世界中的普通人的身份进行哲学思考，决定哲学是什么的首先就是行为。思考就是一种行为，哲学家也将从行为的角度来理解心灵的一般本质。

日常语言哲学中有丰富的心灵哲学，奥斯汀、斯特劳森、赖尔、维特根斯坦都就有关心灵的主题展开过讨论，其中要数赖尔的心灵哲学最为系统。这里，我们就以赖尔为例，来说明日常语言学派会以何种方式理解心灵。

摩尔对日常观点的阐述，以笛卡尔为潜在背景；赖尔建立自己的心灵哲学，也是以笛卡尔的心身二元论作为论战对手完成的。这种二元论被赖尔称为"机器中的幽灵"。这里的"机器"就是指笛卡尔心目中的身体。笛卡尔按照机械唯物论的方式来理解身体，在这种意义上，身体与钟表一样，可以用力学定律来解释；与此同时，在笛卡尔那里表现出一种很强的愿望，希望也用类似的方式来解释心灵的

---

① Searle, *Intentionality: An Essay in the Philosophy of Mind*, Cambridge, 1983.

运作。赖尔对这种二元论的不满则主要在于,笛卡尔也用像"属性"、"状态"、"过程"、"作用"、"原因"等这样的框架来谈论心灵,而这使人们像理解物理的事物一样理解心灵。①

笛卡尔用了一种相当可疑的方式建立心灵与身体的区分。在3.4.1节我们已经看到笛卡尔是如何做的。② 简单说来,笛卡尔的理由是,心灵("我")的存在是不可怀疑的,而我的身体的存在却可以怀疑。这个理由之所以可疑,是因为可疑性并不足以构成一种形而上学区分。可以设想,我按照两种不同的方式对待同一个东西,按照一种方式,那个东西的存在是可疑的,而按照另一种方式,它的存在却又是不可疑的。

在笛卡尔以后,心身二元论之所以成为哲学家理解自身的基础框架,不是因为它是以一种非常有说服力的方式建立起来的,而是因为它非常直观地实现了关于心灵的表征理论(the representation theory of mind)。

简单说来,这种表征理论就是指,心灵的本质就在于表征对象,这种表征就构成了关于对象的知识。表征这个概念可以直观地类比于视网膜上的成像。看到某个对象,也就相当于在视网膜上形成一个表象,这个表象表现了对象是怎样的,它就是该对象的表征。在笛卡尔的框架中,心灵就是视网膜,就是产生表象的地方,而思考一个对象,就是产生关于这个对象的表象。罗蒂用"心灵的镜式本质"来

---

① 参见赖尔:《心的概念》,徐大建译,商务印书馆,1992年,第14页。
② 在那里我们用的是"心物二元论"这个术语,它适用于更加一般的形而上学主张。心物二元论贯彻到心灵哲学中,就是心身二元论。

形容这个观点,是非常恰当的。①

表征物与被表征物之间的区分才是二元论所表现的那种区分。思考本身就是产生区分。当我自己就是那个心灵,我思考某个对象时,该对象就与我自己"拉开了距离"。我们会感觉到这段距离把两个不同的东西隔开了。这里,形而上学的区分其实是认识论框架的一种投射。

思考:请在这种表征理论框架内,考虑"我思故我在"这个论证是如何起作用的。

但是,这种区分却会引发一个问题:如果思考某个东西就是形成关于这个东西的表征,那么,思考我的思考本身,这又是怎么回事呢?由于思考就是建立区分,我不能思考我的思考本身,而只能"从旁边"思考。换句话说,既然思考一个东西就是形成关于这个东西的表征,那么当我要思考的东西就是一个表征 A 时,我实际上就是要形成一个表征 A 的东西,而这是另外一个表征,即 B。我只能在另外一次思考中思考某次思考,而不能思考当前的思考本身。这之所以构成问题,是因为我们有时候需要思考当前的思考本身,这就是在有意识地思考一件事时,我们会"监督"思考过程,随时修改它。

思考:考虑一下,一种思考过程怎样才算是有意识的? 我可以"监督"自己的思考活动,并纠正其中的错误。这种"监督"本身是一

---

① Cf. Rorty, R. , *Philosophy and the Mirror of Nature*, Princeton University Press, 1979/2009.

种有意识的思考吗？如果这种"监督"是无意识的,那么整个思考活动能够是有意识的吗?

~~~~~~~~

这个问题表明,在笛卡尔式的心灵理论中,如果按照表征模式来理解思考活动,那么什么是自我监督的思考,也就难以解释了。这种自我监督的思考非常常见。有意识地按照一种规则来思考,通常就会被理解为一种自我监督的思考。像按照数列顺序来数数这样的过程就是这样的。一方面,如果出错,我们就会纠正自己的错误,这样才算有意识地数数。我们用心灵的活动来解释这种有意识性。一种不受心灵支配的计数活动看起来就好像是鹦鹉学舌一样,不应该算思考活动。另一方面,我们会让心灵接受"引导",以此表明这种活动本身体现了智力(intelligence)①。按照规则来做一件事,不是行为恰好与规则相吻合,而是行为受规则"引导"。而让心灵成为接受这种"引导"的东西,也就是顺理成章的,因为行为已经被解释成心灵活动的结果了。但是,心灵这种接受"引导"过程本身应不应该算思考活动呢? 如果是的话,我们就会进入无穷后退。

赖尔对笛卡尔式二元论的反驳就是从这个角度展开的。在他看来,一个"决定性的"反驳是这样的

对命题的考虑本身就是一种活动,这种活动的实施可以在

---

①　在赖尔的著作《心的概念》(第 21 页以下)中,"intelligence"与"intellect"被区分开了,后者是命题性的、理论性的,前者则是实践性的,或者说是能力或倾向。对于心灵的理性特征,他希望用实践性的理解来取代命题性的理解,并用"intellectualism"来表示这种命题性的理解。在徐大建的译本中,"intelligence"被译成"智力",而"intellect"则被译为"理智"。这里采纳这种译法。不过需要注意,这里的"智力"不是通常的那种含义,例如,它包含像幽默感这样的能力。

某种程度上显示智力,也可以在某种程度上是愚蠢的。但是,若在借助于智力完成任何一个活动之前首先必须完成,并且要借助于智力完成一种在先的理论活动,那么任何人要打破这种循环都是逻辑上不可能的事情。[①]

这里提到的"命题",就是心灵的表征。在数数的例子中,心灵要考虑计数规则,而计数规则作为所考虑的内容(即表征的内容),可以用命题来表达。

～～～～～～

练习:请以分行论证的形式重述赖尔的论证。

～～～～～～

要弄清这个问题应该如何解决,需要仔细分析问题是如何产生的。在数数的例子中,

　　1)数数要能够是一种智力活动,就要在计数规则的引导之下做出;

　　2)要接受计数规则的引导,就需要心灵表征这一规则;

　　3)心灵对于规则的表征应当是一种出于智力的活动,因此需要在关于表征是否正确的规则的引导之下做出;

　　4)心灵接受这种进一步的规则的引导,需要这种规则也得到表征;

　　5)最终,进一步的规则也应当是出于智力的活动,因而需要新的规则来加以引导,从而进入无穷。

　　显然,产生这种无穷后退的必要条件是:

---

① 赖尔:《心的概念》,徐大建译,商务印书馆,1992 年,第 28 页。译文略有改动。

　　a) 智力活动应当是受规则引导的;

　　b) 只有在表征了规则的情况下,才能接受规则的引导;

　　c) 表征规则的行为也是一种智力活动。

这里要注意两点。其一,这个后退是向必要条件的后退。我们用规则来解释一种活动为什么表现了智力,因此规则的引导是智力活动的必要条件。而基于笛卡尔式的表征理论,只有表征了规则,才能接受规则的引导。最后,也只有是出于智力,才称得上表征了规则。只有这些必要条件依次具备,我们才会有最初提到的数数的智力活动。这种无穷后退是恶性的,因为它让我们无法解释数数的活动为何表现了智力。但是,如果后退的方向是向充分条件方向的后退,那么即使后退是无穷的,也不会构成问题。一种充分条件无法具备,并不意味着数数这种行为不会出现,因为这并不表明不会有别的充分条件让这种行为发生。

　　其二,这是一个后退,而不是循环。由于数数的行为不是表征计数规则的行为,条件 a) 所提到的智力活动也就不是 c) 所提到的智力活动。这样也就不会构成一个封闭的后退链条。区别在于,循环是有可能获得接受的,它可能只是表明了两个东西之间彼此依赖的关系。在 13.3 节结尾处提到的空间和物体之间的那种关系就是封闭的,但这并不构成问题。

　　看清了这些,也就容易明白问题可以如何解决了。之所以出现这种无穷后退,是因为思考活动与关于思考规则的表征活动不是同一个行为;它们之所以不是同一个行为,是因为我们把思考解释为表征活动,而这两种活动是对不同的东西的表征——就数数来说,一种思考活动表征的是数,另外一种则表征计数规则。最终,我们追踪到笛卡尔式的表征理论上。赖尔建议放弃这种表征理论（即放弃条件b），而采取一种不会产生这一问题的心灵哲学，这是一种倾向论。

放弃表征理论，这对赖尔来说不是简单地改变心灵与事物之间的关系，而是改变对心灵本身的理解方式。前面我们已经看到，笛卡尔式的心物二元论的依据就在于心灵的表征理论。一旦放弃这种表征理论，也就无须假定有一个专门用于产生表征的东西，从而无须假定在被思考的事物之外还有一个心灵，因而也就失去了主张二元论的动机。进而，赖尔也就不需要在像数数这样的行为之外，假定一种对计数规则的表征行为了。因为他不需要再假定一种专门针对心灵的行为，以确保心灵接受计数规则的"引导"。相反，他可以说，数数的行为本身就可以表明它受规则引导；而要保证一种行为是有意识地做出的，人们所要关注的不是心灵，而是行为。

赖尔自己的心灵哲学可以概括为，心灵不是一种实体，人们归于心灵的那些特性，实际上是行为的倾向性特性。

赖尔写道：

> 一个醉汉下棋时走了一步打乱了对手作战计划的棋。若旁观者相信，他在这种状态下所走的棋大都违反了下棋规则或者都与棋势没有战术关系，假如这种棋势重新出现时他不太可能再走出这一步棋，假如在同样的棋势下别的棋手走了这样一步棋他不会拍手赞成，他不能解释他为什么走了这一步棋或者甚至不能描述出他的"王"所面临的威胁，那么旁观者就会确信，他走出这步棋不是由于聪明而是出于侥幸。[①]

---

① 赖尔：《心的概念》，第49页。

这里,像"假如这种棋势重新出现时他不太可能再走出这一步棋","假如在同样的棋势下别的棋手走了这样一步棋他不会拍手赞成"这样的句子所陈述的,就是所说的倾向(disposition)。在这个关于下棋的例子中,如果按照笛卡尔式的心灵哲学来解释,所走出的一步棋是经过了深思熟虑的,这一点就被解释成是经过了一种心灵过程做出的行为。如果没有经历这一过程,那步棋就不是深思熟虑的。而按照赖尔,则没有必要引入这样一个心灵过程,当说那步棋是深思熟虑的,只不过是说下棋人的行为具有上述倾向性的特征而已。

笛卡尔主义者会对这个解释感到不满。在他看来,思考过程应该不同于简单地移动棋子,因为,思考过程恰恰就是要弄清该如何走棋,而这要在走棋之前完成。如果棋手不知道如何走棋,那么下棋也就是一个盲目的过程。

而按照赖尔的观点,走棋之前的确有个思考的过程,但这个过程并不是移动棋子之外的一个附加过程。思考如何走棋,恰恰是要弄清在何种情况下如何走棋,而这是行棋活动所具备的倾向性特征,这种特征被赋予实际走出的那步棋。这种倾向性的特征决定了那步棋的好坏。

对于如何理解行为的理性特征,笛卡尔主义者会用心灵的表征活动来加以解释。这种表征活动不同于行为,它是命题性的,因此需要假定一种与做出的行为不同的过程,并以之作为理性行为的必要条件。在前面的论证中我们看到,这构成了无穷后退。而在赖尔这里,思考活动并不是表征,而是赋予行为以倾向性的特征,而这不是一种附加的行为。在这种情况下,无穷后退也就不会发生了。

以数数为例可以看出这一点。我按照计数规则来数数,这不是先获得一个对于计数规则的表征，然后按照这个表征来确定下一步该说出哪个数；而是在说出一个数的同时，决定下一步说出哪个数。这里，我知道计数规则，这一点不能解释为，我有个计数规则的表征，比如，有个从"1"开始的自然数列呈现在我的心灵中，而我按照这个数列来数数。我知道计数规则，就仅仅是说，比如，在说出一个数时，我会接着说出下一个数；在别人数错时我可以指出来；如果需要，在经过一点调整之后，我可以跳着数，如此等等。这里的"知道"，就是从事某类活动的能力。按照这种理解，我数数的活动是否受规则引导，这个问题就等于问我是否在运用数数的能力，或者我会不会在说出一个数时接着说下一个数，如此等等。这样问的就仅仅是我做出的行为是否具有上述倾向性的特征。我们无须引入另外的行为来确定这一点。

这种能力是实践性的，也就是说，只有通过实际上从事这种活动，或者与之相关的活动，才能判断这种能力具备与否。与之不同，表征则是理论性的。表征一个行为时，我们无须做出这个行为，因此，对行为的表征不是这个行为；但对这种行为能力的验证，却是做出这个行为。正是这个区别，使赖尔所做出的倾向性解释，能避免笛卡尔式心灵哲学所面临的无穷后退。

人们常常把赖尔的这种心灵哲学解释为行为主义。由于赖尔本人在《心的概念》第10章第二节的抗议，人们会改称"逻辑行为主义"（logical behaviourism），而不直接用"行为主义"这个词。但是，这种观点是如何区别于其他行为主义的，还不太容易看出。

要对赖尔的立场进行清晰的定位，需要弄清行为与行为倾向之间的关系。按照赖尔，行为是否深思熟虑，这是这种行为的倾向性特征。但是,这种特征不能通过观察这种行为本身发现。棋手落子很快,这可以看到;经过仔细思考的棋步也可以快速完成。这步棋经过了深思熟虑,通过这步棋本身还看不出来;那要看下一步棋或者前一步棋是怎么走的,要看在一种假想的情况下棋手会有何反应。倾向性特征是一种反事实特征,它与事实性的特征存在着相当大的区别。这种区别不是性质上的区别,赖尔称其为范畴区别。

我们可以参照类型论来理解范畴区别。不同逻辑类型的东西在不同的意义上存在。在特定的意义上一种类型的实体存在,却不能有意义地说另外一种类型的实体也存在。这不是说后一种实体不存在,而是说,说其存在和不存在都没有意义。赖尔用一种打趣的方式来解释范畴区别。当一位游客参观了牛津大学一栋一栋的建筑物以后问道,"牛津大学在哪儿? 我还没有看到它。"①这位游客就混淆了范畴。我们感觉到,大学的建筑物与大学本身不处在一个层次上,说除了图书馆、餐厅等之外还存在一个牛津大学,这是无意义的。在罗素那里,范畴之间是依据其逻辑形式建立区别的,这里也是如此。

〰〰〰〰〰

思考:回顾一下卡尔纳普所使用的范畴概念,再查查文献,看在亚里士多德那里范畴又是什么。考虑一下这个概念的这些用法之间有何关联。

提示:与类或种属概念对比一下,考虑一下我们是如何划分类或者种属的。

---

① 参见赖尔:《心的概念》,第10页。

〰〰〰〰

回到心物二元论上。赖尔的观点是,心物之间不是那种实体性的区别,而是范畴性的区别。这意味着他不是在主张一种一元论。他不是在说,心灵本身并不存在,只有行为存在。他也不是在说,心灵不是行为之外的存在,而就是行为本身。心灵确实不是行为本身。如果我们把行为理解为服从于物理定律的东西,而物理定律所约束的都是事实性的特征,那么从行为中无法发现我们要用心灵来解释的那些特性,比如理性。而如果我们按照通常理解行为的那种方式,把行为看作是有意的、谨慎的、伪装的等,那么我们直接就能从中看到心灵。虽然没有直接的文本证据支持,我们还是可以说,在赖尔那里,心灵的特性既然不是一种事实性的特征,那应该就是我们看待行为的方式。这样,他的观点就可以理解为,只有按照那种反事实的方式,我们才能从行为中发现心灵。关键是,采纳这种方式去看待行为,这是一种实践。因为,如果可以用一种理论的方式去陈述心灵的种种特性的话,就似乎很难不得到一些可以称之为事实的东西;而按照范畴区分,那些特性并非事实性的。既然如此,也就不可能有关于心灵的行为主义理论了。

〰〰〰〰

问题:在古典实用主义者那里,对抽象概念的解释也动用了"倾向"这个概念。赖尔的心灵哲学是否可以看作是对"心灵"这个抽象概念做出的实用主义解释呢?

〰〰〰〰

阅读建议

必读文章包括：

1. 奥斯汀："完成行为式表述"；

2. 斯特劳森："论指称"；

3. 塞尔："什么是言语行为"。

以上三篇均收于马蒂尼奇编《语言哲学》。

斯特劳森的名著《个体》(*Individuals*：*An essay in descriptive meta-physics*, Routledge, 1959)和奥斯汀的《如何以言行事》(*How to Do Things with Words*, Oxford, 1962)可以选读。斯特劳森的那本书虽然不容易理解，但在学习形而上学时，却是一本必读著作。预期的收获使它值得花大力气来消化。

赖尔的名著《心的概念》(徐大建译，商务印书馆，1992 年)非常值得精读。虽然获得了很高的评价，但它仍然是一部没有得到足够重视的著作。它的出版(1949 年)早于维特根斯坦《哲学研究》(出版于 1953 年)，并且在论题以及观点上都与之重合颇多，人们的注意力被《哲学研究》吸引过去了。但是，两者从不同角度获得立场接近的心灵哲学，它们之间可以建立一种相互参照的关系。《心的概念》完全值得单独对待，它可以启发我们去理解《哲学研究》。当然，从《哲学研究》中也可以获得深度解读《心的概念》的角度。

现在，日常语言哲学家的成果常常出现在语言哲学的讨论中，但作为哲学的一般形式则讨论不多。下面是两部篇幅不大的专著，虽然不是导论性的，但作为为日常语言哲学给出的辩护，从中还是可以了解这种哲学形式的基本特征。

1. Oswald Hanfling, *Philosophy and ordinary Language*: *the bent and genius of our tongue*, New York: Routledge, 2000.

2. Avner Baz, *When Words Are Called for*: *a defense of ordinary language philosophy*, Harvard University Press, 2012.

第14章 实在论与反实在论

前面已经看到,像卡尔纳普和蒯因这样的哲学家如何采取分析哲学的方式来处理传统的形而上学问题。简单说来,这种处理方式就是借助一种关于意义的理论来转换形而上学问题的提问方式。对卡尔纳普来说,这就是把形而上学问题转换成关于语言框架的外部问题,而对蒯因以及克里普克来说,则是把形而上学问题转换成自然科学问题。这两种处理方式的有效性取决于相应的意义理论是否有效。无论如何,他们的思考都足以使我们看到,意义问题与形而上学问题之间确实存在某种关联。这一章,我们将集中讨论这种关联。我选择两个研究实例来说明问题,一个是普特南(H. Putnam)的缸中之脑论证,另一个是达米特的语义学的反实在论(semantic anti-real-ism)论证。

14.1 分析传统中的实在论

在本书 5.1 节我们已经对实在论有所介绍。不过,在那里提到实在论只是为了说明罗素与弗雷格在哲学立场上的区别,而没有放在一个更大的框架中说明什么是实在论。这里我们就专门了解一下什么是实在论。

实在论问题是一个古老的哲学问题。中世纪著名的唯名论—实在论争论就是实在论问题的古典版本。唯名论与实在论的争论围绕着共相的实在性问题展开，这个问题就是：究竟是否存在共相，如果不存在共相，那么我们在谈论性质时所谈论的到底是什么。古典实在论就是通常所说的柏拉图主义，它主张像性质、关系，以及数这样抽象的东西是实体，它们存在于时空之外；而唯名论者则认为这些东西并不存在。

弗雷格建立当代数理逻辑之后，关于实体是否存在的问题通常采取语义学的形式。在当代逻辑中，关于存在的问题是通过指称词项是否具有指称，以及是否可以推出存在量化句的方式提出的。例如，如果像"1 是最小的自然数"这样的句子具有正确的语义（这体现为它具有确定真值），那么"1"这个指称词项也就拥有指称，也就是说，1 这个数存在。如果从这个句子可以推出"存在 x，x 是最小的自然数"，那么我们也可以说，使用这个句子，也就承诺了有最小的自然数存在。

包括弗雷格和蒯因在内的许多人都同意，要回答关于何物存在的问题，就要把指称词项以及存在量词的使用与同一性条件联系起来。同一性条件被用来衡量某个东西是不是指称词项或约束变元所指称的对象。当我们使用像"1"这样的指称词项时，就应该附带相应的同一性条件，据以判断一个数是不是 1。蒯因用"没有同一性就没有实体"这个口号来概括这一关联。

与之前的方式相比，分析哲学讨论存在问题的方式发生了变化。此前人们直接问某类对象是否存在，现在则讨论相应的词项是否有指称,以及约束变元是否有值。变化体现在,人们从谈论事物转向谈论语言。这就是所谓的"语义上行"(semantic ascent)。

如果持有罗素式的意义理论,语义上行就有明显好处。在 5.2.1 节我们看到这种意义理论是一种直接指称理论,它主张意义就是指称。如果接受意义就是指称,那么在所指称对象不存在的情况下,一个指称词项就会没有意义。此时我们就不能成功地断定相应的指称不存在,从而不能讨论相应的本体论主张。但是,采取语义上行的方式就可以讨论。比如,我们不能否认夸克的存在,但可以否认"夸克"这个词拥有指称;而在否认"夸克"这个词有指称的时候,我们也就在否认夸克存在;这样,我们就能成功地表述一种本体论承诺。

这样就可以通过区分概念问题和事实问题,把实在论问题定位在概念层次。假设我们在关于某类对象是否存在的问题发生分歧,一个自然而然的解决办法就是搜索这个世界,看其中有没有这类对象。这是一个关于经验事实的问题,这类问题可以通过询问陈述这个事实的句子是否为真来解决。但实在论问题却不能这样解决。当对某类对象持有反实在论时,人们甚至不能确定要在世界中搜索的是什么。实在论问题关系到这类对象所属的形而上学范畴是否合法,而这是一个概念问题。通过语义上行的方式来讨论存在,就可以以意义问题的形式来讨论概念问题,通过询问相应词项是否有意义以及如何有意义,来确定何种对象存在以及如何存在。

用这种语义上行的方式讨论存在问题,就使分析哲学中的存在问题具有了区别于传统哲学的特性。什么东西存在,这不再是直接针对世界的谈论,而是直接针对我们谈论世界的方式,从而间接地关涉到世界。分析哲学中的实在论,实际上是从事知识分析时所持有的一种立场。知识分析针对知识的语言表述,寻求在意义上等价的陈述,而持有实在论立场,也就意味着把这种意义上的等价性理解为指称上的等同。按照这一思路,一个陈述是否表达了知识,以及表达了何种知识,也就取决于它是否谈论了存在的东西,以及所谈论的东西如何存在。一个陈述表达了知识,就总是体现为所谈论的事物存在。

我们可以在罗素、蒯因以及克里普克那里看到这样的实在论。罗素直接把意义等同于指称,而用所指称的对象来解释知识性陈述的内容,即其所表达的命题。在罗素那里,一切知识最终都可以划归为亲知知识,而亲知知识的内容直接就由亲知对象的存在来保证。亲知对象必然存在,这一点保证了关于亲知对象的谈论总是表达了知识。

与罗素不同,蒯因主张把意义与指称分离开,单独处理指称。这看起来就好像切断了实在论立场与知识分析的联系。但稍做区分就会看到并非如此。在进行知识分析时,人们可以分析谈论知识的句子,也可以分析谈论所知对象的句子。比如,人们可以问,像"福尔摩斯知道华生去过一趟郊区"这样的句子陈述了什么,也可以直接问"华生去过一趟郊区"这个句子陈述了什么。这两种问法都在各自的意义上是一种知识分析。前一个句子是直接谈论知识,后一个句子则是通过谈论事物,来表现知识。两者都可以用于知识分析,只是由于有这种区别,我们要按照不同的方式来进行分析。可以说,蒯因主张把意义与指称区分开,是把前一种知识分析与实在论问题切割开,而并不影响后一种知识分析。在这种意义上讲,实在论仍然是一种知识分析立场。

在分析哲学中,反实在论常常也是一种知识分析立场。我们在弗雷格那里就看到这样一种立场。弗雷格意义上的知识分析,就是揭示知识陈述句的涵义。在 4.3.3 节中我们看到,可以把弗雷格意义上的涵义解释为表现了语言能力的东西。这种能力无疑是认知主体的必要条件,因为它表明了建立知识陈述所需要的推理是怎么回事。因此,这种能力也就是使知识得以可能的理性能力。在弗雷格这里,反实在论立场也就在于,知识分析不再归结为什么东西存在,而是最终归结到认知能力。这种分析将揭示,我们的知识在何种意义上依赖于主体的认知能力。

思考:在 5.1 节,我们从另外一个角度了解了实在论和反实在论立场究竟是什么。请将其与这里对这两种立场的解释比较一下,看两种解释之间有何区别和联系。

知识分析针对各种各样的主题展开,而实在论和反实在论一般也都是关于相应类别对象的实在论和反实在论。这些对象中通常被讨论的有外部世界(物理主义和现象主义)、心理现象(相应的反实在论立场是行为主义)、科学理论中的抽象对象(相应的反实在论立场是操作主义[operationalism]或者工具主义[instrumentalism])、数学对象(柏拉图主义和构成主义)、伦理价值(相应的反实在论立场是表达主义[expressivism],或投射论[projectionism])。人们可以基于统一的理由来决定采取实在论还是反实在论,也可以不这么做,而是在一个主题上持实在论立场,而在另外一个主题上持反实在论立场。

实在论问题几乎渗透到所有哲学领域,关于其研究对象究竟是否存在的问题,毫无例外都是这些领域中最基础也是最关键的问题。因此,毫不奇怪,从20世纪七八十年代直到现在,实在论—反实在论的争论不仅波及广泛,而且把分析哲学带到了一个基础性的层次。从这个层次纵观整个现代哲学无疑是非常契合的。

这里展示两条不同的切入路线,一种是普特南的外部主义语义学,它给出了支持实在论的理由,一种是达米特的普适的语义学计划,这个计划支持反实在论立场。

14.2　内在实在论与缸中之脑

分析哲学家常常把意义理论区分成语义内部论与语义外部论。如果认为涵义能够决定指称,那么确定了涵义也就确定了意义。如果把涵义理解为人们关于指称所知道的东西,并将其归于心理状态,我们就得到了语义内部论。反之,如果认为涵义不足以决定指称,那就会相信意义中指称的成分无法消去;指称不属于心理状态,所以这种意义理论被称为语义外部论。外部论者通常认为,所指称的就是对象本身,而不是通过涵义所确定的那个对象。现在的分析哲学家持内部论的已经不多了,其中塞尔是具有代表性的一个,而外部论者则包括普特南、克里普克、戴维森等人。外部论通常与实在论观点联系在一起,普特南的缸中之脑论证在某种程度上揭示了这种联系。

通过缸中之脑论证,普特南希望说明,对于内部论者而言,缸中之脑设想是融贯的,但对于外部论者则不融贯。从此出发即可在接

受外部论的前提下驳斥反实在论。普特南的论证步骤是:①

　　a)在独立于实在论问题的前提下给出支持语义外部论的论证;

　　b)论证如果语义外部论是真的,那么缸中之脑设想就是不融贯的;

　　c)说明如果缸中之脑设想不融贯,那么反实在论就不成立。
在11.6节我们已经看到,普特南论证了意义不在脑中,即 a),下面我们看看后面两个步骤如何完成。

　　缸中之脑(brains in a vat)是这样一种情况:假定未来一个天才科学家把人脑从头盖骨中取出,泡在营养液里,并以电极刺激,从而在脑中产生种种感觉与信念。科学家所要做的是,使这些感觉与信念足够连贯,使大脑无法分辨自己在营养液中还是在现实世界中。科学家与缸中之脑在玩一种欺骗与反欺骗的博弈游戏。科学家可以通过脑电波的显示知道缸中之脑的信念,而缸中之脑觉得自己是缸中之脑以及自己被科学家操控是可能的,但它要尽可能弄清是否的确如此。科学家则根据自己在脑那里所观察到的意图来给出相应的刺激。②

　　这个思想实验为理解我们自身的认识论状况提供了一个可以设想的模式。我们可以问:如果我们自己是缸中之脑,那么情况又是如何呢?不妨区分两种不同的视角,这两种视角之间的区别揭示了我

---

　　① 关于缸中之脑论证,可参见希拉里·普特南:《理性、真理与历史》,童世骏、李光程译,上海译文出版社,1997年,第一章。
　　② 普特南原来的论证并没有加进科学家和大脑博弈这一情况。设想这种博弈可以表明究竟在何种意义上缸中之脑是不融贯的。

们的认识论状况，即我们实际上知道什么，以及能够知道什么。一种是作为认识者本人的视角，此时我们只能作为信念的持有人来确定信念自身的性质。此时，即使相信自己的信念是一种关于实在世界本身的信念，我们也不能跳出信念状态的范围，将自己的信念与实在相比较。这种视角不妨称为内部视角。与内部视角相对立的是上帝视角，或者说是外部视角。上帝作为全知者，能够洞察所有信念是否是关于真实世界本身的信念，因而上帝一方面具有信念，一方面知道这种信念的来源。在缸中之脑的实验中，科学家对于缸中之脑来说就扮演着上帝的角色。科学家不仅知道缸中之脑具有何种信念，也知道这种信念的来源，因而知道这种信念的真伪。与之相比，缸中之脑只知道自己有何种信念，关于信念来源的信念也只是一种信念，因此它无法确定这种信念是否来源于真实世界。

人们也许会认为，缸中之脑的思想实验承诺了一个前提，即心理状态决定于大脑的生理状态。但只要从内部视角来看，即使没有这样一种承诺，缸中之脑的认识论处境也是真实的。对此只需回忆一下笛卡尔骗人的魔鬼就行了。笛卡尔的魔鬼是缸中之脑的古典版本，他并没有承诺心理状态对于大脑生理状态的依赖性。

从内部视角来看，外部世界的存在与不存在，对于我们的信念内容来说是不相关的。既然如此，在对关于外部世界的知识的分析中，外部世界本身也就不会起作用，于是我们就得到一种关于外部世界的反实在论。基于这个理由，我们可以说，对于关于外部世界的反实在论来说，我们是缸中之脑，这是一种真实的可能性；反过来说，如果我们是缸中之脑，这一点对我们来说是不可能的，那么反实在论对我们来说也就是不可能的。这就完成了普特南论证的步骤 c)。

当然,我们可以问,如果外部世界不存在,那么大脑所受到的刺激从何而来。康德就以此为理由假定物自体存在。但是,我们可以说,这个假定是从外部视角做出的。只有从外部视角来看,才能够假定大脑与外部世界之间具有因果关系,而这种因果关系对内部视角不起作用。这种因果关系即使存在,也不可能出现在作为结果的信念中。即使我们能够看到因果关系,实际上起作用的,也只能是关于这种因果关系的信念,而不是因果关系本身。我们只有内部视角可用,外部视角仅仅属于上帝。

普特南就试图从内部视角入手给出一个实在论论证。这个论证的大致思路是,缸中之脑不能融贯地断定自己是缸中之脑。他建议想想当缸中之脑断定自己是缸中之脑时,它断定的是什么。或者说,缸中之脑在做出这个断定时,它在谈论什么。

假定缸中之脑已经断定自己是缸中之脑。如果缸中之脑是语义外部论者,那么它会认为自己的信念应当指称对象本身。但它知道自己是缸中之脑,因而知道自己不能这么做。因此它将采取一种独特的方式确定自己的指称。假如它说"天是蓝色的",那么它将这样理解"天"这个词的指称,这个词将指称科学家做出的刺激在大脑皮层产生的关于天空的想象,或者说关于天空的感觉材料,而不是天空本身。但这样一来,当它说"我是缸中之脑"时,它用"缸"这个词指称的也仅仅是关于缸的感觉材料,而不是缸本身。当然,这样说的"我是缸中之脑",就不能说是在谈论困住自己的那个缸了,因此这句话并不陈述那种产生隔离效果的知识论状况。相应地,缸中之脑也就不必像前面所说的那样,把自己的指称当成感觉材料了。这样,对于缸中之脑来说,就不能既断定自己是缸中之脑,又能够不陷入自相矛盾。

但注意,在整个论证过程中,缸中之脑总是指称了它实际指称的东西。这合乎语义外部论。语义外部论要把指称行为与对象本身直接关联起来。如果缸中之脑以语义外部论的方式指称,并且也希望知道自己是不是缸中之脑,那么它与科学家之间的博弈就无法开始。假定脑要指称(例如)A,科学家根据观察知道这一点,他输入刺激 B,以引发产生指称 A 的行为;脑想知道自己的指称行为是否受到科学家的干预,因此要确认自己要指称的就是 B;当科学家知道这一点(他也一定知道这一点),也就不能输入 B,而只能输入一个刺激 C,以产生指称 B 的行为,如此以至无穷。

语义内部论则不是如此。语义内部论所理解的指称行为,是通过涵义完成的。例如,缸中之脑如果要指称缸,就要产生相应的信念内容,在这个信念内容中不出现缸这个对象(我们暂且把这个信念内容称为"缸—信念")。因此,如果语义内部论者的脑被置于缸中,它断定自己是缸中之脑的方式就是,产生一个缸—信念和一个脑—信念,并在这两个信念内容之间建立一种关系,使其与脑在缸中这种情况相对应。无论它是否被置于缸中,自己是缸中之脑这个断定都照常产生,而不会导致矛盾。

至此,普特南就完成了步骤 b)。按前面给出的思路,普特南就论证了反实在论立场是错的。

仔细分析一下就可以看到,普特南得到的结论是,缸中之脑不能融贯地断定自己是缸中之脑,而不是,科学家在进行缸中之脑实验时会面临逻辑上的不一致。为看到要点何在,看下面三个命题:

1)我是缸中之脑;

2）缸中之脑断定，说出"我是缸中之脑"这个句子的是缸中之脑；

3）科学家断定，说出"我是缸中之脑"这个句子的是缸中之脑。

这三个句子中，2）和 3）都是对句子 1）所描述的言语行为的解释。如果 2）或 3）中两个分别为缸中之脑和科学家做出的断定是真的，那么 1）中给出的那个句子也就是真的，反之也是如此。这一点我们表述为：

4）"我是缸中之脑"是真的，当且仅当，说出"我是缸中之脑"这个句子的是缸中之脑。

这两个解释是从不同的视角做出的，一个从缸中之脑的角度做出，另一个则从科学家角度做出。前一个对应于内部视角，后一个则对应于外部视角或上帝视角。普特南论证了 2）是不融贯的，而没有直接说明 3）是否融贯。不过似乎可以认为，缸中之脑这个实验在逻辑上可能，这就表明 3）融贯。

～～～～～～

思考：请读者先自己思考一下，关于 3）是否融贯的问题，上述说法是否正确。然后在读完下面三段后回过头来思考这个问题。考虑一下，你的答案是否会影响这个论证。

～～～～～～

现在假定我们就处在缸中之脑的位置上，由于 2）不融贯，我们不可能设想自己是缸中之脑。这就是普特南所要建立的观点。前面我们已经看到普特南借此要反驳的是反实在论立场，但这个立场究竟是什么意思，这还需要辨析。

　　断定我自己是缸中之脑,这是什么意思呢? 按一种直接的理解,这就意味着我自己的信念状况独立于实在世界,而实在的世界是怎样的,与我的信念状况没有必然联系。普特南认为这种理解体现了形而上学实在论(metaphysical realism)。在他那里,形而上学实在论就是从外部或者说第三人称,断定存在着独立于语言和经验的实在。普特南则主张,我们不能脱离语言来确定所指称的对象。在同一本著作中,普特南还给出了一个模型论论证来加强这个结论。[①]

　　形而上学实在论与普特南所反对的那种反实在论立场共享同一个出发点,它们都承认,可以从外部视角来理解外部世界的独立性。区别在于,形而上学实在论者要求按照这一独立的外部世界来确定知识陈述或者信念的语义,而反实在论者则认为这是不可能的,而是认为陈述或信念的语义独立于外部世界。缸中之脑论证首先是对反实在论立场的反驳,在此基础上同时也波及形而上学实在论。在普特南看来,持有形而上学实在论,就要承认真理符合论,但缸中之脑和笛卡尔的魔鬼都表明这将导致怀疑论;而反实在论则表现为相对主义和主观主义的真理观。他同时反对这两种立场。[②]

〰〰〰〰〰〰〰

　　思考:普特南的论证表明形而上学实在论与他心目中的反实在论之间有某种联系,考虑一下,这种联系究竟何在?

〰〰〰〰〰〰〰

　　普特南所主张的是一种被称为"内在实在论"(internal realism)

---

① 普特南:《理性、真理与历史》,附录。
② 同上书,序言。

的立场。按这个立场,即使我们事实上是缸中之脑,也不能设想我们自己是缸中之脑。这就是说,下列表述看起来自相矛盾,但却是真的:

5)如果我是缸中之脑,那么我不可能是缸中之脑。

从逻辑上讲,这就意味着从一个命题("我是缸中之脑")得出其否定,因此这个命题不是真的。在这种情况下,我们所断定的一切都将指称实在的东西,这些东西独立于我们的心灵。但是,我不是缸中之脑,这一点却不是对我自己现实处境的断定,而是一个语义学禁令所产生的后果。按照语义外部论,在我是缸中之脑时,我就不能谈论这一点,因此我是缸中之脑,这一点对我来说就是不可能的——我不能融贯地指称缸中之脑,从而无法融贯地思考关于缸中之脑的一切。

内在实在论假定了语义外部论。语义内部论不会遇到不能融贯地断定缸中之脑的困难,因此,普特南的论证负担就落到了为语义外部论辩护上。于是我们需要回头检查语义外部论是否牢靠,它是否假定了内在实在论。现在我们先放下这个问题。

内在实在论本身也让人感到不安。普特南同时持有语义外部论与关于外部世界的内在实在论,这两者之间似乎有一种张力。在持有内在实在论时能否有效地持有语义外部论,这还需要论证。即使不谈这些,我们也会觉得缸中之脑论证近乎一种自我欺骗,其手段像是逻辑戏法。让我们试图像普特南那样说服自己。这种说服的有效性本身就依赖于,我们已经成功地设想了自己是缸中之脑,因此缸中之脑毕竟已经是可能的。我们一方面以这种想象为基础展开论证,另一方面,在这种论证中又利用语义外部论来说服自己,这种情况不可能真正地想象。这种自我欺骗的感觉削弱了缸中之脑的说服力。

避免这一局面的唯一出路是,根本不提出这个论证。整个论证其实不稳定。

之所以产生这种感觉,是因为我们会在内部视角与外部视角间进行切换。即使从内部视角出发,我们还是会声称自己所断定的东西不依赖于我们的经验或语言,从而会按照所谓的形而上学实在论的方式来说话和思考。并且,在断定自己是缸中之脑时,我们也不会把自己的这个断定视为是从缸中之脑的视角做出的,而是会接受这个断定的融贯性。然而,内外视角之间的这种切换,也是自然的和无辜的;似乎没有什么理由阻止这种切换。

后来普特南改变了"内在实在论"这种说法,转向一种素朴实在论,这种观点不再区分内部视角与外部视角。缸中之脑论证是一个需要反复推敲的论证,同时,也是哲学史上最有魅力的论证之一。

14.3 达米特的实在论标准

在普特南那里,实在论与反实在论纠缠在一起,使我们一时难以清楚地处理两者的关系。问题在于关于视角的区分搅进来了。我们需要另外一种方式来看待实在论问题。稍加观察就可以看到,缸中之脑论证是通过考虑"缸中之脑"这个词是否有我们所赋予的那种意义来展开论证的,这是在词项的层次上处理实在论问题——能否在句子层次上处理实在论问题呢?

其实,实在论与反实在论发生分歧的层次不限于词项,还可以以句子或者陈述为单位加以考虑。关于某类词项指称的存在与否的分歧会体现在相应陈述应当如何理解上。有些反实在论态度仅仅反映在陈述而不是词项上。例如关于过去的反实在论会认为某个对象存在，但关于该对象过去的事态却不存在，而这一点要以陈述的方式加以表达。

看来，实在论者会认为，如果一个陈述断定的是事实，那么无论我们是否知道这一事实，无论我们依据何种证据知道它，相应陈述都同样是真的，并且这一点不受我们断言它的方式的影响。我们不妨说，实在论所理解的真超越了证据（evidence-transcendental）。例如，在实在论者看来，像费马大定理这样的数学命题，即使我们永远找不到证明它的方法，又不能找到反例推翻它，它是真的，或者是假的，这一点是无法改变的。

对于像数学中的直觉主义（intuitivism）这样的反实在论来说，如果既不能证明它，又不能推翻它，那么费马大定理就既不能说它是真的，又不能说它是假的。直觉主义数学的基本思想是，一个数学命题为真，当且仅当能够证明它；而一个数学命题为假，当且仅当能够从中推出矛盾。因此，反实在论关于真持一种与实在论者不同的看法。实在论者认为命题要么为真，要么为假，不存在第三种情况，我们称这种观点为"二值原则"（Principle of Bivalence）。而反实在论者则认为存在非真非假的命题，因而否认二值原则。

达米特认为，承认无条件的二值原则，这是持实在论的标志。无条件的二值原则意味着陈述的真值并不取决于是否有证据。陈述的真值独立于证据，因而陈述所说的事实独立于我们能否认识它，这就是实在论观点。

至于是否所有的实在论观点都蕴涵二值原则，则很难给出确切的答复。如果陈述中包含的词项没有确定的指称，那么陈述的真值也就并不确定，但这似乎并不意味着关于所指对象的实在论不成立。因为，实在论者断定的是，如果词项的指称确定了，那么其所指称的东西也就独立存在；指称不确定的情况则不属于考虑的范围。似乎可以通过把指称不确定的情况排除掉，而只是在指称确定了的情况下区分实在论与反实在论。这样做的前提是，要把因指称不确定导致违背二值原则的情况，和持有反实在论的情况区分开。但在做出区分时，又不能预先在实在论和反实在论之间做出选择，这似乎又很困难。如果这种感觉是正确的，那么我们就应该只是把二值原则当作实在论的充分条件，而非必要条件。让我们权且放下这个问题。

既说实在论与反实在论的分歧在意义的层次上，又说这种分歧与关于真的理解有关，这两种说法究竟有什么关联呢？即使不接受真值条件就是意义，许多人还是会认为，知道在何种情况下陈述为真，也就知道陈述的意义。真与意义的关系就表现在这一点上。可以从下面的例子来说明这一点与实在论问题之间的关系。

我们都知道什么是勇敢，也知道

    1）宋江是勇敢的。

这个陈述是什么意思。在直觉上看它表达了知识。不妨分析一下这个陈述是什么意思。至少有两种理解。按照一种理解，这意味着

    2）在某个危险的情境中（例如杀了阎婆惜会引来杀身之祸），宋江做出了某件事（例如杀了阎婆惜）。

按这种理解，如果在这种情境中宋江没有杀死阎婆惜，那就不能认为宋江勇敢。如果宋江从来没有经历过要杀死阎婆惜的情境或者别的危险情境，或者即使进入这个情境，杀死阎婆惜也不会惹来麻烦，那

么无论宋江是否杀死了阎婆惜,这都不能说明他勇敢。我们也许会说,陈述 1)是不知所云的,或者说,它没有说出一个具有真假的句子。这时,那些我们在其中可以有意义地断定宋江是勇敢的情境,就被称为可断定条件(assertability conditions)。

而按照另外一种理解,即使宋江从来没有经历过危险,这也无损于他是或不是个勇敢的人这一点。宋江的性格特征或者说他的某种心理机制使其或者勇敢或者不勇敢。如果是个勇敢的人,那么即使他做了某种软弱的事,这种事也是由于别的考虑做出的。进而,即使他从来没有做过足以被称为勇敢的事情,这也无损于他的勇敢。持这种理解,我们会说,2)不是对 1)的合适的分析。

第一种理解就是一种关于性格特征的反实在论理解。这种理解主张关于性格的陈述在一种行为情境之下才会有真和假。如果这种情境从来没有出现,那么相应陈述就既不为真,也不为假。人们通过表现这种性格特征的证据来确定性格陈述的真值,从而理解陈述的意义。第二种理解则是一种实在论理解。它主张,陈述不会有既不为真又不为假的情况,由于陈述总是已经谈论了所谈论的东西,它的真值也就只取决于陈述所说的事情本身,而无论我们是否掌握了相应的证据。因此,即使没有任何证据肯定或否定相应陈述,陈述为真或为假,这一点也不受影响。如果说证据就是我们实际上得知陈述为真或为假的方法,那么这第二种理解就认为陈述的真值超出了这种方法所能达到的范围。

实在论与反实在论的分歧可以这样刻画:对实在论来说,陈述的意义取决于所陈述的事情本身是什么,因此陈述要么是真的,要么是假的;而对反实在论来说,陈述的意义取决于陈述所要求的是何种证据,如果这种证据没有给出,那么陈述既不为真,又不为假。对实在论来说,陈述的意义取决于其真值条件,此时得到的就是真值条件语义学;而对反实在论来说,陈述的意义取决于其可断定条件;即证据。

达米特这样表述这种区别:区别实在论与反实在论的标志是二值原则,实在论坚持,而反实在论反对。不过,不可简单地认为,只要否定二值逻辑,就是反实在论者。对达米特来说,否定二值原则表明承认一种意义证实论,而肯定二值原则,则表明承认真值条件语义学;真值条件语义学之所以意味着接受二值原则,在于它承诺了超乎证据或者说认知范围的真值条件。正是在这一语义学背景下,才能说是否接受二值原则是区分实在论与反实在论的标准。在达米特看来,反实在论的核心想法就是不能脱离检验程序谈论陈述的真假。这一点与普特南的内部视角一致。

让我们在达米特所提供的框架内考虑缸中之脑实验。这里的关键是,能够在何种意义上断定我们自己是缸中之脑,而不是事实上我们是不是缸中之脑。如果没有证据表明我们是不是缸中之脑,那么断定我们是(或者不是)缸中之脑,这在反实在论者看来就是无意义的;相反,实在论者却能够有意义地断言这一点,所以,即使没有任何证据,实在论者也可以有意义地设想自己是缸中之脑。如果达米特是对的,那么普特南所谓的内在实在论,就其有意义地做出关于缸中之脑的断言而言,就已经是一种实在论。这时,即使不认为实际上可以存在缸中之脑,也可以坚持实在论立场。这表明内部视角其实是不必要的。

达米特的区分标准凸显了实在论问题作为概念性问题的方面。在这方面,实在论问题就是一个关于本体论承诺的问题,即我们认为所承诺的东西是否独立存在,尤其是否独立于可断定条件存在。这就使得实在论并不是简单地断定某某存在的理论。即使一种断定某某(例如外星人)不存在的观点,也可以是一种实在论观点。按这种观点,外星人如果存在,那就会独立存在。同样,即使是认为某某存在(例如幻觉)的观点,也可以是反实在论所做出的。按这种观点,幻觉以依赖于心灵的方式存在。

思考:但是,认为幻觉依赖于心灵的某种独立起作用的机制产生,这种观点却又是实在论的。这个观点与说幻觉并不真的存在,是否相互矛盾?

达米特给出的区分标准引出了许多讨论。有证据表明这个标准并不周严。例如一种关于数学陈述(菲尔德[Hartry Field])和伦理判断(麦基[J. L. Mackie])的反实在论分别认为,所有关于数学对象存在的陈述和关于伦理性质的陈述都是错的(error-theory),这种理论就没有否定二值原则。伦理学中的表达主义认为伦理判断不是一种断言(assertion),而是主观意愿的一种投射。虽然表达主义也属于反实在论,但由于它不认为伦理陈述是一种断言,所以并没有否定二值原则(二值原则仅限于断言)。赖特(Crispin Wright)给出了一种修正方案,试图容纳这类反例。① 此处不再讨论。

① C. Wright, *Truth and Objectivity*, Cambridge, MA., 1992.

14.4 达米特的语义学反实在论论证

有各种各样的实在论与反实在论。就各类主题而言究竟是持实在论还是反实在论,可能会有不同理由。同一个哲学家可以在这个领域持实在论,而在另一个领域持反实在论。达米特给出的是统一的区分,如果以这个区分为基础可以证明必须采取反实在论,那么我们就能够在所有领域持反实在论。达米特给出的是语义学论证。他实际上提出了多个这样的论证,这里只介绍其中讨论得最多的两个,即习得论证(the acquisition argument)和表现论证(the manifestation argument)。下面依次介绍。

习得论证以一个明显的语言事实作为前提,即在事先不知道陈述的意义的情况下,人们可以通过了解非语言的东西掌握其意义,而这种非语言的东西是通过认知途径,而不是通过理解意义得到掌握的。只要说明实在论的意义理论与这个事实相违背,就可以否定这种意义理论。这个论证大致上是这样的:要理解陈述的意义,需要能够知道陈述的真值条件何时得到满足;而按照实在论的意义理论,真值条件是否满足,这一点处于人的认知范围之外;因此,为了理解陈述的意义,必须知道认知范围之外的东西,而这与上述事实冲突。

相反,学习语言的过程就是了解在何种环境下要认为某个陈述为真,而在何种环境下认其为假,这种环境构成了赋予句子以意义的可断定条件。因此,习得论证支持反实在论的意义理论。

这个论证给出的关于语言习得的看法与我们自然而然的看法有

所不同。按照通常的看法,在学习语言时人们会先学习词语,学习这些词语是如何组成句子的,这就是学习概念的过程。一旦掌握了一些基本概念,就可以理解由这些词组成的其他句子。按这种语义学,如果陈述的真值条件超出认知范围,就可以通过掌握构成该陈述的概念得到理解。如果这种意义理论是对的,那么达米特的论证就至少对一些陈述失效了。

但这个论证中考虑的并不是习得某些陈述的问题,而是针对一种普遍的意义理论。这种意义理论假定,可以在句子语境之外理解词语意义。在给出这个论证时,达米特默认这个理论是错误的。因此他需要独立论证,只有在句子语境中才能获得词的意义,学习语言必须从句子开始。这就是达米特所强调的弗雷格的语境原则。仅当语境原则成立,习得论证才成立。

表现论证利用的是由后期维特根斯坦指出的一个事实:语言的使用必定是公开的活动,或者说,是由他人可以观察到的方式表现出来的。这个事实为语言的可交流性所蕴含。语言的可交流性意味着,陈述的意义必须以可以认知的方式体现出来。如果陈述的意义取决于超出认知范围的真值条件,那么这种体现就是不可能的。能够在使用中体现出来的东西必定不超出认知范围,因此实在论者所想象的真值条件在这里派不上用场。相反,使用句子的行为与这种行为环境的某种关系,即句子的可断定条件,必须足以揭示陈述的意义,而这种环境必须在认知范围之内。

表现论证究竟说了什么,还需要辨析。前面所提到的环境因素有点像蒯因的刺激环境,但达米特并不认同蒯因的行为主义。达米特主张的仅仅是,一个陈述要能够在某个环境中断定其为真,并且要能够使得具有一定认知能力的人看到这种环境与陈述行为之间的联系。如果持蒯因的行为主义观点,那么这里所需要的环境就只能是物理环境,但对达米特来说没有此类限制。例如对于这样一个数学命题

　　　　1)101 是个素数。

达米特所要求的环境要素就是一个关于这个命题的数学证明,从这个证明中我们知道这个命题的意义。达米特的反实在论立场不允许蒯因的行为主义,因为这就意味着独立存在某种刺激反应机制,这种机制决定了 1)的意义。达米特所要求的仅仅是,合格的语言使用者能够无歧义地判断这样的证明是否成功。

～～～～～～

　　思考:一个行为主义者会如何解释"知道表达式 S 的意义"? 行为主义的解释与达米特可能给出的解释有何不同?

～～～～～～

　　只有具备一定程度的数学知识,才能知道 1)是否被证明了。同样,为了看出陈述的意义,也需要一定的背景知识。现在设想对某个陈述的意义进行解释的情境,在这种解释中显然需要对背景知识进行表述。依据表现论证,这种表述的意义也必须是可以表现的。这就面临无穷后退。

　　为了阻止无穷后退,达米特假定了一种隐知识(implicit/tacit knowledge)。隐知识是一种不必体现为命题,也不必以可表述的方式得到确认就可以起作用的知识。我们关于母语语法的知识,就是一种隐知识。为了理解陈述,需要关于语言意义或用法的隐知识。这种隐知识不需要表述,但能够在言语行为中体现出来。对意义进行

的解释最终要诉诸隐知识,此时,某个陈述是否能够在某个环境下得到断定,就可以得到直接的判定,而无须解释。隐知识就像是某种技能,比如下象棋的技能,棋手能够直接从棋子的布局和移动中看出对手的意图。在这个层次上,我们很难说隐知识是标准意义上的知识,因为它并不体现为特定内容的信念,从而无需写成陈述的形式。如果追问,通过学习下象棋人们知道的是什么,那么被问者很可能无法回答。考察下棋过程的心理学家可能对隐知识给予解释,从而使其作为信念内容展示出来,最终进入一套理论陈述。但这对于学会下棋来说不是必要的。对于语言来说也是如此,语言的意义必须在交流中表现出来。这种表现在隐知识的背景下才可能,因此,尽可能地揭示这种隐知识的内容,就是意义理论的任务。

达米特的反实在论论证产生了很多争论,这些争论仅仅是实在论问题的一部分。在各个领域,实在论问题仍在讨论中。

阅读建议

关于语义外部论,可参见普特南的论文“‘意义’的意义”,收于《逻辑与语言:分析哲学经典文选》(东方出版社,2005 年)。

关于缸中之脑论证,可参见普特南:《理性、真理与历史》(童世骏、李光程译,上海译文,2005 年),第 1 章。

达米特(Dummett),“Realism”, in *Truth and Other Enigmas*, Harvard, Cambridge MA., 1978。选读。本文提供了关于二值标准的解释。达米特的文章不好读,但运思深细,值得细读。

关于实在论问题的概述,可以参见斯坦福哲学百科全书词条“realism”:

Miller, Alexander, "Realism", *The Stanford Encyclopedia of Philosophy* (Winter 2016 Edition), Edward N. Zalta (ed.), URL = ⟨https://plato.stanford.edu/archives/win2016/entries/realism/⟩.

更加细致但篇幅不长的导论是

Stuart Brock and Edwin Mares, *Realism and Anti-Realism*, Acumen Publishing Limited, 2007.

语义外部论是一种全局性的语言哲学,是分析哲学的一种很基础的立场。建议阅读杰斯帕·凯勒斯特拉普:《语义外在论》(李龚译,华夏出版社,2016 年)。

参考文献

1）艾耶尔：《语言、真理与逻辑》，尹大贻译，上海译文出版社，1981年。

2）艾耶尔："可能有一种私人语言吗?"，载于马蒂尼奇编《语言哲学》。

3）奥康诺：《批评的西方哲学史》，洪汉鼎译，东方出版社，2005年。

4）奥斯汀："完成行为式表述"，载于马蒂尼奇编《语言哲学》。

5）陈波、韩林合编：《逻辑与语言——分析哲学经典文选》，东方出版社，2005年。

6）达米特：《分析哲学的起源》，王路译，上海译文出版社，2005年。

7）达米特：《弗雷格——语言哲学》，黄敏译，商务印书馆，2017年。

8）戴维森：《真理、意义、行动与事件——戴维森哲学文选》，牟博编译，商务印书馆，1993年。

9）戴维森："无指称的实在"，载于《真理、意义、行动与事件——戴维森哲学文选》。

10）戴维森："关于真理与知识的融贯论"，载于《真理、意义、行动与事件——戴维森哲学文选》。

11）戴维森："心理事件"，载于《真理、意义、行动与事件——戴维森哲学文选》。

12）戴维森："'关于真理与知识的融贯论'补记"，载于《真理、意义、行动与事件——戴维森哲学文选》。

13）弗雷格：《弗雷格哲学论著选辑》，王路译，商务印书馆，1994 年。

14）弗雷格：《算术基础》，王路译，商务印书馆，1998 年。

15）韩林合：《分析的形而上学》，商务印书馆，2003 年。

16）亨佩尔："经验主义的认识意义标准：问题与变化"，载于洪谦编《逻辑经验主义》。

17）洪谦编：《逻辑经验主义》，商务印书馆，1982 年。

18）康德：《纯粹理性批判》，韦卓民译，华中师范大学出版社，1991 年。

19）克里普克：《命名与必然性》，梅文译，上海译文出版社，2001 年。

20）克里普克：《维特根斯坦论规则和私人语言》，周志羿译，漓江出版社，2017 年。

21）蒯因：《从逻辑的观点看》，陈启伟译，人民大学出版社，2007 年。

22）蒯因："论何物存在"，载于《从逻辑的观点看》。

23）赖尔：《心的概念》，徐大建译，商务印书馆，1992 年。

24）罗素：《西方哲学史》下卷，马元德译，商务印书馆，1963 年。

25）罗素：《我的哲学的发展》，温锡增译，商务印书馆，1982 年。

26）罗素：《我们关于外间世界的知识——哲学上科学方法应用的一个领域》，陈启伟译，上海译文出版社，1990 年。

27）罗素：《逻辑与知识（1901—1950 年论文集）》，苑莉均译，商务印书馆，1996 年。

28）罗素："逻辑原子主义哲学"，载于《逻辑与知识（1901—1950 年论文集)》。

29）罗素："论指称"，载于《逻辑与知识(1901—1950 年论文集)》。

30）罗素："以类型论为基础的数理逻辑"，载于《逻辑与知识(1901—1950 年论文集)》。

31）罗素：《对莱布尼茨哲学的批评性解释》，段德智等译，商务印书馆，2000 年。

32）马蒂尼奇编：《语言哲学》，牟博等译，商务印书馆，1998 年。

33）普特南：《理性、真理与历史》，童世骏、李光程译，上海译文出版社，1997 年。

34）普特南：《"意义"的意义》，载于《逻辑与语言——分析哲学经典文选》，陈波，韩林合主编，东方出版社，2005 年。

35）瑞·蒙克：《天才作为责任》，王宇光译，浙江大学出版社，2011 年。

36）塞尔："什么是言语行为?"，载于马蒂尼奇编《语言哲学》。

37）塞尔："专名"，载于马蒂尼奇编《语言哲学》。

38）谢尔兹，P. R.：《逻辑与罪》，黄敏译，上海师范大学出版社，2007 年。

39）斯特劳森："论指称"，载于马蒂尼奇编《语言哲学》。

40）斯特劳森："意义与真理"，载于马蒂尼奇编《语言哲学》。

41）苏珊·哈克编：《意义、真理与行动——实用主义经典文选》，东方出版社，2007 年。

42）唐纳兰："指称与限定摹状词"，载于马蒂尼奇编《语言哲学》。

43）维特根斯坦：《哲学研究》，陈嘉映译，上海世纪出版集团，上海人民出版社，2001 年。

44）维特根斯坦：《哲学研究》，韩林合译，商务印书馆，2013 年。

45）*Anselm*：*Basic Writings*, ed. and trans. by Thomas Williams, Hackett Publishing Company, Inc. , 2007.

46）Austin, J. L. ,*How to Do Things with Words*, Oxford, 1962.

47）Austin, "Truth", in *Philosophical Papers*, J. O. Urmson & G. J. Warnock ed. , Oxford, 1970.

48）Baldwin, Thomas ed. , *G. E. Moore*：*Selected Writings*, London & New York：Routledge, 1993.

49）Coquand, Thierry, "Type Theory", *The Stanford Encyclopedia of Philosophy*（Fall 2018 Edition）, Edward N. Zalta（ed. ）, forthcoming URL = ⟨ https://plato. stanford. edu/archives/fall2018/entries/type-theory/⟩.

50）Creath, R. , "Quine on the Intelligibility and Relevance of Analyticity", in *The Cambridge Companion to Quine*, Cambridge, 2004.

51）Davidson, D. , "Radical Interpretation", in *Inquiries into Truth and Interpretation*, Oxford, Clarendon Press, 1984.

52）Davidson, D. , "Reply to Quine on Events", in E. Lepore Ed. , *Actions and Events*：*Perspectives on the Philosophy of Donald Davidson*, Oxford：Blackwell, 1985.

53）Davidson, D. , "Meaning, Truth and Evidence", in R. B. Barret and R. F. Gibson（eds. ）, *Perspectives on Quine*, Cambridge：Blackwell, 1990, pp. 68–79.

54）Davidson, D. , "The Emergence of Thought", in *Subjective, Intersub-*

jective, *Objective*, Oxford, Clarendon, 2001.

55) Descartes, *The Philosophical Writings of Descartes*, Vol. 2, John Cottingham et. al. trans., Cambridge University Press, 1984.

56) Dummett, Michael; 1974: "What Is a Theory of Meaning? (I)", in *The Seas of Language*, Oxford University Press, 1993.

57) Evans, G., "Reference and Contingency", in *Collected Papers*, Oxford, 1985, pp. 178–213.

58) Evans, G., "The Causal Theory of Names", in Evans, *Collected Papers*, Oxford, 1975.

59) Frege, G., *The Foundations of Arithmetic*, 2nd edition, translated by J. L. Austin, Harper & Brothers, New York, 1960.

60) Frege, G., *Posthumous Writings*, Hans Hermes, et al ed., Peter Long, Roger White trans., Basil Blackwell & Oxford, 1979.

61) Frege, G., *Collected Papers on Mathematics*, *Logic*, *and Philosophy*, trans. by Max Black et. al., Basil Blackwell, 1984.

62) Frege, G., *The Frege Reader*, Michael Beaney ed., Routledge, 1997.

63) Frege, G., "On Sinn and Bedeutung", in *The Frege Reader*.

64) Frege, G., "Thought", in *The Frege Reader*.

65) Goodman, Nelson, *Fact*, *Fiction*, *and Forecast*, Harvard University Press, 1983.

66) Kaplan, 'Dthat', *The Philosophy of Language*, 3rd ed, A. P. Martinich ed., Oxford, 1996.

67) Kenny, Anthony, *Wittgenstein*, Blackwell, 1973/2006.

68) Kim, J. , *Supervenience and Mind: Selected Philosophical Essays*, New York: Cambridge University Press, 1993.

69) Kremer, M. , "The Argument of 'On Denoting'", *The Philosophical Review*, 103 (1994, 249-297).

70) Kremer, M. , "Sense and Reference: the Origins and Development of the Distinction", in *The Cambridge Companion to Frege*, Cambridge, 2010, pp. 220-292.

71) Kripke, "A Puzzle about Belief", in A. Margalit, ed. , *Meaning and Use* (Dordrecht: Reidel, 1979); repreinted in *Basic Topics in the Philosophy of Language*, Robert M. Harnish ed. , Prentice Hall, 1994, pp. 352-392.

72) Kripke, "Frege's Theory of Sense and Reference: Some Exegetical Notes", *Theoria*, 2008, 74, 181-218.

73) Ludwig, Kirk (ed.), *Donald Davidson*, Cambridge University Press, 2003.

74) Martinich, A. P. ed. , *The Philosophy of Language*, 3rd ed, Oxford, 1996.

75) Moore, G. E. , "A Defence of Common Sense", in Thomas Baldwin ed. *G. E. Moore: Selected Writings*, London & New York: Routledge, 1993.

76) Moore, "Proof of an External World", in Thomas Baldwin ed. *G. E. Moore: Selected Writings*, London & New York: Routledge, 1993.

77) Noonan, Harold, "The 'Gray's Elegy' Argument—and Others", in *Bertrand Russell and the Origins of Analytical Philosophy*, Ray Monk

& Anthony Palmer ed. , Thoemmes Press, 1996;

78) Perice, C. S. , *The Essential Peirce : Selected Philosophical Writings*, Nathan Houser & Christian Kloesel ed. , Indiana University Press, 1992.

79) Quine, "On the theory of types", *The Journal of Symbolic Logic*, Vol 3, No. 4, 1938.

80) Qunie, "Truth by Convention", in *The Ways of Paradox and Other Essays*, Harvard University Press, 1976.

81) Quine, "Confessions of A Confirmed Extesionalist", in *Future Pasts : The Analytic Tradition in Twentieth-century Philosophy*, Oxford, Juliet Floyd & Sanford Shieh ed. , 2001.

82) Ramsey, F. P. , "Truth and Probability", in R. B. Braithwaite ed. , *The Foundations of Mathematics and Other Logical Essays*, London : Routledge and Kegan Paul, 1931.

83) Rorty, R. , *Philosophy and the Mirror of Nature*, Princeton University Press, 1979/2009.

84) Russell, B. , *Theory of Knowledge : the 1913 Manuscript*, ed. by Elizabeth Ramsden Eames, London and New York : Routledge, 1992.

85) Russell, B. , *Principles of Mathematics*, Routledge, 1903/2010.

86) Searle, J. , *Intentionality : An Essay in the Philosophy of Mind*, Cambridge, 1983.

87) Searle, "Austin on Locutionary and Illocutionary Acts", *The Philosophical Review*, Vol. 77, No. 4 (Oct. , 1968), 405–424.

88) Searle, "Literal Meaning", *Expression and Meaning : Studies in the*

Theory of Speech Acts, Cambridge, 1979.

89) Sosa, E. , "Moore's Proof", in *Themes from G. E. Moore: New Essays in Epistemology and Ethics*, Susana Nuccetelli & Gary Seay ed. , Oxford, 2007.

90) Stanley, J. , "Names and Rigid Designation", in *A Companion to the Philosophy of Language*, Bob Hale & Crispin Wright ed. , Blackwell, 1997.

91) Strawson & Grice, "In Defense of a Dogma", in *Studies in the Way of Words*, Harvard University Press, 1989.

92) Strawson, *Individuals: An Essay in Descriptive Metaphysics*, Doubleday & Company, Inc. , 1953.

93) Tugendhat, Ernst, "The Meaning of 'Bedeutung' in Frege", *Analysis*, 30 (1970): 177–189.

94) Wittgenstein, *Notebooks, 1914–1916*, Blackwell, 1979/1998.

95) Wittgenstein, *Letters to C. K. Ogden*, ed. G. H. Wright, Oxford: Blackwell/London: Routledge, 1973.

96) Wittgenstein, *On Certainty*, G. E. M. Anscombe & G. H. von Wright ed. , Denis Paul & G. E. M. Anscombe trans. , Blackwell, Oxford, 1969.

97) *Wittgenstein's Lecture, Cambridge 1930–1932*, from the notes of J. King and D. Lee, ed. Desmond Lee (Oxford: Blackwell) , 1980.

98) Wittgenstein, *Tractatus Logico-Philosophicus*, C. K. Ogden Trans. , Barnes & Nobel Publishing, Inc. , 1922/2003.

99) Wittgenstein, *Tractatus Logico-Philosophicus*, D. F. Pears & B. F.

McGuinness Trans. , Routledge & Kegan Paul Ltd. , 1961.

100) Wittgenstein, *Philosophical investigations*, trans. by G. E. M. Anscombe, P. M. S. Hacker, and Joachim Schulte, Rev. 4th ed. by P. M. S. Hacker and Joachim Schulte, 2009.

101) Wright, C. , *Truth and Objectivity*, Cambridge MA. , 1992.

人名索引

穆勒(J. S. Mill) 503
穆尼兹(K. Munitz) 7

尼采(F. W. Nietzsche) 7
纽拉特(O. Neurath) 316

帕斯卡(Blaise Pascal) 243
庞加莱(Poincare) 346
皮尔士,本亚明(Benjamin Peirce) 83
皮尔士,查尔斯(Charles Sander Peirce) 82,83,85,86,90,92, 96,98—101,119—127,367,598
皮尔斯(D. F. Pears) 257,257
普特南(Hilary Putnam) 82,127, 373, 394, 524—527, 543, 657, 662—670,674,679

丘奇(Church) 438

塞尔(John Searle) 1,394,493, 609,624,636—643,655,662
塞内加(Seneca) 302
石里克(M. Schlick) 316,317
斯宾塞(Herbert Spencer) 321
斯特劳森(Peter Strawson) 34,75, 77,358,609,624—630,632—634, 636,644,655
索萨(Ernest Sosa) 471,593
索默斯(Scott Soames) 7

塔斯基(A. Tarski) 72,80,395, 400—406,408,409,471
唐纳兰(K. Donnellan) 508,509
托尔斯泰(Leo Tolstoy) 84

万德勒(Zeno Vendler) 443
王国维 5
维娜(Joan Weiner) 164
维特根斯坦(Ludwig Wittgenstein) 6,30,31,33,34,71,75,84,128, 166, 223, 241, 243—248, 250— 260,262,264,265,267,269—275, 277, 279—281, 284—287, 289— 295, 297, 298, 302—304, 306— 315,325,336,369,544—553,555, 557, 559, 562—569, 571, 572, 574—576, 579, 580, 582—588, 590,598—608,610,642,644,655, 677
魏斯曼(F. Waismann) 316

席勒(F. C. S. Schiller) 84,86
休谟(David Hume) 9,35,87,91, 118—120,319,320,350,451,562, 578

亚里士多德(Aristotle) 35,37, 43—45,87,89,90,102,108,180, 251,253,275,302,319,320,342, 347,528,529,533,634,653
伊壁鸠鲁(Epicurus) 302

主题索引

454,460—463,531

公共性（或公共的）（publicity/public）27,32,158,433,588

工具主义（instrumentalism），参见
"操作主义" 661

功能主义（functionalism） 466

共相（universal） 20,183—185,
188,189,198,202,204,209,212,
214,217—219,248,444,658

观察（observation） 97,217,328—
330,332,364,365,369,370,376,
380,381,382,384—386,399,410,
416,420,425,451,574,576,580,
582,589,653,677

观察被理论渗透（observation penetrated by theory） 385

观察范畴（observation categorical）
382

观念（idea） 31

观念论（idealism） 173

关系（relation） 42

非对称关系（asymmetrical relations） 180,181,186,249

关系的非实在性（the irreality of relations） 178,248

内在关系（internal relations）
179,180,182,260,296

内在关系理论（the internal-relation theory） 179,180,182,
183,186,249

外在关系（external relations）

175,179,182—185,190,198

外在关系理论（the external-relation theory） 165,166,169,
170,173—182,183,200,208,
247

关系命题（proposition of relation）
44,45,233,235

关系问题（the problem of relations）
247—250,253

关于（about） 196

广义相对论（the general relativity）
321,346

规范（norm） 28,132,134,135,
167,284,294,457,458,488,618,
640

规范性（normativity） 26,28,29,
132,390,412,431,457,458,563,
617,618

规则（rules）

调节性规则（regulative rules）
640

构成性规则（constitutive rules）
640—642

构成性规则的自主性（autonomy of constitutive rules）
641

规则悖论（或关于遵守规则的悖论）
（the rule-paradox/the paradox about rule-following） 557,559,
563,642

规则体系（rule system） 299,300

666,679

信念之谜(the puzzle of belief)
516,520—523,537,542,543

形成规则(rules of formation) 336

形而上学(metaphysics)

康德式形而上学(Kantian meta-
physics) 320,533,534

亚里士多德式形而上学(Aristote-
lian metaphysics) 319,533

形而上学与语义学(metaphysics
and semantics) 431,657

实在论的形而上学(realistic meta-
physics) 167,533,537

反实在论(或唯心论的)形而上学
(anti-realistic/idealistic meta-
physics) 537

描述的形而上学(descriptive met-
aphysics) 624,633—636

修正的形而上学(revisionary met-
aphysics) 633,634

形而上学范畴(metaphysical catego-
ry) 182,183,248,251,443,448,
458,482,483,659

形而上学命题(metaphysical proposi-
tion) 323,327,328,335,339,
340,341,535

形而上学问题(metaphysical prob-
lem) 318,335,346,347,528,
633,657

形而上学知识(metaphysical knowl-
edge) 31,284,319,320,322—

325,534

形式(form)

逻辑形式(logical form) 47,55,
165,206,207,211,213,214,
216,219,269,271,274,276—
283,287,289,295,296,631,653

逻辑形式(维特根斯坦意义上
的)(logical form in Wittgen-
stein's sense) 274,279

语法形式(grammatical form)
46,47,55,206,207,232

形式的说话方式(formal mode of
speech),参见"实质的说话方式"
335,337,338,340,341,343,
350,361,401

形式化(formalization) 69,236,
305,402,416

形式系统(formal system) 69,402

形式限制(formal constraints) 90,
400,410,411,420

形式正确性(formal correctness)
401

行动理论(theory of action) 467

行为(behaviour)

行为模式(pattern of behaviour)
413,554,559,567,568,577,578

行为主义(behaviorism) 369

逻辑行为主义(logical) 652

幸福(happiness) 302,303,308

性质(property) 42

内在性质(internal property) 260